OVIDE

ŒUVRES CHOISIES

LES AMOURS

L'ART D'AIMER

LES COSMÉTIQUES. — HÉROÏDES

NOUVELLE ÉDITION, REVUE AVEC LE PLUS GRAND SOIN
PAR M. FÉLIX LEMAISTRE

ET PRÉCÉDÉE D'UNE ÉTUDE SUR OVIDE

PAR

M. JULES JANIN

Traductions de la collection Panckouke

PARIS

GARNIER FRÈRES, LIBRAIRES

6 RUE DES SAINTS-PÈRES

1858

OVIDE

OEUVRES CHOISIES

PARIS. — IMPRIMERIE DE J. CLAYE

RUE SAINT-BENOIT, 7.

OVIDE

ŒUVRES CHOISIES

LES AMOURS

L'ART D'AIMER

LES COSMÉTIQUES. — HÉROÏDES

NOUVELLE ÉDITION, REVUE AVEC LE PLUS GRAND SOIN

PAR M. FÉLIX LEMAISTRE

ET PRÉCÉDÉE

D'UNE NOUVELLE ÉTUDE SUR OVIDE

PAR

M. JULES JANIN

Traductions de la collection Panckoucke

PARIS

GARNIER FRÈRES, LIBRAIRES

6 RUE DES SAINTS-PÈRES

—

1858

OVIDE

ET LA POÉSIE AMOUREUSE.

A. M. FÉLIX LEMAISTRE.

I

Ami, resté si fidèle au culte des anciens, mon condisciple ingénieux, quand nous étions, l'un et l'autre, entre l'enclume et le marteau des fortes études [1]; savant compagnon de nos premiers travaux, qui, par ton exemple et par tes leçons, nous encourageais à bien faire; esprit modeste, esprit vaillant que je retrouve, après tant d'années contentes et deux révolutions malheureuses, assis paisiblement sur les bords de la claire fontaine, au pied de la docte montagne, à contempler les muses antiques autour d'Apollon, le dieu du jour, pendant que le faune, à l'oreille aiguë, écoute et folâtre autour de l'ode élégante! Ami de nos laborieuses années, quand M. Burnouf nous expliquait Tacite, et que M. Constant Dubos cherchait dans les sentiers d'Ovide et d'Anacréon un doux poëme intitulé : *les Fleurs!...* Puisque tu viens de relire, « à Préneste, » Ovide, ce grand poëte latin, que l'empereur Auguste a

---

1. In ipsa studiorum incude positi. — TACITE, *De Oratoribus*.

chassé de Rome en deuil de ses élégances et de ses amours, et puisque aussi c'est ta fantaisie et ton désir que je parle de ce poëte amoureux, et de ces poésies galantes, qui tiennent à Virgile par l'élégance, au poëte Horace par la passion, sœurs rivales des larmes de Tibulle et des feux de Properce, eh bien! pour te complaire, et moi-même pour charmer, cet hiver, mon Tusculum en bois de sapin, de ce parfum cher aux abeilles de l'Attique, on va revenir aux enchantements de la vingtième année! On va rétablir, au fronton brisé du temple de Delphes, l'éloquente inscription : « Réjouissez-vous ! » C'est-à-dire : amis, soyez en joie avec vous-mêmes; bonnes gens, exempts d'intrigue et d'ambition, qui dédaignez les jeux insolents de la fortune insolente, aimez ce qui est beau, honorez ce qui est bon, et défiez tout le reste. Enfants d'Horace et d'Ovide, allons, jusqu'à la fin, soyez fidèles à vos serments ! Soyez constants à vos amours !

C'en est donc fait, tu le veux, nous évoquerons l'ancienne société romaine, aux heures brillantes du premier César-Auguste. Nous reverrons, dans leurs grâces complaisantes, ces belles et doctes affranchies, dont le sourire inspirait tant de poëmes! « *Fac, modo, te damnes!* » Tu le veux, perdons-nous, *avec ces étoiles qui reviennent de l'orgie.* Ainsi parlait Aristophane. Et quand le valet disait à son maître : « Où donc avez-vous pris ces dames? — Je les ai prises, qui chancelaient dans le ciel joyeux! » répondait le maître. Ah! par Jupiter, convenons que dans la comédie athénienne, le ciel faisait là un joli métier !

Ainsi, je t'invite, à mon tour, mon cher camarade, à ces élégances, à ces grâces, à ces fêtes passées! Ainsi, je vais déboucher, en ton honneur, l'amphore odorante, contemporaine du consulat de Plancus. Mais pourquoi donc, ami Félix Lemaistre, enivré si facilement de ces beautés, de ces bons vins, quand tu pourrais parler si bien d'Horace, et d'Ovide, et de tous les Pères de notre esprit, as-tu cherché dans son coin futile un interprète de ton admiration pour Ovide?...

> Incipe, si quid habes, et te fecere poetam
> Pierides...

D'ailleurs, ce poëte Ovide, il est partout; avec un peu de zèle et de piété filiale, nous retrouverons, dans toutes les pages, libres ou clémentes, sa louange et son souvenir. Comme Alfred de Musset, que nous avons perdu cette année (ô funeste année! Elle emporte à la fois le jeune homme et le vieillard, le vainqueur et le proscrit, le capitaine et le poëte, le critique et le magistrat! Hier encore elle emportait cette adorable exilée, elle-même, madame la duchesse de Nemours, la grâce et la consolation de tant d'exils, arrachée à tant d'amours, à tant de respects!), il était le poëte heureux de la jeunesse heureuse et de l'amour content.

Avant de tenir sa place au milieu des grâces et des amours de la France élégante, Ovide était la vie et la fête des élégances romaines; et si profonde était sa trace en ce monde évanoui, que vous la retrouvez dans tous les souvenirs. C'est ainsi qu'un historien très-net et très-vif, qui n'est plus à sa place aujourd'hui, Velleius Paterculus (un des écrivains favoris de notre ami, notre éloquent et regrettable ami Boitard, l'honneur des études savantes, mort, à trente ans, le plus glorieux et le plus écouté des professeurs de l'École de droit), appelait Ovide « un parfait poëte, et le prince des poëtes latins » dans un temps qui comptait Horace et Virgile au premier rang des poëtes inspirés. De son côté, Martial, le faiseur de cantates, et des plus lâches cantates (il a laissé bien de la petite famille), qui en a fait même à ce vil Domitien, et qui pourtant était un esprit d'un goût très-habile et très-subtil, plaçait Ovide « à côté de Virgile. » — « Ovide, ingénieux et charmant, » disait Sénèque, oubliant qu'il parlait à la cour de Néron, qu'il parlait d'un proscrit de l'empereur Auguste, et d'un proscrit de Tibère !

Avec la même admiration, la même louange, il est parlé d'Ovide au beau milieu des institutions oratoires de Quintilien. Cherchez ce nom-là dans tous les païens convertis à l'Évangile, vous trouverez le nom d'Ovide ! Il est dans la pensée et dans les regrets de tous les vieillards qui ont eu le bonheur d'être un peu jeunes. Sous toutes les plumes littéraires de ces grands écrivains qui fondaient la religion chrétienne, Ovide apparaît tantôt comme un regret, tantôt comme un remords. Ils ne pouvaient pas s'en défaire, et trop souvent ces doux poëmes, unis, par un involontaire souvenir, aux enchantements de la jeunesse envolée et des aimables printemps d'autrefois, faisaient entendre, à travers les plus sérieuses pensées, un écho de leurs chants joyeux et charmants.

Poëte enchanté ! Bel esprit qu'on aime ! Enjouement; grâce accorte ; ingénieuse et vivante parole ; élégie et chanson; amours jeunes, frais, rieurs, faciles, abandonnés à l'heure présente ! Riantes demeures de Bacchus et de ses nymphes joyeuses ; lieux enchanteurs où les Muses servent de cortége à l'éclatante jeunesse. « O Vénus ! j'apporte et je dépose à tes autels indulgents tout l'arsenal qui forçait les portes rebelles ! Voici l'échelle, et voici la torche !... Embûches des nuits d'hiver ! Protection des nuits d'été !... » C'est une chanson d'Horace... et pourtant Ovide est le véritable amoureux de l'antiquité latine. Il eût adoré Néère, il eût abhorré Ligurinus. Il était amoureux plus qu'Horace, autant que Tibulle ! Il aimait à la façon de Parny, du chevalier Bertin et de Gentil-Bernard ! Ses amours n'avaient rien de farouche, et son élégie était sans tristesse. Il était vif et gai, bien portant, bien fait, aimable et partout bien venu. Fils de la mode et des belles amours, il ne prenait guère au sérieux que l'amour, s'inquiétant peu du reste. Ainsi dégagé de toute ambition, riant de la pourpre et des licteurs, il donnait l'exemple à toute la jeunesse, et l'accent à toutes les lyres d'alentour.

> Disce bonas artes, moneo, romana juventus!

Ovide était le Béranger de *Lisette :*

> Oiseau craintif, je fuis la glu des rois;
> Que me faut-il ? Maîtresse à fine taille,
> Petit repas et joyeux entretien.

Il eût dit volontiers, comme un de ses petits-fils, qui était, certes, un plus grand poëte que son grand-père :

> Plus d'amour, partant plus de joie!

Il aimait la vie ; il la cultivait comme une plante exquise, et, dans ses meilleurs moments, il chantait volontiers la chanson d'Horace : « Ici des vins, des parfums ! Ici la rose et le muguet..... charme d'un jour :

> Huc vina, et unguenta, et nimium breves
> Flores amœnæ ferre jube rosæ... »

Il était si heureux de vivre, et si convaincu, par lui-même et par ses faciles passions, que la jeunesse est éternelle, et que les Néréides ne quitteront jamais les rives de l'Eubée! Il était si content, si vif, si libre en tout lieu; si joyeux, avec toutes les sortes de rires que le maître lui-même, Quintilien, avait retrouvés et notés dans son livre : un rire élégant, salé, du sel même de Ménandre et de Vénus Aphrodite, un rire ironique, aimable, éloquent, plein de grâce et d'urbanité : *Venus-*

tus, salsus, facetus, jucundus, dicax, urbanus! — Et rien de ce sel âcre et caustique, *et sale nigro*, qu'Horace avait en horreur. L'atticisme..... et l'urbanité, il ne quittait pas ces deux muses du *perpetuum carmen*.

Donc, voilà déjà bien des raisons, pour le défendre et pour l'aimer, cet aimable Ovide, et de bons motifs pour en parler tout à notre aise, en ces temps de vapeur, de tunnels, de machines, d'usines, d'argent à usure publique, d'expositions universelles, de drainage et de chemins de fer. Un temps d'ignorance et de mépris pour les studieux, où les gros bonnets de la fortune, les enrichis de la veille, les économistes et les faiseurs de statistiques, prendraient si volontiers Hector *episcopos*, dans l'*Iliade*, pour Hector, premier évêque de Troie... en Champagne, s'il vous plaît.

II

Ce poëte aimé, inépuisable et charmant, Ovide (il s'appelait Nason, de son nom patronymique) vint au monde en ces heures sombres où la république était en doute, où l'habile et patient Octave était à l'œuvre, où le monde épouvanté des meurtres, des trahisons et des crimes de la guerre civile, allait, docile et complaisant, au despotisme, au repos, à l'amusement, à l'oubli. Il y avait, en ce moment funeste, et chacun d'eux tenant dans ses mains sanglantes un tiers de l'univers connu, trois ambitieux : Octave, Antoine et Lépide, que le hasard, plus que leur courage et leur génie, avait faits les arbitres du genre humain civilisé, et qui venaient, après tant de rencontres sanglantes, de s'abandonner, l'un à l'autre, et comme otages, afin que chacun d'eux en disposât selon son bon plaisir, les amis de leur fortune et les confidents de leur projet. L'un à l'autre ils se demandaient, chaque jour, un nouveau sacrifice de leurs partisans réciproques, et ce nouveau sacrifice, autorisé ce matin, était accompli ce soir! Il y eut même une matinée où Marc-Antoine, ce lâche et vil esclave de Cléopâtre, demandait à l'ingrat Octave la tête éloquente de Cicéron, Cicéron, qu'Octave appelait jadis son *protecteur* et son *père*, et ce même Octave, après avoir résisté trois jours, rien que trois jours, abandonna Cicéron aux bourreaux de Marc-Antoine!.....

En ce moment de l'histoire romaine, il nous semble que nous entendons gémir et se lamenter le chœur d'Euripide: « Hélas! la ville est en proie aux factions! Tant de puissance et tant de courage ont cessé d'être un gage de prospérité pour l'avenir!... C'en est fait! Les fleuves remontent vers leurs sources, la justice est anéantie, et l'ordre est troublé! La perfidie est l'apanage des hommes; les dieux eux-mêmes ont manqué à leurs serments! »

Cependant Cicéron, vendu par Octave, attend l'heure, et s'apprête à mourir.

En vain les dieux et les hommes, qui étaient dans le secret de ces graves actions, conseillaient la fuite à l'orateur romain; en vain les corbeaux, ces oiseaux de présage, étaient venus, qui l'avaient réveillé dans son lit... après les premiers pas dans la fuite, il hésite, il s'arrête; il ne veut pas de l'exil; il envie, en ce moment, la mort volontaire du dernier Brutus : « C'en est fait, disait-il, je mourrai dans cette patrie ingrate que j'ai sauvée! » et calme, il attend ses égorgeurs. Ils s'appelaient (l'histoire, en ses vengeances, a gardé ces noms hideux!) Herennius, le biographe, et le tribun Popilius Lenas, un client de Cicéron lui-même, que Cicéron avait sauvé d'une accusation de parricide! Ainsi mourut ce grand homme, égorgé par qui le devait défendre, abandonné par qui le devait sauver! Marc-Antoine, heureux de ce meurtre, fit payer à chaque assassin un million de sesterces; puis, le lendemain de ce crime exécrable, Rome entière, expirante de honte et d'effroi, put contempler, clouées à la tribune aux harangues, cette tête illustre, honneur de l'ancien forum, cette tête dont la bouche avait prononcé les *Philippiques*, et cette main vénérable qui les avait écrites.

Que dis-je? ouvrez-la, cette bouche ensanglantée, et vous verrez qu'une main horrible a percé cette langue éloquente; une femme, appelée Fulvie, une louve, accouplée, il y avait dix années, au vil Clodius, et maintenant l'esclave abjecte de Marc-Antoine, a commis cette impiété, qui pèse encore sur le nom romain, comme un déshonneur immense.

O mon cher Ovide, et vous Tibulle, son digne contemporain, enfants de la même année et de la même heure, hélas! O dieux du Capitole anéanti et des Pharsales déshonorées! quelle année avez-vous choisie? Eh quoi! venir au monde, presque en ces jours dignes de Tisiphone! Ovide et Tibulle (*o culte Tibulle*) au milieu de ces meurtres, de ces trahisons, de ces vengeances, de ces exils, de ces proscriptions, de tant d'héritages volés, de tant de sang répandu!

III

Ce que disait l'auteur de la *Jérusalem délivrée*, en parlant de la Touraine qu'il appelle « un sol léger et superficiel, la digne patrie des Tourangeaux, du même caractère que ce sol léger; »

..... Dolce terra e leve
Simile a se gli habitatori produce...

On peut le dire, hardiment, de Sulmone et de ses habitants. Sulmone, où naquit Ovide, appartient au sol le plus léger de l'Italie. Elle tient au royaume esclave, au royaume de Naples. Elle a vu naître, au milieu de ses jardins, respectés par la confiscation du nouvel empire, Ovide, enfant d'une race de chevaliers (*nostri sanguinis auctor eques*). Elle est la patrie (elle s'en souvient encore) du poëte des *Métamorphoses*, de l'*Art d'aimer*, des *Amours*, et de ces tristesses immortelles qui ont répandu, sur le règne et sur le siècle entier d'Auguste, un voile, une fumée, une vapeur, un esprit de deuil, de contrainte et de ténèbres.

Après une enfance, entourée, au degré suprême, de bienveillance et de respect, Ovide, à peine adolescent, partit pour Rome avec son frère, un frère jumeau, dont il était l'image, et les voilà, ce Rémus et ce Romulus de Sulmone, ingénieux, beaux, joyeux et charmants, adoptés par la cité, reine entre les villes, par cette Rome où tout se presse, où tout chante, où tout s'oublie, où tout se prosterne aux pieds du nouveau dieu; la ville des églogues et de l'invocation : « Un dieu nous a fait ces loisirs! »

Rome, en ce temps-là, autant qu'Athènes elle-même, florissait par ses écoles savantes. Elle croyait à la philosophie, à la grammaire, à la poésie, à l'histoire ancienne, au théâtre, au poëme, à tous les grands arts; elle croyait à tout, peut-être même à la politique, quoiqu'elle n'en fît guère.

Surtout, chose incroyable en ces temps du silence officiel, Rome entière croyait encore à l'éloquence, entendons-nous, à l'éloquence utile et sans danger, l'éloquence innocente des rhéteurs de l'école et des avocats du barreau. Hélas! ils étaient morts, ils étaient dans l'abîme, et dans le tombeau même de la liberté, les grands orateurs de la chose publique. Elles étaient

à jamais éteintes, et jamais plus on ne les entendra
qu'un instant, dans les jours de 1789, ces voix regrettées, ces voix souveraines qui agitaient les peuples et les
rois. L'éloquence publique était morte, en ce sénat
muet et prosterné; la tribune aux harangues était tachée encore du sang de Cicéron; les avocats seuls, tels
que tout à l'heure on les verra dans les satires de Juvénal, et en même temps que les avocats, les rhéteurs,
s'enivraient des bruits puérils de la parole humaine !

Ils avaient fait, ces adroits rhéteurs, de la république une amplification oratoire, une déclamation de
l'École. Et pourtant, dénaturée, à ce point, et dégradée, ils ne pouvaient pas, les uns et les autres, renoncer
à cette force, à cette puissance, à ces enchantements,
qui s'appelaient encore l'éloquence, et plus Rome était
veuve et portait le deuil de ses grands orateurs, plus
elle était obstinée à en former de nouveaux.

Dans ce merveilleux *Traité des Orateurs* que l'on
attribue à Tacite, parce qu'il n'est pas de Cicéron, dans
cette louange aux muses de la parole, écrite au temps
des empereurs, vous retrouverez, abondamment, les
traces et les souvenirs de cette passion toute romaine.
A l'heure même où la libre parole était un crime, ils
ne savaient rien de mieux, ces Romains, que de célébrer les triomphes de l'éloquence et le souvenir des
grands orateurs d'autrefois; et si, par hasard, quelque
maladroit osait intervenir en faveur de la poésie, et
préférer le poëte à l'orateur, soudain c'étaient de toutes
parts des colères et des récriminations violentes. La
belle affaire, après tout (disaient les ennemis de l'art
dramatique), d'être éloquent pour le compte d'Atrée
et de Thyeste, de Phèdre ou de Caton d'Utique, et le bel
emploi de l'éloquence, un poëme en vers, quand il nous
reste les sentiers et les routes étroites, il est vrai, qui
mènent encore au forum !

Préférer le poëte à l'avocat, y pensez-vous? Le poëte est un jouet brillant, si l'on veut, mais voilà toute sa gloire; on s'en amuse une heure, et tout est dit.

La poésie est un arbre stérile; à peine elle apporte une louange. Écrire un poëme, eh! quoi de plus facile, et quoi de plus difficile aussi que de le mettre en lumière? A peine écrit, et tout de suite, il faut le colporter soi-même, et solliciter des lecteurs. Quelle affaire! Ouvrir une salle, apporter des banquettes, convoquer un auditoire, et distribuer des programmes! Et même si l'auditoire arrive, et s'il applaudit, vaine fumée, et joie impuissante! On n'a pas gagné une amitié, pas même un client. C'est vous tous que j'atteste, ô citoyens, la lecture la mieux acceptée et la plus applaudie a-t-elle jamais donné au voyageur qui vient d'Asie ou de l'Espagne la moindre envie de connaître un poëte?

On dit, en passant dans la rue : « Eh bien, le voilà, c'est lui! » Alors l'étranger regarde, et s'il est content, il fait comme si on lui eût montré un tableau, une statue, un monument, une simple curiosité. Voilà pourtant tout ce que ça rapporte une ode, une élégie, une satire, une épigramme, une comédie, une tragédie. Au contraire, il n'est pas de position enviée et si haute à laquelle on ne puisse arriver par l'éloquence. Avec un peu de génie... avec beaucoup moins, avec la monnaie du génie et l'audace, un homme habile arrive assez vite à l'exercice de cet art, excellent entre tous les arts. Par l'éloquence, en effet, tu viens en aide à l'innocent, à l'opprimé, à ton ami! La cuirasse et l'épée sont d'une protection moins complète, et d'une défensive moins redoutable. Et quelle fête aussi, pour l'orateur, de se voir entouré, honoré, proclamé! A toi le monde, à toi l'éloquence! Aussitôt le jeune homme et le vieillard, et l'homme riche et le puissant te font cortége. Tu parles, on t'écoute; tu marches, on te suit;

absent, on t'appelle; et te voilà riche, admiré, tout-puissant... et quoi d'étrange? tu es un des maîtres du barreau.

Cette éloquente apologie était, n'en doutez pas, dans la bouche prévoyante de tous les pères de famille, ambitieux de l'avenir de leurs enfants, et le jeune Ovide, obéissant tout d'abord à la volonté paternelle, étudia sous les lois d'un célèbre orateur, Messala, qui, plus tard, devint un consul. Leçons inertes, stériles exemples, injuste éloquence : elle manquait de l'âme et de l'esprit de l'éloquence, à savoir la liberté. Véritablement, rien n'est plus triste et plus difforme que cette apparence et ce mensonge d'un art désormais impossible. Le bon sens du jeune Ovide, et l'accent même de la parole antique dont l'écho se faisait entendre encore aux esprits intelligents, aux âmes attentives, le préservèrent de l'exemple et de la leçon de Messala, le rhéteur. A peine il eut compris la vanité de cet enseignement misérable, il eut honte et pitié de ce vain apprentissage, et, poëte, il s'abandonna, de tout son génie à la poésie, à son charme, à sa passion : « O mon père, écrivait-il, j'obéis, je renonce à l'art des vers! » Il disait cela, en bonne prose, il le croyait, du moins, mais chassez le naturel... sa prose était un vers :

Non, je ne ferai plus de vers, ô mon bon père!
Parce mihi, nunquam versificabo, pater!

Puis à son sourire il ajoutait toutes sortes de bons motifs, par lesquels il défendait la poésie et la protégeait contre l'éloquence elle-même. En effet, la poésie envie et recherche assez peu ces triomphes, ces cortéges, ces clients nombreux, si chers à l'éloquence; elle se plaît à la solitude, à la méditation; elle recherche avec grand soin les doux ombrages, les baies, les fraîches retraites ou les collines de Tibur ; elle n'a rien à faire avec le plaideur qui frappe à la porte de son avocat ; elle est exempte de toute ambition vulgaire, et c'est pourquoi vous la voyez calme et souriante. Enfin elle s'adresse aux âmes innocentes, aux honnêtes cœurs ; elle est ancienne, et son origine est divine ; elle appartient aux siècles d'or ; Orphée est son père, Apollon est son dieu, Homère est son roi. Cicéron lui-même, Cicéron, l'orateur par excellence, eh bien ! sa gloire a rencontré plus de détracteurs que la gloire de Virgile. Un jour, au théâtre, le peuple romain s'est levé devant Virgile, et l'a salué comme il saluait l'empereur. « Les muses pleines de douceur, » disait Virgile, et certes il n'eût pas quitté la montagne et le vallon des muses pour les embûches du Forum.

« Celui-là que Melpomène a regardé d'un œil favorable, il n'ira pas chercher la palme des jeux isthmiques, ou le prix du ceste, ou la course ardente aux plaines de l'Achaïe ! On ne le verra pas le front couronné du laurier de Délos, traînant au Capitole des rois furieux, enchaînés à son triomphe ! Il se glorifie à moins de frais : un bois sacré, des prés verts, les ruisseaux de Tibur, une aimable rêverie, et des chants éoliens ! » Voilà bien ce que disait le poëte, à l'honneur de Calliope et de Melpomène. Était-il heureux et fier, d'être au premier rang des esprits que Rome a salués poëtes ! Et quel plus grand honneur, de se voir désigné par la Muse elle-même, comme le maître absolu d'une lyre éloquente, et que pas un Romain n'avait touchée ! On respire en cette ode écrite à la louange de la poésie une ivresse, un charme, un encens !

Comme ils aimaient, comme ils honoraient ce grand art, leur force et leur gloire ; et quelle ardeur à le défendre, et quel orgueil ils en ressentaient, ces premiers poëtes romains !

Un très-bel éloge de la poésie (et c'est Tacite qui a trouvé le premier cette charmante louange) consiste à dire que la poésie a cela d'utile et de glorieux, que, même au degré médiocre, on en peut tirer de la belle et bonne éloquence. En effet, d'un orateur médiocre à peine si vous obtenez un sophiste ; au contraire, on a vu, parfois, d'un poëte manqué sortir un parfait orateur : Brutus et Jules César, deux maîtres de la tribune, avaient fait des vers, presque aussi mauvais que les vers de Cicéron lui-même : cependant quel orateur plus brillant que César, plus grave et plus solennel que Brutus, plus accompli que Cicéron ? Il est vrai que ces grands hommes étaient animés de toutes les passions libérales, et que la liberté est l'âme et la vie même de l'éloquence. L'éloquence est une flamme, elle a besoin d'aliments ; il faut qu'elle brûle pour qu'elle éclaire : *et urendo clarescit.*

Toutes les réponses que nous faisons là à la louange et à l'honneur de la poésie, Ovide, avant nous, les avait faites à son père, et le père avait cédé, lassé de répondre, et non pas convaincu.

En même temps le jeune homme était si gai, si vif, et si joyeux ; il allait, d'un pas si leste, au-devant des belles œuvres latines ; il ouvrait si gentiment son âme à la vie, à la passion, à l'accent romain, que son père, enchanté.... et désolé, le grondait, l'approuvait, l'injuriait et l'embrassait.

Il était comme un enfant incorrigible, et dont les défauts mêmes ont une grâce infinie. Il y avait même des instants où, pour complaire à sa famille inquiète, il étudiait sincèrement le grand art qui avait fait de l'avocat Hortensius une puissance, au milieu des plus grands intérêts de la ville éternelle. En ces moments d'un repentir fugitif, le jeune homme oubliait le portique d'Octavie, et le portique d'Auguste ; il oubliait les fêtes et les licences des beautés à la mode; il ne jurait alors que par l'école de Grippus, par les leçons de Portius Latro, et par les sages conseils de ce Marcellus Fuscus, en toge sordide, *toga sordida*, la robe des antichambres. Ce Marcellus Fuscus m'a tout l'air d'avoir été, de son vivant, un pédant insupportable, une façon de prédicateur de la littérature difficile, une espèce de roué naïf, qui rappelle, d'un peu loin, ce pédant à qui le poëte conseillait d'être un peu moins infatué de sa triste fortune : « *Ut tu fortunam....* »

> ... Nous te supporterons, Celsus,
> Si tu portes bien ta fortune...

Ces jours d'étude et de zèle étaient rares chez Ovide, et, d'ailleurs, quel homme heureux a jamais résisté à sa vocation? Ces leçons, ces exemples, ces conseils, la rhétorique et le jeu de l'école, à quoi bon, lorsqu'ils s'adressent à ces esprits ardents, indociles au joug, et qui n'ont pas d'autres lois que leur caprice et leur volonté? A vingt ans, adieu l'école, on prend congé du maître : « On entre en âge, et l'on fournit sa carrière de folies! » c'est un mot de lord Byron, le plus heureux des poëtes exilés. On s'affranchit soi-même, à vingt ans, et l'on se mêle à la jeunesse ardente, amoureuse et dépensière. A vingt ans, le jeune homme échappe à son guide, et s'en va, tout droit, où s'en allait cet écolier, dans la satire de Pétrone, invoquant les Déesses faciles, et jetant, ô misère! à ces fardées les roses de son front, les premiers vers de sa Muse, et les meilleures tendresses de son cœur. C'est le penchant ordinaire des jeunes gens, de courir tout d'abord aux femmes perdues et maculées, d'aimer le fard, la céruse et l'ambre! O jeunes gens, méfiez-vous des amours faciles! disait Fuscus. Il criait dans le désert, ce bon Fuscus; les jeunes gens le laissaient dire, et s'en allaient chez Lesbie, et de là au jeu de paume, et de la paume au champ de Mars, et du champ de Mars dans le Tibre. Ils riaient ! ils chantaient ! ils se mariaient, mais dans un espèce de mariage libre et d'union facile.

Ainsi fit Ovide. A vingt ans, il épousait une femme assez laide, assez sotte et vulgaire, et stérile; heureusement que le divorce était en sa fleur, dans la Rome impériale ! Lui-même, Auguste, le maître absolu, le père de la patrie, et le gardien des mœurs, il avait divorcé, divorcé trois fois, s'il vous plaît, et changé d'épouse avec aussi peu de sans gêne et de remords que Sa Majesté bien-aimée et trop aimante le roi Louis XV, lorsqu'il changeait de maîtresse ! Auguste avait quitté Servilie, il avait quitté Claudia, il avait chassé Scribonie; il avait fini par épouser sérieusement Livie ! Il n'était pas homme, en fait d'intrigue amoureuse, à rien céder à son père adoptif, Jules César ! Aussi peu que son modèle, il fréquentait le temple de la pudeur, la pudeur héroïque, austère et sainte des patriciennes, qui eut longtemps, à Rome, un temple de marbre et d'or ! Que disons-nous ? même à la pudeur des plébéiennes Auguste apportait ses tristes offrandes, comme on le peut voir dans le calendrier de ses aventures galantes avec l'affranchie, avec l'ingénue, avec toutes ces femmes prosternées devant le maître, avec Térentia, l'épouse même de ce Mécène qui disait à son esclave : « Holà, je ne dors pas pour toi, qui me veux prendre un vase d'or ! »

Le bon Mécène ! Il avait les yeux ouverts, pour veiller sur sa vaisselle ; il avait les yeux fermés, sur les hontes de son épouse ! « Ah ! monsieur le sénateur ! » disait déjà la chanson.

Il me semble que je le vois d'ici, ce Mécène, heureux, habile et perpétuel flatteur d'un maître absolu, se pro-

menant dans le Vélabre, en tunique traînante et sans
ceinture. Il habitait, nous raconte un chroniqueur, entre
un marchand de ciguë et un manipulateur de mandra-
gore, entre le poison et la magie. Il croyait aux rêves;
il aurait cru à M. Home et aux tables tournantes; il
se fiait aux devins; il était plein d'ironie envers les
autres, et plein de mépris pour soi-même. Il aimait l'es-
prit, parce qu'il en avait beaucoup; il aimait le cou-
rage, parce qu'il en avait peu. Du grand César, il avait
conservé la ceinture relâchée, et, du vieux Caton, la
pourpre avinée. Il aimait tous les vices; il se méfiait des
moindres vertus. Il recherchait, avant toute chose, la
paix à tout prix; sa modération même était un calcul
habile, et lui servait de courage. — « Otez-vous de là,
bourreau! » criait Mécène à l'empereur Auguste, un
jour où l'empereur, songeant à d'autres affaires, con-
damnait tout le monde à mort. Le sang répugnait à
Mécène comme une chose assez laide et déplaisante;
les cris des mourants l'importunaient comme une
clameur pénible aux oreilles délicates; il trouvait
malséante une condamnation capitale, après avoir
vu tomber tant de têtes illustres. Il était blasé
même sur le meurtre, et, par fatigue, il n'en voulait
pas!

Sa femme était, en tout, l'opposé de son mari. C'était
une ambitieuse, une coquette, une tête volage, et qui
n'avait plus rien de romain. « Les chœurs, les chants
et les festins!... Dansons! dansons! le fils du dieu de la
danse est descendu des hauteurs de Cythère... et foulons
d'un pied léger le gazon brillant de rosée... » Ainsi
elle chantait au maître attentif et silencieux toutes les
chansons qui pouvaient charmer ses ennuis. Au de-
meurant, la femme de Mécène était assez semblable à
cette élégante duchesse de Roquelaure, dont le mari
fermait les yeux, quand Louis XIV était là.

> Avoir le corps des mieux taillé,
> Le teint blanc, frais, uni, caillé,
> La bouche vermeille et parfaite,
> L'embonpoint des plus ravissants,
> L'esprit charmant, l'âme bien faite,
> C'est trop de la moitié pour surprendre nos sens.

Quand, à l'exemple du prince (et le monde entier s'y conformait), notre Ovide eut quitté sa première épouse, il en prit une seconde, un peu mieux née, un peu plus belle, assez jolie, assez volage, et telle enfin qu'on en voit un grand nombre en ce fameux treizième arrondissement où le mariage libre a creusé ses alcôves et caché ses berceaux :

> Femme adorable, un peu coquette,
> Toujours en habit arrangé,
> Forte dans l'art de la toilette,
> Et redoutant le négligé.

En un mot, cette autre épouse appartenait à la race habile et complaisante des femmes faciles, que l'on dirait nées exprès pour le divorce. Il y en a beaucoup chez tous les peuples civilisés, de ces harpies au beau plumage, faites pour le piége et pour la proie. Elles s'avancent d'un pas libre, aisé, facile, aux sons lascifs des flûtes provocantes; elles se disent, au départ, que les honteuses seules perdent au jeu de la vie, et elles s'arrangent de façon à ne rien perdre. Elles étaient nées pour le vice et pour le commandement, pour plaire et pour régner, et elles obéissent à la loi de leur être. Esclaves, elles passaient de leur esclavage à l'affranchissement; affranchies, elles jouaient le jeu des grandes coquettes : Ninon de Lenclos, la comtesse d'Olonne, Célimène, ou madame de Pompadour.

La liberté qu'on leur donnait était un raffinement de tous les vices dont elles étaient le centre et l'écho;

leur liberté était une licence, et vraiment il faut qu'elles aient été bien belles, pour que leur nom pardonné remplisse encore aujourd'hui les histoires, les contes, les comédies et tous les poëmes de l'amour! De ces ambitieuses qui barbottent au pied des trônes, Rome, sous le règne d'Auguste, en était remplie, et Rome adoptait l'une et l'autre, allant, contente, au gré du prince, au gré des poëtes, de Lesbie à Glycère, de Cynthie à Néobule, de Néère à Lalagé, de Lydie à Cynare! Les moins avancées, les moins ambitieuses, les moins belles, parmi ces *torches et* ces *cribles,* quand elles n'épousaient pas le consul, se contentaient d'un chevalier romain. Ainsi les deux premières femmes d'Ovide appartenaient à cette espèce de nation libre; il les avait prises à l'essai, et il n'a pas même songé à nous raconter leur conduite et le nom qu'elles portaient... *Facinus nomen que tacebo.*

Sa troisième épouse elle-même (il s'est marié trois fois), sans doute par habitude, il ne l'a pas nommée; on sait cependant que ce dernier mariage était un mariage honnête et sérieux. La dame était une descendante de ce Fabius, surnommé *Cunctator*, qui avait sauvé, par sa prudence et ses habiles lenteurs, la république à demi vaincue: *Cunctando restituit rem*. Elle touchait aux vraies Romaines, aux Camille, aux Pauline, aux grands noms des grandes familles et des belles tragédies: Emilie, Pauline, Cornélie, Pulchérie, et vous aussi, Junie en *simple appareil.* Ces matrones romaines, ces femmes de bonne maison, gardaient encore, au temps d'Auguste, le souvenir et le respect des vertus anciennes.

On en vit, plus tard, sous les Tibère et les Néron, quelques-unes des mieux inspirées et des plus vaillantes, qui se plongeaient le poignard dans le cœur, et qui, le tirant, tiède encore, de leur poitrine ouverte:

— « Allons, disaient-elles à l'époux tremblant, frappez-vous, ça tue, et ça ne fait pas de mal. » D'autres, errantes dans les bois, fugitives dans les exils, cachées dans les cavernes, défiant la tyrannie, emportaient leur époux et leurs enfants, prêtes à affronter même le sable et les lions de la Libye.

Ovide eut donc enfin une femme illustre, et faite sur ces grands modèles. Qu'il l'ait aimée, honnêtement, fidèlement, comme un galant homme aime une honnête épouse, on ne saurait le dire; mais qu'il l'ait entourée, à chaque instant, de ses hommages et de ses respects, la chose est sûre, et ne peut se nier.

« Ma femme était originaire du riche pays des Falisques... » C'est ainsi qu'il commence une admirable description des fêtes de Junon, où « les chastes prêtresses célébraient la déesse par des jeux solennels. » L'exil vint plus tard, qui, par l'admirable entraînement et l'obstination vertueuse que le malheur seul donne aux âmes bien trempées, serra les liens de la femme et du mari, et, les ayant noués par le respect, les fit enfin éternels. Celle-là aussi, la femme d'Ovide, elle tenait à la race hardie et généreuse de ces femmes illustres que l'exil ne saurait atteindre, et qui ne courbera pas la tête dans l'exil.

Le dévouement et l'honnête amour appartiennent aux races vaillantes. La courtisane amoureuse est une fiction d'un temps de décadence.

Au contraire, c'est le caractère des femmes de fortune et de joie : elles s'en vont, quand s'en va la fortune, oublieuses et négligentes de tout le reste. En vain elles juraient à leur amant, à leur poëte, un amour qui ne finira pas; le même instant qui perdait cet homme adoré dispersait cette foule ingrate, et pas une n'est restée fidèle au malheur, parmi ces Glycère, ces Chloë, ces Tyndaris. Lydé s'est enfuie à la première disgrâce, et Phyllis s'est voilé la face! Ne comptez pas sur Astérie et sur Corinne, pauvre amoureux que l'exil entraîne, et ne comptez pas sur les volages amours. « Prends garde, ami, prends garde à Glycère! Elle est blanche autant que la neige, autant que l'onde elle est inconstante. Insensé qui s'y fie! Aujourd'hui Lycoris, au front chevelu, court après Cyrus, qui la repousse, et qui court après Chloë! Moi-même, eh bien! j'appartiens à Myrtale! Une affranchie! Elle est moins que rien, cette Myrtale, et cependant je porte sa chaîne; et j'ai renoncé, pour elle, à de belles amours! »

Ceci est un billet d'Horace, imité d'une idylle grecque de Moschus. Ils parlaient, autrement, de la matrone romaine, Ovide aussi bien qu'Horace; ils savaient comme il en faut parler, avec quelle déférence et quel profond respect!

L'épouse! Il n'y a pas une force égale à cette force; une consolation comparable à cette consolation.

Oublions cependant ces mariages, sitôt conclus, sitôt brisés: ce ne sont pas des mariages, ce sont des rencontres. La vraie et sincère épouse est celle-là qui comprend le poëte, et qui l'honore. Elle l'adopte; elle le protége; elle le défend; elle est fidèle et dévouée aux temps heureux; elle est constante et courageuse aux temps difficiles. Et pendant que la courtisane oublie, et passe à d'autres amours, l'épouse attend; l'épouse espère; elle est la voix qui console; elle est le compagnon; elle est le rempart; elle est surtout le courage et l'inspiration, l'indulgence et le pardon même.

Ovide eut donc ce grand honneur de rencontrer, après son deuxième divorce, une honnête et glorieuse épouse, indulgente et dévouée. Il était riche, et la mort de son frère avait doublé sa fortune. O mon frère:

> Il emporte, en mourant, la moitié de mon âme!

Et comme il ne pouvait pas, honnêtement, rester un oisif, un rêveur, un Athénien, un lecteur d'Homère et d'Anacréon, il accepta les magistratures qui lui furent offertes, disons mieux, imposées.

Ces pouvoirs despotiques, s'ils sont intelligents, lorsqu'ils remplacent habilement l'exercice assidu des plus complètes libertés, ont grand soin de ne pas abolir les anciennes magistratures, les anciens emplois, les charges même les plus contraires, en apparence, au jeu silencieux des nouveaux pouvoirs. Ils font plus ; non-seulement ils maintiennent ces magistratures et ces emplois secondaires, mais ils les favorisent; et s'ils les diminuent du côté de l'autorité, ils les augmentent dans tout ce qui tient au salaire, aux priviléges honorifiques, à l'apparence extérieure. Lui-même, l'empereur Auguste, habile, impérieux, calme, attentif aux moindres détails de sa toute-puissance, attaché pendant près d'un demi-siècle[1] à son œuvre, et cherchant la popularité, même dans les ruines du passé, il y avait des jours où il semblait briguer certaines charges populaires, qu'il avait abandonnées à l'élection, et quand, *par bonheur*, il était choisi, il s'en montrait glorieux et même étonné. Le lendemain de ce triomphe *inespéré*, les sacrifices les plus somptueux étaient offerts, au nom du nouvel élu, sur les autels de Jupiter.

Donc, pour obéir au prince, autant que pour être un homme occupé, Ovide accepta plusieurs de ces petites magistratures, dont le titre et la formule avaient survécu au complet anéantissement de la république. Il fut d'abord triumvir, jusqu'au moment où l'empereur Auguste éprouva la légitime ambition d'être à son tour... tribun du peuple ! Élu d'une voix unanime, Auguste retint, pour lui-même, cette magistrature élective, et,

---

1. Quarante-quatre ans.

jusqu'à la fin de sa vie, il voulut ajouter à son titre d'empereur ce titre absolu, formidable, et fécond en révolutions, en tumulte, en libertés de toute espèce. En remontant la liste éloquente de ces tribuns du peuple, on rencontrait le terrible et superbe Caïus Gracchus... Et plus loin, on voyait apparaître le vengeur Virginius.

Quand il eut passé par le triumvirat, Ovide accepta l'emploi de *centumvir*, c'est-à-dire qu'il devint un des trois juges nommés par chaque tribu, une espèce de cour souveraine dont la décision était sans appel. C'était encore, en ce temps-là, une justice formidable; elle avait perdu les faisceaux consulaires, elle avait gardé la hache, emblème d'une justice expéditive...

« Eh! vraiment, disait plus tard Ovide en se rappelant son ancienne dignité, il me semble que ceux qui comparaissaient au tribunal des centumvirs, ne se sont jamais plaints de la justice et de l'équité de leur juge. » Il y a pourtant ceci d'étrange : une hache aux pieds d'Ovide! Il est vrai qu'à Londres même (et quoi de plus semblable au patriciat romain, que le patriciat anglais?), le charmant et débauché Fielding était un des juges de paix de la ville de Londres, et qu'il a laissé dans cette justice urbaine un très-honorable et très-cher souvenir.

Ces Romains, ces Anglais, ces patriciens, tout leur convient, l'armée et le consulat, la justice et l'éloquence, le barreau et l'administration. Ils savent bien juger, bien se battre, et bien mourir. Ovide, un instant, fut soldat sous Varron; Cicéron, gouverneur en Cilicie, a porté les armes contre ces mêmes Parthes qu'Horace a signalés comme un obstacle; Salluste était, en Afrique, un des capitaines de Jules César; Horace a ri de son bouclier, perdu dans la bagarre, mais il a beau dire, il s'est battu pour la liberté dans les plaines de Philippes; le charmant Tibulle a suivi les troupes de Messala dans l'île de Corcyre; Velleius Paterculus était tribun des soldats sous Tibère; on vit, un jour, dans les armées de Néron, un vieux centurion en cheveux blancs, mourant de fatigue et de soif, qui succombait sous le faix de son casque et de son armure : il s'appelait Juvénal... En ce moment, voyez comme ils meurent, ces Anglais, dans les Indes révoltées; ils meurent, non pas en soldats, mais en bourgeois, en citoyens, en pairs d'Angleterre; ils meurent comme ils tuent, sans bruit, sans emphase et sans déclamation! *OEneæ magni dextra cadis!...* Voilà un mot de Gascon, un mot qu'un Anglais ne dirait pas. Certes, nous ne voudrions pas nous calomnier nous-mêmes; mais chez nous, et c'est pourquoi peut-être l'œuvre est bien faite, chaque homme est attaché à son œuvre, et n'en sort jamais. Ainsi, chez nous, le juge est un juge, et le soldat est un soldat. A peine on permet au peintre de modeler une statue, et si le statuaire osait toucher à la peinture, haro sur l'imprudent artiste! On ne veut pas qu'un seul homme ait tant de vertus à lui tout seul. Fussiez-vous Michel-Ange : architecte ou poëte, peintre ou statuaire!... il faut choisir!

En revanche, et beaucoup plus que les Romains et les Grecs, nous sommes jaloux de la gloire, et nous outrageons nos grands hommes. Contemplez, parmi nous, dans les sereines hauteurs, cet homme à part qu'on appelle un poëte! Il chante, il pleure, il se fâche, il prie, il se lamente, il obéit à ses passions, à ses instincts, à ses vengeances; mais il reste un poëte, un homme à part de tous les autres hommes, et quand parfois il se mêle à la politique, eh bien! la politique a grand'peine à croire aux talents de cette intelligence, et mécontente, inquiète ou jalouse, elle le renvoie à ses poëmes, à ses drames, à ses chansons.

Ainsi nous obéissons à une habitude ancienne et toute française, lorsque nous nous étonnons de rencontrer le poëte Ovide au rang des décemvirs, parmi ces dix magistrats suprêmes tirés, en nombre égal, du sénat, et de l'ordre équestre. Ovide, un décemvir! avec tous les honneurs réservés aux magistrats romains! L'*Art d'aimer*, écrit sur les marges de la loi des douze tables! Les Romains ne s'en étonnaient pas le moins du monde, et ils n'eussent pas été surpris de le voir au nombre des sénateurs. Jules César, d'ailleurs, avait introduit dans ce sénat docile bien des éléments inconnus avant lui.

> Tous ces Gaulois qu'à son retour
> César amena comme esclaves,
> Posant leurs sayons à la cour,
> Ont pris des robes laticlaves...

C'est Longin lui-même, ce grand rhéteur, qui a défini la liberté : l'*âme de l'émulation*.

« Il n'y a rien, dit-il, qui excite et réveille plus puissamment en nous cette noble ardeur qui nous pousse à monter au premier rang parmi nos émules. »

A propos des libertés perdues, et de l'émulation absente, quand l'éloquence est muette, et que les volontés sont enchaînées, Longin cite ces vers d'Homère, où il est dit excellemment :

> Le même jour qui mit un homme libre aux fers,
> Lui ravit la moitié de sa vertu première...

Il est facile de comprendre qu'Ovide, un poëte, un sage, un amoureux, n'ait pas rêvé les honneurs du sénat, dans un sénat d'esclaves. Il était trop habile et trop heureux, pour se laisser prendre à ces vains honneurs, dont il pressentait les humiliations et les dangers. C'est ainsi que plus tard, un jour que Pétrone, un ami de Néron, représentait, à l'empereur, que le sénat avait à tort chassé d'assez bons comédiens, qui charmaient la ville et la cour, et qu'il était malséant de nuire aux choses innocentes : — C'est vrai, répondait le César, hésitant, et je rappellerais volontiers tes comédiens; mais il y a un sénatus-consulte. — « Et vous, seigneur, reprit Pétrone, pour qui donc vous prenez-vous ? Un sénatus-consulte! eh bien faites-en deux! » Ce qui fut dit fut fait. Mais peu de jours après, ce même Pétrone, ennemi du sénat, qui riait des sénatus-consultes, reçut un message de César : — « Il faut mourir! » — Il mourut, dans l'ironie et dans le mépris de cette bête fauve, qu'il avait flattée, il n'y avait pas huit jours!

Ovide, à peine il eut payé sa dette à cette fiction qui consistait à toucher aux affaires publiques (un seul homme y touchait, sérieusement, dans tout l'univers), renonça bien vite à ces mensonges; il le disait lui-même :

Et le trône et l'amour ne se partagent pas!

Non bene cum sociis regna Venus que manent...

La poésie était en lui; il avait tenté, mais en vain, de la dompter un instant, elle était la plus forte. Il avait appris, dans les écoles d'Athènes, à lire Homère, Euripide et Sophocle ; il s'était enivré aux sources fécondes où puisaient Anacréon et Théocrite ; il avait suivi les traces ardentes de tant de jeunes romains, que la mort de César avait surpris au milieu de leurs études, et qui, du sein de l'Académie, étaient allés se battre aux champs de Philippes, du côté de Brutus et de Cassius, sauf, lorsque Octave est le maître, à briser leur épée, à jeter leur bouclier, à passer à l'ennemi, en même temps que la fortune.

Ovide était donc un Athénien; il en avait la parole

et l'accent. *Tanto sermo Græcus!* disait Quintilien, pour expliquer l'excellence et l'autorité de la langue que parlaient Aristophane, Thucydide et Demosthène. Que disons-nous ? Tout ce mouvement poétique athénien était augmenté, pour Ovide lui-même, de la louange et de l'admiration que portait le peuple romain à Virgile, au grand Virgile, à peine entrevu, d'abord, par le poëte des *Métamorphoses* et des *Amours*... *Virgilium vidi tantum!* « Je n'ai fait que l'entrevoir, » disait-il, mais rien qu'à voir s'incliner cette tête féconde où s'étaient enfantées les *Géorgiques*, où les *Églogues* avaient chanté, pour la première fois, leur chant de la Sicile, où l'*Énéide* avait éclaté, également *digne des consuls;* dans ce murmure immense de l'Olympe et du ciel, des dieux et des hommes... Oui, certes, rien qu'à voir passer Virgile, Ovide avait senti sa jeune âme entraînée au courant poétique. « Et moi aussi !... » disait-il.

Il était semblable, en ce moment, au fils d'Ulysse, à Télémaque, lorsqu'il s'en vient chercher son père à la cour de la belle Hélène ! Il n'avait fait que l'entrevoir, cette reine amoureuse : il s'en est souvenu toute sa vie. Il allait partir, elle se leva avec l'aurore, et elle lui dit au départ : « Mon cher fils, acceptez ce présent qui vous rappellera le travail d'Hélène ! Il vous servira, le jour de vos noces, à orner la princesse heureuse que vous épouserez. » *En même temps elle lui présentait un merveilleux ouvrage où brillait tout l'art de Minerve.* Ainsi, d'abord, s'est montré Virgile aux jeunes poëtes du siècle d'Auguste ; il tenait en main l'*Énéide*, un ouvrage merveilleux, où brillait tout l'art d'Apollon. Il avait cependant commandé que l'*Énéide* fût vouée à la flamme implacable, et ce sera l'éternelle louange de l'empereur Auguste d'avoir cassé le testament de Virgile, et sauvé l'*Énéide* éternelle des feux injustes qui la menaçaient.

A la mort de Virgile, au moment du règne brillant

d'Horace, à l'heure, excellente entre toutes, où l'art romain consolait ces beaux esprits de toute chose, et même de la liberté absente, ce fut, dans Rome entière, un bruit, un mouvement, une grâce, un charme, une gloire, un cantique universel, une fête où vraiment César, maître du monde, *partageait le ciel avec Jupiter!* Tout brillait, tout rêvait, tout chantait; Rome était semblable à ce captif du poëte :

> Il chante, accompagné du bruit que fait sa chaîne!
>
> Ciura sonant ferro, sed canit inter opus...

Il y avait, à Rome, en ce temps-là, mais jeunes, charmants, amoureux l'un et l'autre, et tout animés

> De l'esprit délicat de la muse athénienne [1]...

Properce et Tibulle, un couple heureux de poëtes ingénieux, enfants de la muse, enfants de l'amour, les délices de la belle société romaine, ce beau monde exquis, frivole, oublieux. Ce qu'on appelle aujourd'hui la politesse, la première de ces vertus secondaires que Jules César appelait si bien *Leniores virtutes,* c'est le siècle d'Auguste à qui la grâce et l'honneur en reviennent. « L'urbanité, la fleur des vertus sociales. » Ce monde élégant, ce monde, composé des plus grands seigneurs de l'univers; qui devait servir de modèle et d'exemple à toutes les royautés de l'Europe moderne; maître absolu de tout ce qui n'est pas la force et l'autorité; habile à deviner, à comprendre, à savoir; ce monde ingénieux, timide, connaisseur en belle prose, en beaux vers, en tableaux, en parfums, en habits, en toute espèce de beaux-arts, il se vante, à bon droit, de la plus antique origine. Il vient d'Athènes et de Rome.

---

1. Spiritum Graiæ tenuem camenæ...

Il vient des poëtes et des philosophes qui charmèrent, en l'instruisant, cette jeunesse grecque, si vive et si ardente aux belles études.

De ces maîtres divins la jeunesse romaine allait chercher la trace éloquente dans les écoles d'Athènes et dans les îles de l'Ionie.

Ainsi César et Pompée, Crassus, Antoine, Octave, et le premier de tous ces beaux esprits, Cicéron, étaient purement et simplement des Athéniens, et soyez sûrs qu'il entrait un certain mépris des esprits incultes dans la haine que ces délicats portaient à Marius et à tous ces rustres sans lettres, et qui ne savaient même pas la musique. Ainsi, de la société polie on peut dire qu'elle prend ses origines aux sources mêmes de la poésie. Elle a régné surtout dans la maison de Périclès, dans le palais d'Auguste.

Elle a plus tard habité le palais de Louis XIV, à Versailles, et la place Royale, à Paris. C'est le monde égoïste et fin, intelligent et recherché, curieux, oisif, malin, amoureux des passions légères, des œuvres galantes, de l'élégant badinage, et du libertinage voilé. Il adorait Aspasie, Horace et Voltaire, ce monde éblouissant des belles dames, des grands poëtes, des courtisanes bien disantes, des artistes ingénieux, des grands philosophes du paradoxe, et des écrivains beaux esprits. Et pendant tant de siècles, sous tant de noms propres, dans le centre intelligent de tant de capitales, si diverses, d'Alcibiade à M. de Richelieu, d'Horace à Despréaux, de Martial à Jean-Baptiste Rousseau, de Tibulle au chevalier Bertin, d'Aspasie à madame Dubarry, d'Auguste au roi Louis XV, de Plaute à Molière, et de Térence à Marivaux, il faut toujours en revenir à cette frivole, spirituelle et coquette société, où le doute et le joli, la dette et le fard, l'ironie et le luxe entraînent toutes les louanges. Ici, la vertu elle-même est une grande coquette; elle se pare, à plaisir, des plus vains ornements, et des recherches les plus exquises :

Ipsa quoque, et cultu est, et nomine, femina virtus!

C'est la grande habileté de l'empereur Auguste d'avoir dominé, du sein même de ces élégances suprêmes, la haine, l'envie, et le souvenir du passé.

En ce moment, décisif pour la liberté du genre humain, l'ancien monde et le nouveau ont pris leur parti de la servitude universelle. Il n'y a plus de voix libre, éclatante et vraie, au milieu du silence universel. *La ville...* il n'y avait qu'une ville au monde pour les Romains, *la ville* appartient à César, qui la prête à son peuple. On n'entend parler, dans les murailles des Scipions et de Caton l'Ancien, que des plaisirs et des licences de la jeunesse amoureuse.

Regardez Tibulle entre Ovide et Properce. Il est pâle et beau, ce Tibulle! Il est, tout ensemble, un poëte, un élégant, un homme du beau monde, avec toutes les marques de l'*honnête homme* selon La Bruyère; il aime un peu trop les femmes légères, mais il a le bon goût de les élever jusqu'à lui, lorsque tant de patriciens ne rougissent pas de descendre jusqu'à elles. Il a déjà trois amours à sa suite, à savoir : Délie, une femme libre, une ingénue; Sulpicie, une affranchie; et Néère, une esclave! Il en a trois, c'était l'usage; ainsi l'exigeait le faubourg Saint-Germain de la ville éternelle : la femme libre est pour l'orgueil; l'affranchie est pour l'amour; l'esclave est pour le maintien, et tenez pour certain que Néère ne sera la maîtresse de Tibulle, que si Tibulle, au préalable, affranchit Néère. Ils auraient eu honte, ces jeunes délicats, d'abuser de l'esclavage, et, maîtres de s'imposer à leur esclave, ils lui donnaient la liberté de leur fermer sa porte. Ainsi l'usage était d'affranchir cette beauté que l'on voulait aimer; puis, affranchie, elle avait le droit (elle en usait) de vous chasser de sa maison. *Lydia, dormis?* « Dors-tu, Lydie? » Elle dormait pour son ancien maître; elle ne dormait pas pour l'amant de son choix.

Ah! jeunesse! ah! jeunesse! et surtout la jeunesse aux temps antiques, lorsque l'amour était sans danger, lorsque la débauche elle-même était sans châtiments! Elle est vive, elle est heureuse, elle est contente; elle porte en soi-même une excuse irrésistible; on l'aime, on la recherche, on l'écoute; on sourit aux chansons qu'elle improvise; et justement parce que la femme qu'il implore, il la paie, et parce qu'il ne se vante pas d'être aimé pour rien (*immunis*) de l'avide Cynare, ou de Phryné *le crible*, parce que sa main est ouverte autant que son cœur, et qu'il ne vit pas de plain-pied avec ces dames, le doux Tibulle est resté, de tous ses confrères, le poëte le plus châtié, le plus parfait : une poésie ingénieuse, une forme savante, une extrême habitude à plier, à vaincre, à dominer cette langue rebelle. Elle a résisté longtemps, la langue latine, aux délicatesses de l'amour, et ce n'est qu'à force de zèle, de génie et de travail, que la poésie légère a conquis le droit de cité.

« C'est la mode. Il n'y a pas de jeune homme aujour-
« d'hui qui ne tourne assez élégamment une élégie,
« une chanson, une ode à Lydie. A table, aux champs, à
« la ville, au Forum, c'est à qui fera le plus de vers ga-
« lants, en se tenant sur un pied. Moi-même, au lever de
« l'aurore, j'ai déjà des vers à joindre à ceux que j'ai
« faits la veille. Ainsi le forgeron songe à sa forge,
« ainsi le médecin songe à ses malades; ainsi nous au-
« tres, les bons et les mauvais poëtes, nous rêvons à
« nos vers... » Qui parle ainsi? est-ce Ovide?... Non, vraiment! c'est un poëte un peu plus sérieux qu'Ovide :

Horace ! Et l'on comprend que dans cette rage d'écrire en vers, *scribendi cacoethes*, il fallait déjà un talent, très-rare et très-heureux, pour se distinguer de la foule.

Les anciens, messieurs les Romains, ils avaient comme nous, les malheureux ! leur *Almanach des Grâces*, leur *Almanach des Muses*, leur *Bouquet à Chloris*... pas un de ces livrets n'est resté (chose agréable aux dieux !), et certes notre respect pour les poëtes anciens s'est accru de ces pertes, si profitables à l'art d'écrire en beaux vers. *Phœbo gratissima dona*, disait Tibulle ; il parle aussi du bruit sonore et de bon augure en ses petillements, que fait le laurier dans la flamme :

Et succensa sacris crepitet bene laurea flammis.

Heureux qui peut l'entendre à son oreille, innocente des mauvais bruits que fait une élégie imbécile, une suite de bouts rimés, une lâche cantate, semblable à la châtaigne qui pète au foyer d'un malheureux esclave, cet heureux petillement du laurier poétique ! Ah ! le bon présage, un laurier qui brûle honnêtement au foyer d'un galant homme, et dont la flamme et l'encens réjouissent nos dieux domestiques !

Il en est de ces domaines de la poésie et des beauxarts, dans lesquels se rue un jeune homme impatient, comme d'une ville assiégée et prise d'assaut.

Mais quoi ! dans ces domaines de la poésie, il faut entrer à la façon du beau Gylippe, entrant à Syracuse ; il avait au bout de sa lance... une étoile. Oh ! les beaux rêves : étoile et laurier !

Cet aimable, ingénieux et glorieux Tibulle était le condisciple et l'ami d'Ovide ; ils étaient nés, ces deux maîtres de la lyre athénienne et romaine, enfants d'Horace et de Sapho, dans la même année et le même jour! Ovide, exilé, n'eut pas de meilleur ami que Tibulle; et la gloire, et l'exil, n'ont jamais pu séparer ces deux frères. Or ça, trouvez-vous donc beaucoup de ces fidélités touchantes, beaucoup de ces amitiés à toute épreuve, et qui ne se démentent pas un instant, parmi les poëtes de notre âge?

Ils n'ont pas le temps de se pleurer l'un l'autre, ou bien si celui-ci se met à rappeler celui-là, c'est qu'il y trouve un beau sujet d'élégie : artiste avant d'être un ami, poëte encore plus que citoyen! Ils sont, l'un à l'autre, un ornement, et non pas une amitié. Où donc est l'ode éclatante en l'honneur de M. de Lamartine? Je cherche en vain le poëte inspiré au tombeau d'Alfred de Musset! Béranger mort est devenu le texte et le héros des plus insipides chansons. Pas un poëte de nos jours n'est aussi tendre à ses pairs qu'Horace à Virgile, ou que Tibulle à Ovide. « O vents du nord, respectez le vaisseau de Virgile! et toi, navire, à qui j'ai confié la moitié de moi-même, rends sain et sauf au rivage de l'Attique, le dépôt qui t'est confié :

Et serves animæ dimidium meæ! »

Ce qui charme et ce qui plaît dans Ovide, c'est qu'il est un poëte, du consentement même de ses rivaux les poëtes, et sous l'autorité de Tibulle! Ainsi protégé, Ovide eut bientôt conquis la réputation d'un bel esprit qui méritait l'étude et l'attention des connaisseurs en beaux ouvrages. Bientôt, grâce à la nouveauté piquante de ses poëmes, il vit venir à lui les jeunes gens à peine émancipés et délivrés de la bulle d'or, et les anciens jeunes gens qui avaient assisté au réveil de la poésie : Messala, Varron, Varius dont le *Thyeste* a rivalisé avec la *Médée* d'Ovide, Pomponius Secundus, Corvinus, et ce Cornélius Gallus, gouverneur de l'Égypte, amoureux de Lycoris la blonde (*une Lumière!*), ami de Virgile, qui dédiait sa dixième églogue à Gallus. Il mourut, lui aussi, cet aimable esprit. Gallus, dans la disgrâce éclatante d'Auguste, échappant par sa mort volontaire au plus abominable exil. C'est ainsi que toujours quelque amertume est au fond de nos contentements et de nos joies :

..... Medio de fonte leporum
Surgit amari aliquid.....

A ces amis de sa jeunesse et de sa poésie, Ovide ajoutait les élégants, les poëtes et les prodigues de la veille : Albius, Mœnius, Barrus, Nomentanus ; ils parlaient, les uns et les autres, des années envolées, des poëtes morts, des amours d'autrefois, des élégances d'un temps déjà loin.

Ainsi chaque jour apportait au poëte une amitié nouvelle : Quintius Macer l'*Italique*, et le continuateur de l'Iliade ; Battus, un poëte élégiaque ; Ponticus, qui chantait la guerre de Thèbes, moins heureuse en ceci que le siége de Troie ; un poëte tragique appelé Severus, dont les tragédies, longtemps célèbres, se sont perdues, sans que nul ait songé, plus tard, à les retrouver pour les remettre en quelque honneur. O triste exemple de la fortune des tragédies ! Sans doute, il appartenait à l'école du bon sens, ce trop loué, trop admiré et trop dédaigné Severus. Applaudi la veille, on l'oubliait le lendemain. Il avait pourtant composé vingt tragédies, et une épigramme... oubliée ! Au contraire, une épigramme emporte-pièce, et dont les méchants se souviennent, à travers les siècles, eût été d'un meilleur profit que toutes ses tragédies pour la gloire de Severus.

Au premier rang des amis d'Ovide, il y avait aussi le

bibliothécaire Julius Hyginus, Albinovanus, un ami de Mécène; il y avait Celse, un capitaine, un agriculteur, un médecin; Ovide a pleuré la mort de ce fameux enfant de la famille Cornelia, l'Hippocrate romain.

Tous ces noms populaires à des titres si divers, vous les retrouvez dans les *Tristes*, à l'heure où l'exilé pleure et se souvient, à l'heure où l'amitié lui apparaît tantôt comme un regret, et tantôt comme une consolation. Ovide avait encore, à côté de son cœur, son ami Tulipanus, le confident de ses vers... *Nostrorum sermonum candide judex*, comme dit Horace; Carus, le poëte hardi, qui, sous Tibère, osait célébrer Germanicus; Atticus, le propre fils de cet ami de Cicéron, que cette amitié a fait immortel; Cotta l'éloquent, moins éloquent, certes, que son père Messala; Messalinus, un rhéteur, qui sera le grand-père, ô misère! ô famille éternellement déshonorée! oui, le grand-père de Messaline, et Rufin, le questeur en Asie, et Sicilius, le questeur, et Rufus, le poëte comique, dont les comédies légères sont allées rejoindre, au fond des abîmes, les tragédies de Severus.

De ces amis d'Ovide, abandonné, proscrit, la liste en est longue; elle est écrite et datée du Pont-Euxin, en ces déserts *où le poëte exilé était le barbare, et n'était pas compris.*

Les uns et les autres, ces amis de la bonne et de la mauvaise fortune, ils se saluaient, ils s'aimaient encore à travers cet implacable exil. O respect! O pitié des grandes âmes pour les grands malheurs! On les retrouvait même sous Tibère, le tyran sombre qui s'avance à pas lents dans le règne d'Auguste! Ajoutez même cette louange à tant de louanges, que ces hommes qui avaient l'honneur de rester fidèles à l'amitié, restaient fidèles aux temps anciens, à la liberté perdue, et que du moins, par leur contenance et par leur tristesse éloquente, ils échappaient à l'adulation universelle pour le maître absolu! Ovide exilé, Ovide implorant à genoux le pardon d'un crime imaginaire, aura, plus d'une fois, rougi de ses propres lâchetés, en comparant sa plainte avec l'attitude austère et silencieuse de ses amis eux-mêmes! Ils le consolaient, ils le plaignaient, ils le plaignaient surtout de manquer de courage et de résignation!

« O Jupiter! O destin! conduisez-moi partout où vous voudrez me conduire, je vous suivrai sans retardement! »

Hélas! oui, disait Ovide, mais, ceux-là seulement qui sont coupables supportent volontiers le châtiment:

Æquo animo pœnam qui meruere ferunt.

Voilà pourtant l'exemple qu'Horace et Virgile avaient donné aux poëtes contemporains d'Auguste! Adorer la main qui frappe, et baiser le fouet qui châtie! O malheur de la servitude, éclatante, acceptée, excusable! Horace aux pieds de l'idole dont Mécène était le grand prêtre était pourtant le même homme qui, jeune encore et tout ému à l'aspect de la misère universelle, entre le sénat brisé et la liberté perdue, au plus fort de cette agitation stérile des partisans d'Antoine et des créatures d'Octave, à l'aspect de Virgile, dépouillé de son domaine de Mantoue, s'écriait « que Rome tombait écrasée enfin sous le poids de ses propres grandeurs, que le Barbare était aux portes de cette citadelle du monde, qui avait vaincu Annibal, et que l'heure était venue, ô honte! d'abandonner ces murailles sacrées, et de chercher, quelque part, un *champ d'asile*. Et nous ne reviendrons que le jour où la mer couvrira de son flot irrité l'Apennin humilié. » Belle et grande satire de cet *âge de fer*. — Horace était jeune alors; il s'adressait aux âmes généreuses, aux nobles esprits, à tant d'honnêtes gens qui font leur tristesse et leur peine des malheurs de la patrie... Il oubliait le châtiment que le consul infligeait, après la bataille de Cannes, aux timides qui désespéraient de la patrie en deuil.

Il est bien entendu que dans cet avilissement des âmes, dans ce lâche abattement des esprits, tous les amis d'Ovide n'étaient pas des modèles de courage et de dévouement ! Non pas, certes ! Les amitiés courageuses sont rares, et le poëte exilé ne fut pas toujours le poëte écouté. Tant la misère est une contagion ! Tant la disgrâce est une peste ! Hélas ! les seigneurs les plus puissants et les plus autorisés, et ce que la cour d'Auguste avait de plus exquis, étaient justement les amis les plus timides et les plus craintifs. Ovide en vain les pleure et les invoque; il se rappelle à leur souvenir, il les prie et les supplie, au nom de l'amitié passée, au nom de la peine présente, de lui venir en aide, en pitié, en protection... Pas un n'ose, ou pas un ne veut s'exposer au mécontentement de César ! Pomponius Grécinus, consul désigné, redoute la colère du maître; Pomponius Flaccus, gouverneur en Syrie, est trop loin du prince; Sextus Pompée (ô démence! ô malheur de ces temps pervertis ! un Pompée au service d'Octave !) est content, s'il vient à consoler, en grand secret, l'exilé d'Auguste; mais il n'est pas assez bien en cour pour demander son rappel. Il y avait même un Brutus, le propre fils du meurtrier de César, qui s'était réconcilié; son nom, qui touchait à la noblesse ancienne autant qu'aux anciennes libertés, était une garantie, une force; il pouvait solliciter, ce Brutus, ce qu'on appelait une grâce... il ne fut guère plus courageux que tous les autres... Et ce grand Thraséas qui, selon Juvénal, gardait son meilleur vin pour boire à la santé du père de ce Brutus !

Quale coronati Thrasea Helvidiusque bibebant
Brutorum et Cassi natalibus.....

Son véritable ami, son protecteur sincère et dévoué, le seul qui ait osé affronter, longtemps et souvent, la colère et les refus d'Auguste, était Maxime, un petit-fils de ce Fabius *Cunctator* dont nous parlions tout à l'heure. Il avait été soldat, ce Maxime, et son père était un vaillant capitaine, un de ces vieux soldats, comme on en trouve assez rarement chez nous, mais enfin on en trouve, amis des poëtes, esprits fins, délicats, lettrés, partisans de la vie heureuse et libérale, oubliant, au foyer domestique, les nécessités de la guerre, et fidèles, même au malheur. Race auguste et glorieuse de ces vaillants capitaines sans reproche et sans peur, que la paix elle-même adopte, et dont elle fait ses héros : un Catinat à Saint-Gratien, un général Foy à la tribune, un Manuel, ami de Béranger, et quand son poëte est mort, ouvrant sa tombe honorée à son ami, et l'abritant contre les honneurs militaires dont ce modeste cercueil est accablé.

Tels furent, dans le rang des hommes choisis, *hominum venustiorum*, les amis, les compagnons, les échos d'Ovide et des *Amours :* amours du *Jupiter prodigue* et de Vénus complaisante, ces amours, que nous savions par cœur, à vingt ans, fils demi-nus des muses grecques et latines, et qui s'embellissaient de tant de noms mélodieux et charmants.

Les voilà, toutes ces têtes au fin sourire, aux regards ioniens : le sein peu voilé, la ceinture peu serrée. Ah! les voix provocantes, les chevelures blondes et brunes, recouvertes d'une poudre d'or! les noms gracieux et à jamais célèbres de l'académie amoureuse : Lesbie, Glycère, Cynthie, Néobule, Néère et Lalagé, et Quintilie, et Lydie, et Cynare! Les voilà, les voilà toutes : Chloé, Tyndaris, Lydé, Galathée, Astérie et

Phyllis, héroïnes de la *Veillée de Vénus*. O cœurs légers, vagabonds, infidèles! Ils devaient cependant tant de reconnaissance au poëte de l'*Art d'aimer!* Ovide les avait protégés, défendus, *réhabilités*. Il les disputait à la fois aux exécrations de Juvénal qui s'approche, aux mépris de Plaute, à l'ironie ingénieuse et plus clémente de Térence l'Athénien, ces filles de l'amour et de la pauvreté; et, vraiment, il y avait un certain mérite à les défendre contre les attaques passées et à venir.

« Çà, disait Cléérète, la grand'mère de Néère ou de Cynare, il faut pourtant que j'obéisse aux lois de ma profession. Ménager un amant, quelle sottise et quelle faute! c'est se ruiner soi-même. Un amant, pour nous, est un poisson au bout de la ligne. Il est délicieux nouvellement pêché, et je puis le mettre à toute sauce. Un de nos sourires est un ordre, et notre humble prière est un commandement. Tendez la main, notre amoureux puise en plein sac! A tout prix il veut plaire; absolument il faut qu'on l'aime; il veut que tout vienne à lui, le valet, la suivante et la maîtresse, et le petit chien. Voilà pourquoi, puisque ma personne est à vendre, ma langue demande, et mon cœur babille. En vérité, j'appartiens à la fortune complaisante... et je n'entends que de cette oreille-là. »

Telles étaient ces *dames aux camélias* dans les comédies latines, et si le pauvre amant se fâchait, elles savaient bien lui répondre : « Avez-vous jamais rencontré un peintre, un sculpteur, un poëte, qui nous ait représentées autrement? » Ovide fut le premier peintre et le premier poëte à qui ces dames sont redevables de ce vernis charmant qui, d'un peu loin, leur donne encore l'aspect des femmes bien nées, telles que cette beauté dont parle Clément Marot :

> J'ai dame belle, exquise et honorable.
> Par quoi, fussé-je onze mille ans durable,

Au dieu d'amour ne demanderais rien,
Là me tiendrais...

Qui de nous, quand nous avions vingt ans (c'est vrai, pourtant, que nous avons été si jeunes!), ne les a pas sues par cœur, ces chères et charmantes *Amours* du poëte Ovide? En ce printemps joyeux, nous brûlions des feux les plus vifs pour Corinne, *semblable à Sémiramis*; en ce temps-là, nous n'aurions pas dédaigné Napé la suivante (*illice forma*), et Cypassis, *qui ne pouvait peigner qu'une déesse!*

On a dit que cette Corinne était « une grande dame! » une princesse de la famille impériale, et qu'Ovide avait joué, à la cour d'Auguste, le même rôle que Richelieu, jeune homme, à la cour de M. le régent...

J'en serais bien fâché pour Ovide; il aurait eu là une bien triste maîtresse. O l'horreur! une incestueuse, une idiote et misérable créature, et pédante, âgée, et corrompue en toute espèce de corruption! Voilà un nom qui gâterait bien des *amours*, je dis plus, qui justifierait bien des exils. Lui-même, Ovide, on eût dit qu'il pressentait ces accusations des chroniqueurs, lorsqu'il disait si franchement que l'amour se méfiait des longs cortéges et des généalogies fastueuses[1].

Tu les sais par cœur, ces *Amours* d'Ovide, ami Félix Lemaistre, et ce n'est pas à toi que je les veux raconter; cependant, puisque nous avons tant de loisirs, puisque nous sommes étrangers à toute autre émotion que l'émotion littéraire, et puisqu'en ces belles œuvres antiques sont contenues toutes les passions qui nous restent, laisse-moi me souvenir tout à mon aise des enchantements de la muse au myrte odorant.

C'est peu d'être poëte, il faut être amoureux...

---

1. Nescit amor priscis cedere imaginibus.

disait le plus sévère de nos poëtes moralistes; il disait cela, en songeant sans doute aux *Amours* du *tendre* Ovide. Il se rappelait ces insomnies, ces délires, ces joies, ces enchantements, ces désespoirs, ces serments prêtés, trahis, rendus... serments éternels, serments d'un jour! « Tous mes vœux, tout mon espoir, c'est d'être aimé de ma maîtresse! » Ainsi disait le poëte.

Au premier chant de ces *Amours*, il songe à Corinne, oublieux de tout le reste. Il aime, il est aimé! tournez la page, et déjà c'en est fait : nos deux amoureux sont deux complices, et les voilà qui conviennent, entre eux, d'une langue muette et claire à leurs yeux seulement, qui les aide à s'entendre au milieu des indifférents. « O mon âme! On se comprend si vite et si bien, quand on aime! A la rougeur de ta joue, au mouvement de ta bague autour de ton doigt d'enfant, je me dirai : la voilà qui me dit : je t'aime! » Il parle ainsi; puis au mois d'août, par un beau jour « plein de soleil et d'ombre, » une de ces claires et limpides journées, que l'on dirait empruntées à nos vieux poëtes :

Le vingtième d'avril, couché sur l'herbelette,

il a vu venir, chez lui, dans sa maison, ô dieux et déesses! Corinne elle-même, et non pas, comme on l'a dit, la fille d'Auguste. Par la description qu'il en fait, par le récit de cette minute heureuse, enfin par tant de bonheurs qu'il raconte avec tant de joie, à coup sûr, la maîtresse d'Ovide était, tout simplement, une jeune mortelle! Elle était... Corinne, et non pas Julie.

Elle est si jolie et si charmante, et toute semblable aux belles maîtresses des plus ardents poëtes! Voilà pourquoi nous aimions la Corinne, à vingt ans! Que parlez-vous de Sémiramis? Corinne est semblable à Laïs elle-même. Ou bien, si jamais elle a ressemblé à la reine d'Orient, c'est quand la fière Sémiramis, occupée à sa toilette, entendit venir l'émeute. Aussitôt, le feu dans les yeux, le sein nu, les cheveux épars, et dans l'appareil d'une reine au sortir du bain, elle descendit dans la rue, et, d'un geste impérieux, rendit le calme à ce peuple en fureur. De cette Sémiramis échevelée, et demi-nue, on avait fait une image célèbre qui se voyait naguère dans la maison de Verrès.

Ainsi, les commentateurs d'Ovide, qui transforment Corinne en une princesse de cinquante ans, que surveillent les espions de l'empereur, n'ont jamais bien lu ce chant des noces éphémères qu'il appelle une élégie... « Elle résistait, mais si peu ! Elle défendit, si gentiment, sa tunique légère ! O la blanche épaule, et les bras divins...[1] ! »

Ovide en dit tant... qu'il en dit trop : tout de suite après ce premier rendez-vous obtenu de sa Corinne, il entre, en véritable amant, dans toutes les transes de l'amour.

Ovide, en ce moment de son intrigue amoureuse, se sépare entièrement de son maître, Horace.

Il l'a connu beaucoup, ce grand poëte, l'impérissable honneur de l'ode latine et du discours poétique. Il l'a vu, chez lui, si vif, si vrai, si calme et si content dans son petit jardin, dans son élégante maison : des esclaves en petit nombre et bien dressés, des amis faits à son humeur, des maîtresses infidèles, mais qui viennent à son premier ordre. Horace ne se gênait pas avec ces dames ; elles ne se gênaient pas avec lui. — « Viens, Lydie, et nous boirons... d'un certain vin... » Ou bien : « Va-t'en, mon jeune esclave, chez Néobule, et dis-lui qu'on l'appelle, et qu'elle se hâte. » Aussitôt, pour peu qu'elle n'ait pas disposé de sa soirée et de son

---

1. Forma papillarum quam fuit apta premi !

cœur, la dame arrive, attirée à cette fête intime par les belles grâces et les façons généreuses de cet esprit charmant; puis, la fête étant passée, elle s'en va, légère et glorieuse, emportant sa couronne, et voilà, de son côté, notre Horace assez content de revenir à sa vigne, à sa colline, à son aimable Lucrétile, abrité contre les feux du mois d'août, contre les froids de l'hiver.

> Que me faut-il? maîtresse à fine taille,
> Petit repas et joyeux entretien.

C'est du bel et bon Horace, ou, si vous l'aimez mieux, du bel et bon Béranger, gai, content, fleuri, joyeux!

> J'ai su, *depuis*, qui payait sa toilette...

Horace le savait *avant* et *pendant* ses amours. Pourtant (voilà de tes miracles, ô poésie!). Horace amoureux, s'il lui plaît de célébrer sa maîtresse, et de lui dresser des autels, pas un de ces amoureux de profession n'égale Horace; et ni Catulle à sa Lesbie, et ni Properce à sa Cynthie, et Gallus à Lycoris, Ovide enfin à sa Corinne, n'ont adressé de plus beaux vers, plus amoureux et plus charmants qu'Horace à Lydie, à Glycère, à Chloë, à Chloris, à Phyllidé, à Lycé, à Phyllis, à Néère, à Tyndaris. Même, et dans tous ces *Amours*, vous ne trouverez rien de plus vif et de plus charmant que l'ode à Pyrrha, Pyrrha si galante et de si bon goût dans sa parure : *Simplex munditiis!* Corinne relevait, d'un geste moins content, sa blonde chevelure, elle exhalait un parfum moins suave, elle était moins tendre et moins élégante. O la belle au milieu des belles, cette Pyrrha, couchée sur les roses! Nous avons rêvé de sa jeunesse! Elle nous a ravis de son sourire! Nous la préférions à Néobule obéissante à son vieux tuteur, à Chloë semblable à la Bacchante, et réveillant la ville endormie, au bruit de ses chansons! Lydé elle-même, enfant de la lyre, et Galatée objet de tant de vœux, elles venaient dans nos amours après l'éclatante Pyrrha... Notez cependant que ces beautés célèbres ne ressemblent guère aux femmes que Plaute a condamnées; elles étaient moins avides peut-être, et certes d'une élégance plus naturelle, et d'un parler charmant. Quelle heureuse fortune pour la poésie! Et quelle grâce, en effet, quel langage exquis leur ont parfois prêtés ces poëtes amoureux, Tibulle, Properce, Ovide! Elles ne parlent guère dans Horace; il se contente de nous montrer comment il savait leur parler.

Puisque aussi bien nous cherchons les progrès que la langue amoureuse a pu faire, en passant d'un poëte à l'autre, eh bien! permettez que je signale ici, parmi tous ces poëmes de l'amour, un poëme incomparable, une élégie, une ode, où la vie à pleins bords déborde en mille accents ineffables, un chef-d'œuvre, égal à ce morceau de Victor Hugo, qui commence ainsi:

Le firmament est plein de la vaste clarté...

ce chef-d'œuvre éclate et brille au milieu des vers d'Horace, et déjà vous murmurez l'ode à Néère!

« Ah! cette nuit, Néère, cette nuit rayonnante d'étoiles, qu'efface encore la clarté provocante de la lune d'avril! » Et la voilà, menteuse en ses sourires, perfide en ses serments, attestant les dieux de son amour pour le poëte qu'elle tient embrassé! — Le lierre est moins lié au chêne altier que Néère aux bras d'Horace! Et « tant que le loup sera l'effroi du berger, tant qu'Orion, l'ennemi du matelot, soulèvera les orages de décembre, et que le vent printanier frémira dans les cheveux d'Apollon, je rendrai à mon poëte amour pour amour! »

Vains serments! Et tout le reste de l'ode est un cri suprême, une plainte, une menace, une douleur... Et qui dirait qu'Horace, au beau temps de sa jeunesse, a jamais été brûlé de cette flamme, et tourmenté de cet amour?

> ... Horace! O bon garçon
> Qui vivais dans le calme et selon la raison,
> Et qui t'allais poser, dans ta sagesse franche,
> Sur tout, comme l'oiseau se pose sur la branche,
> Sans peser, sans rester, ne demandant aux dieux
> Que le temps de chanter ton chant libre et joyeux.
> Tu marchais, écoutant, le soir, sous les charmilles
> Les rires étouffés des folles jeunes filles,
> Les doux chuchotements dans l'angle obscur du bois;
> Tu courtisais ta belle esclave, quelquefois,
> Myrtale aux blonds cheveux, qui s'irrite et se cabre
> Comme la mer creusant les golfes de Calabre;
> Ou bien tu t'accoudais à table, buvant sec
> Ton vin, que tu mettais toi-même en un pot grec.
> Pégase te soufflait des vers de sa narine;
> Tu songeais; tu faisais des odes à Barine,
> A Mécène, à Virgile, à ton champ de Tibur,
> A Chloë qui passait le long de ton vieux mur,
> Portant sur son beau front l'amphore délicate.
> La nuit, lorsque Phœbé devient la sombre Hécate,
> Les halliers s'emplissaient pour toi de visions :
> Tu voyais des lueurs, des formes, des rayons...

Voilà comme on parle, en grand poëte que l'on est, d'un grand poëte qu'on sait par cœur, et que c'est joli : « Sans peser, sans rester! »

Horace n'a cessé de jouer avec l'amour. Dans sa vie, il est vrai, tout est en ordre; oui; mais, dans ses amours, il n'y a rien de suivi; d'arrangé, de prévu. La dame est oisive en ce moment, et le poëte est en train de se faire aimer huit jours. Quoi de mieux? On se cherche, on se rencontre, on se convient, on se prend, on se quitte, on se reprend le soir, sauf à se quitter demain! Tout va bien ce soir; tout ira mieux demain! Horace eût inventé la palinodie avant le poëte Stésichore, s'il eût vécu au temps d'Hélène. Il ne veut rien briser, il ne sait pas rompre. On le quitte; il attend qu'on revienne. Il s'enfuit; prenez patience, il reviendra bien vite. Il est toujours le bel esprit du *donec gratus eram*, tournant en grâce une infidélité passagère. Même l'injure et la violence, entre la maîtresse et l'amant, ne sauraient briser ces alliances d'un jour. Il aimait en homme libre, en homme oisif, en poëte, à ses heures; puis bientôt, quand l'amour était parti de ce toit brûlant, il cherchait Minerve elle-même dans la fraîcheur des bois, dans le silence du soir, à la clarté des pures étoiles, qui lui montraient naguère les beautés de Néère.

Ovide, au contraire, a fait, de ses amours, un drame où se retrouvent parfois tous les feux de sa *Médée* perdue ; une comédie pleine d'entrain et de gentillesse ; un conte aux vives allures dont se souvient Apulée en ses métamorphoses plus que badines.

Ovide a l'instinct de l'amour, comme un bon chien l'instinct de la chasse. Il peut dire, avec Jules César, qu'il a réussi près des dames, « en ne négligeant rien. »

Et de même qu'il inventait, naguère, une langue à l'usage des sourds-muets de l'amour, le voilà qui se met à traiter les portiers en *quousque tandem?* Catilina n'a pas été plus malmené par l'orateur romain, que le portier de Corinne par Ovide. — « O maudit!... » Cependant il demandait si peu, à peine une porte entr'ouverte ! Il est si fluet ! les peines et les chagrins ont aminci sa taille.

« O portier misérable ! ô cœur plus dur que le bronze ! ô le lâche ! il me voit sans armes ; il sait que je n'ai pas d'autre arme défensive que la couronne des buveurs, chancelante sur ma tête parfumée!... Eh bien! ma couronne, je te veux déposer sur ce seuil impitoyable, et demain, à son réveil, tu diras à celle que j'aime, et qui m'attendait, ma prière inutile et ma douleur impuissante. »

Une autre fois, cet Italien, qui donnera, plus tard, le ton à l'Arioste, et son accent à Boccace, n'a-t-il pas, au milieu des fièvres et des délires de cette passion qui l'obsède et qui l'entraîne, frappé Corinne elle-même! Il était ivre, il était jaloux, il était fou, fou furieux! il l'a frappée... En ces moments de fièvre et de tumulte, il eût frappé son père, il eût frappé les dieux eux-mêmes! Ah! main sacrilége! ah! vainqueur superbe d'une enfant! Corinne a pleuré; elle avait peur; elle a chassé ce misérable, et comme on a vu, le lendemain de cet horrible attentat, la trace ardente de ses larmes, les rivaux se sont présentés; les vieilles mégères ont fait leur honteux office, et madame Accoste elle-même (il est pourtant trouvé par Shakspeare, ce nom de madame Accoste) offrait, hier, à Corinne, une riche parure :

« O belle, est-ce vrai, vous aimiez les poëtes, et votre humeur facile acceptait pour argent comptant de vaines futilités, quelques vers?... » Ovide nous dira, plus loin, que le temps n'est plus où la jeune Amaryllis se contentait de quelques chataignes[1]. Toute la pièce est empreinte, au même degré, de cette grâce exquise...

Un poëte espagnol a fait, de cette objurgation à madame Accoste, contenue en la huitième élégie des *Amours d'Ovide*, une horrible, une admirable satire, intitulée *la Célestine*, et m'est avis, sauf meilleur avis, que c'est la première fois que la critique indique aux esprits studieux la véritable origine de *la Célestine*. A

---

1. Castaneas que nuces mea quas Amaryllis amabat...
   VIRGILE.

celui-là qui étudie avec le zèle et le respect qui sont dus aux belles œuvres de l'esprit humain, peu de chose échappe; il compare, il retrouve, il explique, il fait des rencontres. Remarquez, en passant, qu'il fallait que les commentateurs eussent une idée assez étrange des princesses de la maison d'Auguste, pour supposer qu'elles eussent affaire avec madame Accoste, ou avec les conseils de *la Célestine!*

Ovide, en ces batailles galantes, se comparait au soldat plein de zèle, et qui sait très-bien son métier. Parlez-moi, pour bien agir, d'un soldat... et d'un amoureux dans sa jouvence! Il faut qu'ils soient actifs, patients, passionnés, l'un et l'autre, et que rien ne les arrête : ils sont exposés également aux saisons mauvaises, à la soif, à la faim, à l'escalade, à la distance hardiment franchie, aux surprises nocturnes, à tout ce qu'il y a de plus pénible et de plus dangereux. Et véritablement, l'amour, ou disons mieux, ses amours donnent à notre Ovide une peine infinie, et qu'Horace n'a jamais prise. Exemple : il faut envoyer, ce matin, même, une lettre à Corinne : si tu voulais me servir, ô ma fidèle Napé, tu remettrais ces tablettes à ta belle maîtresse. O Napé! tu es jeune aussi, ton cœur est tendre, et tes yeux sont charmants; étudie avec soin le visage et le regard de *notre* maîtresse, et dis-lui qu'elle me réponde enfin un seul mot : « Venez ! » Alors je dédie à Vénus mes fidèles tablettes !

Voilà comme il parle. Et quand le soldat Ovide a fait, tout le jour, le siége de cette maison dont le portier est si farouche, et que Napé lui rapporte enfin ses tablettes, ô misère! elles ne contenaient que le mot sans pitié : « C'est impossible ! ». Un mot qui revient si souvent, dans l'exercice des plus belles amours : *impossible!* Allons, Napé, c'est ta faute, et tu n'as pas songé aux présages; ton pied s'est heurté sur le seuil glissant;

ces tablettes sont tirées d'un bois funèbre, et l'abeille de Corse aura composé d'une fleur de ciguë, âcre et mordante, le miel dont elles sont empreintes.

Melle sub infami Corsica misit apis...

Loin d'ici, tablettes inutiles! Ovide en ce moment vous jette aux carrefours, ô bois funeste, naguère digne abri du hibou de mauvais présage, que le berger de Virgile entendait appelant la tempête du fond de son trou creusé dans le saule. « O tablettes mensongères, et bonnes, tout au plus, à servir de livre de compte à quelque affreux avare! » Il se plaint de la nature entière; il se plaint de la nuit, il se plaint de l'aurore, il se plaint de l'eunuque Bagoas, gardien de sa maîtresse, et qui ne met pas assez de zèle à le servir. « Ami Bagoas, ne va pas révéler au mari de Corinne un secret qu'il ne cherche pas à savoir. J'ai vu, moi qui te parle, un esclave chargé de fers par le mari, pour avoir dénoncé les amours de sa maîtresse. Et si tu savais comme une femme est habile à convaincre un mari qu'il n'a pas vu ce qu'on lui faisait voir!... » Il crie ainsi, mais en vain; Bagoas est aussi cruel que le portier de la maison de Corinne. « O misérable eunuque! Il n'est pas une femme, il n'est pas un homme!... Il n'a rien aimé!... Il ne veut pas qu'on aime!... »

Un autre jour, Corinne apprend, par quelque indiscret de son voisinage, qu'Ovide est l'amoureux de Cypassis, la suivante... Elle les a vus; elle a suivi le regard d'Ovide et surpris dans ce langage des yeux un signe d'intelligence; elle est jalouse, elle est furieuse, et, s'il regarde une autre femme que Corinne, elle va s'arracher les cheveux. Quoi donc! maintenant qu'elle est rassurée sur les amours avec Cynare, Corinne est jalouse de Cypassis sa coiffeuse!... — « Oh fi!

dit-il, une servante! une esclave! une malheureuse, meurtrie à coups de fouet... Est-ce possible, ô ma chère Corinne? » Il atteste, en même temps, Vénus et les armes de son volage enfant! Lui, Ovide, aimer Cypassis!

Eh bien, il a beau dire, et se justifier par tous les serments, grands et petits, je suis de l'avis de Corinne; et je crois à Cypassis, comme je crois à Briséis, et à cette belle esclave qu'Horace a chantée. Ils ne faisaient pas toujours les dédaigneux, ces jeunes gens de Rome; ils ne méprisaient pas la servante; ils se vantaient de plaire à la courtisane, et parfois de n'avoir rien donné à l'avare et cupide Cynare :

> Immunis quondam Cynaræ placuisse rapaci...

« Ami, disait Horace, pourquoi rougir d'aimer une servante? » Et il donnait à son ami toutes sortes de bons conseils, dans le sens que voilà... Mais pourquoi nous tant gendarmer pour ou contre Cypassis? Lisez plutôt : après ce bon billet à Corinne, Ovide en écrit un autre à cette innocente, à cette esclave, à cette coiffeuse Cypassis (la coiffeuse de madame, disait Marivaux)... « O mon enfant, ma piquante et bien-aimée Cypassis, chère à ta maîtresse, et plus chère à ton Ovide, prends garde; on a dit à Corinne le secret de nos amours. Elle sait tout! Peut-être ai-je rougi à ta vue, ou peut-être une indiscrète parole m'est échappée... et pourtant que cela t'eût réjouie, si tu m'avais entendu jurer mes grands dieux que je n'aurais jamais d'amour pour une servante!... comme si Briséis n'était pas la servante d'Achille!... Toi, cependant, Cypassis, je t'ai vue toute troublée, au moment où je prenais en témoignage de mon innocence le propre fils de Vénus... un serment qui te sauvait, ô fille ingrate!... ô ma Vénus aux cheveux noirs! Çà! dis-moi, que me donneras-tu pour mon pieux mensonge? Ah! beauté, tu sais bien ce que je veux... Si tu me refuses, et si tu fais semblant de trembler, prends garde; aussitôt, moi, ton complice, je t'accuse, et je dis tout à Corinne... » Il parle ainsi, gai, jovial et charmant; Cypassis, j'en suis bien sûr, ne le refusa pas.

Ainsi, toujours, ce parjure était pardonné. On l'aimait, quoique infidèle; il avait le grand art d'occuper sa maîtresse, et d'en être occupé tout le jour. Absente, il la rappelle, présente, il la gronde! Une fois, qu'elle allait à Baies, qui était une ville de plaisir, la Spa romaine, un rendez-vous des galants oisifs et des belles oisives, il se rappela cette ode magnifique où le poëte Horace a voué à toutes les malédictions le premier qui confiait un bois creusé à la mer irritée, et le voilà qui fait une paraphrase élégante de cette ode aux grands aspects. Il invoque à la fois le vent du midi, le vent du nord. Il regrette, en même temps, le doux rivage où les beaux coquillages se rencontrent, semés dans un sable d'or; il appelle au secours de Corinne la nymphe Galatée et les Néréides, et la complaisante étoile du matin.

Et toujours Corinne; et même quand cette cruelle maîtresse ose recourir à un infâme avortement, Ovide, en détestant ce crime affreux, la console et l'encourage; il fait plus, il l'invite à dîner à sa maison de Sulmone : un frais paysage où murmure une source d'eau vive... un pays fertile et de vertes prairies, un gazon dru et fin. — « Vous viendrez, ma Corinne; ici, sans vous, mes vignobles me semblent stériles, mes arbres languissent; l'eau fécondante a perdu sa grâce et son murmure; il me semble, hélas! dans ces champs paternels, que j'habite un désert des Bretons ou des Scythes, un des rochers rougis du sang de Prométhée.»

Hélas! le malheureux, il ne croyait pas si bien dire! un temps viendra où Rhodes et Mitylène, Éphèse, et Corinthe, entre ses deux mers, Delphes, chère à Bacchus, et les vallons de Tempé, le charme et l'honneur de la Thessalie, seront si loin d'Ovide, ah! si loin de son exil! Un temps viendra où le *doux pays des Péligniens* ne sera plus qu'un songe évanoui.

« Ils regardaient et ne voyaient point; ils écoutaient sans rien entendre, et leurs idées ressemblaient à ces vains fantômes qui sont l'ouvrage des rêves. Ils ignoraient les premières lois de l'art de bâtir; ils ne construisaient pas de maison; ils se creusaient des cavernes! » Ainsi se lamente le Prométhée d'Eschyle, déplorant la Muse absente, avec le dieu du jour...

Hélas! c'est la loi commune des amours : ces belles amours, les voilà finies. C'en est fait; Corinne a trompé son Ovide. Elle a trahi tous les serments renouvelés tant de fois. O misère! et semblable à cette Barine infidèle, et qui n'a rien perdu de sa beauté, pas même « un ongle, » elle a toujours ses beaux cheveux noirs, son pied charmant, sa joue où tout est rose et blancheur, sa taille élégante et souple. Ils resplendissent encore des mêmes feux, ces yeux brillants comme des étoiles. « Hélas! grands dieux! vous n'avez donc pas de colères pour les parjures? » Et voilà toute sa plainte. Il est un peu de l'avis de ce poëte qui disait si bien :

> ... La plainte est pour le sot;
> L'honnête homme trompé s'éloigne et ne dit mot.

Non, ce n'est pas celui-là qui brisera l'autel qu'il a dressé de ses mains! Ce n'est pas lui qui adresserait à Corinne infidèle l'horrible épigramme de Properce contre Sulpitia sa maîtresse! Il est fâché, cependant, que sa Corinne ait trahi la poésie, et qu'elle ait passé du côté de la fortune. Elle a fermé sa porte au poëte d'où lui venait la renommée. Elle a pris pour son amant un enrichi de la veille, que dis-je? un soldat enrichi. Un soldat! Où donc est le temps où l'on disait si bien : « *Amour avec l'amour se paie!* » Ah! mon pauvre Homère, aujourd'hui tu n'obtiendrais pas un regard de nos beautés à la mode; et que Jupiter a bien fait de se changer en pluie d'or! Honte à la fortune! Elle ouvre aujourd'hui toutes les portes, et même les portes du sénat. Adieu donc, ma Corinne, adieu! Tu m'as trahi, je brise ma chaîne, et je renonce à l'amour. Que j'ai honte, à présent, de ces fers portés si longtemps! — Mais, toi, chère adorée, est-ce possible? est-ce vrai? Moi, ton gardien, ton chevalier, ton compagnon et ton inséparable amant... Je ne suis plus là, près de toi, pour te conduire, et pour te présenter à ce peuple, ami de ta beauté et jaloux de ta gloire!... O ma haine! ô mon amour!... Je hais les vices de ton âme, et j'aime les beautés de ton corps, ô Corinne! Eh! que n'es-tu moins belle, ou moins perfide! O malheureux! malheureux que je suis! c'est mon esprit qui l'a perdue! Elle était ignorée, et je l'ai mise en pleine lumière! Elle était toute à moi, à moi seul... mon génie en a fait une courtisane! Ah! que n'ai-je célébré les malheurs de Thèbes ou les grandes actions de Jules César! »

E finita la musica!... Voilà la fin de ces belles amours! Ovide est véritablement un amoureux ; c'est l'amour qui en a fait un poëte immortel. Il vivra « tant que la vigne portera du raisin, tant que l'épi tombera sous le tranchant de la faucille; » il vivra, justement parce que l'amour veut qu'il vive : « *Hoc quoque jussit amor!* » et justement, parce qu'il n'a pas célébré Gygès aux cent mains, dans un poëme en douze chants, comme c'était sa première intention.

Ovide est amoureux, d'une certaine façon d'aimer qui lui est propre; il n'a pas l'adorable tristesse de

Tibulle; il n'a pas, nous l'avons vu, la bonne humeur et la simplicité d'Horace en ses amours; il est loin des ardeurs de Catulle; il est possédé, tout bonnement, d'un amour à la française; il est, tout juste, assez constant pour ne pas fatiguer sa maîtresse, et fidèle jusqu'au moment où l'ennui va venir. *Il* aime à tout propos et par hasard : *elle* a les yeux baissés, le voilà pris ; *elle* ouvre, en marchant, un œil radieux, *il* est pris de plus belle. Elle est chaste, ah ! tant mieux ! Elle est facile, ah ! la rencontre heureuse ! Venez l'entendre, elle est savante; accourez, vous allez rire, elle ne sait rien ! Parce que la belle a bien récité les vers d'Ovide, il l'aime; et parce qu'elle n'entend rien à la poésie, sa naïve simplicité le captive. A l'en croire, la blonde est ravissante... il n'y a rien de plus joli que la brune ! Voyez cette beauté novice; elle ne sait rien encore de l'amour et de ses plaisirs; tant mieux ! elle en sera plus piquante. Cette autre, dont le regard pétille de malice, le charme et l'engage par ces airs agaçants qui *promettent toutes choses.* L'une est de haute taille; il la compare aux héroïnes de l'antiquité, et il l'aime. L'autre est toute mignonne; les petites femmes ont pour lui mille attraits. Son cœur est ouvert à toutes, et son amour est toujours prêt. Comme à notre Regnier, tous les genres de beauté lui plaisent. Que de raisons pour aimer sans cesse !

Centum sunt causæ cur ego semper amem.

Pauvre Ovide ! En quels nuages seront changés ces beaux jours, et quel emploi de tant de présents des dieux, et des grâces galantes du bel esprit, qu'il avait apportés en venant au monde : une poésie alerte et légère, une élégance infinie, incomparable, et surtout dans ces heures où le génie romain éclatait dans une mesure excellente, exquise et tout athénienne!

Entre Horace et Virgile, les deux poëtes les plus châtiés et les plus difficiles pour eux-mêmes, Ovide avait trouvé sans peine, et sans un seul moment de doute et d'hésitation, les sentiers dans lesquels il devait marcher. Il disait, comme Anacréon, son modèle, un maître ingénieux, caché, un poëte à l'ombre, et charmant : « Je n'ai chanté que les amours. » Les *Métamorphoses* elles-mêmes ne sont-elles pas le récit poétique et religieux des amours de la terre et de l'Olympe?

Aussi bien Rome entière applaudit à la seule annonce de l'*Art d'aimer*.

Il avait bien son prix et son importance, le doux poëme, tout frivole qu'il dut paraître aux sévères partisans des vieux usages : il attestait, d'une manière expressive autant que charmante, quelle révolution s'opérait dans les mœurs, et dans quelles voies nouvelles entrait le monde élégant, délicat et poli. La galanterie naissait. Ovide fut son poëte, comme Virgile avait été le poëte de l'amour sérieux.

Ce merveilleux quatrième livre de l'*Énéide* (avec quelle grâce, avec quel charme et quelle verve ingénieuse en a parlé naguère M. Sainte-Beuve! et quelle joie, quelle émulation pour la critique, à voir les beautés immortelles ainsi comprises!), ce quatrième livre où les Romains entrevirent, pour la première fois, non pas le tumulte et l'agitation des sens, l'*impetus in quem*... d'Horace, non plus l'amour de la courtisane, de l'esclave ou de l'affranchie, mais les transports, les peines, les enchantemens, les douleurs, j'ai presque dit la *Mélancolie*; oui, je dis bien : *la mélancolie* et les peines secrètes d'un honnête amour; ce quatrième livre de l'*Énéide*, ainsi lu, étudié, appris par cœur, avec des larmes, des pitiés, des regrets, des tendresses dont Rome était ignorante, avait enseigné à la belle société romaine une émotion chaste et décente dont elle était fière autant que surprise.

Or, le poëme qui, le premier, va mettre en pratique et redire, en ses leçons, les tendresses indiquées par Virgile, les élégances devinées par Horace, et cette délicatesse commençante qui doit aboutir, après tant de siècles, au Versailles naissant, à Louis XIV jeune homme, à mademoiselle de La Vallière, à madame de Montespan; ce poëme, animé de toutes les grâces de l'esprit, tout rempli de la passion et de l'ardeur des amours délicates, soyez sûrs qu'il va briller, d'un éclat sans pareil, dans la cité d'Horace et de Virgile, à la ville, à la cour, chez les jeunes capitaines, chez les vieux sénateurs, surtout chez les dames romaines qui commencent à se sentir honorées et glorifiées dans les vers de ce chevalier, leur poëte favori, et pour qui leur reconnaissance est égale au bienfait.

Quel miracle, en effet, et quelle agréable invention! Voici que, pour la première fois, depuis le quatrième livre de l'*Énéide*, on s'occupait non plus seulement de la *locanda*, mais aussi de la femme libre, de la Sabine rigide, de la femme dotée et riche de son propre douaire.

A la fin donc la galanterie était trouvée, et les dames romaines, les filles de bonne mère et de bonne maison, échappaient aux sévices, aux injures, aux violences de la comédie, aux rivalités même de Laïs: *Multis Laïs amata viris*. En même temps apparaît, pour la première fois, dans un livre d'intrigue amoureuse, cet hôte incommode et ridicule appelé *le mari*. Voilà, dans les *Amours* d'Ovide et dans son *Art d'aimer*, le mari trompé, le mari trouble-fête, dont le poëte et la société ont fait un assaisonnement aux plaisirs défendus! Le mari, dans ces amours à la nouvelle marque, est un rival utile, un obstacle qui *accroist*, comme dit Montaigne, *le désir par la malaysance.*

Ovide a créé le mari, lorsqu'il introduisait la galanterie au beau milieu de la maison romaine, et qu'il enseignait aux jeunes gens l'art de pénétrer dans les alcôves respectées : *Thalamos temerare pudicos!* Contemplez, cependant, le chemin qu'ils ont fait, ces pauvres maris, depuis Térentia, la femme de Mécène (Horace l'appelait Lycimnie), jusqu'à la femme de Sganarelle :

> Oh! trop heureux mari d'une si belle femme!

Le mari de cet *Art d'aimer* et de ces *Amours* a passé d'Ovide à Martial; plus tard, de l'épigramme, il a passé dans les satires, jusqu'à ce qu'enfin, rajeuni et complété par Boccace et Machiavel, le mari fut adopté par La Fontaine et par Molière.

Ce poëme de l'*Art d'aimer* est une merveille étincelante des plus rares beautés, et qui serait l'honneur d'un siècle plus avancé en galanterie que le siècle d'Auguste.

On y trouve, au plus haut degré, ces qualités exquises : la grâce et la bonne humeur, l'amour et l'enjouement. Le bel esprit s'y heurte, à chaque vers, contre un sentiment vrai, contre une passion bien sentie. Enfin, pour corriger ce bel esprit, peu sérieux en amour, soudain arrive un peu de véritable amour, un amour léger, ingénieux, clément, ennemi des longues querelles et des serments éternels.

D'un bout à l'autre du doux poëme, on entend le son des lyres, le bruit des baisers et le chant des oiseaux. Et de même que Socrate se vantait d'*être un bon conseiller en amour*, Ovide était, vraiment, un habile, un éloquent professeur! Les charmantes leçons, en effet! Quels plus aimables conseils, et plus voisins parfois de cette douce parole de Vauvenargues : « Ce que la volupté a de délicieux, elle le reçoit de l'esprit et du cœur! »

Écoutez le maître, et le suivez! Il faut d'abord chercher une maîtresse : et tout de suite il indique aux amoureux de profession les endroits de la ville heureuse et la belle heure des belles amours. Le portique de Pompée et le portique de Livie, où les coursiers eux-mêmes sont à l'abri des intempéries de la saison et des ardeurs du jour, sont remplis de la fleur de la beauté romaine. Marot a très-bien dit cela, lorsqu'il montre aux amoureux :

L'aimable promenoir de ces doubles allées.

Allez, enfants, et cherchez votre heureuse vie en tous ces beaux lieux, bâtis sur l'emplacement du palais d'Evandre! Allez, on vous appelle, ou du moins on vous attend, au temple de Vénus, à la fontaine Oppia, et surtout au théâtre, au cirque, enfin dans tous ces lieux de fête et de plaisir où il est facile de rencontrer qui l'on aime, et qui vous aime [1].

Donc, si vous êtes encore dans l'âge heureux où la beauté, la parure et toutes les grâces de la séduisante jeunesse ont un charme enivrant, vous les irez voir venir, ces merveilleuses, à l'heure où tout brille, où tout chante, où l'arène est encombrée, où c'est à peine s'il reste une place aux belles dames du portique d'Octavie! Elles viennent en grande parure, en grand habit,

---

1. Voyez-les, disait Lucien, contemplant elles-mêmes les statues des cochers célèbres, elles vous diraient le nom de tous les chevaux de l'Hippodrome!... Oui, certes, reprend à son tour saint Jean-Chrysostôme, elles savent le nom des chevaux, et leur âge, et leur patrie, et le nombre des prix qu'ils ont gagnés.

l'une éclatante et blanche, et défiant le soleil; l'autre ardente et brune, et brûlant toute chose au feu de son regard.

Saluons, mon ami, saluons les dames romaines. Saluons même ces coquettes, chantées par Horace, aimées d'Ovide, et fêtées par Martial. Elles ne ressemblent guère aux *camélias* de nos jours, à ces esclaves de la crinoline et du fard, balayant la rue, et bravant la foule, idiotes et bourrées d'artifices, plus semblables à des guêpes qu'à des femmes, si bêtes que c'est une honte de leur parler, si mal venues, que c'est un déshonneur de leur donner le bras en public. Ces beautés, aimées des poëtes latins, qu'Horace a chantées et qu'Ovide immortalisait dans ses vers, je les vois, l'épaule à demi nue, en tunique blanche et la robe assez écourtée pour que le vieux Caton en murmure et s'enfuie en grommelant.

> J'en vis trop pour être sage,
> Et trop peu pour être heureux!

Mais, ô Caton! c'est bien fait de t'enfuir; mieux valait cependant ne pas venir!

Ah! les beautés d'Ovide, au plus beau moment de la splendeur romaine, à l'heure où la tyrannie élégante, habile et calme, est encore un gouvernement supportable aux honnêtes gens! La beauté que recommande Ovide... eh! tenez, la voilà qui passe. Admirez ce pied net et vif, au talon bien fait, et pétillant d'impatience! Un petit bout d'oreille, orné de l'anneau d'or, perce et brille au bord du bonnet phrygien. Ah! les belles mains, doucement rafraîchies au contact de la boule de cristal, qui donne à leurs doigts une teinte rosée, où l'ambre jaune exhale une suave odeur! Plus d'une, en ce lieu de fête, a remplacé les perles de son cou, par un serpent, vert d'émeraude, brillante et fraîche parure empruntée à la reine Cléopâtre, et que les belles Romaines préféraient aux plus riches colliers.

Elles venaient ainsi, de tous les côtés de la ville, offrir aux jeunes Romains le spectacle enivrant de leur beauté; la porte Capène et la voie Appienne en étaient toutes brillantes! Ces filles d'Ovide et des libertés que ces dames avaient nouvellement conquises, car, elles seules étaient libres dans de l'univers esclave, elles étaient vraiment souveraines au milieu de la servitude. On leur montrerait aujourd'hui le luxe misérable et mendié de nos misérables affranchies; on leur montrerait ce vilain demi-monde, habile à la proie, et plus voisin de l'épervier que de la colombe; elles n'y voudraient pas croire, Néère, et Lesbie, et Corinne, et cette blanche Cynare, et Néobule, et l'épouse enrichie et consolée du pauvre Ibicus; elles riraient de pitié, à l'aspect de nos lionnes accablées sous la lettre de change.

Fi! diraient-elles à ces malheureuses, fi de ce luxe étriqué, fi! de vos fortunes éphémères, fi de vos hommes d'argent! Honte à vous, mignonnes, si complétement dégénérées des splendeurs et des élégances de vos grand'mères! Notre luxe, à nous, mettait à contribution les fortunes du monde entier. Nous avions des chariots aux roues d'ivoire, au timon d'argent! Les tapis de Perse ornaient nos riches litières, nos rênes étaient teintes en pourpre, et les mors de nos chevaux étaient d'or! A ces brillants équipages, où s'étalait notre jeunesse heureuse, on attelait des mules luisantes d'embonpoint. La broderie et l'ornement brillaient sur les housses de pourpre! En même temps quinze ou vingt coureurs numides, suivaient, précédaient, accompagnaient ce char de triomphe : à midi, un coureur, léger-vêtu, nous suffisait; le matin, il menaît en laisse, à notre suite, une vingtaine de chiens bretons, ornés de colliers d'or !

O les niaises ! qui se contentent d'une brouette ! Une Romaine, enfant de l'île de Chypre ou de Paphos, n'aurait pas osé promener, même sa nourrice ou sa mère, en de pareils véhicules ! Nous avions, entre autres chars, le char à quatre roues, emprunté à la Gaule ; l'équipage léger, attelé de trois mules ; la chaise où se plaçaient l'amant et la maîtresse ; enfin le char couvert, le char que conduisaient les dames romaines, avant que Néron eût souillé ce noble métier ! La dame était assise sur le siége orné de soie ; et penchée sur le timon, ardente, l'œil en feu, la main ferme, elle poussait ses chevaux à tout rompre ! On voyait souvent, dans ce char périlleux, calme et souriant dans le danger, quelque beau jeune homme emporté avec la dame de sa fantaisie ! Eh ! oui, c'était la belle mode, en ce temps-là, de conduire en grand triomphe et à grandes guides l'heureux infortuné que l'on ruinait !

Il y avait mieux que les chars, au temps de Néère et de Néobule : il y avait les litières, à l'usage des nobles dames ; et nous aussi, les affranchies, nous nous faisions porter en litière. La belle et noble invention, une litière ouverte ! et comme on était admirée, applaudie, entourée ! On allait couchée à demi, sur la pourpre odorante, le corps un peu relevé sur le bras gauche. En ces triomphes, nos plus jeunes esclaves, richement vêtues, nous suivaient, agitant l'air avec les plumes du paon attachées au bois de sandale ; huit esclaves, en costumes militaires, portaient, légèrement, sur leurs épaules souples, nos dix-huit ans, chantés par tous les poëtes d'alentour ; pour coureurs, nous avions des Africains à demi nus ; leur peau noire éclatait et reluisait sous un lambeau de toile d'Égypte qui leur servait de ceinture : en même temps, des deux côtés

d

de la litière, où souriaient, autour de mille guirlandes, les grâces peu vêtues, des esclaves de Grèce portaient un marche-pied d'écaille, incrusté d'or!

Voilà comme on était servie et fêtée en nos jours de triomphe, et voilà pourquoi nous vous couvrons de nos mépris, lâches servantes de Cupidon, qui vous contentez de si petits gages! Aspasies manquées! Lesbies de pacotille! Phrynés au rabais! Laïs malsaines! Vénus de rencontre et de mauvais lieux!... Vous voilà bien fières, quand vous avez obtenu, pour quinze jours, de quelque enrichi de la veille, un cheval attelé à une brouette, un laquais qui vous tutoie, un petit chien noir aux yeux chassieux!

Tels seraient pourtant les discours des amoureuses d'Ovide et de Tibulle, de Catulle et de Martial à nos dames du demi-monde, si Lesbie et Néère daignaient parler à ces drôlesses!

Ajoutez, au premier rang de ces grands bonheurs de la maîtresse ancienne, une très-heureuse aventure, un don rare, excellent, parfait, que ces dames ont perdu, à dater du règne de François Ier, et que j'expliquerais difficilement, si l'on ne voulait pas m'entendre à demi-mot. Quoi de plus difficile à dire, en effet?... Cependant, il faut le dire, il y va non pas de la pudeur, mais de la meilleure renommée après la pudeur, dont se puisse entourer une coquette, une *galande*, une amoureuse de profession.

Ma foi! comme il n'y a qu'un mot qui serve, on va vous le dire, en deux mots... Lesbie et Néère, et même un peu plus bas, dans l'échelle amoureuse, les esclaves affranchies étaient saines. Leur caresse était sans danger. Leur amour ne connaissait pas cette limite horrible où la sécurité s'arrête, où la contagion commence, et si vous lisez, avec le zèle et le soin que mérite un beau livre, le livre ingénieux, récent, bien dit, bien fait, du savant docteur Prosper Ménière[1], il a beau dire et démontrer, avec sa verve, et sa science, et son talent, que les tendresses des Lesbie et des Néère n'étaient pas toujours sans danger, il ne fera jamais que leurs amoureux aient couru, avec ces belles dames de l'*Art d'aimer* et des *Amours*, les mêmes affreux périls, les honteux périls auxquels les amoureux d'aujourd'hui s'exposent avec leurs filles de marbre et leurs dames aux camélias. Santé! Sécurité! Beauté! La saine Vénus encore imprégnée du flot bienfaisant de la mer! Encore une fois, voilà, j'espère, un admirable et glorieux privilége des amours antiques, et tout à l'avantage des Grecques et des Romaines! En ceci, la poésie a gagné tout ce que les professeurs ès art médical devaient y perdre, et ce chapitre absent des *Remèdes à l'amour* ajoute une grâce ineffable aux chansons que chantait Ovide.

Mais fi de la médecine! elle est horrible ici. Voltaire a très-bien dit cela : « Vénus est un mot charmant, vénérien un mot horrible! » Et Dieu sait si la nymphe en a peur :

Docta quid ad medicas, Erato, deverteris artes!

Cependant que fais-je, et la belle idée! Une analyse de l'*Art d'aimer!* Non! Et, d'ailleurs, ce n'est pas à toi, mon cher camarade, que je raconterai l'*Art d'aimer*, le doux poëme. Il y a si peu de temps que tu le lisais encore, avec l'enchantement de nos beaux jours. Quel bonheur à rencontrer ces doctes fêtes de la vie heureuse! Étais-tu content de te retrouver dans l'écho même de ta studieuse et paisible jeunesse! Étais-tu content d'assister, du rivage, aux naufrages de ces grandes pas-

---

[1]. *Études médicales sur les poëtes latins*, par Prosper Ménière. Un vol. in-8°. Germain Baillière, éditeur.

sions! « O Jupiter, délivre-nous du plus dangereux et du plus mal élevé de tous les dieux ! » disait le bon Socrate en parlant de l'Amour. C'est la prière que l'on fait quand on est sage, et que l'on a cinquante ans.

Ovide excelle à raconter ces tempêtes, ces bourrasques et ces naufrages de l'amour ; il est habile à nous montrer les cent mille petits drames de la vingtième année ; semblable au chasseur, il est à l'affût du sourire, agitant l'éventail, et, d'un doigt empressé, ôtant le grain de poussière. — Et s'il n'y a pas même un grain de poussière sur la robe éclatante de Corinne... ôtez-le toujours, dit Ovide, un rien suffit à gagner une belle, *Parva leves capiunt animos.*

Il y a tant de façons, disait-il encore, de se faire aimer, pour peu que l'on soit beau, jeune, et riche, et libéral ! (Excusez du peu !) Tout convient à l'amour, quand la dame, en *hontoyant*, s'y prête un peu ! Le théâtre a ses bonnes fortunes, la table a ses embûches galantes, le bon vin dispose à la tendresse, et le poëte Horace en savait quelque chose en appelant sa belle voisine : « Un vin de dix feuilles, une couronne de verveine et *munda supellex*... hâtez-vous, Lydie, hâtez-vous. » Si Lydie arrive, à la bonne heure ; elle est la bien venue, et si elle ne vient pas, Horace est un bon homme... il s'en passe.

Amis, disait Ovide à ses disciples, rappelez-vous que tout sert à l'amour : le soleil prête aux beaux jeunes gens ses rayons les plus vifs; la lune, *assise sur ce banc de gazon*, se plaît à contempler les belles amoureuses. Tout convient à ces bonheurs, à ces plaisirs : les fêtes, les concerts, les bruits, les musiques, les silences, les fleurs du printemps, les chansons de l'été, les fruits de l'automne, et le froid de l'hiver :

Chauffons-nous, chauffons-nous bien !

On se rappelle, à ce propos, un charmant amoureux, *le Menteur* de Corneille, et la fête qu'il donne à sa maîtresse; elle est prise au beau milieu de l'*Art d'aimer*, cette fête du jeune Dorante à Clarisse, et les jeunes Romains, même les amis de Pétrone, arbitre ingénieux de leurs élégances, n'ont rien inventé de mieux que cette fête-là :

DORANTE.
Mais de quoi parliez-vous?

ALCIPE.
D'une galanterie.

DORANTE.
D'amour?

Que c'est joli, ce *d'amour!*

DORANTE.
Sur l'eau?

ALCIPE.
Sur l'eau.

DORANTE.
Souvent l'onde irrite la flamme.

Alors voilà notre amoureux, notre enchanteur qui raconte à son crédule ami une nuit étoilée, un festin, des amours et des chansons, dans la langue même du Cid, racontant que les Maures ont pris la fuite... *à cette clarté qui tombe des étoiles.*

Bref, il n'y a rien de plus vif, de plus ingénieux et de mieux inventé dans le poëme entier de l'*Art d'aimer.*

J'avais pris cinq bateaux, pour mieux tout ajuster !
Les quatre contenaient quatre chœurs de musique,
Capables de charmer le plus mélancolique.
Au premier, violons... en l'autre, luths et voix ;
Des flûtes au troisième, au dernier, des hautbois...
. . . .

d.

> Le cinquième était grand, tapissé tout exprès
> De rameaux enlacés pour conserver le frais,
> Dont chaque extrémité portait un doux mélange
> De bouquets de jasmin, de grenade et d'orange...

Puis, une fois lancé dans ces enchantements, rien n'arrête un amoureux si vif, et de cette invention...
« Orange et jasmin! » Ne dirait-on pas que tout l'Orient s'est dérangé pour cette fête? En même temps, le voilà, ce menteur charmant, qui se prosterne

> Aux pieds du jeune objet qui fait seul son destin!
> De cinq autres beautés la sienne fut suivie...

Véritable et pur *Art d'aimer*. Il s'y entendait, ce Corneille; il était Romain, par Tite-Live, et Romain par Ovide; il touchait à la politique, à la haine, aux poisons, au poignard; il touchait aux aventures de l'amour, à la galanterie charmante, à la grâce ineffable. Ce grand Corneille, un vrai Romain de Rome, il savait être aussi un bel-esprit de Versailles.

Il a fait une comédie intitulée la *Suivante*, et dans cette comédie, il obéissait à ce conseil de l'*Art d'aimer*: « Ton premier soin, c'est de faire amitié avec la servante de la beauté que tu courtises; elle ouvre, elle ferme, à son gré, la maison de ta maîtresse; elle te protége : aussitôt tout va bien : par elle, tu sais l'heure exacte où la dame est de facile humeur, où son âme est contente, où son cœur est joyeux. » Vraiment, on dirait que Corneille a créé sa *Suivante* avec les souvenirs de Cypassis :

> Amarante, vraiment, vous êtes fort jolie;
> Vous n'égayez pas mal votre mélancolie;
> Votre jalouse humeur a de beaux agréments,
> Et choisit assez bien ses divertissements.

Qui dirait que ce sont là des vers de Pierre Corneille? Elle est très-jolie, en effet, cette Amarante; elle a des chansons qui conviennent merveilleusement aux guitares de ce temps-ci :

> Qu'en l'attente de ce qu'on aime
> Une heure est fâcheuse à passer!
> Qu'elle ennuye une ardeur extrême
> Dont la joye est réduite aux douceurs d'espérer!

Puis vaincue, et saluant sa défaite, après tant d'espérances, la *Suivante* de Corneille se console en disant que ce n'est pas la beauté qui lui manque, mais bien la fortune :

> Filles, que la nature a si bien partagées,
> Vous devez présumer fort peu de vos attraits;
> Quelque charmants qu'ils soient, vous êtes négligées,
> A moins que la fortune en rehausse les traits.

On irait loin sur cette trace, et qui la voudrait suivre arriverait, par Cypassis, aux vraies suivantes, aux vraies soubrettes; aux suivantes de Dancour, aux soubrettes de Marivaux; à ces énamourées de leurs vingt ans, tout en fleurs, en dentelles, en habits brodés, en jupes voyantes, qui finissent toujours par être un peu, peu ou prou, reines ou duchesses à leur tour.

Donc, il est bien avéré que dans l'*Art d'aimer*, le charmant poëme, Ovide enseignait aux Romains un art tout nouveau, qui leur était parfaitement inconnu, et dont le poëme épique ne s'était pas douté. Une femme, il est vrai que cette femme était madame Dacier, se vante, avec une joie incroyable, de n'avoir pas rencontré d'amour dans l'*Iliade* et même dans l'*Odyssée:* « Homère, nous dit-elle, n'a pas fait de difficulté de montrer ses dieux amoureux; il s'est bien gardé de rendre ses héros amoureux. L'*Iliade* ne présente point Achille amoureux, et l'*Odyssée* n'offre à nos yeux qu'un amour conjugal très-parfait. Ulysse, fidèle à sa femme jusqu'à refuser l'immortalité (*une immortalité toujours jeune*), est aimé de deux déesses, il souffre leur amour sans y répondre, qu'autant que l'y oblige la prudence, pour se ménager leur secours. Dans Virgile, Énée n'est pas plus amoureux qu'Achille et Ulysse ne le sont dans Homère. Ces païens, comme on l'a remarqué avant moi (la remarque est en effet du père Lebossu, dans son *Traité du poëme épique*), n'ont point déparé la majesté de leurs épopées par ces galanteries dangereuses. Ulysse est froid chez Circé et triste chez Calypso; Achille n'est guère sensible qu'à l'affront qu'on lui fait en lui enlevant Briséis; Camille n'a point d'amant dans l'*Enéide*; à peine y parle-t-on de l'amour de Turnus, et toute la passion de Didon est moins rapportée comme un épisode amoureux que comme une infidélité criminelle dont cette malheureuse est cruellement punie [1]. »

Or, cette *infidélité* de Didon s'adresse à feu son époux Sichée; et par Jupiter! au compte de Virgile et de madame Dacier, puisque Didon était si cruellement châtiée, uniquement pour avoir été infidèle à la mémoire de son mari, vous pouvez penser si les Romains de l'*Enéide* étaient encore loin d'être les Romains de l'*Art d'aimer!* A ce compte, Ovide a trouvé non-seulement les *Amours* de son temps et des siècles à venir, mais encore il a trouvé tous les personnages accessoires à cette comédie infinie, ineffable et charmante de l'amour! Grâce à lui, le mari est inventé, le galant est trouvé, la soubrette a vu le jour, la suivante existe!

Il est plein de Cydalises, de Célimènes, de Lisettes, ce doux poëme où la comédie et l'élégie ont tant d'échos irrésistibles! On y trouve absolument tout ce qui va,

---

1. Madame Dacier, *Préface* à sa traduction des œuvres d'Homère.

désormais, remplir la comédie amoureuse, à savoir : les rendez-vous, les billets, les présents, les galanteries, les promenades, les toilettes, les élégances, les festins ; le bracelet qui brille à ce bras charmant, l'anneau qui s'enroule à ce doigt jaseur ; la coupe où buvait la belle, et que l'amant porte à sa lèvre amoureuse. Amant, heureux amant, que l'*Art d'aimer* soit ton bréviaire. Il contient... tout ! Il contient ton parler, ton regard, ton silence, et les cent mille petites courtoisies des amants bien épris : les refus, les dédains, les prières, les faveurs, les larmes, même ta pâleur : « La pâleur est la couleur de l'amour ; » Orion était pâle, et Daphnis était pâle aussi, grâce aux refus de la Naïade insensible.

Et quand enfin, par tes soins, par tes grâces, par ton bel esprit, par tes présents, par l'entremise et le souci de quelque Cypassis amoureuse et complaisante, la dame a rendu les armes (il est écrit : l'*amour est un combat!*), c'est maintenant qu'il faut boire, et maintenant qu'il faut danser. Ça ! chantons le triomphe amoureux, et puisqu'enfin nous voilà dans la place, aimé de la dame et maître absolu de la citadelle, il faut, maintenant, mon brave amoureux, que tu sais comment tu l'as prise, apprendre à la garder. Grâce à l'*Art d'aimer*, tu sauras vaincre et profiter de ta victoire. En amour comme à la guerre, il ne suffit pas d'être heureux, il faut être habile, il faut être éloquent, il faut être un homme accompli en patience, en persévérance, en courage, en flatterie... Il n'y a rien de lâche, en amour ! Elle sourit, tu ris aux éclats ; elle est triste, allons, pleure ! Elle a dit : « jouons, » voici les dés ! Elle joue, elle gagne à coup sûr, et tu perds de bonne grâce ; elle sort : prends l'ombrelle ; elle rentre : ôte avec soin la sandale élégante de son pied délicat :

    Que je voudrais déchausser ce que j'aime !

a dit La Fontaine. Elle s'habille : il faut lui présenter son miroir. A la ville, il faut l'attendre et la suivre à son bon plaisir. A la campagne, il faut accourir, et toujours apporter quelques bagatelles : « Donnez ! c'est la grosse cloche en amour ! » C'est un mot de M. de Bassompierre. Il traduisait Ovide, à sa façon, ce galant M. de Bassompierre. — Allons çà, jouez tous deux, disait Henri IV, aussitôt que Bassompierre était en argent comptant ; le Bassompierre, obéissant, jouait avec la belle Gabrielle, et très-volontiers la dame, en riant, et en trichant, lui soutirait ses quadruples d'or. C'est même de là que vient l'habitude aux belles dames de tricher quelque peu à tous les jeux, et de ne pas dégager toujours les *fétiches* du lansquenet.

Surtout, mon amoureux, si tu veux conserver ta maîtresse, il faut graver au fond de son âme, au milieu de son cœur, la conviction qu'elle est, à tes yeux, la plus belle et la plus gracieuse du monde : à ton compte, autant qu'au sien, elle ne fait pas un geste, elle ne dit pas une parole qui ne soient au gré de ton regard et de ton esprit. Aujourd'hui elle porte une robe d'un tissu léger ; aussitôt : il n'y a rien, dis-tu, de plus charmant qu'une tunique blanche ! Au contraire, elle est vêtue d'or et de pourpre : — O reine (ainsi tu parles), vous effacez en splendeur les diamants et les perles ! Aimes-tu sa négligence ! Es-tu fou de ses broderies ! Elle danse, admirons ses bras ; elle chante, adorons sa chanson. Il faut qu'un amoureux soit lâche autant qu'habile ; et même quand la dame est au lit, malade, on la garde, on la veille, on la dispute à ses esclaves ; bref, on ne la quitte guère ; et si tu vas en voyage, au moins reviens tout de suite :

> Amants, heureux amants, voulez-vous voyager ?
> Que ce soit aux rives prochaines !

Et : « Qui s'éloigne des yeux, s'éloigne du cœur ! » C'est un proverbe. Or, il ne faut rien négliger, dans le champ-clos de l'amour, pas même un honnête proverbe.

Holà ! eh ! vous nous la donnez belle, avec ces rudes leçons, monsieur le précepteur en amours ! Quel métier abominable est-ce cela ? C'est une galère, et j'y renonce pour ma part ! — Discours maladroit ! Parole imprudente ! Ayez donc un peu de patience, amoureux tout remplis de votre martyre, et vous verrez que le métier n'est pas si rude. Allons, courage, il y a des amendements et des consolations à toute chose ; et si, véritablement, la dame est à toi, si ton autorité sur elle est complète et que rien ne puisse ajouter à ta domination, alors, ma foi ! voici l'heure, ou jamais, de te payer par toi-même de tes hontes, de tes lâchetés, de tes présents, de tes insomnies, de tes dangers, de tes souffrances. Plus elle t'a donné de peine et causé d'insomnie, et plus cela va te plaire et te charmer, de prendre enfin ta juste revanche. Ainsi (qui t'empêche et qui le saura ?), bien fou qui se priverait d'une aimable tromperie. On se dédommage, heureusement, de tant d'ennuis, en passant à un autre amour. Mener de front deux amours, quoi de plus facile et de plus naturel, pourvu que l'on y soit habile ? Ah ! prenez garde ! un rien vous trahit : une odeur, une fumée, un bijou, un billet ! Se cacher de sa bonne fortune est un moyen ; s'en vanter, n'est pas toujours une maladresse. On se brouille, on se raccommode ; on vous chasse, on vous rappelle ! « O les temps heureux, où nous étions si malheureuses ! » disaient les fantaisistes du vieux siècle. O les temps heureux, où tout compte, à la ruse, à la fourbe, au plaisir, au bonheur !

Voilà ce que dit Ovide aux amoureux ! Oui, mais il ne donne pas de plus mauvais conseils aux amoureuses, et les voilà, grâce à lui, bien prévenues que les hommes sont volages, infidèles et menteurs.

Le poëte sait parler aux jeunes femmes le langage qui leur convient ; il les calme, il les console, il les apaise, il les guide en toutes sortes de petites trahisons, qu'elles eussent bien devinées sans lui, soyez-en sûrs. — Ayez soin, leur dit-il, d'être habillées et parées avec un soin extrême, et coiffées à votre avantage. Il ne faut rien négliger, pas même la négligence ; et la simplicité, à qui sait s'en servir, doit être encore une parure. Une femme intelligente se méfie à bon droit des ornements trop choisis :

> *Nec prodite graves insuto vestibus auro.*
> Que ces vains ornements, que ces voiles me pèsent !...

Avant la richesse, inquiétez-vous de l'élégance ; avant l'élégance, inquiétez-vous de la plus extrême propreté. Pas de hasard ; ne vous y fiez pas, à moins que votre *hasard* ne soit le fruit de l'expérience.

Il faut aussi qu'une femme adroite (elles le sont toutes) soit habile à choisir les couleurs bienséantes avec l'air de son visage. Aimez la pourpre, elle est toute romaine. Après la pourpre il y a le bleu d'azur ; le safran convient aux brunes, et le noir sied à la blonde. Heureuse aussi, entre toutes les femmes, la femme qui connaît ses défauts ! défaut connu, défaut corrigé. La mince aux plis de son manteau se drape ; la pâle a recours au vermillon ; la main mal faite est sobre et fait peu de gestes ; les belles dents appellent un beau rire, un rire aisé, joyeux, facile, gracieux, malin, perlé. Prononcez bien, mesdames les éloquentes, dont chaque parole est une force, une grâce, un agrément, toutes les lettres de l'alphabet, et si quelqu'une échappe à vos efforts, que ce léger défaut se tourne en charme. Une taille élégante est propice au marcher; laissez à découvert, croyez-moi, cette partie ordinairement très-belle, et longtemps belle, où le bras gauche rejoint l'épaule. Il ne messied pas d'être un peu musicienne, et les Sirènes elles-mêmes s'en sont bien trouvées; comme aussi c'est un grand mérite à la femme qui veut plaire (et voilà le seigneur Ovide qui parle, à son tour, pour sa rubrique) de savoir par cœur et de bien réciter les vers des poètes: Callimaque, Anacréon, Sapho, Tibulle et Gallus; et même une élégante aurait bonne grâce à dire de sa plus douce voix quelque élégie, quelque chanson d'Ovide.

Ainsi, mesdames les petites-maîtresses, croyez-en le poëte : la musique et la poésie, et la danse, et les beaux ajustements sont autant de flèches dans le carquois de l'amour.

L'*Art d'être aimée*, après l'*Art d'aimer* : quoi de plus juste? Or, l'art est partout pour une femme intelligente. Il est dans le geste et dans le repos; il est dans la façon d'emplir une coupe, et dans la façon de la vider. Il faut un certain art pour chasser d'un geste élégant le dé sonore du cornet d'ivoire, pour poser le roi sur l'échiquier, pour cacher son jeu, pour le découvrir, pour se modérer dans la perte, et pour se contenir dans le gain. Et pendant que les jeunes gens sont à l'affût des jeunes femmes, de votre côté, mesdames les folâtres, ayez l'œil au bois, et recherchez qui vous recherche. On est belle, on se montre, et la beauté veut être vue. Est-ce que Danaé, dans sa tour, eût jamais été la Danaé de Jupiter, si la belle eût oublié de se montrer au grand jour?

Belles, rappelez-vous ceci : votre sourire est un piége, et votre regard est une embûche. O belles! méfiez-vous des galants de profession, méfiez-vous des coureurs d'aventures et des beaux parleurs : le mieux paré de ces damoiseaux n'a souvent ni sou ni maille.

Accorder tout est une imprudence; et ne rien accorder est une maladresse. Évitez la colère, elle gâterait le plus beau visage; évitez l'orgueil, il décourage les amants les plus hardis. Croyez-moi, soyez en garde contre tous les hommes; mais fiez-vous aux poëtes; ils ne font pas de riches cadeaux, c'est vrai; mais ils donnent l'immortalité. Némésis, et Cynthie, et ma Corinne elle-même, autant d'immortelles.

C'est pourquoi honte aux filles ingrates qui demandent au poëte un autre salaire que des poëmes et des chansons !

Ainsi dans ces trois livres de l'*Art d'aimer*, l'*ingenua manus*, la main, le souffle et l'esprit d'un homme bien élevé se font sentir. Ce grand poëte a la grâce et l'abondance; et tant d'esprit, et tant de souvenirs! On assiste, véritablement, dans ce livre inspiré par les plus aimables et les plus heureuses passions de la vie, à l'institution de la société polie.

Ici commencent à jaser, avec la courtoisie et les grâces les plus charmantes, les cours des plus grands princes, les salons des plus nobles dames : salons, ruelles, oratoires, boudoirs, bosquets... autant d'échos de l'*Art d'aimer!*

Dans l'*Art d'aimer*, se retrouveraient, s'ils étaient perdus, les usages, les coutumes, les habitudes, les exigences de la société polie : il y a même un peu de la *Carte de Tendre* et de l'*hôtel* de Rambouillet; il y a beaucoup des façons du duc de Grammont et de M. de Lauzun, et plusieurs des vives allures du satirique Régnier.

On y voit le bourgeois et le grand seigneur, le jeune homme et le vieillard; on passe, et d'un pied léger, de l'antichambre de madame Accoste aux petits appartements de Versailles. On était chez Laïs : on se trouve, et de plain-pied, chez Célimène; au moment juste où le grand Alceste vient de sortir.

Il y a longtemps que je n'ai lu les remarque des commentateurs qui ont pesé sur Ovide; mais je serais bien étonné, s'ils n'avaient pas fait remarquer au lecteur que certains personnages des *Amours* appartiennent à l'*Art d'aimer*, et semblent, en effet, détachés du doux poëme.

Ainsi les conseils à cette enfant qui mettait un prix à sa beauté. « Hélas! si jeune et si vénale » ; ainsi les consolations, à cette autre beauté, semblable à la *Vénus sans cheveux*... tiennent à ce livre charmant et semblent s'y rapporter. Ajoutons aussi l'invocation à l'anneau de sa maîtresse : *anneau docile, qui prends la forme de son doigt, sans le blesser.*

Ces jolis poëmes, à peine écrits, appartenaient soudain aux élégances romaines. Les jeunes gens et les jeunes femmes, enfants du même loisir, s'étaient pris d'une belle passion pour la poésie légère, et, dans leur admiration récente, ils y puisaient les meilleures leçons du luxe et du bon goût, qui étaient pour eux des passions nouvelles.

> Ah! le bon temps que ce siècle de fer!

s'écriait Voltaire en son apologie du luxe : il y a beaucoup de cette apologie en toutes ces poésies d'Ovide. Il y parle agréablement, et par un contraste habile, aux coquettes de son siècle, de la première simplicité de leurs ancêtres héroïques : il célèbre, il vante, il est vrai, les fêtes agrestes de l'âge d'or: mais il admire, par dessus tout, la Rome resplendissante de palais et de chefs-d'œuvre. — Oui, dit-il, c'était grand, c'était beau, l'ancien Capitole; mais que dites-vous de notre mont Palatin d'aujourd'hui? Evandre était, certes, un bon prince, mais Auguste est un dieu. O le beau siècle, et comme il convient à nos mœurs, à nos passions, à ma vie entière !

> Hæc ætas... moribus apta meis...

C'est le vers même de Voltaire, et c'est la même émotion.

Cependant, mesdames les folâtres servantes de Cupidon, prenez garde au luxe : en revanche, aimez l'élégance, et sachez que plus l'élégance a de recherches et de caprices, plus elle est digne d'une coquette ! Ovide a découvert tout le charme et tout l'attrait d'une aimable simplicité ; que la médiocrité est parfois la parure la plus charmante, et qu'un beau vase de Corinthe est préférable à toutes les perles de Cléopâtre. Il faut laisser, mesdames et messieurs, croyez-en ses conseils, les bijoux d'or et les étoffes voyantes aux proxénètes, aux flatteurs, aux parasites, aux musiciens, aux parvenus ; aux sénateurs de ce matin, aux chevaliers d'avant-hier.

> ... Fortunæ munere factus eques ..

Parmi ces enseignements, chers à la jeunesse, et dont elle a gardé le souvenir, il faut placer le charmant traité des *Parfums*, dans lequel était contenu le secret des toilettes, et ce grand art des cosmétiques précieux que les anciens avaient poussé si loin, et dont nous ne sommes que les plagiaires, avec nos essences au benjoin, nos eaux virginales à la Dubarry, nos pommades à la moelle de bœuf.

Soyez amoureux, disait Ovide à ses disciples des deux sexes, mais avant tout soyez aimables... La beauté est un présent des immortels : je vous dirai par quelles ressources infinies on la défend contre les saisons, contre les années. Être belle est un don de la nature ;

être longtemps belle, est un art dont il faut étudier avec soin tous les secrets.

On vous a parlé souvent des Sabines, nos grand'mères; c'étaient là des vertus timides, qui filaient sans relâche, et dont la grande occupation était d'entretenir le foyer domestique : elles ignoraient, ces mères-grand, toute espèce de parure. Or, il faut se parer, non-seulement pour les autres, mais pour soi-même. La parure est un charme, une magie : « Un beau visage est le plus beau des spectacles ! » Un sage a dit aussi : « C'est une recommandation muette. » Ovide entre, en même temps, dans les plus charmants détails : la dent blanche et le teint frais. « Prenez essence, rose fraîche et fenouil... »

Malheureusement quelque beauté jalouse a déchiré bien des pages du poëme des *Cosmétiques* d'Ovide, afin sans doute de garder, pour elle-même, et pour elle seule, cette jouvence; et nous sommes forcés de chercher, autre part que dans les vers de notre poëte, l'entière nomenclature de la toilette des dames romaines.

Malgré la perte de ce livre des *Cosmétiques et des Parfums*, dont nous n'avons que des fragments, presque tous ces artifices de la parure, auxquels on peut à peine comparer les plus jolies toilettes des petits appartements de Louis XV, presque tous ces secrets de l'élégance romaine nous ont été révélés par Ovide.

Hélas! que ces dames étaient difficiles à coiffer, à parer, à vêtir! Il y avait l'*épileuse* qui faisait la guerre aux cheveux blancs; celle qui peignait la dame et brossait sa tête éventée : une esclave était préposée aux pommades, une autre aux essences : celle-ci avait, pour toute occupation, de poser l'ivoire à la joue et le fard; celle-là peignait les sourcils, les cils et le bord de la paupière : une autre obtenait le département de la main; une autre avait soin de polir et d'orner les deux pieds. Il y avait les *vestiplices*, c'est-à-dire les *habilleuses*, et les *ornatrices*, celles qui posaient le collier, et qui préparaient les parures. Phédria était habile à tenir le miroir, Pauline à tenir le flambeau; — et quand enfin la dame est suffisamment parée, ornée, attifée, éventée et baignée, et, comme on dit chez nous, tirée à quatre épingles, ouvrez les portes, et faites entrer les connaisseuses et les louangeuses, les esclaves qui donnent le dernier coup d'œil; et que la dame, enfin, sache à quoi s'en tenir sur les divers ornements de sa personne.

Rien qu'avec la nomenclature des robes de sa Corinne, Ovide eût fait tout un poëme. Il y avait d'abord le premier tissu de soie ou de lin, brodé avec art; puis la *castula*, qui touchait la gorge, et l'*indusiata* qui la recouvre. Il y avait les bandelettes qui compriment un sein rebelle; l'écharpe qui retombait du chignon bien relevé sur de blanches épaules : il y avait trois sortes de voiles, et de toutes couleurs ; celui-ci pâle et d'un ton chaud comme est la cire; celui-là couleur de miel.

Quant aux différentes robes que pouvaient porter Lesbie, ou Corinne, ou Néère, on n'en sait pas le nombre, et c'est dommage.

Une robe était traînante, à la façon de ce qu'on appelle aujourd'hui manteau de cour. Une autre robe était transparente, et s'appelait la *laconique;* outre la robe courte, couleur de safran, *crocula*, la robe ample, étrangère, à longue queue, il y avait la robe royale et la robe des grandes cérémonies, et l'*impluvia*, la robe des jours de pluie et de tristesse. Elle a porté l'*impluvia*, Lesbie, en apprenant la mort de son moineau; Corinne à la mort de son perroquet.

Ajoutez autant de tuniques et de manteaux que de robes diverses. La tunique ornée de franges, la demitunique arrêtée aux genoux et doublée de fourrures ; la *caltha*, c'est-à-dire un mantelet jaune ; la tunique à mailles serrées, à mailles ouvertes et légères. Il y avait surtout, ô la merveille ! une robe à retroussis, la robe *homicide ;* on l'appelait aussi l'*irrésistible*, parce qu'elle était ouverte, et qu'elle laissait voir... Bref,

> J'en vis trop pour être sage,
> Et trop peu pour être heureux.

Cette robe pouvait être également ouverte sur les épaules ; et alors elle devenait *homicide* des deux côtés.

Toutes ces merveilles, ces recherches, ces toilettes, ces instruments inconnus aux Sabines, dont Virginie, Lucrèce et Cornélie, la mère des Gracques, n'avaient jamais entendu parler, un bel esprit de Rome, au temps d'Ovide, un coureur de ruelles, une espèce de Gentil Bernard, en avait fait le catalogue. « Et je suis sûr, disait-il, d'avoir oublié bien des choses, dont l'oubli fera sourire toutes ces dames. »

Ciseaux, rasoir, pinces, grattoir, poinçon ; vingt brosses pour les dents, les ongles et les cheveux ; peignes de différentes formes ; bouchons brûlés et préparés pour noircir les sourcils ; savons gaulois ; pâtes et cosmétiques, flacons d'essences, parfums naturels et composés ; extraits de senteur, aiguières, lavabos, etc. ; *strigilles*, espèce de petites étrilles en ivoire pour gratter et nettoyer la peau au sortir du bain ; tours de tête, nattes, perruques, fausses dents, tournures, demi-globes ouatés, pierre ponce oléagineuse pour polir le cou, les bras, les épaules ; rouges et blancs de fard ; pommades adoucissantes et astringentes ; colliers et pendants d'oreilles ; épingles de mille formes variées pour la coiffure ; chaînes d'or, agrafes, bracelets, bagues, camées ; fleurs artificielles, couronnes enrichies de perles et de pierres précieuses ; papillons, cigales, mouches et autres bijoux; mantes brodées et frangées; écharpes brochées d'or et d'argent; puis les ceintures étincelantes de pierreries; les bandelettes, les rubans, les voiles, les souliers... Et toujours le refrain d'Ovide :

... Ut ameris, amabilis esto !

Voilà bien des recherches d'une élégance suprême; on s'en moque un peu tant que l'amour est un culte; mais comme on les regrette, aussitôt que la négligence a remplacé ces soins de tous les jours et de toutes les heures !

Cependant laissez venir le moyen âge, si oublieux des respects et des soins qu'une femme doit avoir de sa beauté : il aura bien vite aboli ces élégances, et remplacé ces recherches de la toilette exquise, par la plus honteuse rusticité. Même plus tard, au beau milieu du XVIe siècle et sous le règne de François Ier, les maîtresses royales elles-mêmes laissèrent beaucoup à désirer dans leur toilette, et Néère et Corinne, enfants d'Ovide, auraient eu bien des secrets à leur apprendre.

Dans un livret de la reine Marguerite de Valois, la première femme de Henri IV (*la ruelle mal assortie*[1]), on trouve un double portrait : 1° le portrait d'un homme élégant sous le règne de Henri IV, et 2° le portrait d'une princesse élégante, qui n'est autre que la reine de Navarre. Et tout d'abord elle convient qu'elle-même, la reine en personne, elle ne s'est pas *lavé les mains depuis huit jours!* « Mais avouez qu'il n'y a que ces belles mains qui soient dignes de cette offrande; voyez-les bien, et encore que je ne les aie point décrassées depuis huit jours, gageons qu'elles

---

[1]. Chez Auguste Aubry ; publié dans son *Trésor des pièces rares.*

effacent les autres, toutes mal soignées qu'elles soient[1]. »
Le portrait d'un cavalier à la mode est tout aussi curieux et original. « Il vous faut des bas entiers, une fraise, une plume, une épée, et savoir parler, si vous voulez ressembler à un homme. » *Et fari quæ sentiat!* c'est dans Horace.

Ils sont partout, les anciens : leur imagination poétique a ouvert mille chemins à la poésie. L'*Héroïde*, un poëme ingénieux, qui tient au style épistolaire autant qu'au *Dialogue des Morts*, était une invention d'Ovide. On l'avait oubliée, ou du moins cruellement négligée au milieu de toutes les imitations françaises; mais on a fini par y revenir. Nous avions l'*Art d'aimer* en vers français, nous n'avions pas d'Héroïdes françaises, et jusqu'au xviiie siècle, Ovide était resté le seul qui se fût amusé à dicter une lettre à Ulysse, une lettre à Pâris, à Macarée, à l'ingrat Jason, au jeune Hippolyte, et tant de plaintes touchantes semblables à ces petits romans qui se lisent tout d'une haleine, un jour de fête, au coin d'un bois. Colardeau vint au même temps que Gentil Bernard, et pendant que celui-ci rêvait à son *Art d'aimer*, l'autre dictait, d'après Pope, sa fameuse lettre d'Héloïse à Abélard. Ovide est le premier qui ait mis ce tour de force à la mode, et l'on comprend, très-facilement, que les oisifs du siècle d'Auguste aimassent ces petits romans d'amour, qui n'étaient pas toujours à la louange des chevaliers et des héros de l'ancien monde. Il y a bien de la grâce et bien de l'esprit dans l'héroïde : elle a ouvert le chemin à ce fameux livre intitulé : *le Secrétaire des amants;* elle n'a pas nui à Voiture, à Balzac, aux épistolaires de l'hôtel Ram-

---

1. Et Voltaire :

> Sans propreté l'amour le plus heureux
> N'est plus amour; c'est un besoin honteux !

C.

bouillet. Ces femmes *délaissées*, Ovide en fait autant de *précieuses :* « Écris-moi, et cependant reviens tout de suite ! » disait Pénélope ; et la Silvia de Marivaux ne disait pas mieux. Phyllis écrit à Démophoon : « Je sais vos trahisons ; j'espère encore ! » Hélas ! Phyllis est morte, et les dieux l'ont changée en amandier, l'arbre aimé du printemps. Briséis, mécontente d'Achille (en effet, il ordonne à Patrocle de la remettre aux mains d'Agamemnon) : « On vous a donné dix Lesbiennes de la plus grande beauté ; qu'en ferez-vous, Achille ? Agamemnon vous propose une de ses filles ; mais à quoi bon pour Achille, une épouse ? » Ainsi Briséis traite à peu près le divin Achille comme la comtesse de *** du petit Crébillon traitait le chevalier de ***. Briséis se moque ; elle pleure, elle est jalouse, elle est charmante ; elle est déjà, Dieu me pardonne, une héroïne à la Claudien, une Espagnole des temps de Sénèque et de Martial. Le bel esprit enrichit l'*Héroïde :* on y sent la ruelle et la lecture en public ; on y jette, à pleines mains, l'ironie et l'allusion : tantôt l'allusion est évidente, et tantôt elle nous échappe ; il y a des amours d'hier qui se cachent dans ces anciennes amours : une gazette à la main : Rome est là tout entière en ces intrigues cachées, en ces mystères, en ces belles galanteries : et quand je dis la ruelle, c'est l'alcôve qu'il faudrait dire.

On lit encore aujourd'hui le journal en vers de Loret, tout rempli des noms charmants du siècle adolescent : les Romains lisaient les *Héroïdes* avec la même curiosité et dans le même esprit que les marquis de Versailles la *Muse galante* ou les histoires de Bussy-Rabutin. Il n'y a rien de plus joli et de plus digne des *Égarements du cœur et de l'esprit*, que la lettre d'Œnone abandonnée à Pâris l'infidèle. Elle est gracieuse et charmante à la façon d'une héroïne de Duclos, cette

Œnone ; et son mari, comme il ressemble aux jolis amoureux de notre ami Diderot! Œnone était nymphe, et la fille d'un grand fleuve ; elle eut le malheur d'aimer ce petit gentilhomme, et la voilà aussi malheureuse et plus à plaindre encore que la duchesse de Berry amoureuse de M. de Riom, ou la grande mademoiselle éprise de M. de Lauzun. La pauvre Œnone! Elle n'a pas revu son berger volage, depuis le jour du jugement des trois déesses. — Eh! si la belle Œnone eût voulu se souvenir

> Qu'une femme a toujours une vengeance prête...

le dieu Pan ne demandait pas mieux que de la venger.

Il y a là un petit récit de gaieté champêtre que le jeune Crébillon a reproduit dans son joli conte intitulé : *l'Heure et le Moment*.

> Ille meæ spolium virginitatis habet...

C'est de la véritable régence ; on ne disait pas mieux dans les petits appartements de monseigneur le duc d'Orléans, et les grands moralistes qui prétendent que l'*Art d'aimer*, par son immoralité (voilà l'éternelle accusation), fut la cause de l'exil d'Ovide, pourraient presque aussi bien en accuser les *Héroïdes*.

Elles sont galantes, elles sont peu chastes ; elles racontent les faiblesses et les trahisons d'une foule de héros qui pourtant valaient mieux que tous les petits chevaliers de la cour d'Auguste ; elles sont remplies de sortiléges, de philtres, d'invocations magiques. O caprice inattendu! les *Héroïdes* ont touché même au quatrième livre de l'*Énéide*. Ovide n'a pas craint de dicter une lettre à Didon, pour que Didon, avant de mourir, la fît passer au pieux Énée.

A peine Énée est en pleine mer, poursuivi par la

flamme vengeresse du bûcher funèbre, un plus ancien coupable, Hercule, est accusé, par Déjanire, des plus mauvaises actions : « Tu as souillé tes hauts faits par une honte ! »

Vraiment ce n'est guère la peine d'avoir accompli les douze travaux, et même davantage, pour être appelé un homme « sans honneur et sans foi. » Certes, M. le maréchal de Richelieu, qui était un grand misérable en toutes les choses de l'amour, et qui n'était pas tout à fait l'Hercule de l'hydre de Lerne et des étables d'Augias, n'eût pas supporté le quart des injures qu'envoie à son infidèle amant la triste Déjanire.

Ariane, une autre abandonnée, et non moins violente (même elle a poussé l'injure aussi loin qu'une dame des Porcherons) se présente ensuite aux imaginations d'Ovide. Puis, à son tour, voici Macarée qui écrit à son amant, un stylet d'une main, et de l'autre un poignard. Une autre..... un mot suffira, cette autre est Médée, écrit à Jason : « Jason, je suis Médée ! » Ah ! madame Ristori, dans *Medea*, voilà ce qu'Ovide et l'empereur Auguste auraient voulu voir !

Pour compléter la suite de ces complaintes amoureuses, et qui tenaient Rome éveillée et souriante, Laodamie à Protésilas, Hypermnestre à Lyncée, Sapho à Phaon, scandaient leurs douleurs sur l'*air connu* depuis le commencement de l'amour :

Fiez-vous, fiez-vous, aux vains discours des hommes ;
. . . .
. . . .

« Il chantait une certaine chanson, » disait Desdémone, une heure avant de mourir ; et, pensive, elle cherche à se rappeler la chanson.

C'est vrai pourtant : tout homme, ici-bas, une heure avant sa propre catastrophe, est poursuivi par certains refrains qui lui viennent des vapeurs et des abîmes. Huit jours avant leur ruine et leur exécution suprême, Antoine et Cléopâtre entendirent de joyeux concerts qui tombaient des nuages d'Alexandrie. Ovide avait eu plusieurs de ces avertissements étranges dans ses jours de fête et de folie : il ne les avait pas écoutés, ou bien, s'il entendait ces bruits inaccoutumés, il disait que c'étaient les sifflements de l'Envie et les serpents de Mégère.

L'imprudent, qui ne savait pas que, si la jeunesse du prince est souvent la cause des grandes fortunes, sa vieillesse et son abandon est une cause en disgrâces féconde!

Il riait, il chantait, il faisait l'amour, il s'enivrait des accents de sa poésie et des louanges de la Rome amoureuse... il ne voyait pas qu'Auguste était sombre, et que son front ridé s'était chargé de soucis. Dieu soit loué, qui n'exempte personne des regrets et des remords! Certes, on n'a pas été impunément Octave et l'empereur Auguste; et l'heure arrive enfin, même aux sommets fabuleux, où l'âme éperdue en la contemplation de ces vertiges, s'arrête et perd la conscience définitive de sa propre force.

Moment terrible, où le César tout-puissant est en proie à ces doutes, à ces terreurs de lui-même! Il se trouble, il doute, il hésite; il ne sait plus dormir; il a peur de ses rêves; son souvenir le ronge, et sa prévision le tue; enfin, le travail lui est en mépris; quoi d'étrange? Il est à bout de ses espoirs et de ses labeurs.

Comme, en sa qualité de despote, il a dégradé, malgré lui, nié et châtié les bons instincts de l'homme, altéré les idées généreuses, et comprimé les meilleurs sentiments, il finit par se trouver dans une solitude et dans un silence abominables.

Alors l'ennui le tue, et la conscience du bien qu'il n'a pas fait, du mal qu'il a laissé faire, ajoute un grand supplice à tous ses supplices. Au reste, cet état de l'âme, en proie à toutes sortes d'inquiétudes fatales, et qui devient à elle-même son bourreau, avait été signalé à Rome même dans une admirable comédie de Térence (*Heautontimoroumenos*).

Telle était la fin nécessaire de ce grand prince Octave-Auguste : il n'a pas évité sa peine, il ne pouvait pas l'éviter.

Depuis longtemps déjà le maître absolu était livré à la solitude, à l'ennui ; chaque jour il s'enfermait dans les hauteurs de sa maison, qu'il appelait « sa Syracuse » ; et dans cette retraite, loin de ses courtisans et de ses flatteurs, il rêvait aux actions de sa vie, aux solitudes présentes, aux misères futures. Comme il était tout à fait une intelligence, une force, il était seul à comprendre, à deviner les menaces de l'avenir.

Il sentait l'univers chanceler sous le poids d'un pouvoir et d'une corruption sans bornes. Il voyait son successeur, Tibère, un gaucher, qui s'avançait sombre et menaçant dans toutes les voies violentes de tyrannie, que lui-même il avait ouvertes.

Il était seul ; Horace et Virgile, ses divins flatteurs, et les vrais pontifes de sa gloire, n'étaient plus. Ses amis étaient morts.

Les princesses de sa maison l'avaient déshonoré : enfin, il avait exilé son petit-fils, qui fut assassiné. — Donc, voilà les vengeances ! Elles arrivent silencieuses, implacables. Ajoutez la peur des châtiments de l'enfer, et les anxiétés inévitables et terribles d'une conscience agitée, d'une âme en proie aux remords. Quel changement, grands dieux ! Auguste, devenu vieux, était redevenu le timide Octave. Il consultait les devins, il consultait des oracles, il se frappait la tête contre les murailles en criant : « Varus, rendez-moi mes légions ! » Dans la misère de ces remords, dans ces tristesses profondes, au milieu de ces fantômes et de ces désolations, quand le maître ne veut pas que l'on chante et que l'on s'amuse, certes, celui-là était un homme imprudent qui ne songeait pas à devenir un homme austère, et qui continuait à chanter le vin, les fêtes et les amours.

Ce fut ainsi dans la vieillesse de Louis XIV. Tout enveloppée d'une sombre et silencieuse austérité, elle s'accomplissait dans des limbes, moins voisines de la douce clarté que des ténèbres éternelles : elle obéissait à cette dame en deuil qui remplaçait si tristement mademoiselle de La Vallière, madame de Montespan, mademoiselle de Fontanges, les étoiles et les fleurs des jardins de Versailles. Plus de jeunesse, et plus de poésie, et plus d'amours, aussitôt que le roi fut contraint de convenir qu'il était un vieillard. Quiconque osait avoir vingt ans, soudain tombait en disgrâce.

— Qui donc êtes-vous? disait le vieux roi à son petit-fils. — Je suis le roi, répondait l'enfant sans pitié. Ainsi les mœurs étaient changées! Les visages étaient devenus des masques : pour avoir osé rire encore, M. le duc d'Orléans fut accusé d'être un athée, un impie, un empoisonneur, et dégradé dans le testament du roi.

Être un homme austère, un mangeur de cumin, un homme grave enfin, voilà le secret de bien des fortunes sous les règnes qui s'achèvent : un habit sombre, un propos sobre, et l'on arrive à tout dans cette zône fatale où se traîne, en chancelant, la caducité des rois!

Par ces temps malheureux où la flèche de Saint-Denis s'élève menaçante au-dessus des horizons, la gravité est un habile mystère du corps, à l'aide duquel se cachent facilement les vices de l'âme et les défauts de l'esprit. Heureux l'homme grave, à la fin d'un règne!

Tout lui réussit, tout lui est facile! Avec ce seul mot :

Un homme sérieux! vous ferez la fortune de vingt imbéciles. Mais pour être un homme sérieux, il faut l'avoir été dès le berceau... si vous avez souri à votre nourrice, eh bien! j'en suis fâché pour vous, votre sérieux est compromis pour le reste de vos jours.

Silence! obéissez à la vieillesse, à la tristesse, à la terreur du maître, et tâchez de lui ressembler. Faites mieux : supprimez la jeunesse, coupez les ailes de la vingtième année ; gardez-vous des chansons, des gais propos et de l'entrain enivrant des folles pensées; taisez-vous! Point de regards éveillés, point de vives paroles, point d'idéal ; rien de ce qui brille et de ce qui joue, et de ce qui flamboie et de ce qui poudroie; enfin pas une fleur, pas une gaieté, pas un verre à demi plein, et pas un sourire à demi joyeux.

Marchez, croyez-moi, dans la voie austère de ces tombeaux, et vous ferez votre chemin. Çà, voyons tes cheveux blancs, jeune homme! et voyons ton livret de la caisse d'épargne!

Pour être un homme austère et *grave*, il faut jeter aux orties du chemin tout le bagage inutile et charmant des beaux jours! Commençons tout de suite par la goutte et la gravelle; que notre tête soit chauve, et serrons notre ceinture. En même temps notre voix parlera comme une sentence, nos deux jambes marcheront comme des béquilles, nos yeux verront avec des lunettes, notre main, flétrie avant l'âge, possédera tout au plus le toucher d'un gant glacé. Ton prince est un vieillard : va-t'en, courbé sous les années, mentir à ta propre jeunesse et calomnier tes amours : voilà ce que j'appelle un mensonge heureux et profitable; ainsi mentir, c'est triompher de tous les obstacles et de tous les genres de mérite! — « Et pourtant, dit Montaigne, rien n'est certain; résolu, dédaigneux, contemplatif, sérieux, grave, comme l'asne! » — L'âne a raison, mes amis; encore une fois soyez graves, et soyez-le tout de suite! — Ou toujours, ou jamais!

Ces conseils... graves, sont de tous les temps, de toutes les monarchies, de toutes les républiques. Ovide, à quarante ans, était encore un petit-maître, un amoureux, un homme heureux et jeune : il aimait à vivre; il vivait dans la joie, en pleine poésie; il était la fête et le bonheur de la ville et de la cour... Imprudent! Il ne vit pas que sa joie était importune, et que ses chansons déplaisaient! Un beau jour, tout d'un coup, sans que rien fit pressentir sa disgrâce, il fut chassé loin de ces lieux qui ne voulaient plus l'entendre; il fut exilé par ce maître absolu que fatiguaient les Muses clémentes. Comme il fallait une explication à l'exil du charmant poëte, on l'explique par les *licences* du poëme de l'*Art d'aimer*.

Il avait écrit l'*Art d'aimer;* en revanche, il venait d'achever un poëme admirable qui renfermait l'histoire entière de ces dieux, de ces héros, de ces croyances, que les premiers législateurs de Rome avaient empruntés, avec leurs lois primitives, à la divine Grèce. Oui, l'amoureux de Corinne, et le conseiller de ces profanes amours, Ovide, en cet oubli universel de l'Olympe antique, et sous le règne ironique des libres penseurs, avait fait pour la religion des Romains ce que naguère avait fait Virgile pour la campagne romaine.

Virgile avait enseigné comment il faut aimer les bois, les champs, les rivages, les bergers; quels soins il faut donner à la terre et aux troupeaux; il avait célébré en vers incomparables toutes les grâces, et tout le charme de la vie champêtre. Il avait fait ainsi d'une émotion oubliée au milieu de la rage et de la dévastation des guerres civiles, une consolation, une force, un repos, une espérance. Eh bien! lorsqu'à son tour et sur les pas de Lucrèce, Ovide entreprend d'expliquer l'âme universelle du monde, errante à travers l'infini, Ovide rendait la vie aux beautés, mise en oubli, de la religion païenne.

C'est tout à fait ce qu'on appelle un grand livre, écrit pour un grand peuple, ce poëme des *Métamorphoses*. Il commence au chaos, il s'arrête à la fin des choses; il assiste aux commencements de la création divine, et tout de suite, après le crime et la peine des géants, enfants de la terre, il pénètre au milieu de ces croyances charmantes auxquelles sont restés fidèles les plus grands poëtes de l'art moderne. Ces dieux d'Homère et de Virgile, racontés par Ovide, ont été bien souvent les dieux de Corneille et les dieux de Racine; ils règnent, ils vivent, ils respirent jusque dans les poëmes des chrétiens.

C'est *proprement un charme*, ce récit d'Ovide, nous racontant, une heure après le déluge, Daphné changée en laurier, Syrinx changée en roseau. Déjà dans ce premier livre des *Métamorphoses*, tout s'arrange et tout se prépare en l'honneur des dieux et des hommes : l'air, ami du mouvement, le feu, l'eau, la terre et le ciel. Déjà le conseil des dieux s'est réuni pour châtier les rebelles; ces grands dieux sont les habitants de l'Olympe et du Capitole : Vesta, Junon, Minerve, Cérès, Diane et Vénus, Jupiter, Neptune, Mercure, Apollon, les dieux féodaux, qui vont mener à leur suite une quantité de dieux infimes et de passions secondaires. En même temps tout se remue et tout s'agite, au sein de la terre, au sommet du ciel! Delphes est devenue l'écho des miracles; le Nil circule à travers le pays des enchantements et des fables; les vents remplissent, en mugissant, les cavernes d'Éolie. Au pied du Parnasse, et sur le bord divin de la claire fontaine, on a vu les Muses qui préludaient aux grands poëmes. Voici le Céphise *aux belles eaux*, le Pénée, où Daphné la blonde et la craintive se promène aux premiers rayons du jour. Dans les forêts, les Satyres; le dieu Pan, dans les jardins; les roseaux sonores sur les bords du fleuve éloquent. Même du roseau harmonieux, les bergers ont tiré la flûte de Corydon et de Tityre.

Par les enchantements de son récit, le poëte nous conduit tout d'abord à travers tant de scènes et d'aventures charmantes, qu'à voir briller d'un tel éclat ces éternelles merveilles de la mythologie des Grecs et de l'invention poétique, on s'écrie avec Voltaire :

Charmante antiquité, beauté toujours nouvelle!

Au second chant des *Métamorphoses*, dont le peintre et le poëte ont tiré tant de chefs-d'œuvre, on apprend mille histoires inconnues aux simples mortels. Phaéton, l'exemple et la leçon des présomptueux et des impuissants, cette race hostile que son impuissance même rend insolente et dédaigneuse, demande à conduire un jour, un seul jour, le char du Soleil... Ces peupliers, qui se balancent au souffle inspiré du printemps, sont les sœurs de Phaéton lui-même. Tout à l'heure Apollon courait après Daphné; voici maintenant Jupiter emportant la belle Europe à travers la Méditerranée éclatante.

Que de noms chers à la poésie en ce deuxième livre des *Métamorphoses!* Doris, fille de l'Océan, et ses filles divines, les *Néréides*, superbes et touchantes dans la trilogie du vieil Eschyle; les Heures, filles de Thémis, et messagères du Soleil. En même temps, voilà toutes les constellations reconnues par les bergers de la Phrygie... Ici le Tmolus couvert de vignes, le Pactole aux flots dorés, l'Etna, un volcan, l'Éryx, avec son temple à Vénus : *Erycina ridens*, disait Horace. A la fin voici les Alpes : *Aerias Alpes!* A chaque pas, dans cet univers changeant de la poésie et de l'amour, vous frôlez des idylles, vous rencontrez des élégies, vous trouvez le drame à côté du sourire : Actéon, un cerf; Narcisse, une fleur. Ici se plaint la nymphe Écho dans le bois sombre; et là-bas, dans la forêt lamentable, Penthée est déchiré par les Bacchantes.

Qui ne s'est attendri aux malheurs populaires de Pyrame et Thisbé? Qui n'a souri aux amours de Mars et Vénus? La nymphe Salmacis est-elle assez jolie, et ces filles de Minée, habiles et mal peignées, comme on s'amuse à les voir changées en chauves-souris! Combien d'emprunts, depuis tantôt deux mille années, ont été faits aux *Métamorphoses!* Claudien écrivait tout un poëme avec le récit de l'*Enlèvement de Proserpine* ; Sénèque une tragédie avec les Bacchantes d'Ovide, jointes aux Bacchantes d'Euripide. Aréthuse a fourni à Voltaire les quatre plus beaux vers de la *Henriade*. Un chef-d'œuvre de La Fontaine, *Philémon et Baucis*, est un chef-d'œuvre d'Ovide. A ces chansons, à ces complaintes, à ces transformations universelles, la terre et le ciel répondent; et moi-même, au milieu de ces campagnes animées de tant de passions de la terre et du ciel, je retrouve, à chaque pas, l'écho divin des *Métamorphoses*. Ce rocher qui s'avance au milieu de la mer, c'est Niobé elle-même. Ces grenouilles, dans les marécages, ce sont les paysans lyciens, lâches insulteurs d'une déesse errante et désolée. Un vent violent me rappelle Orithye enlevée par Borée ; un vent frais me ramène aux malheurs de la nymphe aimée de Céphale.

Et tantôt l'aigle, et tantôt l'alouette, et la perdrix, et la belette au fin museau, et le sanglier, et les fontaines; tout ce qui respire, tout ce qui a vécu, tout ce qui brille, l'insecte et la fleur, l'onde et l'étoile, le sable, le diamant, me rappellent des féeries. Ces îles dans la Méditerranée ont été des Naïades! Levez la tête, et saluez, parmi les astres resplendissants, la couronne d'Ariane, à côté de la chevelure de Bérénice.

Comptez donc aussi les grands poëmes, les profondes douleurs, les plaintes, les drames et les sanglots que contiennent les *Métamorphoses!* Quoi de plus terrible et de plus touchant que le martyre d'Hercule au mont OEta? Et cette adorable Eurydice, une enfant de Virgile, adoptée, à tant de siècles de distance, par le vieux Gluck! Et l'écho attendri qui répond aux sanglots d'Orphée par des sanglots. — « *Eurydicen! Eurydicen!* » avait dit Virgile.

> Là pour nous enchanter tout est mis en usage;
> Tout prend un corps, une âme, un esprit, un visage;
> Chaque vertu devient une divinité:
> Minerve est la prudence, et Vénus la beauté;
> Ce n'est plus la vapeur qui produit le tonnerre,
> C'est Jupiter armé pour effrayer la terre;
> Un orage terrible aux yeux des matelots,
> C'est Neptune en courroux qui gourmande les flots.
> Écho n'est plus un son qui dans l'air retentisse;
> C'est une nymphe en pleurs qui se plaint de Narcisse.
> Ainsi dans cet amas de nobles fictions,
> Le poëte s'engage en mille inventions;
> Orne, élève, embellit, agrandit toutes choses,
> Et trouve, sous sa main, des fleurs toujours écloses.

De ce poëte aimé des dieux toutes les mémoires sont remplies; de ses inventions terribles ou charmantes les voûtes les plus superbes sont ornées. Il prête aux peintres autant qu'aux poëtes; il est le créateur de mille opéras; c'est lui qui a fourni le sujet des partitions les plus touchantes, des ballets les plus galants.

Qui dirait pourtant que le même homme écrivait l'histoire du roi aux oreilles d'âne et le Combat des Centaures et des Lapithes, la mort d'Achille et l'épitaphe du perroquet de Corinne? On ne saurait pas qu'il s'était d'abord destiné au barreau, on le devinerait, à lire en ses vers la plaidoirie héroïque d'Ajax plaidant contre Ulysse, à qui resteront les armes d'Achille?

Surgit ad hos clypei dominus septemplicis Ajax!

Et de même qu'il parlait d'Ajax après Homère, Ovide a parlé d'Énée après Virgile, et Rome entière a trouvé qu'il en avait bien parlé. O campagnes du Latium, vous n'avez pas été plus dignement célébrées, même dans les *Géorgiques!* Il a chanté Pomone, une nymphe : « Elle n'aimait ni les bois, ni les fleurs; elle n'aimait que les vergers et les arbres chargés de fruits. Sa main porte une faucille, et tantôt elle élague, et tantôt elle émonde... En vain le Satyre folâtre, ami de la danse, en vain Pan, séduit par ses charmes, et Sylvain plus jeune encore que son âge, avaient tenté de lui plaire; elle a résisté même à Vertumne, habillé comme un moissonneur. » Et comme il est joli, ce Vertumne amoureux! On le prend tantôt pour un laboureur chargé d'épis, tantôt pour un vendangeur couronné de pampre : armé de l'aiguillon, il est un bouvier; armé de la serpe, il est un vigneron. Il tenait l'épée en soldat, la ligne en pêcheur. A ce sujet, je me rappelle avoir écrit ce joli vers au-dessous d'un portrait de M. le maréchal Bugeaud que ça faisait sourire :

Miles erat gladio, piscator arundine...

Enfin voilà Vertumne à côté de Pomone... et laissons-les vite au graveur Eisen; Eisen, un disciple d'Ovide et de La Fontaine; un disciple alerte, amoureux, et plein d'esprit.

Naturellement, les grandes pages et les plus beaux vers de ces *Métamorphoses* appartiennent à Rome ; à la Rome invincible et sacrée, la reine des nations. Le poëme a pour conclusion nécessaire l'apothéose de Jules-César, le panégyrique d'Auguste, et cet *exegi monumentum*, aussi juste, aussi vrai, aussi mérité que celui d'Horace.

Ah! chères visions de l'antiquité, notre mère! Instincts, amours, passions, vengeances! Paysages de l'Italie; aspects divins de ses fleurs, de ses flots, de ses monuments, de ce beau ciel; adorations aux dieux invisibles, aux puissances de la parole, aux philosophies, aux libertés, aux volontés du peuple et du sénat! Vénus, âme du monde, Vesta protectrice de César, Jupiter qui as choisi pour autel la roche Tarpéienne!

Ovide, avant de partir pour son exil, commençait, par Auguste lui-même, l'apothéose éhontée des empereurs de Rome. Il ouvrait le temple, il dressait l'autel; il offrait aux dieux des sacrifices et leur adressait des hymnes de reconnaissance.

En témoignage des honneurs divins qu'il venait rendre à son maître Auguste, il invoquait les Bretons domptés, le Nil obéissant, les Numides écrasés, Juba vaincu, les dieux contents, César vengé; il attestait les tables d'airain, sur lesquelles l'histoire est écrite en caractères de diamant; et pendant qu'autour de cet arc de triomphe, élevé par ses soins, il invoquait *le dieu Jules* et le dieu Auguste... le dieu Auguste, d'un doigt méprisant, sans une émotion, sans un regret, sans pitié, désignait au poëte Ovide les sentiers qui mènent à l'exil; et le desposte, sans aucun motif qu'il pût avouer, condamnait le poëte à tous les désespoirs, à toutes les misères, et, il faut le dire, aux lâchetés humiliantes d'un exil sans consolation et sans dignité.

IV

C'est ainsi que par ces plaisirs, par ces amours, par ces poëmes, par ces fêtes de la terre et du ciel, nous sommes arrivés à l'abîme où tout va disparaître : esprit, grâces, faveurs, popularité charmante, accords divins, sourires de la beauté, faveurs de la jeunesse, enchantements du mois de mai. — « As-tu vu le fantôme passer? » s'écrie Hamlet, prince de Danemark. Avez-vous entendu l'exil? L'exil approche; il arrive, il arrache au sommet de ces prospérités passagères cet homme heureux de sa gloire, et fier de sa fortune. Hier encore il était semblable au héros des *Métamorphoses*, à l'homme à la tête haute, au regard superbe et perdu dans les cieux... Auguste a dit un mot, voilà soudain ce malheureux qui tombe au niveau des créatures prosternées, dont le regard est condamné à ne voir jamais le soleil et les étoiles du ciel :

Pronaque quum spectent animalia cetera terram...

L'ordre était donné, il fallait obéir. C'était le premier de ces exils sans cause et sans nom qui tantôt rempliront l'univers. Pas de retard, pas une heure : il faut partir, il faut quitter Rome et ses splendeurs, quitter au plus vite tout ce qu'on aimait, et traverser soudain mille nations barbares pour rejoindre un monde inconnu, où soi-même on sera le barbare. Oh! misère! Oh! néant! Ces anciens ne plaisantaient pas avec le supplice; ils avaient poussé, aussi loin que l'on pouvait la pousser, ce que nos criminalistes appelaient *la majesté de la peine*. Un jour que Socrate avait comparé un tyran d'Athènes (on dit qu'il s'appelait Chariclès) à un mauvais berger qui mange ses moutons, le tyran lui fit dire qu'il eût à ne jamais parler de berger ni de moutons, s'il ne voulait pas porter malheur à ses propres bœufs[1]. Par la nature d'un esprit railleur et plein d'ironie, avec tant de grâce et tout ce bon sens, il était destiné à mourir de mort violente, ce bon Socrate! Il mourut en vaillant homme, en sage, et consolé. Oui; mais Ovide, un courtisan, un bel esprit, un flatteur du prince, un des privilégiés de la servitude, un poëte ingénieux et complaisant, qui n'a pas même accordé à la république expirée un seul des regrets qu'exprime Horace en ses odes immortelles; voilà, certes, un exilé inconsolable. — Exiler Ovide, et jeter ces foudres soudaines sur cette tête innocente, il y avait là tout un mystère... On n'a pas expliqué ce mystère; il est resté à la charge de l'empereur Auguste; il est resté une accusation, sans réplique, à cette renommée extraordinaire en toutes sortes d'excès : l'excès du mal, l'excès du bien; excès dans la honte, excès dans la gloire... et finir, en se vantant soi-même « d'avoir été un bon comédien ! »

Dans ce merveilleux livre, écrit naguère en l'honneur de la tribune moderne, par M. Villemain[2], ce grand écrivain, l'honneur de la parole écrite et parlée, explique avec sa verve et son talent, pourquoi donc l'exil, qui est partout une peine horrible, était une peine insupportable pour les Athéniens et pour les Romains des grands siècles. Les premiers, surtout les poëtes, ne savaient guère que les rives du Sperchius et du Pénée, que les bords fortunés d'Éphèse et de Mytilène... Et, dit encore M. Villemain, « quelque conquérante que fût Rome, il ne venait pas même à ces poëtes

---

1. L'amende et la confiscation.
2. *M. de Chateaubriand*, par M. Villemain. 1 vol. in-8°, 1858.

la pensée d'étendre leurs peintures au delà des cieux qui charmaient leurs regards et des souvenirs qui parlaient à leurs cœurs. »

Ainsi songez à la peine extrême, à la douleur ineffable, lorsqu'il faut quitter cette Italie *ingénieuse, savante, amusée d'elle-même,* et qui ne savait rien au delà. Ajoutez à ces désespoirs les terreurs sans nom que portait avec soi cet horrible exil.

Quiconque, à Rome, était exilé par la volonté du maître, devenait aussitôt l'ennemi du genre humain ; l'eau du Tibre et le feu de l'Italie étaient interdits à ce malheureux. Il était un esclave, et vous lui pouviez attribuer toutes les malédictions que profère en son discours C. Cassius, dans les *Annales* de Tacite. Il était un rebelle, il était, comme l'esclave, *une chose*, et son signalement se répandait dans tout l'univers. Au moins l'esclave avait conservé le droit d'asile... l'exilé se serait en vain réfugié aux autels de Jupiter ou dans le temple de la pitié : le licteur serait venu qui l'eût arraché de ces autels.

Dans ces touchantes élégies qui consacrent les misères, les chagrins et l'abjection de son exil, que d'angoisses, de douleurs racontées par Ovide ; douleurs dont l'écho est venu jusqu'à nous, des confins du monde, en traversant la Rome impériale, abjecte et prosternée ! — « Honorez les poëtes, prenez garde à ne pas les rendre misérables, ô princes d'ici-bas : les poëtes sont les rois de là-haut. » C'est un mot d'Aristophane, et la leçon nous étonne un peu, venant du même esprit qui s'attaquait si volontiers aux philosophes, aux généraux, aux orateurs de la ville d'Athènes.

Heureusement, c'est un de leurs priviléges, le malheur va bien aux poëtes ; il les décore ; et les plus grands ont gagné un grand honneur à se trouver si misérables.

Homère, un mendiant, Camoëns à l'hôpital, Lucain mis à mort, Tasse au milieu des fous, Cervantes!...

Ces misères, ces pauvretés, cet abandon, cet hôpital, si vous les infligez à la plèbe, au vulgaire, on les oublie; mais elles grandissent le poëte.

En même temps qu'il résiste à ses propres malheurs, le poëte est le seul à qui reste le droit de chanter les misères qui l'entourent.

Tant de rois exilés, tant de couronnes que la haine a brisées, et tant de ruines dans ce palais des rois, le temps les efface : il répare, il relève, il change, il remplace. Ils seraient oubliés, tous ces rois malheureux, elles seraient oubliées ces princesses infortunées, si les poëtes n'étaient venus à leur aide : ils ont vécu par la volonté même de la tragédie ou de l'ode ; ils ont vécu par la pitié, par les respects, par la sympathie glorieuse des poëtes.

Chose étrange, en effet, que Domitien profite des louanges de Martial, que l'empereur Auguste profite de l'apothéose d'Ovide, et que Néron lui-même, un Néron, reste enveloppé dans l'ironie et dans les élégances de Pétrone!

« Honorez les poëtes! » L'exil d'Ovide, et sa mort, et sa plainte, ont gâté les années clémentes, pacifiques, glorieuses et respectées, de l'empereur Auguste. Il n'y a rien de plus touchant dans les poésies, dans les drames, dans les histoires, que ce départ « en cette nuit sans pitié! » L'ordre était absolu. A peine si le malheureux Ovide avait eu le temps de comprendre l'étendue et la cruauté de sa misère. Il était seul en ce moment dans sa maison déserte. Hélas! cette maison à l'abandon était naguère un séjour de fête et de joie, où tant d'amis accouraient à toute heure de la nuit et du jour! Un seul ami lui restait de tant d'amitiés dévouées; un seul amour de tant d'amours : sa femme épouvantée et qui pleure, invoquant, mais en vain, les dieux et les hommes, Jupiter et l'empereur. Hélas! sa fille elle-même était absente, et si loin, qu'elle apprendra l'exil de son père, au moment où il ne sera plus temps de lui apporter ses adieux.

Que de larmes, que de gémissements, que de plaintes dans cette maison en deuil! Troie en flammes était moins désolée et désespérée. Ah! malheureux proscrit! poëte infortuné! Saluez une dernière fois la ville éternelle. — En même temps le Capitole, à la clarté de la lune d'avril[1], montrait ses sommets blanchissants, et l'exilé, prosterné, disait adieu au Capitole, à l'Italie, à ses pénates. C'était l'heure, hélas! c'était l'heure! Et trois fois il voulut partir; trois fois, triste présage, il se heurte au seuil de sa maison. « O ma femme! ô mes amis! ô ma chère et divine patrie! On m'entraîne en Scythie... au tombeau! »

Le chemin d'Ovide, à travers ces contrées barbares, étonnées qu'on les fît servir à l'exil d'un poëte latin, fut rempli de dangers et de traverses. Cet homme heureux, qui ne connaissait que les bords enchantés de la Méditerranée éclatante, il affrontait, pour la première fois, les tempêtes, les violences et les clameurs de cet Océan qui va le séparer de toutes ses affections; *dissociabilis*, dit d'Horace. Il allait perdu, misérable et désespéré, dans les ténèbres, dans la tempête; il entrait ainsi dans cette destinée à part que M. de Chateaubriand appelait, énergiquement, la *destinée des misérables*.

Hélas! nos pères l'ont éprouvée, et cruellement, cette *destinée des misérables*, quand une loi sans pitié les jetait çà et là, seuls, pauvres, dépouillés, sans nom, sans patrie et sans patrimoine, errants, vagabonds, ou traqués dans leurs propres forêts comme autant de

---

[1] Capitolium fulgens. — HORACE.

bêtes fauves. Quels récits de ces nécessités n'avons-nous pas entendus dans les jours de notre enfance! On nous disait la faim, le froid, l'abandon, le pénible et douloureux travail de ces mains faites à l'épée, à la plume, à l'éventail. En même temps, quelle était notre épouvante aux récits de nos pères, nous racontant qu'ils ont vu plus d'une noble épée dont le pommeau d'or était en gage pour acheter du pain, plus d'un écusson des croisades devenu une enseigne à bière; quand ils nous disaient que ces femmes, si frêles et si blanches, l'honneur de la société française, tendres fleurs qu'un souffle eût fanées, pieds légers qu'une feuille eût blessés, réduites maintenant à la servitude, lavaient elles-mêmes, pour vivre, accroupies sur le bord d'un ruisseau fangeux, les draps de lit de leurs maîtresses!

À ces récits funestes, qui donc ne se sentirait les yeux pleins de larmes, et de la pitié plein le cœur? Au contraire, les Romains, par la férocité de leurs vengeances, de leurs spoliations, de leurs exils, s'étaient endurcis et habitués à ces crimes de la force... Ils avaient applaudi au départ et aux larmes de Mélibée emmenant, loin des champs dont il est dépouillé, sa chèvre triste et malade, et laissant derrière lui l'espoir du troupeau, *spem gregis*. Ils avaient trouvé que Tityre était heureux de son bien sauvé de la convoitise ardente des centurions d'Auguste; que Mélibée était à peine à plaindre, exilé loin de sa maison confisquée. Ils les savaient par cœur, ces vers charmants, et leurs enfants les répétaient sans émotion, comme ils chantaient l'*hymne séculaire*. Eh! c'est bien fait. « Et voilà comme, ô Romains! innocents des crimes de vos pères, vous en porterez le châtiment jusqu'au jour où vous aurez relevé le temple et l'autel de vos dieux! »

Or, ces temples et ces autels à relever, c'était la piété, c'était la justice, et c'était le bon droit; c'étaient les anciennes mœurs, invinciblement liées aux anciennes libertés ; c'était l'ancien courage aussi, comme on le voit dans les *Tusculanes.* « Le roi Lysimaque, un jour qu'il menaçait un philosophe : Oui-da, dit celui-ci, vous perdez votre peine ; gardez vos menaces pour vos courtisans; quant à moi, je m'en moque ! » (Cic., 1. *Tuscul. quæst.*) Il n'y a pas d'exil qui soit insupportable, quand on le porte avec un grand courage. A défaut de courage, il n'y a pas d'exil qu'on ne supporte, avec beaucoup d'esprit, de tolérance et de bonne humeur. Saint-Évremont, chassé de Versailles, comme on lui disait que le roi voulait le revoir : — « A Dieu ne plaise, disait-il, que j'aille montrer à Versailles mon vieux visage ! Ici on est fait à mon humeur, et j'y reste. » Il ne disait pas tout à fait : « Là où je suis bien, est ma patrie, » il aurait eu honte de cette parole ; il disait : « Où je suis en repos, j'y reste. » Il eût mieux aimé cent fois les agitations, les tumultes, les petites misères de la vie au beau milieu de Paris, sur les confins de Versailles.... Le roi l'avait exilé ; maintenant Saint-Évremont exilait le roi à son tour. Ainsi il se fit estimer du roi lui-même, pendant que ce misérable Bussy-Rabutin renouvelait inutilement les lamentations d'Ovide ; se plaignant de n'être pas maréchal de France, autant que le poëte Ovide se plaignait d'habiter chez les Sarmates. Vous avez vu dans Brantôme une assez fière inscription qu'un autre Bussy, Bussy d'Amboise, avait écrite pour son propre tombeau :

> Passant, tourne le monde, et va chercher Bussy ;
> Son cœur plus grand qu'un monde a mis son corps ici ;
> Il fut craint du soleil, bien aimé de la lune,
> Délaissé seulement de l'ingrate fortune...

On aime ces gasconnades ; elles consolent du spectacle affligeant de ce chien honteux qui lèche encore la main qui le frappe. Hélas! Ovide était loin d'être un stoïcien : il disait de lui-même, en dépit des *Métamorphoses* : « Je suis chose légère! » Il ne savait pas comment on résiste à la tyrannie : il ne savait que se plaindre, humblement, d'une voix timide et gémissante. Que voulez-vous? il a quitté, non pas comme Ulysse, une Ithaque austère au milieu des rochers et des écueils, mais la ville aux sept collines, la ville éternelle, le siége de l'empire, un Olympe..... (*Deumque locus!*) Il a renoncé aux doux loisirs poétiques, aux chers souvenirs de sa divine épouse, à l'inspiration de ces fêtes, de ces grandeurs toujours présentes. Et vivre ainsi aux dernières limites des continents habités! Mourir si loin, mourir sur des bords inconnus, privé de la pompe funèbre et des honneurs du tombeau! Mourir sans l'adieu d'un ami, et sans que lui-même il ait osé prononcer trop haut le nom des braves gens qui l'aimaient encore, tant il a peur de les compromettre. Il ne verra donc plus sa fille, cette aimable Périlla, entourée de ses livres, dont elle fait ses délices. Il habite un pays si froid, si triste! Ici Médée a déchiré le corps de son frère, et la ville est appelée *la ville du meurtre*. Ici le froid, la glace, et la neige, et la pluie, un fleuve horrible, un sol stérile : au printemps pas une fleur, pas un raisin en automne; à peine si la voix humaine y fait entendre un langage humain; et pas un seul des bruits de la ville éternelle! au contraire, un profond silence : à peine un voyageur qui raconte, en passant, quelques nouvelles de la précédente année. Le poëte écrit ses élégies, et pourquoi faire? à quoi bon? Pas une oreille ici qui puisse entendre un bon vers.

O misère! Ovide, un poëte, parmi les Gètes et les Sarmates! Et pendant que l'heure apporte à l'heure suivante une espérance, une consolation, un allégement, ici chaque heure rend plus cruelle et plus pesante l'infortune du poëte exilé. Sa misère, en vieillissant, devient intolérable, et sa santé se perd loin du ciel natal, le doux ciel du clément Latium. Deux ans d'exil ; déjà deux années !

La vieillesse est venue, hâtive, et c'est à peine si l'exilé marche encore.

Les maladies et la tristesse accablent cet abandonné des hommes et des dieux. C'est pourtant l'heure où le citoyen romain, sentant venir *l'âge de seigneurie*, embellit sa retraite, et, calme au sein de ses vieux pénates, ne songe plus qu'à s'envieillir doucement entre sa femme et ses enfants, à l'ombre clémente du foyer domestique. Étonnez-vous donc de ses larmes ! Il était naguère un émule heureux de Gallus, de Properce et de Tibulle ; un poëte amoureux et charmant... Aujourd'hui il ne sait plus guère que ses lamentations. Plus de sourire, et plus de chansons joyeuses ; plus de souci de sa gloire et de sa renommée ; il n'a plus de refuge en lui-même, il n'a plus de confiance en l'avenir. Il est vrai que Rome a lu ses vers ; que Rome encore entend parler d'Ovide avec un certain plaisir ; mais si *la ville* avait une idée approchante d'un si terrible exil, elle verserait des larmes sur tant de malheurs, et pendant qu'elle pleurerait le poëte, elle oublierait de l'applaudir.

Hélas ! la poésie est rebelle aux lâches invocations d'un proscrit. Elle aime un bel esprit content ; elle se plaît dans une âme virile et forte, capable de se roidir contre le malheur et l'injustice.

Le vers se sent toujours des bassesses du cœur.

« Écrivez-moi ! » dit-il encore à ses amis, « par grâce et par pitié, deux fois, par chaque année, une lettre, est-ce trop?... » Quelques-uns oubliaient d'écrire ; ils avaient peur qu'une réponse les compromît, ô lâcheté !

Un ami d'Ovide, épouvanté de cet exil, consentit à recevoir ses lettres datées de *la ville du meurtre*, mais à cette condition, que son nom ne serait jamais prononcé. Ovide (il était si malheureux!) accepta cette proposition déshonorante pour l'ami qui l'osait faire, et voyez le châtiment des lâchetés : la condition fut observée avec tant de rigueur, que ce vil ami, ce traître aux plus simples devoirs de l'amitié, son nom ne s'est pas retrouvé dans ces élégies où brillent des noms glorieux et fidèles. Ainsi cet homme idiot, par sa couardise, a perdu la seule occasion d'être immortel.

Honorons cependant le courage et la constance des hommes généreux restés fidèles au poëte. Il en est un qui s'appelait Brutus : il était au premier rang des honnêtes gens qui protégeaient le poëte exilé contre la foule abjecte, avide, et délatrice, *perfida turba*, qui tendait une main insatiable aux dépouilles de tant de proscrits. C'est l'usage : il y a toujours des lâches et des brigands qui se cachent derrière le malheur pour accomplir leur guet-apens, et pendant que le plus simple honneur consiste à protéger l'homme absent, à le défendre, à le prendre en pitié, à ne pas insulter sa misère, il y a des bourreaux qui le dénoncent, et qui font horreur à tout le monde.

M. le duc de Choiseul était disgrâcié depuis trois jours à peine, et déjà un courtisan de Versailles insultait à cette éclatante disgrâce. « Et le coq chanta ! » s'écria le roi Louis XV en levant les épaules, et tout rempli de cet invincible dégoût qui fut le châtiment de sa vie, et la peine impitoyable de son règne.

Des amis d'Ovide (hormis le nom du lâche) on sait les noms encore aujourd'hui : Brutus; Maxime, un brave homme, un généreux esprit; Rufin, qui lui écrivait des lettres si tendres; Græcinus, ancien ami de Mécène.

Il était absent de Rome, au moment où l'empereur Auguste exilait Ovide, ce Græcinus : peut-être eût-il conservé de l'ancienne familiarité assez de courage pour représenter à l'empereur la cruauté de son caprice.

Il faut nommer aussi Maxime Cotta, qui envoyait à son ami l'exilé, en guise de consolation et sans doute pour lui faire prendre patience, les portraits d'Auguste, de César et de Livie; images bien *consolantes*, en effet, devant lesquelles Ovide ne craint pas de se prosterner! *Est aliquid spectare deos*, dit-il en un langage obséquieux et lâche. — On retrouve dans ses lettres les noms de Germanicus, qui resta sourd à ses prières; d'Atticus, le fils de l'ami de Cicéron; du docte Salanus, qu'il appelle éloquent, et qui peut-être l'était; de Sextus Pompée; d'Albinovanus; de Rufus Fundanus, l'oncle de sa femme; de Sévère, *poëte des rois* (*vates magnorum maxime regum*), à qui Ovide demande des vers pour charmer son exil. Il écrit même au roi de Thrace, à Cotys, pour implorer sa commisération et son aide.

Enfin il écrit à ses amis inconstants, à ses amis infidèles, à ses ennemis, à ses protecteurs, à ses envieux; il s'adresse à Gallio, le père adoptif du frère de Sénèque; il invoque à la fois tous les hommes et tous les dieux; il invoquerait la mort elle-même. Mais il ne veut pas que ses os soient enfouis dans la terre des Sarmates; il est semblable au roi d'Ithaque : avant de mourir, il veut revoir les foyers de sa patrie[1]; et ce n'est pas de lui qu'il faut attendre le courage de l'énergique Rutilius, cet exilé qui jadis avait refusé de revenir à Rome. A la vérité, il était exilé à Smyrne, et non pas sur les

---

1. Fumum e patriis videre saxis.

bords du Pont-Euxin, cet admirable Rutilius, dont Sénèque a parlé dans son livre *des Bienfaits*[1].

Encore une fois, Ovide n'a pas l'âme forte, et ce n'est pas lui qui écrirait son propre nom sur les coquilles de l'ostracisme : il ne connaît pas d'autre endroit que Tibur, où l'exil soit supportable. Amis, contemplez sa peine! Il est triste, il est vieux, il est chagrin, et tout couvert de cheveux blancs. Il porte un fardeau plus lourd à porter que l'Etna même : il ne sait plus écrire, il ne peut plus aimer; il regrette à chaque instant, et chaque jour davantage, sa maison et la vue du champs de Mars, ses fermes dans le pays fertile des Péligniens, ses jardins plantés sur les collines que longe au loin la voie Claudia, ses vieux arbres, ses fleurs, sa douce fontaine, aussi claire que la Blandusie; il regrette aussi l'Ombrie, et sa maison d'Albe, ouverte sur la voie Appienne. A peine il peut vivre encore, à peine il peut dormir; il n'est plus un homme : il pleure, il se lamente, il s'humilie : « O mes amis, protégez-moi, secourez-moi; voyez ma peine, écoutez ma plainte, entendez ma misère. Ah! par grâce et par pitié, un mot à César, un mot à l'empereur, un mot à Tibère... » Hélas! il a flatté même Tibère! Il s'est humilié sous cette main de marbre et de fange; il a plié le genou devant ce maître abominable, obscène, qui fut à la fois le crime et le châtiment d'Auguste. Ovide n'a pas compris qu'Auguste, mort, avait emporté sans espoir son pardon, en laissant le monde pour héritage à cet affreux Tibère.

Ovide a prié Tibère! Il ne savait donc pas que ce monstre avait ri de pitié aux élégances de l'*Art d'aimer;* qu'il s'était moqué des *Amours;* qu'il haïssait les grâces de l'esprit autant qu'il se plaisait au vice?

---

1. Livre VI, chap. 37.

Un grand peintre exposait récemment sur une toile immense et désolée un drame appelé : *les Exilés de Tibère :* un tas de malheureux qui s'en vont en des mondes inconnus sans espoir de retour. Que de plaintes muettes! Que de cris à renverser Caprée! ici la peur, là tout ce que l'accent humain a jamais contenu de colère et d'indignation. Eh bien, ce tableau des *Exilés de Tibère*, Ovide, qui ne pouvait croire, malgré tout, à la clémence du tyran, a dû l'entrevoir dans la chambre obscure de son cerveau. Je comprends qu'Ovide ait prié l'empereur Auguste; mais qu'il se soit adressé à Tibère!...

Nulle part, vous ne trouverez dans Ovide cette sérénité fière et cette résignation superbe en quoi consistent les respects que l'exilé sait porter à son propre exil. La dignité lui manque, à savoir : la majesté du malheur.

Il est mort sans courage, la plainte à la bouche, le désespoir dans le cœur, les larmes dans les yeux, en implorant encore le monstre sourd à sa prière.

Il mourut dans la *ville du meurtre; il* fut enterré non loin de la Chersonèse Taurique, aux mêmes lieux où les furies avaient poussé le parricide Oreste. Comme il avait fini, dit-on, par écrire un poëme dans la langue des Gètes, il fut pleuré par ces barbares qui se montrèrent moins oublieux et plus sensibles que les habitants même de Sulmone, sa ville natale. Un Gète écrivit, en assez mauvais latin, l'épitaphe du poëte exilé :

> La nécessité et le destin sont des lois.
> Ici est enfoui le poëte que la colère de César
>   Avait chassé loin de Rome.
> Son plus vif désir était de reposer dans le sol natal :
>   Ce fut un vain désir :
> Sa mauvaise fortune lui a donné ce tombeau!

Un étrange accident, et qui ne peut plus étonner

personne aujourd'hui, c'est qu'Ovide, à peine exilé, rencontra, pour aggraver sa peine et pour jeter l'ironie à son deuil, un de ces malheureux biographes de l'égout, dont Tibère et Néron devaient faire, un peu plus tard, leurs eunuques du palais et leurs délateurs. « Race abjecte et née exprès pour la perte des gens de bien; » disait Tacite. Il y en eut un surtout qui porta la fureur et la lâcheté jusqu'à insulter la femme d'Ovide exilé, une héroïque et généreuse épouse, digne de tous les respects. Oui, *le biographe* osa jeter son outrage à la grâce, au dévouement de cette noble femme! il l'insultait, le misérable! en l'appelant « femme d'un exilé ». *Exulis uxorem*; et le poëte, indigné de tant d'impudence, appela cet homme *Ibis*, du nom de cet oiseau égyptien qui se nourrit de crapauds et de couleuvres.

Cette fois, pour la première fois de sa vie, Ovide écrit avec toute la colère d'un poëte irrité. Il se venge, et sa vengeance est terrible. « Romains, dit-il, voulez-vous voir un lâche? regardez ce délateur. Il m'a vu par terre, il ma frappé; il m'insulte dans mon exil! Je le maudis.

Qu'il soit misérable; que les hommes, les femmes et les enfants eux-mêmes rient de ses maux. *Ibis*, triste objet de dégoût et de haine!... Un vautour ne voudrait pas de ses entrailles; Sysiphe aurait honte de lui confier son rocher. Sous quel astre il est né, ce brigand, ce fléau de tout honnête renom! Quels présages à sa naissance! et quelle fête à sa mort! » Il va ainsi d'invective en invective, ardent, indigné, furieux, et se livrant à tous les excès d'une colère effrénée.

Quoi qu'il en soit, reconnaissons qu'Ovide, parmi tant de qualités charmantes, n'a pas su être grand et calme dans le malheur.

Combien je préfère à cet abandon de soi-même la

calme et sereine contemplation du poëte exilé sur les grèves de l'Océan, et qui se promène en rêvant dans les domaines de son exil :

> Tout regorge de rêve, et de vie, et de bruit,
> De rameaux verts, d'azur, firmament d'eau qui luit,
> Et de petits oiseaux qui se cherchent querelle...

Un autre exilé, parmi nos vieux poëtes français, gardait également ce calme d'une âme forte que le poëte latin ne connut pas, et chantait, au milieu des chagrins de l'exil, des vers qu'Ovide n'eût jamais chantés.

> Soit l'Océan calmé, sans vent, sans bruit ;
> Séchée aux champs soit toute herbe qui nuit ;
> Comme le jour, soit luisante la nuit...

. . . .

Et celui-là, insulté par un autre *Ibis* ; ce poëte adoré que nous venons de perdre, Béranger, quelle chanson il a faite en l'honneur de l'exil ! nos soldats captifs la chantaient :

> Hirondelles que l'espérance
> Suit jusqu'en ces brûlants climats,
> Sans doute vous quittez la France,
> De mon pays ne me parlez-vous pas ?

> Depuis trois ans je vous conjure
> De m'apporter un souvenir,
> Du vallon où ma vie obscure
> Se berçait d'un doux avenir...
> Au détour d'une eau qui chemine
> A flots purs sous de frais lilas,
> Vous avez vu notre chaumine,
> De mon pays ne me parlez-vous pas ?

V

Un jour, comme elle se promenait à travers les splendeurs futures de son empire illimité, la grande impératrice Catherine découvrit, parmi des ruines, une tombe abandonnée; et, rêveuse, elle voulut savoir qui donc reposait sous ces broussailles? On lui répondit que c'était un poëte, un Romain, dont le nom était oublié. Mais elle était femme; elle était l'amie et le disciple de Voltaire; elle savait l'histoire de son empire; et, sur cette pierre usée par le temps, elle devina le nom d'Ovide. Alors, au milieu de ce triomphe à travers les déserts, on vit une larme mouiller les yeux de cette femme qui ne pleurait guère. O louange suprême! larme éloquente et doublement glorieuse!

C'est ainsi qu'à dix-huit siècles de distance, la souveraine absolue a lavé la faute de ce maître absolu, Auguste empereur.

JULES JANIN.

LES AMOURS

DE

P. OVIDE

ÉPIGRAMME

DE P. OVIDE NASON

SUR SES AMOURS

Nous qui étions naguère au nombre de cinq livres, nous sommes trois maintenant : Ovide, notre père, l'a préféré ainsi. Si vous n'éprouvez aucun plaisir à nous lire, le retranchement de deux livres ne peut qu'alléger d'autant votre ennui.

EPIGRAMMA P. OVIDII NASONIS

IN SUOS AMORES

Qui modo Nasonis fueramus quinque libelli,
  Tres sumus : hoc illi prætulit auctor opus.
Ut jam nulla tibi nos sit legisse voluptas,
  At levior demtis pœna duobus erit.

LES AMOURS

LIVRE PREMIER

ÉLÉGIE PREMIÈRE

ARGUMENT

Le poëte explique pourquoi il passe des chants héroïques aux chants érotiques.

J'allais chanter, sur le rhythme héroïque, les armes et les horreurs des combats. Le sujet convenait à mes vers, qui tous étaient d'égale mesure. On dit que Cupidon se prit à rire, et qu'il en retrancha un pied. Qui donc, cruel enfant, t'a donné ce droit sur la poésie? Poëtes, nous formons le cortége des Muses, et non le tien. Que dirait-on, si Vénus s'emparait des armes de la blonde Minerve, et si la blonde Minerve secouait ton flambeau pour en aviver les flammes? Qui trouverait bon de voir Cérès régner sur les monts couronnés de bois, et la vierge au carquois présider à la culture des champs? Apollon à la belle chevelure sera-t-il armé

LIBER PRIMUS

ELEGIA PRIMA

ARGUMENTUM

Cur poeta ab heroicis ad erotica transierit.

Arma gravi numero violentaque bella parabam
    Edere, materia conveniente modis.
Par erat inferior versus : risisse Cupido
    Dicitur, atque unum subripuisse pedem.
Quis tibi, sæve puer, dedit hoc in carmina juris?
    Pieridum vates, non tua turba, sumus.
Quid? si præripiat flavæ Venus arma Minervæ,
    Ventilet accensas flava Minerva faces?
Quis probet in silvis Cererem regnare jugosis?
    Lege pharetratæ Virginis arva coli?
Crinibus insignem quis acuta cuspide Phœbum

de la lance, pendant que Mars fera vibrer les cordes de la lyre d'Aonie? Enfant, ton empire et ton pouvoir ne sont que trop grands : pourquoi ton ambition veut-elle encore les accroître? Le monde entier est-il à toi? Est-ce à toi qu'appartiennent l'Hélicon et la vallée de Tempé? Quoi! Apollon lui-même ne serait-il déjà plus maître de sa lyre? Un premier vers ouvrait largement mon nouveau poëme, et voilà que l'Amour arrête mon essor. Pour m'inspirer des chants plus légers, je n'ai à chanter ni jeune garçon, ni jeune fille aux longs cheveux.

Je me plaignais encore, lorsque, déliant tout à coup son carquois, il en tira des flèches destinées à me percer : puis, après avoir bandé sur son genou vigoureux son arc flexible : « Poëte, dit-il, voilà de quoi chanter. » Malheureux que je suis! la flèche de l'Amour n'a que trop bien atteint le but. Je brûle, et l'Amour règne seul dans mon cœur libre jusque-là. Que mon livre commence par six pieds, et se termine par cinq. Adieu, guerres sanglantes; adieu aussi, ô rhythme des combats. Tu ne dois, ô ma Muse, ceindre ta blonde tête que du myrte verdoyant : tu n'as qu'onze pieds à moduler en deux vers.

Instruat, Aoniam Marte movente lyram?
Sunt tibi magna, puer, nimiumque potentia regna;
Cur opus adfectas, ambitiose, novum?
An, quod ubique, tuum? tua sunt Heliconia Tempe?
Vix etiam Phœbo jam lyra tuta sua est?
Quum bene surrexit versu nova pagina primo,
Adtenuat nervos protinus ille meos.
Nec mihi materia est numeris levioribus apta,
Aut puer, aut longas comta puella comas.
Questus eram, pharetra quum protinus ille soluta,
Legit in exitium spicula facta meum;
Lunavitque genu sinuosum fortiter arcum :
« Quodque canas, Vates, accipe, » dixit, « opus. »
Me miserum! certas habuit puer ille sagittas :
Uror, et in vacuo pectore regnat Amor.
Sex mihi surgat opus numeris, in quinque residat.
Ferrea cum vestris bella valete modis.
Cingere litorea flaventia tempora myrto,
Musa, per undenos emodulanda pedes.

ÉLÉGIE DEUXIÈME

ARGUMENT

Description du triomphe de l'Amour.

Oh! qui saura me dire pourquoi ma couche me semble si dure, pourquoi ma couverture ne peut tenir sur mon lit, pourquoi cette nuit si longue s'est écoulée pour moi sans sommeil, pourquoi mes membres fatigués sont en proie à l'agitation et à la douleur? Car, enfin, je le sentirais, si quelque amour venait m'éprouver. Ou bien se glisse-t-il en traître, et vient-il, sans rien dire, me nuire par ses cruels artifices? Oui, c'est cela : des traits aigus ont pénétré mon cœur, que le cruel Amour traite maintenant en pays conquis. Lui céderai-je? ou, par ma résistance, irai-je accroître encore cette flamme subite? Eh bien, cédons : on allége un fardeau, en sachant le porter. Je sais que la torche qu'on secoue ne s'allume que plus vite, et je sais qu'elle s'éteint quand on cesse de l'agiter. On frappe plus souvent les jeunes bœufs qui refusent le joug, que ceux qui se plaisent à le porter. Qu'un cheval soit fougueux, on le dompte avec le mors le plus dur : on lui fait

ELEGIA SECUNDA

ARGUMENTUM

Triumphus Amoris describitur.

Esse quid hoc dicam, quod tam mihi dura videntur
   Strata, neque in lecto pallia nostra sedent,
Et vacuus somno noctem, quam longa, peregi,
   Lassaque versati corporis ossa dolent?
Nam, puto, sentirem, si quo tentarer amore.
   An subit, et tacita callidus arte nocet?
Sic erat : hæserunt tenues in corde sagittæ,
   Et possessa ferus pectora versat Amor.
Cedimus, an subitum luctando accendimus ignem?
   Cedamus : leve fit, quod bene fertur, onus.
Vidi ego jactatas mota face crescere flammas,
   Et vidi, nullo concutiente, mori.
Verbera plura ferunt, quam quos juvat usus aratri,
   Detrectant pressi dum juga prima boves.
Asper equus duris contunditur ora lupatis;

moins sentir le frein, quand il est toujours prêt à voler aux combats. De même, pour les cœurs rebelles, l'Amour est bien plus intraitable et plus tyran que pour les cœurs qui reconnaissent son empire.

Eh bien! moi, je l'avoue, Cupidon, je suis devenu ta proie : ne vois plus en moi qu'un vaincu qui tend les mains vers son vainqueur. Plus n'est besoin de guerre. Paix et pardon, voilà ce que je te demande. D'ailleurs, il n'y aurait pas grand honneur pour toi à vaincre, les armes à la main, un homme désarmé. Couronne-toi de myrte; attelle les colombes de ta mère; Mars, ton beau-père, te donnera le char qui te convient; et sur ce char, parmi les acclamations du peuple, tu te dresseras en triomphateur, guidant avec aisance ces oiseaux attelés. A ta suite marcheront captifs de jeunes garçons et de jeunes filles. Telle sera la magnificence de ton triomphe. Et moi, ta dernière victime, je serai là avec ma récente blessure : esclave soumis, je porterai ma nouvelle chaîne. Ensuite marcheront, les mains liées derrière le dos, et la Bonne Conscience, et la Pudeur, et tout ce qui fait obstacle au succès de tes armes. Tu feras tout trembler; et, tendant ses bras vers toi, tout le peuple criera à haute voix : Triomphe! Tu seras

Frena minus sentit, quisquis ad arma facit.
Acrius invitos, multoque ferocius urget,
    Quam qui servitium ferre fatentur, Amor.
En ego confiteor; tua sum nova præda, Cupido!
    Porrigimus victas ad tua jura manus :
Nil opus est bello; pacem veniamque rogamus,
    Nec tibi laus, armis victus inermis, ero.
Necte comam myrto; maternas junge columbas;
    Qui deceat, currum Vitricus ipse dabit;
Inque dato curru, populo clamante triumphum,
    Stabis, et adjunctas arte movebis aves.
Ducentur juvenes capti, captæque puellæ :
    Hæc tibi magnificus pompa triumphus erit.
Ipse ego, præda recens, factum modo vulnus habebo,
    Et nova captiva vincula mente feram.
Mens Bona ducetur manibus post terga retortis,
    Et Pudor, et castris quidquid Amoris obest.
Omnia te metuent : ad te sua brachia tendens
    Vulgus « Io » magna voce, « Triumphe! » canet

escorté par les Caresses, l'Illusion et la Fureur, tes inséparables compagnes. C'est avec cette milice que tu soumets les hommes et les dieux : privé d'un tel secours, tu perdrais ta parure. Fière de ton triomphe, ta mère y applaudira du haut de l'Olympe, et répandra sur toi des roses à pleines mains. Tes ailes et tes cheveux seront ornés de pierreries, et, resplendissant d'or, tu feras voler les roues dorées de ton char. Alors encore, si je te connais bien, tu enflammeras mille cœurs : alors encore tu feras bien des blessures sur ton passage. Le repos, lors même que tu le voudrais, n'est pas fait pour tes flèches : ta flamme brûle même au sein de l'eau.

Tel était Bacchus quand il triompha du pays où coule le Gange : toi, tu es traîné par des oiseaux; lui, il l'était par des tigres. Puis donc que je puis faire partie de ton divin triomphe, ne va point perdre les droits que la victoire te donne sur moi. Contemple les succès de César ton parent : il protége, de la main qui les a vaincus, ceux dont il fut le vainqueur.

> Blanditiæ comites tibi erunt, Errorque, Furorque,
>   Adsidue partes turba secuta tuas.
> His tu militibus superas hominesque Deosque.
>   Hæc tibi si demas commoda, nudus eris.
> Læta triumphanti de summo Mater Olympo
>   Plaudet; et adpositas sparget in ora rosas.
> Tu, pennas gemma, gemma variante capillos,
>   Ibis in auratis aureus ipse rotis.
> Tum quoque non paucos, si te bene novimus, ures;
>   Tum quoque præteriens vulnera multa dabis.
> Non possunt, licet ipse velis, cessare sagittæ :
>   Fervida vicino flamma vapore nocet.
> Talis erat domita Bacchus Gangetide terra :
>   Tu gravis alitibus; tigribus ille fuit.
> Ergo, ego quum possim sacri pars esse triumphi,
>   Parce tuas in me perdere victor opes.
> Adspice cognati felicia Cæsaris arma :
>   Qua vincit, victos protegit ille, manu.

ELÉGIE TROISIÈME

ARGUMENT

Il se recommande auprès de sa maîtresse par les avantages de la poésie, la pureté de ses mœurs, et le serment d'une fidélité inaltérable.

Ma prière est juste : que la jeune beauté qui a depuis peu ravi mon cœur ne cesse de m'aimer, ou fasse que je l'aime toujours. Ah! je suis trop exigeant : qu'elle me permette seulement de l'aimer. Puisse Vénus exaucer l'ambition d'un tel vœu! Ne repousse pas un amant qui jure d'être pour longtemps ton esclave; ne repousse pas un homme qui sait aimer d'un amour durable et fidèle.

Si je n'ai point, pour me recommander, les noms fameux d'une ancienne famille; si le premier de mes aïeux n'était qu'un simple chevalier; si je n'ai pas besoin d'une foule de charrues pour labourer mes champs; si mon père et ma mère sont forcés de restreindre soigneusement nos dépenses, que du moins Apollon, et ses neuf compagnes, et l'inventeur de la vigne, me recommandent auprès de toi : que j'aie aussi pour répondants et l'Amour qui me donne tout entier à toi, et ma

ELEGIA TERTIA

ARGUMENTUM

Apud amicam se commendat a laudibus poeseos, moribus integris, et pura quam promittit fide.

Justa precor : quæ me nuper prædata puella est,
 Aut amet, aut faciat cur ego semper amem.
Ah nimium volui! tantum patiatur amari;
 Audierit nostras tot Cytherea preces.
Accipe per longos tibi qui deserviat annos;
 Accipe, qui pura norit amare fide.
Si me non veterum commendant magna parentum
 Nomina; si nostri sanguinis auctor eques,
Nec meus innumeris renovatur campus aratris,
 Temperat et sumtus parcus uterque parens;
At Phœbus, comitesque novem, vitisque repertor,
 Hoc faciant; et, me qui tibi donat, Amor,

fidélité que nulle autre ne me fera trahir, et l'honnêteté de mes mœurs, et ma sincérité naïve et ma rougissante pudeur. Je n'aime point cent femmes à la fois; je ne suis point inconstant en amour. Toi seule, tu peux m'en croire, tu seras toujours chérie de moi. Les années que les Parques me laisseront, puissé-je les passer près de toi! puissé-je mourir avant que tu te plaignes de moi!

Consens à être l'heureux objet de mes chants, et mes chants seront dignes d'un si beau sujet. C'est la poésie qui a rendu célèbres et la nymphe Io, effrayée de se voir pousser des cornes, et la belle Léda, que séduisit l'adultère maître des dieux, métamorphosé en cygne, et Europe, qui, enlevée par un faux taureau, passa la mer, tenant de ses mains virginales les larges cornes de son ravisseur. Nous aussi nous serons chantés par toute la terre, et toujours mon nom sera uni au tien!

ÉLÉGIE QUATRIÈME

ARGUMENT

Avant de souper avec sa maîtresse, il convient avec elle des signes par lesquels ils pourront se témoigner leur amour sous les yeux même du mari.

Ton mari doit se trouver à notre souper : puisse ce souper

    Et nulli cessura fides, sine crimine mores,
      Nudaque simplicitas, purpureusque pudor.
    Non mihi mille placent; non sum desultor Amoris.
      Tu mihi, si qua fides, cura perennis eris.
    Tecum, quos dederint annos mihi fila Sororum,
      Vivere contingat; teque dolente mori.
    Te mihi materiem felicem in carmina præbe :
      Proveniunt causa carmina digna sua.
    Carmine nomen habent exterrita cornibus Io,
      Et quam fluminea lusit adulter ave;
    Quæque, super pontum simulato vecta juvenco,
      Virginea tenuit cornua vara manu.
    Nos quoque per totum pariter cantabimur orbem;
      Junctaque semper erunt nomina nostra tuis.

ELEGIA QUARTA

ARGUMENTUM

Cum amica cœnaturus, monet qua arte vel præsentem virum conscia amoris ului signa possint fallere.

Vir tuus est epulas nobis aditurus easdem :

être le dernier pour ton mari! Ainsi je ne contemplerai ma bien-aimée qu'à titre de convive! le droit de la toucher sera réservé à un autre! Voluptueusement couchée aux pieds d'un autre, tu lui réchaufferas le sein. Lui, quand il le voudra, il promènera ses mains sur ton cou. Cesse de t'étonner si la belle Hippodamie, à la suite du festin de ses noces, entraîna aux combats la race monstrueuse des Centaures. Je n'habite point comme eux les forêts; comme eux je ne suis point moitié homme et moitié cheval : et je crois cependant que j'aurai bien du mal à contenir mon ardeur et ma jalousie. Apprends toutefois ce que tu auras à faire, et garde-toi bien de laisser emporter mes paroles ni à l'Eurus ni au tiède Notus.

Aie soin d'arriver avant ton mari : je ne prévois point, dans ce cas, ce qui pourra se faire; mais pourtant arrive avant lui. Quand il sera couché près de la table, tu iras, d'un air modeste, te placer à son côté, en ayant soin de me toucher le pied sans qu'il le voie. Ne me perds point de vue : observe tous mes mouvements et le langage de mes yeux. Reçois furtivement et renvoie-moi de même ces signes de notre amour. Sans rien dire, mes sourcils te parleront : mes doigts et le vin lui-même auront leur langage. Quand la pensée de nos plaisirs

    Ultima cœna tuo sit, precor, illa viro!
Ergo ego dilectam tantum conviva puellam
    Adspiciam? tangi quem juvet, alter erit?
Alteriusque sinus apte subjecta fovebis?
    Injiciet collo, quum volet, ille manum?
Desine mirari, posito quod candida vino
    Atracis ambiguos traxit in arma viros.
Nec mihi silva domus, nec equo mea membra cohærent :
    Vix a te videor posse tenere manus.
Quæ tibi sint facienda tamen, cognosce; nec Euris
    Da mea nec tepidis verba ferenda Notis.
Ante veni, quam vir; nec quid, si veneris ante,
    Possit agi video; sed tamen ante veni.
Quum premet ille torum, vultu comes ipsa modesto
    Ibis, ut adcumbas; clam mihi tange pedem.
Me specta, nutusque meos, vultumque loquacem :
    Excipe furtivas, et refer ipsa, notas.
Verba superciliis sine voce loquentia dicam :
    Verba leges digitis, verba notata mero.

te viendra à l'esprit, porte ta main légère sur les roses de tes joues. Si tu as quelque secret reproche à me faire, qu'au bout de ton oreille s'arrête mollement ta main. Quand mes gestes ou mes paroles te feront plaisir, aie soin, mon astre, de rouler ta bague autour de tes doigts.

Touche la table comme on touche les autels, quand tes imprécations appelleront sur ton mari tous les maux qu'il mérite. Quand il te versera du vin, crois-moi, dis-lui de le boire lui-même; puis, appelant tout bas l'esclave, demande-lui le vin que tu préfères. Le verre que tu lui auras rendu, j'y boirai le premier : et la place que ta bouche aura touchée sera celle que ma bouche touchera. Si par hasard il t'offre un mets auquel il aura goûté le premier, refuse-le sans hésiter. Ne souffre point qu'il te prodigue d'indignes caresses : ne repose point ta tête délicate sur sa rude poitrine : ne laisse point ses doigts indiscrets toucher ta gorge charmante; garde-toi bien surtout d'aucun baiser. Si tu lui en donnes un seul, je me déclare ton amant; je dirai : ces baisers sont à moi, et je les lui disputerai.

Ces caresses, du moins, je les verrai; mais les attouche-

Quum tibi succurret Veneris lascivia nostræ,
 Purpureas tenero pollice tange genas.
Si quid erit, de me tacita quod mente queraris,
 Pendeat extrema mollis ab aure manus.
Quum tibi, quæ faciam, mea lux, dicamve, placebunt,
 Versetur digitis annulus usque tuis.
Tange manu mensam, quo tangunt more precantes,
 Optabis merito quum mala multa viro.
Quod tibi miscuerit sapias, bibat ipse jubeto :
 Tu puerum leviter posce, quod ipsa velis.
Quæ tu reddideris, ego primus pocula sumam;
 Et qua tu biberis, hac ego parte bibam.
Si tibi forte dabit, quos præguslaverit ipse,
 Rejice libatos illius ore cibos.
Nec premat indignis sinito tua colla lacertis;
 Mite nec in rigido pectore pone caput;
Nec sinus admittat digitos, habilesve papillæ :
 Oscula præcipue nulla dedisse velis.
Oscula si dederis, fiam manifestus amator,
 Et dicam, « mea sunt, » injiciamque manus.
Hæc tamen adspiciam; sed quæ bene pallia celant,

ments que me dérobera la couverture de la table, ce sont ceux-là dont le mystère torturera mon âme. N'approche donc ni tes cuisses ni tes jambes de celles de ton mari ; ne touche point, de ton pied délicat, son pied dur et grossier.

Malheureux que je suis ! je crains cent choses de ce genre, parce que cent fois je me les suis permises : ma propre expérience cause aujourd'hui mon tourment. Bien souvent, ma maîtresse et moi, nous avons su hâter sous les vêtements qui nous cachaient le doux moment du plaisir. Tu n'en agiras pas ainsi : mais, pour m'enlever jusqu'à l'ombre du soupçon, dépouille tes épaules de la mante qui les couvre. Prie incessamment ton mari de boire ; mais aux prières ne va point ajouter les baisers ; et tant qu'il pourra boire, ne cesse de lui verser furtivement du vin pur. Quand il sera bien enseveli dans l'ivresse et le sommeil, nous n'aurons à prendre conseil que du lieu et des circonstances.

Quand tu te lèveras pour retourner chez toi, tout le monde en fera autant ; souviens-toi de te mettre au milieu de la compagnie ; tu m'y trouveras, ou bien je t'y trouverai. Alors toutes les parties de moi-même que tu pourras toucher, touche-les.

Hélas ! mes instructions ne doivent servir que pour quelques

Illa mihi cæci causa timoris erunt.
Nec femori committe femur, nec crure cohære ;
Nec tenerum duro cum pede junge pedem.
Multa miser timeo, quia feci multa proterve,
Exemplique metu torqueor ipse mei.
Sæpe mihi dominæque meæ properata voluptas
Veste sub injecta dulce peregit opus.
Hoc tu non facies : sed, ne fecisse puteris,
Conscia de gremio pallia deme tuo.
Vir bibat usque roga : precibus tamen oscula desint ;
Dumque bibit, furtim, si potes, adde merum.
Si bene compositus somno vinoque jacebit,
Consilium nobis resque locusque dabunt.
Quum surges abitura domum, surgemus et omnes ;
In medium turbæ fac memor agmen eas.
Agmine me invenies, aut invenieris in illo.
Quidquid ibi poteris tangere, tange mei.
Me miserum ! paucas monui quod prosit in horas !

heures : la nuit impérieuse est là, qui va me séparer de ma maîtresse. Son mari va la tenir enfermée jusqu'au jour; et moi, triste et baigné de larmes, je ne pourrai que la suivre jusqu'à cette porte cruelle. Il prendra des baisers : bientôt il prendra bien autre chose que des baisers. Ce que tu m'accordes en secret, il l'exigera comme un devoir; mais ne le lui donne au moins qu'à regret, tu le peux, et comme cédant à la violence. Que tes caresses soient muettes, et que Vénus lui soit avare. Si mes vœux sont remplis, il n'éprouvera aucune jouissance; toi du moins, n'en éprouve aucune dans ses bras. Au reste, quelle que soit la fortune de cette nuit, assure-moi demain qu'il n'a rien eu de toi.

ÉLÉGIE CINQUIÈME

ARGUMENT

Sa joie d'avoir obtenu les faveurs de sa maîtresse.

Il faisait chaud; le soleil avait fourni la moitié de sa carrière : je me jetai sur mon lit pour me reposer. Mes fenêtres n'étaient ouvertes qu'à demi; le jour de mon appartement ressemblait à celui des bois, ou bien au crépuscule qui suit le

Separor a domina, nocte jubente, mea.
Nocte vir includet : lacrymis ego mœstus obortis,
　Qua licet, ad sævas prosequar usque fores.
Oscula jam sumet : jam non tantum oscula sumet :
　Quod mihi das furtim, jure coacta dabis.
Verum invita dato, potes hoc, similisque coactæ :
　Blanditiæ taceant, sitque maligna Venus.
Si mea vota valent, illum quoque nil juvet, opto ;
　Sin minus, at certe te juvet inde nihil.
Sed quæcumque tamen noctem fortuna sequatur,
　Cras mihi constanti voce dedisse nega.

ELEGIA QUINTA

ARGUMENTUM

Lætatur, amica potitus.

Æstus erat, mediamque dies exegerat horam :
Adposui medio membra levanda toro.
Pars adaperta fuit, pars altera clausa fenestræ;
Quale fere silvæ lumen habere solent;

coucher du soleil, ou bien encore à celui qu'on distingue lorsqu'il n'est plus nuit et qu'il n'est pas encore jour. Telle est la clarté qui convient aux filles qui ont de la retenue : leur timide pudeur peut s'abriter sous ce jour mystérieux.

Voici venir Corinne, la tunique retroussée, les cheveux flottants de chaque côté sur sa gorge si blanche. Telle la belle Sémiramis s'offrait aux caresses de son époux : telle encore Laïs accueillait ses nombreux amants. Je lui enlevai sa tunique, dont le fin tissu n'était du reste qu'un faible obstacle. Corinne, toutefois, résistait à s'en dépouiller ; mais sa résistance n'était point celle d'une femme qui veut vaincre ; bientôt elle consentit sans peine à être vaincue.

Quand elle fut devant mes yeux sans aucun vêtement, pas une tache n'apparut sur son corps. Quelles épaules, quels bras il me fut donné et de voir et de toucher ! Quel plaisir de presser ce sein fait à souhait pour les caresses ! Quelle peau douce et unie sous sa belle poitrine ! quelle taille divine ! quelle cuisse ferme et potelée ! Mais pourquoi dire ici tous ses appas ? Je n'ai rien vu que de parfait ; et pas le moindre voile entre son beau corps et le mien. Est-il besoin que je dise le reste ?

Qualia sublucent fugiente crepuscula Phœbo,
 Aut ubi nox abiit, nec tamen orta dies.
Illa verecundis lux est præbenda puellis,
 Qua timidus latebras speret habere pudor.
Ecce Corinna venit, tunica velata recincta,
 Candida dividua colla tegente coma :
Qualiter in thalamos formosa Semiramis isse
 Dicitur, et multis Laïs amata viris.
Deripui tunicam ; nec multum rara nocebat :
 Pugnabat tunica se tamen illa tegi.
Quumque ita pugnaret, tanquam quæ vincere nollet,
 Victa est non ægre proditione sua.
Ut stetit ante oculos posito velamine nostros,
 In toto nusquam corpore menda fuit.
Quos humeros, quales vidi tetigique lacertos !
 Forma papillarum quam fuit apta premi !
Quam castigato planus sub pectore venter !
 Quantum et quale latus ! quam juvenile femur !
Singula quid referam ? nil non laudabile vidi,
 Et nudam pressi corpus ad usque meum.

Après la fatigue, le repos. Puisse souvent s'écouler ainsi le milieu des jours !

ÉLÉGIE SIXIÈME

ARGUMENT

Imprécations contre le portier qui lui refusait la porte de sa maitresse.

Pauvre portier, chargé d'indignes fers, fais rouler sur ses gonds cette porte rebelle. Je te demande bien peu ; ne fais que l'entr'ouvrir légèrement, mais de façon pourtant que je puisse passer de côté. Un long amour m'a assez aminci la taille, assez amaigri les membres pour rendre la chose facile. C'est lui qui m'apprend à m'insinuer doucement au milieu des gardes ; c'est lui qui guide et protége mes pas.

Autrefois je redoutais la nuit et ses vains fantômes ; je m'étonnais qu'on pût s'aventurer dans les ténèbres. Cupidon en rit à mes yeux avec sa tendre mère, et murmura à mon oreille : « Toi aussi tu deviendras brave. » L'heure de l'amour est venue : je ne crains plus ni les ombres qui voltigent pendant la nuit, ni les armes dirigées contre moi. Je ne redoute

Cetera quis nescit? lassi requievimus ambo.
 Proveniant medii sic mihi sæpe dies !

ELEGIA SEXTA

ARGUMENTUM

Diræ in janitorem, qui fores oranti adaperire recusabat.

Janitor, indignum! dura religate catena,
 Difficilem moto cardine pande forem.
Quod precor, exiguum est : aditu fac janua parvo
 Obliquum capiat semiadaperta latus.
Longus amor tales corpus tenuavit in usus,
 Aptaque subducto pondere membra dedit.
Ille per excubias custodum leniter ire
 Monstrat; inoffensos dirigit ille pedes.
At quondam noctem simulacraque vana timebam :
 Mirabar, tenebris si quis iturus erat.
Risit, ut audirem, tenera cum matre Cupido;
 Et leviter : « Fies tu quoque fortis, » ait.
Nec mora, venit Amor : non umbras nocte volantes,
 Non timeo strictas in mea fata manus.

que ta lenteur excessive; tu es le seul que je caresse : tu as en tes mains la foudre qui peut me perdre. Regarde, et, pour mieux t'en convaincre, enlève un instant ces cruelles barrières, regarde comme cette porte est mouillée de mes larmes. C'est moi, tu ne l'ignores pas, qui, voyant les coups prêts à pleuvoir sur tes épaules nues, intercédai pour toi auprès de ta maîtresse. Eh quoi! mes prières, qui eurent jadis tant de pouvoir pour toi, maintenant, ô infamie! n'en auraient aucun pour moi! Allons, paie-moi de retour; voici l'occasion d'être aussi reconnaissant que tu le désires. La nuit s'avance : fais glisser les verrous. Ouvre-moi, et puisses-tu à ce prix être à amais délivré de ta longue chaîne et de l'eau des esclaves!

J'ai beau te prier, homme impitoyable! ton cœur est plus dur que le fer! Tu m'entends, et ta porte de chêne me reste fermée. Qu'une ville assiégée ait besoin de portes inébranlables, soit : mais, au sein de la paix, pourquoi craindre les armes? Comment agirais-tu envers un ennemi, si tu repousses ainsi un amant? La nuit s'avance : fais glisser les verrous.

Je ne viens point tel qu'un combattant escorté de soldats : je serais seul, si le cruel Amour n'était à mes côtés. Quant à

Te nimium lentum timeo; tibi blandior uni :
  Tu, me quo possis perdere, fulmen habes.
Adspice, et, ut videas, immitia claustra relaxa,
  Uda sit ut lacrymis janua facta meis.
Certe ego, quum posita stares ad verbera veste,
  Ad dominam pro te verba tremente tuli.
Ergo, quæ valuit pro te quoque gratia quondam,
  Heu facinus! pro me nunc valet illa parum?
Redde vicem meritis : grato licet esse, quod optas.
  Tempora noctis eunt; excute poste seram :
Excute; sic unquam longa relevere catena,
  Nec tibi perpetuo serva bibatur aqua.
Ferreus orantem nequicquam, janitor, audis :
  Roboribus duris janua fulta riget.
Urbibus obsessis clausæ munimina portæ
  Prosint; in media pace quid arma times?
Quid facias hosti, qui sic excludis amantem?
  Tempora noctis eunt; excute poste seram.
Non ego militibus venio comitatus et armis :
  Solus eram, si non sævus adesset Amor.

lui, je ne puis l'éloigner de moi : on parviendrait plutôt à me séparer de moi-même. L'amour, un peu de vin qui m'échauffe la tête, une couronne qui tombe de mes cheveux parfumés, voilà mes armes. Qui peuvent-elles effrayer? qui ne braverait point de pareils ennemis? La nuit s'avance : fais glisser les verrous.

Est-ce ta lenteur, est-ce un sommeil contraire à mon amour, qui te rendent sourd à mes prières et les livrent au vent? Autrefois cependant, si j'ai bonne mémoire, quand je cherchais à me cacher de toi, je te trouvais sur pied au milieu même de la nuit. Peut-être en ce moment celle que tu aimes repose-t-elle à tes côtés; oh! qu'en ce cas ton sort est préférable au mien! Que ne puis-je, à ce prix, voir tes fers passer de tes mains aux miennes! La nuit s'avance : fais glisser les verrous.

Me trompé-je? la porte n'a-t-elle point roulé sur ses gonds? n'a-t-elle point résonné sourdement comme pour m'avertir d'entrer? Je me trompais, hélas! c'est le souffle impétueux du vent qui la faisait gronder. Malheureux que je suis! combien ce souffle emporte loin mes espérances! Pour peu que tu te souviennes, Borée, de l'enlèvement d'Orithyie, accours, et de ton souffle impétueux renverse cette porte sourde à mes prières.

Hunc ego, si cupiam, nusquam dimittere possim :
   Ante vel a membris dividar ipse meis.
Ergo Amor, et modicum circa mea tempora vinum
   Mecum est, et madidis lapsa corona comis.
Arma quis hæc timeat? quis non eat obvius illis?
   Tempora noctis eunt; excute poste seram.
Lentus es? an somnus, qui se male præbet amanti,
   Verba dat in ventos auræ repulsa tua?
At, memini, primo, quum te celare volebam,
   Pervigil in mediæ sidera noctis eras.
Forsitan et tecum tua nunc requiescit amica :
   Heu! melior quanto sors tua sorte mea!
Dummodo sic, in me duræ transite catenæ.
   Tempora noctis eunt; excute poste seram.
Fallimur? an verso sonuerunt cardine postes,
   Raucaque concussæ signa dedere fores?
Fallimur; impulsa est animoso janua vento.
   Hei mihi! quam longe spem tulit aura meam!
Si satis es raptæ, Borea, memor Orithyiæ,
   Huc ades, et surdas flamine tunde fores.

Tout fait silence dans la ville. Humide d'une transparente rosée, la nuit s'avance : fais glisser les verrous.

Ouvre-moi ; ou, plus expéditif que toi, je vais, le fer et le feu à la main, enfoncer la porte qui me dédaigne. La nuit, l'amour et le vin ne conseillent aucun ménagement : la nuit ne connaît point la honte ; l'amour et le vin ne connaissent point la peur. J'ai en vain essayé de tout : prières, menaces, rien n'a pu t'émouvoir, homme plus sourd que ta porte elle-même. Tu n'étais pas fait pour garder la maison d'une jeune beauté : le poste qui te convenait, c'était la garde d'un affreux cachot. Déjà l'étoile du matin paraît à l'horizon, et le coq appelle à l'ouvrage le pauvre artisan. Toi, couronne que je détache à regret de ma tête, reste toute la nuit sur ce seuil insensible. Quand ma maîtresse t'y verra étendue ce matin, tu lui diras le temps que j'ai si malheureusement passé ici. Adieu, portier, adieu, malgré tout. Puisses-tu éprouver toi-même ce qu'éprouve un amant repoussé ! Paresseux, toi qui devrais rougir de ne m'avoir point introduit, adieu. Et toi aussi, cruelle porte aux gonds inexorables, seuil plus esclave que l'homme qui veille à ta garde, adieu.

Urbe silent tota, vitreoque madentia rore
 Tempora noctis eunt; excute poste seram ;
Aut ego jam ferroque ignique paratior ipse,
 Quem face sustineo, tecta superba petam.
Nox et Amor vinumque nihil moderabile suadent :
 Illa pudore vacat; Liber Amorque metu.
Omnia consumsi : nec te precibusve minisve
 Movimus, o foribus surdior ipse tuis !
Non te formosæ decuit servare puellæ
 Limina : sollicito carcere dignus eras.
Jamque pruinosos molitur Lucifer axes,
 Inque suum miseros excitat ales opus.
At tu, non lætis detracta corona capillis,
 Dura super tota limina nocte jace.
Tu dominæ, quum te projectam mane videbit,
 Temporis absumti tam male testis eris.
Qualiscumque vale, sentique abeuntis amorem,
 Lente nec admisso turpis amante ; vale.
Vos quoque, crudeles rigido cum limine postes,
 Duraque conservæ ligna valete fores.

ÉLÉGIE SEPTIÈME

ARGUMENT
Il se maudit d'avoir maltraité sa maîtresse.

Charge de fers mes mains coupables, à présent que ma colère est calmée, si tu veux te montrer mon ami. C'est la colère, vois-tu, qui m'a fait lever sur ma maîtresse un bras téméraire. Insensé! ma main furieuse est cause de ses pleurs! Oh! j'étais capable alors de frapper mes chers parents; mes coups n'auraient pas même respecté les dieux.

Mais quoi! Ajax, armé d'un bouclier impénétrable, n'égorgea-t-il pas des troupeaux à travers les campagnes? Le malheureux Oreste, qui ne put venger son père que dans le sang de sa propre mère, n'a-t-il pas armé ses mains contre les noires déesses? J'ai donc pu, moi, renverser l'édifice de sa chevelure! Ma maîtresse en a-t-elle été défigurée? Non, elle n'en fut que plus belle. Telle la fille de Schénée, l'arc à la main, poursuivait, dit-on, les bêtes féroces du Ménale; telle pleurait la fille du roi de Crète, en voyant les vents rapides emporter à la fois et les promesses et les vaisseaux du parjure Thésée; telle encore,

ELEGIA SEPTIMA

ARGUMENTUM
In se ipsum, quod amicam manu læserit.

Adde manus in vincla meas, meruere catenas,
    Dum furor omnis abit, si quis amicus ades.
Nam furor in dominam temeraria brachia movit.
    Flet mea vesana læsa puella manu!
Tunc ego vel caros potui violare parentes,
    Sæva vel in sanctos verbera ferre Deos.
Quid? non et clypei dominus septemplicis Ajax
    Stravit deprensos lata per arva greges?
Et, vindex in matre patris, malus ultor Orestes,
    Ausus in arcanas poscere tela Deas?
Ergo ego digestos potui violare capillos!
    Nec dominam motæ dedecuere comæ:
Sic formosa fuit: talem Schœneida dicunt
    Mænalias arcu sollicitasse feras;
Talis perjuri promissaque velaque Thesei
    Flevit præcipites Cressa tulisse Notos;

n'étaient les bandelettes sacrées qui ceignaient sa tête, telle Cassandre gisait, chaste Minerve, sur le pavé de ton temple.

Qui ne m'eût traité d'insensé? qui ne m'eût appelé barbare? Elle, elle ne dit rien : l'effroi paralysait sa langue. Mais je n'en lisais pas moins le reproche sur son visage muet, et, malgré son silence, ses larmes étaient là pour m'accuser. Que n'ai-je vu plutôt mes bras se détacher de mes épaules? mieux eût valu pour moi perdre une partie de moi-même. C'est contre moi qu'ont tourné mes forces et mon délire, et ma vigueur a été l'instrument de mon supplice. Qu'ai-je encore besoin de vous, ministres du meurtre et du crime? Allez, mains sacrilèges, soyez chargées des chaînes que vous méritez. Quoi! si j'eusse frappé le dernier des Romains, j'en porterais la peine : ai-je donc plus de droits sur ma maîtresse? Le fils de Tydée a laissé un affreux monument de sa scélératesse. C'est lui qui, le premier, a porté la main sur une déesse : moi, je suis le second. Encore fut-il moins coupable : j'ai frappé, moi, celle que je disais aimer; lui, il ne fut cruel qu'envers une ennemie.

Va maintenant, puissant vainqueur, préparer la solennité de ton triomphe! ceins ton front du laurier de la victoire; rends

    Sic, nisi vittatis quod erat Cassandra capillis,
        Procubuit templo, casta Minerva, tuo.
    Quis mihi non, « Demens, » quis non mihi, « Barbare, » dixit?
        Ipsa nihil : pavido lingua retenta metu.
    Sed taciti fecere tamen convicia vultus;
        Egit me lacrymis, ore silente, reum.
    Ante meos humeris vellem cecidisse lacertos;
        Utilius potui parte carere mei.
    In mea vesanas habui dispendia vires;
        Et valui pœnam fortis in ipse meam.
    Quid mihi vobiscum, cædis scelerumque ministræ?
        Debita sacrilegæ vincla subite manus.
    An, si pulsassem minimum de plebe Quiritem,
        Plecterer? in dominam jus mihi majus erit?
    Pessima Tydides scelerum monumenta reliquit :
        Ille Deam primus perculit; alter ego.
    Sed minus ille nocens : mihi, quam profitebar amari,
        Læsa est : Tydides sævus in hoste fuit.
    I nunc, magnificos victor molire triumphos!
        Cinge comam lauro, votaque redde Jovi :

des actions de grâces à Jupiter! que la foule nombreuse qui escortera ton char répète à haute voix : Vive le courageux vainqueur d'une faible fille! Que devant toi se traîne ta pauvre victime, les cheveux épars, et blanche de la tête aux pieds, n'étaient les meurtrissures de ses joues.

Mieux eût valu marquer ses lèvres de l'empreinte des miennes, et laisser sur son cou les traces d'une dent caressante. Enfin, si j'étais déchaîné comme un torrent impétueux, si j'étais sous l'empire d'une aveugle fureur, n'était-ce pas assez d'offenser par mes cris une vierge timide, sans y ajouter d'une voix tonnante d'horribles menaces, ou d'arracher sa robe jusqu'à la ceinture? là se fût arrêtée mon audace. Mais non; j'ai eu le cœur de la tirer par sa chevelure, et, dans ma barbarie, j'ai flétri ses belles joues des traces de mes ongles. Elle est restée anéantie, le visage décoloré et blanc comme le marbre de Paros. J'ai vu ses traits inanimés et ses membres aussi tremblants que la feuille du peuplier qu'agite le souffle du vent, que le faible roseau qui fléchit sous l'haleine du zéphyr, que l'onde dont l'Autan vient rider la surface. Ses larmes longtemps retenues

> Quæque tuos currus comitatus turba sequetur,
> Clamet : « Io! forti victa puella viro! »
> Ante eat effuso tristis captiva capillo,
> Si sinerent læsæ, candida tota, genæ.
> Aptius impressis erat os livere labellis,
> Et collo blandi dentis habere notam.
> Denique, si tumidi ritu torrentis agebar,
> Cæcaque me prædam fecerat ira suam,
> Nonne satis fuerat timidæ inclamasse puellæ,
> Nec nimium rigidas intonuisse minas,
> Aut tunicam summa deducere turpiter ora
> Ad mediam? mediæ zona tulisset opem.
> At nunc sustinui, raptis a fronte capillis,
> Ferreus ingenuas ungue notare genas.
> Adstitit illa amens, albo et sine sanguine vultu,
> Cæduntur Pariis qualia saxa jugis.
> Exanimes artus, et membra trementia vidi,
> Ut quum populeas ventilat aura comas,
> Ut leni Zephyro gracilis vibratur arundo,
> Summave quum tepido stringitur unda Noto;
> Suspensæque diu lacrymæ fluxere per ora,

ruissèlèrent le long de son visage, comme l'eau coule de la neige qui fond. C'est alors que je commençai à me sentir coupable. Les larmes qu'elle versait, c'était mon sang. Trois fois je voulus me jeter à ses genoux en suppliant : trois fois elle repoussa mes mains redoutées. Va, lui dis-je, n'hésite pas; la vengeance adoucira ta douleur : déchire avec tes ongles mon visage; n'épargne ni mes yeux ni mes cheveux. Que le courroux vienne en aide à tes faibles mains; ou du moins, pour effacer les tristes marques de mon crime, remets en ordre et à leur place les cheveux que ma main a dérangés.

ÉLÉGIE HUITIÈME

ARGUMENT

Imprécation contre une vieille débauchée qui cherchait à enseigner
à la maîtresse du poëte l'art de se prostituer.

Il existe (écoutez, vous qui voulez connaître une prostituée), il existe une vieille appelée Dipsas. Son nom lui vient de son métier : jamais elle ne vit à jeun la mère du noir Memnon dans son char empourpré. Savante dans l'art magique et dans les

> Qualiter abjecta de nive manat aqua.
> Tunc ego me primum cœpi sentire nocentem :
> Sanguis erant lacrymæ, quas dabat illa, meus.
> Ter tamen ante pedes volui procumbere supplex :
> Ter formidatas reppulit illa manus.
> At tu ne dubita, minuet vindicta dolorem,
> Protinus in vultus unguibus ire meos;
> Nec nostris oculis, nec nostris parce capillis :
> Quamlibet infirmas adjuvet ira manus :
> Neve mei sceleris tam tristia signa supersint,
> Pone recompositas in statione comas.

ELEGIA OCTAVA

ARGUMENTUM

Lenam exsecratur, quæ amicam artibus meretriciis conabatur instruere.

> Est quædam, quicumque volet cognoscere lenam,
> Audiat, est quædam, nomine Dipsas, anus.
> Ex re nomen habet : nigri non illa parentem
> Memnonis in roseis sobria vidit equis.
> Illa magas artes, Ææaque carmina novit,

enchantements de Colchos, elle fait remonter vers leur source les fleuves les plus rapides. Elle connaît la vertu des plantes, celle du lin roulé sur le rouet cabalistique, et celle de l'hippomanès. Elle n'a qu'à vouloir, et le ciel se couvre de nuages épais ; elle n'a qu'à vouloir, et le ciel resplendit de l'éclat le plus pur. J'ai vu, le croirez-vous? du sang tomber des astres : j'ai vu le visage de Phœbé tout rouge de sang.

Je soupçonne qu'elle voltige, quoique vivante, à travers les ténèbres de la nuit, et que son corps de vieille se couvre de plumes : je le soupçonne ; aussi bien c'est le bruit qui court. Dans ses yeux brille une double prunelle, d'où sortent des rayons de feu. Elle évoque de la poussière des tombeaux les aïeux et les bisaïeux. A sa voix la terre s'entr'ouvre. Elle se plaît à profaner la chaste couche de l'hymen, et l'éloquence ne manque point à sa langue empoisonnée. Le hasard me rendit un jour témoin de ses leçons. J'ai pu les recueillir, à la faveur d'une double porte qui me cachait à ses regards. Les voici :

« Sais-tu, ma belle, qu'hier tu plus à un de nos jeunes favoris de la fortune? Il te vit, et ses yeux ne cessèrent de se fixer sur ton visage. Et à qui ne plairais-tu pas? tu ne le cèdes en

Inque caput rapidas arte recurvat aquas.
Scit bene quid gramen, quid torto concita rhombo
 Licia, quid valeat virus amantis equæ.
Quum voluit, toto glomerantur nubila cœlo;
 Quum voluit, puro fulget in orbe dies.
Sanguine, si qua fides, stillantia sidera vidi :
 Purpureus Lunæ sanguine vultus erat.
Hanc ego nocturnas vivam volitare per umbras
 Suspicor, et pluma corpus anile tegi;
Suspicor, et fama est : oculis quoque pupula duplex
 Fulminat, et gemino lumen ab orbe venit.
Evocat antiquis proavos atavosque sepulcris,
 Et solidam longo carmine findit humum.
Hæc sibi proposuit thalamos temerare pudicos;
 Nec tamen eloquio lingua nocente caret.
Fors me sermoni testem dedit : illa monebat
 Talia ; (me duplices occuluere fores) :
« Scis hera, te, mea lux, juveni placuisse beato :
 Hæsit, et in vultu constitit usque tuo.
Et cui non placeas? nulli tua forma secunda est.

beauté à aucune autre. Mais hélas ! ta parure n'est pas digne de ta beauté. Je voudrais que tu fusses aussi fortunée que tu es belle. Deviens riche, et je cesse d'être pauvre. Tu as eu à souffrir de l'étoile défavorable de Mars ; mais Mars a disparu, pour faire place à Vénus qui protége ton sexe. Vois combien son arrivée t'est propice : un riche amant te désire et s'inquiète de savoir ce qui te manque. Sa beauté n'est pas inférieure à la tienne, et, s'il ne voulait acheter tes charmes, tu devrais acheter les siens. »

La belle rougit à ces mots. « La pudeur, continue la vieille, sied aux blanches joues ; mais elle n'est utile que si elle est feinte : la véritable est presque toujours nuisible. Quand tu tiendras tes yeux modestement baissés sur ton sein, ne regarde personne qu'à proportion de ce qu'on t'offrira. Peut-être, au temps de Tatius, les grossières Sabines n'auraient pas voulu se donner à plusieurs hommes. Aujourd'hui Mars anime les courages chez des peuples étrangers, et Vénus règne dans la ville de son cher Énée. Amusez-vous, jeunes beautés : celle-là seule est chaste, que personne ne sollicite ; ou, si elle n'est pas trop novice, elle sollicite elle-même la première. Toi, efface ces

    Me miseram ! dignus corpore cultus abest.
Tam felix esses, quam formosissima, vellem !
    Non ego, te facta divite, pauper ero.
Stella tibi oppositi nocuit contraria Martis :
    Mars abiit ; signo nunc Venus apta suo.
Prosit ut adveniens, en adspice : dives amator
    Te cupit, et curæ, quid tibi desit, habet.
Est etiam facies, quæ se tibi comparet, illi :
    Si te non emtam vellet, emendus erat. »
Erubuit. « Decet alba quidem pudor ora : sed iste,
    Si simules, prodest : verus obesse solet.
Quum bene dejectis gremium spectaris ocellis,
    Quantum quisque ferat, respiciendus erit.
Forsitan immundæ, Tatio regnante, Sabinæ
    Noluerint habiles pluribus esse viris.
Nunc Mars externis animos exercet in armis :
    At Venus Æneæ regnat in urbe sui.
Ludite, formosæ : casta est, quam nemo rogavit ;
    Aut, si rusticitas non vetat, ipsa rogat.
Has quoque, quas frontis rugas in vertice portas,

rides qui te sillonnent le front : que de crimes souvent sont cachés sous les rides ! C'était avec un arc que Pénélope essayait les forces de ses jeunes amants ; et cet arc, qui devait montrer leur vigueur, était de corne. Le temps s'écoule à notre insu ; il fuit et nous échappe, comme s'écoule un fleuve dont l'eau se renouvelle à chaque instant. L'airain s'éclaircit par le frottement ; un beau vêtement demande à être porté. Les palais inhabités se dégradent sous la mousse humide qui les ronge. La beauté, si personne ne l'entretient par la jouissance, se fane et dépérit. Et ce n'est point assez d'un ou de deux amants : avec plusieurs, le profit est plus sûr et plus facile. Les loups blanchis par les années cherchent dans un troupeau entier une plus riche proie. Dis-moi, que reçois-tu de ton poëte, sinon des poésies nouvelles ? quelques milliers de vers, c'est toute la monnaie de ton amant. Le dieu des vers lui-même, paré d'un manteau brodé d'or, pince les cordes harmonieuses d'une lyre dorée. Que celui qui aura de l'or à te donner, soit à tes yeux plus grand que le grand Homère. Crois-moi, on a de l'esprit quand on donne. Ne dédaigne point l'esclave qui a payé sa liberté : avoir le pied marqué de craie n'est point un

Excute : de rugis crimina multa cadent.
Penelope juvenum vires tentabat in arcu :
 Qui latus argueret, corneus arcus erat.
Labitur occulte fallitque volubilis ætas,
 Ut celer admissis labitur amnis aquis.
Æra nitent usu : vestis bona quærit haberi :
 Canescunt turpi tecta relicta situ.
Forma, nisi admittas, nullo exercente, senescit :
 Nec satis effectus unus et alter habent.
Certior e multis, nec tam invidiosa rapina est :
 Plena venit canis de grege præda lupis.
Ecce quid iste tuus, præter nova carmina, vates
 Donat ? amatoris millia multa leges.
Ipse Deus vatum, palla spectabilis aurea,
 Tractat inauratæ consona fila lyræ.
Qui dabit, ille tibi magno sit major Homero.
 Crede mihi, res est ingeniosa dare.
Nec tu, si quis erit capitis mercede redemtus,
 Despice ; gypsati crimen inane pedis.

crime; mais aussi ne te laisse point éblouir par l'étalage fastueux d'une antique noblesse. Emporte avec toi tes aïeux, amant peu fortuné. Quoi? cet autre, parce qu'il sera beau, voudra une de tes nuits sans la payer? non certes; qu'il aille demander de l'or à celui dont il est le mignon.

« Ne sois point trop exigeante pendant que tu tends tes filets, de peur que la proie ne t'échappe : une fois prise, sache la pressurer à ton gré. Souvent un amour feint ne nuit pas : laisse croire que tu aimes; mais prends garde d'aimer en pure perte. Refuse quelquefois tes nuits; prétexte, pour cela, tantôt un mal de tête, tantôt l'abstinence que commandent les jours consacrés à Isis; mais que tes refus ne soient pas de longue durée, de peur qu'on ne s'habitue à la privation, ou que l'amour, à force d'être rebuté, ne se refroidisse. Que ta porte, fermée aux suppliants, ne s'ouvre qu'aux généreux. Que les plaintes de l'amant repoussé arrivent aux oreilles de l'amant accueilli. As-tu blessé ton amant : fâche-toi comme s'il t'avait blessée le premier. Préviens ses reproches par les tiens; mais ne t'abandonne point trop longtemps à ta colère : une colère prolongée a souvent engendré la haine. Que tes yeux apprennent

Nec te decipiant veteris quinquatria ceræ,
 Tolle tuos tecum, pauper amator, avos.
Quid? quia pulcher erit, poscet sine munere noctem?
 Quod det, amatorem flagitet ante suum.
Parcius exigito pretium, dum retia tendis,
 Ne fugiant : captos legibus ure tuis.
Nec nocuit simulatus amor : sine credat amari :
 Sed cave, ne gratis hic tibi constet amor.
Sæpe nega noctes : capitis modo finge dolorem,
 Et modo quæ causas præbeat, Isis erit.
Mox recipe, ut nullum patiendi colligat usum,
 Neve relentescat sæpe repulsus amor.
Surda sit oranti tua janua, laxa ferenti;
 Audiat exclusi verba receptus amans.
Et, quasi læsa prior, nonnunquam irascere læso :
 Vanescat culpa culpa repensa tua.
Sed nunquam dederis spatiosum tempus in iram;
 Sæpe simultates ira morata facit.
Quin etiam discant oculi lacrymare coacti,

aussi à répandre des larmes de commande et à rendre tes joues humides. Pour tromper, ne crains point d'être parjure : Vénus rend les dieux sourds aux plaintes d'un amant trompé. Prends à ton service un garçon et une fille habiles, qui sachent indiquer à propos les objets qu'on peut t'acheter. Qu'ils réclament aussi quelques petits cadeaux pour eux : il en est des petits cadeaux obtenus de beaucoup de gens, comme d'un tas de blé que chaque épi contribue à grossir. Que ta sœur, et ta mère, et ta nourrice, fassent contribuer ton amant. On a bientôt un assez beau butin, quand plusieurs mains à la fois y travaillent. Manques-tu de prétextes pour demander un cadeau, montre, à l'aide d'un gâteau, que c'est le jour anniversaire de ta naissance.

« Fais attention surtout de ne pas laisser croire à ton amant qu'il n'a point de rival : sans la rivalité, l'amour ne dure guère. Qu'il voie sur ta couche les traces d'un autre possesseur de tes charmes, et sur ta gorge meurtrie les marques de ses caresses; qu'il voie surtout les dons que t'a faits son rival. S'il n'apporte rien avec lui, parle-lui des objets nouveaux que l'on vend dans la rue Sacrée. Quand tu auras tiré de lui beaucoup de présents, dis-lui de ne point se dépouiller tout à fait, mais

  Et faciant udas illa vel illa genas;
 Nec, si quem falles, tu perjurare timeto :
  Commodat illusis numina surda Venus.
Servus et ad partes solers ancilla parentur,
 Qui doceant, apte quid tibi possit emi;
Et sibi pauca rogent : multos si pauca rogabunt,
 Postmodo de stipula grandis acervus erit.
Et soror, et mater, nutrix quoque carpat amantem :
 Fit cito per multas præda petita manus.
Quum te deficient poscendi munera causæ,
 Natalem libo testificare tuum.
Ne securus amet, nullo rivale, caveto :
 Non bene, si tollas prælia, durat amor.
Ille viri toto videat vestigia lecto,
 Factaque lascivis livida colla notis :
Munera præcipue videat, quæ miserit alter.
 Si tibi nil dederit, Sacra roganda via est.
Quum multa abstuleris, ut non tamen omnia donet,

de te prêter seulement ce que tu ne devras jamais lui rendre. Que ta langue le charme en lui cachant tes projets ; caresse-le, pour mieux le perdre : le doux miel couvre le poison le plus subtil. Si tu suis mes leçons, fruit d'une longue expérience, si tu ne laisses point mes paroles s'envoler au vent, que de fois tu me diras : « Vis heureuse ! » que de fois tu prieras les dieux qu'après ma mort la terre me soit légère ! »

Elle parlait encore, lorsque mon ombre me trahit. J'eus peine à empêcher mes mains de lui arracher ses quelques cheveux blancs, ses yeux qui pleuraient des larmes de vin, et ses joues sillonnées de rides. Que les dieux, m'écriai-je, en te refusant un asile, t'envoient une vieillesse malheureuse et des hivers sans fin, avec une soif éternelle !

ÉLÉGIE NEUVIÈME

ARGUMENT

Gracieux parallèle de la guerre et de l'amour.

Tout amant est soldat, et Cupidon a son camp : oui, Atticus, crois-moi, tout amant est soldat. L'âge qui convient à la

    Quod nunquam reddas, commodet ille roga.
Lingua juvet mentemque tegat ; blandire nocequo :
    Impia sub dulci melle venena latent.
Hæc si præstiteris, usu mihi cognita longo,
    Nec tulerint voces ventus et aura meas,
Sæpe mihi dices, Vivas bene : sæpe rogabis,
    Ut mea defunctæ molliter ossa cubent. »
Vox erat in cursu, quum me mea prodidit umbra.
    At nostræ vix se continuere manus,
Quin albam raramque comam, lacrymosaque vino
    Lumina, rugosas distraheremque genas.
Di tibi dent nullosque lares, inopemque senectam,
    Et longas hiemes, perpetuamque sitim !

ELEGIA NONA

ARGUMENTUM

Militarem artem amatoriæ venustissime comparat.

Militat omnis amans, et habet sua castra Cupido :
    Attice, crede mihi ; militat omnis amans.

guerre est aussi celui qui convient à Vénus. Fi d'un vieux soldat! fi d'un vieil amant! L'âge que veut un général dans un brave soldat est celui que demande une jeune beauté dans le possesseur de ses charmes. Ils veillent l'un et l'autre; tous deux, ils couchent sur la dure; tous deux font sentinelle, l'un à la porte de sa belle, l'autre à la porte de son général. Que de chemin n'a pas à faire le soldat! l'amant, quand sa maîtresse est exilée, la suivra, intrépide, jusqu'au bout du monde. Il franchira les plus hautes montagnes et les fleuves grossis par les orages; il traversera les neiges amoncelées. Faut-il passer des mers? il ne prétextera point les vents déchaînés; il ne cherchera point le temps propice à la navigation. Quel autre qu'un soldat ou un amant bravera la fraîcheur des nuits et les torrents de pluie mêlés de neige? L'un est envoyé au-devant de l'ennemi comme éclaireur; l'autre a les yeux fixés sur son rival comme sur un ennemi. Celui-là assiége les villes menaçantes, celui-ci la maison de son inflexible maîtresse : plus ou moins grandes, tous deux ils enfoncent des portes.

On fut souvent vainqueur, pour avoir pu surprendre un ennemi plongé dans le sommeil, et tuer, l'épée à la main, une

> Quæ bello est habilis, Veneri quoque convenit, ætas.
>   Turpe senex miles, turpe senilis amor.
> Quos petiere duces annos in milite forti,
>   Hos petit in socio bella puella toro.
> Pervigilant ambo; terra requiescit uterque.
>   Ille fores dominæ servat; at ille ducis.
> Militis officium longa est via : mitte puellam;
>   Strenuus, exemto fine, sequetur amans;
> Ibit in adversos montes, duplicataque nimbo
>   Flumina : congestas exteret ille nives.
> Nec freta pressurus tumidos caussabitur Euros,
>   Aptaque verrendis sidera quæret aquis.
> Quis, nisi vel miles, vel amans, et frigora noctis,
>   Et denso mixtas perferet imbre nives?
> Mittitur infestos alter speculator in hostes :
>   In rivale oculos alter, ut hoste, tenet.
> Ille graves urbes, hic duræ limen amicæ
>   Obsidet : hic portas frangit, at ille fores.
> Sæpe soporatos invadere profuit hostes,
>   Cædere et armata vulgus inerme manu.

armée sans défense. Ainsi furent égorgés les farouches bataillons du Thrace Rhesus, qui se vit enlever ses coursiers trop fameux. Souvent aussi les amants savent profiter du sommeil des maris, et tourner leurs armes contre l'ennemi. Le soin d'échapper à la vigilance des gardes et des sentinelles tient toujours en haleine le soldat et l'amant.

Mars est douteux, et Vénus n'a rien d'assuré : les vaincus se relèvent, et ceux qui vous semblaient ne pouvoir être renversés tombent à leur tour. Qu'on cesse donc d'appeler l'amour une lâcheté : il faut une âme à toute épreuve pour aimer. Achille brûle pour Briséis ravie à son amour : pendant que sa douleur vous le permet, Troyens, brisez les forces de la Grèce. Des embrassements d'Andromaque Hector courait aux armes : c'était son épouse qui lui couvrait la tête de son casque. Le premier des chefs de la Grèce, le fils d'Atrée, à la vue de la fille de Priam, les cheveux épars à la manière des bacchantes, resta, dit-on, interdit d'admiration. Mars lui-même fut pris dans les filets qu'avait forgés Vulcain : nulle histoire ne fit plus de bruit dans le ciel. Moi-même j'étais lent et né pour ne rien faire : le lit et le repos avaient amolli mon âme. Le soin d'une

 Sic fera Thrëicii ceciderunt agmina Rhesi;
  Et dominum capti deseruistis, equi.
 Sæpe maritorum somnis utuntur amantes,
  Et sua sopitis hostibus arma movent.
 Custodum transire manus vigilumque catervas,
  Militis et miseri semper amantis opus.
 Mars dubius, nec certa Venus; victique resurgunt;
  Quosque neges unquam posse jacere, cadunt.
 Ergo desidiam quicumque vocavit amorem,
  Desinat : ingenii est experientis amor.
 Ardet in abducta Briseide magnus Achilles :
  Dum licet, Argolicas frangite, Troës, opes.
 Hector ab Andromaches complexibus ibat in arma,
  Et, galeam capiti quæ daret, uxor erat.
 Summa ducum Atrides, visa Priameide, fertur
  Mænadis effusis obstupuisse comis.
 Mars quoque deprensus fabrilia vincula sensit :
  Notior in cœlo fabula nulla fuit.
 Ipse ego segnis eram, discinctaque in otia natus :
  Mollierant animos lectus et umbra meos.

2.

jeune beauté mit un terme à mon apathie : elle m'enjoignit de faire mes premières armes à son service. Depuis ce temps, vous me voyez agile et toujours occupé de quelque expédition nocturne. Voulez-vous ne point être un lâche? Aimez.

ÉLÉGIE DIXIÈME

ARGUMENT

A une jeune fille, pour la détourner de la prostitution.

Telle on vit cette princesse, qui, enlevée des bords de l'Eurotas sur des vaisseaux phrygiens, fut pour ses deux époux la cause d'une si longue guerre ; et la belle Léda, que l'adroit Jupiter, caché sous l'apparence trompeuse d'un cygne aux blanches plumes, séduisit au mépris de l'hymen; et Amymone parcourant, une urne sur la tête, les campagnes desséchées de l'Argolide : telle tu étais à mes yeux. Je craignais pour toi la métamorphose de l'aigle et du taureau et toutes les ruses que suggéra l'Amour au puissant Jupiter. Aujourd'hui je ne crains plus rien ; je suis guéri de mon erreur, et ta beauté n'éblouit plus mes yeux. D'où vient donc ce changement? me dis-tu.

>Impulit ignavum formosæ cura puellæ,
>   Jussit et in castris æra merere suis.
>Inde vides agilem, nocturnaque bella gerentem.
>   Qui nolet fieri desidiosus, amet.

ELEGIA DECIMA

ARGUMENTUM

Ad puellam, ne prostet venalis.

>Qualis ab Eurota Phrygiis avecta carinis,
>   Conjugibus belli causa duobus erat :
>Qualis erat Lede, quam plumis abditus albis
>   Callidus in falsa lusit adulter ave
>Qualis Amymone siccis errabat in Argis,
>   Quum premeret summi verticis urna comam :
>Talis eras; aquilamque in te taurumque timebam,
>   Et quidquid magno de Jove fecit Amor.
>Nunc timor omnis abest, animique resanuit error
>   Nec facies oculos jam capit ista meos.

C'est que tu la mets à prix : et voilà ce qui fait que tu ne saurais me plaire. Tant que tu fus simple et sans art, j'aimais et ton âme et ton corps : aujourd'hui la maladie de ton âme a dépouillé ton corps de tous ses charmes. L'Amour est à la fois enfant et nu. Si son âge est si tendre, s'il ne porte aucun vêtement, c'est pour se montrer dans toute sa sincérité. Pourquoi vouloir que l'enfant de Vénus nous fasse payer ses faveurs? il n'a point de robe où il puisse en serrer le prix. Ni Vénus ni son fils ne sont propres au dur métier des armes : convient-il que des dieux qui ne sont point faits pour la guerre reçoivent une solde?

Une prostituée se vend, à tel prix, au premier venu : c'est en livrant son corps qu'elle acquiert de misérables richesses. Encore maudit-elle la tyrannie de son avare corrupteur, et ce que vous faites de votre gré, elle ne le fait qu'à regret.

Prenez pour modèles les animaux dépourvus de raison : vous rougirez de voir que les bêtes sont plus traitables que vous. La cavale n'exige rien de l'étalon, ni la génisse du taureau; le bélier n'a point à payer la brebis qui lui plaît. La femme seule aime à se parer des dépouilles de l'homme; seule elle met ses

Cur sim mutatus, quæris? quia munera poscis.
    Hæc te non patitur causa placere mihi.
Donec eras simplex, animum cum corpore amavi :
    Nunc mentis vitio læsa figura tua est.
Et puer est et nudus Amor : sine sordibus annos,
    Et nullas vestes, ut sit apertus, habet.
Quid puerum Veneris pretio prostare jubetis?
    Quo pretium condat, non habet ille sinum.
Nec Venus apta feris, Veneris nec filius, armis :
    Non decet imbelles æra merere Deos.
Stat meretrix certo cuivis mercabilis ære,
    Et miseras jusso corpore quærit opes.
Devovet imperium tamen hæc lenonis avari;
    Et, quod vos facitis sponte, coacta facit.
Sumite in exemplum pecudes ratione carentes :
    Turpe erit ingenium mitius esse feris.
Non equa munus equum, non taurum vacca poposcit;
    Non aries placitam munere captat ovem.
Sola viro mulier spoliis exsultat ademtis;

nuits à prix; seule elle se met en location. Elle vend un plaisir fait pour l'un et pour l'autre, un plaisir que tous deux ont recherché; et son tarif est établi par elle en raison de sa jouissance. Quand l'amour doit avoir le même charme pour tous deux, quelle raison pour l'un de l'acheter, pour l'autre de le vendre? pourquoi perdrai-je, tandis que vous gagnerez, à un jeu dont l'homme et la femme font également les frais?

Des témoins ne peuvent sans crime se parjurer pour de l'argent; sans crime un juge ne peut tendre la main à la séduction. C'est une honte pour un avocat de vendre ses paroles à un pauvre; c'est une honte pour un tribunal de s'enrichir à rendre la justice; de même c'est une honte pour la femme d'accroître son patrimoine des revenus de son lit, et de prostituer ses charmes au plus offrant. On doit de la reconnaissance pour une faveur gratuite, on n'en doit point pour l'odieuse location d'un lit. Une fois que vous avez reçu le prix de votre marché, tout est fini, et le locataire n'est plus votre obligé.

Belles, gardez-vous de mettre à prix la faveur d'une nuit : un gain mal acquis ne profite jamais. Que valurent les bracelets

> Sola locat noctes; sola locanda venit;
> Et vendit quod utrumque juvat, quod uterque petebat;
> Et pretium, quanti gaudeat ipsa, facit.
> Quæ Venus ex æquo ventura est grata duobus,
> Altera cur illam vendit, et alter emit?
> Cur mihi sit damno, tibi sit lucrosa voluptas,
> Quam socio motu femina virque ferunt?
> Non bene conducti vendunt perjuria testes;
> Non bene selecti judicis arca patet.
> Turpe reos emta miseros defendere lingua :
> Quod faciat magnas turpe tribunal opes :
> Turpe tori reditu census augere paternos,
> Et faciem lucro prostituisse suam.
> Gratia pro rebus merito debetur inemptis :
> Pro male conducto gratia nulla toro.
> Omnia conductor solvit; mercede soluta
> Non manet officio debitor ille tuo.
> Parcite, formosæ, pretium pro nocte pacisci :
> Non habet eventus sordida præda bonos.
> Non fuit armillas tanti pepigisse Sabinas,
> Ut premerent sacræ virginis arma caput.

des Sabins à la jeune vestale qui périt écrasée sous le poids de leurs armes? Un fils perça de son épée les flancs dont il était sorti : un collier fut la cause de son crime.

Ce n'est pas qu'il soit défendu d'exiger d'un riche quelques présents ; il a de quoi satisfaire vos exigences : grapillez dans les vignes riches en raisin ; cueillez des fruits dans les féconds vergers d'Alcinoüs. Quant au pauvre, prenez en compte ses bons offices, ses soins, sa fidélité. Ce qu'on a est tout ce qu'on peut donner à sa maîtresse. Ma richesse, à moi, c'est d'illustrer par mes vers les belles qui s'en rendent dignes. Celle qui me plaît devient célèbre, grâce à mon art. On verra se déchirer les étoffes, l'or et les pierres précieuses se briser ; mais la gloire que donneront mes vers durera éternellement. Ce qui m'indigne et me révolte, ce n'est point de donner, c'est de voir qu'on demande un salaire. Ce que je refuse à tes sollicitations, cesse de le vouloir, tu l'auras.

ÉLÉGIE ONZIÈME

ARGUMENT

Il prie Napé de porter un billet doux à Corinne.

O toi, si habile à réunir et à disposer avec art les cheveux

E quibus exierat, trajecit viscera ferro
  Filius, et pœnæ causa monile fuit.
Nec tamen indignum est a divite munera posci :
  Munera poscenti quod dare possit, habet.
Carpite de plenis pendentes vitibus uvas ;
  Præbeat Alcinoi poma benignus ager.
Officium pauper numeret, studiumque, fidemque.
  Quod quis habet, dominæ conferat omne suæ.
Est quoque carminibus meritas celebrare puellas
  Dos mea : quam volui, nota fit arte mea.
Scindentur vestes, gemmæ frangentur et aurum
  Carmina quam tribuent, fama perennis erit.
Nec dare, sed pretium posci dedignor et odi :
  Quod nego poscenti, desine velle : dabo.

ELEGIA UNDECIMA

ARGUMENTUM

A Napo, ut tabellas ad Corinnam perferat, poscit.

Colligere incertos et in ordine ponere crines

de ta maîtresse, et qu'on ne doit point ranger dans la classe des simples servantes, Napé, toi qui, non moins habile à ménager des rendez-vous nocturnes qu'à remettre des billets doux, as plus d'une fois décidé l'incertaine Corinne à me venir trouver; ô toi dont la fidélité m'a souvent tiré d'embarras, prends ces tablettes, et remets-les, ce matin même, à ta maîtresse : que ton adresse aplanisse tous les obstacles. Tu n'as point dans le cœur la dureté du diamant, l'inflexibilité du fer, et ta simplicité n'est pas plus grande qu'il ne convient: toi aussi, vraisemblablement, tu as senti les traits de Cupidon; défends donc pour moi le drapeau sous lequel nous marchons tous deux. Si elle te demande comment je vais, dis-lui que l'espoir d'obtenir une nuit me fait vivre; quant au reste, mon amoureuse main l'a confié à cette cire.

Pendant que je parle, l'heure s'enfuit. Va, saisis le moment où elle sera libre pour lui remettre ces tablettes, mais fais en sorte qu'elle les lise aussitôt. Observe ses yeux et son front pendant qu'elle lira : son visage muet peut t'apprendre ma destinée. Aussitôt qu'elle aura fini, demande-lui une longue réponse : rien ne me fait mal comme de voir un grand espace

---

Docta, neque ancillas inter habenda, Nape,
   Inque ministeriis furtivæ cognita noctis
Utilis, et dandis ingeniosa notis;
Sæpe venire ad me dubitantem hortata Corinnam;
   Sæpe laboranti fida reperta mihi;
Accipe, et ad dominam peraratas mane tabellas
   Perfer, et obstantes sedula pelle moras.
Nec silicum venæ, nec durum in pectore ferrum,
   Nec tibi simplicitas ordine major inest.
Credibile est et te sensisse Cupidinis arcus :
   In me militiæ signa tuere tuæ.
Si quæret quid agam, Spe noctis vivere, dices;
   Cetera fert blanda cera notata manu.
Dum loquor, hora fugit : vacuæ bene redde tabellas;
   Verum continuo fac tamen illa legat.
Adspicias oculos mando frontemque legentis :
   E tacito vultu scire futura licet.
Nec mora; perlectis rescribat multa jubeto :
   Odi, quum late splendida cera vacat.

de cire non rempli. Qu'elle serre ses lignes ; que mes yeux soient arrêtés longtemps sur sa lettre, remplie jusqu'aux extrémités de la marge. Mais qu'ai-je besoin qu'elle se fatigue à manier le stylet? Que sur la tablette on ne lise que ce mot, *Viens*, et j'aurai bientôt couvert de laurier mes tablettes victorieuses, et bientôt je les aurai suspendues au temple de Vénus avec cette inscription : « C'est à Vénus qu'Ovide vous consacre, fidèles instruments de son amour, vous qui tout à l'heure n'étiez qu'un vil fragment d'érable. »

ÉLÉGIE DOUZIÈME

ARGUMENT

Il maudit les tablettes qui lui rapportaient la réponse négative de sa maîtresse.

Pleurez mon infortune : mes tablettes me sont revenues, ne contenant que ce mot si triste : *Impossible!* Les présages sont quelque chose : tout à l'heure, en sortant, Napé s'est heurté le pied contre le seuil de la porte. Dorénavant, quand on t'enverra quelque part, souviens-toi de sortir avec plus de précaution ; et, restée sobre, de marcher le pied levé. Loin de moi, sinistres tablettes, bois lugubre, et toi, cire maudite, qui ne

Comprimat ordinibus versus, oculosque moretur
  Margine in extremo litera rasa meos.
Quid digitos opus est graphio lassare tenendo?
  Hoc habeat scriptum tota tabella : « Veni. »
Non ego victrices lauro redimire tabellas,
  Nec Veneris media ponere in æde morer.
Subscribam : Veneri fidas sibi Naso ministras
  Dedicat ; at nuper vile fuistis acer.

ELEGIA DUODECIMA

ARGUMENTUM

In tabellas imprecatur, quæ efflagitatam ab amica noctem negantes redierant.

Flete meos casus ; tristes rediere tabellæ :
  Infelix hodie litera posse negat.
Omina sunt aliquid : modo quum discedere vellet,
  Ad limen digitos restitit icta Nape.
Missa foras iterum, limen transire memento
  Cautius, atque alte sobria ferre pedem.
Ite hinc, difficiles, funebria ligna, tabellæ,

m'apportes qu'un refus! Extraite de la fleur de la longue ciguë, tu ne peux être que le résidu du miel impur d'une abeille de Corse. Tu paraissais ne devoir ton éclat qu'au vermillon, et c'était au sang que tu devais d'être rouge. Allez embarrasser les carrefours, tablettes inutiles : que la roue pesante du premier voiturier vous brise en éclats. Non, celui qui vous détacha de l'arbre, pour vous façonner, n'avait pas les mains pures. Cet arbre même ne servit qu'à pendre quelque malheureux ; il fournit au bourreau des croix infâmes; il prêta son lugubre ombrage au hibou croassant, et soutint sur ses branches les œufs du vautour et de l'orfraie. Et c'est à ce bois que j'ai eu la folie de confier les secrets de mon amour! c'est lui que j'ai chargé de porter à ma maîtresse les plus tendres paroles! A cette cire convenait bien mieux l'insipide assignation que débite le juge d'un ton farouche; elle était bien plus propre à servir de journal à l'avare, qui n'y aurait consigné qu'en pleurant des dépenses faites à regret. Tablettes mensongères, ce n'est plus sans raison qu'on vous appelle doubles : aussi bien ce nombre n'était pas d'un bon augure. Que puis-je souhaiter

<pre>
Tuque negaturis cera referta notis;
  Quam, puto, de longæ collectam flore cicutæ,
Melle sub infami Corsica misit apis.
At, tanquam minio, penitus medicata rubebas
  Ille color vere sanguinolentus erat.
Projectæ triviis jaceatis, inutile lignum,
  Vosque rotæ frangat præiereuntis onus.
Illum etiam, qui vos ex arbore vertit in usum
  Convincam puras non habuisse manus.
Præbuit illa arbor misero suspendia collo ;
  Carnifici diras præbuit illa cruces ;
Illa dedit turpes raucis bubonibus umbras :
  Vulturis in ramis et strigis ova tulit.
His ego commisi nostros insanus amores,
  Molliaque ad dominam verba ferenda dedi !
Aptius hæ capiant vadimonia garrula ceræ,
  Quas aliquis duro cognitor ore legat.
Inter ephemeridas melius, tabulasque jacerent,
  In quibus absumtas fleret avarus opes.
Ergo ego vos rebus duplices pro nomine sensi.
  Auspicii numerus non erat ipse boni.
</pre>

pour vous dans ma colère? que le temps vous mine et vous ronge, et que la cire qui vous couvre se moisisse et soit flétrie par une rouille immonde.

ÉLÉGIE TREIZIÈME

ARGUMENT

A l'Aurore, pour qu'elle ne hâte point trop sa marche.

Déjà paraît sur l'Océan, au sortir des bras de son vieux mari, la blonde déesse dont le char éclatant ramène le jour. Où cours-tu, belle Aurore? arrête; et qu'à ce prix un combat solennel soit, chaque année, offert par des oiseaux aux mânes de Memnon. Voici le moment où j'aime à rester dans les bras caressants de ma maîtresse; voici le moment, ou jamais, de presser amoureusement son flanc contre le mien; voici le moment où le sommeil est doux et l'air frais, où le gosier flexible de l'oiseau fait entendre des sons mélodieux. Où cours-tu, contre le vœu des amants, contre le vœu des belles? Retiens, de ta main radieuse, les rênes humides de tes coursiers.

Avant ton lever, le pilote observe mieux les astres et n'erre point à l'aventure au milieu des mers. Quand tu parais, tout

Quid precer iratus, nisi vos cariosa senectus
Rodat, et immundo cera sit alba situ?

ELEGIA TERTIA DECIMA

ARGUMENTUM

Ad Auroram, ne nimium properet.

Jam super Oceanum venit a seniore marito,
    Flava pruinoso quæ vehit axe diem.
Quo properas, Aurora? mane : sic Memnonis umbris
    Annua solemni cæde parentet avis.
Nunc juvat in teneris dominæ jacuisse lacertis;
    Si quando, lateri nunc bene juncta meo est.
Nunc etiam somni pingues, nunc frigidus humor,
    Et liquidum tenui gutture cantat avis.
Quo properas, ingrata viris, ingrata puellis?
    Roscida purpurea supprime lora manu.
Ante tuos ortus melius sua sidera servat
    Navita, nec media nescius errat aqua.

fatigué qu'il est, le voyageur se lève, et le soldat saisit ses armes belliqueuses. La première, tu vois le laboureur chargé de la houe ; la première, tu appelles sous le joug le bœuf pesant. Tu arraches les enfants au sommeil, et tu les livres au pédagogue, pour que leurs mains délicates s'offrent à la cruelle férule. C'est toi aussi qui amènes la caution devant le tribunal, où va peser sur elle la responsabilité d'un seul mot. Aussi importune pour l'avocat que pour le juge, chaque jour tu les forces à se lever pour de nouveaux procès. C'est toi encore qui, lorsque les femmes pourraient savourer les douceurs du repos, appelles à filer la laine leurs mains laborieuses.

Je passerais sur tout le reste ; mais comment souffrir, à moins qu'on n'ait soi-même aucune belle, que les belles se lèvent si matin? Que de fois j'ai désiré que la nuit ne voulût point te faire place, et que les astres fugitifs ne se voilassent point devant toi! combien de fois j'ai désiré que le vent fracassât ton char, ou qu'un de tes chevaux tombât embarrassé dans l'épaisseur d'un nuage! Cruelle, où cours-tu? Si tu as eu un fils dont la peau était noire, il dut cette couleur à celle du cœur de sa mère.

> Te surgit, quamvis lassus, veniente viator,
>   Miles et armiferas aptat ad arma manus.
> Prima bidente vides oneratos arva colentes ;
>   Prima vocas tardos sub juga panda boves.
> Tu pueros somno fraudas, tradisque magistris,
>   Ut subeant teneræ verbera sæva manus :
> Atque eadem sponsum consulti ante atria mittis,
>   Unius ut verbi grandia damna ferat.
> Nec tu causidico, nec tu jucunda diserto :
>   Cogitur ad lites surgere uterque novas.
> Tu, quum feminei possint cessare labores,
>   Lanificam revocas ad sua pensa manum.
> Omnia perpeterer ; sed surgere mane puellas
>   Quis, nisi cui non est ulla puella, ferat ?
> Optavi quoties, ne nox tibi cedere vellet ;
>   Neu fugerent vultus sidera mota tuos !
> Optavi quoties, aut ventus frangeret axem,
>   Aut caderet spissa nube retentus equus !
> Invida, quo properas? quod erat tibi filius ater,
>   aterni fuerat pectoris ille color.

Quoi ! si elle n'eût point brûlé d'amour pour Céphale, croit-elle que sa coupable passion nous serait inconnue? Je voudrais que Tithon pût librement parler de toi : jamais on n'aurait entendu aux cieux l'histoire de si honteuses amours. Tu fuis ton vieil époux, parce que l'âge l'a glacé, et tu te hâtes de monter sur un char qu'il déteste. Mais si tu tenais amoureusement dans tes bras quelque Céphale, on t'entendrait crier : « Allez lentement, coursiers de la Nuit. »

Si ton époux est usé de vieillesse, mon amour doit-il en souffrir? Est-ce moi qui t'ai mariée à un vieillard? Vois combien d'heures de sommeil la Lune accorda à son jeune amant; et sa beauté n'est point inférieure à la tienne. Le père des dieux lui-même, pour ne pas te voir si souvent, de deux nuits n'en fit qu'une, afin de donner un plus libre champ à son amour.

J'avais terminé ces reproches, et, comme si elle m'eût entendu, son front rougissait, sans que pourtant le jour parût plus tard que de coutume.

  Quid? si non Cephali quondam flagrasset amore,
   An putat ignotam nequitiam esse suam?
  Tithono vellem de te narrare liceret :
   Fabula non cœlo turpior ulla foret.
  Illum dum refugis, longo quia frigidus ævo,
   Surgis ad invisas a sene mane rotas.
  At si quem manibus Cephalum complexa teneres,
   Clamares : « Lente currite, Noctis equi. »
  Cur ego plectar amans, si vir tibi marcet ab annis
   Num me nupsisti conciliante seni?
  Adspice, quos somnos juveni donarit amato
   Luna; nec illius forma secunda tuæ.
  Ipse Deûm genitor, ne te tam sæpe videret,
   Commisit noctes in sua vota duas.
  Jurgia finieram : scires audisse; rubebat;
   Nec tamen assueto tardior orta dies.

ÉLÉGIE QUATORZIÈME.

ARGUMENT.

A une jeune fille devenue chauve tout à coup.

Je te le disais bien : « Cesse de teindre tes cheveux. » Tu n'as plus aujourd'hui de chevelure à teindre. Pourtant, si tu l'avais voulu, qu'était-il de plus beau que tes cheveux! Ils descendaient jusqu'à tes genoux. Telle était leur finesse, que tu craignais de les peigner. Plus fin n'est pas le tissu dont se couvrent les Sères au teint basané : plus fin n'est pas le fil que, de son pied délicat, déroule l'araignée, suspendue à la poutre solitaire, pour y tramer sa toile déliée. Cependant leur couleur n'était point celle de l'ébène, ce n'était point non plus celle de l'or : c'était un mélange de toutes les deux. Telle est, dans les fraîches vallées du mont Ida, la couleur du cèdre élevé, que l'on a dépouillé de son écorce.

Telle était aussi leur souplesse, qu'ils se prêtaient à mille arrangements, sans jamais te causer la moindre douleur. Jamais la pointe de l'aiguille, jamais la dent du peigne ne les cassa :

ELEGIA QUARTA DECIMA

ARGUMENTUM.

Ad puellam repente calvam.

Dicebam : « desiste tuos medicare capillos : »
   Tingere quam possis, jam tibi nulla coma est.
At, si passa fores, quid erat speciosius illis?
   Contigerant imum, qua patet usque, latus.
Quid? quod erant tenues, et quos ornare timeres ;
   Vela colorati qualia Seres habent ;
Vel pede quod gracili deducit aranea filum,
   Quum leve deserta sub trabe nectit opus?
Nec tamen ater erat, nec erat tamen aureus illis ; .
   Sed, quamvis neuter, mixtus uterque color :
Qualem clivosæ madidis in vallibus Idæ
   Ardua derepta cortice cedrus habet.
Adde, quod et dociles, et centum flexibus apti,
   Et tibi nullius causa doloris erant.
Non acus abrupit, non vallus pectinis illos :

jamais ta coiffeuse n'eut rien à craindre pour elle. Bien des fois j'ai assisté à sa toilette, et jamais elle ne saisit l'aiguille pour lui en piquer les bras. Plus d'une fois aussi, le matin, ses cheveux encore en désordre, elle resta à demi étendue sur son lit de pourpre, et son négligé même n'était pas sans grâce : on l'eût prise alors pour une bacchante de la Thrace, mollement couchée sur le vert gazon pour y réparer ses fatigues.

Quoique ses cheveux fussent aussi flexibles que le duvet, combien de fois, hélas! ils furent mis à la torture! combien de fois ils subirent patiemment le fer et le feu, pour se plier en tresses arrondies ! « C'est un crime, m'écriais-je, oui c'est un crime de brûler ces cheveux : ils s'arrangent d'eux-mêmes avec grâce : cruelle, épargne ta tête! Loin de toi cette violence : ce ne sont point des cheveux à brûler : ils montrent d'eux-mêmes sa place à l'aiguille. »

Elle n'est plus, cette belle chevelure dont Apollon, dont Bacchus auraient été jaloux, cette chevelure comparable à celle que Dione, sortant toute nue de l'écume des flots, soutenait de ses mains humides

Pourquoi, s'ils ne te plaisaient point, déplorer la perte de tes

Ornatrix tuto corpore semper erat.
Ante meos oculos sæpe est ornata ; nec unquam
Brachia derepta saucia fecit acu.
Sæpe etiam nondum digestis mane capillis
Purpureo jacuit semisupina toro.
Tum quoque erat neglecta decens, ut Thracia Bacche,
Quum temere in viridi gramine lassa jacet.
Quum graciles essent tamen, et lanuginis instar ;
Heu mala vexatæ quanta tulere comæ !
Quam se præbuerunt ferro patienter et igni,
Ut fieret torto nexilis orbe sinus!
Clamabam : « Scelus est, istos scelus urere crines :
Sponte decent : capiti, ferrea, parce tuo.
Vim procul hinc remove : non est qui debeat uri:
Erudit admotas ipse capillus acus. »
Formosæ periere comæ, quas vellet Apollo.
Quas vellet capiti Bacchus inesse suo.
Illis contulerim, quas quondam nuda Dione
Pingitur humenti sustinuisse manu.
Quid male compositos quereris periisse capillos?

cheveux? Insensée, pourquoi, d'une main chagrine, repousses-tu le miroir? ton œil ne s'y arrête plus aussi volontiers qu'autrefois : pour plaire encore, tu as besoin d'oublier ce que tu étais.

Leur chute n'est point due aux herbes enchantées d'une rivale, ni à l'eau puisée dans les sources d'Hémonie par une perfide sorcière. Elle n'est point l'effet, non plus, d'une maladie grave (que le ciel t'en préserve!), ni de la jalousie d'une rivale, envieuse de leur beauté. Non, la faute en est à toi ; c'est à ta propre main que tu dois la perte qui te désole, c'est toi-même qui répandais le poison sur ta tête. Maintenant la Germanie t'enverra des cheveux d'esclaves : une nation vaincue se chargera de ta parure. Combien de fois, quand tu entendras vanter la beauté de tes cheveux, tu te diras en rougissant : « Aujourd'hui c'est un ornement acheté qui me fait trouver belle ; c'est je ne sais quelle Sicambre qu'on admire en moi. Et cependant, je m'en souviens, il fut un temps où ces hommages ne s'adressaient qu'à moi. »

Malheureux! qu'ai-je dit? elle a peine à retenir ses larmes ; de ses mains elle cache son front, et la rougeur a peint ses joues charmantes. Elle a le courage de contempler sur ses genoux des cheveux qui n'étaient point faits pour se trouver à

 Quid speculum mœsta ponis, inepta, manu?
Non bene consuetis a te spectaris ocellis :
 Ut placeas, debes immemor esse tui.
Non te cantatæ læserunt pellicis herbæ ;
 Non anus Hæmonia perfida lavit aqua,
Nec tibi vis morbi nocuit (procul omen abesto!).
 Nec minuit densas invida lingua comas.
Facta manu culpaque tua dispendia sentis :
 Ipsa dabas capiti mixta venena tuo.
Nunc tibi captivos mittet Germania crines ;
 Culta triumphatæ munere gentis eris.
O quam sæpe, comas aliquo mirante, rubebis :
 Et dices : « Emta nunc ego merce probor!
Nescio quam pro me laudat nunc iste Sycambram :
 Fama tamen, memini, quum fuit ista mei. »
Me miserum! lacrymas male continet, oraque dextra
 Protegit, ingenuas picta rubore genas!
Sustinet antiquos gremio spectare capillos,
 Hei mihi! non illo munera digna loco!

cette place. Calme le trouble de ton cœur et de ton visage : le mal n'est point irréparable : bientôt tu t'embelliras encore de ta première chevelure.

ÉLÉGIE QUINZIÈME.

ARGUMENT.

Contre les adversaires de la poésie.

Pourquoi m'accuses-tu, mordante Envie, de consumer mes ans à ne rien faire ? pourquoi appelles-tu mes vers l'œuvre d'un paresseux ! pourquoi me reprocher de ne point suivre les traces de nos ancêtres, de ne point profiter des forces de mon âge pour cueillir les lauriers poudreux du dieu de la guerre, de ne point étudier le verbiage de nos lois, de ne point prostituer mes paroles dans les luttes fastidieuses du barreau? Ces œuvres, que tu vantes, sont périssables ; je vise, moi, à une gloire immortelle, afin d'être célébré toujours et en tous lieux.

Le chantre de Méonie vivra tant que subsisteront Ténédos et l'Ida, tant que le Simoïs roulera dans la mer ses eaux rapides. Il vivra aussi, le poète d'Ascra, tant que le raisin se gonflera

Collige cum vultu mentem ; reparabile damnum est :
Postmodo nativa conspiciere coma.

ELEGIA QUINTA DECIMA.

ARGUMENTUM.

In illos qui poeticæ artis laudem et studium detrectabant.

Quid mihi, Livor edax, ignavos objicis annos,
  Ingeniique vocas carmen inertis opus ?
Non me more patrum, dum strenua sustinet ætas,
  Præmia militiæ pulverulenta sequi,
Nec me verbosas leges ediscere, nec me
  Ingrato vocem prostituisse foro ?
Mortale est, quod quæris, opus : mihi fama perennis
  Quæritur, in toto semper ut orbe canar.
Vivet Mæonides, Tenedos dum stabit et Ide,
  Dum rapidas Simoïs in mare volvet aquas.
Vivet et Ascræus, dum mustis uva tumebit,

sur la vigne, tant que les dons de Cérès tomberont sous le tranchant de la faucille. Toujours le monde entier parlera du fils de Battus, quoique, chez ce poète, l'art domine plutôt que le génie. Le cothurne de Sophocle ne s'usera point. Aratus vivra aussi long-temps que le soleil et la lune. Tant que la fourberie distinguera l'esclave, tant que le père sera dur, l'entremetteuse perfide, la courtisane caressante, Ménandre vivra. Ennius, qui ne connut point l'art, Accius, dont les accents étaient si mâles, ont un nom que le temps ne détruira point. Quel siècle ne connaîtra Varron, et le premier nautonnier, et cette Toison d'or conquise par un chef ausonien? Les vers du sublime Lucrèce ne périront que le jour où le monde périra lui-même. Tityre et les moissons, Énée et ses combats seront lus, tant que Rome sera la reine du monde qu'elle a conquis. Tant que l'arc et le feu seront les armes de l'Amour, on apprendra tes chants mélodieux, élégant Tibulle. Gallus sera connu des peuples du couchant, Gallus sera connu des peuples de l'aurore: partout, avec Gallus, sera connue sa chère Lycoris.

Ainsi, quand le temps mine les rochers, quand il brise la dent de la dure charrue, les vers échappent à la mort. Que la

>Dum cadet incurva falce resecta Ceres.
>Battiades semper toto cantabitur orbe;
>>Quamvis ingenio non valet, arte valet.
>Nulla Sophocleo veniet jactura cothurno.
>>Cum sole et luna semper Aratus erit.
>Dum fallax servus, durus pater, improba lena
>>Vivent, dum meretrix blanda, Menandros erit.
>Ennius arte carens, animosique Accius oris
>>Casurum nullo tempore nomen habent.
>Varronem primamque ratem quæ nesciat ætas,
>>Aureaque Æsonio terga petita duci?
>Carmina sublimis tunc sunt peritura Lucreti,
>>Exitio terras quum dabit una dies.
>Tityrus et fruges Æneïaque arma legentur,
>>Roma triumphati dum caput orbis erit.
>Donec erunt ignes arcusque Cupidinis arma,
>>Discentur numeri, culte Tibulle, tui.
>Gallus et Hesperiis, et Gallus notus Eoïs,
>>Et sua cum Gallo nota Lycoris erit.
>Ergo, quum silices, quum dens patientis aratri
>>Depereant ævo, carmina morte carent.

royauté, avec ses conquêtes, cède donc le pas à la poésie! Qu'elles lui cèdent aussi, les rives fortunées du Tage, qui roule l'or avec ses eaux !

Que le vulgaire s'enthousiasme pour des choses de rien: moi, ce que je demande, c'est qu'Apollon me verse à pleine coupe l'eau de Castalie; que le myrte qui craint le froid orne ma tête, et que mes vers ne cessent d'être lus par l'amant agité. Vivant, on sert de pâture à l'Envie; mort, on goûte le repos à l'ombre de la gloire qu'on a méritée. Lors donc que le bûcher funèbre m'aura consumé, je vivrai, et la meilleure partie de moi-même aura triomphé du trépas.

Cedant carminibus reges, regumque triumphi ;
Cedat et auriferi ripa beata Tagi.
Vilia miretur vulgus : mihi flavus Apollo
Pocula Castaliæ plena ministret aquæ,
Sustineamque coma metuentem frigora myrtum,
Atque a sollicito multus amante legar.
Pascitur in vivis Livor : post fata quiescit,
Quum suus ex merito quemque tuetur honos.
Ergo etiam, quum me supremus adederit ignis,
Vivam, parsque mei multa superstes erit.

3.

LIVRE DEUXIÈME

ÉLÉGIE PREMIÈRE.

ARGUMENT.

Pourquoi, au lieu de la Gigantomachie qu'il avait commencée,
il chante ses Amours.

Voici encore une œuvre d'Ovide né dans l'humide contrée des Pélignes, d'Ovide, le chantre de ses propres folies. C'est encore l'Amour qui l'a voulu. Loin d'ici, oui, loin d'ici, beautés trop sévères! vous n'êtes point l'auditoire qu'il faut à de tendres accents. Je ne veux pour lecteurs que la vierge qui s'enflamme à la vue de son fiancé, et le jeune novice que l'amour vient d'atteindre pour la première fois. Je veux que le jeune Romain, blessé du même trait que moi, reconnaisse en mes vers l'image du feu qui le brûle, et qu'après un long étonnement il s'écrie ; « Comment donc ce poète a-t-il su le secret de mes amours? »

J'avais osé, je m'en souviens, célébrer les guerres des cieux et Gygès aux cent mains ; et ce n'est point la force qui m'aurait manqué. J'allais dire la funeste vengeance de Tellus, et la chute

LIBER SECUNDUS

ELEGIA PRIMA.

ARGUMENTUM.

Quod pro Gigantomachia, quam inchoaverat, Amores scribat.

Hoc quoque composui, Pelignis natus aquosis,
    Ille ego nequitiæ Naso poeta meæ.
Hoc quoque jussit Amor : procul hinc, procul este, severæ;
    Non estis teneris apta theatra modis.
Me legat in sponsi facie non frigida virgo,
    Et rudis ignoto tactus amore puer ;
Atque aliquis juvenum, quo nunc ego, saucius arcu,
    Agnoscat flammæ conscia signa suæ,
Miratusque diu « quo, » dicat, « ab indice doctus
    Composuit casus iste poeta meos? »
Ausus eram, memini, cœlestia dicere bella,
    Centimanumque Gygen, et satis oris erat ;
Quum male se Tellus ulta est, ingestaque Olympo

du Pélion croulant avec l'Ossa du haut de l'Olympe où ils étaient entassés. J'avais en mes mains les nuages, Jupiter et sa foudre, avec laquelle il n'eût pas manqué de défendre son empire. Ma maîtresse me ferma sa porte : aussitôt, je laissai là Jupiter avec sa foudre ; oui, Jupiter lui-même sortit de mon esprit. Pardonne, Jupiter ! tes traits ne me servaient à rien ; cette porte fermée pouvait plus sur moi que ta foudre. J'en suis revenu à mes badinages, à mes légères élégies : ce sont là mes armes, à moi : la douceur de mes chants amollit bientôt la dureté des portes.

Les vers font descendre vers nous le disque ensanglanté de la Lune : ils arrêtent, au milieu de leur course, les blancs coursiers du Soleil. Les vers arrachent aux serpents leur dard empoisonné ; ils font remonter les eaux vers leur source. Les vers ont fait tomber des portes ; ils ont forcé la serrure, si bien clouée qu'elle fût sur un chêne épais. Qu'eussé-je gagné à chanter l'impétueux Achille ? qu'eussent fait pour moi les deux fils d'Atrée, et ce roi que la guerre occupa dix ans, et qui dix ans erra à l'aventure, et cet Hector, impitoyablement traîné par les coursiers d'un prince d'Hémonie ? Mais je n'ai

 Ardua devexum Pelion Ossa tulit.
In manibus nimbos et cum Jove fulmen habebam,
 Quod bene pro cœlo mitteret ille suo :
Clausit amica fores : ego cum Jove fulmen omisi :
 Excidit ingenio Jupiter ipse meo.
Jupiter, ignoscas : nil me tua tela juvabant :
 Clausa tuo majus janua fulmen erat.
Blanditias elegosque leves, mea tela, resumsi :
 Mollierunt duras lenia verba fores.
Carmina sanguineæ deducunt cornua Lunæ,
 Et revocant niveos Solis euntis equos ;
Carmine dissiliunt abruptis faucibus angues,
 Inque suos fontes versa recurrit aqua :
Carminibus cessere fores, insertaque posti,
 Quamvis robur erat, carmine victa sera est.
Quid mihi profuerit velox cantatus Achilles ?
 Quid pro me Atrides alter et alter agant ?
Quique tot errando quot bello perdidit annos,
 Raptus et Hæmoniis flebilis Hector equis ?

pas plus tôt chanté la beauté d'une tendre jeune fille, qu'elle vient d'elle-même trouver le poète pour le payer de ses vers. C'est là une grande récompense. Adieu donc, héros aux noms illustres! vos faveurs ne sont point celles que j'ambitionne. Pour vous, jeunes beautés, jetez un doux regard sur les vers que me dicte l'Amour au teint de rose.

ÉLÉGIE DEUXIÈME.

ARGUMENT.

A l'eunuque Bagoas, pour qu'il lui ménage un accès facile auprès de la beauté confiée à sa garde.

O toi, à qui est confié le soin de garder ta maîtresse, écoute, Bagoas; je n'ai que deux mots à te dire, mais ces deux mots sont importants Hier je l'ai vue se promener sous le portique des filles de Danaüs. Aussitôt, épris de ses charmes, je lui adressai par écrit une prière. A son tour, elle m'écrivit d'une main tremblante : *Impossible*. Et pourquoi, *impossible*? lui demandai-je. Elle me répondit que ta surveillance était trop sévère.

At, facie tenera laudata sæpe puellæ,
   Ad vatem, pretium carminis, ipsa venit.
Magna datur merces : heroum clara valete
   Nomina : non apta est gratia vestra mihi.
Ad mea formosæ vultus adhibete puellæ
   Carmina, purpureus quæ mihi dictat Amor.

ELEGIA SECUNDA.

ARGUMENTUM.

Ad Bagoen quemdam, eunuchum, ut aditum ad dominam quam servabat præbeat Ovidio facilem.

Quem penes est dominam servandi cura, Bagoe.
   Dum perago tecum pauca, sed apta, vaca.
Hesterna vidi spatiantem luce puellam
   Illa, quæ Danai porticus agmen habet.
Protinus, ut placuit, misi scriptoque rogavi;
   Rescripsit trepida, *Non licet*, illa manu;
Et, cur *non liceat*, quærenti reddita causa est,
   Quod nimium dominæ cura molesta tua est.

Si tu fais bien, crois-moi, gardien importun, cesse de mériter la haine ; se faire craindre, c'est faire désirer sa mort. Son mari lui-même est un fou : car pourquoi tant se tourmenter à défendre un bien qui, pour rester intact, n'a pas besoin de surveillant ? Permis à lui, sans doute, de se livrer en furieux aux transports de son amour : permis à lui de croire chaste une femme qui plaît à tout le monde. Pour toi, laisse-lui en secret un peu de liberté : ce que tu lui en donneras, elle saura bien te le rendre. Consens à être avec elle de complicité, et la maîtresse est sous les lois de son esclave. Cette complicité t'effraie ! eh bien, tu peux fermer les yeux. Lit-elle un billet à l'écart ? suppose qu'il vient de sa mère. Arrive-t-il un inconnu ? prends-le pour une vieille connaissance. Va-t-elle voir une amie malade, qui ne l'est pas ? figure-toi qu'elle l'est en effet. Tarde-t-elle à venir ? pour ne point t'ennuyer d'attendre, tu peux appuyer ta tête sur tes genoux et ronfler à ton aise. Ne va point t'enquérir de ce qui peut se faire au temple d'Isis, de ce qui peut se passer aux théâtres.

Un complice discret obtiendra toujours des honneurs, et pourtant qu'y a-t-il de moins difficile que de se taire ? Il est aimé, il

<pre>
    Si sapis, o custos, odium, mihi crede, mereri
        Desine : quem metuit quisque, perisse cupit.
    Vir quoque non sapiens : quid enim servare laboret,
        Unde nihil, quamvis non tueare, perit ?
    Sed gerat ille suo morem furiosus amori,
        Et castum, multis quod placet, esse putet ;
    Huic furtiva tuo libertas munere detur,
        Quam dederis illi, reddat ut illa tibi.
    Conscius esse velis : domina est obnoxia servo.
        Conscius esse times : dissimulare licet.
    Scripta leget secum : matrem misisse putato.
        Venerit ignotus : postmodo notus eat.
    Ibit ad adfectam, quæ non languebit, amicam :
        Visat, et indiciis ægra sit illa tuis.
    Si faciet tarde, ne te mora longa fatiget,
        Imposita gremio stertere fronte potes.
    Nec tu, linigeram fieri quid possit ad Isin,
        Quæsieris ; nec tu curva theatra time.
    Conscius assiduos commissi tollet honores.
        Quis minor est autem quam tacuisse labor ?
</pre>

mène toute la maison; il n'a point à craindre les étrivières : à lui l'omnipotence; aux autres, vil troupeau, la servitude. Pour cacher au mari la vérité, il le berce de chimères, et, maîtres tous les deux, ils trouvent bon ce qui n'avait plu qu'à la femme. Un mari a beau froncer le sourcil, il a beau se rider le front, ce que veut une femme caressante, elle l'obtient. Mais il faut que de temps en temps elle te cherche querelle, qu'elle verse des larmes feintes, qu'elle te traite de bourreau. Toi, alors, suppose-lui des torts dont elle puisse aisément se laver : en l'accusant à faux, fais prendre à son mari le change sur la vérité. A ce prix les honneurs, à ce prix les écus pleuvront sur toi. Agis-en de la sorte, et bientôt tu auras ta liberté.

Tu vois les délateurs le cou chargé d'étroites chaînes; tu vois les hommes au cœur perfide enfermés dans de noirs cachots. Tantale cherche l'eau au sein même de l'eau; il cherche le fruit au milieu des fruits: l'eau et le fruit échappent à ses lèvres: voilà ce que lui a valu son indiscrétion. Pour avoir suivi trop sévèrement les ordres de Junon, le gardien d'Io périt à la fleur de l'âge, et Io est une déesse.

J'ai vu charger de fers, qui lui meurtrissaient les jambes, un

Ille placet, versatque domum, neque verbera sentit :
 Ille potens : alii, sordida turba, jacent.
Huic, veræ ut lateant causæ, finguntur inanes;
 Atque ambo domini, quod probat una, probant.
Quum bene vir traxit vultum, rugasque coegit,
 Quod voluit fieri, blanda puella facit.
Sed tamen interdum tecum quoque jurgia nectat,
 Et simulet lacrymas, carnificemque vocet.
Tu contra objiciens quæ tuto diluat illa,
 In verum falso crimine deme fidem.
Sic tibi semper honos, sic alta peculia crescent :
 Hæc fac, et exiguo tempore liber eris.
Adspicis indicibus nexas per colla catenas :
 Squalidus orba fide pectora carcer habet.
Quærit aquas in aquis et poma fugacia captat
 Tantalus; hoc illi garrula lingua dedit.
Dum nimium servat custos Junonius Io,
 Ante suos annos occidit; illa Dea est.
Vidi ego compedibus liventia crura gerentem,

indiscret qui avait révélé à un mari les amours incestueux de sa femme. Il méritait un châtiment plus sévère : car sa langue méchante avait fait deux victimes : il plongeait le mari dans la douleur, et flétrissait l'honneur de l'épouse.

Crois-moi : il n'est point de mari qui aime de pareilles accusations ; il peut les entendre, mais jamais avec plaisir. S'il est froid, son indifférence rend votre délation inutile ; s'il aime, il vous doit son malheur. D'ailleurs, si évidente qu'elle soit, la faute d'une femme n'est pas facile à prouver : elle a pour elle l'indulgence de son juge. Eût-il tout vu lui-même, il admettra un désaveu ; il accusera ses propres yeux, il se donnera tort à lui-même. Qu'il voie sa femme pleurer ; il pleurera avec elle, en disant ; « Ce maudit bavard me le paiera cher ! » Qu'elle est inégale, la lutte où tu t'engages ! Vaincu, tu passes par les étrivières, tandis que la belle repose sur les genoux de son juge.

Ce n'est point un crime que nous voulons : nous ne cherchons point à nous voir pour composer des breuvages empoisonnés ; dans nos mains n'étincelle point une épée menaçante. Ce que nous demandons, c'est que, par ton moyen, nous puissions aimer sans danger. Est-il prière plus innocente ?

> Unde vir incestum scire coactus erat.
> Pœna minor merito : nocuit mala lingua duobus :
> Vir doluit ; famæ damna puella tulit.
> Crede mihi, nulli sunt crimina grata marito :
> Nec quemquam, quamvis audiat illa, juvant.
> Seu tepet, indicium securas perdis ad aures ;
> Sive amat, officio fit miser ille tuo.
> Culpa nec ex facili, quamvis manifesta, probatur :
> Judicis illa sui tuta favore venit.
> Viderit ipse licet, credet tamen ipse neganti,
> Damnabitque oculos, et sibi verba dabit.
> Adspiciat dominæ lacrymas ; plorabit et ipse,
> Et dicet : « Pœnas garrulus iste dabit. »
> Quam dispar certamen inis ! tibi verbera victo
> Adsunt : in gremio judicis illa sedet.
> Non scelus adgredimur ; non ad miscenda coïmus
> Toxica ; non stricto fulminat ense manus :
> Quærimus, ut toto per te possimus amare.
> Quid precibus nostris mollius esse potest ?

ÉLÉGIE TROISIÈME.

ARGUMENT.

Au même Bagoas, qui s'était montré inflexible.

Que je suis malheureux que la garde de ma maîtresse te soit confiée, à toi qui n'es ni homme ni femme, à toi qui ne peux connaître les plaisirs que savourent ensemble deux amants! Celui qui le premier mutila honteusement l'enfance, méritait bien de subir à son tour le même supplice. Tu aurais plus de complaisance, tu serais plus sensible à mes prières, si jamais tu avais aimé quelque belle. Tu n'es point fait pour monter à cheval, pour porter des armes pesantes, pour charger ta main de la lance belliqueuse. Il faut être homme pour cela; toi, renonce à tout acte viril. Ne suis point d'autres drapeaux que ceux de ta maîtresse. C'est elle que tu dois servir; mets à profit ses bonnes grâces. Si tu la perds, à quoi serais-tu bon? Sa figure, son âge, invitent au plaisir : sa beauté ne doit point se faner et périr dans un lâche abandon. Si sévère que tu paraisses, elle aurait bien pu te tromper. Ce qu'ont résolu deux

ELEGIA TERTIA.

ARGUMENTUM.

Ad eumdem, qui precibus durior obstiterat.

Hei mihi, quod dominam, nec vir nec femina, servas,
 Mutua nec Veneris gaudia nosse potes!
Qui primus pueris genitalia membra recidit,
 Vulnera, quæ fecit, debuit ipse pati.
Mollis in obsequium facilisque rogantibus esses,
 Si tuus in quavis prætepuisset amor.
Non tu natus equo, non fortibus utilis armis:
 Bellica non dextræ convenit hasta tuæ.
Ista mares tractent; tu, spes depone viriles:
 Sint tibi cum domina signa ferenda tua.
Hanc imple meritis: hujus tibi gratia prosit.
 Si careas illa, quis tuus usus erit?
Est etiam facies, sunt apti lusibus anni:
 Indigna est pigro forma perire situ.
Fallere te potuit, quamvis habeare molestus:

amants ne manque jamais son effet : mais comme il est peut-être mieux d'essayer les prières, nous t'adressons les nôtres, tandis que tu as encore le temps d'être complaisant à propos.

ÉLÉGIE QUATRIEME.

ARGUMENT.

Son penchant à l'amour : pourquoi toutes les belles, sans distinction, lui plaisent.

Je ne prétends point justifier le relâchement de mes mœurs, ni jamais recourir à des prétextes mensongers pour faire excuser mes écarts. J'avoue mes fautes, si un tel aveu peut être utile à quelque chose. Maintenant que je me suis reconnu coupable, je veux révéler toutes mes folies. Je maudis mes erreurs, et je ne puis m'empêcher de me complaire aux erreurs que je maudis. Oh ! qu'il est pesant à porter, le joug qu'on voudrait secouer ! Je n'ai ni la force ni le pouvoir de maîtriser mes passions : elles m'entraînent, comme les flots rapides emportent la barque légère.

Ce n'est point telle ou telle beauté qui m'enflamme : cent motifs m'obligent à aimer toujours. Qu'une belle tienne ses

---

Non caret effectu, quod volucre duo.
Aptius ut fuerit precibus tentasse, rogamus,
Dum bene ponendi munera tempus habes.

ELEGIA QUARTA.

ARGUMENTUM.

Quod amet, et puellæ omnes, quæcumque forma sit, ipsi placeant.

Non ego mendosos ausim defendere mores,
    Falsaque pro vitiis arma movere meis.
Confiteor, si quid prodest delicta fateri :
    In mea nunc demens crimina fassus eo.
Odi, nec possum cupiens non esse quod odi.
    Heu quam, quæ studeas ponere, ferre grave est !
Nam desunt vires ad me mihi jusque regendum ;
    Auferor, ut rapida concita puppis aqua.
Non est certa meos quæ forma irritet amores :
    Centum sunt causæ, cur ego semper amem.

yeux modestement baissés, mon cœur prend feu, et sa pudeur est le piège où je tombe. Celle-ci est-elle agaçante, je me laisse prendre, parce qu'elle n'est point novice, et qu'elle promet d'être vive et agissante sur un lit moelleux. Si j'en vois une dont l'air farouche rappelle la sévérité des Sabines, je me figure qu'elle a des désirs, mais qu'elle sait bien les cacher. Êtes-vous savante? vous me plaisez par vos rares talents : êtes-vous ignorante? c'est votre simplicité qui me plaît. Celle-ci trouve les vers de Callimaque sans grâce au prix des miens; je lui plais, elle me plaît tout de suite: celle-là, critiquant mes vers, me conteste le titre de poète; malgré ses critiques, je voudrais la toucher de près. Celle-ci marche mollement ; sa mollesse me charme : celle-là, lourdement; l'approche d'un amant lui donnera peut-être de la souplesse. L'une chante avec grâce, et son gosier flexible exhale les accents les plus mélodieux ; je voudrais cueillir un baiser sur sa bouche à demi ouverte; l'autre parcourt d'un doigt léger les cordes frémissantes de sa lyre : qui pourrait ne point aimer des mains si savantes? Cette autre enfin me séduit par sa danse: j'aime à voir ses poses lascives, le mouvement cadencé de ses bras,

> Sive aliqua est oculos in se dejecta modestos,
>   Uror, et insidiæ sunt pudor ille meæ.
> Sive procax aliqua est, capior, quia rustica non est,
>   Spemque dat in molli mobilis esse toro.
> Aspera si visa est, rigidasque imitata Sabinas,
>   Velle, sed ex alto dissimulare, puto.
> Sive es docta, places raras dotata per artes :
>   Sive rudis, placita es simplicitate tua.
> Est, quæ Callimachi præ nostris rustica dicat
>   Carmina : cui placeo, protinus ipsa placet.
> Est etiam quæ me vatem et mea carmina culpet :
>   Culpantis cupiam sustinuisse femur.
> Molliter incedit; motu capit : altera dura est ;
>   At poterit tacto mollior esse viro.
> Hæc quia dulce canit flectitque facillima vocem,
>   Oscula cantanti rapta dedisse velim.
> Hæc querulas agili percurrit pollice chordas :
>   Tam doctas quis non possit amare manus?
> Illa placet gestu numerosaque brachia ducit.

son adresse à répondre à la mesure par le balancement de tout son corps. Ne parlons point de moi, que tout enflamme : mettez Hippolyte devant elle ; il deviendra un Priape. Toi, qui es grande, tu ne le cèdes point aux héroïnes de l'antiquité, et tu tiens bien ta place dans toute la longueur du lit. Toi, qui es toute mignonne, tu sais me plaire aussi. Toutes deux me ravissent ; la grande et la petite me conviennent également. Celle-ci est-elle sans parure ? je pense à ce que la parure pourrait ajouter à ses charmes ; celle-là est-elle parée ? elle brille de tous ses attraits. Je suis l'esclave de la blonde et de la brune, et j'aime aussi une Vénus sous un teint basané. De noirs cheveux flottent-ils sur un cou de neige ? la beauté de Léda était due à sa noire chevelure. Aperçois-je de blonds cheveux ? une chevelure dorée faisait la beauté de l'Aurore. Partout l'histoire m'aide à justifier mon amour. La jeunesse m'enchante, la maturité me séduit : l'une a pour elle la beauté du corps, l'autre son esprit. En un mot, de toutes les belles que l'on admire à Rome, il n'en est point une seule que ne convoite mon amour.

  Et tenerum molli torquet ab arte latus :
Ut taceam de me, qui causa tangor ab omni,
  Illic Hippolytum pone ; Priapus erit.
Tu, quia tam longa es, veteres Heroïdas æquas,
  Et potes in toto multa jacere toro :
Hæc habilis brevitate sua ; corrumpor utraque :
  Conveniunt voto longa brevisque meo.
Non est culta : subit quid cultæ accedere possit ;
  Ornata est : dotes exhibet illa suas.
Candida me capiet, capiet me flava puella :
  Est etiam fusco grata colore Venus.
Seu pendent nivea pulli cervice capilli,
  Leda fuit nigra conspicienda coma ;
Seu flavent, placuit croceis Aurora capillis :
  Omnibus historiis se meus aptat amor.
Me nova sollicitat, me tangit serior ætas :
  Hæc melior specie corporis ; illa sapit.
Denique quas tota quisquam probet urbe puellas,
  Noster in has omnes ambitiosus amor.

ÉLÉGIE CINQUIÈME.

ARGUMENT.

Il fait des reproches à sa maîtresse, qui, lui présent et feignant de dormir, avait donné à un convive des signes non douteux de son amour.

Fuis avec ton carquois, Cupidon! l'Amour n'a point assez de prix, pour que j'invoque si souvent la mort. Oui, j'invoque la mort, quand je songe à ta perfidie, ingrate beauté, née pour faire à jamais mon malheur. Ce ne sont point tes tablettes mal effacées qui me dévoilent ta conduite : ce ne sont point des cadeaux reçus furtivement qui révèlent ton crime. Plût aux dieux qu'en t'accusant je ne pusse te convaincre! Malheureux que je suis! pourquoi ma cause est-elle si bonne? Heureux l'amant qui peut défendre hautement ce qu'il aime, et à qui sa maîtresse peut dire : « Je ne suis point coupable! » Il a un cœur de fer et s'abandonne trop à son courroux, celui qui veut acquérir un laurier sanglant par la condamnation d'une perfide.

Malheureusement j'ai tout vu, quand tu me croyais endormi. Oui, j'ai vu de mes yeux, que la vapeur du vin ne troublait

ELEGIA QUINTA.

ARGUMENTUM.

In amicam invehitur, quae, ipso praesente et somnum simulante, amoris non dubii signa convivae cuidam concesserat.

Nullus amor tanti est (abeas, pharetrate Cupido),
 Ut mihi sint toties maxima vota mori.
Vota mori mea sunt, quum te peccasse recordor,
 Hei mihi, perpetuum nata puella malum!
Non mihi deletae nudant tua facta tabellae;
 Non data furtive munera crimen habent.
O utinam arguerem sic, ut non vincere possem!
 Me miserum! quare tam bona causa mea est?
Felix qui quod amat defendere fortiter audet:
 Cui sua, *Non feci*, dicere amica potest!
Ferreus est, nimiumque suo favet ille dolori,
 Cui petitur victa palma cruenta rea.
Ipse miser vidi, quum me dormire putares,
 Sobrius adposito crimina vestra mero :

pas, j'ai vu votre trahison. Je vous ai vus vous parler par le mouvement de vos sourcils: vos signes de tête, langage assez clair, étaient presque des paroles. Tes yeux ne furent point muets : des lettres furent tracées avec le vin sur la table : tes doigts eux-mêmes n'étaient pas sans parler leur langage. Malgré tous vos efforts pour le cacher, j'ai pénétré le sens de vos paroles ; j'ai compris la valeur des signes convenus entre vous. Déjà la plupart des convives s'étaient éloignés : il ne restait plus que deux jeunes gens, endormis par l'ivresse. Je vous vis alors échanger des baisers criminels, des baisers dans lesquels, je l'ai vu, vos deux langues se confondaient ; non point de ces baisers que reçoit d'une sœur un frère vertueux, mais de ceux que donne une tendre maîtresse à son avide amant ; non point de ces baisers que Phébus pouvait donner à Diane, mais de ceux que Vénus prodiguait à son cher Mars.

« Que fais-tu ? m'écriai-je ; à qui portes-tu des faveurs qui m'appartiennent ? C'est mon droit, c'est mon bien ; je le reprends et je le défendrai. A moi seul tes caresses, à toi seule les miennes ; pourquoi un tiers veut-il avoir une part dans ce qui n'appartient qu'à nous ? »

C'est en ces termes que s'exhalait mon dépit : le rouge de la

Multa supercilio vidi vibrante loquentes;
    Nutibus in vestris pars bona vocis erat.
Non oculi tacuere tui, conscriptaque vino
    Mensa, nec in digitis littera nulla fuit.
Sermonem agnovi, quod non videatur, agentem;
    Verbaque pro certis jussa valere notis.
Jamque frequens ierat mensa conviva remota ;
    Compositi juvenes unus et alter erant.
Improba tum vero jungentes oscula vidi;
    Illa mihi lingua nexa fuisse liquet;
Qualia nec fratri tulerit germana severo,
    Sed tulerit cupido mollis amica viro :
Qualia credibile est, nec Phœbum ferre Dianæ,
    Sed Venerem Marti sæpe tulisse suo.
« Quid facis ? » exclamo ; « quo nunc mea gaudia defers ?
    Injiciam dominas in mea jura manus.
Hæc tibi sint mecum, mihi sint communia tecum :
    In bona cur quisquam tertius ista venit ? »
Hoc ego, quæque dolor linguæ dictavit ; at illi

pudeur eut bientôt couvert ses joues coupables. Ainsi se colore le ciel au lever de l'épouse de Tithon, ou la jeune vierge à la vue de son fiancé; ainsi brillent les roses au milieu des lis qui les entourent; telle rougit la lune, arrêtée dans sa course par quelque enchantement; tel encore l'ivoire assyrien, que teint une femme de Méonie pour l'empêcher de jaunir avec les années. Telle, ou peu s'en faut, était la couleur de la perfide, et jamais peut-être on ne l'avait vue plus belle. Elle regardait la terre, et ce regard était charmant; la tristesse était peinte sur son visage, et sa tristesse même lui donnait de la grâce. Ses cheveux, et rien n'était plus beau que ses cheveux, je faillis les lui arracher; ses joues délicates, je faillis les meurtrir.

Lorsque mes yeux rencontrèrent les siens, mes bras nerveux tombèrent malgré moi, et ma maîtresse trouva sa sûreté dans ses armes. Moi qu'elle venait de voir menaçant, je me jetai à ses genoux, et la priai de ne pas me donner de moins tendres baisers. Elle sourit, et me donna de tout son cœur le plus doux baiser; un de ces baisers qui arracheraient à la main irritée de Jupiter sa foudre étincelante. Ce qui me tourmente aujourd'hui, c'est la crainte que mon rival n'en ait reçu d'aussi délicieux:

> Conscia purpureus venit in ora pudor.
> Quale coloratum Tithoni conjuge cœlum
>   Subrubet, aut sponso visa puella novo;
> Quale rosæ fulgent inter sua lilia mixtæ,
>   Aut ubi cantatis Luna laborat equis,
> Aut quod, ne longis flavescere possit ab annis,
>   Mœonis Assyrium femina tinxit ebur.
> His erat aut alicui color ille simillimus horum,
>   Et nunquam casu pulchrior illa fuit.
> Spectabat terram; terram spectare decebat:
>   Mœsta erat in vultu; mœsta decenter erat.
> Sicut erant, et erant culti, laniare capillos,
>   Et fuit in teneras impetus ire genas.
> Ut faciem vidi, fortes cecidere lacerti;
>   Defensa est armis nostra puella suis.
> Qui modo sævus eram, supplex ultroque rogavi,
>   Oscula ne nobis deteriora daret.
> Risit et ex animo dedit optima; qualia possent
>   Excutere irato tela trisulca Jovi.
> Torqueor infelix, ne tam bona sumserit alter;

je ne veux point que les siens aient pu être du même titre.

Il y avait certainement dans ce baiser beaucoup plus d'art qu'elle n'en doit à mes leçons ; il me sembla qu'elle avait appris quelque chose de nouveau. Ce raffinement de volupté ne me présage rien de bon : c'est pour mon malheur que nos langues, se croisant mutuellement, furent tout entières étreintes par nos lèvres. Et pourtant ce n'est point cela seul qui me peine : ce n'est pas seulement de ces baisers voluptueux que je me plains, quoique pourtant je m'en plaigne ; mais de telles leçons ne se donnent que dans le lit, et je ne sais quel maître en a reçu le prix inestimable.

ÉLÉGIE SIXIÈME.

ARGUMENT.

Il déplore la mort du perroquet qu'il avait donné à sa maîtresse.

L'oiseau imitateur venu des Indes Orientales, ce perroquet n'est plus ! Arrivez en foule à ses funérailles ; venez tous, pieux habitans des airs ; frappez-vous la poitrine de vos ailes, et sillonnez de vos ongles aigus vos têtes délicates. A défaut de pleureuses qui s'arrachent les cheveux, déchirez à l'envi vos

    Et volo non ex hac illa fuisse nota.
Hæc quoque, quam docui, multo meliora fuerunt,
    Et quiddam visa est addidicisse novi.
Quod nimium placuere, malum est ; quod tota labellis
    Lingua tua est nostris, nostra recepta tuis.
Nec tamen hoc unum doleo : non oscula tantum
    Juncta queror ; quamvis hæc quoque juncta queror.
Illa, nisi in lecto, nusquam potuere doceri ;
    Nescio quis pretium grande magister habet.

ELEGIA SEXTA.

ARGUMENTUM.

Psittacum, quem amicæ donaverat, luget interemtum.

Psittacus, Eois imitatrix ales ab Indis,
    Occidit ! Exsequias ite frequenter, aves.
Ite, piæ volucres, et plangite pectora pennis,
    Et rigido teneras ungue notate genas.
Horrida pro mœstis lanietur pluma capillis ;

plumes hérissées ; à défaut des accents du clairon qui résonne au loin, faites entendre des chants funèbres.

Pourquoi te plaindre, Philomèle, de la scélératesse du tyran ismarien? le temps a dû mettre un terme à tes plaintes. Réserve-les pour le trépas de l'oiseau le plus rare. Le sort d'Itys fut un grand sujet de douleur, mais ce sujet est bien ancien.

Vous tous, qui vous balancez mollement dans les plaines des cieux, et toi plus que tout autre, tourterelle chérie, exhalez vos plaintes lugubres. Il fut, toute sa vie, en parfaite intelligence avec vous, et sa fidélité à toute épreuve ne se démentit jamais. Ce que fut le Phocéen Pylade pour son ami Oreste, la tourterelle, ô perroquet, le fut pour toi, tant que tu vécus.

Mais à quoi t'a servi cette fidélité? à quoi t'a servi le brillant éclat de ton rare plumage? à quoi t'a servi cette voix si habile à imiter notre langage? à quoi t'a servi d'avoir plu à ma maîtresse, dès que tu lui fus donné? Infortuné! tu étais la gloire des oiseaux, et tu n'es plus! Tu pouvais, par l'éclat de ton plumage, éclipser la verte émeraude, et le rouge coloris de ton bec égalait l'éclat de la pourpre. Nul oiseau sur la terre ne parlait aussi bien que toi ; tant était grande ton adresse à répéter en grasseyant les sons que tu avais entendus !

  Pro longa resonent carmina vestra tuba.
 Quid scelus Ismarii quereris, Philomela, tyranni?
  Expleta est annis ista querela suis.
 Alitis in raræ miserum devertite funus :
  Magna, sed antiqua est causa doloris Itys.
 Omnes, quæ liquido libratis in aere cursus,
  Tu tamen ante alias, turtur amice, dole.
 Plena fuit vobis omni concordia vita,
  Et stetit ad finem longa tenaxque fides.
 Quod fuit Argolico juvenis Phoceus Orestæ,
  Hoc tibi, dum licuit, psittace, turtur erat.
 Quid tamen ista fides, quid rari forma coloris,
  Quid vox mutandis ingeniosa sonis ;
 Quid juvat, ut datus es, nostræ placuisse puellæ ?
  Infelix avium gloria, nempe jaces !
 Tu poteras virides pennis hebetare smaragdos,
  Tincta gerens rubro Punica rostra croco.
 Non fuit in terris vocum simulantior ales :
  Reddebas blæso tam bene verba sono.

La mort jalouse t'a frappé : tu ne déclarais la guerre à aucun oiseau ; tu étais à la fois babillard et ami des douceurs de la paix. Nous voyons les cailles, toujours en guerre, et par cela même peut-être, atteindre souvent la vieillesse. Les moindres aliments te suffisaient ; le plaisir que tu trouvais à parler ne te permettait pas de prendre une fréquente nourriture. Une noix faisait ton repas ; quelques pavots t'invitaient au sommeil ; quelques gouttes d'eau pure étanchaient ta soif. Nous voyons vivre l'insatiable vautour, et le milan, qui, dans son vol, décrit de grands cercles au milieu des airs, et le geai, qui pronostique la pluie. Nous voyons vivre la corneille, odieuse à la belliqueuse Minerve : à peine meurt-elle au bout de neuf siècles. Et il est mort, cet oiseau qui savait si bien imiter la voix de l'homme, ce perroquet, rare présent apporté des extrémités du monde ! Presque toujours les mains avares de la mort frappent d'abord ce qu'il y a de meilleur sur la terre, et les plus mauvaises choses accomplissent leur destinée. Thersite vit les tristes funérailles de Phylacidès : Hector était réduit en cendres, que ses frères vivaient encore.

A quoi bon rappeler les tendres vœux que fit pour toi ma

Raptus es invidia : non tu fera bella movebas :
  Garrulus, et placidæ pacis amator eras.
Ecce coturnices inter sua prœlia vivunt ;
  Forsitan et fiunt inde frequenter anus.
Plenus eras minimo : nec, præ sermonis amore,
  In multos poteras ora vacare cibos :
Nux erat esca tibi, causæque papavera somni,
  Pellebatque sitim simplicis humor aquæ.
Vivit edax vultur, ducensque per aera gyros
  Miluus, et pluviæ graculus auctor aquæ ;
Vivit et armiferæ cornix invisa Minervæ ;
  Illa quidem seclis vix moritura novem :
Occidit ille loquax, humanæ vocis imago,
  Psittacus, extremo munus ab orbe datum !
Optima prima fere manibus rapiuntur avaris ;
  Implentur numeris deteriora suis.
Tristia Phylacidæ Thersites funera vidit,
  Jamque cinis, vivis fratribus, Hector erat.
Quid referam timidæ pro te pia vota puellæ

maîtresse alarmée, ces vœux que le tempétueux Notus emporta au milieu des mers? Tu avais atteint le septième jour, qui devait être le dernier pour toi : déjà la Parque avait entièrement dévidé son fuseau : ta langue cependant eut le courage de se faire entendre encore, et tu t'écrias en mourant : « Corinne, adieu! »

Dans l'Élysée, sur le penchant d'une colline, il est une forêt qu'ombragent des chênes touffus; la terre humide y est toujours ornée d'un vert gazon. Ce lieu, si l'on en croit la Fable, est, dit-on, le séjour des oiseaux pieux : les oiseaux de mauvais augure n'y pénètrent point. C'est là qu'habitent les cygnes innocents et l'éternel phénix, toujours unique parmi les oiseaux. C'est là que le paon étale avec orgueil son brillant plumage, et que la colombe caressante prodigue ses baisers à son avide époux. Reçu au milieu d'eux, dans ce riant bocage, notre perroquet attire sur lui, par son langage, l'attention de ces pieux oiseaux.

Ses os sont recouverts d'un tombeau, et ce tombeau, petit comme son corps, présente une petite pierre couverte de cette petite inscription : « On peut juger par ce monument combien je plus à ma maîtresse : ma bouche, pour lui parler, en savait plus qu'une bouche d'oiseau. »

   Vota, procelloso per mare rapta Noto?
Septima lux aderat, non exhibitura sequentem,
  Et stabat vacua jam tibi Parca colo.
Nec tamen ignavo stupuerunt verba palato :
  Clamavit moriens lingua : « Corinna, vale ! »
Colle sub Elysio nigra nemus ilice frondet,
  Udaque perpetuo gramine terra viret.
Si qua fides dubiis, volucrum locus ille piarum
  Dicitur, obscœnæ quo prohibentur aves.
Illic innocui late pascuntur olores,
  Et vivax Phœnix, unica semper avis;
Explicat ipsa suas ales Junonia pennas :
  Oscula dat cupido blanda columba mari.
Psittacus has inter, nemorali sede receptus,
  Convertit volucres in sua verba pias.
Ossa tegit tumulus; tumulus pro corpore parvus,
  Quo lapis exiguus par sibi carmen habet :
« Colligor ex ipso dominæ placuisse sepulcro.
  Ora fuere mihi plus ave docta loqui. »

ÉLÉGIE SEPTIÈME.

ARGUMENT.

A Corinne : il nie avoir jamais eu aucun commerce avec Cypassis.

Serai-je donc toujours en butte à des accusations nouvelles de ta part? J'ai beau sortir victorieux de cette lutte, je suis las de ces débats toujours renaissants. Si je porte les yeux sur les gradins élevés du théâtre, tu choisis, entre mille, la femme qui doit servir de prétexte à tes plaintes. Que les yeux innocents d'une beauté s'arrêtent par hasard sur mes yeux muets ; suivant toi, mon silence en dit assez, je m'entends avec elle. Que je loue celle-ci, tes ongles s'attaquent sans pitié à ta chevelure; que je blâme celle-là, c'est pour mieux cacher mon crime. Si j'ai bon teint, c'est que je suis froid avec toi ; si je suis pâle, c'est que je languis d'amour pour une autre.

Si du moins j'avais quelques fautes à me reprocher ! on souffre plus patiemment la peine qu'on a méritée. Mais toi, c'est sans raison que tu m'accuses, et, par ton penchant à tout croire mal à propos, tu détruis toi-même l'effet que pourrait avoir ton courroux. Vois cet animal à longues oreilles, vois ce

ELEGIA SEPTIMA.

ARGUMENTUM.

Ad Corinnam : negat ullam sibi cum Cypassi fuisse consuetudinem.

Ergo ego sufficiam reus in nova crimina semper?
   Ut vincam, toties dimicuisse piget.
Sive ego marmorei respexi summa theatri,
   Eligis e multis unde dolere velis ;
Candida seu tacito me vidit femina vultu,
   In vultu tacitas arguis esse notas.
Si quam laudavi, miseros petis ungue capillos;
   Si culpo, crimen dissimulare putas.
Sive bonus color est, in te quoque frigidus esse;
   Seu malus, alterius dicor amore mori.
Atque ego peccati vellem mihi conscius essem !
   Æquo animo pœnam, qui meruere, ferunt.
Nunc temere insimulas, credendoque omnia frustra,
   Ipsa vetas iram pondus habere tuam.
Adspice ut auritus miserandæ sortis asellus.

pauvre baudet : malgré les coups de fouet dont on l'accable, il n'en va pas plus vite.

Voici un nouveau chef d'accusation. Aujourd'hui c'est ton habile coiffeuse Cypassis, qui aurait, dis-tu, souillé avec moi le lit de sa maîtresse. Me préservent les dieux, si l'envie me prenait d'être coupable, de vouloir l'être avec une femme d'une condition vile! Est-il un homme libre qui voulût s'unir à une esclave, et serrer dans ses bras un dos meurtri de coups de fouet? Ajoute que c'est elle qui met la dernière main à ta coiffure, et que ses doigts habiles te l'ont rendue précieuse. Et moi je m'attaquerais à une fille qui t'est si dévouée! qu'y gagnerais-je, sinon d'être dénoncé, après avoir essuyé un refus? Je te le jure par Vénus et par l'arc de son volage fils, ce crime dont tu m'accuses, je n'en suis point coupable.

ÉLÉGIE HUITIÈME.

ARGUMENT.

A Cypassis : il lui demande comment il se fait que Corinne a pu pénétrer le secret de leurs amours.

Toi qui sais si bien arranger de mille manières une chevelure,

. Assiduo domitus verbere lentus eat.
Ecce, novum crimen, solers ornare Cypassis
 Objicitur dominæ contemerasse torum.
Di melius, quam me, si sit peccasse libido,
 Sordida contemtæ sortis amica juvet!
Quis Veneris famulæ connubia liber inire,
 Tergaque complecti verbere secta velit?
Adde, quod ornandis illa est operata capillis,
 Et tibi per doctas grata ministra manus.
Scilicet ancillam, quæ tam tibi fida, rogarem?
 Quid, nisi ut indicio juncta repulsa foret?
Per Venerem juro puerique volatilis arcus,
 Me non admissi criminis esse reum.

ELEGIA OCTAVA.

ARGUMENTUM.

d Cypassin : quærit anxius unde furtivos illorum amores Corinna deprehenderit.

Ponendis in mille modos perfecta capillis,

toi qui es digne de ne coiffer que des déesses; Cypassis, toi dont un doux larcin m'a fait connaître tout le mérite; toi, si précieuse pour ta maîtresse, mais plus précieuse pour moi, qui donc a pu révéler le secret de nos amours? Comment Corinne a-t-elle pu soupçonner nos plaisirs? Est-ce que j'ai rougi? M'est-il échappé un seul mot qui pût trahir nos furtives voluptés? N'ai-je pas juré, au contraire, que, pour vouloir être coupable avec une servante, il fallait n'avoir pas le sens commun?

Et pourtant le héros de Thessalie a brûlé d'amour pour la belle Briséis, qui n'était qu'une servante. Elle n'était elle-même qu'une esclave, cette prêtresse qui sut captiver le roi de Mycènes. Suis-je donc plus grand qu'Achille, plus grand que le descendant de Tantale? Ce qui fut convenable pour des rois serait-il pour moi un sujet de honte?

Cependant, lorsqu'elle arrêta sur toi ses regards courroucés, j'ai vu tes joues se couvrir de rougeur. Qu'avec plus d'assurance, si tu ne l'as pas oublié, je pris à témoin de mon innocence l'auguste Vénus! Et toi-même, oui toi, belle déesse, ordonne que ce parjure d'un cœur innocent soit, par la chaude haleine du Notus, emporté par delà les flots carpathiens.

> Comere sed solus digna, Cypassi, Deas,
> Et mihi jucundo non rustica cognita furto.
> Apta quidem dominæ, sed magis apta mihi.
> Quis fuit inter nos sociati corporis index?
> Sensit concubitus unde Corinna tuos?
> Num tamen erubui, num, verbo lapsus in ullo.
> Furtivæ Veneris conscia signa dedi?
> Quid, quod in ancilla si quis delinquere posset,
> Illum ego contendi mente carere bona?
> Thessalus ancillæ facie Briseïdos arsit:
> Serva Mycenæo Phœbas amata duci.
> Non ego Tantalide major, nec major Achille:
> Quod decuit reges, cur mihi turpe putem?
> Ut tamen iratos in te defixit ocellos,
> Vidi te totis erubuisse genis.
> At quanto, si forte refers, præsentior ipse,
> Per Veneris feci numina magna fidem!
> Tu, Dea, tu jubeas animi perjuria puri
> Carpathium tepidos per mare ferre Notos.

Pour un tel service, accorde-moi, brune Cypassis, la douce faveur de me trouver aujourd'hui seul à seul avec toi. Pourquoi refuses-tu? pourquoi, ingrate, feins-tu de nouvelles alarmes? Il suffit d'avoir bien mérité d'un de tes maîtres. Si tu es assez sotte pour me refuser, j'avouerai ce que nous avons fait; je deviendrai moi-même mon accusateur, et je dirai, Cypassis, oui, je dirai à ta maîtresse le lieu et le nombre de nos rendez-vous, et aussi le nombre et la nature de nos plaisirs.

ÉLÉGIE NEUVIÈME.

ARGUMENT.

A Cupidon : il l'exhorte à ne pas décocher tous ses traits contre lui seul.

O toi, qui ne te lasses jamais d'être irrité contre moi, Cupidon, toi qui ne laisses jamais mon cœur en repos, pourquoi suis-je en butte à tes coups, moi qui n'ai jamais abandonné ton drapeau? pourquoi me blesser dans mon propre camp? pourquoi ton flambeau brûle-t-il tes amis? pourquoi ton arc les perce-t-il de ses flèches? Il y aurait plus de gloire à triompher d'un rebelle. Quoi! le héros hémonien, après avoir percé

Pro quibus officiis pretium mihi dulce rependo,
 Concubitus hodie, fusca Cypassi, tuos.
Quid renuis, fingisque novos, ingrata, timores?
 Unum est e dominis emeruisse satis.
Quod si stulta negas, index anteacta fatebor;
 Et veniam culpæ proditor ipse meæ;
Quoque loco tecum fuerim, quotiesque, Cypassi,
 Narrabo dominæ, quotque quibusque modis.

ELEGIA NONA.

ARGUMENTUM.

Ad Cupidinem : hortatur ut in alios quoque sua tela defigat.

O nunquam pro me satis indignate Cupido,
 O in corde meo desidiose puer!
Quid me, qui miles nunquam tua signa reliqui,
 Lædis, et in castris vulneror ipse meis?
Cur tua fax urit, figit tuus arcus amicos?
 Gloria pugnantes vincere major erat.
uid? non Hæmonius, quem cuspide percutit, heros

Télèphe avec sa lance, ne guérit-il pas avec sa lance la blessure de son ennemi? Le chasseur poursuit l'animal en fuite; une fois qu'il l'a pris, il le laisse, pour aller toujours à la piste d'une proie nouvelle. C'est pour nous, qui sommes tes sujets, que tu réserves la force de tes armes; et ton bras engourdi ne sait point frapper l'ennemi qui te résiste! A quoi bon émousser tes traits aigus sur des os décharnés? car l'amour ne m'a laissé que les os. Sans amour il est tant de jeunes filles; il est tant de jeunes garçons sans amour. C'est sur eux qu'il te faut remporter un glorieux triomphe.

Rome, si elle n'eût point déployé ses forces dans tout l'univers, ne serait aujourd'hui encore qu'un assemblage de chaumières. Le soldat fatigué abandonne la guerre pour le champ qu'on vient de lui donner. Le coursier, délivré de sa prison, va bondir dans les pâturages; de vastes bassins abritent le vaisseau rentré dans le port, et le gladiateur reçoit, en échange de ses armes, la baguette qui l'affranchit des combats. Et moi, qui puis compter tant de campagnes au service de l'Amour, n'était-il pas temps que je vécusse en repos?

Et cependant, qu'un dieu me dise: « Vis désormais sans amour; » je m'en défendrai, tant est doux le mal d'aimer!

Confossum medica postmodo juvit ope?
Venator sequitur fugientia, capta relinquit,
Semper et inventis ulteriora petit.
Nos tua sentimus, populus tibi deditus, arma;
Pigra reluctanti cessat in hoste manus.
Quid juvat in nudis hamata retundere tela
Ossibus? ossa mihi nuda reliquit amor.
Tot sine amore viri, tot sunt sine amore puellæ:
Hinc tibi cum magna laude triumphus eat.
Roma, nisi immensum vires promosset in orbem,
Stramineis esset nunc quoque densa casis.
Fessus in acceptos miles deducitur agros:
Mittitur in saltus carcere liber equus;
Longaque subductam celant navalia pinum,
Tutaque deposito poscitur ense rudis.
Me quoque, qui toties merui sub amore puellæ,
Defunctum placide vivere tempus erat.
« Vive » deus « posito » si quis mihi dicat « amore; »
Deprecer · usque adeo dulce puella malum est!

Quand je suis bien repu d'amour, quand je n'en ressens plus les feux, je ne sais quel vertige entraîne mon âme égarée. Comme le cavalier, retenant en vain les rênes blanchies d'écume, se voit emporté dans le précipice par son coursier qui ne sent point le mors ; comme l'esquif, près de toucher la terre et de surgir au port, se voit tout à coup rejeté au large par un coup de vent; ainsi je suis entraîné çà et là par le souffle incertain de Cupidon, et l'Amour au teint de rose reprend contre moi ses traits accoutumés.

Frappe, enfant; j'ai déposé les armes, et je m'offre nu à tes coups. Déploie ici tes forces, et fais voir ici ton adresse. Voilà le point où, sans attendre tes ordres, les traits viennent d'eux-mêmes s'enfoncer : à peine le carquois leur est-il aussi connu que mon cœur.

Malheur à qui peut reposer une nuit tout entière, et attacher un grand prix au sommeil! Insensé ! qu'est le sommeil, sinon l'image de la froide mort? Les destins te réservent un assez long repos.

Je veux, moi, que tantôt ma maîtresse me trompe par des promesses mensongères : l'espoir du moins sera pour moi un véritable bonheur; je veux que tantôt elle me caresse, que

    Quum bene pertæsum est, animoque relanguit ardor,
        Nescio quo miseræ turbine mentis agor.
    Ut rapit in præceps dominum, spumantia frustra
        Frena retentantem, durior oris equus :
    Ut subitus, prope jam prensa tellure, carinam
        Tangentem portus ventus in alta rapit ;
    Sic me sæpe refert incerta Cupidinis aura,
        Notaque purpureus tela resumit Amor.
    Fige, puer ; positis nudus tibi præbeor armis:
        Hic tibi sint vires, hic tua dextra facit.
    Huc, tanquam jussæ, veniunt jam sponte sagittæ :
        Vix illis, præ me, nota pharetra sua est.
    Infelix, tota quicumque quiescere nocte
        Sustinet, et somnos præmia magna vocat !
    Stulte, quid est somnus, gelidæ nisi mortis imago ?
        Longa quiescendi tempora fata dabunt.
    Me modo decipiant voces fallacis amicæ :
        Sperando certe gaudia magna feram.
    Et modo blanditias dicat, modo jurgia quærat;

tantôt elle me querelle ; que souvent elle se donne à moi, que souvent elle me repousse. Si Mars est inconstant, Cupidon, c'est grâce à toi ; oui, c'est à ton exemple que l'amant de ta mère porte çà et là ses armes. Tu es volage, tu es cent fois plus léger que tes ailes, et, toujours inconstant; tu donnes et tu refuses le plaisir au gré de ton caprice. Si pourtant vous daignez, ta gracieuse mère et toi, exaucer mes prières, viens régner en maître dans mon cœur et ne l'abandonne pas. Que les belles, foule trop volage, accourent sous ton empire : tu seras, à ce prix, adoré des deux sexes à la fois.

ÉLÉGIE DIXIÈME.

ARGUMENT.

A Grécinus : on peut fort bien, quoi qu'il en dise, aimer deux beautés à la fois.

C'est toi, je m'en souviens, oui, c'est toi, Grécinus, qui niais qu'on pût aimer deux belles en même temps. Grâce à toi, j'ai succombé ; grâce à toi, j'ai été pris sans défense, et voici, j'en ai honte, voici que j'aime deux maîtresses à la fois, belles toutes les deux, toutes les deux femmes de chambre : il

    Sæpe fruar domina ; sæpe repulsus eam.
Quod dubius Mars est, per te, privigne Cupido, est,
    Et movet exemplo vitricus arma tuo.
Tu levis es, multoque tuis ventosior alis,
    Gaudiaque ambigua dasque negasque fide.
Si tamen exaudis, pulchra cum matre, rogantem,
    Indeserta meo pectore regna tene.
Accedant regno, nimium vaga turba, puellæ.
    Ambobus populis sic venerandus eris.

ELEGIA DECIMA.

ARGUMENTUM.

Ad Græcinum : quod, præter illius opinionem, duæ simul possint amari.

Tu mihi, tu certe, memini, Græcine, negabas,
    Uno posse aliquem tempore amare duas.
Per te ego decipior ; per te deprensus inermis,
    Ecce duas uno tempore turpis amo.
Utraque formosa est ; operosæ cultibus ambæ :

serait difficile de dire laquelle a le plus de talent. La première l'emporte en beauté sur la seconde, la seconde sur la première: tantôt c'est celle-ci, tantôt c'est celle-là qui me plaît davantage. Mon cœur, comme l'esquif battu par des vents opposés, erre à l'aventure, partagé entre ces deux amours. Pourquoi, déesse du mont Éryx, multiplier ainsi mes éternels tourments? N'était-ce pas assez d'avoir à m'occuper d'une seule maîtresse? Pourquoi ajouter des feuilles aux arbres, des étoiles au ciel, et des eaux nouvelles aux flots de l'immense Océan?

Mieux vaut pourtant aimer ainsi que de languir sans amour. A mes ennemis une vie sans voluptés; à mes ennemis le sommeil sur une couche solitaire et la facilité de se reposer tout à leur aise au milieu d'un lit non partagé! Pour moi, je veux que le cruel amour m'arrache aux douceurs du sommeil; je veux n'être pas seul à fouler le duvet de ma couche. Qu'une seule maîtresse épuise sans obstacle mon amour, si une seule peut le faire; et si une n'y suffit, qu'elles soient deux. Un corps sec, mais non débile, m'en donnera la force; c'est l'embonpoint, et non la vigueur, qui lui manque. D'ailleurs la volupté m'animera

---

Artibus, in dubio est, hæc sit, an illa, prior.
Pulchrior hac illa est; hæc est quoque pulchrior illa:
   Et magis hæc nobis, et magis illa placet.
Errant, ut ventis discordibus acta phaselos,
   Dividuumque tenent alter et alter amor.
Quid geminas, Erycina, meos sine fine dolores?
   Nonne erat in curas una puella satis?
Quid folia arboribus, quid pleno sidera cœlo,
   In freta collectas alta quid addis aquas?
Sed tamen hoc melius, quam si sine amore jacerem.
   Hostibus eveniat vita severa meis!
Hostibus eveniat viduo dormire cubili,
   Et medio laxe ponere membra toro!
At mihi sævus amor somnos abrumpat inertes.
   Simque mei lecti non ego solus onus.
Me mea disperdat, nullo prohibente, puella.
   Si satis una potest; si minus una, duæ.
Sufficiant graciles, sed non sine viribus, artus;
   Pondere, non nervis, corpora nostra carent.
Et lateri dabit in vires alimenta voluptas:
   Decepta est opera nulla puella mea.

de sa puissance : jamais je ne suis resté en défaut près d'une belle. Souvent, après une nuit consacrée au plaisir, elle m'a trouvé, le matin, plein de vigueur et tout prêt à l'action. Heureux qui meurt dans les doux combats de Vénus ! Fassent les dieux que j'y trouve un jour le trépas !

Que le soldat présente sa poitrine aux traits de l'ennemi, qu'il achète au prix de son sang une gloire immortelle ; que l'avare aille chercher au loin des richesses, et que, submergé dans les mers qu'a lassées son navire, il en avale les eaux de sa bouche parjure : pour moi, je veux blanchir sous la bannière de Vénus, je veux mourir au milieu de la lutte, et qu'on puisse dire en pleurant sur mon tombeau : « Il est mort comme il a vécu. »

ÉLÉGIE ONZIÈME.

ARGUMENT.

Il cherche à détourner Corinne de son projet d'aller à Baïes.

C'est l'Argo, dépouille du mont Pélion, qui le premier s'ouvrit sur les flots étonnés une route périlleuse et semée d'écueils,

> Sæpe ego, lascivæ consumto tempore noctis,
>   Utilis et forti corpore mane fui.
> Felix, quem Veneris certamina mutua perdunt !
>   Di faciant, leti causa sit ista mei !
> Induat adversis contraria pectora telis
>   Miles, et æternum sanguine nomen emat ;
> Quærat avarus opes, et quæ lassarit arando
>   Æquora, perjuro naufragus ore bibat ;
> At mihi contingat Veneris languescere motu ;
>   Quum moriar, medium solvar et inter opus :
> Atque aliquis, nostro lacrymans in funere, dicat :
>   « Conveniens vitæ mors fuit ista suæ. »

ELEGIA UNDECIMA.

ARGUMENTUM.

Corinnam Bajas navigaturam a proposito tentat deterrere.

> Prima malas docuit, mirantibus æquoris undis,
>   Peliaco pinus vertice cæsa vias,
> Quæ concurrentes inter temeraria cautes

pour rapporter la toison d'or. Oh! plût au ciel qu'Argo eût été englouti dans les profonds abîmes de la mer, afin que nul mortel ne fatiguât de sa rame l'immensité des flots!

Voici qu'abandonnant sa couche accoutumée et ses pénates domestiques, Corinne va se confier à l'élément trompeur. Pourquoi obliges-tu ton malheureux amant à redouter pour toi le Zéphyr et l'Eurus, le souffle glacial de Borée et la chaude haleine du Notus? Tu ne verras sur ta route ni villes ni forêts dignes d'être admirées. Pour tout spectacle tu n'auras que la vue d'une mer bleuâtre et perfide. Ce n'est point au large qu'on trouve de légers coquillages et des cailloux richement nuancés: on ne les voit que dans les claires eaux du rivage. C'est le rivage seulement que vous devez, jeunes beautés, fouler de vos pieds délicats: il n'y a de sûreté que là: plus loin sont cachés des écueils. Que d'autres vous racontent quels combats se livrent les vents, quelles mers sont infestées par Charybde et Scylla, sur quelles roches sont assis, menaçants, les monts Cérauniens, dans quels lieux sont cachées les Syrtes ou Malée. Que d'autres vous en instruisent; quels que soient leurs récits, croyez-les : croire au récit d'une tempête, ce n'est point en courir les risques.

Conspicuam fulvo vellere vexit ovem.
O utinam, remo ne quis freta longa moveret,
Argo funestas pressa bibisset aquas!
Ecce fugit notumque torum sociosque Penates.
Fallacesque vias ire Corinna parat.
Quid tibi, me miserum! Zephyros Eurosque timebo,
Et gelidum Borean egelidumque Notum?
Non illic urbes, non tu mirabere silvas :
Una est injusti cærula forma maris;
Nec medius tenues conchas, pictosve lapillos.
Pontus habet : bibuli litoris illa mora est.
Litora marmoreis pedibus signanda, puellæ :
Hactenus est tutum; cetera cæca via est.
Et vobis alii ventorum prœlia narrent,
Quas Scylla infestet, quasve Charybdis aquas ;
Et quibus emineant violenta Ceraunia saxis :
Quo lateant Syrtes, quove Malea sinu.
Hæc alii referant; at vos, quod quisque loquatur,
Credite : credenti nulla procella nocet.

On est bien longtemps sans revoir la terre, quand, une fois détaché du rivage, le vaisseau vogue à pleines voiles sur la vaste mer. Le navigateur inquiet redoute la fureur des vents et voit la mort d'aussi près que les flots. Que deviendras-tu, si Triton soulève avec furie ses ondes agitées? combien alors ton visage sera décoloré! Invoquant les fils secourables de la féconde Léda, tu t'écrieras : « Heureuse celle que retient sa terre natale! » Il est bien plus sûr de dormir dans un bon lit, de lire quelque livre, de faire résonner sous ses doigts la lyre de Thrace.

Mais si le vent des tempêtes emporte mes vaines paroles, que du moins Galatée favorise le vaisseau qui te porte! Si une telle beauté venait à périr, le crime en serait à vous et à votre père, déesses filles de Nérée. Pars en pensant à moi, pour revenir au premier vent propice, et que son souffle plus fort enfle alors tes voiles. Que le puissant Nérée ramène la mer inclinée sur ce rivage ; que le vent pousse les vaisseaux par ici ; que par ici le flux précipite les eaux. Prie toi-même les zéphyrs de souffler en plein dans tes voiles, que tes propres mains aideront à faire mouvoir.

Le premier, je découvrirai du rivage ton navire chéri ; et je

Sero respicitur tellus ubi, fune soluto,
   Currit in immensum panda carina salum,
Navita sollicitus qua ventos horret iniquos,
   Et prope tam letum quam prope cernit aquam.
Quid, si concussas Triton exasperat undas?
   Quam tibi nunc toto nullus in ore color!
Tum generosa voces fecundæ sidera Ledæ :
   Et « felix, » dicas, « quam sua terra tenet! »
Tutius est fovisse torum, legisse libellos,
   Threïciam digitis increpuisse lyram.
At, si vana ferunt volucres mea dicta procellæ,
   Æqua tamen puppi sit Galatea tuæ!
Vestrum crimen erit talis jactura puellæ,
   Nereidesque Deæ, Nereidumque pater.
Vade memor nostri, vento reditura secundo :
   Impleat illa tuos fortior aura sinus.
Tum mare in hæc magnus proclinet litora Nereus;
   Huc venti spirent; huc agat æstus aquas.
Ipsa roges Zephyri veniant in lintea pleni :
   Ipsa tua moveas turgida vela manu.
Primus ego adspiciam notam de litore pinum;

dirai : « ce navire, il ramène mes dieux. » Je te recevrai dans mes bras, je cueillerai au hasard mille baisers rapides; la victime vouée pour ton retour tombera au pied des autels. J'étendrai, en forme de lit, le sable mouvant du rivage, et le premier tertre nous servira de table. Là, le verre à la main, tu me raconteras toutes tes aventures; tu me dépeindras ton vaisseau à demi englouti par les vagues; tu me diras qu'en revenant vers moi, tu ne craignais ni le froid de la nuit, ni les autans impétueux. Tout cela, fût-il supposé, sera vrai pour moi ; je croirai tout. Et pourquoi ne croirais-je pas avec complaisance ce que je désire le plus? Puisse l'étoile du matin, brillant dans un ciel sans nuages, m'amener au plus tôt cet heureux jour!

ÉLÉGIE DOUZIÈME

ARGUMENT

Sa joie d'avoir à la fin obtenu les faveurs de Corinne.

Venez ceindre mon front, lauriers de la victoire. Je suis vainqueur : elle est dans mes bras cette Corinne qu'un mari, qu'un gardien, qu'une porte de chêne, que tant de remparts mettaient

>
> Et dicam : « Nostros advehit illa Deos, »
> Excipiamque humeris, et multa sine ordine carpam
> Oscula : pro reditu victima vota cadet,
> Inque tori formam molles sternentur arenæ,
> Et tumulus mensæ quilibet instar erit.
> Illic apposito narrabis multa Lyæo,
> Pæne sit ut mediis obruta navis aquis,
> Dumque ad me properas, nec iniquæ tempora noctis
> Nec te præcipites extimuisse Notos.
> Omnia pro veris credam, sint ficta licebit.
> Cur ego non votis blandiar ipse meis?
> Hæc mihi quamprimum cœlo nitidissimus alto
> Lucifer admisso tempora portet equo!

ELEGIA DUODECIMA

ARGUMENTUM

Exultat, Corinna tandem potitus.

> Ite triumphales circum mea tempora lauri:
> Vicimus! In nostro est ecce Corinna sinu,
> Quam vir, quam custos, quam janua firma, tot hostes;

à l'abri d'une surprise! La victoire qui, avant toutes les autres, mérite les honneurs du triomphe, c'est assurément celle qui n'est point souillée par le sang du vaincu. Ce ne sont point d'humbles murailles, ce ne sont point des places entourées d'étroits fossés, c'est une belle que j'ai su enlever d'assaut.

Quand Pergame tomba, après dix ans de guerre, quelle part d'honneur, entre tant d'assiégeants, en revint-il au fils d'Atrée? Ma gloire, à moi, m'est toute personnelle : nul soldat ne peut en réclamer sa part, nul n'a de titre pour y prétendre. C'est comme chef à la fois et soldat que j'en suis venu à mes fins : moi-même, je fus à la fois cavalier, fantassin, porte-enseigne, et le hasard ne fut pour rien dans mes succès. A moi donc un triomphe qui est le prix de mes efforts!

Je ne serai pas non plus la cause d'une nouvelle guerre. Sans l'enlèvement de la fille de Tyndare, la paix de l'Europe et de l'Asie n'aurait point été troublée. C'est une femme qui, avec du vin, arma honteusement les uns contre les autres les sauvages Lapithes et la race monstrueuse des Centaures. C'est une femme qui, dans ton royaume, juste Latinus, força les Troyens à recommencer des guerres désastreuses. C'est une femme qui, dès les premiers temps de Rome, fut cause du sanglant combat

> Servabant, ne qua posset ab arte capi.
> Hæc est præcipuo victoria digna triumpho,
>   In qua, quæcumque est, sanguine præda caret.
> Non humiles muri, non parvis oppida fossis
>   Cincta, sed est ductu capta puella meo.
> Pergama quum caderent, bello superata bilustri,
>   Ex tot in Atrida pars quota laudis erat?
> At mea seposita est, et ab omni milite dissors
>   Gloria, nec titulum muneris alter habet.
> Me duce ad hanc voti finem, me milite veni :
>   Ipse eques, ipse pedes, signifer ipse fui;
> Nec casum fortuna meis immiscuit actis.
>   Huc ades, o cura parte Triumphe mea!
> Nec belli nova causa mei. Nisi rapta fuisset
>   Tyndaris, Europæ pax Asiæque foret.
> Femina silvestres Lapithas, populumque biformem
>   Turpiter apposito vertit in arma mero;
> Femina Trojanos iterum fera bella movere
>   Impulit in regno, juste Latine, tuo;

où les Romains eurent à se défendre contre leurs beaux-pères. J'ai vu se battre des taureaux pour une blanche génisse, qui, spectatrice de la lutte, animait elle-même leur courage. Moi aussi je suis un des nombreux soldats de l'Amour; mais c'est sans effusion de sang qu'il me fait suivre ses étendards.

ÉLÉGIE TREIZIÈME

ARGUMENT

A Isis : il la prie de protéger la grossesse de Corinne.

L'imprudente Corinne, en cherchant à se débarrasser du fardeau qu'elle porte en son sein, s'est exposée elle-même à perdre la vie. Certes, pour avoir affronté à mon insu un aussi grand danger, elle méritait toute ma colère ; mais la colère tombe devant la crainte. Pourtant c'est par moi qu'elle était devenue grosse, ou du moins je le crois : car souvent je prends pour un fait certain ce qui n'est que possible.

Isis, toi qui habites Parétonium, et les champs délicieux de Canope, et Memphis, et Pharos fertile en palmiers, et ces plaines où le Nil, abandonnant son vaste lit, va, par sept em-

Femina Romanis, etiam nunc urbe recenti,
　Immisit soceros, armaque sæva dedit.
Vidi ego pro nivea pugnantes conjuge tauros :
　Spectatrix animos ipsa juvenca dabat.
Me quoque cum multis, sed me sine cæde, Cupido
　Jussit militiæ signa movere suæ.

ELEGIA TERTIA DECIMA.

ARGUMENTUM.

Ad Isidem : orat ut prægnanti Corinnæ subveniat propitia.

Dum labefactat onus gravidi temeraria ventris,
　In dubio vitæ lassa Corinna jacet.
Illa quidem, clam me tantum molita pericli,
　Ira digna mea ; sed cadit ira metu.
Sed tamen aut ex me conceperat, aut ego credo :
　Est mihi pro facto sæpe, quod esse potest.
Isi, Parætonium, genialiaque arva Canopi
　Quæ colis, et Memphin, palmiferamque Pharon,
Quaque celer Nilus, lato dilapsus ab alveo,

bouchures, porter ses eaux rapides à la mer; je t'en conjure par ton sistre, par la tête mystérieuse d'Anubis (et qu'à ce prix le pieux Osiris agrée toujours tes sacrifices, qu'à ce prix le serpent assoupi se glisse lentement autour des offrandes, et qu'au milieu du cortége s'avance Apis avec son croissant sur le front) : arrête sur Corinne tes regards : épargne, en elle seule, deux victimes; car tous deux nous recevrons la vie, elle de toi, moi d'elle. Bien souvent tu l'as vue, aux jours qui te sont consacrés, célébrer tes mystères, à l'heure où tes prêtres couronnent leurs fronts de lauriers.

Et toi, qui as pitié des jeunes épouses dans les douleurs de l'enfantement, alors que le fruit caché qu'elles portent cherche à sortir de sa prison, Ilithyia, sois-moi propice, et daigne exaucer mes prières : elle mérite que tu la comptes au nombre de tes protégées. Et moi, revêtu d'une robe blanche, j'irai faire fumer l'encens sur tes autels : j'irai, pour acquitter mes vœux, déposer mes offrandes à tes pieds, avec cette inscription : « Ovide, pour le salut de Corinne. » Daigne seulement donner lieu à mes offrandes et à cette inscription.

Et toi, Corinne, si, dans mon effroi, il m'est permis de te donner un avis, après une telle lutte, n'en tente point une seconde.

Per septem portus in maris exit aquas,
Per tua sistra precor, per Anubidis ora verendi :
Sic tua sacra pius semper Osiris amet,
Pigraque labatur circa donaria serpens,
Et comes in pompa corniger Apis eat!
Huc adhibe vultus, et in una parce duobus;
Nam vitam dominæ tu dabis; illa mihi.
Sæpe tibi sedit certis operata diebus,
Qua cingit lauros Gallica turma tuas.
Tuque laborantes utero miserata puellas,
Quarum tarda latens corpora tendit onus,
Lenis ades, precibusque meis fave, Ilithyia :
Digna est, quam jubeas muneris esse tui.
Ipse ego tura dabo fumosis candidus aris,
Ipse feram ante tuos munera vota pedes :
Adjiciam titulum : *Servata Naso Corinna:*
Tu modo fac titulo muneribusque locum.
Si tamen in tanto fas est monuisse timore.
Hac tibi sit pugna dimicuisse satis.

ÉLÉGIE QUATORZIÈME

ARGUMENT

A Corinne : il profite de son rétablissement pour lui exposer plus librement la gravité de sa faute.

A quoi sert-il aux belles d'être affranchies des combats, de n'avoir point à suivre, le bouclier à la main, nos redoutables légions, si, loin des périls de la guerre, elles se blessent de leurs propres traits, si de leurs aveugles mains elles attentent à leurs jours ? Celle qui la première essaya de repousser de ses flancs le tendre fruit qu'elle portait, méritait de périr dans cette lutte engagée par elle. Quoi ! pour épargner à ton ventre quelques rides, il faudra ravager le triste champ où le combat fut livré !

Si, aux premiers âges du monde, les mères avaient eu cette vicieuse coutume, le genre humain aurait disparu de la terre ; et, pour repeupler l'univers en y semant ces pierres d'où naquirent nos aïeux, il faudrait un autre Deucalion. Qui eût détruit l'empire de Priam, si la déesse des mers, Thétis, n'eût point voulu porter son fruit jusqu'au terme fixé par la nature ? Si

ELEGIA QUARTA DECIMA.

ARGUMENTUM.

Ad Corinnam : resanescenti gravitatem rei, quam patrare tentaverat, exponit liberius.

Quid juvat immunes belli cessare puellas,
  Nec fera peltatas agmina velle sequi ;
Si sine Marte suis patiuntur vulnera telis,
  Et cæcas armant in sua fata manus ?
Quæ prima instituit teneros convellere fœtus,
  Militia fuerat digna perire sua.
Scilicet, ut careat rugarum crimine venter,
  Sternatur pugnæ tristis arena tuæ ?
Si mos antiquis placuisset matribus idem,
  Gens hominum vitio deperitura fuit ;
Quique iterum generis jaceret primordia nostri
  In vacuo lapides orbe, parandus erat.
Quis Priami fregisset opes, si numen aquarum
  Justa recusasset pondera ferre Thetis ?

LIVRE II, ÉLÉGIE XIV.

Ilia eût étouffé les jumeaux dont elle était grosse, c'en était fait du fondateur de la ville maîtresse du monde. Si Vénus eût fait mourir Énée dans son sein, la terre eût été privée des Césars. Toi-même, qui devais naître si belle, tu aurais péri, si ta mère eût fait ce que tu viens d'oser. Et moi, plutôt fait pour mourir d'amour, je n'aurais jamais existé, si ma mère m'eût tué par avance.

Pourquoi dépouiller la vigne féconde de la grappe qui grossit? Pourquoi, d'une main cruelle, arracher le fruit avant sa maturité? mûr, il tombera de lui-même; une fois né, laisse-le croître : la vie est un assez beau prix pour quelques mois de patience.

Femmes, pourquoi souiller vos entrailles avec un fer homicide? Pourquoi présenter le cruel poison à l'enfant qui n'est pas encore? On maudit la marâtre de Colchos, qui se souilla du sang de ses enfants; on plaint Itys égorgé par sa mère. Oui, ces deux femmes furent barbares; mais leur barbarie avait un motif : elles se vengeaient de leurs époux sur les enfants qu'elles avaient d'eux. Vous, dites-moi quel Térée, quel Jason vous excite à déchirer vos flancs d'une main sacrilége?

Jamais on ne vit tant de cruauté chez les tigresses des antres

Ilia si tumido geminos in ventre necasset,
    Casurus dominæ conditor urbis erat.
Si Venus Æneam gravida temerasset in alvo,
    Cæsaribus tellus orba futura fuit.
Tu quoque, quum posses nasci formosa, perisses,
    Tentasset, quod tu, si tua mater opus.
Ipse ego, quum fuerim melius periturus amando,
    Vidissem nullos, matre necante, dies.
Quid plenam fraudas vitem crescentibus uvis,
    Pomaque crudeli vellis acerba manu?
Sponte fluent matura sua : sine crescere nata :
    Est pretium parvæ non leve vita moræ.
Vestra quid effoditis subjectis viscera telis,
    Et nondum natis dira venena datis?
Colchida respersam puerorum sanguine culpant,
    Atque sua cæsum matre queruntur Ityn.
Utraque sæva parens; sed tristibus utraque causis
    Jactura socii sanguinis ulta virum.
Dicite, quis Tereus, quis vos irritet Iason
    Figere sollicita corpora vestra manu?
Hoc neque in Armeniis tigres fecere latebris.

de l'Arménie ; jamais la lionne n'osa se faire avorter. Il était réservé à de tendres beautés de le tenter, mais non impunément. En étouffant son enfant dans son sein, souvent la mère périt elle-même. Elle périt, et on l'emporte tout échevelée sur son lit de douleur ; et tous s'écrient en la voyant : « Elle l'a « bien mérité ! »

Mais que mes vaines paroles se perdent dans les airs ; que mes présages restent sans effet ! Dieux cléments, souffrez que Corinne ait commis impunément une première faute ; c'est tout ce que je demande. Que le châtiment soit réservé pour une seconde.

ÉLÉGIE QUINZIÈME

ARGUMENT

A l'anneau qu'il avait envoyé en présent à sa maîtresse.

Anneau, qui vas ceindre le doigt de ma belle maîtresse, toi qui n'as d'autre prix que l'amour de celui qui te donne, sois pour elle un présent agréable : puisse-t-elle te recevoir avec plaisir, et te mettre sur-le-champ à son doigt ! Sois fait pour

    Perdere nec fœtus ausa leæna suos.
At teneræ faciunt, sed non impune, puellæ.
    Sæpe, suos utero quæ necat, ipsa perit :
Ipsa perit, ferturque toro resoluta capillos :
    Et clamant « *merito* », qui modo cumque vident.
Ista sed æthereas vanescant dicta per auras,
    Et sint ominibus pondera nulla meis.
Di faciles, peccasse semel concedite tuto ;
    Et satis est : pœnam culpa secunda ferat.

ELEGIA QUINTA DECIMA.

ARGUMENTUM.

Ad annulum, quem amicæ dono miserat.

Annule, formosæ digitum vincture puellæ,
    In quo censendum nil nisi dantis amor,
Munus eas gratum ; te læta mente receptum
    Protinus articulis induat illa suis.
Tam bene convenias, quam mecum convenit illi,

elle, comme elle pour moi; que ton cercle embrasse commodément son doigt, sans le blesser.

Heureux anneau, tu vas être touché par ma maîtresse. Hélas! j'envie déjà le sort de mon présent. Oh! que ne puis-je tout à coup me transformer en toi, par l'art de la magicienne d'Éa ou du vieillard de Carpathos! Alors je voudrais que tu pusses toucher sa gorge, ou te glisser avec sa main gauche sous sa tunique. Je m'échapperais de son doigt, tout serré et tout juste que je fusse; je m'élargirais par enchantement pour aller tomber sur son sein. Moi aussi, quand elle voudrait sceller ses tablettes mystérieuses, et empêcher la cire de s'attacher à la pierre trop sèche, je toucherais auparavant les lèvres humides de ma belle maîtresse, pourvu seulement que jamais je ne servisse à sceller un écrit douloureux pour moi. Si elle veut me faire placer dans l'écrin, je refuserai de quitter son doigt; je me rétrécirai pour le serrer plus fortement.

Que jamais, ô toi qui es ma vie, je ne sois pour toi un sujet de honte, un fardeau trop pesant pour ton doigt délicat. Porte-moi, soit que tu te plonges dans un bain tiède, soit que tu te baignes dans l'eau courante. Mais peut-être qu'alors, te voyant

Et digitum justo commodus orbe teras.
Felix, a domina tractaberis, annule, nostra ;
Invideo donis jam miser ipse meis.
O utinam fieri subito mea munera possim
Artibus Æœis Carpathiive senis!
Tunc ego te dominæ cupiam tetigisse papillas,
Et lævam tunicis inseruisse manum :
Elabar digito, quamvis angustus et hærens ;
Inque sinum mira laxus ab arte cadam.
Idem ego, ut arcanas possim signare tabellas,
Neve tenax ceram siccave gemma trahat,
Humida formosæ tangam prius ora puellæ ;
Tantum ne signem scripta dolenda mihi!
Si dabor, ut condar loculis, exire negabo,
Adstringens digitos orbe minore tuos.
Non ego dedecori tibi sim, mea vita, futurus,
Quodve tener digitus ferre recuset, onus.
Me gere, quum calidis perfundes imbribus artus,
Damnaque sub gemma perfer euntis aquæ.
Sed puto, te nuda, mea membra libidine surgent,

5.

nue, l'amour éveillera mes sens, et ce même anneau reprendra son rôle d'amant.

Hélas ! à quoi bon ces avis inutiles ? Pars, faible présent, et que ma maîtresse ne voie en toi que le gage de ma fidélité.

ÉLÉGIE SEIZIÈME

ARGUMENT

A Corinne, pour l'engager à venir le voir à sa campagne de Sulmone.

Je suis à Sulmone, troisième canton du territoire des Péligniens. Ce canton est petit, mais l'air y est salubre, grâce à de fraîches sources d'eau vive. Quoique les rayons plus rapprochés du soleil y fendent la terre, quoiqu'on y sente les ardeurs funestes de la Canicule, de limpides ruisseaux serpentent à travers les champs Péligniens, et une végétation vigoureuse couvre le sol d'un tendre gazon. Le pays est fertile en blé, plus fertile encore en raisin : il produit parfois aussi l'amande qui vient sur l'arbre de Pallas. Les eaux qui coulent dans les prairies les ont bientôt couvertes d'une herbe nouvelle, et le sol, toujours rafraîchi, présente un épais tapis de verdure.

Et peragam partes annulus ille viri.
Irrita quid moneo? Parvum proficiscere munus.
Illa datam tecum sentiat esse fidem.

ELEGIA SEXTA DECIMA.

ARGUMENTUM.

Ad amicam, ut Sulmone rusticantem invisat.

Pars me Sulmo tenet Peligni tertia ruris ;
 Parva, sed irriguis ora salubris aquis.
Sol licet admoto tellurem sidere findat,
 Et micet Icarii stella proterva canis ;
Arva pererrantur Peligna liquentibus undis,
 Et viret in tenero fertilis herba solo.
Terra ferax Cereris multoque feracior uvæ :
 Dat quoque bacciferam Pallada rarus ager,
Perque resurgentes rivis labentibus herbas
 Gramineus madidam cespes obumbrat humum.

Mais là ne se trouve point mon amour; je me trompe d'un mot : là ne se trouve point l'objet de mon amour, mon amour seul s'y trouve. Non, me plaçât-on entre Castor et Pollux, sans toi je ne voudrais point habiter le ciel.

Que la mort soit cruelle et la terre pesante à ceux qui les premiers ont tracé, dans leurs courses, de lointains sillons sur le globe! Au moins devaient-ils enjoindre aux jeunes beautés d'accompagner leurs amants, s'il fallait sillonner la terre par des routes interminables. Pour moi, si j'avais à gravir, gelé de froid, les Alpes exposées à tous les vents, ce voyage, tout pénible qu'il est, me semblerait doux avec ma maîtresse; avec ma maîtresse je n'hésiterais point à franchir les Syrtes de la Libye, à présenter ma voile au perfide Notus; avec elle je ne craindrais ni les monstres marins qui aboient aux flancs de Scylla, ni tes gorges étroites, sinueuse Malée, ni les eaux que l'infatigable Charybde, gorgée sans cesse de vaisseaux submergés, vomit et engloutit de nouveau.

Que si les vents sont plus forts que Neptune, si les flots emportent les dieux qui nous protégent, attache à mes épaules tes bras aussi blancs que la neige; je porterai facilement un aussi

At meus ignis abest, (verbo peccavimus uno) :
    Quæ movet ardores, est procul; ardor adest.
Non ego, si medius Polluce et Castore ponar,
    In cœli sine te parte fuisse velim.
Solliciti jaceant terraque premantur iniqua,
    In longas orbem qui secuere vias;
Aut juvenum comites jussissent ire puellas,
    Si fuit in longas terra secanda vias.
Tum mihi, si premerem ventosas horridus Alpes,
    Durum cum domina molle fuisset iter :
Cum domina Libycas ausim perrumpere Syrtes,
    Et dare non æquis vela ferenda Notis.
Non, quæ virgineo portenta sub inguine latrant,
    Nec timeam vestros, curva Malea, sinus :
Non quas, submersis ratibus saturata, Charybdis
    Fundit, et effusas ore resorbet aquas.
Quod si Neptunum ventosa potentia vincet,
    Et subventuros auferet unda Deos :
Tu nostris niveos humeris impone lacertos :
    Corpore nos facili dulce feremus onus.

doux fardeau. Souvent, pour aller voir Héro, son jeune amant avait traversé les mers à la nage; il n'y eût point péri, sans l'obscurité qui déroba la route à ses yeux.

Moi, seul ici sans ma maîtresse, j'ai beau voir de riches vignobles, des champs partout baignés par des fleuves limpides; j'ai beau voir l'onde, obéissant au cultivateur, se partager en de nombreux ruisseaux, et les feuilles des arbres mollement agitées par la fraîche haleine des vents, je ne crois point habiter le beau pays des Péligniens; je n'y retrouve point le domaine de mes aïeux, le lieu qui m'a vu naître : je me crois au milieu de la Scythie, des farouches Ciliciens, des Bretons au visage peint en vert, et des rochers rougis du sang de Prométhée.

L'ormeau aime la vigne, la vigne s'attache à l'ormeau : pourquoi suis-je souvent si loin de ma maîtresse? Cependant tu devais ne jamais me quitter : tu me l'avais juré et par moi-même et par tes yeux qui sont mes astres tutélaires. Plus légères que les feuilles d'automne, les vaines promesses de la beauté s'enfuient toujours au gré des zéphyrs et des eaux.

Si pourtant tu es encore sensible à mon délaissement, commence enfin à tenir tes promesses : monte sans plus tarder sur un char léger traîné par deux coursiers rapides, et secoue toi

    Sæpe petens Hero juvenis tranaverat undas,
        Tunc quoque tranasset: sed via cæca fuit.
    At sine te, quamvis operosi vitibus agri
        Me teneant, quamvis amnibus arva natent,
    Et vocet in rivos parentem rusticus undam,
        Frigidaque arboreas mulceat aura comas,
    Non ego Pelignos videor celebrare salubres,
        Non ego natalem, rura paterna, locum.
    Sed Scythiam, Cilicasque feros, viridesque Britannos,
        Quæque Prometheo saxa cruore rubent.
    Ulmus amat vitem, vitis non deserit ulmum.
        Separor a domina cur ego sæpe mea?
    At mihi te comitem juraras usque futuram
        Per me, perque oculos, sidera nostra, tuos.
    Verba puellarum, foliis leviora caducis,
        Irrita, quo visum est, ventus et unda ferunt.
    Si qua mei tamen est in te pia cura relicti,
        Incipe pollicitis addere facta tuis;
    Parvaque quamprimum rapientibus esseda mannis,

même les rênes sur leur crinière flottante. Et vous, monts orgueilleux, abaissez-vous sur son passage; et vous, sinueuses vallées, ouvrez-lui un chemin facile.

ÉLÉGIE DIX-SEPTIÈME

ARGUMENT

Il se plaint de Corinne, qui se prévalait trop de sa beauté.

S'il est quelqu'un qui pense qu'il soit honteux d'être l'esclave d'une belle, je passe devant lui condamnation. Qu'il me déclare donc infâme, pourvu que la déesse qui règne à Paphos et à Cythère me traite avec un peu plus de ménagement. Que n'ai-je été l'esclave d'une amante sensible et douce, puisque j'étais né pour être l'esclave d'une belle? La beauté donne de l'orgueil : la beauté de Corinne la rend intraitable : hélas! pourquoi se connaît-elle si bien! C'est de son miroir qu'elle tire sa fierté; encore ne s'y regarde-t-elle qu'après s'être parée.

Si ta beauté, née pour charmer mes yeux, t'assure l'empire

Ipsa per admissas concute lora jubas.
At vos, qua veniet, tumidi subsidite montes,
Et faciles curvis vallibus este viæ!

ELEGIA SEPTIMA DECIMA.

ARGUMENTUM.

De Corinna queritur, nimium ob formæ præstantiam
superbiente.

Si quis erit, qui turpe putet servire puellæ,
Illo convincar judice turpis ego.
Sim licet infamis, dum me moderatius urat,
Quæ Paphon et fluctu pulsa Cythera tenet.
Atque utinam dominæ mitis quoque præda fuissem,
Formosæ quoniam præda futurus eram!
Dat facies animos; facie violenta Corinna est;
Me miserum! cur est tam bene nota sibi?
Scilicet a speculi sumuntur imagine fastus,
Nec nisi compositam se prius illa videt.
Non tibi si facies nimium dat in omnia regni,

de tous les cœurs, tu ne dois point, en me comparant à toi, me mépriser ; l'infériorité peut s'associer avec la grandeur. On sait que la nymphe Calypso, brûlant d'amour pour un simple mortel, le retint malgré lui pour en faire son époux. On sait qu'une des Néréides ne rougit point d'avoir commerce avec le roi de Phthie, Égérie avec le juste Numa, Vénus avec Vulcain, tout boiteux, tout sale qu'il est en quittant son enclume. Ces vers ne sont pas d'une égale grandeur, et pourtant le vers héroïque se marie fort bien avec un vers de plus petite taille.

Toi aussi, ô mon âme, accueille-moi à quelque titre que ce soit. Que du haut de ton lit il te plaise de me dicter des lois. Tu ne verras jamais en moi un accusateur prêt à se venger de sa disgrâce : tu n'auras point à désavouer notre amour.

Qu'auprès de toi mes vers heureux me tiennent lieu de richesse. Plus d'une belle veut me devoir sa célébrité. J'en sais une qui va partout se faisant passer pour Corinne : pour l'être effectivement, que ne donnerait-elle pas? Mais comme on ne voit point couler dans un seul et même lit le frais Eurotas et le

O facies oculos nata tenere meos,
Collatum idcirco tibi me contemnere debes :
　Aptari magnis inferiora licet.
Creditur et Nymphe mortalis amore Calypso,
　Capta reluctantem detinuisse virum ;
Creditur æquoream Phthio Nereïda regi,
　Egeriam justo concubuisse Numæ,
Vulcano Venerem, quamvis, incude relicta,
　Turpiter obliquo claudicet ille pede.
Carminis hoc ipsum genus impar ; sed tamen apte
　Jungitur herous cum breviore modo.
Tu quoque me, mea lux, in quaslibet accipe leges :
　Te deceat medio jura dedisse toro.
Non tibi crimen ero, nec quo lædere remoto ;
　Non erit hic nobis inficiandus amor.
Sint tibi pro magno felicia carmina censu ;
　Et multæ per me nomen habere volunt.
Novi aliquam, quæ se circumferat esse Corinnam :
　Ut fiat, quid non illa dedisse velit?
Sed neque diversi ripa labuntur eadem
　Frigidus Eurotas populiferque Padus :

Pô bordé de peupliers, de même nulle autre que toi ne sera l'objet de mes chants : à toi seule il est réservé d'inspirer mon génie.

ÉLÉGIE DIX-HUITIÈME

ARGUMENT

A Macer ; il se justifie de se livrer tout entier à des chants érotiques.

Tandis que tu peins dans tes vers la colère d'Achille, et que tu revêts de leurs premières armes les héros enchaînés par leurs serments, moi, Macer, je goûte le repos à l'ombre de l'indolente Vénus, et le tendre Amour vient arrêter l'essor audacieux de mon génie. Plus d'une fois j'ai dit à ma maîtresse : « C'en est assez, retire-toi, » et soudain elle s'est assise sur mes genoux. Souvent je lui ai dit : « Vraiment, je suis honteux ; » et elle, retenant à peine ses larmes, s'écriait : « Que je suis malheureuse ! déjà tu rougis de m'aimer ! » Alors, m'enlaçant dans ses bras, elle me prodiguait mille de ces baisers qui font ma perte. Je suis vaincu ; mon esprit ne songe plus aux combats : ce que je chante, ce sont mes exploits domestiques et mes guerres privées.

Nec, nisi tu, nostris cantabitur ulla libellis :
    Ingenio causas tu dabis una meo.

ELEGIA OCTAVA DECIMA.

ARGUMENTUM.

Ad Macrum : excusat se quod totus sit in scribendis amoribus.

Carmen ad iratum dum tu perducis Achillem,
    Primaque juratis induis arma viris,
Nos, Macer, ignavæ Veneris cessamus in umbra,
    Et tener ausuros grandia frangit Amor.
Sæpe meæ, « tandem », dixi, « Discede », puellæ :
    In gremio sedit protinus illa meo.
Sæpe, « Pudet », dixi : lacrymis vix illa retentis,
    « Me miseram ! jam te », dixit, « amare pudet ? »
Implicuitque suos circum mea colla lacertos,
    Et, quæ me perdunt, oscula mille dedit.
Vincor, et ingenium sumtis revocatur ab armis,
    Resque domi gestas et mea bella cano.

Pourtant j'ai manié le sceptre ; ma plume a osé aborder la tragédie, et l'entreprise n'était pas au-dessus de mes forces. L'Amour se prit à rire en voyant mon noble manteau, mon cothurne peint et mon sceptre si bien porté par des mains pour lesquelles il n'est pas fait. Les exigences d'une maîtresse impérieuse m'ont encore arraché à ce travail, et le poëte en cothurne est battu par l'Amour.

Puisque c'est là mon lot, je me borne à professer l'art d'aimer; et je suis le premier, hélas! accablé sous le poids de mes préceptes. Ou je retrace une lettre de Pénélope à Ulysse, ou je peins tes larmes, Phyllis, quand tu te vois abandonnée. J'écris et à Pâris et à Macarée, et à l'ingrat Jason, et au père d'Hippolyte, et à Hippolyte lui-même. Je répète les plaintes de l'infortunée Didon, armée de son glaive menaçant, et les soupirs de l'héroïne de Lesbos, amie de la lyre éolienne.

Avec quelle vitesse mon ami Sabinus a parcouru le monde, et rapporté de mille lieux divers la réponse à ces lettres! La chaste Pénélope a reconnu le sceau d'Ulysse, et la marâtre d'Hippolyte a lu les reproches qu'il lui adresse. Déjà le pieux Énée a répondu à la trop malheureuse Élise ; et Phyllis, si tou-

  Sceptra tamen sumsi, curaque Tragœdia nostra
   Crevit; et huic operi quamlibet aptus eram.
  Risit Amor pallamque meam, pictosque cothurnos,
   Sceptraque privata tam bene sumta manu.
  Hinc quoque me dominæ numen deduxit iniquæ,
   Deque cothurnato vate triumphat Amor.
  Quod licet, aut artes teneri profitemur amoris;
   (Hei mihi! præceptis urgeor ipse meis;)
  Aut, quod Penelopes verbis reddatur Ulixi,
   Scribimus, aut lacrymas, Phylli relicta, tuas;
  Quod Paris, et Macareus, et quod male gratus Iason,
   Hippolytique parens Hippolytusque legant ;
  Quodque tenens strictum Dido miserabilis ensem
   Dicat, et Æoliæ Lesbis amica lyræ.
  Quam celer e toto rediit meus orbe Sabinus,
   Scriptaque diversis rettulit ille locis!
  Candida Penelope signum cognovit Ulixis;
   Legit ab Hippolyto scripta noverca suo.
  Jam pius Æneas miseræ rescripsit Elissæ ;

tefois elle respire encore, a aussi sa réponse. Les tristes adieux de Jason sont parvenus à Hypsipyle; et Sapho, chérie d'Apollon, n'a plus qu'à déposer aux pieds du dieu la lyre qu'elle lui a consacrée.

Mais toi aussi, Macer, en chantant les combats et les travaux de Mars, toi aussi tu as parlé, autant que tu l'as pu, de l'amour et de ses trésors. Dans ton poëme sont entrés et Pâris, et cette adultère dont le crime a fait tant de bruit, et Laodamie accompagnant son époux qui n'est plus. Si je te connais bien, tu traites ces sujets tout aussi volontiers que les combats, et tu passes souvent de ton camp dans le mien.

ÉLÉGIE DIX-NEUVIÈME

ARGUMENT

A un homme dont il aimait la femme.

Insensé, si pour toi, tu n'as pas besoin de surveiller ta femme, surveille-la du moins pour moi, afin de me la rendre plus désirable. Ce qui est permis nous est insipide; ce qui est défendu ne fait qu'irriter plus fortement notre passion.

Il a un cœur de fer, celui qui aime ce qu'un autre lui permet

Quodque legat Phyllis, si modo vivit, habet ;
Tristis ad Hypsipylen ab Iasone littera venit ;
Det votam Phœbo Lesbis amata lyram.
Nec tibi, qua tutum, vati, Macer, arma canenti,
Aureus in medio Marte tacetur Amor :
Et Paris est illic et adultera nobile crimen,
Et comes extincto Laodamia viro.
Si bene te novi, non bella libentius istis
Dicis, et a vestris in mea castra redis.

ELEGIA NONA DECIMA.

ARGUMENTUM.

Ad quemdam, cujus uxorem amabat.

Si tibi non opus est servata, stulte, puella,
At mihi fac serves, quo magis ipse velim.
Quod licet, ingratum est; quod non licet, acrius urit :
Ferreus est, si quis, quod sinit alter, amat.
Speremus pariter, pariter metuamus amantes,

d'aimer. Quant à nous, qui savons aimer, il nous faut espérer et craindre à la fois, et, pour désirer plus vivement, avoir quelques refus à essuyer.

Qu'on ne me parle point d'une fortune qui me mettrait à l'abri de toute déception. Je ne saurais aimer ce qui ne peut me blesser en aucun temps. C'est là mon faible; la rusée Corinne l'avait bien vu : elle savait trop bien par où l'on peut me prendre. Combien de fois, hélas! je l'ai vue, la menteuse! feindre un violent mal de tête, afin de m'éconduire! Combien de fois j'ai dû, quoi qu'il m'en coûtât, m'éloigner à pas lents! Combien de fois m'a-t-elle supposé des torts, et, coupable elle-même, a-t-elle joué l'innocente! Après m'avoir bien tourmenté, après avoir ainsi ranimé mes feux à demi éteints, elle redevenait douce et sensible à mes vœux. Quelles caresses, alors, quelles tendres paroles elle me prodiguait! Que de baisers, et grands dieux! quels baisers!

Toi aussi, qui récemment as charmé mes yeux, aie souvent recours à la ruse; sois souvent sourde à mes prières; laisse-moi, étendu sur le seuil de ta porte, souffrir le froid piquant d'une longue nuit d'hiver. Mon amour n'a de force, il n'a de durée qu'à ce prix. Voilà ce qu'il lui faut, voilà ce qui alimente ma passion.

Et faciat voto rara repulsa locum.
Quo mihi fortunam, quæ nunquam fallere curet?
Nil ego, quod nullo tempore lædat, amo.
Viderat hoc in me vitium versuta Corinna,
Quaque capi possem, callida norat opem.
Ah! quoties sani capitis mentita dolores,
Cunctantem tardo jussit abire pede!
Ah! quoties finxit culpam, quantumque libebat,
Insontis speciem præbuit ipsa nocens!
Sic ubi vexarat tepidosque refoverat ignes,
Rursus erat votis comis et apta meis.
Quas mihi blanditias, quam dulcia verba parabat!
Oscula, di magni! qualia quotque dabat!
Tu quoque, quæ nostros rapuisti nuper ocellos,
Sæpe fac insidias; sæpe rogata, nega,
Et sine me. ante tuos projectum in limine postes.
Longa pruinosa frigora nocte pati.
Sic mihi durat amor, longosque adolescit in usus :
Hoc juvat; hæc animi sunt alimenta mei.

Un amour plat et sans difficulté me devient insipide : c'est comme un mets trop doux, qui ne peut que me soulever le cœur. Si jamais Danaë n'eût été enfermée dans une tour d'airain, jamais Jupiter ne l'eût rendue mère. Junon, en faisant surveiller Io au front chargé de cornes, la rendit, aux yeux de Jupiter, plus gracieuse qu'auparavant.

Que celui qui borne ses vœux à ce qui est facile et permis aille cueillir la feuille sur les arbres, et boive en pleine rivière. Belles, si vous voulez vous assurer un long empire, sachez abuser vos amants. Hélas! Pourquoi faut-il que je donne des leçons contre moi-même? N'importe; aime qui voudra une complaisance sans bornes : moi, elle m'est à charge. Je fuis qui s'attache à mes pas, et je m'attache aux pas de qui me fuit.

Mais toi, qui es si plein de sécurité à l'égard de ta belle compagne, commence dès aujourd'hui à fermer ta porte dès la chute du jour; commence à demander qui vient si souvent y frapper furtivement; ce qui fait aboyer tes chiens dans le silence de la nuit; quels sont ces billets que porte et rapporte une adroite servante; pourquoi ta belle, si souvent, veut coucher seule dans son lit. Laisse enfin ces soucis rongeurs péné-

Pinguis amor, nimiumque patens, in tœdia nobis
    Vertitur, et stomacho, dulcis ut esca, nocet.
Si nunquam Danaën habuisset ahenea turris,
    Non esset Danaë de Jove facta parens.
Dum servat Juno sinuatam cornibus Io,
    Facta est, quam fuerat, gratior illa Jovi.
Quod licet et facile est quisquis cupit arbore frondes
    Carpat, et e magno flumine sumat aquam.
Si qua volet regnare diu, deludat amantem.
    Hei mihi, quod monitis torqueor ipse meis!
Cuilibet eveniat, nocet indulgentia nobis :
    Quod sequitur fugio; quod fugit usque sequor.
At tu, formosæ nimium secure puellæ,
    Incipe jam prima claudere nocte domum;
Incipe, quis toties furtim tua limina pulset,
    Quærere; quid latrent, nocte silente, canes;
Quo ferat aut referat sollers ancilla tabellas;
    Cur toties viduo secubet ipsa toro.
Mordeat ista tuas aliquando cura medullas,

trer quelquefois jusqu'à la moelle de tes os, et donne-moi lieu de recourir à la ruse.

Celui-là est fait pour voler le sable des rivages déserts, qui peut être amoureux de la femme d'un sot. Je t'en préviens, si tu ne surveilles au plus tôt ta femme, elle ne tardera pas à cesser d'être ma maîtresse. J'ai beaucoup et longtemps souffert. J'espérais qu'un jour viendrait où ton attentive surveillance m'obligerait à plus de ruse. Tu ne te remues point, tu souffres ce que ne souffrirait aucun mari. Eh bien! c'est moi qui mettrai fin à un amour que tu permets.

Malheureux que je suis! c'est donc à dire que jamais tu ne m'interdiras l'entrée de ta demeure? Que je ne serai jamais pendant la nuit exposé à ta vengeance? Que jamais je n'aurai rien à craindre de toi? Que jamais un soupir craintif ne contrariera mon sommeil? Quoi! tu ne feras rien qui me donne le droit de désirer ta mort? Est-ce à moi qu'il faut un mari facile, un mari qui prostitue sa femme? Tu viens empoisonner mes plaisirs par ta complaisance. Que n'en cherches-tu un autre, qui s'accommode d'une si longue patience? S'il te convient que je sois ton rival, défends-moi de l'être.

> Daque locum nostris materiamque dolis.
> Ille potest vacuo furari litore arenas,
>   Uxorem stulti si quis amare potest.
> Jamque ego præmoneo; nisi tu servare puellam
>   Incipis, incipiet desinere esse mea.
> Multa diuque tuli; speravi sæpe futurum,
>   Quum bene servasses, ut bene verba darem.
> Lentus es, et pateris nulli patienda marito;
>   At mihi concessi finis amoris erit.
> Scilicet infelix nunquam prohibebor adire?
>   Nox mihi sub nullo vindice semper erit?
> Nil metuam? per nulla traham suspiria somnos?
>   Nil facies, cur te jure perisse velim?
> Quid mihi cum facili, quid cum lenone marito?
>   Corrumpis vitio gaudia nostra tuo.
> Quin alium, quem tanta juvet patientia, quæras:
>   Me tibi rivalem si juvat esse, veta.

LIVRE TROISIÈME

ÉLÉGIE PREMIÈRE.

ARGUMENT.

La Tragédie et l'Élégie se disputent la possession d'Ovide.

Il est une forêt antique, qui pendant de longues années est restée vierge. On la croit le sanctuaire d'une divinité. Au milieu est une source sacrée, que domine une grotte taillée dans le roc : l'air retentit, tout à l'entour, du doux murmure des oiseaux. Me promenant un jour dans les épais taillis de ce bois, je cherchais quel genre d'ouvrage occuperait ma muse.

Je vis venir à moi l'Élégie aux cheveux odorants et noués avec art ; et, si je ne me trompe, un de ses pieds était plus long que l'autre. Son air était décent ; sa robe, du tissu le plus léger ; sa parure, celle d'une amante. Le défaut même de ses pieds ajoutait à sa grâce. Je vis venir aussi la Tragédie s'avançant à grands pas, l'œil farouche, les cheveux épars, la

LIBER TERTIUS

ELEGIA PRIMA.

ARGUMENTUM.

Contendunt inter se de Ovidio Tragœdia et Elegia,
utra suum vindicet.

Stat vetus et multos incædua silva per annos;
  Credibile est illi numen inesse loco :
Fons sacer in medio speluncaque pumice pendens,
  Et latere ex omni dulce queruntur aves.
Hic ego dum spatior tectus nemoralibus umbris,
  Quod mea quærebam Musa moveret opus.
Venit odoratos Elegeïa nexa capillos;
  Et, puto, pes illi longior alter erat :
Forma decens, vestis tenuissima, cultus amantis;
  In pedibus vitium causa decoris erat.
Venit et ingenti violenta Tragœdia passu,
  Fronte comæ torva ; palla jacebat humi ;

robe traînante. De sa main gauche elle portait fièrement le sceptre des rois ; ses pieds étaient noblement chaussés du cothurne lydien.

S'adressant à moi la première : « Quel sera, me dit-elle, quel sera le terme de tes amours, poëte infidèle à mon culte? Dans les festins licencieux on se raconte tes folies; on se les raconte dans les carrefours. Souvent on te montre au doigt, quand tu passes : « Le voilà, dit-on, ce poëte que brûle le cruel Amour. » Tu es, sans t'en douter, la fable de toute la ville, alors que tu racontes sans pudeur tes exploits amoureux. Il est temps que, cédant à l'impulsion du thyrse, tu traites des sujets plus relevés. Assez longtemps tu t'es reposé : entreprends un plus noble ouvrage. Le sujet de tes chants rétrécit ton génie : célèbre les hauts faits des guerriers. C'est à moi, diras-tu, de fournir cette carrière. Mais ta Muse n'a-t-elle pas assez prodigué de chansons aux belles? Ta première jeunesse s'est livrée tout entière à ces futilités : sois à moi maintenant ; que je te doive le nom de Tragédie romaine. Ton génie peut suffire à cette noble tâche. » Elle dit, et, s'appuyant fièrement sur ses cothurnes brodés, elle secoua trois et quatre fois sa tête ombragée d'une épaisse chevelure.

> Læva manus sceptrum late regale tenebat;
>   Lydius alta pedum vincla cothurnus erat.
> Et prior : « Ecquis erit, dixit, tibi finis amandi,
>   O argumenti lente poeta mei?
> Nequitiam vinosa tuam convivia narrant;
>   Narrant in multas compita secta vias.
> Sæpe aliquis digito vatem designat euntem,
>   Atque ait : « Hic ille est, quem ferus urit Amor. »
> Fabula, nec sentis, tota jactaris in urbe,
>   Dum tua præterito facta pudore refers.
> Tempus erat thyrso pulsum graviore moveri :
>   Cessatum satis est : incipe majus opus.
> Materia premis ingenium; cane facta virorum :
>   « Hæc animo », dices, « area digna meo est. »
> Quod teneræ cantent, lusit tua Musa, puellæ,
>   Primaque per numeros acta juventa suos;
> Nunc habeam per te Romana Tragœdia nomen :
>   Implebit leges spiritus iste meas. »
> Hactenus ; et movit pictis innixa cothurnis
>   Densum cæsarie terque quaterque caput.

L'Élégie, s'il m'en souvient bien, sourit en me regardant de côté. Elle avait, si je ne me trompe, une branche de myrte à la main. « Pourquoi, dit-elle, orgueilleuse Tragédie, me traiter avec aussi peu d'égards? ne peux-tu jamais cesser d'être sévère? Cette fois pourtant tu as daigné me combattre en vers inégaux avec mon propre rhythme. Non que je compare mes chants à tes accents sublimes : ton palais superbe écrase mon humble demeure. Légère comme je suis, je me plais avec Cupidon, non moins léger que moi. Je n'ai point la vanité de me croire au-dessus de mon rôle. Sans moi, la mère du voluptueux Amour n'aurait point tant de charmes : c'est moi qui suis l'auxiliaire et la compagne de cette déesse. La porte que ne saurait forcer ton dur cothurne, s'ouvre aux doux accents de ma voix; et pourtant, si mon pouvoir est supérieur au tien, je le dois à la patience avec laquelle je souffre bien des choses qui révolteraient ton orgueil. C'est de moi que Corinne apprit à tromper son gardien, à forcer la serrure d'une porte étroitement fermée, à sortir furtivement de son lit, vêtue d'une tunique retroussée, et à s'avancer, d'un pas sourd, dans les ténèbres de la nuit.

Altera, si memini, limis subrisit ocellis.
    Fallor, an in dextra myrtea virga fuit?
« Quid gravibus verbis, animosa Tragœdia, » dixit,
    « Me premis? an nunquam non gravis esse potes?
Imparibus tamen es numeris dignata moveri;
    In me pugnasti versibus usa meis.
Non ego contulerim sublimia carmina nostris;
    Obruit exiguas regia vestra fores.
Sum levis, et mecum levis est, mea cura, Cupido.
    Non sum materia fortior ipsa mea.
Rustica fit sine me lascivi mater Amoris;
    Huic ego proveni lena comesque Deæ.
Quam tu non poteris duro reserare cothurno,
    Hæc est blanditiis janua laxa meis.
Et tamen emerui plus quam tu posse, ferendo
    Multa supercilio non patienda tuo.
Per me decepto didicit custode Corinna
    Liminis adstricti sollicitare fidem,
Delabique toro tunica velata recincta,
    Atque impercussos nocte movere pedes.

« Combien de fois me suis-je vue suspendue à une porte rebelle, me souciant peu d'être lue par les passants! Il y a plus : je me souviens que la servante de Corinne me reçut et me tint cachée dans son sein, jusqu'à ce qu'elle vît s'éloigner le sévère gardien de sa maîtresse. Te rappellerai-je que, pour fêter l'anniversaire de la naissance de ta belle, tu m'envoyas à elle en présent, qu'elle me déchira et me jeta impitoyablement dans l'eau? C'est moi qui la première ai fait germer en toi les semences fécondes de la poésie : c'est à moi que tu dois l'heureux talent que réclame pour elle ma rivale. »

Les deux Muses avaient fini, et, m'adressant à elles : « C'est par vous-mêmes, leur dis-je, que je vous en conjure; accueillez sans prévention mes timides paroles. Vous m'offrez, vous, le sceptre et le noble cothurne, et déjà des accents sublimes sortent de ma bouche à peine entr'ouverte; et vous, vous rendez immortelles mes amours. Sois donc propice à mes vœux, et laisse-moi marier ensemble le grand et le petit vers; accorde-moi un peu de délai, majestueuse Tragédie : tes œuvres exigent des années, et celles de ta rivale seulement quelques heures. »

Elle ne fut point sourde à ma prière : que les tendres amours se hâtent de mettre à profit le délai qui m'est accordé : j'ai derrière moi une œuvre bien plus grande qui me presse.

  Vel quoties foribus duris incisa pependi,
   Non verita a populo prætereunte legi!
  Quin ego me memini, dum custos sævus abiret,
   Ancillæ missam delituisse sinu.
  Quid, quum me munus natali mittis? at illa
   Rupit et adposita barbara mersit aqua?
  Prima tuæ movi felicia semina mentis :
   Munus habes, quod te jam petit ista, meum. »
  Desierant; cœpi : « Per vos utramque rogamus,
   In vacuas aures verba timentis eant.
  Altera me sceptro decoras altoque cothurno;
   Jam nunc contracto magnus in ore sonor :
  Altera das nostro victurum nomen amori :
   Ergo ades, et longis versibus adde breves.
  Exiguum vati concede, Tragœdia, tempus :
   Tu labor æternus : quod petit illa, breve est. »
  Mota dedit veniam : teneri properentur amores,
   Dum vacat; a tergo grandius urget opus.

ÉLÉGIE DEUXIÈME.

ARGUMENT.

Les jeux du Cirque.

« Si je m'assieds ici, ce n'est point par l'intérêt que je prends à des coursiers fameux ; et pourtant mes vœux n'en sont pas moins pour celui que tu favorises. Je suis venu pour causer avec toi, pour être assis à ton côté, pour ne point te laisser ignorer tout l'amour que tu m'inspires. Ce que nous regardons, toi, c'est la course ; et moi, c'est toi. Jouissons tous deux du spectacle qui nous plaît, tous deux repaissons-en nos regards à loisir. O heureux, quel qu'il soit, le coureur que tu favorises ! il a le bonheur de t'intéresser. Qu'un semblable bonheur m'arrive ; à l'instant, je m'élancerai de la barrière, m'abandonnant à mes coursiers impétueux. Je saurai, ici, leur lâcher les rênes ; là, marquer leurs flancs de coups de fouet ; plus loin, tourner la borne en la rasant. Mais si, dans ma course rapide, je venais à t'apercevoir, oh ! je m'arrêterais, et les rênes m'échapperaient des mains. Ah ! qu'il s'en fallut peu que Pélops ne tombât au milieu de la carrière de Pise, occupé qu'il était de te con-

ELEGIA SECUNDA.

ARGUMENTUM.

Ludi Circenses.

« Non ego nobilium sedeo studiosus equorum :
  Cui tamen ipsa faves, vincat ut ille precor.
Ut loquerer tecum veni tecumque sederem,
  Ne tibi non notus, quem facis, esset amor.
Tu cursus spectas, ego te : spectemus uterque
  Quod juvat, atque oculos pascat uterque suos.
O, cuicumque faves, felix agitator equorum !
  Ergo illi curæ contigit esse tuæ ?
Hoc mihi contingat : sacro de carcere missis
  Insistam forti mente vehendus equis ;
Et modo lora dabo, modo verbere terga notabo ;
  Nunc stringam metas interiore rota.
Si mihi currenti fueris conspecta, morabor,
  Deque meis manibus lora remissa fluent.
Ah ! quam pæne Pelops Pisæa concidit hasta,

templer, belle Hippodamie ! Et pourtant il dut sa victoire aux vœux de sa maîtresse. Puissent tous les amants devoir ainsi leur triomphe aux vœux de leurs belles !

Pourquoi cherches-tu vainement à t'éloigner de moi ? le même gradin nous retient l'un auprès de l'autre : c'est un avantage que je dois aux règlements du Cirque. Mais vous, qui êtes assis à la droite de ma belle, tenez-vous ; vous la gênez, en vous appuyant sur elle. Et vous, qui êtes placé derrière elle, n'étendez pas autant vos jambes ; ayez assez de retenue pour ne point froisser ses épaules par votre rude genou. Prends garde, mon amie, ta robe trop baissée traîne à terre ; relève-la, ou je vais le faire moi-même. O robe, tu étais jalouse de couvrir de si belles jambes ; tu voulais être seule à les voir ; oui, tu étais jalouse. Telles étaient les jambes de la légère Atalante, que Milanion aurait voulu toucher de ses mains : telles aussi celles de Diane, lorsque, la robe relevée, elle poursuit dans les forêts les bêtes fauves, moins intrépides qu'elle-même. Je me suis enflammé pour ces jambes que je n'ai pu voir ; que sera-ce à la vue des tiennes ? tu viens jeter du feu sur un brasier, et de l'eau dans la mer. Je juge, par ce

Dum spectat vultus, Hippodamia, tuos !
Nempe favore suæ vicit tamen ille puellæ.
   Vincamus dominæ quisque favore suæ.
Quid frustra refugis ? cogit nos linea jungi :
   Hæc in lege loci commoda Circus habet.
Tu tamen, a dextra quicumque es, parce puellæ :
   Contactu lateris læditur ista tui.
Tu quoque, qui spectas post nos, tua contrahe crura,
   Si pudor est, rigido nec preme terga genu.
Sed nimium demissa jacent tibi pallia terræ :
   Collige, vel digitis en ego tollo mea.
Invida vestis eras, quæ tam bona crura tegebas :
   Quoque magis spectes.... invida vestis eras.
Talia Milanion Atalantes crura fugacis
   Optavit manibus sustinuisse suis :
Talia succinctæ pinguntur crura Dianæ,
   Quum sequitur fortes fortior ipsa feras.
His ego non visis arsi : quid fiet ab istis ?
   In flammam flammas, in mare fundis aquas.

que j'ai vu, de ce que peuvent être les autres appas si bien cachés sous ta robe légère.

Veux-tu, en attendant, qu'un air agréable vienne rafraîchir ton visage? cette tablette, agitée par ma main, te donnera ce plaisir; à moins que ce ne soit le feu de mon amour, plutôt que la chaleur de l'air, qui t'échauffe, et que ton cœur ne brûle d'une flamme charmante. Pendant que je te parle, une noire poussière a terni l'éclat de ta robe blanche : fuis de dessus ces épaules de neige, sale poussière! Mais voici venir le cortége : faites silence, et donnez toute votre attention. C'est l'heure d'applaudir : le brillant cortége s'avance.

Au premier rang apparaît la Victoire, les ailes déployées. Sois-moi favorable, ô déesse, et fais que mon amour soit vainqueur. Applaudissez à Neptune, vous qui avez tant de confiance dans ses ondes. Pour moi, je n'ai rien de commum avec la mer, et n'aime que la terre que j'habite. Toi, soldat, applaudis à Mars, à ton dieu. Moi, je hais les combats : j'aime la paix et l'amour que favorise la paix. Que Phébus soit favorable aux augures, Phœbé aux chasseurs. Toi, Minerve, reçois le salut de tous les amis des arts. Et vous, laboureurs, saluez Cérès et le tendre

Suspicor ex istis et cetera posse placere,
 Quæ bene sub tenui condita veste latent.
Vis tamen interea faciles arcessere ventos,
 Quos faciat nostra mota tabella manu?
An magis hic meus est animi, non aëris, æstus,
 Captaque femineus pectora torret amor?
Dum loquor, alba nigro sparsa est tibi pulvere vestis.
 Sordide de niveo corpore pulvis abi!
Sed jam pompa venit : linguis animisque favete.
 Tempus adest plausus : aurea pompa venit.
Prima loco fertur passis Victoria pennis :
 Huc ades, et meus hic fac, dea, vincat amor.
Plaudite Neptuno, nimium qui creditis undis :
 Nil mihi cum pelago : me mea terra capit.
Plaude tuo, miles, Marti; nos odimus arma :
 Pax juvat et media pace repertus Amor.
Auguribus Phœbus, Phœbe venantibus adsit :
 Artifices in te verte, Minerva, manus.
Ruricolæ Cereri teneroque adsurgite Baccho :

Bacchus. Que Pollux exauce les vœux du gladiateur, Castor ceux du cavalier. Nous, c'est à toi, douce Vénus, à toi et aux Amours armés de flèches, que nous applaudissons. Seconde mes efforts, tendre déesse; donne une âme nouvelle à mon amante : qu'elle se laisse aimer. Vénus, par un signe de tête, me prédit le succès. Ce qu'elle m'a promis, promets-le-moi toi-même. Exauce ma prière, et, j'en demande pardon à Vénus, tu seras à mes yeux plus grande que cette déesse. Je te le jure, et je prends à témoin de mon serment tous les dieux qui brillent dans ce cortége, tu seras à jamais ma maîtresse chérie. Mais tes jambes n'ont point d'appui : tu peux, si tu le veux, soutenir au moyen de ces barreaux la pointe de tes pieds.

Déjà la carrière est libre, et les grands jeux vont commencer : le préteur vient de donner le signal : les quadriges se sont élancés tous, au même instant, de la barrière. Je vois à qui tu t'intéresses; quel que soit celui que tu favorises, il sera vainqueur. Les chevaux eux-mêmes semblent deviner tes vœux. Hélas! quel cercle il décrit autour de la borne! malheureux, que fais-tu? te voilà dépassé par ton rival, qui l'a rasée de plus près. Que fais-tu, imprudent? tu rends inutiles les vœux de la beauté. De grâce, serre fortement la rêne gauche. Nous ne

    Pollucem pugiles, Castora placet eques,
Nos tibi, blanda Venus, puerisque potentibus arcu
    Plaudimus : inceptis adnue, diva meis,
Daque novam mentem dominæ; patiatur amari.
    Adnuit, et motu signa secunda dedit.
Quod Dea promisit, promittas ipsa rogamus.
    Pace loquar Veneris; tu dea major eris.
Per tibi tot juro testes pompamque deorum,
    Te dominam nobis tempus in omne fore.
Sed pendent tibi crura : potes, si forte juvabit,
    Cancellis primos inseruisse pedes.
Maxima jam vacuo prætor spectacula Circo
    Quadrijuges æquo carcere misit equos.
Cui faveas video : vincet quicumque favebis.
    Quid cupias, ipsi scire videntur equi.
Me miserum! metam spatioso circuit orbe.
    Quid facis? admoto proximus axe subit.
Quid facis, infelix! perdis bona vota puellæ;
    Tende precor valida lora sinistra manu.

nous sommes intéressés qu'à un maladroit. Allons, Romains, rappelez-le, et donnez le signal en secouant de tous côtés vos toges. Voici qu'on le rappelle : mais, de peur que le mouvement des toges ne dérange la symétrie de ta coiffure, tu peux t'abriter sous un des pans de la mienne.

Déjà la lice s'ouvre de nouveau, la barrière est levée, et les rivaux, que distingue leur couleur, lancent leurs chevaux dans l'arène. Cette fois au moins sois vainqueur, et vole à travers l'espace libre devant toi. Fais que mes vœux, que ceux de ma maîtresse soient remplis. Ils sont remplis, les vœux de ma maîtresse ; et les miens, pas encore. Il a gagné la palme ; il me reste à gagner la mienne. » La belle a souri, et son œil étincelant a promis quelque chose. C'est assez pour le moment : ailleurs tu donneras le reste.

ÉLÉGIE TROISIÈME.

ARGUMENT.

A son amie, qui avait trahi ses serments.

Croirai-je désormais qu'il est des dieux ? Elle a trahi la foi jurée, et sa beauté est la même qu'auparavant ! Aussi longue

Favimus ignavo : sed enim revocate, Quirites,
   Et date jactatis undique signa togis.
En revocant : at, ne turbet toga mota capillos,
   In nostros abdas te licet usque sinus.
Jamque patent, iterum reserato carcere, postes;
   Evolat admissis discolor agmen equis.
Nunc saltem supera, spatioque insurge patenti :
   Sint mea, sint dominæ fac rata vota meæ.
Sunt dominæ rata vota meæ : mea vota supersunt :
   Ille tenet palmam : palma petenda mihi est. »
Risit, et argutis quiddam promisit ocellis.
   Hoc satis hic : alio cetera redde loco.

ELEGIA TERTIA.

ARGUMENTUM.

In amicam, quæ pejeraverat.

Esse deos credamne? fidem jurata fefellit ;
   Et facies illi, quæ fuit ante, manet!

qu'était sa chevelure avant qu'elle prît à témoin les dieux, aussi longue elle est aujourd'hui qu'elle les a joués. Les roses se mêlaient à la blancheur de son teint; son teint brille encore de l'éclat des roses. Elle avait un petit pied; son pied est encore ce qu'il y a de plus mignon. Sa taille était à la fois noble et gracieuse; noble et gracieuse est encore sa taille. Ces yeux étincelants qui m'ont si souvent trompé, ces yeux, pareils à deux astres, lancent encore les mêmes feux.

Ainsi les dieux eux-mêmes permettent le parjure aux belles, et la beauté est elle-même une déesse. Naguère, je ne l'ai pas oublié, elle jurait par ses yeux et les miens; et les miens ont versé des pleurs. O dieux! si la perfide a pu vous abuser impunément, dites, pourquoi est-ce moi que vous avez puni de son crime? mais vous n'avez pas craint de faire condamner à mort la fille de Céphée, pour la punir de l'orgueil de sa mère. Si ce n'est pas assez que j'aie trouvé en vous des témoins sans valeur, et qu'elle triomphe aujourd'hui de vous avoir joués en même temps que moi, faudra-t-il encore que je porte la peine de son parjure, que je sois à la fois dupe et victime de sa perfidie?

> Quam longos habuit nondum jurata capillos,
>   Tam longos, postquam numina lusit, habet.
> Candida candorem roseo suffusa rubore
>   Ante stetit : niveo lucet in ore rubor.
> Pes erat exiguus : pedis est aptissima forma.
>   Longa decensque fuit : longa decensque manet.
> Argutos habuit, radiant ut sidus, ocellos,
>   Per quos mentita est perfida sæpe mihi.
> Scilicet æterno falsum jurare puellis
>   Di quoque concedunt, formaque numen habet.
> Perque suos illam nuper jurasse recordor,
>   Perque meos oculos; et doluere mei.
> Dicite, di! si vos impune fefellerit illa,
>   Alterius meritis cur ego damna tuli?
> At non invidiæ vobis Cepheïa virgo est
>   Pro male formosa jussa parente mori.
> Non satis est, quod vos habui sine pondere testes,
>   Et mecum lusos ridet inulta deos :
> Ut sua per nostram redimat perjuria pœnam,
>   Victima deceptus decipientis ero?

Ou la divinité n'est qu'un nom sans réalité, une chimère imaginée pour épouvanter la sotte crédulité des peuples; ou, s'il est un dieu, il n'est favorable qu'aux belles, et leur donne trop exclusivement le droit de tout oser. Contre nous seuls Mars est armé d'un glaive meurtrier : contre nous seuls Pallas tourne sa redoutable lance. Contre nous seuls Apollon dirige ses flèches : contre nous seuls gronde la foudre dans la main souveraine de Jupiter. Les dieux n'osent punir les offenses des belles, et, n'ayant su s'en faire craindre, ce sont eux qui les craignent. Et l'on viendra encore brûler de l'encens sur leurs autels ? non, les hommes doivent avoir plus de cœur.

Jupiter foudroie les bois sacrés et les citadelles, et il défend à son tonnerre d'atteindre les femmes parjures. En présence de tant de coupables, la malheureuse Sémélé est seule brûlée par la foudre : sa complaisance est la cause de son supplice. Si elle eût évité la visite de son amant, le père de Bacchus n'eût point été chargé du fardeau que devait porter sa mère.

Mais pourquoi ces reproches et cette guerre que je fais à tout le ciel? Les dieux ont des yeux comme nous, comme nous

Aut sine re nomen deus est frustraque timetur,
   Et stulta populos credulitate movet :
Aut, si quis deus est, teneras amat ille puellas,
   Et nimium solas omnia posse jubet.
Nobis fatifero Mavors accingitur ense;
   Nos petit invicta Palladis hasta manu;
Nobis flexibiles curvantur Apollinis arcus;
   In nos alta Jovis dextera fulmen habet.
Formosas Superi metuunt offendere læsi,
   Atque ultro, quæ se non timuere, timent.
Et quisquam pia tura focis imponere curat?
   Certe plus animi debet inesse viris.
Jupiter igne suo lucos jaculatur et arces,
   Missaque perjuras tela ferire vetat.
Tot meruere peti : Semele miserabilis arsit :
   Officio est illi pœna reperta suo.
At si venturo se subduxisset amanti,
   Non pater in Baccho matris haberet onus.
Quid queror et toti facio convicia cœlo?
   Di quoque habent oculos; di quoque pectus habent.

les dieux ont un cœur. Moi-même, si j'étais un dieu, je ne m'offenserais pas qu'une femme trompât ma divinité par un mensonge. J'attesterais par un serment la vérité des serments d'une belle, et je ne passerais point pour un dieu farouche.

Toi cependant, jeune beauté, use plus modérément de la faveur des dieux, ou du moins épargne les yeux de ton amant.

ÉLÉGIE QUATRIÈME.

ARGUMENT.

Il engage un mari à ne point faire surveiller si sévèrement sa femme.

Intraitable époux, tu as attaché un gardien aux pas de ta jeune compagne : peine inutile! le gardien d'une femme, c'est sa vertu. Celle-là seule est chaste, que la peur ne force point à l'être; et celle qui est fidèle par contrainte n'est pas fidèle. Grâce à ta surveillance continue, son corps a pu rester intact; son cœur est adultère. On ne saurait garder une âme malgré elle, et les verrous n'y font rien. Si bien que tu fermes les abords de ta maison, l'adultère y pénétrera : qui peut impu-

<pre>
Si deus ipse forem, numen sine fraude liceret
    Femina mendaci falleret ore meum.
Ipse ego jurarem verum jurare puellas,
    Et non de tetricis dicerer esse deus.
Tu tamen illorum moderatius utere dono,
    Aut oculis certe parce, puella, meis.
</pre>

ELEGIA QUARTA.

ARGUMENTUM.

Maritum puellæ monet, ne excubet custos diligentior.

<pre>
Dure vir, imposito teneræ custode puellæ,
    Nil agis : ingenio quæque tuenda suo.
Si qua metu demto casta est, ea denique casta est :
    Quæ, quia non liceat, non facit, illa facit.
Ut jam servaris bene corpus, adultera mens est;
    Nec custodiri, ni velit illa, potest ;
Nec mentem servare potes, licet omnia claudas :
    Omnibus occlusis, intus adulter erit.
</pre>

nément commettre quelques fautes en commet moins : le pouvoir de mal faire en refroidit l'envie. Cesse, crois-moi, de pousser au vice en le défendant ; tu en triompheras bien mieux par la complaisance.

Je vis naguère un coursier rebelle au frein s'emporter et s'élancer comme la foudre : puis il s'arrêta tout à coup, dès qu'il sentit les rênes flotter mollement sur sa longue crinière. Nous courons toujours à ce qui est défendu, et nous désirons ce qu'on nous refuse. Ainsi le malade aspire après l'eau qui lui est interdite.

Argus avait cent yeux à la tête et au front, et le seul Amour sut souvent leur échapper. Le roc et l'airain composaient l'impérissable tour où Danaé fut enfermée vierge, et elle y devint mère. Pénélope, sans être gardée, resta pure au milieu de tant de jeunes adorateurs.

Plus une chose est conservée soigneusement, plus nous la désirons : la surveillance n'est qu'un appel au voleur : peu de gens aiment les plaisirs permis. Ce n'est point la beauté de ton épouse, c'est ton amour qui la fait rechercher ; on lui suppose je ne sais quels attraits qui te captivent. Qu'une femme gardée

Cui peccare licet, peccat minus : ipsa potestas
 Semina nequitiæ languidiora facit.
Desine, crede mihi, vitia irritare vetando :
 Obsequio vincas aptius illa tuo.
Vidi ego nuper equum, contra sua vincla tenacem,
 Ore reluctanti fulminis ire modo.
Constitit, ut primum concessas sensit habenas,
 Frenaque in effusa laxa jacere juba.
Nitimur in vetitum semper, cupimusque negata.
 Sic interdictis imminet æger aquis.
Centum fronte oculos, centum cervice gerebat
 Argus, et hos unus sæpe fefellit Amor.
In thalamum Danaë saxo ferroque perennem
 Quæ fuerat virgo tradita, mater erat.
Penelope mansit, quamvis custode carebat,
 Inter tot juvenes intemerata procos.
Quidquid servatur cupimus magis ; ipsaque furem
 Cura vocat ; pauci, quod sinit alter, amant.
Nec facie placet illa sua, sed amore mariti :
 Nescio quid, quod te ceperit, esse putant.

par son mari ne soit point vertueuse, qu'elle soit adultère, elle est aimée. Les dangers qui accompagnent la possession sont plus précieux que la possession même. Sois-en révolté, si tu veux, je n'aime que les plaisirs défendus. Celle-là seule me plaît, qui peut dire : « J'ai peur. » Et pourtant il n'est point permis de traiter en esclave une femme née libre : n'usons de cette tyrannie qu'envers les femmes des nations étrangères. Tu veux sans doute que son gardien puisse dire : « C'est grâce à moi. » Eh bien ! si ton épouse est chaste, que l'honneur en soit tout à ton esclave.

C'est être par trop sot, que de s'offenser de l'adultère d'une épouse : c'est connaître bien peu les mœurs de la ville où ne sont point nés sans crime Romulus et Rémus, enfants de Mars et d'Ilia. Pourquoi la prendre belle, si tu la voulais vertueuse? vertu et beauté ne sauraient aller de compagnie.

Si tu fais bien, aie un peu d'indulgence, quitte cet air sévère, et ne va point te prévaloir de tes droits comme un époux rigide. Cultive les amis que te donnera ton épouse : elle t'en donnera beaucoup ; c'est ainsi qu'on obtient sans peine un grand crédit. A ce prix tu auras toujours ta place aux banquets d'une jeu-

---

Non proba sit, quam vir servat, sed adultera : cara est :
  Ipse timor pretium corpore majus habet.
Indignere licet ; juvat inconcessa voluptas.
  Sola placet « Timeo » dicere si qua potest.
Nec tamen ingenuam jus est servare puellam :
  Hic metus externæ corpora gentis agat.
Scilicet ut possit custos, « Ego », dicere, « feci ? »
  In laudem servi casta sit illa tui.
Rusticus est nimium, quem lædit adultera conjux,
  Et notos mores non satis urbis habet,
In qua Martigenæ non sunt sine crimine nati
  Romulus Iliades Iliadesque Remus.
Quo tibi formosam, si non nisi casta placebat ?
  Non possunt ullis ista coire modis.
Si sapis, indulge dominæ, vultusque severos
  Exue, nec rigidi jura tuere viri ;
Et cole, quos dederit (multos dabit) uxor amicos :
  Gratia sic minimo magna labore venit.
Sic poteris juvenum convivia semper inire,

nesse folâtre, et tu trouveras chez toi mille objets qui ne t'auront rien coûté.

ÉLÉGIE CINQUIÈME

ARGUMENT

Songe.

C'était la nuit, et le sommeil avait clos mes yeux fatigués, quand cette vision vint porter la terreur dans mon âme.

Sur le versant d'une colline exposée au midi était un bois sacré rempli de chênes, dont les rameaux touffus servaient d'abri à des milliers d'oiseaux. Au-dessous se déployait une plaine, revêtue du plus vert gazon, et arrosée par un ruisseau qui y roulait ses eaux avec un doux murmure.

A l'ombre d'un chêne touffu je cherchais à fuir la chaleur : la chaleur se faisait sentir à l'ombre même des chênes touffus. Voici que, broutant le gazon semé de mille fleurs diverses, une blanche génisse s'offrit à mes regards, une génisse plus blanche que la neige nouvellement tombée, et qui n'a pas encore eu le temps de se transformer en eau limpide; plus blanche que la frémissante écume du lait de la brebis qu'on vient de traire.

Et, quæ non tuleris, multa videre domi.

ELEGIA QUINTA.

ARGUMENTUM.

Somnium.

Nox erat, et somnus lassos submisit ocellos;
    Terruerunt animum talia visa meum.
Colle sub aprico celeberrimus ilice lucus
    Stabat, et in ramis multa latebat avis;
Area gramineo suberat viridissima prato,
    Uvida de guttis lene sonantis aquæ.
Ipse sub arboreis vitabam frondibus æstum :
    Fronde sub arborea sed tamen æstus erat.
Ecce, petens variis immixtas floribus herbas,
    Constitit ante oculos candida vacca meos,
Candidior nivibus, tunc quum cecidere recentes,
    In liquidas nondum quas mora vertit aquas;
Candidior, quod adhuc spumis stridentibus albet,
    Et modo siccatam, lacte, relinquit ovem.

Auprès d'elle était un taureau, son heureux époux. Il se coucha à ses côtés, sur l'épais tapis de verdure. Ainsi mollement étendu, il rumine lentement l'herbe tendre, et se repaît une seconde fois de sa première nourriture ; bientôt, le sommeil lui ôtant ses forces, je crus le voir laisser tomber à terre, ne pouvant plus la soutenir, sa tête armée de cornes.

En même temps, je vis une corneille, fendant rapidement les airs, s'abattre en croassant sur le vert gazon. Trois fois elle enfonça son bec audacieux dans le poitrail de la génisse, trois fois elle en arracha comme des flocons de neige. Celle-ci, après une longue résistance, abandonna la place et le taureau ; mais sa blanche poitrine laissait apercevoir une tache noire. Dès qu'elle vit d'autres taureaux qui paissaient au loin dans de gras pâturages (car d'autres taureaux paissaient au loin) elle courut se mêler parmi eux et prendre sa part des richesses d'un sol plus fertile.

« O toi, interprète des songes de la nuit, m'écriai-je, si le mien cache quelque vérité, dis-moi ce qu'il signifie. » Alors l'interprète des songes de la nuit, réfléchissant sur tous les détails de mon rêve, me fit cette réponse : « La chaleur dont

> Taurus erat comes huic, feliciter ille maritus;
>   Cumque sua tenerum conjuge pressit humum.
> Dum jacet, et lente revocatas ruminat herbas,
>   Atque iterum pasto pascitur ante cibo ;
> Visus erat, somno vires adimente ferendi,
>   Cornigerum terræ deposuisse caput.
> Huc levibus cornix pennis delapsa per auras
>   Venit, et in viridi garrula sedit humo,
> Terque bovis niveæ petulanti pectora rostro
>   Fodit, et albentes abstulit ore jubas.
> Illa locum taurumque diu cunctata reliquit;
>   Sed niger in vaccæ pectore livor erat.
> Utque procul vidit carpentes pabula tauros,
>   (Carpebant tauri pabula læta procul),
> Illuc se rapuit, gregibusque immiscuit illis;
>   Et petiit herbæ fertilioris opem.
> « Dic, age, nocturnæ quicumque es imaginis augur,
>   Si quid habent veri, visa quid ista ferant. »
> Sic ego : nocturnæ sic dixit imaginis augur,
>   Expendens animo singula visa suo :

tu cherchais à te garantir à l'ombre du feuillage, et que tu ne parvenais pas à éviter, c'est le feu de l'amour. La génisse, c'est ta maîtresse : ta maîtresse est blanche comme elle. Toi, tu es le taureau qui suivait sa compagne. La corneille, dont le bec aigu déchirait le poitrail de la génisse, c'est cette vieille débauchée qui corrompra le cœur de ton amante. La longue résistance de la génisse qui abandonne ensuite son taureau, c'est l'éloignement de ta maîtresse qui ne viendra plus réchauffer ta couche solitaire. La souillure et les taches noires qui déparent la poitrine de l'animal, c'est le signe de l'adultère qui flétrit le cœur de ta belle. »

A ces paroles de l'interprète, mon sang s'était enfui de mon visage glacé, et devant mes yeux s'étendit une nuit profonde.

ÉLÉGIE SIXIÈME

ARGUMENT

A un fleuve qui, grossi tout à coup d'une manière prodigieuse, s'opposait au passage du poëte, empressé de se rendre auprès de sa maîtresse.

Fleuve dont les roseaux obstruent les rives limoneuses, je vole près de ma maîtresse : arrête un moment le cours de tes

> « Quem tu mobilibus foliis vitare volebas,
> Sed male vitabas, æstus amoris erat.
> Vacca puella tua est : aptus color ille puellæ.
> Tu vir et in vacca compare taurus eras.
> Pectora quod rostro cornix fodiebat acuto,
> Ingenium dominæ lena movebit anus.
> Quod cunctata diu taurum sua vacca reliquit,
> Frigidus in viduo destituere toro.
> Livor et adverso maculæ sub pectore nigræ
> Pectus adulterii labe carere negant. »
> Dixerat interpres : gelido mihi sanguis ab ore
> Fugit, et ante oculos nox stetit alta meos.

ELEGIA SEXTA

ARGUMENTUM

Ad amnem, qui, repente et mirum in modum auctus, obstabat quo celeriter minus poeta ad amicam properaret.

Amnis, arundinibus limosas obsite ripas,
  Ad dominam propero : siste parumper aquas.

7

eaux. Tu n'as ni pont, ni barque, qui, sans rameur, me mène à l'autre rive, à l'aide seulement d'un câble.

Naguère tu étais petit, je m'en souviens : je n'ai pas craint de te franchir à pied, et la surface de tes eaux mouillait à peine mes talons. Aujourd'hui, grossi par la fonte des neiges de la montagne voisine, tu te précipites avec furie, et, dans ton lit bourbeux, tu roules des eaux profondes.

A quoi bon m'être tant pressé, avoir accordé si peu de temps au sommeil, avoir fait de la nuit le jour, s'il faut que je m'arrête ici, s'il n'y a pas moyen pour moi de mettre pied sur l'autre rive? Que n'ai-je en ce moment les ailes qu'avait le héros fils de Danaé, alors qu'il emportait la tête de Méduse, hérissée de mille serpents! que n'ai-je ici le char de Triptolème, qui, le premier, apprit aux sauvages humains l'art de confier à la terre les semences de Cérès! Ces prodiges, hélas! n'ont jamais existé que dans l'imagination des anciens poëtes : jamais homme ne les a vus, jamais homme ne les verra. Mais toi, fleuve débordé (puisse, à ce prix, ton cours être éternel!), reprends tes premières limites. Tu ne pourras, crois-moi, porter le poids de la haine publique, si l'on sait que tu as arrêté les pas d'un amant.

> Nec tibi sunt pontes, nec quæ sine remigis ictu
>   Concava trajecto cymba rudente vehat.
> Parvus eras, memini, nec te transire refugi,
>   Summaque vix talos contigit unda meos :
> Nunc ruis opposito nivibus de monte solutis,
>   Et turpi crassas gurgite volvis aquas.
> Quid properasse juvat? quid parca dedisse quieti
>   Tempora? quid nocti conseruisse diem,
> Si tamen hic standum, si non datur artibus ullis
>   Ulterior nostro ripa premenda pedi?
> Nunc ego, quas habuit pennas Danaëius heros,
>   Terribili densum quum tulit angue caput,
> Nunc opto currum, de quo Cerealia primum
>   Semina venerunt in rude missa solum.
> Prodigiosa loquor veterum mendacia vatum ;
>   Nec tulit hæc unquam, nec feret ulla dies.
> Tu potius, ripis effuse capacibus amnis,
>   (Sic æternus eas) labere fine tuo.
> Non eris invidiæ torrens, mihi crede, ferendæ,
>   Si dicar per te forte retentus amans.

Les fleuves devraient seconder les jeunes amoureux : les fleuves eux-mêmes ont senti ce que c'est que l'amour. Le pâle Inachus fut épris, dit-on, des charmes de Mélie, nymphe de Bithynie, et il brûla pour elle jusque dans ses froides eaux. Troie n'avait point encore soutenu ses dix ans de siége, ô Xanthe, lorsque Néréa fixa tes regards. Qui fit parcourir à Alphée tant de pays divers? n'est-ce point son amour pour une vierge d'Arcadie? Et toi, Pénée, lorsque Créuse était promise à Xanthe, tu l'as, dit-on, cachée dans les champs de la Phthiotide. Parlerai-je d'Asope, épris des charmes de la guerrière Thébé, Thébé qui devait donner le jour à cinq filles? Et toi, Achéloüs, si je te demande où sont aujourd'hui tes cornes, tu me diras avec douleur que la main d'Hercule en courroux les a brisées. Ce que n'eût point fait Hercule pour Calydon, ce qu'il n'eût point fait pour l'Étolie tout entière, il le fit pour la seule Déjanire. Le Nil, ce riche fleuve qui, coulant par sept embouchures, cache si bien la source de ses eaux fécondes, ne put, dit-on, dans ses gouffres profonds, éteindre la flamme dont il brûlait pour Évadné, fille d'Asope. Énipée, pour pouvoir embrasser la fille de Salmonée sans l'inonder, Énipée ordonna à

> Flumina deberent juvenes in amore juvare :
> Flumina senserunt ipsa quid esset amor.
> Inachus in Melie Bithynide pallidus isse
> Dicitur, et gelidis incaluisse vadis.
> Nondum Troja fuit lustris obsessa duobus,
> Quum rapuit vultus, Xanthe, Neæra tuos.
> Quid? non Alpheon diversis currere terris
> Virginis Arcadiæ certus adegit amor?
> Te quoque promissam Xantho, Penee, Creüsam
> Phthiotum terris occuluisse ferunt.
> Quid referam Asopon, quem cepit Martia Thebe,
> Natarum Thebe quinque futura parens
> Cornua si tua nunc ubi sint, Acheloë, requiram,
> Herculis irata fracta querere manu.
> Nec tanti Calydon, nec tota Ætolia tanti ;
> Una tamen tanti Deïanira fuit.
> Ille fluens dives septena per ostia Nilus,
> Qui patriam tantæ tam bene celat aquæ,
> Fertur in Evadne collectam Asopide flammam
> Vincere gurgitibus non potuisse suis.
> Siccus ut amplecti Salmonida posset Enipeus,

ses eaux de se retirer, et, à son ordre, les eaux se retirèrent. Je ne t'oublierai point non plus, toi qui, fuyant à travers des rocs que tu as creusés, arroses de tes eaux écumeuses les champs de l'Argienne Tibur; ni toi à qui plut Ilia, toute négligée qu'elle fût dans sa parure, après s'être arraché les cheveux et meurtri le visage avec ses ongles. Pleurant le sacrilége de son oncle et l'attentat de Mars, elle errait, pieds nus, dans les endroits solitaires. Du sein de ses ondes rapides, le fleuve généreux l'aperçut, et, élevant la tête au-dessus de ses flots : « Pourquoi, lui dit-il d'une voix sonore, errer sur mes rives d'un air inquiet, Ilia, issue du sang de l'Idéen Laomédon? Qu'as-tu fait de ta parure? où diriges-tu tes pas solitaires? pourquoi la blanche bandelette ne retient-elle plus tes cheveux en désordre? pourquoi pleurer et flétrir par ces larmes l'éclat de tes yeux? pourquoi, dans ton délire, te frapper ainsi la poitrine? Celui-là a un cœur ou de roche ou de bronze, qui peut voir, sans en être ému, un charmant visage arrosé de pleurs. Ilia, cesse de craindre : mon palais sera ouvert pour toi : mes ondes te protégeront : Ilia, cesse de craindre. Au milieu de cent nymphes et plus, tu seras seule reine : car cent nymphes

Cedere jussit aquam; jussa recessit aqua.
Nec te prætereo, qui, per cava saxa volutans,
 Tiburis Argei spumifer arva rigas,
Ilia cui placuit, quamvis erat horrida cultu,
 Ungue notata comas, ungue notata genas.
Illa, gemens patruique nefas delictaque Martis,
 Errabat nudo per loca sola pede :
Hanc amnis rapidis animosus vidit ab undis,
 Raucaque de mediis sustulit ora vadis,
Atque ita : « Quid nostras, » dixit, « teris anxia ripas,
 Ilia, ab Idæo Laomedonte genus?
Quo cultus abiere tui? quid sola vagaris?
 Vitta nec evinctas impedit alba comas?
Quid fles et madidos lacrymis corrumpis ocellos,
 Pectoraque insana plangis aperta manu?
Ille habet et silices et vivum in pectore ferrum,
 Qui tenero lacrymas lentus in ore videt.
Ilia, pone metus : tibi regia nostra patebit,
 Teque colent amnes : Ilia, pone metus.
Tu centum, aut plures, inter dominabere Nymphas :

et plus habitent au fond de mes eaux. Ne me dédaigne point, c'est tout ce que je te demande, illustre rejeton de Troie. Mes présents seront au-dessus de mes promesses. »

Il avait dit; et Ilia, les yeux fixés humblement vers la terre, arrosait de larmes son sein ému. Trois fois elle essaya de fuir; trois fois elle s'arrêta sur le bord des eaux profondes, la crainte lui ôtant la force de courir. A la fin, cependant, s'arrachant les cheveux d'une main ennemie, elle laissa s'échapper de sa bouche tremblante ces lamentables paroles : « Oh! plût au ciel que mes os eussent été recueillis et renfermés dans le tombeau de ma famille, quand ils étaient encore ceux d'une vierge! Pourquoi m'inviter à l'hymen, moi, vestale hier, fille infâme aujourd'hui, indigne désormais de veiller au feu sacré d'Ilion? Qu'attends-je encore? déjà l'on me montre au doigt comme une adultère. Périsse avec moi la pudeur qui ne me permet plus de lever les yeux sans rougir! » Elle dit; et, couvrant de sa robe ses beaux yeux pleins de larmes, elle se précipite en désespérée au milieu des flots. Le Fleuve la soutint, dit-on, en portant amoureusement la main sous sa poitrine, et l'admit à titre d'épouse dans son lit.

> Nam centum, aut plures, flumina nostra tenent.
> Ne me sperne, precor, tantum, Trojana propago :
> Munera promissis uberiora feres. »
> Dixerat : illa, oculos in humum dejecta modestos,
> Spargebat tepidos flebilis imbre sinus.
> Ter molita fugam, ter ad altas restitit undas,
> Currendi vires eripiente metu.
> Sera tamen scindens inimico pollice crinem,
> Edidit indignos ore tremente sonos :
> « O utinam mea lecta forent patrioque sepulcro
> Condita, dum poterant virginis ossa legi!
> Cur modo Vestalis tædas invitor ad ullas
> Turpis et Iliacis inficianda focis?
> Quid moror? en digitis designor adultera vulgi :
> Desit famosus, qui notet ora, pudor. »
> Hactenus; et vestem tumidis prætendit ocellis,
> Atque ita se in rapidas perdita misit aquas.
> Supposuisse manus ad pectora lubricus amnis
> Dicitur et socii jura dedisse tori.
> Te quoque credibile est aliqua caluisse puella ;

Toi-même, il est probable que tu as aussi brûlé pour quelque belle : mais les bois, les forêts, sont là pour tenir vos crimes cachés. Pendant que je parle, tes flots vont grossissant toujours, et ton lit, tout large qu'il est déjà, ne suffit plus à contenir les eaux qui y affluent de toutes parts. Qu'ai-je à démêler avec toi, fleuve furieux? pourquoi différer les plaisirs de deux amants? pourquoi m'arrêter si brutalement au milieu de ma course? Si au moins tu coulais, ne devant qu'à toi tes flots orgueilleux, et fier d'un nom que connût l'univers entier! un nom... tu n'en as point : tes ondes, tu les dois à de misérables ruisseaux. Tu n'as jamais eu ni source, ni demeure certaine. Ta source, à toi, ce sont les pluies et les neiges fondues, richesses que tu dois au paresseux hiver. Ou tu roules des eaux bourbeuses pendant la saison des frimas, ou ton lit n'est pendant l'été qu'un sillon aride et poudreux. Quel voyageur a jamais pu alors y trouver assez d'eau pour étancher sa soif, et te dire dans sa reconnaissance : « Puisse ton cours être éternel ! »

Ton cours, il est funeste aux troupeaux, plus funeste encore aux campagnes. D'autres, peut-être, seront sensibles à ces maux : je ne le suis, moi, qu'à ceux que j'endure. Insensé que je suis, je lui racontais les amours des fleuves! j'ai honte

Sed nemora et silvæ crimina vestra tegunt.
Dum loquor, increvit vastis spatiosius undis,
  Nec capit admissas alveus altus aquas.
Quid mecum, furiose, tibi? quid mutua differs
  Gaudia? quid cœptum, rustice, rumpis iter?
Quid, si legitimum flueres, si nobile flumen;
  Si tibi per terras maxima fama foret?
Nomen habes nullum, rivis collecte caducis;
  Nec tibi sunt fontes, nec tibi certa domus.
Fontis habes instar pluviamque nivesque solutas,
  Quas tibi divitias pigra ministrat hiems.
Aut lutulentus agis brumali tempore cursus,
  Aut premis arentem pulverulentus humum.
Quis te tum potuit sitiens haurire viator?
  Quis grata dixit voce : « Perennis eas? »
Damnosus pecori curris, damnosior agris.
Forsitan hæc alios, me mea damna movent.
Huic ego væ! demens narrabam fluminum amores!

d'avoir prononcé de si grands noms devant un si pauvre ruisseau. A quoi pensai-je donc, en citant devant lui les noms d'Achéloüs et d'Inachus, et le tien, Nil aux larges ondes?

Pour toi, torrent bourbeux, tu le mérites bien, puisses-tu ne voir que des étés brûlants et des hivers toujours secs!

ÉLÉGIE SEPTIÈME

ARGUMENT

Contre lui-même, pour être resté en défaut auprès de sa maîtresse.

Mais elle n'est donc ni belle ni attrayante, cette jeune fille ! Mais elle n'a donc pas été assez longtemps l'objet de mes vœux ! O honte ! je l'ai tenue dans mes bras en pure perte : sur son lit je suis resté, tel qu'une masse inerte, sans force et sans action. Malgré tous mes désirs, malgré les désirs de ma belle, je n'ai pu réveiller chez moi l'organe épuisé du plaisir. Elle eut beau passer autour de mon cou ses bras d'ivoire, plus blancs que la neige de Thrace ; elle eut beau, de sa langue amoureuse, lutter

Jactasse indigno nomina tanta pudet.
Nescio quid spectans, Acheloon et Inachon amnes,
  Et potui nomen, Nile, referre tuum.
At tibi pro meritis opto, non candide torrens,
  Sint rapidi soles siccaque semper hiems.

ELEGIA SEPTIMA

ARGUMENTUM

In se ipsum, quod sibi apud amicam defuerit.

At non formosa est, at non bene culta puella,
  At, puto, non votis sæpe petita meis !
Hanc tamen in nullos tenui male languidus usus,
  Sed jacui pigro crimen onusque toro;
Nec potui cupiens, pariter cupiente puella,
  Inguinis effeti parte juvante frui.
Illa quidem nostro subjecit eburnea collo
  Brachia, Sithonia candidiora nive,
Osculaque inseruit cupidæ luctantia linguæ.
  Lascivum femori supposuitque femur,

contre ma langue avide, et glisser sous ma cuisse sa cuisse lascive; elle eut beau me prodiguer les noms les plus tendres, m'appeler son vainqueur, ajouter tout ce qu'on répète en pareil cas pour exciter la passion, mon organe engourdi, comme s'il eût été frotté de la froide ciguë, ne sut point remplir son devoir. Je suis resté comme un tronc sans vigueur, comme une statue, comme une masse inutile, au point qu'elle a pu douter si j'étais un corps ou une ombre.

Que ferai-je dans ma vieillesse, en supposant que j'y arrive, puisque ma jeunesse se trouve ainsi en défaut? hélas! j'ai honte de mon âge : je suis jeune, je suis homme, et je n'ai pu prouver à ma maîtresse que je suis jeune, que je suis homme. Elle a quitté son lit telle que la pieuse prêtresse qui veille à la garde du feu éternel de Vesta, telle qu'une chaste sœur quittant un frère chéri. Naguère, cependant, deux fois j'acquittai ma dette avec la blonde Chië; trois fois avec la blanche Pitho, trois fois aussi avec Libas; et, pressé par Corinne, dans une courte nuit, neuf fois, je m'en souviens, j'ai livré le combat.

Est-ce la vertu magique d'un poison thessalien qui engourdit aujourd'hui mes membres? est-ce un enchantement, une herbe vénéneuse, qui me réduit à un si triste état? ou bien une sor-

> Et mihi blanditias dixit, Dominumque vocavit,
> Et quæ præterea publica verba juvant :
> Tacta tamen veluti gelida mea membra cicuta
> Segnia propositum destituere suum.
> Truncus iners jacui, species et inutile pondus,
> Nec satis exactum est, corpus an umbra forem.
> Quæ mihi ventura est, siquidem ventura, senectus,
> Quum desit numeris ipsa juventa suis?
> Ah! pudet annorum, quod me juvenemque virumque
> Nec juvenem nec me sensit amica virum.
> Sic flammas aditura pias æterna sacerdos
> Surgit, et a caro fratre verenda soror.
> At nuper bis flava Chie, ter candida Pitho,
> Ter Libas officio continuata meo;
> Exigere a nobis angusta nocte Corinnam,
> Me memini numeros sustinuisse novem.
> Num mea Thessalico languent devota veneno
> Corpora? num misero carmen et herba nocent?
> Sagave punicea defixit nomina cera,

cière aurait-elle gravé mon nom sur de la cire rouge, et m'aurait-elle enfoncé une aiguille dans le foie? Les trésors de Cérès, frappés par un enchantement, ne sont bientôt plus qu'une herbe stérile; frappées par un enchantement, les sources d'eau vive tarissent; sous le poids d'un enchantement, le gland se détache du chêne, la grappe tombe de la vigne, et les fruits quittent l'arbre sans qu'on le secoue. Qui empêche que l'art magique ne paralyse aussi les nerfs? Peut-être est-ce à lui que je dois d'avoir été de glace. A cela ajoutez la honte; oui, la honte elle-même m'ôtait mes moyens; elle fut la seconde cause de mon impuissance.

Quelle beauté pourtant s'offrait à mes regards, à mes attouchements! car je la touchais comme la tunique qui la couvre. Le roi de Pylos, à ce doux contact, aurait pu rajeunir, et Tithon se serait senti des forces au-dessus de son âge. Je trouvai en elle une femme : elle ne trouva point en moi un homme. A quels vœux nouveaux, à quelle prière recourir aujourd'hui? Sans doute, après le honteux usage que j'en ai fait, les dieux se sont repentis de m'avoir accordé un si rare présent.

Je brûlais d'être admis auprès de cette belle; j'y ai été admis; de lui donner des baisers; je lui en ai donné; d'obtenir

    Et medium tenues in jecur egit acus?
Carmine læsa Ceres sterilem vanescit in herbam ;
    Deficiunt læsæ carmine fontis aquæ ;
Ilicibus glandes cantataque vitibus uva
    Decidit, et nullo poma movente fluunt.
Quid vetat et nervos magicas torpere per artes?
    Forsitan impatiens fit latus inde meum.
Huc pudor accessit : facti pudor ipse nocebat :
    Ille fuit vitii causa secunda mei.
At qualem vidi, qualem tetigique puellam !
    Sic etiam tunica tangitur ipsa sua.
Illius ad tactum Pylius juvenescere possit,
    Tithonosque annis fortior esse suis.
Hæc mihi contigerat; sed vir non contigit illi.
    Quas nunc concipiam per nova vota preces?
Credo etiam magnos, quo sum tam turpiter usus,
    Muneris oblati pœnituisse Deos.
Optabam certe recipi; sum nempe receptus :
    Oscula ferre : tuli : proximus esse : fui.

toutes ses faveurs; je les ai obtenues. A quoi m'a servi d'être si heureux? d'être roi sans régner? Avare au milieu des richesses, je n'ai eu de tant de trésors que la possession et non la jouissance! Ainsi brûle de soif, au milieu des eaux, l'indiscret Tantale; ainsi il voit autour de lui des fruits qu'il n'atteindra jamais; ainsi le mari quitte le matin sa tendre épouse, pour s'approcher saintement de l'autel des dieux.

Mais peut-être elle ne m'a point prodigué ses baisers les plus doux et les plus brûlants; peut-être elle n'a point mis tout en œuvre pour me stimuler. Les plus robustes chênes, le diamant le plus dur, les plus âpres rochers, elle eût pu les animer par ses caresses. Elle eût pu émouvoir tout être doué de la vie, tout ce qui est homme; mais alors je n'étais ni un être vivant, ni un homme. Quel plaisir feraient à un sourd les chants de Phémius? quel plaisir un tableau ferait-il au malheureux Thamyras?

Quelles joies, cependant, ne m'étais-je pas en secret promises! quelle série de plaisirs, quelle variété de jouissances n'avais-je pas imaginée! et mes membres, ô honte! sont restés comme morts, plus languissants que la rose cueillie de la veille. A présent les voilà, il est bien temps, qui se raidissent et qui

> Quo mihi fortunæ tantum? quo regna sine usu?
> Quid nisi possedi dives avarus opes?
> Sic aret mediis taciti vulgator in undis,
> Pomaque, quæ nullo tempore tangat, habet;
> A tenera quisquam sic surgit mane puella,
> Protinus ut sanctos possit adire Deos.
> Sed non blanda, puto, non optima perdidit in me
> Oscula; non omni sollicitavit ope.
> Illa graves potuit quercus, adamantaque durum,
> Surdaque blanditiis saxa movere suis :
> Digna movere fuit certe vivosque virosque;
> Sed neque tum vixi, nec vir, ut ante, fui.
> Quid juvet, ad surdas si cantet Phemius aures?
> Quid miserum Thamyran picta tabella juvet?
> At quæ non tacita formavi gaudia mente!
> Quos ego non finxi disposuique modos!
> Nostra tamen jacuere, velut præmortua, membra
> Turpiter, hesterna languidiora rosa;
> Quæ nunc ecce rigent intempestiva, valentque :

reviennent à la vie; les voilà qui demandent à agir et à reprendre leur service. Que ne restes-tu engourdie de honte, ô partie la plus vile de moi-même? c'est ainsi que j'ai été dupe de tes promesses. Par toi ma maîtresse a été trompée, par toi je me suis trouvé en défaut, par toi j'ai éprouvé le plus sensible affront, le plus grave dommage.

Et cependant ma belle ne dédaigna pas de l'aiguillonner avec sa main délicate : mais, voyant que tout son art n'y peut rien, que l'organe, oubliant son ancienne fierté, s'obstine à retomber impuissant sur lui-même : « Pourquoi, dit-elle, te joues-tu de moi? Qui te forçait, insensé, à venir malgré toi t'étendre sur ma couche? ou bien une magicienne d'Éa, avec son aiguille et sa laine, t'a ensorcelé; ou tu sors épuisé des bras d'une autre. »

A l'instant elle s'élança du lit, à peine vêtue de sa tunique légère, et n'hésita point à s'enfuir nu-pieds; et ne voulant pas que ses femmes se doutassent qu'elle sortait intacte du combat, elle prit de l'eau, pour dissimuler cet affront.

> Nunc opus exposcunt militiamque suam.
>   Quin istic pudibunda jaces, pars pessima nostri?
>   Sic sum pollicitis captus et ante tuis.
> Tu dominam fallis ; per te deprensus inermis
>   Tristia cum magno damna pudore tuli.
> Hanc etiam non est mea dedignata puella
>   Molliter admota sollicitare manu ;
> Sed postquam nullas consurgere posse per artes,
>   Immemoremque sui procubuisse videt :
> « Quid me ludis, » ait? « quis te, male sane, jubebat
>   Invitum nostro ponere membra toro ?
> Aut te trajectis Ææa venefica lanis
>   Devovet, aut alio lassus amore venis. »
> Nec mora ; desiluit tunica vela recincta ;
>   Et decuit nudos proripuisse pedes ;
> Neve suæ possent intactam scire ministræ,
>   Dedecus hoc sumta dissimulavit aqua.

ÉLÉGIE HUITIÈME

ARGUMENT

A sa maîtresse, qui lui avait préféré un amant plus riche qu'il n'était.

Et qui comptera maintenant les beaux-arts pour quelque chose? Qui accordera quelque valeur à de tendres vers? Le génie était autrefois plus précieux que l'or : c'est être plus que barbare aujourd'hui que de ne rien avoir. Mes livres ont eu le bonheur de plaire à ma maîtresse : l'avantage d'être admis auprès d'elle, ils l'ont eu, et moi je ne l'ai pas. Après avoir donné force éloges au poëte, elle a, malgré ces éloges, fermé sa porte au poëte. Avec tout l'esprit qu'on m'accorde, on me laisse, confus, errer à l'aventure. Voit-on un riche parvenu, qui doive sa fortune à ses blessures, et son titre de chevalier au sang dont il s'est repu, on le préfère à moi.

Peux-tu bien, insensée, l'entourer de tes beaux bras? peux-tu bien, insensée, te jeter dans les siens? si tu l'ignores, un casque recouvrait naguère cette tête; un glaive pendait à ce flanc qui t'est si dévoué. Sa main gauche, à laquelle sied mal

ELEGIA OCTAVA.

ARGUMENTUM

Ad puellam, quæ ditiorem Ovidio amatorem prætulerat.

Et quisquam ingenuas etiamnum suspicit artes,
   Aut tenerum dotes carmen habere putat?
Ingenium quondam fuerat pretiosius auro ;
   At nunc barbaries grandis, habere nihil.
Quum pulchre nostri dominæ placuere libelli,
   Quo licuit libris, non licet ire mihi.
Quum bene laudavit, laudato janua clausa est :
   Turpiter huc illuc ingeniosus eo.
Ecce recens dives parto per vulnera censu
   Præfertur nobis, sanguine pastus eques.
Hunc potes amplecti formosis, stulta, lacertis?
   Hujus in amplexus, stulta, venire potes?
Si nescis, galeam caput hoc portare solebat;
   Ense latus cinctum, quod tibi servit, erat;

cet anneau d'or, a porté un bouclier : touche sa main droite, elle s'est baignée dans le sang. Cette main homicide, peux-tu bien la toucher? Qu'est devenue, hélas! la tendresse de ton cœur? Compte ces cicatrices, signes de ses anciens combats : c'est au prix de son sang qu'il a acquis ce qu'il possède. Peut-être il te racontera combien d'hommes il a égorgés; et toi, avare, tu touches des mains aussi cruelles! Et moi, prêtre innocent d'Apollon et des Muses, j'adresse des vers inutiles à ta porte inflexible!

Apprenez, vous qui êtes sages, non pas à savoir ce que nous savons en pure perte, mais à suivre les camps tumultueux et la carrière des combats. Au lieu d'être un poëte de génie, soyez primipile. Avec ce titre seulement, tu pourrais, si tu le voulais, Homère, obtenir les faveurs de la beauté. Jupiter, qui savait que rien n'est plus puissant que l'or, fut lui-même le prix d'une vierge séduite. Tant qu'il ne donna rien, il trouva un père intraitable, une fille inflexible, des portes de fer, une tour d'airain : mais quand le séducteur mieux avisé se montra sous la forme d'un présent, la belle découvrit son sein, et, invitée à se soumettre, se soumit.

> Læva manus, cui nunc serum male convenit aurum,
>   Scuta tulit; dextram tange, cruenta fuit.
> Qua periit aliquis, potes hanc contingere dextram?
>   Heu! ubi mollities pectoris illa tui?
> Cerne cicatrices, veteris vestigia pugnæ :
>   Quæsitum est illi corpore, quidquid habet.
> Forsitan et, quoties hominem jugulaverit, ille
>   Indicet : hoc fassas tangis, avara, manus!
> Ille ego Musarum purus Phœbique sacerdos,
>   Ad rigidas canto carmen inane fores!
> Discite, qui sapitis, non quæ nos scimus inertes,
>   Sed trepidas acies et fera castra sequi;
> Proque bono versu primum deducite pilum :
>   Hoc tibi, si velles, posset, Homere, dari.
> Jupiter, admonitus nihil esse potentius auro,
>   Corruptæ pretium virginis ipse fuit.
> Dum merces aberat, durus pater, ipsa severa,
>   Ærati postes, ferrea turris erat :
> Sed postquam sapiens in munera venit adulter,
>   Præbuit ipsa sinus, et, dare jussa, dedit.

Il en était bien autrement sous le règne du vieux Saturne : tous les métaux étaient profondément ensevelis dans les entrailles de la terre ; l'airain comme l'argent, et l'or comme le fer, touchaient à l'empire des Mânes ; on ne voyait point de trésors entassés ; mais ceux que donnait la terre étaient plus précieux ; c'étaient de riches moissons sans culture, des fruits en abondance et un miel pur déposé dans le creux des chênes. On ne se fatiguait point à sillonner les champs avec la charrue : point d'arpenteur qui vînt y tracer des limites : point de rameurs qui fouettassent les flots soulevés de la mer : ses rivages étaient, pour les mortels, les bornes infranchissables du monde.

C'est contre toi, ô homme, que tu as tourné ton industrie : tu as été trop ingénieux à te créer mille maux. Qu'as-tu gagné à entourer les villes de murailles et de tours ? qu'as-tu gagné à armer l'une contre l'autre des mains ennemies ? Dis, qu'avais-tu à démêler avec la mer ? la terre pouvait te suffire. Un troisième royaume à conquérir, c'est le ciel : que ne l'attaques-tu ? Que dis-je ? tu aspires, autant qu'il est en toi, à y atteindre. Quirinus, Bacchus, Alcide, et César après eux, ont chacun leur temple.

Nous fouillons la terre pour en tirer l'or massif au lieu de

> At quum regna senex cœli Saturnus haberet,
> Omne lucrum tenebris alta premebat humus,
> Æraque et argentum cumque auro pondera ferri
> Manibus admorat, nullaque massa fuit.
> At meliora dabat : curvo sine vomere fruges,
> Pomaque, et in quercu mella reperta cava.
> Nec valido quisquam terras scindebat aratro ;
> Signabat nullo limite mensor humum ;
> Non freta demissi verrebant eruta remi :
> Ultima mortali tum via litus erat.
> Contra te solers, hominum Natura, fuisti,
> Et nimium damnis ingeniosa tuis.
> Quo tibi, turritis incingere mœnibus urbes ?
> Quo tibi, discordes addere in arma manus ?
> Quid tibi cum pelago ? terra contenta fuisses.
> Cur non et cœlum, tertia regna, petis ?
> Qua licet, affectas cœlum quoque : templa Quirinus,
> Liber, et Alcides, et modo Cæsar, habent.
> Eruimus terra solidum pro frugibus aurum

moissons. Le soldat possède des trésors acquis au prix de son sang. Le sénat est fermé aux pauvres ; la richesse donne les honneurs. C'est elle encore qui donne tant de gravité au juge, tant de fierté au chevalier. Qu'eux seuls possèdent tout ; qu'ils disposent en souverains du Champ-de-Mars et du Forum ; qu'ils gardent pour eux le droit de décider la paix ou la guerre ! Que du moins leur cupidité n'aille pas jusqu'à nous ravir nos amours. Tout ce qu'on leur demande, c'est qu'ils permettent aux pauvres d'avoir quelque chose.

Mais, aujourd'hui, une femme, fût-elle aussi inflexible que les Sabines, est traitée en pays conquis par quiconque est à même de donner beaucoup. Le gardien de la belle me repousse ; elle-même redoute pour moi son mari. Que je montre de l'or, plus de gardien, plus de mari dans toute la maison. Oh ! s'il existe un dieu vengeur des affronts d'un amant, qu'il réduise en poussière des richesses si mal acquises !

ÉLÉGIE NEUVIÈME

ARGUMENT

Sur la mort de Tibulle.

Si la mère de Memnon, si la mère d'Achille ont pleuré la

> Possidet inventas sanguine miles opes.
> Curia pauperibus clausa est : dat census honores ;
> Inde gravis judex ; inde severus eques.
> Omnia possideant : illis Campusque Forumque
> Serviat : hi pacem crudaque bella gerant :
> Tantum ne nostros avidi prædentur amores ;
> Et satis est, aliquid pauperis esse sinant.
> At nunc, exæquet tetricas licet illa Sabinas,
> Imperat ut captæ, qui dare multa potest.
> Me prohibet custos : in me timet illa maritum.
> Si dederim, tota cedet uterque domo.
> O si neglecti quisquam Deus ultor amantis,
> Tam male quæsitas pulvere mutet opes !

ELEGIA NONA

ARGUMENTUM

In Tibulli mortem.

Memnona si mater, mater ploravit Achillem,

mort de leurs fils; si les plus grandes déesses ne sont point insensibles aux coups du sort, toi, aussi, plaintive Élégie, laisse tomber tes cheveux en désordre. Ton nom, hélas! ne te conviendra jamais mieux qu'en ce moment.

Ce poëte que tu inspirais et qui fut ta gloire, Tibulle n'est plus qu'un corps sans vie, que la flamme du bûcher va consumer. Regarde, le fils de Vénus porte son carquois renversé, les débris de son arc et ses flambeaux éteints. Vois comme il marche triste, les ailes abaissées; comme il frappe d'une main cruelle sa poitrine nue. Ses larmes se répandent sur les cheveux épars qui flottent sur son cou; sa bouche fait entendre des sanglots entrecoupés. Tel, pour assister aux funérailles d'Énée son frère, il sortit de ton palais, charmant Iule. Vénus elle-même ne fut pas moins émue à la mort de Tibulle qu'à celle de son jeune amant, quand elle le vit déchiré par un sanglier farouche.

Et pourtant, nous autres poëtes, on nous appelle des êtres sacrés, les favoris des dieux. Il en est même qui nous regardent comme ayant en nous quelque chose de divin. Eh bien, l'impitoyable mort profane tout ce qu'il y a de sacré, jette sur tous son invisible main. Que servirent à Orphée l'Ismarien et

> Et tangunt magnas tristia fata Deas;
> Flebilis indignos, Elegeïa, solve capillos.
>   Ah! nimis ex vero nunc tibi nomen erit!
> Ille tui vates operis, tua fama, Tibullus
>   Ardet in exstructo, corpus inane, rogo.
> Ecce puer Veneris fert eversamque pharetram,
>   Et fractos arcus et sine luce facem.
> Adspice demissis ut eat miserabilis alis,
>   Pectoraque infesta tundat aperta manu.
> Excipiunt sparsi lacrymas per colla capilli,
>   Oraque singultu concutiente sonant.
> Fratris in Æneæ sic illum funere dicunt
>   Egressum tectis, pulcher Iule, tuis.
> Nec minus est confusa Venus moriente Tibullo,
>   Quam juveni rupit quum ferus inguen aper.
> At sacri vates et Divûm cura vocamur :
>   Sunt etiam, qui nos numen habere putent.
> Scilicet omne sacrum mors importuna profanat;
>   Omnibus obscuras injicit illa manus.
> Quid pater Ismario, quid mater profuit Orpheo?

son père et sa mère? Que lui servit d'avoir dompté et rendu sensibles à ses chants les animaux les plus farouches? Linus devait le jour au même père, et Linus fut, dit-on, pleuré sur la lyre au fond des forêts. Ajoutez le chantre de Méonie, cette source intarissable où viennent puiser et s'inspirer les poëtes. Lui aussi il a eu son dernier jour, qui l'a précipité au fond du noir Averne. Les vers seuls échappent aux flammes de l'avide bûcher. L'œuvre du poëte est impérissable : toujours on parlera du siége d'Ilion et de cette toile fameuse, qui, grâce à une ruse nocturne, demeura si longtemps inachevée. Ainsi le nom de Némésis, ainsi le nom de Délie sera éternel : l'une, dernière amante de Tibulle, et l'autre, son premier amour.

A quoi vous servent les sacrifices offerts aux dieux? à quoi vous servent les sistres égyptiens? à quoi vous sert de n'avoir admis personne dans votre couche? Quand je vois les plus vertueux enlevés par un destin cruel, pardonnez-moi cet aveu, je suis tenté de croire qu'il n'existe point de dieux. Vivez pieux; malgré votre piété, vous mourrez; honorez la religion; l'impitoyable mort vous arrachera des temples, tout religieux que vous êtes, pour vous précipiter dans le tombeau. Comptez sur votre génie poétique; voici Tibulle gisant : d'un si grand

  Carmine quid victas obstupuisse feras?
 Ælinon in silvis idem pater, Ælinon, altis
  Dicitur invita concinuisse lyra.
 Adjice Mæoniden, a quo, ceu fonte perenni,
  Vatum Pieriis ora rigantur aquis :
Hunc quoque summa dies nigro submersit Averno.
  Diffugiunt avidos carmina sola rogos.
 Durat opus vatum, Trojani fama laboris,
  Tardaque nocturno tela retexta dolo.
 Sic Nemesis longum, sic Delia nomen habebunt,
  Altera cura recens, altera primus amor.
 Quid vos sacra juvant? quid nunc Ægyptia prosunt
  Sistra? quid in vacuo secubuisse toro?
 Quum rapiant mala fata bonos (ignoscite fasso),
  Sollicitor nullos esse putare Deos.
 Vive pius; moriere pius : cole sacra; colentem
  Mors gravis a templis in cava busta trahet.
 Carminibus confide bonis : jacet ecce Tibullus;

poëte à peine reste-t-il de quoi remplir l'urne la plus petite.

Quoi! c'est toi, poëte sacré, que vient de consumer la flamme du bûcher! et elle n'a pas craint de se repaître de tes entrailles! Elle aurait pu consumer les temples dorés des plus augustes dieux, cette flamme qui fut envers toi si coupable. La déesse du mont Éryx détourna ses regards; on dit même qu'elle ne put retenir ses larmes.

Et pourtant le sort du poëte était moins à plaindre que si, mort dans le pays des Phéaciens, il eût été enterré sans honneur et inconnu. Ici du moins une mère a fermé ses yeux couverts des ombres de la mort, et porté ses derniers dons aux cendres de son fils. Ici du moins une sœur a partagé la douleur de sa malheureuse mère, et, se déchirant les cheveux, est venue pleurer sur lui. Némésis et Délie ont toutes deux donné à tes lèvres un dernier baiser, et n'ont point laissé un instant ton bûcher abandonné. Délie disait en s'éloignant : « C'est moi que ton amour a rendue plus heureuse : tu vivais, alors que j'étais l'objet de ta flamme. — Que dis-tu? reprit Némésis. Est-ce à toi à pleurer la perte que j'ai faite? C'est moi qu'en mourant il a pressée de sa main défaillante. »

Vix manet e tanto parva quod urna capit.
Te ne, sacer Vates, flammæ rapuere rogales,
  Pectoribus pasci nec timuere tuis?
Aurea sanctorum potuissent templa Deorum
  Urere, quæ tantum sustinuere nefas.
Avertit vultus, Erycis quæ possidet arces;
  Sunt quoque qui lacrymas continuisse negent.
Sed tamen hoc melius, quam si Phæacia tellus
  Ignotum vili supposuisset humo.
Hinc certe madidos fugientis pressit ocellos
  Mater, et in cineres ultima dona tulit :
Hinc soror in partem misera cum matre doloris
  Venit, inornatas dilaniata comas;
Cumque tuis sua junxerunt Nemesisque priorque
  Oscula, nec solos destituere rogos.
Delia discedens : « Felicius » inquit « amata
  Sum tibi : vixisti, dum tuus ignis eram. »
Cui Nemesis, « quid ais? tibi sint mea damna dolori?
  Me tenuit moriens deficiente manu. »

Si pourtant il reste de nous quelque autre chose qu'un nom et une ombre, Tibulle habitera dans les riants vallons de l'Élysée. Viens au-devant de lui, le front couronné de lierre, viens-y avec ton cher Calvus, jeune et docte Catulle. Et toi aussi, si c'est à tort que l'on t'accuse d'avoir offensé un ami, viens-y, Gallus, prodigue de ton sang et de ta vie.

Voilà les ombres que doit rejoindre la tienne, si toutefois l'ombre d'un corps est quelque chose : car à leurs chants d'amour tu as uni les tiens, élégant Tibulle. Puissent tes os reposer tranquilles et en sûreté dans l'urne! puisse la terre n'être point pesante à ta cendre!

ÉLÉGIE DIXIÈME

ARGUMENT

A Cérès : il se plaint qu'il ne lui soit pas permis d'assister à ses mystères avec sa maîtresse.

Voici l'anniversaire des fêtes de Cérès : la jeune beauté repose seule dans son lit non partagé. Blonde Cérès, dont la fine chevelure est couronnée d'épis, pourquoi donc, le jour de ta fête,

Si tamen e nobis aliquid, nisi nomen et umbra,
  Restat, in Elysia valle Tibullus erit.
Obvius huic venias, hedera juvenilia cinctus
  Tempora, cum Calvo, docte Catulle, tuo;
Tu quoque, si falsum est temerati crimen amici,
  Sanguinis atque animæ prodige, Galle, tuæ.
His comes umbra tua est ; si quid modo corporis umbra est :
  Auxisti numeros, culte Tibulle, pios.
Ossa quieta, precor, tuta requiescite in urna :
  Et sit humus cineri non onerosa tuo.

ELEGIA DECIMA

ARGUMENTUM

Ad Cererem : queritur quod illius sacris cum amica interesse sibi non liceat.

Annua venerunt Cerealis tempora sacri :
  Secubat in vacuo sola puella toro.
Flava Ceres, tenues spicis redimita capillos,
  Cur inhibes sacris commoda nostra tuis?

nous interdis-tu le plaisir? partout, ô déesse, les nations parlent de ta munificence, et nulle autre divinité n'est plus propice aux mortels.

Avant toi, les grossiers habitants des campagnes ne cuisaient pas de pain, et l'aire était un nom inconnu chez eux. Mais les chênes, premiers oracles, produisaient le gland : le gland et l'herbe tendre étaient toute la nourriture des mortels. Cérès, la première, leur apprit à confier à la terre le grain qui devait y grossir, et à moissonner avec la faucille les épis dorés ; la première elle força les taureaux à porter le joug, et fendit, avec la dent recourbée de la charrue, la terre trop longtemps oisive. Qui pourrait croire, après cela, qu'elle aime à voir couler les larmes des amants, et qu'elle soit honorée par leurs tourments et leur continence? Non certes, pour se plaire à la vie active des champs, elle n'en a point la rudesse, et son cœur n'est point fermé à l'amour. J'en prends à témoin les Crétois, et tout n'est point pure fable dans cette Crète si fière d'avoir nourri Jupiter. C'est là que fut élevé le souverain de l'empire céleste : c'est là qu'il suça de ses lèvres enfantines un lait bienfaisant. Les témoins sont ici dignes de foi : leur nourrisson est le garant de

Te, Dea, munificam gentes ubicumque loquuntur,
  Nec minus humanis invidet ulla bonis.
Ante, nec hirsuti torrebant farra coloni,
  Nec notum terris area nomen erat.
Sed glandem quercus, oracula prima, ferebant :
  Hæc erat et teneri cespitis herba cibus.
Prima Ceres docuit turgescere semen in agris,
  Falce coloratas subsecuitque comas;
Prima jugo tauros supponere colla coegit,
  Et veterem curvo dente revellit humum.
Hanc quisquam lacrymis lætari credit amantum,
  Et bene tormentis secubituque coli?
Nec tamen est, quamvis agros amet illa feraces,
  Rustica, nec viduum pectus amoris habet.
Cretes erunt testes; nec fingunt omnia Cretes,
  Cretes, nutrito terra superba Jove.
Illic, sideream mundi qui temperat arcem,
  Exiguus tenero lac bibit ore puer.
Magna fides testi : testis laudatur alumno :

leur véracité, et Cérès conviendra, je pense, d'une faiblesse bien connue.

La déesse avait aperçu, au pied du mont Ida, le jeune Iasius, dont la main sûre perçait les bêtes farouches. Elle le vit, et soudain un feu secret se glissa dans ses veines délicates. D'un côté la pudeur, et de l'autre l'amour se disputaient son cœur; l'amour triompha de la pudeur. Dès lors vous eussiez vu les sillons se dessécher; et la terre rendit à peine autant de grains qu'on lui en avait confié. Après avoir, à l'aide des hoyaux, bien retourné ses champs, et ouvert, avec le soc de la charrue, le sein rebelle de la terre; après l'avoir partout également ensemencée, le cultivateur confiant voyait ses vœux déçus.

La déesse qui préside aux moissons vivait retirée au fond des forêts. Les couronnes d'épis étaient tombées de sa longue chevelure. La Crète seule eut une année fertile et des récoltes abondantes. Tous les lieux par où la déesse avait passé étaient couverts de moissons. L'Ida lui-même avait vu ses bois se remplir d'épis jaunissants, et le féroce sanglier s'y repaissait de blé. Le législateur Minos souhaita beaucoup d'années pareilles ; il souhaita que l'amour de Cérès fût de longue durée.

La peine que tu aurais éprouvée, blonde déesse, s'il t'eût

Fassuram Cererem crimina nota puto.
Viderat Iasium Cretæa Diva sub Ida
  Figentem certa terga ferina manu.
Vidit, et ut teneræ flammam rapuere medullæ;
  Hinc pudor, ex alia parte trahebat amor.
Victus amore pudor. Sulcos arere videres,
  Et sata cum minima parte redire sui.
Quum bene jactati pulsarant arva ligones,
  Ruperat et duram vomer aduncus humum,
Seminaque in latos ierant æqualiter agros,
  Irrita decepti vota colentis erant.
Diva potens frugum silvis cessabat in altis;
  Deciderant longæ spicea serta comæ.
Sola fuit Crete fecundo fertilis anno :
  Omnia, qua tulerat se Dea, messis erant.
Ipse locus nemorum canebat frugibus Ide,
  Et ferus in silva farra metebat aper.
Optavit Minos similes sibi legifer annos;
  Optavit Cereris longus ut esset amor.

fallu reposer loin de ton amant, je suis forcé de l'endurer en ce jour consacré à tes mystères. Pourquoi faut-il que je sois triste, quand tu as retrouvé une fille, une reine qui n'est inférieure à Junon que par le caprice du sort? Les jours de fête invitent à la volupté, aux chants et aux festins : tels sont les présents qu'il convient d'offrir aux dieux maîtres de l'univers.

ÉLÉGIE ONZIÈME

ARGUMENT

Las enfin des nombreux mépris de sa maîtresse, le poëte fait ici le serment de ne plus aimer.

C'est avoir bien assez et trop longtemps souffert : ta perfidie a mis à bout ma patience. Retire-toi de mon cœur fatigué, honteux amour! C'en est fait, je me suis soustrait au joug, et j'ai brisé mes chaînes : ces fers que je portais sans honte, j'ai honte maintenant de les avoir portés. Je triomphe, et je foule aux pieds l'Amour vaincu. C'est bien tard, il est vrai, que le rouge me monte au front. Allons, du courage et de l'énergie! ces maux auront un jour leur récompense. Souvent des

Quod tibi secubitus tristes, Dea flava, fuissent,
  Hoc cogor sacris nunc ego ferre tuis.
Cur ego sim tristis, quum sit tibi nata reperta,
  Regnaque, quam Juno, sorte minora regat?
Festa dies Veneremque vocat, cantusque merumque :
  Hæc decet ad dominos munera ferre Deos.

ELEGIA UNDECIMA

ARGUMENTUM

Fractus audem innumeris puellæ suæ contumeliis, profitetur hic poeta se nunquam postea amaturum.

Multa diuque tuli : vitiis patientia victa est.
  Cede fatigato pectore, turpis Amor.
Scilicet asserui jam me rupique catenas,
  Et quæ depuduit ferre, tulisse pudet.
Vicimus, et domitum pedibus calcamus Amorem.
  Venerunt capiti cornua sera meo.
Perfer et obdura : dolor hic tibi proderit olim :
  Sæpe tulit lassis succus amarus opem.
Ergo ego sustinui, foribus tam sæpe repulsus,

malades ont dû leur guérison aux potions les plus amères.

Quoi ! j'ai pu, moi, après tant de refus humiliants, m'oublier au point de coucher sur la dure à ta porte ! Quoi ! j'ai pu, moi, pour je ne sais quel amant que tu pressais entre tes bras, me faire, comme un esclave, le gardien de la maison qui m'était fermée ! Je l'ai vu moi-même sortir de chez toi fatigué, avec la démarche d'un vétéran usé par le service. Encore ai-je moins souffert de le voir que d'en être vu. Puisse un pareil affront être réservé à mes ennemis !

Quand t'es-tu promenée sans me trouver à tes côtés, moi ton gardien, moi ton amant, moi ton inséparable compagnon ? aussi bien tu plaisais au peuple, accompagnée par moi ; et mon amour te valut bon nombre d'amants. Pourquoi rappellerais-je les honteux mensonges de ta langue trompeuse, et les dieux témoins de tant de serments violés pour me perdre ? Pourquoi dirais-je ces signes d'intelligence adressés, pendant les repas, à de jeunes amants, et ces termes de convention pour déguiser le sens de vos paroles ? Un jour on me dit qu'elle était malade : je cours chez elle tout éperdu, tout hors de moi ; j'arrive, elle n'était point malade pour mon rival.

Voilà, sans parler de bien d'autres, les affronts qu'il m'a

Ingenuum dura ponere corpus humo !
Ergo ego nescio cui, quem tu complexa tenebas,
Excubui clausam servus ut ante domum !
Vidi ego, quum foribus lassus prodiret amator,
Invalidum referens emeritumque latus.
Hoc tamen est levius, quam quod sum visus ab illo.
Eveniat nostris hostibus ille pudor !
Quando ego non fixus lateri spatiantis adhæsi,
Ipse tuus custos, ipse vir, ipse comes ?
Scilicet et populo per me comitata placebas ;
Causa fuit multis noster amoris amor.
Turpia quid referam vanæ mendacia linguæ
Et perjuratos in mea damna Deos ?
Quid juvenum tacitos inter convivia nutus
Verbaque compositis dissimulata notis ?
Dicta erat ægra mihi : præceps amensque cucurri.
Veni ; et rivali non erat ægra meo.
His, et quæ taceo, duravi sæpe ferendis.

fallu souvent essuyer. Cherches-en aujourd'hui un autre qui puisse les supporter à ma place. Déjà ma poupe, ornée d'une couronne votive, entend, sans s'émouvoir, le fracas des vagues qui se soulèvent derrière elle. Plus de ces caresses et de ces paroles autrefois puissantes ; c'est peine perdue : je ne suis plus aussi fou que je l'ai été. Je sens lutter dans mon cœur trop léger et diversement agité l'amour à la fois et la haine : et, si je ne me trompe, c'est l'amour qui l'emporte. Je haïrai, si je le puis ; sinon, je n'aimerai qu'à mon corps défendant. Le taureau non plus n'aime pas le joug : il le hait, et pourtant il le porte.

Je fuis sa perfidie : sa beauté est là qui ramène mes pas en arrière. Je hais les vices de son âme; j'aime les charmes de son corps. Ainsi je ne puis vivre ni sans toi ni avec toi; et je ne sais moi-même ce que je désire. Je voudrais que tu fusses ou moins belle ou moins perfide. Tant de charmes vont mal avec tant de perversité. Ta conduite excite la haine, ta beauté commande l'amour. Malheureux que je suis! ses attraits peuvent plus que ses défauts.

Pardonne-moi, je t'en conjure par les droits de cette couche qui nous fut commune, par tous les dieux (puissent-ils se laisser

> Quære alium pro me qui queat ista pati.
> Jam mea votiva puppis redimita corona
>   Lenta tumescentes æquoris audit aquas.
> Desine blanditias et verba potentia quondam
>   Perdere : non ego sum stultus, ut ante fui.
> Luctantur pectusque leve in contraria tendunt
>   Hac amor, hac odium : sed, puto, vincit amor.
> Odero, si potero ; si non, invitus amabo :
>   Nec juga taurus amat ; quæ tamen odit, habet.
> Nequitiam fugio : fugientem forma reducit ;
>   Aversor morum crimina : corpus amo.
> Sic ego nec sine te, nec tecum vivere possum,
>   Et videor voti nescius esse mei.
> Aut formosa fores minus aut minus improba vellem :
>   Non facit ad mores tam bona forma malos.
> Facta movent odium : facies exorat amorem.
>   Me miserum! vitiis plus valet illa suis.
> Parce, per o lecti socialia jura, per omnes,
>   Qui dent fallendos se tibi sæpe, Deos,

souvent tromper par toi!), par ton visage que j'adore comme une divinité puissante, par tes yeux qui ont captivé les miens : quelle que tu sois, tu seras toujours mon amie. Choisis seulement si tu veux que je t'aime par goût ou par contrainte. Ah! déployons plutôt les voiles, et profitons des vents favorables; car, en dépit de mes efforts, je n'en serais pas moins forcé d'aimer.

ÉLÉGIE DOUZIÈME

ARGUMENT

Il regrette que ses écrits aient trop fait connaître sa belle.

Quel fut, dites-moi, lugubres oiseaux, ce jour où vous ne m'avez prédit que des amours malheureux? Quel astre soupçonnerai-je d'être hostile à mes désirs? Quels dieux dois-je accuser de me faire la guerre? Celle qui se disait naguère toute à moi, celle dont je fus le premier et le seul amant, je crains de ne la posséder qu'avec mille rivaux.

Me trompé-je? ou mes écrits ne l'ont-ils point trop fait connaître? Elle était toute à moi; mon génie poétique en a fait

Perque tuam faciem, magni mihi numinis instar,
   Perque tuos oculos, qui rapuere meos :
Quidquid eris, mea semper eris : tu selige tantum
   Me quoque velle velis, anne coactus amem?
Lintea dem potius ventisque ferentibus utar,
   Ut, quamvis nolim, cogar amare tamen.

ELEGIA DUODECIMA

ARGUMENTUM

Dolet amicam carminibus suis nimium innotuisse.

Quis fuit ille dies, quo tristia semper amanti
   Omina non albæ concinuistis aves?
Quodve putem sidus nostris occurrere votis;
   Quosve Deos in me bella movere querar?
Quæ modo dicta mea est, quam cœpi solus amare,
   Cum multis vereor ne sit habenda mihi.
Fallimur; an nostris innotuit illa libellis?
   Sic erat : ingenio prostitit illa meo :

8

une courtisane. Et je l'ai mérité : qu'avais-je besoin, en effet, de préconiser sa beauté ? si elle se vend aujourd'hui, la faute en est à moi. C'est par mon entremise qu'elle plaît ; c'est moi qui lui amène des amants ; ce sont mes propres mains qui leur ouvrent la porte. Les vers sont-ils utiles ? c'est une question : certes, ils m'ont toujours été funestes ; ce sont eux qui ont attiré sur mon trésor les regards de l'envie.

Quand je pouvais chanter Thèbes, Troie, les hauts faits de César, Corinne seule échauffa mon génie. Plût au ciel que les Muses eussent été rebelles à mes premiers efforts, et que Phébus m'eût abandonné au milieu de la carrière ! Et cependant l'usage étant d'ajouter foi au témoignages des poëtes, je n'aurais pas voulu que l'on comptât pour rien mes vers.

C'est nous qui avons montré Scylla arrachant à son vieux père le cheveu fatal, et condamnée à voir sortir de ses flancs des chiens furieux. C'est nous qui avons mis des ailes aux pieds, et donné des serpents à la chevelure. C'est à nous que le victorieux petit-fils d'Abas doit de fendre les airs sur un cheval ailé. C'est nous qui avons donné à Titye sa grandeur prodigieuse, et à Cerbère ses trois gueules et sa crinière de serpents. Encelade a reçu de nous mille bras pour lancer ses

> Et merito ; quid enim formæ præconia feci ?
>   Vendibilis culpa facta puella mea est.
> Me lenone placet, duce me, perductus amator ;
>   Janua per nostras est adaperta manus.
> An prosint dubium ; nocuerunt carmina semper ;
>   Invidiæ nostris illa fuere bonis.
> Quum Thebæ, quum Troja forent, quum Cæsaris acta,
>   Ingenium movit sola Corinna meum.
> Aversis utinam tetigissem carmina Musis,
>   Phœbus et inceptum destituisset opus !
> Nec tamen ut testes mos est audire poetas,
>   Malueram verbis pondus abesse meis.
> Per nos Scylla, patri canos furata capillos,
>   Pube premit rabidos inguinibusque canes.
> Nos pedibus pennas dedimus, nos crinibus angues :
>   Victor Abantiades alite fertur equo.
> Idem per spatium Tityon porreximus ingens,
>   Et tria vipereo fecimus ora cani ;
> Fecimus Enceladum jaculantem mille lacertis,

traits, et c'est par nous qu'une jeune magicienne soumet des héros à ses enchantements. Nous avons enfermé les vents éoliens dans les outres du roi d'Ithaque : grâce à nous l'indiscret Tantale souffre la soif au sein même des eaux; Niobé se change en rocher, et une jeune vierge en ourse; grâce à nous l'oiseau de Cécrops chante l'Odrysien Itys; Jupiter se transforme en oiseau ou en or; ou, changé en taureau, il fend les ondes, emportant sur son dos une vierge timide. A quoi bon rappeler et Protée, et ces dents d'où naquirent des Thébains? Dirai-je qu'il fut des taureaux qui vomissaient la flamme? que des larmes d'ambre coulèrent des yeux de tes sœurs, malheureux Phaéton? que des vaisseaux ont été changés en déesses de la mer? que le soleil recula d'horreur, de peur d'éclairer l'horrible festin d'Atrée? que les plus durs rochers furent sensibles aux accords d'une lyre?

L'essor du fécond génie des poëtes ne connaît point de bornes; il ne s'astreint pas à la fidélité de l'histoire. Aussi aurait-on dû regarder comme fausses les louanges que je donnais à ma maîtresse : votre crédulité est aujourd'hui la cause de mon malheur.

> Ambiguæ captos virginis ore viros;
> Æolios Ithacis inclusimus utribus Euros;
> Proditor in medio Tantalus amne sitit.
> De Niobe silicem, de virgine fecimus ursam;
> Concinit Odrysium Cecropis ales Ityn.
> Jupiter aut in aves, aut se transformat in aurum;
> Aut secat imposita virgine taurus aquas.
> Protea quid referam, Thebanaque semina, dentes?
> Qui vomerent flammas ore, fuisse boves?
> Flere genis electra tuas, Auriga, sorores?
> Quæque rates fuerint, nunc maris esse Deas?
> Aversumque diem mensis furialibus Atrei,
> Duraque percussam saxa secuta lyram?
> Exit in immensum fecunda licentia vatum,
> Obligat historica nec sua verba fide.
> Et mea debuerat falso laudata videri
> Femina : Credulitas nunc mihi vestra nocet.

ÉLÉGIE TREIZIÈME

ARGUMENT

Fête de Junon.

Ma femme étant originaire du fertile pays des Falisques, nous avons vu ces murs jadis vaincus par toi, illustre Camille. Les prêtresses de la chaste Junon se disposaient à célébrer sa fête par des jeux solennels et par le sacrifice d'une génisse indigène. Puissant motif pour moi de m'arrêter : je voulus voir cette cérémonie, quoiqu'on ne parvienne au lieu où elle se fait que par un chemin montueux et difficile.

C'est un antique bois sacré, que son épaisseur rend impénétrable au jour ; il ne faut que le voir pour reconnaître qu'une divinité y réside. Un autel y reçoit les prières et l'encens offert par la piété, un autel fait sans art par les mains de nos aïeux. C'est de là qu'aux premiers accents de la trompette, chaque année le cortége de Junon part et s'avance par des chemins tapissés. On conduit, au milieu des applaudissements du peuple, de blanches génisses nourries dans les gras pâturages des Fa-

ELEGIA TERTIA DECIMA.

ARGUMENTUM

Junonia sacra.

Quum mihi pomiferis conjux foret orta Faliscis,
    Mœnia contigimus victa, Camille, tibi.
Casta sacerdotes Junoni festa parabant
    Per celebres ludos indigenamque bovem.
Grande moræ pretium ritus cognoscere, quamvis
    Difficilis clivis huc via præbet iter.
Stat vetus et densa prænubilus arbore lucus.
    Adspice : concedas numen inesse loco.
Accipit ara preces votivaque tura piorum ;
    Ara per antiquas facta sine arte manus.
Hinc ubi præsonuit solemni tibia cantu,
    It per velatas annua pompa vias.
Ducuntur niveæ, populo plaudente, juvencæ,
    Quas aluit campis herba Falisca suis,

lisques, de jeunes veaux dont le front n'est point encore armé ni menaçant, et l'humble porc, victime plus modeste, et le chef du troupeau à la tête dure et garnie de cornes recourbées. La chèvre seule est odieuse à la puissante déesse, depuis que dans un bois épais elle trahit la présence de Junon, et la força de s'arrêter dans sa fuite. Aussi les enfants, aujourd'hui encore, poursuivent-ils de leurs traits la chèvre indiscrète, et le premier qui l'a blessée l'obtient pour prix de son adresse.

Partout où la déesse doit passer, de jeunes garçons et des vierges timides couvrent de tapis les larges chemins. L'or et les pierreries brillent dans les cheveux des jeunes filles, et une robe magnifique descend jusque sur leurs pieds où l'or étincelle. A la manière des Grecs leurs pères, elles marchent vêtues de blanc, et portent sur leur tête les objets du culte confiés à leurs soins. Le peuple fait silence pendant la marche du brillant cortége. Enfin, à la suite de ses prêtresses, paraît la déesse elle-même.

La physionomie de ce spectacle est toute grecque. Après l'assassinat d'Agamemnon, Halésus ne pensa qu'à fuir le théâtre du crime et les riches domaines de ses pères. Ce ne fut qu'après

Et vituli nondum metuenda fronte minaces,
 Et minor ex humili victima porcus hara,
Duxque gregis cornu per tempora dura recurvo.
 Invisa est dominæ sola capella deæ.
Illius indicio silvis inventa sub altis
 Dicitur inceptam destituisse fugam.
Nunc quoque per pueros jaculis incessitur index,
 Et pretium auctori vulneris ipsa datur.
Qua ventura Dea est, juvenes timidæque puellæ
 Præverrunt latas veste jacente vias.
Virginei crines auro gemmaque premuntur,
 Et tegit auratos palla superba pedes;
More patrum Graio velatæ vestibus albis
 Tradita supposito vertice sacra ferunt.
Ore favent populi tunc quum venit aurea pompa;
 Ipsa sacerdotes subsequiturque suas.
Argiva est pompæ facies. Agamemnone cæso
 Et scelus et patrias fugit Halesus opes,
Jamque pererratis profugus terraque fretoque

bien des courses aventureuses et sur terre et sur mer, qu'il bâtit, sous d'heureux auspices, une ville environnée de hautes murailles. C'est de lui que les Falisques ont appris à célébrer les fêtes de Junon. Qu'elles me soient toujours favorables! qu'elles le soient toujours à son peuple!

ÉLÉGIE QUATORZIÈME

ARGUMENT

A sa maîtresse.

Je ne te défends point, belle comme tu l'es, d'avoir quelques faiblesses; ce que je ne veux pas, c'est la douleur et la nécessité pour moi de le savoir. Non, je n'exige point, censeur rigide, que tu sois chaste et pudique; ce que je te demande, c'est de chercher à le paraître. Celle-là n'est pas coupable qui peut nier le fait qu'on lui impute; c'est l'aveu qu'elle en fait qui la déshonore. Quelle est cette manie, de révéler chaque matin les secrets de la nuit, et de proclamer au grand jour ce que tu ne fais que dans l'ombre?

La courtisane, avant de s'abandonner au premier venu, a soin de mettre entre elle et le public une porte bien close. Et

Mœnia felici condidit alta manu :
Ille suos docuit Junonia sacra Faliscos.
Sint mihi, sint populo semper amica suo !

ELEGIA QUARTA DECIMA.

ARGUMENTUM.

Ad amicam.

Non ego, ne pecces, quum sis formosa, recuso;
    Sed ne sit misero scire necesse mihi.
Nec te nostra jubet fieri censura pudicam ;
    Sed tamen ut tentes dissimulare rogat.
Non peccat quæcumque potest peccasse negare,
    Solaque deformem culpa professa facit.
Quis furor est, quæ nocte latent, sub luce fateri,
    Et quæ clam facias, facta referre palam?
Ignoto meretrix corpus junctura Quiriti
    Apposita populum submovet ante sera:

toi, tu divulgues partout tes honteux écarts, fière d'être à la fois la délatrice et la coupable! Sois désormais plus sage, ou du moins imite les femmes pudiques. Que je te croie honnête, dusses-tu ne l'être pas. Coupable hier, sois coupable aujourd'hui ; seulement ne va pas en convenir, et ne rougis point en public de parler un langage modeste.

Il est un endroit qui provoque la débauche : qu'il soit le seul théâtre de tous tes plaisirs ; bannis-en la pudeur. Mais dès que tu en sortiras, ne conserve rien de la courtisane, et qu'en ton lit restent ensevelis tes crimes. Là, ne rougis point de quitter ta tunique, et de soutenir une cuisse appuyée sur la tienne. Là, reçois jusqu'au fond de ta bouche vermeille une langue amoureuse, et que pour toi l'amour invente mille espèces de voluptés. Là, point de trêve aux doux propos, aux paroles agaçantes, et que ta couche craque sous les vives étreintes du plaisir. Reprends ensuite, avec tes vêtements, le modeste maintien d'une vierge craintive, et que la pudeur de ton front désavoue l'impudicité de ta conduite. Trompe le public, trompe-moi : mais souffre au moins que je l'ignore, et laisse-moi jouir de ma sotte crédulité.

> Tu tua prostitues famæ peccata sinistræ,
>   Commissi perages indiciumque tui?
> Sit tibi mens melior, saltemve imitere pudicas,
>   Teque probam, quamvis non eris, esse putem.
> Quæ facis, hæc facito ; tantum fecisse negato,
>   Nec pudeat coram verba modesta loqui.
> Est qui nequitiam locus exigat : omnibus illum
>   Deliciis imple ; stet procul inde pudor.
> Hinc simul exieris, lascivia protinus omnis
>   Absit, et in lecto crimina pone tuo.
> Illic nec tunicam tibi sit posuisse pudori,
>   Nec femori impositum sustinuisse femur ;
> Illic purpureis condatur lingua labellis,
>   Inque modos Venerem mille figuret amor ;
> Illic nec voces nec verba juvantia cessent,
>   Spondaque lasciva mobilitate tremat.
> Indue cum tunicis metuentem crimina vultum,
>   Et pudor obscenum diffiteatur opus.
> Da populo, da verba mihi ; sine nescius errem.

Pourquoi, devant moi, tant de billets envoyés et reçus? Pourquoi ton lit est-il foulé à la fois de tous côtés? Pourquoi vois-je sur tes épaules tes cheveux dans un désordre que n'a pas causé le sommeil, et sur ton cou la marque d'une dent? Il ne te manque plus que de me rendre témoin oculaire de tes débauches. Oh! si tu te soucies peu de ménager ta réputation, ménage-moi du moins. Mon âme m'abandonne, et je me sens mourir toutes les fois que tu t'avoues coupable ; et dans mes veines coule un sang glacé. Alors j'aime, alors je m'efforce en vain de haïr ce ce que je suis forcé d'aimer ; alors je voudrais être mort, mais avec toi.

Je ne ferai, moi, aucune recherche ; je n'insisterai pas, dès que je te verrai prête à nier : ton désaveu lui seul te tiendra lieu d'innocence. Si pourtant je venais à te prendre en flagrant délit, si mes yeux devaient être un jour témoins de ta honte, ce que j'aurai trop bien vu, nie que je l'aie vu, et mes yeux auront moins d'autorité que tes paroles. Il te sera aisé de vaincre un ennemi qui ne demande qu'à être vaincu. Que ta langue seulement se souvienne de dire : Je ne suis point coupable. Quand tu peux si facilement triompher avec ces deux mots,

  Et liceat stulta credulitate frui.
 Cur toties video mitti recipique tabellas?
  Cur pressus prior est interiorque torus?
 Cur plus, quam somno, turbatos esse capillos,
  Collaque conspicio dentis habere notam?
 Tantum non oculos crimen deducis ad ipsos :
  Si dubitas famæ parcere, parce mihi.
 Mens abit, et morior, quoties peccasse fateris,
  Perque meos artus frigida gutta fluit.
 Tunc amo; tunc odi frustra quod amare necesse est :
  Tunc ego, sed tecum, mortuus esse velim.
 Nil equidem inquiram, nec, quæ celare parabis,
  Insequar, et falsi criminis instar erit.
 Si tamen in media deprensa tenebere culpa,
  Et fuerint oculis probra videnda meis,
 Quæ bene visa mihi fuerint, bene visa negato :
  Concedent verbis lumina nostra tuis.
 Prona tibi vinci cupientem vincere palma est :
  Sit modo « non feci » dicere lingua memor.

triomphe, sinon par la bonté de ta cause, du moins par l'indulgence de ton juge.

ÉLÉGIE QUINZIÈME

ARGUMENT

Il dit adieu à sa Muse lascive, pour en suivre une plus sévère.

Cherche un nouveau poëte, mère des tendres Amours : je n'ai plus qu'à raser la dernière borne de ma carrière élégiaque. Ces chants que j'ai composés, moi, enfant des campagnes péligniennes, ont fait mes délices et ma renommée. Si cet honneur est quelque chose, j'ai hérité, du premier comme du dernier de mes aïeux, le titre de chevalier, et je ne le dois point au tumulte des armes. Mantoue est fière de Virgile, Vérone de Catulle : on m'appellera, moi, la gloire du peuple pélignien, de ce peuple à qui son amour pour la liberté imposa le saint devoir de combattre, à l'époque où Rome inquiète trembla devant des armées associées pour sa ruine. Un jour, en voyant la marécageuse Sulmone resserrée dans l'étroite enceinte de ses murs,

Quum tibi contingat verbis superare duobus,
    Etsi non causa, judice vince tuo.

ELEGIA QUINTA DECIMA.

ARGUMENTUM.

Musis valedicit lascivioribus, culturus severiores.

Quære novum vatem, tenerorum mater Amorum :
    Raditur hic Elegis ultima meta meis,
Quos ego composui, Peligni ruris alumnus,
    (Nec me deliciæ dedecuere meæ),
Si quid id est, usque a proavis vetus ordinis heres,
    Non modo militiæ turbine factus eques.
Mantua Virgilio gaudet, Verona Catullo;
    Pelignæ dicar gloria gentis ego,
Quam sua libertas ad honesta coegerat arma,
    Quum timuit socias anxia Roma manus.
Atque aliquis spectans hospes Sulmonis aquosi
    Mœnia, qua campi jugera pauca tenent :

le voyageur s'écriera : « Ville qui as donné le jour à un tel poëte, si petite que tu sois, je te proclame grande. »

Aimable enfant, et toi, Vénus, mère de cet aimable enfant, arrachez de mon camp vos étendards dorés. Le dieu au front armé de cornes, Bacchus, agitant près de moi son thyrse redoutable, me presse de lancer des coursiers vigoureux dans une plus vaste carrière. Vous, délicates élégies, et toi, Muse légère, adieu : mon œuvre vivra après moi.

« Quæ tantum, » dicet, « potuistis ferre poetam.
  Quantulacumque estis, vos ego magna voco. »
Culte puer, puerique parens Amathusia culti,
  Aurea de campo vellite signa meo.
Corniger increpuit thyrso graviore Lyæus :
  Pulsanda est magnis area major equis.
Imbelles Elegi, genialis Musa, valete;
  Post mea mansurum fata superstes opus.

NOTES

SUR LES AMOURS D'OVIDE.

LIVRE PREMIER

ÉLÉGIE PREMIÈRE.

1. *Arma gravi numero* (v. 1). Allusion au poëme héroïque qu'il avait commencé, *la Gigantomachie*, et dont il parlera avec plus de détails dans le livre suivant, élég. I, v. 11 :

> Ausus eram, memini, cœlestia dicere bella,
> Centimanumque Gygen..................

2. *Par erat inferior versus* (v. 3). C'est-à-dire de six pieds comme le premier. *Gravi numero* est donc synonyme de *numero Homerico*, vers épique, héroïque ou alexandrin. C'est ce que nous apprend Horace, *Art poétique*, v. 73 :

> Res gestæ regumque ducumque et tristia bella
> Quo scribi possent numero, monstravit Homerus.

3. *Unum subripuisse pedem* (v. 4). Ce second vers, raccourci d'un pied par l'Amour, indique, de la manière la plus ingénieuse, le changement de l'hexamètre en pentamètre. Cette métamorphose était bien dans les droits de Cupidon, puisque le distique, aux pieds inégaux, est destiné à peindre le plaisir :

> Versibus impariter junctis querimonia primum,
> Post etiam inclusa est voti sententia compos.

ÉLÉGIE II.

1. *Cognati..... Cæsaris* (v. 51). Les Romains tiraient, par Énée, leur origine de Vénus :

> Æneadum genitrix, hominum Divumque voluptas,
> Alma Venus......................................

dit Lucrèce, dans la célèbre invocation de son poëme. — On ne sait pas précisément s'il s'agit ici de Jules César ou d'Octave, tous deux ayant également fait preuve de clémence à l'égard des peuples vaincus. Il nous paraît plus vraisemblable, cependant, que c'est à ce dernier qu'Ovide fait allusion.

ÉLÉGIE III.

1. *Qui pura norit amare fide* (v. 6). Témoin l'élégie iv du livre suivant, où il dit que toutes les belles, sans distinction, lui plaisent :

> Denique quas tota quisquam probet urbe puellas,
> Noster in has omnes ambitiosus amor.

2. *Sine crimine mores* (v. 13). Témoin encore cet aveu que lui arrache la force de la vérité (liv. ii, élég. 4) :

> Non ego mendosos ausim defendere mores,
> Falsaque pro vitiis arma movere meis.

ÉLÉGIE IV.

1. *Verba leges digitis* (v. 20). Tibulle, liv. iii, élég. 4, v. 41 :

> Sed postquam fuerant *digiti* cum voce *locuti*.

ÉLÉGIE V.

1. *Aut ubi nox abiit* (v. 6). La Fontaine, liv. x, fab. 15 :

> ....Soit lorsque la lumière
> Précipite ses traits dans l'humide séjour :
> Soit lorsque le soleil rentre dans sa carrière,
> Et que, *n'étant plus nuit, il n'est pas encor jour.*

2. *Ecce Corinna venit* (v. 9). Si nous en croyons Apulée, *Apolog.*, Catulle, Properce et Tibulle, amants heureux de *Claudia*, d'*Hostia* et de *Plautia*, les avaient chantées sous les noms supposés de Lesbie, de Cynthie et de Délie. Il y a tout lieu de croire qu'Ovide eut la même précaution; mais on ne s'accorde pas sur le nom qu'il faudrait substituer à celui de Corinne.

3. *Quumque ita pugnaret* (v. 15). *Art d'aimer*, liv. I; v. 666 :

> Pugnando vinci sed tamen illa volet.

ÉLÉGIE VI.

1. *Serva bibatur aqua* (v. 26). Ces mots équivalent à *servus sis*. Chez les anciens, l'eau pure était la boisson obligée des esclaves. Aussi *aquam liberam bibere* était-il synonyme de *libertate frui*, être libre; témoin ce passage de Pétrone (*Satyricon*, ch. LXXI) : « Amici, inquit, et servi homines sunt, et æque unum lactem biberunt, etiamsi illos malus fatus oppresserit : tamen, me salvo, cito *aquam liberam gustabunt.* »

2. *Duraque conservæ... fores* (v. 74). On lit dans quelques éditions *consertæ*; mais la plupart des manuscrits offrent la leçon que nous avons adoptée. Plaute, *Asinar.*, act. II, sc. 3 :

> Nolo ego fores *conservas* meas a te verberarier.

Fores conservæ signifie « portes aussi esclaves que l'esclave qui les garde. »

ÉLÉGIE VII.

1. *Forti victa puella viro* (v. 38). Cette apostrophe, pleine d'ironie, nous rappelle la pensée de Virgile, *Énéide*, II, v. 583 :

> Non ita : namque etsi nullum memorabile nomen
> Feminea in pœna est, nec habet victoria laudem
> ....

ÉLÉGIE VIII.

1. *Est quædam* (v. 1). Toute cette élégie est une imitation de Properce (liv. IV, élég. 5), comme on pourra s'en convaincre par les passages que nous citerons de ce poëte. Regnier, à son tour (sat. XIII), a puisé largement à cette double source. Molière (*l'École des Femmes*, acte II, sc. 6) a fait aussi quelques emprunts à Properce et à Ovide.

2. *Nomine Dipsas* (v. 1). Ce nom vient en effet, du grec διψᾶν,

sitire, avoir soif. Nul autre ne convenait mieux à cette entremetteuse, qui, au rapport d'Ovide, ne vit jamais à jeun le lever de l'Aurore :

> ....Nigri non illa parentem
> Memnonis in roseis *sobria* vidit equis.

Aussi termine-t-il en souhaitant à cette vieille débauchée une soif éternelle :

> Di tibi dent nullosque lares, inopemque senectam,
> Et longas hiemes, *perpetuamque sitim*.

L'entremetteuse, dans Properce, se nomme Acanthis; on voit, par ces vers, qu'elle n'était pas plus sobre que Dipsas :

> Terra tuum spinis obducat, lena, sepulcrum ;
> Et tua, *quod non vis*, sentiat umbra *sitim*.

3. *Has quoque, quas frontis rugas* (v. 45). Ovide (*Cosmétiques*, v. 53) nous fait connaître une des compositions en usage parmi les femmes de son temps, pour ajouter à l'éclat de leur teint, et pour empêcher les rides qui auraient pu en altérer la fraîcheur. Voici cette recette : « Prenez de l'orge de Libye, ôtez-en la paille et l'enveloppe ; prenez même quantité d'ers ou d'orobe ; détrempez l'une et l'autre dans des œufs ; faites sécher et broyez le tout ; jetez-y de la poudre de corne de cerf, de celle qui tombe au printemps ; joignez-y quelques ognons de narcisse pilés dans un mortier ; faites entrer ensuite dans ce mélange de la gomme et de la farine faite avec du froment de Toscane ; enfin liez le tout par une plus grande quantité de miel, et cette composition vous rendra le teint plus net que la glace d'un miroir. »

4. *Labitur occulte* (v. 49). Cette pensée reproduite sous toutes les formes par les poëtes anacréontiques, et qui fait le sujet de cette chanson si connue :

> Nous n'avons qu'un temps à vivre,
> Amis, passons-le gaiment, etc.

cette pensée, disons-nous, se trouve ainsi développée au livre *de la Sagesse*, où Salomon fait dire à l'impie : « Umbræ transitus est tempus nostrum, et non est reversio finis nostri. Venite ergo, et fruamur bonis, quæ sunt, et utamur creatura, tanquam in juventute, celeriter. Vino pretioso et unguentis nos impleamus, et non prætereat nos flos temporis. Coronemus nos rosis, antequam marcescant : nullum pratum sit, quod non pertranseat luxuria nostra. Nemo vestrum exsors sit luxuriæ nostræ; ubique relinquamus signa lætitiæ, quoniam hæc est pars nostra, et hæc est sors nostra. »

5. *Qui dabit, ille tibi magno* (v. 61). Properce, *loco cit.* :

> Aurum spectato, non quæ manus adferat aurum.

6. *Nec tu, si quis erit* (v. 63). Properce, *loco cit.* :

> Nec tibi displiceat miles non factus amori,
> Nauta nec adtrita si ferat æra manu ;
> ....
> ....,....•.....................

7. *Gypsati... pedis* (v. 64). Tibulle (liv. II, élég. 6), Juvénal (sat. I, v. 111), Properce (*loc. cit.*), Pline (*Hist. Nat.*, liv. xxxv, ch. 58), nous apprennent que l'on marquait au pied avec de la craie les esclaves que l'on voulait vendre. Exposés au milieu du Forum, on les faisait et courir et sauter, afin que l'acheteur pût juger de leur agilité.

8. *Veteris quinquatria ceræ* (v. 65). Les anciens étaient très-curieux d'avoir leur image ainsi reproduite en cire; ils la plaçaient dans des armoires ou de vastes galeries, et se la transmettaient de père en fils, comme on fait aujourd'hui des parchemins et titres de noblesse. L'usage était encore de porter toutes les images, selon leur rang, au cortège des funérailles.

9. *Isis erit* (v. 74). Il ne s'agit pas ici, comme le dit un traducteur, d'*une offrande à Isis*, mais de la chasteté que réclament les jours consacrés à ses fêtes. Cela résulte clairement du *puros Isidis dies* de Properce, qui dit ailleurs (liv. II, élég. 33, v. 1):

> Tristia jam redeunt iterum solemnia nobis.
> Cynthia jam noctes est operata decem.

Les fêtes d'Isis, comme celles de Bacchus et de Cérès, duraient dix ou trente jours. Pendant ce temps, il fallait observer la continence la plus rigoureuse, et s'imposer différentes privations indiquées par les prêtres ou par la coutume.

10. *Surda sit oranti tua janua* (v. 77). Properce :

> *Janitor ad dantes* vigilet : si pulset inanis,
> *Surdus* in obductam somniet usque seram.

11. *Nec, si quem fallas* (v. 85). Properce :

> Sperne fidem, provolve Deos, mendacia vincant,
> Frange et damnosæ jura pudicitiæ.

12. *Natalem libo* (v. 94). Properce, *loco cit.* :

> Ingerat Apriles Iole tibi, tundat Amycle
> Natalem Maiis Idibus esse tuum.

C'était une coutume que l'amant envoyât à sa maîtresse des présents pour célébrer l'anniversaire de sa naissance. On devine aisément que les élèves de Dipsas et d'Acanthis, pour peu qu'elles comptassent une douzaine d'amants, ne laissaient point passer un seul mois de l'année, sans y placer le jour qui les avait vues naître. Voyez Ovide, *Art d'aimer*, liv. I, v. 429; Martial, liv. VIII, épigr. 64.

ÉLÉGIE IX.

1. *Quos petiere duces annos* (v. 5). Malherbe a dit aussi :

> Mars est comme l'Amour; ses travaux et ses peines
> Veulent des jeunes gens.

2. *Lectus et umbra* (v. 42). Juvénal, sat. VIII, v. 105 :

> Sed genus ignavum, quod *lecto* gaudet *et umbra*.

ÉLÉGIE X.

1. *Conjugibus... duobus* (v. 2). Ménélas, époux légitime d'Hélène, et Pâris, son ravisseur.

2. *Aquilamque... taurumque* (v. 7). Allusion aux déguisements dont se servit Jupiter pour enlever Ganymède et Europe.

3. *Stat meretrix, certo* (v. 21). Il y avait à Rome, et dans les autres villes de l'Italie, des lieux tolérés où l'on vendait les jouissances de l'amour, ou plutôt celles du libertinage. Les courtisanes se tenaient ordinairement assises sur la porte des maisons de prostitution : de là elles avaient pris le nom de *sellariæ, prosedæ, prostibula*. On les appelait aussi *professæ*, parce qu'avant de pouvoir se consacrer aux plaisirs publics, elles devaient obtenir l'agrément du préteur, et lui faire leur déclaration, *professio*. Enfin, on les nommait *summœnianæ, bustuariæ, nonariæ*, parce qu'elles habitaient assez communément derrière les anciens murs de la ville (*summœnium*), dans les

faubourgs, parmi les tombeaux (*busta*), et qu'il leur était défendu d'exercer leur métier avant la neuvième heure du jour, qui était l'heure à laquelle les femmes honnêtes se renfermaient chez elles. Pétrone (*Satyricon*) nous a laissé une description assez détaillée de l'intérieur de leurs demeures. Elles étaient distribuées en plusieurs corridors où l'on marchait entre deux rangs de cellules; le tribut de la prostitution était perçu d'avance. Martial (liv. II, épigr. 46) parle aussi des chambres de ces maisons, avec l'étiquette indicative des femmes qui les habitaient et du prix auquel on avait mis la possession de leurs charmes : *Inscripta cella*. Juvénal (sat. VI, v. 123) a dit de Messaline :

．．．．．．．．．．．．．．*Titulum* mentita Lyciscæ.

Sénèque le père (*Controv.* II, liv. I), s'adressant à une vestale qui voulait rentrer dans son état religieux, s'exprime de la manière suivante : « Deducta es in lupanar, accepisti locum, *pretium* constitutum est, inscriptus est titulus... *Meretrix* vocata es, in communi loco stetisti, superpositus est cellæ tuæ *titulus*... Nomen tuum pependit in fronte (cellæ), *pretia* stupri accepisti. »

4. *Lenonis avari* (v. 23). Ces lieux, où l'on vendait les plaisirs du libertinage, étaient sous la direction d'un homme appelé *leno*. C'est lui qui mettait un prix à la prostitution des viles créatures dont il trafiquait, et qui en tenait registre.

5. *Turpe tori reditu* (v. 41). Les prostituées étaient déclarées infâmes par la loi. Il en était de même des entremetteurs, *lenones*, de ceux qui tiraient profit de la prostitution de leurs esclaves; des cabaretiers, hôteliers et baigneurs, ayant pour le service de leurs établissements des femmes qui trafiquaient de leur corps. La note d'infamie était encourue de plein droit par l'exercice de l'une de ces professions : c'était, pour toutes ces personnes, une espèce de mort civile.

ÉLÉGIE XI.

1. *Colligere incertos* (v. 1). Il faut bien se souvenir que l'édifice d'une chevelure, chez les dames romaines, n'était pas confié à une seule esclave. C'était l'ouvrage de plusieurs, appelées *ciniflones, psecades, ornatrices*, en raison de leurs différentes attributions. Aux *ciniflones* était confié le soin de peigner et de boucler les cheveux de leurs maîtresses; aux *psecades*, celui de les inonder de parfums et d'essences aromatiques (du mot grec ψικαζω, *stillo, irrigo*); enfin,

les *ornatrices* mettaient la dernière main à l'édifice que les autres n'avaient fait qu'ébaucher : elles réunissaient (*colligere*), et mettaient en ordre (*in ordine ponere*) les cheveux encore incertains (*incertos crines*) du genre de coiffure auquel ils devaient se prêter. Napé, comme on le voit d'après ces observations, remplissait les fonctions d'*ornatrix* auprès de sa maîtresse.

2. *Quid digitos opus est graphio* (v. 23) : « Le style, dit M. Peignot (*Mémoires de l'Académie de Dijon*, année 1833), était un petit instrument d'os, de fer, de cuivre ou d'argent, long de quatre à cinq pouces, mince, effilé et pointu à l'une de ses extrémités, tandis que l'autre, assez forte, était aplatie. On se servait du style pour écrire sur les *tabellæ ceræ*. La pointe traçait l'écriture sur la cire ; et, si l'on avait une lettre ou un mot à corriger ou à effacer, on retournait le style, et l'on employait l'extrémité aplatie pour faire disparaître la lettre ou le mot réprouvé, pour rendre unie, dans cet endroit, la surface de la cire, et pouvoir substituer un autre mot à celui qu'on venait d'effacer. L'expression *vertere stylum*, retourner le style, passa en proverbe chez les Romains, pour dire corriger un ouvrage. C'est ce qui fait qu'Horace (liv. I, *Sat.* x, v. 72), conseillant aux poëtes de souvent revoir et corriger leurs ouvrages, leur dit :

> Sæpe stylum vertas, iterum quæ digna legi sint
> Scripturus.......

Le style s'appelait indifféremment *stylus* ou *graphium*, et l'étui dans lequel on le serrait, *graphiarium*; témoin ces vers de Martial, liv. xiv, épigr. 21 :

> Hæc tibi erunt armata suo *graphiaria* ferro ;
> Si puero dones, non leve munus erit. »

3. *Vile fuistis acer* (v. 28). Les Romains portaient toujours avec eux de petites tablettes, *tabellæ*, sur lesquelles ils inscrivaient tout ce qui leur paraissait remarquable. C'étaient de petites planchettes, minces, de forme carrée oblongue, dont les bords étaient un peu relevés, de manière que l'espace du milieu, un peu plus creusé que le reste, était rempli d'une couche de cire préparée, dont la surface unie formait une page propre à recevoir l'écriture. Ces tablettes étaient quelquefois composées de plusieurs planchettes ou feuillets attachés ensemble avec une petite courroie passée dans un trou percé à gauche des feuillets. Quand il y avait deux planchettes ou feuillets, le livret se nommait *diptyque*, et *polyptyque* s'il y en avait plus de deux. Martial (liv. xiv, épigr. 6) parle de tablettes à trois feuillets,

et (épigr. 4) d'autres à cinq feuillets. Ces tablettes étaient ordinairement en bois commun; mais les élégants les avaient en citronnier, en érable, en ébène ou en ivoire.

ÉLÉGIE XII.

1. *Præbuit illa arbor* (v. 17). Horace (liv. II, ode 13) en dit à peu près autant de l'arbre qui, dans sa chute, avait failli l'écraser.

ÉLÉGIE XIII.

1. *Commisit noctes* (v. 46). Allusion aux amours de Jupiter et d'Alcmène, épouse d'Amphitryon, roi de Thèbes. Ce n'est pas sans raison que Sosie trouvait cette nuit *en longueur sans pareille*.

ÉLÉGIE XIV.

1. *Captivos crines* (v. 45). Métonymie dont les poëtes nous fournissent de nombreux exemples. Horace, liv. II, épit. I, v. 193 :

Captivum portatur ebur, *captiva* Corinthus.

ÉLÉGIE XV.

1. *Battiades* (v. 13). Callimaque, fils de Battus. Il avait composé des *élégies* qui ne nous sont point parvenues. Nous n'avons de lui que quelques *hymnes*.
2. *Vivam; parsque mei multa* (v. 42). Horace, liv. III, *Od.* 30, v. 5 :

Non omnis moriar; *multaque pars mei*
Vitabit Libitinam.

LIVRE DEUXIÈME

ÉLÉGIE PREMIÈRE.

1. *Pelion ossa tulit* (v. 14). Virgile, *Géorg.*, liv. I, v. 281 :

Ter sunt conati imponere Pelio Ossam
Scilicet, atque Ossæ frondosum involvere Olympum.

2. *Carmina sanguineæ deducunt* (v. 23). Virgile, *Églog.* viii, v. 69 :

> Carmina vel cœlo possunt deducere lunam.

—*Sanguineæ.* C'est-à-dire *colorem sanguineum offerentis.* Les anciens, ne pouvant s'expliquer les éclipses de lune, croyaient que les magiciennes, et surtout celles de Thessalie, avaient, par leurs enchantements, le pouvoir d'attirer la lune sur la terre, ou de lui faire distiller du sang.

ÉLÉGIE II.

1. *Linigeram ad Isin* (v. 25). Isis est appelée *linigera*, parce que ses prêtres étaient vêtus de lin.

2. *Custos Junonius* (v. 45). Argus, à qui Junon confia la garde de la nymphe Io, qu'elle venait de changer en vache.

ÉLÉGIE III.

1. *Mutua gaudia nosse* (v. 2). Pensée empruntée à Lucrèce, liv. iv, v. 1200 :

> Quod facerent nunquam, nisi *mutua gaudia nossent.*

ÉLÉGIE IV.

1. *Cur ego semper amem* (v. 10). Properce, liv. ii, élég. 18, v. 17 :

> Unicuique dedit vitium natura creato :
> Mi natura aliquid *semper amare* dedit.

ÉLÉGIE V.

1. *Conscriptaque vino* (v. 17). Ovide est ici battu par ses propres armes. Sa maîtresse, on le voit, mettait à profit ses leçons. Elle ne fait ici que ce qu'il lui a conseillé de faire, élég. 4, liv. i, v. 17 :

> Me specta nutusque meos, vultumque loquacem :
> Excipe furtivas, et refer ipsa, notas.
> Verba superciliis sine voce loquentia dicam ;
> Verba leges digitis, verba notata mero.

On est vraiment effrayé, en songeant combien on avait imaginé de ruses pour tromper les amants ou les maris jaloux, il y a déjà plus de dix-huit siècles. Mais que dira-t-on, quand on verra tous ces artifices signalés dans les *Proverbes* de Salomon, *annuit oculis, terit pede, digito loquitur* (c. 6) ?

2. *Mœsta decenter erat* (v. 44).

> ...Une belle alors qu'elle est en larmes,
> En est plus belle de moitié.
>
> La Fontaine, *Matrone d'Éphèse*.

ÉLÉGIE VI.

1. *Quod fuit Argolico* (v. 15). Notre auteur use ici de la licence accordée aux poëtes, de comparer les petites choses aux grandes, *si parva licet componere magnis*. Ainsi a fait Gresset, quand il nous parle de Vert-Vert comme

> D'un perroquet non moins brillant qu'Énée,
> *Non moins devot*, plus malheureux que lui.

ÉLÉGIE VII.

1. *Terga... verbere secta* (v. 22). Pour se faire une idée des châtiments infligés aux servantes par l'ordre de leurs maîtresses, il suffit de lire les vers suivants de Properce (liv. IV, élég. 8, v. 41) :

> Et graviora rependit iniquis pensa quasillis,
>   Garrula de facie si qua locuta mea est.
> Nostraque quod Petale tulit ad monumenta coronas,
>   Codicis immundi vincula sentit anus ;
> Cæditur et Lalage tortis suspensa capillis,
>   Per nomen quoniam est ausa rogare meum.

« Elle surcharge de travaux mes esclaves innocentes, quand l'une d'elles vient à rappeler ma beauté. Pétalé, malgré son âge, s'est vue attacher au fatal poteau, pour avoir jeté quelques fleurs sur ma tombe ; et Lalagé, suspendue par les cheveux, a été frappée de verges, parce qu'elle avait osé invoquer le nom de Cynthie. »

2. *Per Venerem juro* (v. 27). Ovide joint ici la pratique à la théorie. Il peut bien prendre Vénus à témoin d'un faux serment, lui qui nous a dit au liv. I, élég. 8, v. 85 :

> Nec, si quem falles, tu perjurare timeto :
> Commodat illusis numina surda Venus.

Au reste, on lit encore dans Tibulle (liv. 1, élég. 4, v. 17) :

> Nec jurare time : Veneris perjuria venti
> Irrita per terras et freta longa ferunt.

ÉLÉGIE VIII.

1. *Cur mihi turpe putem* (v. 14)? Nous trouvons la même pensée, appuyée des mêmes exemples, dans Horace, liv. II, *Od.* 4 :

> Ne sit ancillæ tibi amor pudori,
> Xanthia Phoceu! Prius insolentem
> Serva Briseis niveo colore
>   Movit Achillem.
> Movit Ajacem Telamone natum
> Forma captivæ dominum Tecmessæ.
> Arsit Atrides medio in triumpho
>   Virgine rapta.

2. *Fusca Cypassi* (v. 22). Les dames romaines, à qui leur fortune et leur condition le permettaient, attachaient le plus grand prix à compter parmi leurs serviteurs des noirs qu'elles tiraient d'Afrique. Ces esclaves étaient généralement réputés plus adroits que les autres, et surtout plus habiles à favoriser les intrigues amoureuses de leurs maîtresses.

ÉLÉGIE IX.

1. *Gelidæ nisi mortis imago* (v. 41)? Valerius Flaccus, liv. VIII, v. 74 :

> ..... Somne omnipotens.....
> Nunc, age, major ades, fratrique simillime leto.

ÉLÉGIE X.

1. *Sæpe ego lascivæ* (v. 27). Properce, liv. II, élég. 18, v. 23 :

> ..... Sæpe est experta puella
> Officium tota nocte valere meum.

ÉLÉGIE XI.

1. *Puppi sit Galatea tuæ* (v. 34). Properce, liv. I, élégie 8, v. 18 :

> Sit Galatea tuæ non aliena viæ.

ÉLÉGIE XII.

1. *Nec casum fortuna meis* (v. 15). Cicéron, dans son *Discours pour Marcellus,* développe ainsi la même pensée : « Quin etiam illa ipsa rerum humanarum domina, fortuna, in istius se societatem gloriæ non offert : tibi cedit; tuam se esse totam et propriam fatetur. »

2. *Femina Romanis* (v. 23). Allusion à la guerre qui suivit l'enlèvement des Sabines.

ÉLÉGIE XIII.

1. *Sic tua sacra pius* (v. 12). Les expressions *sic, ita,* ainsi construites avec le subjonctif ou le futur, sont une des formules de serment les plus usitées chez les Latins. Nous en avons cent exemples dans Plaute, Catulle, Properce, Ovide, etc. Rabelais, lui aussi, a imité cette formule (*Gargantua,* liv. I, ch. 28) : « Je proteste, je jure devant toy, ainsy me soys-tu favorable, si jamais, etc. »

2. *Candidus* (v. 23). Cicéron, *des Lois,* liv. II : « Color *albus* præcipue Deo carus est. » Perse (sat. II, v. 40) se moque de cette opinion et de l'usage de s'habiller de *blanc* pour sacrifier :

> Ast ego nutrici non mando vota; negato,
> Jupiter, hæc illi, quamvis te *albata* rogarit.

ÉLÉGIE XIV.

1. *Quid plenam fraudas* (v. 23). Cette pensée est un emprunt fait à Tibulle, liv. III, élégie 5, v. 19 :

> Quid fraudare juvat vitem crescentibu uvis,
> Et modo nata mala vellere poma manu?

2. *Ipsa perit, ferturque toro* (v. 39). Expression tirée de l'usage où étaient les Romains d'exposer les malades à la porte de la maison, pour que ceux des passants qui avaient eu la même maladie pussent indiquer le remède. Du reste, on plaçait le mort sur un lit à l'entrée du vestibule.

ÉLÉGIE XV.

1. *Tantum ne signem* (v. 18). Cette locution est fort usitée dans Ovide : nous la retrouverons au liv. III, élégie 8, v. 59 :

> *Tantum ne nostros avidi lucrentur amores.*

ÉLÉGIE XVI.

1. *Sepæ petens Hero* (v. 31). Le poëte Musée, dans un charmant petit poëme, a célébré les amours d'Héro et de Léandre. Martial, liv. XIV, épigr. 181 :

> Clamabat tumidis audax Leander in undis :
> « Mergite me, fluctus, quum rediturus ero. »

Pensée charmante, que Voltaire a rendue ainsi :

> Léandre, conduit par l'Amour,
> En nageant disait aux orages :
> « Laissez-moi gagner les rivages;
> Ne me noyez qu'à mon retour. »

2. *Esseda* (v. 49). On appelait ainsi les chars à deux roues dont les Gaulois et les Bretons se servaient à la guerre. Comme ils étaient d'une grande légèreté, les Romains en adoptèrent bientôt l'usage, et ce fut une des jouissances du luxe.

ÉLÉGIE XVII.

1. *Mea lux* (v. 23). Terme d'amour et d'amitié, qui se retrouve dans la langue de presque tous les peuples. Les Latins disaient dans le même sens, *oculus meus*. Auguste écrivait à son petit-fils : *Ave, mi ocelle* (GELL., *N. A.*, lib. XV, c. 3). Plaute (*Curcul.*, v. 123) met dans la bouche de la vieille cette expression singulière : *Salve, oculissume homo*. On rencontre souvent dans les auteurs italiens : *Bel lume de' miei occhi*. Les Grecs modernes disaient aussi : Τί κάμμεις, μάτι μου; *quomodo vales, ocule mi?* Nous disons de même : *Prunelle de mes yeux*. Mais nous n'allons pourtant point jusqu'à dire : *Mon œil, mon petit œil*, ou *mon œillet*, comme faisait Baïf.

ÉLÉGIE XVIII.

1. *Curaque tragœdia nostra* (v. 13). Allusion à sa *Médée*, qu'il rappelle en plusieurs endroits de ses poëmes :

> .... Teneri properentur amores,
> Dum vacat; a tergo grandius urget opus.
> (*Amor.*, lib. III, eleg. I, v. 69.)

> Et dedimus tragicis scriptum regale cothurnis;
> Quæque gravis debet verba cothurnus habet.
> (*Trist.*, lib. II, v. 553.)

> Carmina quod pleno saltari nostra theatro,
> Versibus et plaudi scribis, amice, meis.
> (*Trist.*, lib. V, eleg. 7, v. 25.)

De la *Médée* d'Ovide, deux vers seulement sont parvenus jusqu'à nous :

> Servare potui, perdere an possim rogas.
> (QUINTIL., lib. VIII, c. 5.)

> Feror huc illuc ut plena Deo.
> (ANN. SENECA, *Suasoria*, III.)

Du reste, la *Médée* de notre auteur se plaçait à côté du *Thyeste* de Varius, s'il faut en croire divers témoignages.

ÉLÉGIE XIX.

1. *Longa pruinosa frigora nocte pati* (v. 22). Ovide, dans son *Art d'aimer* (liv. II, v. 533), recommande à son disciple de tout souffrir de sa maîtresse, même les traitements les plus indignes :

> Nec maledicta puta, nec verbera ferre puellæ
> Turpe, nec ad teneros oscula ferre pedes.

Il joignait, on le voit, la pratique à la théorie. On lit aussi dans Properce, liv. II, élégie 19 :

> Ultro contemptus rogat, et peccasse fatetur
> Læsus, et invitis ipse redit pedibus.

Pétrone (*Satyr.*, ch. cxxxviii) peint ainsi cette patience infatigable des amants : « Nec me contumeliæ lassant. Quod verberatus sum, nescio; quod ejectus sum, lusum puto; modo redire in gratiam liceat. »

LIVRE TROISIÈME

ÉLÉGIE PREMIÈRE.

1. *Nunc habeam per te, Romana Tragœdia, nomen* (v. 29). Ceci, pour n'être pas très-modeste dans la bouche d'Ovide, n'en est cependant pas moins vrai. La tragédie romaine n'avait été jusque-là que grossièrement ébauchée par les plus ou moins rudes traductions que Névius et Ennius avaient faites du théâtre grec. Bien qu'elle fût et plus originale et plus hardie dans Pacuvius et dans Attius, ces poëtes eux-mêmes n'avaient point encore osé *vestigia græca deserere*. Il n'y avait donc point encore de tragédie romaine.

2. *Per me decepto* (v. 49). Le fond de ces pensées est certainement un emprunt fait à Tibulle, chez lequel nous lisons, liv. i, élégie 2, v. 15 :

> Tu quoque ne timide custodes, Delia, falle.
> Audendum est : fortes adjuvat ipsa Venus.
> Illa favet, seu quis juvenis nova limina tentat,
> Seu reserat fixo dente puella fores.
> Illa docet furtim molli descendere lecto.
> Illa pedem nullo ponere posse sono.

ÉLÉGIE II.

1. *Quid cupias ipsi scire videntur equi* (v. 68). Racine a dit, des chevaux d'Hippolyte, qu'ils

> Semblaient se conformer à sa triste pensée.

2. *Sed enim revocate, Quirites* (v. 73). S'il arrivait qu'un char fût par trop en retard, les spectateurs impatients le rappelaient en agitant leurs toges.

ÉLÉGIE III.

1. *Et facies illi, quæ fuit ante, manet* (v. 2). L'étonnement que manifeste ici notre poëte tient à un préjugé superstitieux qui existait

de son temps, et dont les Romains avaient hérité des Grecs. Ce préjugé consistait à croire que le ciel dénonçait et punissait le mensonge par quelque difformité corporelle. On trouve des traces de cette opinion dans les deux vers suivants de Théocrite, idylle XII, v. 23 :

. . . . Ἐγὼ δὲ σὲ τὸν καλὸν αἰνῶν,
Ψεύδεα ῥινὸς ὕπερθεν ἀραιῆς οὐκ ἀναφυσῶ.

et dans ce passage d'Horace, liv. II, Od. 8.

Ulla si juris tibi pejerati
Pœna, Barine, nocuisset unquam ;
Dente si nigro fieres, vel uno
Turpior ungui,
Crederem. Sed tu, simul obligasti
Perfidum votis caput, enitescis
Pulchrior multo, juvenumque prodis
Publica cura.

ÉLÉGIE IV.

1. *Si qua, metu demto, casta est* (v. 8). Cette pensée est admirablement développée par Sénèque le Philosophe, dans son traité *de Beneficiis*, liv. IV, ch. 14.

2. *Cupimusque negata* (v. 17). Nous avons vu, dans l'élégie 19 du liv. II :

Quod licet, ingratum est : quod non licet, acrius urget.

3. *Quid tibi formosa* (v. 41).

. . . . O volages femelles !
La femme est toujours femme. Il en est qui sont belles,
Il en est qui ne le sont pas :
S'il en était d'assez fidèles,
Elles auraient assez d'appas.
(LA FONTAINE, *la Matrone d'Éphèse.*)

4. *Non possunt ullis ista coire modis* (v. 42). Ovide, dans l'épître de Pâris à Hélène (*Héroïdes*, épître XVI), exprime ainsi la même idée :

Lis est cum forma magna pudicitiæ.

On lit encore dans Pétrone, *Satyricon*, ch. xciv : « Raram facit mixturam cum sapientia forma; » et dans Juvénal :

>................ Rara est concordia formæ
> Atque pudicitiæ.

ÉLÉGIE VII.

1. *Gelida mea membra cicuta* (v. 13). Perse, sat. v, v. 144 :

> Quid tibi vis? calido sub pectore mascula bilis
> Intumuit, quam non extinxerit urna cicutæ?

Le Scholiaste dit sur ce passage : « Genus liquoris est, quod calorem in nobis frigoris sui vi exstinguit. Unde sacerdotes Cereris Eleusinæ liquore ejus ungebantur, ut a concubitu abstinerent. »

2. *Quid miserum Thamyran* (v. 62). Thamyras, ou Thamyris, fils de Philammon, disputa aux Muses le prix du chant, et les Muses le rendirent aveugle.

ÉLÉGIE VIII.

1. *Corruptæ..... virginis* (v. 30). Allusion à l'histoire de Danaé. Horace (liv. III, *Od.* 16, v. 1 et suiv.) exprime ainsi la même idée :

> Inclusam Danaen turris ahenea,
> Robustæque fores, et vigilum canum
> Tristes excubiæ munierant satis
>   Nocturnis ab adulteris;
> Si non Acrisium, virginis abditæ
> Custodem pavidum, Jupiter et Venus
> Risissent : fore enim tutum iter et patens
>   Converso in pretium deo.

2. *Affectas cœlum quoque* (v. 51). Horace, liv. 1, *Od.* 3, v. 37 :

> Nil mortalibus arduum est :
> Cœlum ipsum petimus stultitia, etc.

ÉLÉGIE IX.

1. *Me tenuit moriens* (v. 58). C'est à Délie que Tibulle semblait réserver cette dernière faveur. Il lui dit, en effet, liv. I, élégie I, v. 59 :

Te spectem, suprema mihi quum venerit hora;
Te teneam moriens deficiente manu.

2. *Et sit humus cineri non onerosa tuo* (v. 68). Ceci revient à la formule usitée : *sit tibi terra levis*.

ÉLÉGIE X.

1. *Annua venerunt Cerealis* (v. 1). Dès les premiers siècles de Rome, le culte de Cérès fut établi dans cette ville. Les céréales se célébraient chaque année, le 5 des ides d'avril : c'étaient à peu près les mêmes cérémonies que les Thesmophories des Grecs. Les femmes ne pouvaient s'approcher de l'autel de la déesse ou assister à ses mystères, si elles ne s'en étaient rendues dignes par la continence. Cette prescription religieuse n'était point du goût d'Ovide. *Inde iræ*.

2. *Nec fingunt omnia Cretes* (v. 19). Pourquoi cette réflexion de notre auteur? C'est que, de son temps, et bien avant lui, la véracité des Crétois était aussi contestée que la loyauté des Grecs.

ÉLÉGIE XI.

1. *Venerunt capiti cornua sera meo* (v. 6). Expression proverbiale, qui serait inadmissible dans notre langue. Notre auteur nous en offre un exemple dans son *Art d'aimer*, liv. i, v. 239 :

.... Tunc pauper cornua sumit.

2. *Sic ego nec sine te, nec tecum vivere possum* (v. 39). Martial, liv. xii, épigr. 47 :

Difficilis, facilis, jucundus, acerbus es idem :
Nec tecum possum vivere, nec sine te.

3. *Aut formosa fores minus, aut minus improba, vellem* (v. 41). Martial, liv. viii, épigr. 53 :

Formosissima quæ fuere, vel sunt;
Sed vilissima quæ fuere, vel sunt :
O quam te fieri, Catulla, *vellem*
Formosam minus, aut magis pudicam!

ÉLÉGIE XIII.

1. *Faliscis* (v. 1). Pline (liv. iii, ch. viii, nº 5) place dans la septième région de l'Italie le pays des Falisques, colonie argienne. Falis-

que fut bâtie par Halesus ou Haliscus, qui, à l'arrivée d'Énée en Italie, se déclara pour Turnus contre les Troyens (*Énéide*, liv. vii, v. 723), et fut tué par le jeune Pallas (*Énéide*, liv. x, v. 352).

2. *Concedas numen inesse loco* (v. 8). Cette superstition était aussi celle des Grecs. « Entrez dans ce bois sombre : ce n'est ni le silence ni la solitude qui occupe votre esprit; vous êtes dans la demeure des Dryades et des Silvains, et le secret effroi que vous éprouvez est l'effet de la majesté divine. » (*Voyage d'Anacharsis*, Introd.)

ÉLÉGIE XV.

1. *Elegis ultima meta meis* (v. 2). Métaphore tirée de la course des chars, aux jeux du Cirque.

L'ART D'AIMER

TRADUCTION DE

M. HÉGUIN DE GUERLE

REVUE PAR

M. F. LEMAISTRE

L'ART D'AIMER

LIVRE PREMIER

Si parmi vous, Romains, quelqu'un ignore l'art d'aimer, qu'il lise mes vers; qu'il s'instruise en les lisant, et qu'il aime.

Aidé de la voile et de la rame, l'art fait voguer la nef agile; l'art guide les chars légers : l'art doit aussi guider l'amour. Automédon, habile écuyer, sut manier les rênes flexibles; Tiphys fut le pilote du vaisseau des Argonautes. Moi, Vénus m'a donné pour maître à son jeune fils : on m'appellera le Tiphys et l'Automédon de l'amour. L'amour est de nature peu traitable; souvent même il me résiste; mais c'est un enfant; cet âge est souple et facile à diriger. Chiron éleva le jeune Achille aux sons de la lyre, et, par cet art paisible, dompta son naturel sauvage : celui qui tant de fois fit trembler ses ennemis, qui tant de fois effraya même ses compagnons d'armes, on le vit, dit-on, craintif devant un faible vieillard et docile à la voix de son maître, tendre

LIBER PRIMUS.

Si quis in hoc artem populo non novit amandi,
 Me legat; et lecto carmine doctus amet.
Arte citæ veloque rates remoque moventur,
 Arte leves currus : arte regendus amor.
Curribus Automedon lentisque erat aptus habenis;
 Tiphys in Hæmonia puppe magister erat.
Me Venus artificem tenero præfecit amori :
 Tiphys et Automedon dicar amoris ego.
Ille quidem ferus est, et qui mihi sæpe repugnet;
 Sed puer est; ætas mollis et apta regi.
Phillyrides puerum cithara perfecit Achillem,
 Atque animos placida contudit arte feros.
Qui toties socios, toties exterruit hostes,
 Creditur annosum pertimuisse senem.
Quas Hector sensurus erat, poscente magistro

au châtiment ces mains dont Hector devait sentir le poids. Chiron fut le précepteur du fils de Pélée; moi je suis celui de l'amour; tous deux enfants redoutables, tous deux fils d'une déesse. Mais on soumet au joug le front du fier taureau; le coursier généreux broie en vain sous sa dent le frein qui l'asservit : moi aussi, je réduirai l'Amour, bien que son arc blesse mon cœur, et qu'il secoue sur moi sa torche enflammée. Plus ses traits sont aigus, plus ses feux sont brûlants, plus ils m'excitent à venger mes blessures.

Je ne chercherai point, ô Phébus, à faire croire que je tiens de toi l'art que j'enseigne : ce n'est point le chant des oiseaux qui me l'a révélé; Clio et ses sœurs ne me sont point apparues, comme à Hésiode, lorsqu'il paissait son troupeau dans les vallons d'Ascra. L'expérience est mon guide; obéissez au poëte qui possède à fond son sujet. La vérité préside à mes chants; toi, mère des amours, seconde mes efforts!

Loin d'ici, bandelettes légères, insignes de la pudeur, et vous, robes traînantes, qui cachez à moitié les pieds de nos matrones! Je chante des plaisirs sans danger et des larcins permis : mes vers seront exempts de toute coupable intention.

Soldat novice qui veux t'enrôler sous les drapeaux de Vénus,

Verberibus jussas præbuit ille manus.
Æacidæ Chiron, ego sum præceptor amoris :
    Sævus uterque puer; natus uterque Dea.
Sed tamem et tauri cervix oneratur aratro,
    Frenaque magnanimi dente teruntur equi.
Et mihi cedet amor, quamvis mea vulneret arcu
    Pectora, jactatas excutiatque faces.
Quo me fixit amor, quo me violentius ussit,
    Hoc melior facti vulneris ultor ero.
Non ego, Phœbe, datas a te mihi mentior artes,
    Nec nos aeriæ voce monemur avis;
Nec mihi sunt visæ Clio Cliusque sorores
    Servanti pecudes vallibus, Ascra, tuis.
Usus opus movet hoc : vati parete perito :
    Vera canam : cœptis, mater amoris, ades.
Este procul vittæ tenues, insigne pudoris,
    Quæque tegis medios, instita longa, pedes :
Nos Venerem tutam concessaque furta canemus.
    Inque meo nullum carmine crimen erit.
Principio, quod amare velis reperire labora.

occupe-toi d'abord de chercher celle que tu dois aimer ; ton second soin est de fléchir la femme qui t'a plu ; et le troisième, de faire en sorte que cet amour soit durable. Tel est mon plan, telle est la carrière que mon char va parcourir, tel est le but qu'il doit atteindre.

Tandis que tu es libre encor de tout lien, voici l'instant propice pour choisir celle à qui tu diras : « Toi seule as su me plaire. » Elle ne te viendra pas du ciel sur l'aile des vents ; la belle qui te convient, ce sont tes yeux qui doivent la chercher. Le chasseur sait où il doit tendre ses filets aux cerfs ; il sait dans quel vallon le sanglier farouche a sa bauge. L'oiseleur connaît les broussailles propices à ses gluaux, et le pêcheur n'ignore pas quelles sont les eaux où les poissons se trouvent en plus grand nombre. Toi qui cherches l'objet d'un amour durable, apprends aussi à connaître les lieux les plus fréquentés par les belles. Tu n'auras point besoin, pour les trouver, de mettre à la voile, ni d'entreprendre de lointains voyages. Que Persée ramène son Andromède du fond des Indes brûlées par le soleil ; que le berger phrygien aille jusqu'en Grèce ravir son Hélène ; Rome seule t'offrira d'aussi belles femmes, et en si grand nombre, que

Qui nova nunc primum miles in arma venis.
Proximus huic labor est, placitam exorare puellam ;
Tertius, ut longo tempore duret amor.
Hic modus ; hæc nostro signabitur area curru ;
Hæc erit admissa meta terenda rota.
Dum licet, et loris passim potes ire solutis,
Elige cui dicas : « Tu mihi sola places. »
Hæc tibi non tenues veniet delapsa per auras :
Quærenda est oculis apta puella tuis.
Scit bene venator cervis ubi retia tendat :
Scit bene qua frendens valle moretur aper.
Aucupibus noti frutices : qui sustinet hamos
Novit quæ multo pisce natentur aquæ.
Tu quoque, materiam longo qui quæris amori,
Ante frequens quo sit disce puella loco.
Non ego quærentem vento dare vela jubebo,
Nec tibi, ut invenias, longa terenda via est.
Andromeden Perseus nigris portarit ab Indis,
Raptaque sit Phrygio Graia puella viro :
Tot tibi tamque dabit formosas Roma puellas,

tu seras forcé d'avouer qu'elle réunit dans son sein tout ce que l'univers a de plus aimable. Autant le Gargare compte d'épis, Méthymne de raisins, l'Océan de poissons, les bocages d'oiseaux, le ciel d'étoiles, autant notre Rome compte de jeunes beautés : Vénus a fixé son empire dans la ville de son cher Énée.

Si pour te captiver, il faut une beauté naissante, dans la fleur de l'adolescence, une fille vraiment novice viendra s'offrir à tes yeux ; si tu préfères une beauté un peu plus formée, mille jeunes femmes te plairont, et tu n'auras que l'embarras du choix. Mais peut-être un âge plus mûr, plus raisonnable, a pour toi plus d'attraits ? alors, crois-moi, la foule sera encore plus nombreuse. Lorsque le soleil entre dans le signe du Lion, tu n'auras qu'à te promener à pas lents sous le frais portique de Pompée, ou près de ce monument enrichi de marbres étrangers que fit construire une tendre mère, joignant ses dons à ceux d'un fils pieux. Ne néglige pas de visiter cette galerie qui, remplie de tableaux antiques, porte le nom de Livie, sa fondatrice : tu y verras les Danaïdes conspirant la mort de leurs infortunés cousins, et leur barbare père, tenant à la main une épée nue. N'oublie pas non plus les fêtes d'Adonis pleuré par Vé-

« Hæc habet, » ut dicas, « quidquid in orbe fuit. »
Gargara quot segetes, quot habet Methymna racemos ;
   Æquore quot pisces, fronde teguntur aves ;
Quot cœlum stellas, tot habet tua Roma puellas ;
   Mater et Æneæ constat in urbe sui.
Seu caperis primis et adhuc crescentibus annis ;
   Ante oculos veniet vera puella tuos :
Sive cupis juvenem ; juvenes tibi mille placebunt
   Cogeris voti nescius esse tui :
Seu te forte juvat sera et sapientior ætas ;
   Hoc quoque, crede mihi, plenius agmen erit.
Tu modo Pompeia lentus spatiare sub umbra,
   Quum sol Herculei terga Leonis adit ;
Aut ubi muneribus nati sua munera mater
   Addidit, externo marmore dives opus.
Nec tibi vitetur, quæ, priscis sparsa tabellis,
   Porticus auctoris Livia nomen habet ;
Quaque parare necem miseris patruelibus ausæ
   Belides, et stricto stat ferus ense pater.
Nec te prætereat Veneri ploratus Adonis

nus, et les solennités que célèbre tous les sept jours le juif syrien. Pourquoi fuirais-tu le temple de la génisse de Memphis, de cette Isis qui, séduite par Jupiter, engage tant de femmes à suivre son exemple? Le Forum même (qui pourrait le croire?) est propice aux amours : plus d'une flamme a pris naissance au milieu des discussions du barreau. Près du temple de marbre consacré à Vénus, en ce lieu où la fontaine Appienne fait jaillir ses eaux, souvent plus d'un jurisconsulte se laisse prendre à l'amour; et celui qui défendit les autres ne peut se défendre lui-même. Là, souvent les paroles manquent à l'orateur le plus éloquent : de nouveaux intérêts l'occupent, et c'est sa propre cause qu'il est forcé de plaider. De son temple voisin, Vénus rit de son embarras : naguère patron, il n'aspire plus qu'à être client.

Mais c'est surtout au théâtre qu'il faut tendre tes filets : le théâtre est l'endroit le plus fertile en occasions propices. Tu y trouveras telle beauté qui te séduira, telle autre que tu pourras tromper, telle qui ne sera pour toi qu'un caprice passager, telle enfin que tu voudras fixer. Comme, en longs bataillons, les fourmis vont et reviennent sans cesse chargées de grains, leur nourriture ordinaire; ou bien encore comme les abeilles, lors-

Cultaque Judæo septima sacra Syro.
Neu fuge linigeræ Memphitica templa juvencæ :
    Multas illa facit, quod fuit ipsa Jovi.
Et fora conveniunt, quis credere possit? amori;
    Flammaque in arguto sæpe reperta foro.
Subdita qua Veneris facto de marmore templo
    Appias expressis aëra pulsat aquis;
Illo sæpe loco capitur consultus Amori,
    Quique aliis cavit, non cavet ipse sibi,
Illo sæpe loco desunt sua verba diserto,
    Resque novæ veniunt, causaque agenda sua est.
Hunc Venus e templis, quæ sunt confinia, ridet :
    Qui modo patronus, nunc cupit esse cliens.
Sed tu præcipue curvis venare theatris :
    Hæc loca sunt voto fertiliora tuo.
Illic invenies, quod ames, quod ludere possis,
    Quodque semel tangas, quodque tenere velis.
Ut redit itque frequens longum formica per agmen,
    Granifero solitum quum vehit ore cibum;

qu'elles ont trouvé, pour butiner, des plantes odorantes, voltigent sur la cime du thym et des fleurs ; telles, et non moins nombreuses, on voit des femmes brillamment parées courir aux spectacles où la foule se porte. Là, souvent leur multitude a tenu mon choix en suspens. Elles viennent pour voir, elles viennent surtout pour être vues : c'est là que vient échouer l'innocente pudeur.

C'est toi, Romulus, qui mêlas le premier aux jeux publics les soucis de l'amour, lorsque l'enlèvement des Sabines donna enfin des épouses à tes guerriers. Alors la toile, en rideaux suspendue, ne décorait pas des théâtres de marbre ; le safran liquide ne rougissait pas encore la scène. Alors des guirlandes de feuillage, dépouille des bois du mont Palatin, étaient l'unique ornement d'un théâtre sans art. Sur des bancs de gazon, disposés en gradins, était assis le peuple, les cheveux négligemment couverts de feuillage.

Déjà chaque Romain regarde autour de soi, marque de l'œil la jeune fille qu'il convoite, et roule en secret dans son cœur mille pensers divers. Tandis qu'aux sons rustiques d'un chalumeau toscan un histrion frappe trois fois du pied le sol aplani, au milieu des applaudissements d'un peuple qui ne les vendait pas

  Aut ut apes, saltusque suos et olentia nactæ
   Pascua, per flores et thyma summa volant ;
  Sic ruit in celebres cultissima femina ludos:
   Copia judicium sæpe morata meum.
  Spectatum veniunt, veniunt spectentur ut ipsæ :
   Ille locus casti damna pudoris habet.
  Primus sollicitos fecisti, Romule, ludos,
   Quum juvit viduos rapta Sabina viros.
  Tunc neque marmoreo pendebant vela theatro,
   Nec fuerant liquido pulpita rubra croco.
  Illic, quas tulerant nemorosa Palatia, frondes
   Simpliciter positæ; scena sine arte fuit.
  In gradibus sedit populus de cespite factis,
   Qualibet hirsutas fronde tegente comas.
  Respiciunt, oculisque notant sibi quisque puellam
   Quam velit, et tacito pectore multa movent ;
  Dumque, rudem præbente modum tibicine tusco,
   Ludius æquatam ter pede pulsat humum,
  In medio plausu, plausus tunc arte carebat,

alors, Romulus donne à ses sujets le signal attendu pour saisir leur proie. Soudain ils s'élancent avec des cris qui trahissent leur dessein, et ils jettent leurs mains avides sur les jeunes vierges. Ainsi que des colombes, troupe faible et craintive, fuient devant un aigle ; ainsi qu'un tendre agneau fuit à l'aspect du loup ; ainsi tremblèrent les Sabines, en voyant fondre sur elles ces farouches guerriers. Tous les fronts ont pâli : l'épouvante est partout la même, mais les symptômes en sont différents. Les unes s'arrachent les cheveux, les autres tombent sans connaissance ; celle-ci pleure et se tait ; celle-là appelle en vain sa mère : d'autres poussent des sanglots, d'autres restent plongées dans la stupeur. L'une demeure immobile, l'autre fuit. Les Romains cependant entraînent les jeunes filles, douce proie destinée à leur couche, et plus d'une s'embellit encore de sa frayeur même. Si quelqu'une se montre trop rebelle et refuse de suivre son ravisseur, il l'enlève, et la pressant avec amour sur son sein : « Pourquoi, lui dit-il, ternir ainsi par des pleurs l'éclat de tes beaux yeux ? Ce que ton père est pour ta mère, moi, je le serai pour toi... » O Romulus ! toi seul as su dignement récompenser tes soldats : à ce prix, je m'enrôlerais volontiers sous tes dra-

    Rex populo prædæ signa petenda dedit.
Protinus exsiliunt, animum clamore fatentes,
    Virginibus cupidas injiciuntque manus.
Ut fugiunt aquilas, timidissima turba, columbæ,
    Utque fugit visos agna novella lupos ;
Sic illæ timuere viros sine more ruentes :
    Constitit in nulla, qui fuit ante, color :
Nam timor unus erat, facies non una timoris.
    Pars laniat crines ; pars sine mente sedet ;
Altera mœsta silet ; frustra vocat altera matrem ;
    Hæc queritur ; stupet hæc ; hæc manet ; illa fugit.
Ducuntur raptæ, genialis præda, puellæ ;
    Et potuit multas ipse decere timor.
Si qua repugnarat nimium comitemque negarat,
    Sublatam cupido vir tulit ipse sinu ;
Atque ita : « Quid teneros lacrymis corrumpis ocellos ?
    Quod matri pater est, hoc tibi » dixit, « ero. »
Romule, militibus scisti dare commoda solus :
    Hæc mihi si dederis commoda, miles ero.

peaux. Depuis, fidèles à cette coutume antique, les théâtres n'ont pas cessé, jusqu'à ce jour, de tendre des piéges à la beauté.

N'oublie pas l'arène où de généreux coursiers disputent le prix de la course ; ce cirque, où se rassemble un peuple immense, est très-favorable aux amours. Là, pour exprimer tes secrets sentiments, tu n'as pas besoin de recourir au langage des doigts, ou d'épier les signes, interprètes des pensées de ta belle. Assieds-toi près d'elle, côte à côte, le plus près que tu pourras : rien ne s'y oppose ; le peu d'espace te force à la presser, et lui fait, heureusement pour toi, une loi de le souffrir. Cherche alors un motif pour lier conversation avec elle, et ne lui tiens d'abord que les propos usités en pareil cas. Des chevaux entrent dans le cirque : demande-lui le nom de leur maître ; et, quel que soit celui qu'elle favorise, range-toi aussitôt de son parti. Mais, lorsqu'en pompe solennelle s'avanceront les statues d'ivoire des dieux de la patrie, applaudis avec enthousiasme à Vénus, ta protectrice. Si, par un hasard assez commun, un grain de poussière volait sur le sein de ta belle, enlève-le d'un doigt léger ; s'il n'y a rien, ôte-le toujours : tout doit servir de prétexte à

Scilicet ex illo solemnia more theatra
  Nunc quoque formosis insidiosa manent.
Nec te nobilium fugiat certamen equorum :
  Multa capax populi commoda Circus habet.
Nil opus est digitis, per quos arcana loquaris,
  Nec tibi per nutus accipienda nota est.
Proximus a domina, nullo prohibente, sedeto :
  Junge tuum lateri, quam potes, usque latus ;
Et bene, quod cogit, si nolit, linea jungi,
  Quod tibi tangenda est lege puella loci.
Hic tibi quæratur socii sermonis origo,
  Et moveant primos publica verba sonos.
Cujus equi veniant, facito, studiose, requiras :
  Nec mora ; quisquis erit, cui favet illa, fave.
At quum pompa frequens cœlestibus ibit eburnis,
  Tu Veneri dominæ plaude favente manu.
Utque fit, in gremium pulvis si forte puellæ
  Deciderit, digitis excutiendus erit ;
Et, si nullus erit pulvis, tamen excute nullum :
  Quælibet officio causa sit apta tuo.

tes soins officieux. Le pan de sa robe traîne-t-il à terre? relève-le, et fais en sorte que rien ne le puisse salir. Déjà, pour prix de ta complaisance, peut-être t'accordera-t-elle la faveur d'apercevoir sa jambe. Tu dois en outre faire attention aux spectateurs assis derrière elle, de peur qu'un genou trop avancé ne touche à ses tendres épaules. Un rien suffit pour gagner ces esprits légers : que d'amants ont réussi près d'une belle, en arrangeant un coussin d'une main prévenante, en agitant l'air autour d'elle avec un éventail, ou en plaçant un tabouret sous ses pieds délicats!

Toutes ces occasions de captiver une belle, tu les trouveras aux jeux du cirque, aussi bien qu'au forum, cette arène qu'attristent les soucis de la chicane. Souvent l'amour se plaît à y combattre: là tel qui regardait les blessures d'autrui s'est senti blessé lui-même; et tandis qu'il parle, qu'il parie pour tel ou tel athlète, qu'il touche la main de son adversaire, et que, déposant le gage du pari, il s'informe du parti vainqueur, un trait rapide le transperce; il pousse un gémissement; et, d'abord simple spectateur du combat, il en devient une des victimes.

N'est-ce pas ce qu'on a vu naguère, lorsque César nous offrit

Pallia si terræ nimium demissa jacebunt,
   Collige, et immunda sedulus effer humo.
Protinus, officii pretium, patiente puella,
   Contingent oculis crura videnda tuis.
Respice præterea, post vos quicumque sedebit,
   Ne premat opposito mollia terga genu.
Parva leves capiunt animos : fuit utile multis
   Pulvinum facili composuisse manu ;
Profuit et tenui ventum movisse tabella,
   Et cava sub tenerum scamna dedisse pedem.
Hos aditus circusque novo præbebit amori,
   Sparsaque sollicito tristis arena foro.
Illa sæpe puer Veneris pugnavit arena,
   Et qui spectavit vulnera, vulnus habet.
Dum loquitur, tangitque manum, poscitque libellum,
   Et quærit, posito pignore, vincat uter;
Saucius ingemuit telumque volatile sensit,
   Et pars spectati muneris ipse fuit.
Quid. modo quum belli navalis imagine Cæsar

l'image d'un combat naval, où parurent les vaisseaux des Perses luttant contre ceux d'Athènes? A ce spectacle la jeunesse des deux sexes accourut des rivages de l'un et de l'autre océan : Rome, en ce jour, semblait être le rendez-vous de l'univers. Qui de nous, dans cette foule immense, n'a pas trouvé un objet digne de son amour? combien, hélas! furent brûlés d'une flamme étrangère!

Mais César se dispose à achever la conquête du monde : contrées lointaines de l'Aurore, vous subirez nos lois; tu seras puni, Parthe insolent! Mânes des Crassus, réjouissez-vous! et vous, aigles romaines, honteuses d'être encore aux mains des barbares, votre vengeur s'avance! A peine à ses premières armes, il promet un héros; enfant, il dirige déjà des guerres interdites à l'enfance. Esprits timides, cessez de calculer l'âge des dieux : la vertu, dans les Césars, n'attend pas les années. Leur céleste génie devance les temps, et s'indigne, impatient des lenteurs d'un tardif accroissement. Hercule n'était encore qu'un enfant, et déjà ses mains étouffaient des serpents : il fut, dès son berceau, le digne fils de Jupiter. Et toi, toujours brillant des grâces de l'enfance, Bacchus, que tu fus grand à cet âge, lorsque l'Inde trembla devant tes thyrses victorieux!

> Persidas induxit Cecropidasque rates?
> Nempe ab utroque mari juvenes, ab utroque puellæ
>   Venere, atque ingens orbis in urbe fuit.
> Quis non invenit, turba quod amaret in illa?
>   Eheu, quam multos advena torsit amor!
> Ecce parat Cæsar domito, quod defuit, orbi
>   Addere : nunc, Oriens ultime, noster eris
> Parthe, dabis pœnas : Crassi gaudete sepulti,
>   Signaque barbaricas non bene passa manus :
> Ultor adest, primisque ducem profitetur in armis.
>   Bellaque non puero tractat agenda puer.
> Parcite natales, timidi, numerare deorum :
>   Cæsaribus virtus contigit ante diem.
> Ingenium cœleste suis velocius annis
>   Surgit, et ignavæ fert male damna moræ.
> Parvus erat, manibusque duos Tirynthius angues
>   Pressit, et in cunis jam Jove dignus erat.
> Nunc quoque qui puer es, quantus tum, Bacche, fuisti,
>   Quum timuit thyrsos India victa tuos!

LIVRE PREMIER. 175

Jeune Caïus, c'est sous les auspices de ton père, c'est animé du même courage que tu prendras les armes; et tu vaincras sous les auspices et avec le courage de ton père : un tel début convient au grand nom que tu portes. Aujourd'hui prince de la jeunesse, tu le seras un jour des vieillards. Frère généreux, venge l'injure faite à tes frères; fils reconnaissant, défends les droits de ton père. C'est ton père, c'est le père de la patrie qui t'a mis les armes à la main, tandis que ton ennemi a violemment arraché le trône à l'auteur de ses jours. La sainteté de ta cause triomphera de ses flèches parjures: la justice et la piété se rangeront sous tes drapeaux. Déjà vaincus par le droit, que les Parthes le soient aussi par les armes; et que mon jeune héros aux richesses du Latium ajoute celles de l'Orient! Mars, son père, et toi, César, son père aussi, soyez ses dieux tutélaires! l'un de vous est déjà dieu, l'autre un jour doit l'être. Je lis dans l'avenir : oui, tu vaincras, Caïus; mes vers acquitteront les vœux que je fais pour ta gloire, et s'élèveront pour te chanter au ton le plus sublime. Je te peindrai debout, animant tes phalanges au combat. Puissent alors mes vers ne pas être indignes de ton courage! Je dirai le Parthe tournant le dos, et le Romain opposant sa poitrine aux traits que l'en-

 Auspiciis animisque patris, puer, arma movebis,
  Et vinces animis auspiciisque patris.
 Tale rudimentum tanto sub nomine debes,
  Nunc juvenum princeps, deinde future senum.
 Quum tibi sint fratres, fratres ulciscere læsos;
  Quumque pater tibi sit, jura tuere patris.
 Induit arma tibi genitor patriæque tuusque;
  Hostis ab invito regna parente rapit :
 Tu pia tela feres, sceleratas ille sagittas;
  Stabunt pro signis jusque piumque tuis.
 Vincuntur causa Parthi : vincantur et armis;
  Eoas Latio dux meus addat opes.
 Marsque pater, Cæsarque pater, date numen eunti:
  Nam Deus e vobis alter es ; alter eris.
 Auguror en : vinces, votivaque carmina reddam,
  Et magno nobis ore sonandus eris.
 Consistes, aciemque meis hortabere verbis.
  O desint animis ne mea verba tuis!
 Tergaque Parthorum Romanaque pectora dicam.

nemi lui lance en fuyant. Toi qui fuis pour vaincre, ô Parthe, que laisses-tu à faire au vaincu? Parthe, désormais pour toi Mars n'a plus que de funestes présages.

Il viendra donc, ô le plus beau des mortels, ce jour où, brillant d'or et traîné par quatre chevaux blancs, tu t'avanceras dans nos murs! Devant toi marcheront, le cou chargé de chaînes, les généraux ennemis : ils ne pourront plus, comme naguère, chercher leur salut dans la fuite. Les jeunes garçons, avec les jeunes filles, assisteront joyeux à ce spectacle, et ce jour épanouira tous les cœurs. Alors, si quelque belle te demande le nom des rois vaincus; quels sont ces pays, ces montagnes, ces fleuves dont on porte en trophée les images, il faut répondre à tout, prévenir même ses questions, affirmer avec assurance ce que tu ne sais pas, comme si tu le savais à merveille. Voici l'Euphrate, au front ceint de roseaux ; ce vieillard à la chevelure azurée, c'est le Tigre; ceux-là... suppose que ce sont les Arméniens. Cette femme représente la Perside, où naquit le fils de Danaé. Cette ville s'élevait naguère dans les vallées de l'Achéménie; ce captif, cet autre, étaient des généraux; et, ce disant, tu les désigneras par leurs noms, si tu le peux, ou, s'ils te sont inconnus, par quelque nom qui leur convienne.

Telaque, ab averso quæ jacit hostis equo.
Qui fugis, ut vincas, quid victo, Parthe, relinquis?
Parthe, malum jam nunc Mars tuus omen habet.
Ergo erit illa dies, qua tu, pulcherrime rerum,
Quatuor in niveis aureus ibis equis!
Ibunt ante duces, onerati colla catenis,
Ne possint tuti, qua prius, esse fuga.
Spectabunt læti juvenes mixtæque puellæ,
Diffundetque animos omnibus ista dies.
Atque aliqua ex illis quum regum nomina quæret,
Quæ loca, qui montes, quæve ferantur aquæ;
Omnia responde : nec tantum si qua rogabit;
Et quæ nescieris, ut bene nota refer.
Hic est Euphrates, præcinctus arundine frontem :
Cui coma dependet cærula, Tigris erit.
Hos facito Armenios : hæc est Danaeia Persis :
Urbs in Achæmeniis vallibus ista fuit.
Ille, vel ille, duces : et erunt, quæ nomina dicas :
Si poteris, vere ; si minus, apta tamen.

La table et les festins offrent aussi près des belles un facile accès, et le plaisir de boire n'est pas le seul qu'on y trouve. Là, souvent l'Amour, aux joues empourprées, presse dans ses faibles bras l'amphore de Bacchus. Dès que ses ailes sont imbibées de vin, Cupidon, appesanti, reste immobile à sa place. Mais bientôt il secoue ses ailes humides, et malheur à celui dont le cœur est atteint de cette brûlante rosée ! Le vin dispose le cœur à la tendresse et le rend propre à s'enflammer ; les soucis disparaissent, dissipés par d'abondantes libations. Alors viennent les ris ; alors le pauvre reprend courage et se croit riche : plus de chagrins, d'inquiétudes ; le front se déride, le cœur s'épanouit, et la franchise, aujourd'hui si rare, en bannit l'artifice. Souvent, à table, les jeunes filles ont captivé notre âme : Vénus dans le vin, c'est le feu dans le feu. Défie-toi alors de la clarté trompeuse des flambeaux : pour juger de la beauté, la nuit et le vin sont de mauvais conseillers. Ce fut au jour, à la clarté des cieux, que Pâris vit les trois déesses, et dit à Vénus : « Tu l'emportes sur tes deux rivales. » La nuit efface bien des taches et cache bien des imperfections ; alors il n'est point de

> Dant etiam positis aditum convivia mensis ;
>   Est aliquid, præter vina, quod inde petas.
> Sæpe illic positi teneris adducta lacertis
>   Purpureus Bacchi cornua pressit Amor ;
> Vinaque quum bibulas sparsere Cupidinis alas,
>   Permanet et capto stat gravis ille loco.
> Ille quidem pennas velociter excutit udas ;
>   Sed tamen et spargi pectus amore nocet.
> Vina parant animos faciuntque caloribus aptos :
>   Cura fugit multo diluiturque mero.
> Tunc veniunt risus ; tunc pauper cornua sumit ;
>   Tunc dolor et curæ rugaque frontis abit ;
> Tunc aperit mentes, ævo rarissima nostro,
>   Simplicitas, artes excutiente Deo.
> Illic sæpe animos juvenum rapuere puellæ,
>   Et Venus in vinis, ignis in igne fuit.
> Hic tu fallaci nimium ne crede lucernæ :
>   Judicio formæ noxque merumque nocent.
> Luce Deas cœloque Paris spectavit aperto,
>   Quum dixit Veneri : « Vincis utramque, Venus. »
> Nocte latent mendæ, vitioque ignoscitur omni,
>   Horaque formosam quamlibet illa facit.

femme laide. C'est en plein jour qu'on juge les pierres précieuses et les étoffes de pourpre ; c'est en plein jour aussi qu'il faut juger le visage et la beauté du corps.

Compterai-je toutes ces réunions propres à la chasse aux belles? J'aurais plutôt compté les sables de la mer. Parlerai-je de Baïes, de ses rivages toujours couverts de voiles, de ses bains où bouillonne et fume une onde sulfureuse? Plus d'un baigneur, atteint d'une blessure nouvelle, a dit en les quittant : « Ces eaux vantées ne sont point aussi salubres qu'on le dit. » Non loin des portes de Rome, voici le temple de Diane, ombragé par les bois, et cet empire acquis par le glaive et par des luttes sanglantes. Parce qu'elle est vierge, parce qu'elle hait les traits de l'amour, Diane a fait bien des blessures, et elle en fera bien d'autres encore.

Jusqu'ici ma muse, portée sur un char aux roues inégales, t'a indiqué les lieux où tu dois tendre tes filets et choisir une maîtresse. Maintenant, je vais t'apprendre par quel art tu captiveras celle qui t'a charmé ; c'est ici le point le plus important de mes leçons. Amants de tous pays, prêtez à ma voix une oreille attentive ; et que mes promesses trouvent un auditoire favorable.

Sois d'abord bien persuadé qu'il n'est point de femmes qu'on ne

    Consule de gemmis, de tincta murice lana :
      Consule de facie corporibusque diem.
    Quid tibi femineos cœtus, venantibus aptos,
      Enumerem? numero cedet arena meo.
    Quid referam Baias prætextaque litora velis,
      Et, quæ de calido sulfure fumat, aquam?
    Hinc aliquis vulnus referens in pectore dixit :
      « Non hæc, ut fama est, unda salubris erat. »
    Ecce suburbanæ templum nemorale Dianæ,
      Partaque per gladios regna nocente manu.
    Illa quod est virgo, quod tela Cupidinis odit,
      Multa dedit populo vulnera, multa dabit.
    Hactenus, unde legas quod ames, ubi retia ponas,
      Præcipit imparibus vecta Thalia rotis.
    Nunc tibi, quæ placuit, quas sit capienda per artes,
      Dicere præcipuæ molior artis opus.
    Quisquis ubique, viri, dociles advertite mentes,
      Pollicitisque favens, vulgus, adeste meis.
    Prima tuæ menti veniat fiducia, cunctas

puisse vaincre, et tu seras vainqueur : tends seulement tes filets. Le printemps cessera d'entendre le chant des oiseaux, l'été celui de la cigale ; le lièvre chassera devant lui le chien du Ménale, avant qu'une femme résiste aux tendres sollicitations d'un jeune amant. Celle que tu croiras peut-être ne pas vouloir se rendre le voudra secrètement. L'amour furtif n'a pas moins d'attraits pour les femmes que pour nous. L'homme sait mal déguiser, et la femme dissimule mieux ses désirs. Si les hommes s'entendaient pour ne plus faire les premières avances, bientôt nous verrions à nos pieds les femmes vaincues et suppliantes. Dans les molles prairies, la génisse mugit d'amour pour le taureau ; la cavale hennit à l'approche de l'étalon. Chez nous, l'amour a plus de retenue, et la passion est moins furieuse. Le feu qui nous brûle ne s'écarte jamais des lois de la nature. Citerai-je Byblis, qui brûla pour son frère d'une flamme incestueuse, et, suspendue à un gibet volontaire, se punit bravement de son crime ? Myrrha, qui conçut pour son père des sentiments trop tendres, et maintenant cache sa honte sous l'écorce qui la couvre ? Arbre odoriférant, les larmes qu'elle distille nous servent de parfums et conservent le nom de cette infortunée.

Posse capi ; capies : tu modo tende plagas.
Vere prius volucres taceant, æstate cicadæ,
   Mænalius lepori det sua terga canis,
Femina quam juveni blande tentata repugnet :
   Hæc quoque, quam poteris credere nolle, volet.
Utque viro furtiva Venus, sic grata puellæ :
   Vir male dissimulat ; tectius illa cupit.
Conveniat maribus, ne quam nos ante rogemus :
   Femina jam partes victa rogantis agat.
Mollibus in pratis admugit femina tauro ;
   Femina cornipedi semper adhinnit equo.
Parcior in nobis nec tam furiosa libido :
   Legitimum finem flamma virilis habet.
Byblida quid referam, vetito quæ fratris amore
   Arsit, et est laqueo fortiter ulta nefas ?
Myrrha patrem, sed non quo filia debet, amavit ;
   Et nunc obducto cortice pressa latet ;
Illius et lacrymis, quas arbore fundit odora,
   Ungimur, et dominæ nomina gutta tenet.

Un jour, dans les vallées ombreuses de l'Ida couvert de forêts, paissait un taureau blanc, l'orgueil du troupeau. Son front était marqué d'une petite tache noire, d'une seule, entre les deux cornes; tout le reste de son corps avait la blancheur du lait. Les génisses de Gnosse et de Cydon se disputèrent à l'envi ses caresses. Pasiphaé se réjouissait d'être son amante; elle voyait d'un œil jaloux les génisses qui lui semblaient les plus belles. C'est un fait avéré : la Crète aux cent villes, la Crète, toute menteuse qu'elle est, ne peut le nier. On dit que Pasiphaé, d'une main non accoutumée à de pareils soins, dépouillait les arbres de leurs tendres feuillages, les prés de leurs herbes nouvelles, pour les offrir à son cher taureau. Attachée à ses pas, rien ne l'arrête : elle oublie son époux : un taureau l'emporte sur Minos ! Pourquoi, Pasiphaé, te parer de ces habits précieux? Ton amant connaît-il le prix des richesses? Pourquoi, le miroir à la main, suivre les troupeaux jusqu'au sommet des montagnes? Insensée ! Pourquoi sans cesse rajuster ta coiffure? Ah! du moins, crois-en ton miroir : il te dira que tu n'es pas une génisse. Oh ! combien tu voudrais que la nature eût armé ton front de cornes! si

Forte sub umbrosis nemorosæ vallibus Idæ
    Candidus, armenti gloria, taurus erat,
Signatus tenui media inter cornua nigro :
    Una fuit labes; cetera lactis erant.
Illum Gnosiadesque Cydoneæque juvencæ
    Optarunt tergo sustinuisse suo.
Pasiphae fieri gaudebat adultera tauri;
    Invida formosas oderat illa boves.
Nota cano : non hoc, centum quæ sustinet urbes,
    Quamvis sit mendax, Creta negare potest.
Ipsa novas frondes et prata tenerrima tauro
    Fertur inassueta subsecuisse manu.
It comes armentis, nec ituram cura moratur
    Conjugis; et Minos a bove victus erat.
Quo tibi, Pasiphae, pretiosas sumere vestes?
    Iste tuus nullas sentit adulter opes.
Quid tibi cum speculo montana armenta petenti?
    Quid toties positas fingis, inepta, comas?
Crede tamen speculo, quod te negat esse juvencam.
    Quam cuperes fronti cornua nata tuæ!

Minos t'est cher encore, renonce à tout amour adultère ; ou, si tu veux tromper ton époux, que ce soit du moins avec un homme. Mais non, transfuge de sa couche royale, elle court de forêts en forêts, pareille à la Bacchante pleine du dieu qui l'agite. Que de fois, jetant sur une génisse des regards courroucés, elle s'écria : « Qu'a-t-elle donc pour lui plaire ? Voyez comme à ses côtés elle bondit sur l'herbe tendre ! l'insensée ! elle croit sans doute en paraître plus aimable. » Elle dit ; et, par son ordre arrachée du nombreux troupeau, l'innocente génisse allait courber sa tête sous le joug, ou, dans un faux sacrifice, tomber aux pieds des autels ; puis la cruelle touchait avec joie les entrailles de sa rivale. Que de fois, immolant de semblables victimes, elle apaisa le prétendu courroux des dieux, et tenant en main de pareils trophées : « Allez maintenant, dit-elle, allez plaire à mon amant ! » Tantôt, elle voudrait être Europe ; tantôt, elle envie le sort d'Io : l'une, parce qu'elle fut génisse, l'autre, parce qu'un taureau la porta sur son dos. Cependant, abusé par le simulacre d'une vache d'érable, le roi du troupeau couvrit Pasiphaé ; et le fruit qu'elle mit au jour trahit l'auteur de sa honte.

Si cette autre Crétoise eût su se défendre d'aimer Thyeste,

Sive placet Minos, nullus quæratur adulter ;
 Sive virum mavis fallere, falle viro.
In nemus et saltus thalamo regina relicto
 Fertur, ut Aonio concita Baccha Deo.
Ah ! quoties vaccam vultu spectavit iniquo,
 Et dixit : « Domino cur placet ista meo ?
Adspice ut ante ipsum teneris exsultet in herbis ;
 Nec dubito quin se stulta decere putet. »
Dixit, et ingenti jamdudum de grege duci
 Jussit, et immeritam sub juga curva trahi ;
Aut cadere ante aras commentaque sacra coegit,
 Et tenuit læta pellicis exta manu.
Pellicibus quoties placavit numina cæsis,
 Atque ait, exta tenens : « Ite, placete meo ! »
Et modo se Europen fieri, modo postulat Io :
 Altera quod bos est, altera vecta bove.
Hanc tamen implevit, vacca deceptus acerna,
 Dux gregis ; et partu proditus auctor erat.
Cressa Thyesteo si se abstinuisset amore,

(mais qu'il est difficile à une femme de ne plaire qu'à un seul homme!), Phébus, au milieu de sa course, n'eût point fait rebrousser chemin à ses coursiers, et ramené son char du couchant à l'aurore. La fille de Nisus, pour avoir dérobé à son père le cheveu fatal, tomba de la poupe d'un vaisseau, et fut transformée en oiseau. Échappé sur terre à la colère de Mars, et sur mer à celle de Neptune, le fils d'Atrée périt sous le poignard de sa cruelle épouse. Qui n'a donné des larmes aux amours de Créuse de Corinthe? Qui n'a détesté les fureurs de Médée, de cette mère souillée du sang de ses enfants? Les yeux de Phénix, privés de la lumière, versèrent des larmes. Et vous, coursiers d'Hipoolyte, dans votre épouvante, vous mîtes en pièces le corps de votre maître! Phinée, pourquoi crever les yeux de tes fils innocents? Le même châtiment va retomber sur ta tête. Tels sont, chez les femmes, les excès d'un amour effréné ; plus ardentes que les nôtres, leurs passions sont aussi plus furieuses.

Courage donc! présente-toi au combat avec la certitude de vaincre; et, sur mille femmes, une à peine pourra te résister. Qu'une belle accorde ou refuse une faveur, elle aime qu'on la lui demande. Fusses-tu repoussé, un tel refus est pour toi sans danger. Mais pourquoi un refus? on ne résiste pas aux attraits

> (O quantum est, uni posse placere viro!),
> Non medium rupisset iter, curruque retorto
>   Auroram versis Phœbus adisset equis.
> Filia purpureos Niso furata capillos,
>   Puppe cadens celsa, facta refertur avis.
> Qui Martem terra, Neptunum effugit in undis,
>   Conjugis Atrides victima dira fuit.
> Cui non defleta est Ephyrææ flamma Creusæ,
>   Et nece natorum sanguinolenta parens?
> Flevit Amyntorides per inania lumina Phœnix.
>   Hippolytum pavidi diripuistis, equi.
> Quid fodis immeritis, Phineu, sua lumina natis?
>   Pœna reversura est in caput ista tuum.
> Omnia feminea sunt ista libidine mota:
>   Acrior est nostra, plusque furoris habet.
> Ergo age, ne dubita cunctas superare puellas :
>   Vix erit e multis quæ neget una tibi.
> Quæ dant, quæque negant, gaudent tamen esse rogatæ.
>   Ut jam fallaris, tuta repulsa tua est.

d'un plaisir nouveau : le bien d'autrui nous sourit toujours plus que le nôtre : la moisson nous semble toujours plus riche dans le champ du voisin, et son troupeau plus fécond.

Mais ton premier soin doit être de lier connaissance avec la suivante de la belle que tu courtises : c'est elle qui te facilitera l'accès de la maison. Informe-toi si elle a l'entière confiance de sa maîtresse, si elle est la fidèle complice de ses secrets plaisirs. Promesses, prières, n'épargne rien pour la gagner : ton triomphe alors sera facile ; tout dépend de sa volonté. Qu'elle prenne bien son temps (c'est une précaution qu'observent les médecins) ; qu'elle profite du moment où sa maîtresse est d'une humeur plus facile, plus accessible à la séduction. Ce moment, c'est celui où tout semble lui sourire, où la gaieté brille dans ses yeux comme les épis dorés dans un champ fertile. Quand le cœur est joyeux, quand il n'est point resserré par la douleur, il s'épanouit ; c'est alors que Vénus se glisse doucement dans ses plus secrets replis. Tant qu'Ilion fut plongée dans le deuil, ses armes repoussèrent les efforts des Grecs ; et ce fut dans un jour d'allégresse qu'elle reçut dans ses murs ce cheval aux flancs chargés de guerriers. Choisis encore l'instant où ta

    Sed cur fallaris, quum sit nova grata voluptas,
        Et capiant animos plus aliena suis?
    Fertilior seges est alienis semper in agris,
        Vicinumque pecus grandius uber habet.
    Sed prius ancillam captandæ nosse puellæ
        Cura sit : accessus molliet ista tuos.
    Proxima consiliis dominæ sit ut illa videto,
        Neve parum tacitis conscia fida jocis.
    Hanc tu pollicitis, hanc tu corrumpe rogando :
        Quod petis, e facili, si volet illa, feres.
    Illa legat tempus, medici quoque tempora servant,
        Quo facilis dominæ mens sit et apta capi.
    Mens erit apta capi tunc, quum lætissima rerum,
        Ut seges in pingui luxuriabit humo.
    Pectora dum gaudent, nec sunt adstricta dolore,
        Ipsa patent ; blanda tum subit arte Venus.
    Tunc, quum tristis erat, defensa est Ilios armis ;
        Militibus gravidum læta recepit equum.
    Tunc quoque tentanda est, quum pellice læsa dolebit :

belle gémit de l'affront qu'elle a reçu d'une rivale, et fais en sorte qu'elle trouve en toi un vengeur. Le matin, à sa toilette, en arrangeant ses cheveux, la suivante irritera son courroux ; pour te servir, elle s'aidera de la voile et de la rame, et dira tout bas, en soupirant : « Je doute que vous puissiez rendre la pareille à l'ingrat qui vous trahit. » C'est l'instant propice pour parler de toi : qu'elle emploie en ta faveur les discours les plus persuasifs ; qu'elle jure que tu meurs d'un amour insensé. Mais il faut se hâter, de peur que le vent ne se retire et ne laisse retomber les voiles. Semblable à la glace fragile, le courroux d'une belle est de courte durée.

Mais, diras-tu, ne serait-il pas à propos d'avoir d'abord les faveurs de la suivante ? Cette façon d'agir est très-chanceuse. Il est telle suivante que ce moyen rendra plus soigneuse de tes intérêts, telle autre dont il ralentira le zèle : l'une te ménagera les faveurs de sa maîtresse ; l'autre te gardera pour elle-même. L'événement seul peut en décider. En admettant qu'elle encourage tes entreprises, mon avis est qu'il vaut mieux s'abstenir. Je n'irai point m'égarer à travers des précipices et des rochers aigus ; la jeunesse qui me suit est en bon chemin avec moi. Si cependant la suivante, quand elle donne ou reçoit un

> Tunc facias opera, ne sit inulta, tua.
> Hanc matutinos pectens ancilla capillos
> Incitet, et velo remigis addat opem,
> Et, secum tenui suspirans murmure, dicat :
> « Ut puto, non poteris ipsa referre vicem. »
> Tum de te narret, tum persuadentia verba
> Addat, et insano juret amore mori.
> Sed propera, ne vela cadant auræque residant.
> Ut fragilis glacies, interit ira mora.
> Quæris an hanc ipsam prosit vitiare ministram ?
> Talibus admissis alea grandis inest.
> Hæc a concubitu fit sedula, tardior illa :
> Hæc dominæ munus te parat, illa sibi.
> Casus in eventu est : licet hæc indulgeat ausis,
> Consilium tamen est abstinuisse meum.
> Non ego per præceps et acuta cacumina vadam,
> Nec juvenum quisquam, me duce, captus erit.
> S tamen illa tibi, dum dat recipitque tabellas,

billet, te charme par sa beauté non moins que par son zèle et son empressement, tâche d'abord de posséder la maîtresse ; que la suivante vienne ensuite ; mais ce n'est point par elle que ton amour doit commencer. Seulement je t'avertis, si tu as quelque foi dans l'art que j'enseigne, si les vents ravisseurs n'emportent pas mes paroles à travers les flots de la mer, de ne point tenter l'aventure, à moins de la pousser à bout. Une fois de moitié dans le crime, la suivante ne te trahira point. L'oiseau dont les ailes sont engluées ne peut voler bien loin ; le sanglier se débat en vain dans les filets qui l'enveloppent ; dès qu'il a mordu à l'hameçon, le poisson ne saurait s'en déprendre. Pour toi, pousse ton attaque jusqu'à bonne fin, et ne t'éloigne qu'après la victoire. Alors, complice de ta faute, elle n'osera te trahir ; et, par elle, tu sauras tout ce que fait et dit ta maîtresse. Mais surtout sois discret ; si tu caches bien tes intelligences avec la suivante, tout ce que fait ta belle n'aura plus pour toi de mystères.

C'est une erreur de croire que les cultivateurs et les pilotes doivent seuls consulter le temps. Comme il ne faut pas en toute saison confier la semence à une terre qui peut tromper nos vœux, ni livrer aux hasards de la mer un faible navire, de

> Corpore, non tantum sedulitate, placet ;
> Fac domina potiare prius ; comes illa sequatur :
> Non tibi ab ancilla est incipienda Venus.
> Hoc unum moneo ; si quid modo creditur arti,
> Nec mea dicta rapax per mare ventus agit :
> Aut non tentaris aut perfice : tollitur index,
> Quum semel in partem criminis ipsa venit.
> Non avis utiliter viscatis effugit alis ;
> Non bene de laxis cassibus exit aper ;
> Saucius arrepto piscis retinetur ab hamo ;
> Perprime tentatam, nec nisi victor abi.
> Tum neque te prodet communi noxia culpa,
> Factaque erunt dominæ dictaque nota tibi.
> Sed bene celetur : bene si celabitur index,
> Notitiæ suberit semper amica tuæ.
> Tempora qui solis operosa colentibus arva,
> Fallitur, et nautis adspicienda putat.
> Nec semper credenda Ceres fallacibus arvis,
> Nec semper viridi concava puppis aquæ :

même il n'est pas toujours sûr d'attaquer une jeune beauté. Souvent on parvient mieux à son but en attendant une occasion plus propice. Évite, par exemple, le jour de sa naissance, ou celui des calendes, que Venus se plaît à prolonger pour Mars, son amant. Quand le Cirque est orné, non pas comme autrefois de figures en relief, mais des dépouilles des rois vaincus, alors il faut différer ; alors approchent et le triste hiver et les Pléiades orageuses ; alors le Chevreau craintif se plonge dans l'Océan. C'est le moment du repos : quiconque ose affronter alors les dangers de la mer peut à peine se sauver avec les débris de son vaisseau naufragé. Attends, pour tenter un premier essai, ce jour à jamais funeste où le sang des Romains rougit les flots de l'Allia, ou bien encore ce jour consacré au repos, que fête chaque semaine l'habitant de la Palestine. Que l'anniversaire de la naissance de ton amie t'inspire une sainte horreur, et regarde comme néfastes les jours où il faudra lui faire un présent. Tu auras beau chercher à l'éviter, elle t'arrachera quelque cadeau : une femme sait toujours trouver les moyens de s'approprier l'argent d'un amant passionné. Un colporteur à la robe traînante se présentera devant ta maîtresse, toujours prête à acheter, et, devant toi,

Nec teneras semper tutum captare puellas :
  Sæpe, dato melius tempore, flet idem.
Sive dies suberit natalis, sive kalendæ,
  Quas Venerem Marti continuasse juvat;
Sive erit ornatus, non ut fuit ante, sigillis,
  Sed regum expositas Circus habebit opes,
Differ opus : tunc tristis hiems, tunc Pleiades instant;
  Tunc tener æquorea mergitur Hœdus aqua ;
Tunc bene desinitur, tunc, si quis creditur alto,
  Vix tenuit laceræ naufraga membra ratis.
Tu licet incipias, qua flebilis Allia luce
  Vulneribus Latiis sanguinolenta fuit,
Quaque die redeunt, rebus minus apta gerendis,
  Culta Palæstino septima festa viro.
Magna superstitio tibi sit natalis amicæ;
  Quaque aliquid dandum est, illa sit atra dies.
Quum bene vitaris, tamen auferet : invenit artem
  Femina, qua cupidi carpat amantis opes.
Institor ad dominam veniet discinctus emacem ;
  Expediet merces teque sedente suas :

il étalera toutes ses marchandises ; et la belle, pour te fournir l'occasion de montrer ton bon goût, te priera de les examiner, puis elle te donnera un baiser ; puis enfin elle te suppliera de faire quelque emplette. « Ceci, dit-elle, me suffira pour plusieurs années ; j'en ai besoin aujourd'hui, et vous ne pourrez jamais acheter plus à propos. » En vain tu allègueras que tu n'as pas chez toi l'argent nécessaire pour cet achat : on te demandera un billet, et tu regretteras alors de savoir écrire. Combien de fois encore lui faudra-t-il quelque cadeau pour le jour de sa naissance ! Et cet anniversaire se renouvellera aussi souvent que ses besoins. Combien de fois, désolée d'une perte imaginaire, viendra-t-elle, les yeux en pleurs, se plaindre d'avoir perdu la pierre précieuse qui ornait son oreille ! car c'est ainsi qu'elles font. Elles vous demandent une foule de choses qu'elles doivent vous rendre plus tard ; mais une fois qu'elles les tiennent, vous les réclamez en vain. C'est autant de perdu pour vous, sans qu'on vous en ait la moindre obligation. Quand j'aurais dix bouches et autant de langues, je ne pourrais suffire à énumérer tous les manéges infâmes de nos courtisanes.

Tâte d'abord le terrain par un billet-doux écrit sur des tablettes artistement polies. Que ce premier message lui apprenne l'état de ton cœur ; qu'il lui porte les compliments les plus

> Quas illa, inspicias, sapere ut videare, rogabit;
> Oscula deinde dabit; deinde rogabit, emas.
> Hoc fore contentam multos jurabit in annos :
> Nunc opus esse sibi, nunc bene dicet emi.
> Si non esse domi, quos des, causabere nummos,
> Littera poscetur, ne didicisse juvet.
> Quid, quasi natali quum poscit munera libo,
> Et, quoties opus est, nascitur ipsa sibi?
> Quid, quum mendaci damno mœstissima plorat,
> Elapsusque cava fingitur aure lapis?
> Multa rogant reddenda dari ; data reddere nolunt.
> Perdis, et in damno gratia nulla tuo.
> Non mihi sacrilegas meretricum ut prosequar artes,
> Cum totidem linguis sint satis ora decem.
> Cera vadum tentet rasis infusa tabellis :
> Cera tuæ primum nuntia mentis eat.
> Blanditias ferat illa tuas imitataque amantum

gracieux et les douces paroles à l'usage des amants ; et, quel que soit ton rang, ne rougis pas de descendre aux plus humbles prières. Touché de ses prières, Achille rendit à Priam les restes d'Hector. La colère même des dieux cède aux accents d'une voix suppliante. Promettez, promettez, cela ne coûte rien : tout le monde est riche en promesses. L'espérance, lorsqu'on y ajoute foi, fait gagner bien du temps ; c'est une déesse trompeuse, mais on aime à être trompé par elle. Si tu donnes quelque chose à ta belle, tu pourras être éconduit par intérêt : elle aura profité de tes largesses passées et n'aura rien perdu. Aie toujours l'air d'être sur le point de donner ; mais ne donne jamais. C'est ainsi qu'un champ stérile trompe souvent l'espoir de son maître; qu'un joueur ne cesse de perdre, dans l'espoir de ne plus perdre, et que le sort chanceux tente sa main cupide. Le grand art, le point difficile, c'est d'obtenir les premières faveurs d'une belle sans lui avoir fait encore aucun présent : alors, pour ne pas perdre le prix de ce qu'elle a donné, elle ne pourra plus rien refuser. Qu'il parte donc ce billet conçu dans les termes les plus tendres; qu'il sonde ses dispositions et te fraye le chemin de son cœur. Quelques lettres, tracées sur un fruit, trompèrent la jeune Cydippe ; et l'impru-

Verba, nec exiguas, quisquis es, adde preces.
Hectora donavit Priamo prece motus Achilles :
   Flectitur iratus voce rogante Deus.
Promittas facito : quid enim promittere lædit?
   Pollicitis dives quilibet esse potest.
Spes tenet in tempus, semel est si credita, longum ;
   Illa quidem fallax, sed tamen apta Dea est.
Si dederis aliquid, poteris ratione relinqui :
   Præteritum tulerit perdideritque nihil.
At quod non dederis semper videare daturus :
   Sic dominum sterilis sæpe fefellit ager ;
Sic, ne perdiderit, non cessat perdere lusor,
   Et revocat cupidas alea sæpe manus.
Hoc opus, hic labor est, primo sine munere jungi :
   Ne dederit gratis, quæ dedit, usque dabit.
Ergo eat et blandis peraretur littera verbis,
   Exploretque animos, primaque tentet iter.
Littera Cydippen pomo perlata fefellit,

dente, en les lisant, se trouva prise par ses propres paroles.

Jeunes Romains, suivez mes conseils : livrez-vous à l'étude des belles-lettres ; non pas seulement pour devenir les protecteurs de l'accusé tremblant : aussi bien que le peuple, que le juge austère, aussi bien que les sénateurs, cette élite des citoyens, la beauté se laisse vaincre par l'éloquence. Mais cache bien tes moyens de séduction, et ne va pas tout d'abord étaler ta faconde. Que toute expression pédantesque soit bannie de tes tablettes. Quel autre qu'un sot peut écrire à sa maîtresse sur le ton d'un déclamateur ? Souvent une lettre prétentieuse fut une cause suffisante d'antipathie. Que ton style soit naturel, ton langage simple, mais insinuant ; et qu'en te lisant on croie t'entendre. Si elle refuse ton billet et te le renvoie sans le lire, espère toujours qu'elle le lira, et persiste dans ton entreprise. L'indomptable taureau s'accoutume au joug avec le temps ; avec le temps on force le coursier rétif à obéir au frein. Un anneau de fer s'use par un frottement sans cesse renouvelé, et le soc est rongé chaque jour par la terre qu'il déchire. Quoi de plus solide que le rocher, de moins dur que l'eau ? cependant l'eau creuse les rocs les plus durs. Persiste donc, et avec le

> Insciaque est verbis capta puella suis.
> Disce bonas artes, moneo, Romana juventus,
>   Non tantum trepidos ut tueare reos :
> Quam populus, judexque gravis, lectusque senatus,
>   Tam dabit eloquio victa puella manus.
> Sed lateant vires, nec sis in fronte disertus :
>   Effugiant ceræ verba molesta tuæ.
> Quis, nisi mentis inops, teneræ declamet amicæ ?
>   Sæpe valens odii littera causa fuit.
> Sit tibi credibilis sermo consuetaque verba,
>   Blanda tamen, præsens ut videare loqui.
> Si non accipiet scriptum, illectumque remittet,
>   Lecturam spera, propositumque tene.
> Tempore difficiles veniunt ad aratra juvenci ;
>   Tempore lenta pati frena docentur equi ;
> Ferreus assiduo consumitur annulus usu ;
>   Interit assidua vomer aduncus humo.
> Quid magis est saxo durum ? quid mollius unda ?
>   Dura tamen molli saxa cavantur aqua.
> Penelopen ipsam, perstes modo, tempore vinces.

temps tu vaincras Pénélope elle-même. Troie résista long-temps, mais fut prise à la fin. Elle te lit sans vouloir te répondre? libre à elle. Fais seulement en sorte qu'elle continue à lire tes billets doux : puisqu'elle a bien voulu les lire, elle voudra bientôt y répondre : tout viendra par degrés et en son temps. Peut-être recevras-tu d'abord une fâcheuse réponse, par laquelle on t'ordonnera de cesser tes poursuites. Elle craint ce qu'elle demande, et désire que tu persistes, tout en te priant de n'en rien faire. Poursuis donc ; et bientôt tu seras au comble de tes vœux.

Cependant, si tu rencontres ta maîtresse couchée dans sa litière, approche-toi d'elle, comme sans y penser ; et, de peur que vos paroles n'arrivent à des oreilles indiscrètes, explique-toi, autant que possible, d'une manière équivoque. Dirige-t-elle ses pas incertains sous quelque portique? tu dois t'y promener avec elle. Tantôt hâte-toi de la devancer ; tantôt, ralentissant ta marche, suis de loin ses pas. Ne rougis pas de sortir de la foule et de passer d'une colonne à l'autre pour te trouver à ses côtés. Ne souffre pas surtout que, sans toi, elle se montre au théâtre dans tout l'éclat de sa beauté. Là, ses épaules nues

---

Capta vides sero Pergama; capta tamen.
Legerit, et nolit rescribere : cogere noli ;
   Tu modo blanditias fac legat usque tuas :
Quæ voluit legisse, volet rescribere lectis ;
   Per numeros venient ista gradusque suos.
Forsitan et primo veniet tibi littera tristis,
   Quæque roget ne se sollicitare velis.
Quod rogat illa, timet : quod non rogat, optat, ut instes.
   Insequere, et voti postmodo compos eris.
Interea, sive illa toro resupina feretur,
   Lecticam dominæ dissimulanter adi ;
Neve aliquis verbis odiosas afferat aures,
   Quam potes, ambiguis callidus abde notis :
Seu pedibus vacuis illi spatiosa teretur
   Porticus, hic socias tu quoque junge moras,
Et modo præcedas facito, modo terga sequaris,
   Et modo festines, et modo lentus eas.
Nec tibi de mediis aliquot transire columnas
   Sit pudor, aut lateri continuasse latus.
Nec sine te curvo sedeat speciosa theatro :
   Quod spectes, humeris afferet illa suis.

t'offriront un spectacle charmant. Là, tu pourras la contempler, l'admirer à loisir ; là, tu pourras lui parler du geste et du regard. Applaudis l'acteur qui représente une jeune fille ; applaudis encore plus celui qui joue le rôle de l'amant. Se lève-t-elle, lève-toi ; tant qu'elle est assise, reste assis ; et sache perdre ton temps au gré de son caprice.

D'ailleurs renonce au futile plaisir de friser tes cheveux avec le fer chaud, ou de lisser ta peau avec la pierre-ponce. Laisse de pareils soins à ces prêtres efféminés qui hurlent sur le mode phrygien des chants en l'honneur de Cybèle. Une simplicité sans art est l'ornement qui convient à l'homme. Thésée, sans ajuster sa chevelure, se fit aimer d'Ariane ; Phèdre brûla pour Hippolyte, quoique sa parure fût simple ; Adonis, cet hôte sauvage des forêts, gagna le cœur d'une déesse. Aime la propreté : ne crains pas de hâler ton teint aux exercices du Champ-de-Mars. Que tes vêtements, bien faits, soient exempts de taches. Ne laisse point d'aspérités sur ta langue, point de tartre sur l'émail de tes dents. Que ton pied ne nage pas dans une chaussure trop large. Que tes cheveux, mal taillés, ne se hérissent pas sur ta tête ; mais qu'une main savante coupe et ta

>   Illam respicias, illam mirere licebit ;
>   Multa supercilio, multa loquare notis ;
>   Et plaudas aliquam mimo saltante puellam,
>   Et faveas illi, quisquis agatur amans.
>   Quum surgit, surges ; donec sedet illa, sedebis ;
>   Arbitrio dominæ tempora perde tuæ.
>   Sed tibi nec ferro placeat torquere capillos,
>   Nec tua mordaci pumice crura teras.
>   Ista jube faciant, quorum Cybeleia mater
>   Concinitur Phrygiis exululata modis.
>   Forma viros neglecta decet : Minoida Theseus
>   Abstulit, a nulla tempora comtus acu :
>   Hippolytum Phædre, nec erat bene cultus, amavit ;
>   Cura Deæ silvis aptus Adonis erat.
>   Munditiæ placeant ; fuscentur corpora Campo ;
>   Sit bene conveniens et sine labe toga ;
>   Linguaque ne rigeat ; careant rubigine dentes ;
>   Nec vagus in laxa pes tibi pelle natet,
>   Nec male deformet rigidos tonsura capillos ;
>   Sit coma, sit docta barba resecta manu ;

chevelure et ta barbe. Que tes ongles soient toujours nets et polis; que l'on ne voie aucun poil sortir de tes narines; surtout que ton haleine n'infecte pas l'air autour de toi, et prends garde de blesser l'odorat par cette odeur fétide qu'exhale le mâle de la chèvre. Quant aux autres détails de la toilette, abandonne-les aux jeunes coquettes, ou à ces hommes qui recherchent les honteuses faveurs d'autres hommes.

Mais voici que Bacchus appelle son poëte; favorable aux amants, il protège les feux dont il brûla lui-même. Ariane errait éperdue sur les plages désertes de l'île de Naxos, toujours battue des flots de la mer. A peine échappée au sommeil, elle n'était vêtue que d'une tunique flottante; ses pieds étaient nus, sa blonde chevelure flottait en désordre sur ses épaules, et des torrents de larmes inondaient ses joues : elle redemandait aux flots le cruel Thésée; les flots restaient sourds à ses cris. Elle criait et pleurait à la fois; mais (heureux privilége de la beauté!) ses cris et ses pleurs ajoutaient encore à ses charmes. « Le perfide! disait-elle en se frappant le sein, il me fuit! que vais-je devenir? hélas! quel sera mon sort? » Elle dit; et sou-

Et nihil emineant et sint sine sordibus ungues,
  Inque cava nullus stet tibi nare pilus;
Nec male odorati sit tristis anhelitus oris,
  Nec lædant nares virque paterque gregis.
Cetera lascivæ faciant, concede, puellæ,
  Et si quis male vir quærit habere virum.
Ecce suum vatem Liber vocat : hic quoque amantes
  Adjuvat, et flammæ, qua calet ipse, favet.
Gnossis in ignotis amens errabat arenis,
  Qua brevis æquoreis Dia feritur aquis.
Utque erat a somno tunica velata recincta,
  Nuda pedem, croceas irreligata comas;
Thesea crudelem surdas clamabat ad undas,
  Indigno teneras imbre rigante genas.
Clamabat flebatque simul; sed utrumque decebat,
  Nec facta est lacrymis turpior illa suis.
Jamque iterum tundens mollissima pectora palmis,
  « Perfidus ille abiit : quid mihi fiet? » ait.
« Quid mihi fiet? » ait : sonuerunt cymbala toto

dain les cymbales et les tambours qu'agitent des mains frénétiques font retentir au loin le rivage. Frappée d'effroi, elle tombe en prononçant quelques mots entrecoupés, et son sang a fui de ses veines glacées. Mais voici venir les Bacchantes échevelées et les Satyres légers, avant-coureurs du dieu des vendanges ; voici le vieux Silène, toujours ivre : suspendu à la crinière de son âne, qui plie sous le faix, il peut à peine se soutenir. Tandis qu'il poursuit les Bacchantes, qui fuient et l'agacent en même temps, et qu'il presse du bâton les flancs du quadrupède aux longues oreilles, l'inhabile cavalier tombe la tête la première. Aussitôt les Satyres de lui crier : « Relevez-vous, père Silène, relevez-vous ! »

Cependant, du haut de son char couronné de pampres, le dieu guide avec des rênes d'or les tigres qu'il a domptés. Ariane, en perdant Thésée, a perdu la couleur et la voix : trois fois elle veut fuir, trois fois la crainte enchaîne ses pas ; elle frémit, elle tremble, comme la paille légère ou les roseaux flexibles qu'agite le moindre vent. Mais le dieu : « Bannis, lui dit-il, toute frayeur ; tu retrouves en moi un amant plus tendre, plus fidèle que Thésée : fille de Minos, tu seras l'épouse de

  Littore, et attonita tympana pulsa manu.
 Excidit illa metu rupitque novissima verba ;
  Nullus in exanimi corpore sanguis erat.
 Ecce Mimallonides sparsis in terga capillis,
  Ecce leves Satyri, prævia turba dei,
 Ebrius ecce senex pando Silenus asello ;
  Vix sedet, et pressas continet arte jubas.
 Dum sequitur Bacchas, Bacchæ fugiuntque petuntque,
  Quadrupedem ferula dum malus urget eques ;
 In caput aurito cecidit delapsus asello·
  Clamarunt Satyri : « Surge age, surge, pater ! »
 Jam Deus e curru, quem summum texerat uvis,
  Tigribus adjunctis aurea lora dabat.
 Et color, et Theseus, et vox abiere puellæ ;
  Terque fugam petiit, terque retenta metu.
 Horruit, ut steriles, agitat quas ventus, aristæ,
  Ut levis in madida canna palude tremit.
 Cui Deus, « En adsum tibi cura fidelior, » inquit
  « Pone metum : Bacchi, Gnossias, uxor eris.
 Munus habe cœlum : cœlo spectabile sidus,

Bacchus. Pour récompense je t'offre le ciel ; astre nouveau, ta couronne brillante y servira de guide au pilote incertain. » A ces mots, il s'élance de son char dont les tigres auraient pu effrayer Ariane ; la terre s'incline sous ses pas ; pressant sur son sein la princesse éperdue, il l'enlève. Et comment eût-elle résisté ? un dieu ne peut-il pas tout ce qu'il veut ? Tandis qu'une partie du cortége entonne des chants d'hyménée, et que l'autre crie : Évohé ! Évohé ! le dieu et sa jeune épouse consomment le sacrifice nuptial.

Lors donc que tu seras assis à un festin embelli des dons de Bacchus, et qu'une femme aura pris place auprès de toi sur le même lit, prie ce dieu, dont les mystères se célèbrent pendant la nuit, de garantir ton cerveau des vapeurs nuisibles du vin. C'est là que tu pourras, à mots couverts, adresser à ta belle de tendres discours, dont sans peine elle devinera le sens. Une goutte de vin te suffira pour tracer sur la table de doux emblèmes où elle lira la preuve de ton amour. Que tes yeux alors fixés sur ses yeux achèvent de lui dévoiler ta flamme. Sans la parole, le visage a souvent sa voix et son éloquence. Empare-toi le premier de la coupe qu'ont touchée ses lèvres, et du côté où elle a bu bois après elle. Saisis les mets que ses doigts ont

> Sæpe reges dubiam Cressa Corona ratem. »
> Dixit, et e curru, ne tigres illa timeret,
>   Desilit ; imposito cessit arena pedi ;
> Implicitamque sinu, neque enim pugnare valebat,
>   Abstulit ; ut facile est omnia posse Deo.
> Pars « Hymenæe » canunt : pars clamant « Evie, evoe ! »
>   Sic coeunt sacro nupta Deusque toro.
> Ergo ubi contigerint positi tibi munera Bacchi,
>   Atque erit in socii femina parte tori,
> Nycteliumque patrem, nocturnaque sacra precare,
>   Ne jubeant capiti vina nocere tuo.
> Hic tibi multa licet sermone licentia tecto
>   Dicere, quæ dici sentiat illa sibi ;
> Blanditiasque leves tenui perscribere vino,
>   Ut dominam in mensa se legat illa tuam ;
> Atque oculos oculis spectare fatentibus ignem :
>   Sæpe tacens vocem verbaque vultus habet.
> Fac primus rapias illius tecta labellis
>   Pocula, quaque bibet parte puella, bibas ;

effleurés, et qu'en même temps ta main rencontre la sienne.

Tâche aussi de plaire au mari de la belle; rien ne sera plus utile à tes desseins que son amitié. Si le sort, te favorisant, te donne la royauté du festin, aie soin de la lui céder; ôte ta couronne pour en orner sa tête. Qu'il soit ton inférieur ou ton égal, n'importe, laisse-le se servir le premier, et, dans la conversation, n'hésite pas à prendre le second rôle. Le moyen le plus sûr et le plus commun de tromper, c'est d'emprunter le nom de l'amitié; mais, quoique sûr et commun, ce moyen n'en est pas moins un crime. En amour, le mandataire va souvent plus loin que son mandat, et se croit autorisé à dépasser les ordres qu'il a reçus.

Je vais te prescrire la juste mesure que tu dois observer en buvant: que ton esprit et tes pieds gardent toujours leur équilibre; évite surtout les querelles qu'engendre le vin, et ne sois pas trop prompt au combat. N'imite pas cet Eurytion qui mourut sottement pour avoir trop bu : la table et le vin ne doivent inspirer qu'une douce gaieté. Si tu as de la voix, chante; si tes membres sont flexibles, danse; enfin, ne néglige aucun de tes moyens de plaire. Une ivresse véritable ins-

    Et quodcumque cibi digitis libaverit illa,
        Tu pete, dumque petes, sit tibi tacta manus.
    Sint etiam tua vota viro placuisse puellæ :
        Utilior votis factus amicus erit.
    Huic, si sorte bibes, sortem concede priorem ;
        Huic detur capiti dempta corona tuo.
    Sive sit inferior, seu par, prior omnia sumat ;
        Neu dubites illi verba secunda loqui.
    Tuta frequensque via est per amicum fallere nomen :
        Tuta frequensque licet sit via, crimen habet.
    Inde procurator nimium quoque multa procurat,
        Et sibi mandatis plura videnda putat.
    Certa tibi a nobis dabitur mensura bibendi :
        Officium præstent mensque pedesque suum.
    Jurgia præcipue vino stimulata caveto,
        Et nimium faciles ad fera bella manus.
    Occidit Eurytion stulte data vina bibendo :
        Aptior est dulci mensa merumque joco.
    Si vox est, canta ; si mollia brachia, salta ;
        Et, quacumque potes dote placere, place.

pire le dégoût; une ivresse feinte peut avoir son utilité. Que ta langue rusée bégaie comme avec peine des sons inarticulés, afin que tout ce que tu feras ou diras d'un peu libre trouve son excuse dans de trop fréquentes libations. Fais hautement des souhaits pour ta maîtresse, fais-en pour celui qui partage sa couche ; mais, au fond du cœur, maudis son époux. Lorsque les convives quitteront la table, le mouvement qui en résulte t'offrira un facile accès près de ta belle. Mêlé dans la foule, approche-toi d'elle doucement, de tes doigts serre sa taille, et de ton pied va chercher le sien.

Mais voici l'instant de l'entretien. Loin d'ici, rustique pudeur ! la Fortune et Vénus secondent l'audace. Ne compte pas sur moi pour t'enseigner les lois de l'éloquence ; songe seulement à commencer, et l'éloquence te viendra sans que tu la cherches. Il faut jouer le rôle d'amant ; que tes discours expriment le mal qui te consume, et ne néglige aucun moyen pour persuader ta belle. Il n'est pas bien difficile de se faire croire ; toute femme se trouve aimable ; et la plus laide est contente de la beauté qu'elle croit avoir. Que de fois d'ailleurs celui qui d'abord faisait semblant d'aimer finit par aimer sérieusement, et

Ebrietas ut vera nocet, sic ficta juvabit :
　Fac titubet blæso subdola lingua sono,
Ut, quidquid facies dicesve protervius æquo,
　Credatur nimium causa fuisse merum.
Et bene dic dominæ, bene, cum quo dormiat illa ;
　Sed male sit tacita mente precare viro.
At, quum discedet mensa conviva remota,
　Ipsa tibi accessus turba locumque dabit :
Insere te turbæ, leviterque admotus eunti,
　Velle latus digitis, et pede tange pedem.
Colloquio jam tempus adest : fuge rustice longe
　Hinc pudor : audentem Forsque Venusque juvant.
Non tua sub nostras veniat facundia leges :
　Fac tantum incipias : sponte disertus eris.
Est tibi agendus amans, imitandaque vulnera verbis :
　Hinc tibi quæratur qualibet arte fides.
Nec credi labor est : sibi quæque videtur amanda :
　Pessima sit: nulli non sua forma placet.
Sæpe tamen vere cœpit simulator amare,
　Sæpe, quod incipiens finxerat esse,

passa de la feinte à la réalité! Jeunes beautés, montrez-vous plus indulgentes pour ceux qui se donnent les apparences de l'amour ; cet amour, d'abord joué, va devenir sincère.

Tu peux encore, par d'adroites flatteries, t'insinuer furtivement dans son cœur, comme le ruisseau couvre insensiblement la rive qui le dominait. N'hésite point à louer son visage, ses cheveux, ses doigts arrondis et son pied mignon. La plus chaste est sensible à l'éloge qu'on fait de sa beauté, et le soin de ses attraits occupe même la vierge encore novice. Pourquoi, sans cela, Junon et Pallas rougiraient-elles encore aujourd'hui de n'avoir point obtenu le prix décerné à la plus belle dans les bois du mont Ida? Voyez ce paon : si vous louez son plumage, il étale sa queue avec orgueil ; si vous le regardez en silence, il en cache les trésors. Le coursier, dans la lutte des chars, aime les applaudissements donnés à sa crinière bien peignée et à sa fière encolure. Ne sois point timide dans tes promesses : ce sont les promesses qui entraînent les femmes. Prends tous les dieux à témoin de ta sincérité. Jupiter, du haut des cieux, rit des parjures d'un amant, et les livre, comme un jouet, aux vents d'Éole pour les emporter. Que de fois il jura faussement

  Quo magis o faciles imitantibus este, puellæ :
   Fiet amor verus qui modo falsus erat.
  Blanditiis animum furtim deprendere nunc sit,
   Ut pendens liquida ripa subitur aqua.
  Nec faciem, nec te pigeat laudare capillos,
   Et teretes digitos exiguumque pedem.
  Delectant etiam castas præconia formæ :
   Virginibus curæ grataque forma sua est.
  Nam cur in Phrygiis Junonem et Pallada silvis
   Nunc quoque judicium non tenuisse pudet?
  Laudatas ostentat avis Junonia pennas;
   Si tacitus spectes, illa recondit opes.
  Quadrupedes, inter rapidi certamina cursus,
   Depexæque jubæ plausaque colla juvant.
  Nec timide promitte : trahunt promissa puellas;
   Pollicitis testes quoslibet adde Deos.
  Jupiter ex alto perjuria ridet amantum,
   Et jubet Æolios irrita ferre Notos.
  Per Styga Junoni falsum jurare solebat

par le Styx d'être fidèle à Junon ! son exemple nous rassure et nous encourage.

Il importe qu'il y ait des dieux, comme il importe d'y croire : prodiguons sur leurs autels antiques et l'encens et le vin. Les dieux ne sont pas plongés dans un repos indolent et semblable au sommeil. Vivez dans l'innocence, car ils ont les yeux sur vous. Rendez le dépôt qui vous fut confié ; suivez les lois que la piété vous prescrit ; bannissez la fraude ; que vos mains soient pures de sang humain. Si vous êtes sages, ne vous jouez que des jeunes filles ; vous pouvez le faire impunément, en observant dans tout le reste la bonne foi. Trompez des trompeuses. Les femmes, pour la plupart, sont une race perfide : qu'elles tombent dans les piéges qu'elles-mêmes ont dressés. L'Égypte, dit-on, privée des pluies nourricières qui fertilisent ses campagnes, avait éprouvé neuf années de sécheresse continuelle : Thrasius vient trouver Busiris, et lui découvre un moyen d'apaiser Jupiter : c'est, dit-il, de répandre sur ses autels le sang d'un hôte étranger. « Tu seras, lui répond Busiris, la première victime offerte à ce dieu ; tu seras l'hôte étranger à qui l'Égypte sera redevable de l'eau céleste. » Phalaris fit aussi brûler le féroce Perillus dans le taureau d'airain qu'il

<pre>
      Jupiter : exemplo nunc favet ipse suo.
  Expedit esse Deos : et, ut expedit, esse putemus :
      Dentur in antiquos tura merumque focos.
  Nec secura quies illos similisque sopori
      Detinet : innocue vivite ; numen adest.
  Reddite depositum, pietas sua fœdera servet,
      Fraus absit, vacuas cædis habete manus.
  Ludite, si sapitis, solas impune puellas :
      Hac minus est una fraude tuenda fides.
  Fallite fallentes : ex magna parte profanum
      Sunt genus : in laqueos, quos posuere, cadant.
  Dicitur Ægyptus caruisse juvantibus arva
      Imbribus, atque annos sicca fuisse novem ;
  Quum Thrasius Busirin adit, monstratque piari
      Hospitis effuso sanguine posse Jovem.
  Illi Busiris : « Fies Jovis hostia primus, »
      Inquit, « et Ægypto tu dabis, hospes, aquam. »
  Et Phalaris tauro violenti membra Perilli
</pre>

vait fabriqué, et le malheureux inventeur arrosa de son sang l'ouvrage de ses mains ! Ce fut une double justice. Quoi de plus juste, en effet, que de faire périr par leur propre invention ces artisans de supplices ? Parjure pour parjure, c'est la règle de l'équité : la femme abusée ne doit s'en prendre qu'à elle-même de la trahison dont elle donna l'exemple.

Les larmes sont aussi fort utiles en amour ; elles amolliraient le diamant. Tâche donc que ta maîtresse voie tes joues baignées de larmes. Si cependant tu n'en peux verser (car on ne les a pas toujours à commandement), mouille alors tes yeux avec la main. Quel amant expérimenté ignore combien les baisers donnent de poids aux douces paroles ? Ta belle s'y refuse ; prends-les malgré ses refus. Elle commencera peut-être par résister : « Méchant ! » dira-t-elle ; mais, tout en résistant, elle désire succomber. Seulement, ne va pas, par de brutales caresses, blesser ses lèvres délicates, et lui donner sujet de se plaindre de ta rudesse. Après un baiser pris, si tu ne prends pas le reste, tu mérites de perdre les faveurs même qui te furent accordées. Que te manquait-il, dès lors, pour l'accomplissement de tous tes vœux ? Quelle pitié ! ce n'est pas la pudeur qui t'a retenu ; c'est une stupide maladresse. — C'eût été lui

   Torruit : infelix imbuit auctor opus.
  Justus uterque fuit ; neque enim lex æquior ulla,
   Quam necis artifices arte perire sua.
  Ergo et perjuras merito perjuria fallant ;
   Exemplo doleat femina lusa suo.
  Et lacrymæ prosunt : lacrymis adamanta movebis :
   Fac madidas videat, si potes, illa genas.
  Si lacrymæ, neque enim veniunt in tempore semper,
   Deficiunt, uda lumina tange manu.
  Quis sapiens blandis non misceat oscula verbis ?
   Illa licet non det, non data sume tamen.
  Pugnabit primo fortassis ; et, « Improbe ! » dicet ;
   Pugnando vinci sed tamen illa volet.
  Tantum, ne noceant teneris male rapta labellis,
   Neve queri possit dura fuisse, cave.
  Oscula qui sumsit, si non et cetera sumet,
   Hæc quoque, quæ data sunt, perdere dignus erit.
  Quantum defueret pleno post oscula voto ?
   Hei mihi ! rusticitas, non pudor ille fuit.

faire violence, dis-tu? — Mais cette violence plaît aux belles ce qu'elles aiment à donner, elles veulent encore qu'on le leur ravisse. Toute femme, prise de force dans l'emportement de la passion, se réjouit de ce larcin : nul présent n'est plus doux à son cœur. Mais lorsqu'elle sort intacte d'un combat où on pouvait la prendre d'assaut, en vain la joie est peinte sur son visage, la tristesse est dans son cœur. Phœbé fut violée ; Ilaïre, sa sœur, le fut aussi ; cependant l'une et l'autre n'en aimèrent pas moins leurs ravisseurs.

Une histoire bien connue, mais qui mérite d'être racontée, c'est la liaison de la fille du roi de Scyros avec le fils de Thétis. Déjà Vénus avait récompensé Pâris de l'hommage rendu à sa beauté, lorsque, sur le mont Ida, elle triompha de ses deux rivales ; déjà une nouvelle bru était venue d'une contrée lointaine dans la famille de Priam, et les murs d'Ilion renfermaient l'épouse du roi de Sparte. Tous les princes grecs juraient de venger l'époux outragé : car l'injure d'un seul était devenue la cause de tous. Achille cependant (quelle honte, s'il n'eût en cela cédé aux prières de sa mère !), Achille avait déguisé son sexe sous les longs vêtements d'une fille. Que fais-tu, petit-fils d'Éacus? tu t'occupes à filer la laine ! Est-ce là l'ouvrage d'un

Vim licet appelles, grata est vis ista puellis :
  Quod juvat invitæ sæpe dedisse volunt.
Quæcumque est subita Veneris violata rapina,
  Gaudet, et improbitas muneris instar habet.
At quæ, quum cogi posset, non tacta recessit,
  Ut simulet vultu gaudia. tristis erit.
Vim passa est Phœbe ; vis est illata sorori :
  Et gratus raptæ raptor uterque fuit.
Fabula nota quidem, sed non indigna referri,
  Scyrias Hæmonio juncta puella viro.
Jam Dea laudatæ dederat sua præmia formæ,
  Colle sub Idæo vincere digna duas ;
Jam nurus ad Priamum diverso venerat orbe,
  Graiaque in Iliacis mœnibus uxor erat.
Jurabant omnes in læsi verba mariti :
  Nam dolor unius publica causa fuit.
Turpe ! nisi hoc matris precibus tribuisset, Achilles
  Veste virum longa dissimulatus erat.
Quid facis, Æacida? non sunt tua munera lanæ :

homme? C'est par un autre art de Pallas que tu dois trouver la gloire. A quoi bon ces corbeilles? ton bras est fait pour porter le bouclier. Pourquoi cette quenouille dans la main qui doit terrasser Hector? jette loin de toi ces fuseaux, et que cette main vigoureuse brandisse la lance Pélias. Un jour, le même lit avait réuni, par hasard, Achille et la princesse de Scyros, quand la violence qu'elle subit lui dévoila tout à coup le sexe de sa compagne. Elle ne céda sans doute qu'à la force : je me plais à le croire; mais enfin elle ne fut pas fâchée que la force triomphât. « Reste, » lui disait-elle souvent, lorsque Achille impatient de partir avait déjà déposé la quenouille pour saisir ses armes redoutables. Où donc est cette prétendue violence? Pourquoi, Déidamie, retenir d'une voix caressante l'auteur de la honte?

Oui, si la pudeur ne permet pas à la femme de faire les avances, en revanche c'est un plaisir pour elle de céder aux attaques de son amant. Certes, il a une confiance trop présomptueuse dans sa beauté, le jeune homme qui se flatte qu'une femme sera la première demande. C'est à lui de commencer, à lui d'employer les prières; et ses tendres supplications seront bien accueillies par elle. Demandez pour obtenir : elle veut seulement

    Tu titulos alia Palladis arte petas.
Quid tibi cum calathis? clypeo manus apta tenendo est.
    Pensa quid in dextra, qua cadet Hector, habes?
Rejice succinctos operoso stamine fusos:
    Quassanda est ista Pelias hasta manu.
Forte erat in thalamo virgo regalis eodem:
    Hæc illum stupro comperit esse virum.
Viribus illa quidem victa est; ita credere oportet;
    Sed voluit vinci viribus illa tamen.
Sæpe « Mane » dixit, quum jam properaret Achilles
    Fortia nam posita sumserat arma colo.
Vis ubi nunc illa est? quid blanda voce moraris
    Auctorem stupri, Deidamia, tui?
Scilicet, ut pudor est quondam cœpisse priorem,
    Sic alio gratum est incipiente pati.
Ah! nimia est juveni propriæ fiducia formæ,
    Exspectat si quis dum prior illa roget!
Vir prior accedat; vir verba precantia dicat:
    Excipiet blandas comiter illa preces.

qu'on la prie. Explique-lui la cause et l'origine de ton amou
Jupiter abordait en suppliant les anciennes héroïnes ; et, malgr
sa grandeur, aucune ne vint à lui la première, tout Jupite
qu'il était. Si cependant on ne répond à tes prières que par u
orgueilleux dédain, n'insiste pas davantage, et reviens sur
pas. Bien des femmes désirent ce qui leur échappe, et détesten
ce qu'on leur offre avec instance. Sois moins pressant, et t
cesseras d'être importun. Il ne faut pas manifester l'espoi
d'un prochain triomphe ; que l'Amour s'introduise auprès d'ell
sous le voile de l'amitié. J'ai vu plus d'une beauté farouche êtr
dupe de ce manége, et son ami devenir bientôt son amant.

Un teint blanc ne sied point à un marin : l'eau de la mer e
les rayons du soleil ont dû hâler son visage : il ne sied poin
non plus au laboureur qui, sans cesse exposé aux injures d
l'air, remue la terre avec la charrue ou les pesants râteaux ; e
vous qui, dans la lutte, briguez la couronne de l'olivier, un
peau trop blanche vous serait une honte. De même tout aman
doit être pâle : la pâleur est le symptôme de l'Amour, c'est l
couleur qui lui convient : que, dupe de ta pâleur, ta maîtress
prenne un tendre intérêt à ta santé. Orion était pâle, lorsqu'i

  Ut potiare, roga : tantum cupit illa rogari.
   Da causam voti principiumque tui.
  Jupiter ad veteres supplex heroidas ibat :
   Corripuit magnum nulla puella Jovem.
  Si tamen a precibus tumidos accedere fastus
   Senseris, incepto parce, referque pedem.
  Quod refugit multæ cupiunt : odere quod instat :
   Lenius instando tædia tolle tui.
  Nec semper Veneris spes est profitenda roganti :
   Intret amicitiæ nomine tectus amor.
  Hoc aditu vidi tetricæ data verba puellæ ;
   Qui fuerat cultor, factus amator erat.
  Candidus in nauta turpis color : æquoris unda
   Debet et a radiis sideris esse niger :
  Turpis et agricolæ, qui vomere semper adunco
   Et gravibus rastris sub Jove versat humum ;
  Et tibi, Palladiæ petitur cui palma coronæ,
   Candida si fuerint corpora, turpis eris.
  Palleat omnis amans : hic est color aptus amanti :
   Hic decet : hoc vultu non valuisse putent.

suivait Lyrice dans les bois ; Daphnis, épris d'une indifférente Naïade, était pâle aussi. Que ta maigreur décèle encore les tourments de ton âme ; ne rougis pas même de couvrir ta brillante chevelure du voile des malades. Les veilles, les soucis et les chagrins qu'engendre un violent amour maigrissent un jeune homme. Pour voir combler tes vœux, ne crains pas d'exciter la pitié, et qu'en te voyant chacun s'écrie : « tu aimes. »

Maintenant, dois-je garder le silence, ou me plaindre de voir partout la vertu confondue avec le crime ? L'amitié, la bonne foi, ne sont plus que de vains mots. Hélas ! tu ne pourrais sans danger vanter à ton ami l'objet de ton amour : s'il croit à tes éloges, il devient aussitôt ton rival. Mais, dira-t-on, le petit-fils d'Actor ne souilla point le lit d'Achille ; Phèdre ne fut point infidèle, du moins en faveur de Pirithoüs ; Pylade aimait Hermione d'un amour aussi chaste que celui de Phébus pour Pallas, que celui de Castor et de Pollux pour Hélène, leur sœur. Compter sur un pareil prodige, c'est se flatter de cueillir des fruits sur la stérile bruyère, ou de trouver du miel au milieu d'un fleuve. Le crime a tant d'appas ! chacun ne songe qu'à son propre plaisir ; et celui que l'on goûte aux dépens du bonheur

> Pallidus in Lyricen silvis errabat Orion ;
>   Pallidus in lenta Naïde Daphnis erat.
> Arguat et macies animum ; nec turpe putaris
>   Palliolum nitidis imposuisse comis.
> Attenuant juvenum vigilatæ corpora noctes,
>   Curaque, et e magno qui fit amore dolor.
> Ut voto potiare tuo, miserabilis esto,
>   Ut qui te videat dicere possit, « Amas. »
> Conquerar, an taceam mixtum fas omne nefasque ?
>   Nomen amicitia est, nomen inane fides.
> Hei mihi ! non tutum est, quod ames, laudare sodali ;
>   Quum tibi laudanti credidit, ipse subit.
> At non Actorides lectum temeravit Achillis :
>   Quantum ad Pirithoum, Phædra pudica fuit ;
> Hermionem Pylades, quo Pallada Phœbus, amabat,
>   Quodque tibi geminus, Tyndari, Castor erat.
> Si quis idem sperat, laturas poma myricas
>   Speret, et in medio flumine mella petat.
> Nil nisi turpe juvat ; curæ est sua cuique voluptas
>   Hæc quoque ab alterius grata dolore venit.

d'autrui n'en a que plus d'attraits. O honte! ce n'est pas son ennemi qu'un amant doit craindre. Pour être à l'abri du danger, fuis ceux même qui te paraissent le plus dévoués. Méfie-toi d'un parent, d'un frère, d'un tendre ami : ce sont eux qui doivent t'inspirer les craintes les plus fondées.

J'allais finir ; mais je dois dire que toutes les femmes n'ont pas la même humeur ; il est, pour répondre aux mille différences de caractère qui les distinguent, mille moyens de les séduire. Le même sol ne donne pas toutes sortes de productions : l'un convient à la vigne, l'autre à l'olivier ; celui-ci se couvre de vertes moissons. On voit dans le monde autant d'esprits divers que de visages. Un homme habile saura se plier à cette diversité d'humeurs, semblable à Protée, qui tantôt se transformait en onde légère, tantôt en lion, tantôt en arbre ou en sanglier au poil hérissé. Tel poisson se prend avec le harpon, tel autre avec la ligne, tel enfin reste captif dans les filets du pêcheur. Les mêmes moyens ne réussissent pas toujours : sache les varier selon l'âge de tes maîtresses. Une vieille biche découvre de plus loin le piége qu'on lui tend. Si tu te montres trop savant auprès d'une beauté novice, ou trop entreprenant auprès d'une prude, elle se défiera de toi et se tiendra sur ses gardes. C'est

  Heu facinus! non est hostis metuendus amanti ;
   Quos credis fidos, effuge : tutus eris.
  Cognatum fratremque cave carumque sodalem :
   Præbebit veros hæc tibi turba metus.
  Finiturus eram ; sed sunt diversa puellis
   Pectora : mille animos excipe mille modis.
  Nec tellus eadem parit omnia : vitibus illa
   Convenit ; hæc oleis ; hac bene farra virent.
  Pectoribus mores tot sunt, quot in orbe figuræ :
   Qui sapit, innumeris moribus aptus erit,
  Utque leves Proteus modo se tenuabit in undas,
   Nunc leo, nunc arbor, nunc erit hirtus aper.
  Hi jaculo pisces, illi capiuntur ab hamis :
   Hos cava contento retia fune trahunt.
  Nec tibi conveniat cunctos modus unus ad annos :
   Longius insidias cerva videbit anus.
  Si doctus videare rudi, petulansve pudenti,
   Diffidet miseræ protinus illa sibi.

ainsi que parfois la femme qui craint de se livrer à un honnête homme s'abandonne aux caresses d'un vil manant.

Une partie de ma tâche est achevée ; une autre me reste à remplir. Jetons ici l'ancre qui doit arrêter mon navire.

> Inde fit, ut, quæ se timuit committere honesto,
>   Vilis in amplexus inferioris eat.
> Pars superat cœpti, pars est exhausta laboris.
>   Hic teneat nostras anchora jacta rates.

LIVRE DEUXIÈME

Chantez, chantez deux fois : Io Pæan ! la proie que je poursuivais est tombée dans mes filets. Que l'amant joyeux couronne mon front d'un vert laurier, et m'élève au dessus du vieillard d'Ascra et de l'aveugle de Méonie. Tel le fils de Priam, fuyant à toutes voiles la belliqueuse Amyclée, entraînait l'épouse de son hôte ; tel aussi, ô Hippodamie, Pélops, sur son char vainqueur, t'emmenait loin de ta patrie.

Jeune homme, pourquoi te hâtes-tu si fort ? ta nef vogue en pleine mer, et le port où je te conduis est loin encore. Ce n'est pas assez que mes vers aient mis ton amante dans tes bras : mon art t'apprit à la vaincre ; mon art doit aussi t'apprendre à conserver son amour. S'il est glorieux de faire des conquêtes, il ne l'est pas moins de les garder : l'un est souvent l'ouvrage du hasard, l'autre est un effet de l'art.

LIBER SECUNDUS

Dicite, Io, Pæan, et, Io, bis dicite, Pæan :
   Decidit in casses præda petita meos.
Lætus amans donet viridi mea tempora palma :
   Præferar Ascræo Mæonioque seni.
Talis ab armiferis Priameius hospes Amyclis
   Candida cum rapta conjuge vela dedit ;
Talis erat, qui te curru victore ferebat,
   Vecta peregrinis, Hippodamia, rotis.
Quid properas, juvenis ? mediis tua pinus in undis
   Navigat, et longe, quem peto, portus abest.
Non satis est venisse tibi, me vate, puellam :
   Arte mea capta est : arte tenenda mea est.
Nec minor est virtus, quam quærere, parta tueri
   Casus inest illic ; hic erit artis opus.

Reine de Cythère, et toi, son fils, si jamais vous me fûtes favorables, c'est aujourd'hui surtout que je vous invoque! Et toi aussi, divine Érato, car tu dois ton nom à l'amour. Je médite une grande entreprise : je dirai par quel art on peut fixer l'Amour, cet enfant volage, sans cesse errant dans ce vaste univers : il est léger : il a deux ailes pour s'envoler : comment arrêter son essor ?

Minos n'avait rien négligé pour s'opposer à la fuite de son hôte; mais celui-ci osa, avec des ailes, se frayer une route. Quand Dédale eut renfermé le monstre moitié homme et moitié taureau, fruit des amours d'une mère criminelle: « O toi qui es si juste, dit-il à Minos, mets un terme à mon exil: que ma terre natale reçoive mes cendres! En butte à la rigueur des destins, si je n'ai pu vivre dans ma patrie, que je puisse du moins y mourir! Permets à mon fils d'y retourner, si son père ne peut trouver grâce devant toi; ou, si tu es inexorable pour l'enfant, prends pitié du vieillard! » Ainsi parla Dédale; mais en vain il essayait, par ce discours et beaucoup d'autres, d'émouvoir Minos; celui-ci restait inflexible. Convaincu de l'inutilité de ses prières : « Voilà, se dit-il à lui-même, une

    Nunc mihi, si quando, Puer et Cytherea, favete:
      Nunc Erato; nam tu nomen amoris habes.
    Magna paro : quas possit Amor remanere per artes
      Dicere, tam vasto pervagus orbe puer :
    Et levis est et habet geminas, quibus evolet, alas :
      Difficile est illis imposuisse modum.
    Hospitis effugio præstruxerat omnia Minos :
      Audacem pennis repperit ille viam.
    Dædalus ut clausit conceptum crimine matris
      Semibovemque virum semivirumque bovem :
    « Sit modus exsilio » dixit, « justissime Minos;
      Accipiat cineres terra paterna meos,
    Et quoniam in patria, fatis agitatus iniquis,
      Vivere non potui, sit mihi posse mori!
    Da reditum puero, senis est si gratia vilis;
      Si non vis puero parcere, parce seni. »
    Dixerat hæc; sed et hæc et multo plura licebat
      Dicere; et egressus non dabat ille viro.
    Quod simul ac sensit : "Nunc, o nunc, Dædale, " dixit,
      « Materiam, qua sis ingeniosus, habes.

occasion pour moi d'exercer mon génie. Minos règne sur la terre, règne sur les flots ; ces deux éléments se refusent à ma fuite. L'air me reste ; c'est par là qu'il faut m'ouvrir un chemin. Puissant Jupiter ! excuse mon entreprise. Je ne prétends point m'élever jusqu'aux célestes demeures ; mais je profite de l'unique voie qui me reste pour fuir mon tyran. Si le Styx m'offrait un passage, je traverserais les eaux du Styx. Qu'il me soit donc permis de changer les lois de ma nature. »

Souvent le malheur éveille l'industrie. Qui jamais eût pensé qu'un homme pût voyager dans les airs? Dédale cependant se fabrique des ailes avec des plumes artistement disposées, et attache son léger ouvrage avec des fils de lin ; la cire amollie au feu en garnit l'extrémité inférieure. Enfin, ce chef-d'œuvre d'un art jusqu'alors inconnu était terminé : le jeune Icare maniait, joyeux, et les plumes et la cire, sans se douter que cet appareil dût armer ses épaules pour la fuite. « Voilà, lui dit son père, le navire qui nous ramènera dans notre patrie ; c'est par lui que nous échapperons à Minos. Si Minos nous a fermé tous les chemins, il n'a pu nous interdire celui de l'air : profite donc de mon invention pour fendre les plaines de l'air.

Possidet et terras et possidet æquora Minos ;
  Nec tellus nostræ, nec patet unda fugæ.
Restat iter cœlo : cœlo tentabimus ire.
  Da veniam cœpto, Jupiter alte, meo.
Non ego sidereas affecto tangere sedes :
  Qua fugiam dominum nulla, nisi ista, via est.
Per Styga detur iter : Stygias tranabimus undas.
  Sint mihi naturæ jura novanda meæ. »
Ingenium mala sæpe movent : quis crederet unquam
  Aerias hominem carpere posse vias ?
Remigium volucres disponit in ordine pennas,
  Et leve per lini vincula nectit opus ;
Imaque pars ceris adstringitur igne solutis,
  Finitusque novæ jam labor artis erat.
Tractabat ceramque puer pennasque renidens,
  Nescius hæc humeris arma parata suis.
Cui pater : « His » inquit « patria est adeunda carinis ;
  Hac nobis Minos effugiendus ope.
Aera non potuit Minos, alia omnia clausit :
  Quem licet, inventis aera rumpe meis.

Mais garde-toi d'approcher de la vierge de Tégée ou d'Orion qui, armé d'un glaive, accompagne le Bouvier. Mesure ton vol sur le mien ; je te précèderai ; contente-toi de me suivre : guidé par moi, tu seras en sûreté. Car si, dans notre course aérienne, nous nous élevions trop près du soleil, la cire de nos ailes n'en pourrait supporter la chaleur ; si, par un vol trop humble, nous descendions trop près de la mer, nos ailes impregnées de l'humidité des eaux perdraient leur mobilité. Vole entre ces deux écueils. Redoute aussi les vents, ô mon fils ! suis leur direction, et livre-toi à leur souffle officieux. » Après ces instructions, Dédale ajuste les ailes de son fils, et lui apprend à les faire mouvoir : ainsi les oiseaux débiles apprennent de leur mère à voler. Il adapte ensuite à ses épaules ses propres ailes, et se balance timidement dans la route nouvelle qu'il s'est ouverte. Avant de prendre son vol, il donne à son jeune fils un baiser, et ses yeux ne peuvent retenir ses larmes paternelles.

Non loin de là s'élevait une colline, moins haute qu'une montagne, mais qui pourtant dominait la plaine : c'est de là qu'ils s'élancent pour leur fuite périlleuse. Dédale, en agitant ses ailes, a les yeux fixés sur celles de son fils, sans ralentir

Sed tibi nec virgo Tegeæa comesque Bootæ
  Ensiger Orion adspiciendus erit.
Me pennis sectare datis ; ego prævius ibo :
  Sit tua cura sequi : me duce, tutus eris.
Nam sive ætherias vicino sole per auras
  Ibimus, impatiens cera caloris erit :
Sive humiles propiore freto jactabimus alas,
  Mobilis æquoreis penna madescet aquis.
Inter utrumque vola : ventos quoque, nate, timeto ;
  Quaque ferent auræ, vela secunda dato. »
Dum monet, aptat opus puero, monstratque moveri,
  Erudit infirmas ut sua mater aves.
Inde sibi factas humeris accommodat alas,
  Perque novum timide corpora librat iter.
Jamque volaturus parvo dedit oscula nato ;
  Nec patriæ lacrymas continuere genæ.
Monte minor collis, campis erat altior æquis :
  Hinc data sunt miseræ corpora bina fugæ.
Et movet ipse suas et nati respicit alas

12.

toutefois sa course aérienne. D'abord la nouveauté de ce voyage les enchante; et bientôt, bannissant toute crainte, l'audacieux Icare prend un essor plus hardi. Un pêcheur les aperçut tandis qu'il cherchait à prendre les poissons à l'aide de son roseau flexible, et la ligne s'échappa de ses mains. Déjà, ils ont laissé sur la gauche Samos, et Naxos, et Paros, et Délos chère à Phébus : ils ont à leur droite Lébynthe, Calymne ombragée de forêts, et Astypalée environnée d'étangs poissonneux, lorsque le jeune Icare, emporté par la témérité, trop commune, hélas! à son âge, s'éleva plus haut vers le ciel, et abandonna son guide. Les liens de ses ailes se relâchent; la cire se fond aux approches du soleil, et ses bras qu'il remue n'ont plus de prise sur l'air trop subtil. Alors, du haut des cieux, il regarde la mer avec épouvante, et l'effroi voile ses yeux d'épaisses ténèbres. La cire était fondue : en vain il agite ses bras dépouillés; tremblant et n'ayant plus rien pour se soutenir, il tombe; et dans sa chute : « O mon père! ô mon père! s'écrie-t-il, je suis entraîné. » Les flots azurés lui ferment la bouche. Cependant son malheureux père (hélas! il avait cessé de l'être) : « Icare!

    Dædalus, et cursus sustinet usque suos.
  Jamque novum delectat iter, positoque timore,
    Icarus audaci fortius arte volat.
  Hos aliquis, tremula dum captat arundine pisces,
    Vidit, et inceptum dextra reliquit opus.
  Jam Samos a læva fuerant, Naxosque relictæ,
    Et Paros, et Clario Delos amata Deo.
  Dextra Lebynthos erant, silvisque umbrosa Calymne,
    Cinctaque piscosis Astypalœa vadis;
  Quum puer, incautis nimium temerarius annis,
    Altius egit iter deseruitque ducem.
  Vincla labant, et cera, Deo propiore, liquescit,
    Nec tenues ventos brachia mota tenent.
  Territus e summo despexit in æquora cœlo;
    Nox oculis pavido venit oborta metu.
  Tabuerant ceræ; nudos quatit ille lacertos;
    Et trepidat; nec, quo sustineatur, habet.
  Decidit, atque cadens, « Pater, o pater, auferor, » inquit;
    Clauserunt virides ora loquentis aquæ.
  At pater infelix, jam non pater, « Icare, » clamat,

on fils! lui crie-t-il, où es-tu? vers quel point du ciel diriges-tu ton vol? Icare! » Il l'appelait encore, quand il aperçut des plumes flottant sur les ondes. La terre reçut les restes d'Icare, et la mer garde son nom.

Minos ne put empêcher un mortel de fuir avec des ailes; et moi j'entreprends de fixer un dieu plus léger que l'oiseau.

C'est une erreur grossière que d'avoir recours à l'art des sorcières thessaliennes, ou de faire usage de l'hippomanès arraché du front d'un jeune poulain. Les herbes de Médée, les chants magiques des Marses ne pourraient faire naître l'amour. Si les enchantements avaient ce pouvoir, Médée eût captivé pour toujours le fils d'Éson, Ulysse eût été retenu par Circé. Il est donc inutile de faire boire aux jeunes filles des philtres amoureux : les philtres troublent la raison et n'engendrent que la fureur. Loin de toi ces coupables artifices! sois aimable, et tu seras aimé. La beauté du visage, l'élégance de la taille, ne te suffiront point pour cela. Fusses-tu Nirée, jadis tant vanté par Homère, fusses-tu le tendre Hylas, enlevé par les coupables Naïades; pour fixer ta maîtresse, et pour n'être pas surpris un jour d'être quitté par elle, joins les dons de l'esprit aux avantages du

    « Icare, » clamat, « ubi es? quove sub axe volas?
  Icare, » clamabat : pennas adspexit in undis.
    Ossa tegit tellus ; æquora nomen habent.
  Non potuit Minos hominis compescere pennas :
    Ipse Deum volucrem detinuisse paro.
  Fallitur, Hæmonias si quis decurrit ad artes,
    Datque quod a teneri fronte revellet equi.
  Non facient, ut vivat amor, Medeides herbæ,
    Mixtaque cum magicis nænia Marsa sonis.
  Phasias Æsoniden, Circe tenuisset Ulixen,
    Si modo servari carmine posset amor.
  Nec data profuerint pallentia philtra puellis :
    Philtra nocent animis vimque furoris habent.
  Sit procul omne nefas : ut ameris, amabilis esto :
    Quod tibi non facies solave forma dabit.
  Sis licet antiquo Nireus adamatus Homero,
    Naïadumque tener crimine raptus Hylas;
  Ut dominam teneas, nec te mirere relictum,
    Ingenii dotes corporis adde bonis.

corps. La beauté est un bien périssable ; avec les années, el[le]
ne cesse de décroître : elle s'altère par sa durée même. L[es]
violettes et les lis épanouis ne fleurissent pas toujours ; et la ro[se]
une fois tombée, sa tige dépouillée n'a plus que des épines. Ains[i,]
bel adolescent, bientôt blanchiront tes cheveux ; ainsi les rid[es]
viendront sillonner ton visage. Pour relever ta beauté, form[e-]
toi un esprit à l'épreuve du temps : c'est le seul bien qui no[us]
accompagne jusqu'au tombeau. Donne un soin assidu à [la]
culture des beaux arts, à l'étude des deux langues.

Ulysse n'était point beau, mais il était éloquent ; et de[ux]
déesses éprouvèrent pour lui les tourments de l'amour. Que [de]
fois Calypso gémit de le voir hâter son départ, et prétendit q[ue]
les flots ne permettaient pas de mettre à la voile ! sans cess[e]
elle lui redemandait l'histoire de la chute de Troie, qu'il re[di-]
sait sans cesse sous une forme nouvelle. Un jour, ils étaie[nt]
arrêtés sur le rivage ; la belle Nymphe voulait qu'il lui racont[ât]
la fin cruelle du roi de Thrace. Ulysse, avec une baguet[te]
légère qu'il tenait par hasard à la main, lui en traçait l'ima[ge]
sur le sable. « Voici Troie, lui dit-il (et il en figurait les rem[-]

Forma bonum fragile est, quantumque accedit ad annos,
 Fit minor, et spatio carpitur ipsa suo.
Nec violæ semper, nec hiantia lilia florent,
 Et riget amissa spina relicta rosa ;
Et tibi jam cani venient, formose, capilli :
 Jam venient rugæ, quæ tibi corpus arent.
Jam molire animum, qui duret, et adstrue formæ :
 Solus ad extremos permanet ille rogos.
Nec levis ingenuas pectus coluisse per artes
 Cura sit, et linguas edidicisse duas.
Non formosus erat, sed erat facundus Ulixes ;
 Et tamen æquoreas torsit amore Deas.
O quoties illum doluit properare Calypso,
 Remigioque aptas esse negavit aquas !
Hæc Trojæ casus iterumque iterumque rogabat :
 Ille referre aliter sæpe solebat idem.
Littore constiterant : illic quoque pulchra Calypso
 Exigit Odrysii fata cruenta ducis.
Ille levi virga, virgam nam forte tenebat,
 Quod rogat, in spisso littore pingit opus.
« Hæc, » inquit, « Troja est » (muros in litore fecit)

rts). Ici coule le Simoïs. Supposez que voici mon camp. Plus
in est une plaine (il la représentait) qu'ensanglanta le meurtre
e ce Dolon qui, pendant la nuit, voulait ravir les chevaux
Achille. Là, s'élevaient les tentes de Rhésus, roi de Thrace;
'est par ici que je revins avec les chevaux enlevés à ce prince. »
continuait sa description, lorsque tout à coup une vague vint
acer Pergame, et Rhésus et son camp. Alors la déesse :
Osez donc, lui dit-elle, osez vous fier à ces flots qui viennent,
us vos yeux, d'effacer de si grands noms ! »

Qui que tu sois, n'aie qu'une faible confiance dans les
harmes trompeurs de la beauté : ajoute d'autres avantages à
es mérites du corps. Ce qui gagne surtout les cœurs, c'est une
droite complaisance. La rudesse et les paroles acerbes n'engen-
rent que la haine. Nous détestons l'épervier qui passe sa vie
ans les combats, et le loup toujours prêt à fondre sur les trou-
aux timides. Mais l'homme ne tend point de piéges à la douce
irondelle, et laisse la colombe habiter en paix les tours qu'il
bâties. Loin de toi les querelles et les combats d'une langue
ordante! les paroles agréables sont l'aliment de l'amour.
'est par des querelles que la femme éloigne son mari, et le

« Hic tibi sit Simois : hæc mea castra puta.
Campus erat » (campumque facit), « quem cæde Dolonis
    Sparsimus, Hæmonios dum vigil optat equos.
Illic Sithonii fuerant tentoria Rhesi ;
    Hac ego sum raptis parte revectus equis. »
Pluraque pingebat, subitus quum Pergama fluctus
    Abstulit et Rhesi cum duce castra suo.
Tum Dea : « Quas, » inquit, « fidas tibi credis ituro,
    Perdiderint undæ nomina quanta, vides! »
Ergo age : fallaci timide confide figuræ,
    Quisquis es ; aut aliquid corpore pluris habe.
Dextera præcipue capit indulgentia mentes :
    Asperitas odium sævaque verba movent.
Odimus accipitrem, qui semper vivit in armis,
    Et pavidum solitos in pecus ire lupos.
At caret insidiis hominum, quia mitis, hirundo,
    Quasque colat turres Chaonis ales habet.
Este procul, lites, et amaræ prœlia linguæ :
    Dulcibus est verbis mollis alendus amor.
Lite fugant nuptæque viros nuptasque mariti,

mari sa femme : ils croient, en agissant ainsi, se payer d'un juste retour. Permis à eux : les querelles sont la dot que les époux s'apportent mutuellement. Mais une maîtresse ne doit entendre que des paroles aimables. Ce n'est point par ordre de la loi que le même lit vous a reçus ; votre loi, à vous, c'est l'amour. N'approche de ton amie qu'avec de tendres caresses, qu'avec des paroles qui flattent son oreille, afin qu'elle se réjouisse de ta venue.

Ce n'est point aux riches que je viens enseigner l'art d'aimer : celui qui donne n'a pas besoin de mes leçons. Il a toujours assez d'esprit, s'il peut dire, quand il lui plaît : *Acceptez ceci*. Je lui cède le pas : ses moyens de plaire sont plus puissants que les miens. Je suis le poëte du pauvre, parce que, pauvre moi-même, j'ai aimé. A défaut de présents, je payais mes maîtresses en belles paroles. Le pauvre doit être circonspect dans ses amours ; le pauvre ne doit se permettre aucune invective ; il doit endurer bien des choses qu'un amant riche ne souffrirait pas. Je me souviens d'avoir, dans un moment de colère, mis en désordre la chevelure de ma maîtresse. Combien cet emportement m'enleva de beaux jours ! Je ne crois pas, et je ne m'aperçus point que j'eusse déchiré sa robe ; mais elle le

---

  Inque vicem credunt res sibi semper agi.
Hoc decet uxores : dos est uxoria lites.
  Audiat optatos semper amica sonos.
Non legis jussu lectum venistis in unum ;
  Fungitur in vobis munere legis amor.
Blanditias molles auremque juvantia verba
  Affer, ut adventu læta sit illa tuo.
Non ego divitibus venio præceptor Amoris :
  Nil opus est illi, qui dabit, arte mea.
Secum habet ingenium, qui, quum libet, « Accipe, » dicit.
  Cedimus ; inventis plus placet ille meis.
Pauperibus vates ego sum, quia pauper amavi :
  Quum dare non possem munera, verba dabam.
Pauper amet caute, timeat maledicere pauper,
  Multaque divitibus non patienda ferat.
Me memini iratum dominæ turbasse capillos :
  Hæc mihi quam multos abstulit ira dies !
Nec puto, nec sensi tunicam laniasse ; sed ipsa

rétendit, et je fus obligé de la remplacer à mes frais. O vous plus sages que votre maître, évitez ses fautes, ou craignez comme lui d'en porter la peine. Faites la guerre aux Parthes ; mais soyez en paix avec votre amie ; ayez recours à l'agréable badinage et à tout ce qui peut exciter l'amour.

Si ta maîtresse se montre peu traitable et peu gracieuse pour toi, souffre-le avec patience ; et bientôt elle s'adoucira. Si l'on courbe une branche avec précaution, elle plie ; elle rompt, si l'on fait tout d'abord sur elle l'essai de toutes ses forces. En suivant avec précaution le fil de l'eau, on traverse un fleuve à la nage ; mais si l'on veut lutter contre le courant, impossible d'en venir à bout. La patience triomphe des tigres et des lions de Numidie : le taureau s'accoutume peu à peu au joug de la charrue. Quelle femme fut jamais plus farouche qu'Atalante l'Arcadienne? et pourtant, toute fière qu'elle était, elle se rendit enfin aux tendres soins de son amant. On dit que Milanion pleura souvent à l'ombre des forêts son malheur et les rigueurs de sa cruelle maîtresse ; que souvent, par son ordre, il porta sur ses épaules des filets trompeurs ; que souvent il perça de ses traits le sanglier menaçant. Il fut même atteint

Dixerat, et pretio est illa redemta meo.
At vos, si sapitis, vestri peccata magistri
　Effugite, et culpæ damna timete meæ.
Prœlia cum Parthis, cum culta pax sit amica,
　Et jocus et causas quidquid amoris habet.
Si nec blanda satis, nec erit tibi comis amanti,
　Perfer, et obdura : postmodo mitis erit.
Flectitur obsequio curvatus ab arbore ramus :
　Frangis, si vires experiere tuas.
Obsequio tranantur aquæ ; nec vincere possis
　Flumina, si contra, quam rapit unda, nates.
Obsequium tigresque domat Numidasque leones :
　Rustica paulatim taurus aratra subit.
Quid fuit asperius Nonacrina Atalanta?
　Succubuit meritis trux tamen illa viri.
Sæpe suos casus nec mitia facta puellæ
　Flesse sub arboribus Milaniona ferunt ;
Sæpe tulit jusso fallacia retia collo,
　Sæpe fera torvos cuspide fixit apros ;
Sensit et Hylæi contentum saucius arcum ;

par les flèches d'Hylée ; mais d'autres flèches, hélas ! trop connues, l'avaient déjà blessé.

Je ne te prescris point de gravir, l'arc en main, comme lui les bois escarpés du Ménale, ni de charger tes épaules d lourds filets ; je ne t'ordonne point d'offrir ta poitrine au flèches d'un ennemi. Si tu sais être prudent, tu verras que le préceptes de mon art sont plus faciles à suivre. Ta maîtress résiste : eh bien, cède ; c'est en cédant que tu triompheras. Que que soit le rôle qu'elle t'impose, sois prêt à le remplir. Ce qu'ell blâme, blâme-le ; loue ce qu'elle loue. Ce qu'elle dit, répète-le nie ce qu'elle nie. Ris, si elle rit ; pleure, si elle pleure : en u mot, compose ton visage sur le sien. Mais elle veut jouer, e déjà sa main agite les dés d'ivoire : fais exprès de manquer l coup, et passe-lui la main. Si vous jouez aux osselets, pou lui épargner le chagrin d'une défaite, fais en sorte d'amene souvent un malencontreux ambesas. Si un échiquier est votr champ de bataille, il faut que tes pions de verre tombent sou les coups de l'ennemi.

Aie soin de tenir sur elle son ombrelle déployée ; de lui fraye un passage, si elle se trouve engagée dans la foule ; empresse

  Sed tamen hoc arcu notior alter erat.
 Non te Mænalias armatum scandere silvas,
  Nec jubeo collo retia ferre tuo,
 Pectora nec missis jubeo præbere sagittis :
  Artis erunt cauto mollia jussa meæ.
Cede repugnanti : cedendo victor abibis.
 Fac modo, quas partes illa jubebit, agas.
Arguet, arguito ; quidquid probat illa, probato
 Quod dicet, dicas : quod negat illa, neges.
Riserit ? arride : si flebit, flere memento :
 Imponat leges vultibus illa tuis.
Seu ludet numerosque manu jactabit eburnos,
 Tu male jactato, tu male jacta dato ;
Seu jacies talos, victam ne pœna sequatur,
 Damnosi facito stent tibi sæpe canes ;
Sive latrocinii sub imagine calculus ibit,
 Fac pereat vitreo miles ab hoste tuus.
Ipse tene distenta suis umbracula virgis ;
 Ipse face in turba, qua venit illa, locum.

toi d'approcher le marchepied pour l'aider à monter sur son lit ; ôte ou mets les sandales à son pied délicat. Souvent aussi, quoique transi de froid toi-même, il te faudra réchauffer dans ton sein les mains glacées de ta maîtresse. Ne rougis point, bien qu'il y ait quelque honte, d'employer ta main, la main d'un homme libre, à lui tenir le miroir. Ce demi-dieu, vainqueur des monstres suscités contre lui par une marâtre dont il lassa la haine ; ce héros digne d'être admis dans l'Olympe qu'il avait soutenu sur ses épaules, Hercule, confondu parmi les vierges d'Ionie, tenait, dit-on, leurs corbeilles et filait avec elles des laines grossières. Quoi ! le héros de Tirynthe obéit aux ordres de sa maîtresse ; et toi, tu hésiterais à souffrir ce qu'il a souffert !

Si ta belle te donne un rendez-vous au Forum, tâche de t'y trouver avant l'heure prescrite et ne te retire que fort tard. Si elle t'ordonne de te trouver en quelque autre endroit, quitte tout pour y courir : la foule même ne doit pas ralentir ta marche. Si, le soir, retournant chez elle, au sortir d'un festin, elle appelle un esclave, offre-toi aussitôt. Tu es à la campagne, et elle t'écrit : « Venez sur-le-champ » ; l'Amour hait la lenteur :

> Nec dubita tereti scamnum producere lecto,
>   Et tenero soleam deme vel adde pedi.
> Sæpe etiam dominæ, quamvis horrebis et ipse,
>   Algentis manus est calfacienda sinu.
> Nec tibi turpe puta, quamvis sit turpe, placebit
>   Ingenua speculum sustinuisse manu.
> Ille, fatigatæ perimendo monstra novercæ,
>   Qui meruit cœlum, quod prior ipse tulit,
> Inter Joniacas calathum tenuisse puellas
>   Creditur, et lanas excoluisse rudes.
> Paruit imperio dominæ Tirynthius heros
>   I nunc, et dubita ferre quod ille tulit !
> Jussus adesse foro, jussa maturius hora
>   Fac semper venias, nec nisi serus abi.
> Occurras aliquo tibi dixerit : omnia differ ;
>   Curre, nec inceptum turba moretur iter.
> Nocte domum repetens, epulis perfuncta, redibit :
>   Tunc quoque pro servo, si vocat illa, veni.
> Rure eris, et dicet : « Venias : » Amor odit inertes.

à défaut de voiture, fais la route à pied. Rien ne doit t'arrêter, ni un temps lourd, ni l'ardente Canicule, ni la neige qui blanchit les chemins.

L'amour est une image de la guerre : loin de lui, hommes pusillanimes ! les lâches sont incapables de défendre ses étendards. La nuit, l'hiver, les longues marches, les douleurs cruelles, les travaux les plus pénibles, il faut tout endurer dans ces camps où semble régner la mollesse. Souvent tu devras supporter la pluie que les nuages verseront sur toi ; souvent il te faudra, transi de froid, coucher sur la dure. Apollon, lorsqu'il paissait les troupeaux d'Admète, n'avait, dit-on, pour asile qu'une étroite cabane. Qui rougirait de faire ce qu'a fait Apollon ? Dépouille tout orgueil si tu aspires à un amour durable. Si tu ne peux arriver à ta maîtresse par une route sûre et facile, si sa porte bien fermée te fait obstacle, monte sur le toit et descends chez elle par cette route périlleuse, ou bien glisse-toi furtivement par une fenêtre élevée. Elle sera charmée de se savoir la cause du danger que tu as couru : ce sera pour elle un gage assuré de ton amour. Tu pouvais souvent, ô Léandre, te priver de voir ton amante ; mais tu

> Si rota defuerit, tu pede carpe viam ;
> Nec grave te tempus sitiensve Canicula tardet,
> Nec via per jactas candida facta nives.
> Militiæ species amor est : discedite, segnes !
> Non sunt hæc timidis signa tuenda viris.
> Nox et hiems, longæque viæ, sævique dolores
> Mollibus his castris et labor omnis inest.
> Sæpe feres imbrem cœlesti nube solutum,
> Frigidus et nuda sæpe jacebis humo.
> Cynthius Admeti vaccas pavisse Pheræas
> Fertur, et in parva delituisse casa.
> Quod Phœbum decuit, quem non decet? Exue fastus,
> Curam mansuri quisquis amoris habes.
> Si tibi per tutum planumque negabitur ire,
> Atque erit opposita janua fulta sera ;
> At tu per præceps tecto delabere aperto ;
> Det quoque furtivas alta fenestra vias.
> Læta erit, ut causam tibi se sciet esse pericli ;
> Hoc dominæ certi pignus amoris erit.
> Sæpe tua poteras, Leandre, carere puella :

traversais à la nage les flots, pour lui prouver ton courage.

Il ne faut pas rougir de gagner les bonnes grâces des servantes, selon leur rang, et même des simples valets. Que risques-tu à saluer chacun d'eux par son nom? Amant ambitieux, ne crains point de serrer dans tes mains leurs mains serviles. Fais aussi (la dépense est légère) quelques petits cadeaux, selon tes moyens, au valet qui te les demande. Offres-en aussi à la suivante, dans ce jour où, trompés par le travestissement des servantes romaines, les Gaulois payèrent cette erreur de leur vie. Crois-moi, fais en sorte de mettre dans tes intérêts tout ce petit peuple; n'oublie ni le portier, ni l'esclave qui veille à la porte de la chambre à coucher.

Je ne t'ordonne point de faire de riches présents à ta maîtresse; offre-lui quelques bagatelles, pourvu qu'elles soient bien choisies et données à propos. Lorsque la campagne étale ses richesses, lorsque les branches d'arbres plient sous le poids des fruits, qu'un jeune esclave lui apporte de ta part une corbeille pleine de ces dons champêtres. Tu pourras dire qu'ils viennent d'une campagne voisine de la ville, bien qu'ils aient été achetés sur la Voie Sacrée. Envoie-lui ou des raisins ou de ces châtaignes qu'aimait Amaryllis; mais les Amaryllis de nos jours aiment

Tranabas, animum nosset ut illa tuum.
Nec pudor ancillas, ut quæque erit ordine prima,
  Nec tibi sit servos demeruisse pudor :
Nomine quemque suo, nulla est jactura, saluta;
  Junge tuis humiles, ambitiose, manus.
Sed tamen et servo, levis est impensa, roganti
  Porrige fortunæ munera parva tuæ;
Porrige et ancillæ, qua pœnas luce pependit
  Lusa maritali Gallica veste manus.
Fac plebem, mihi crede, tuam : sit semper in illa
  Janitor, et thalami qui jacet ante fores.
Nec dominam jubeo pretioso munere dones :
  Parva, sed e parvis callidus apta dato.
Dum bene dives ager, dum rami pondere nutant,
  Afferat in calatho rustica dona puer.
Rure suburbano poteris tibi dicere missa,
  Illa vel in Sacra sint licet emta Via.
Afferat aut uvas, aut quas Amaryllis amabat;
  At nunc castaneas non amat illa nuces.

peu les châtaignes. Un envoi de grives ou de colombes lui prouvera que tu ne l'oublies point. Je sais qu'on achète aussi par de semblables prévenances l'espoir d'hériter d'un vieillard sans enfants. Ah! périssent ceux qui font des présents un si coupable usage!

Dois-je te conseiller de lui envoyer aussi de tendres vers? Hélas! les vers ne sont guère en honneur. On en fait l'éloge; mais on veut des dons plus solides. Un Barbare même, pourvu qu'il soit riche, est sûr de plaire. Nous sommes vraiment dans l'âge d'or : c'est avec l'or qu'on obtient les plus grands honneurs; c'est avec l'or qu'on se rend l'amour favorable. Homère lui-même, vînt-il escorté des neuf Muses, s'il se présentait les mains vides, Homère serait mis à la porte. Il y a pourtant quelques femmes instruites; mais elles sont bien rares; les autres ne savent rien et veulent paraître savantes. Cependant tu feras, dans tes vers, l'éloge des unes et des autres. Surtout, lecteur habile, fais valoir tes vers, bons ou mauvais, par le charme du débit. Doctes ou ignorantes, peut-être qu'un poëme composé en leur honneur fera près d'elles l'effet d'un petit cadeau.

Surtout, quand tu seras décidé à faire quelque chose que

> Quin etiam turdoque licet missaque columba
> Te memorem dominæ testificere tuæ.
> Turpiter his emitur spes mortis et orba senectus.
> Ah! pereant per quos munera crimen habent!
> Quid tibi præcipiam teneros quoque mittere versus?
> Hei mihi! non multum carmen honoris habet!
> Carmina laudantur; sed munera magna petuntur :
> Dummodo sit dives, Barbarus ipse placet.
> Aurea nunc vere sunt secula : plurimus auro
> Venit honos; auro conciliatur amor.
> Ipse licet Musis venias comitatus, Homere,
> Si nihil attuleris, ibis, Homere, foras.
> Sunt tamen et doctæ, rarissima turba, puellæ;
> Altera non doctæ turba, sed esse volunt.
> Utraque laudentur per carmina : carmina lector
> Commendet dulci qualiacumque sono.
> His ergo aut illis vigilatum carmen in ipsas
> Forsitan exigui muneris instar erit.
> At quod eris per te facturus et utile credis,

tu croiras utile, tâche d'amener ton amie à te prier de le faire. Si tu as promis la liberté à un de tes esclaves, c'est à elle qu'il devra s'adresser pour l'obtenir ; si tu fais grâce à un autre du châtiment et des fers qu'il a mérités, qu'elle t'ait obligation de cet acte d'indulgence auquel tu étais résolu. Tu en recueilleras l'avantage ; laisse-lui-en l'honneur : tu n'y perdras rien, et elle se croira tout pouvoir sur toi.

Mais, si tu as à cœur de conserver l'amour de ta maîtresse, fais en sorte qu'elle te croie émerveillé de ses charmes. Est-elle revêtue de la pourpre de Tyr : vante la pourpre de Tyr. Sa robe est-elle d'un tissu de Cos : dis que les robes de Cos lui vont à ravir. Est-elle brillante d'or : dis-lui qu'à tes yeux l'or a moins d'éclat que ses charmes. Si elle endosse les fourrures d'hiver, approuve ces fourrures ; si elle s'offre à tes yeux vêtue d'une légère tunique : « Vous m'enflammez, » crieras-tu ; mais prie-la, d'une voix timide, de prendre garde au froid. Si ses cheveux sont séparés avec art sur son front, loue ce genre de coiffure ; s'ils sont frisés avec le fer : « La charmante frisure ! » diras-tu. Admire ses bras quand elle danse, sa voix quand elle chante, et, quand elle cesse, plains-toi qu'elle ait fini si tôt.

Id tua te facito semper amica roget.
Libertas alicui fuerit promissa tuorum :
   Hanc tamen a domina fac petat ille tua.
Si pœnam servo, si vincula sæva remittis,
   Quod facturus eras debeat illa tibi.
Utilitas tua sit ; titulus donetur amicæ.
   Perde nihil ; partes illa potentis agat.
Sed te, cuicumque est retinendæ cura puellæ,
   Attonitum forma fac putet esse sua.
Sive erit in Tyriis, Tyrios laudabis amictus ;
   Sive erit in Cois, Coa decere puta.
Aurata est : ipso tibi sit pretiosior auro ;
   Gausapa si sumsit, gausapa sumta proba.
Adstiterit tunicata : « Moves incendia », clama ;
   Sed timida, caveat frigora, voce roga.
Compositum discrimen erit : discrimina lauda ;
   Torserit igne comam : torte capille, place.
Brachia saltantis, vocem mirare canentis ;
   Et, quod desierit, verba querentis habe.

Admis à partager sa couche, tu pourras adorer ce qui fait ton bonheur, et, d'une voix tremblante de plaisir, exprimer ton ravissement. Oui, fût-elle plus farouche que l'effrayante Méduse, elle deviendra douce et traitable pour son amant. Surtout sache dissimuler avec adresse et sans qu'elle puisse s'en apercevoir, et que ton visage ne démente point tes paroles. L'artifice est utile lorsqu'il se cache; s'il se montre, la honte en est le prix; et, par un juste châtiment, il détruit pour toujours la confiance.

Souvent, vers l'automne, lorsque l'année se montre parée de tous ses charmes, lorsque la grappe vermeille se gonfle d'un jus pourpré, lorsque nous éprouvons tour à tour un froid piquant ou une chaleur accablante, cette inconstance de la température nous jette dans la langueur. Puisse alors ta maîtresse se bien porter! mais, si quelque indisposition la retenait au lit, si elle ressentait la maligne influence de la saison, c'est alors que doivent éclater ton amour et ton dévouement; c'est alors qu'il faut semer pour recueillir plus tard une ample moisson. Ne te laisse point rebuter par les soins que réclame sa triste maladie; que tes mains lui rendent tous les services qu'elle voudra bien accepter; qu'elle te voie pleurer; qu'aucune ré-

  Ipsos concubitus, ipsum venerere licebit
   Quod juvat, et querula gaudia voce notes.
  Ut fuerit torva violentior illa Medusa,
   Fiet amatori lenis et æqua suc.
  Tantum ne pateas verbis simulator in illis
   Effice, nec vultu destrue dicta tuo.
  Si latet ars, prodest; affert deprensa pudorem,
   Atque adimit merito tempus in omne fidem.
  Sæpe sub autumno, quum formosissimus annus,
   Plenaque purpureo subrubet uva mero,
  Quum modo frigoribus premimur, modo solvimur æstu,
   Aere non certo corpora languor habet.
  Illa quidem valeat : sed, si male firma cubarit,
   Et vitium cœli senserit ægra sui,
  Tunc amor et pietas tua sit manifesta puellæ :
   Tunc sere quod plena postmodo falce metas.
  Nec tibi morosi veniant fastidia morbi,
   Perque tuas fiant, quæ sinet ipsa, manus ;
  Et videat flentem, nec tædeat oscula ferre,

pugnance n'arrête tes baisers, et que ses lèvres desséchées s'humectent de tes larmes. Fais des vœux pour sa santé; surtout fais-les à haute voix; et, au besoin, sois toujours prêt à lui raconter des rêves d'un heureux présage. Fais venir, pour purifier son lit et sa chambre, quelque vieille femme dont les mains tremblantes porteront le soufre et les œufs expiatoires: son âme gardera le souvenir de toutes ces attentions. Que de gens obtiennent par de pareils moyens place dans un testament! Mais prends garde, par des complaisances trop empressées, de te rendre importun à la malade : ta tendre sollicitude doit avoir des bornes. Ce n'est pas à toi de lui défendre les aliments ou de lui présenter un amer breuvage : laisse ce soin à ton rival.

Mais le vent auquel tu as livré tes voiles en quittant le port n'est plus celui qui te convient quand tu vogues en pleine mer. L'amour est faible à sa naissance; il se fortifiera par l'habitude : sache l'alimenter, et avec le temps il deviendra robuste. Ce taureau que tu redoutes aujourd'hui, tu le caressais quand il était jeune; cet arbre à l'ombrage duquel tu reposes ne fut d'abord qu'un faible scion. Mince filet d'eau à sa source, le fleuve s'augmente peu à peu, et, dans son cours, se grossit

> Et sicco lacrymas combibat ore tuas.
> Multa vove, sed cuncta palam; quotiesque libebit,
>   Quæ referas illi, somnia læta vide.
> Et veniat quæ lustret anus lectumque locumque,
>   Præferat et tremula sulphur et ova manu.
> Omnibus his inerunt gratæ vestigia curæ:
>   In tabulas multis hæc via fecit iter.
> Ne tamen officiis odium quæratur ab ægra;
>   Sit suus in blanda sedulitate modus.
> Neve cibo prohibe, nec amari pocula succi
>   Porrige : rivalis misceat illa tuus.
> Sed non, cui dederas a littore carbasa, vento
>   Utendum, medio quum potiere freto.
> Dum novus errat amor, vires sibi colligat usu :
>   Si bene nutrieris, tempore firmus erit.
> Quem taurum metuis, vitulum mulcere solebas;
>   Sub qua nunc recubas arbore virga fuit.
> Nascitur exiguus, sed opes acquirit eundo:
>   Quaque venit, multas accipit amnis aquas.

de mille ruisseaux. Tâche que ta belle s'habitue à toi : rien n'a plus de force que l'habitude. Pour gagner son cœur, ne recule devant aucun ennui. Que sans cesse elle te voie ; qu'elle n'entende que toi. Le jour, la nuit, sois devant ses yeux. Mais, lorsque tu pourras croire avec plus de confiance qu'elle peut te regretter, alors éloigne-toi, pour que ton absence lui donne quelque inquiétude. Laisse-lui un peu de repos : le champ qu'on laisse reposer rend avec usure la semence qu'on lui confie, et une terre aride boit avec avidité les eaux du ciel. Tant que Phyllis eut Démophoon près d'elle, elle ne l'aima que faiblement ; dès qu'il eut mis à la voile, sa passion la consuma. L'adroit Ulysse tourmenta Pénélope par son absence, et tes pleurs, ô Laodamie ! appelaient le retour de Protésilas.

Mais, pour plus de sûreté, que ton éloignement ne se prolonge pas : le temps affaiblit les regrets. L'amant qu'on ne voit plus est vite oublié : un autre prend sa place. En l'absence de Ménélas, Hélène s'ennuya de sa couche solitaire et alla se réchauffer dans les bras de son hôte. Quelle sottise fut la tienne, Ménélas ! Tu pars seul, laissant sous le même toit ton épouse avec un étranger. Insensé ! c'est livrer la timide colombe à la

---

Fac tibi consuescat : nil consuetudine majus ;
  Quam tibi dum capias, tædia nulla fuge.
Te semper videat, tibi semper præbeat aurem ;
  Exhibeat vultus noxque diesque tuos.
Quum tibi major erit fiducia posse requiri,
  Tum procul, absenti cura futurus, abi.
Da requiem : requietus ager bene credita reddit,
  Terraque cœlestes arida sorbet aquas.
Phyllida Demophoon præsens moderatius ussit :
  Exarsit velis acrius illa datis.
Penelopen absens solers torquebat Ulixes ;
  Phyllacides aberat, Laodamia, tuus.
Sed mora tuta brevis : lentescunt tempore curæ,
  Vanescitque absens, et novus intrat amor.
Dum Menelaus abest, Helene, ne sola jaceret,
  Hospitis est tepido nocte recepta sinu.
Quis stupor hic, Menelae, fuit ? Tu solus abibas :
  Isdem sub tectis hospes et uxor erant.
Accipitri timidas credis, furiose, columbas ?

serre du milan, c'est confier le bercail au loup dévorant! Non, Hélène ne fut point coupable; son ravisseur ne fut point criminel. Il fit ce que toi-même ou tout autre eussiez fait à sa place. Tu les forçais à l'adultère en leur laissant et le temps et le lieu. Ne semblais-tu pas toi-même conseiller à ta jeune épouse d'en agir ainsi? Que fera-t-elle? Son époux est absent; près d'elle est un aimable étranger : elle craint de coucher seule. Que Ménélas en pense ce qu'il voudra : Hélène, selon moi, n'est pas coupable ; elle n'a fait que profiter de la complaisance d'un mari si commode.

Mais le féroce sanglier, dans sa plus grande furie, lorsque ses défenses foudroyantes font rouler au loin les rapides limiers; la lionne, lorsqu'elle présente sa mamelle aux petits qu'elle allaite; la vipère que le voyageur a foulée d'un pied distrait, sont moins à craindre que la femme qui a surpris une rivale dans le lit de son époux. Sa fureur se peint sur sa figure: le fer, la flamme, tout lui est bon; oubliant toute retenue, elle court, pareille à la Bacchante agitée par le dieu d'Aonie. La barbare Médée vengea sur ses propres enfants le crime de Jason et la violation de la foi conjugale; cette hirondelle que vous

Plenum montano credis ovile lupo?
Nil Helene peccat; nil hic committit adulter :
   Quod tu, quod faceret quilibet, ille facit.
Cogis adulterium dando tempusque locumque.
   Quo nisi consilio est usa puella tuo?
Quid faciat? Vir abest, et adest non rusticus hospes,
   Et timet in vacuo sola cubare toro.
Viderit Atrides : Helenen ego crimine solvo :
   Usa est humani commoditate viri.
Sed neque fulvus aper media tam sævus in ira,
   Fulmineo rapidos dum rotat ore canes;
Nec lea, quum catulis lactentibus ubera præbet;
   Nec brevis ignaro vipera læsa pede ;
Femina quam, socii deprensa pellice lecti,
   Ardet, et in vultu pignora mentis habet.
In ferrum flammasque ruit, positoque decore,
   Fertur, ut Aonii cornibus icta dei.
Conjugis admissum violataque jura maritæ
   Barbara per natos Phasias ulta suos.
Altera dira parens hæc est, quam cernis, hirundo;

13.

voyez fut aussi une mère dénaturée : regardez! sa poitrine est encore teinte de sang. Ainsi se rompent les unions les mieux assorties, les liens les plus solides. Un amant prudent doit craindre d'exciter ces jalouses fureurs.

Ce n'est pas que, censeur rigide, je veuille te condamner à n'avoir qu'une maîtresse : m'en préservent les dieux ! Une femme mariée peut à peine tenir un semblable engagement. Donne-toi de l'amusement, mais couvre d'un voile modeste tes tendres larcins; il faut se garder d'en tirer vanité. Ne fais point à une femme un présent qu'une autre puisse reconnaître; change l'heure et le lieu de vos rendez-vous, de peur qu'une d'elles ne te surprenne dans une retraite dont elle connaît le mystère. Quand tu écriras, relis avec soin tes épîtres avant de les envoyer : bien des femmes lisent dans une lettre plus qu'on ne leur dit.

Vénus blessée prend justement les armes, rend trait pour trait à l'agresseur, et lui fait éprouver à son tour le mal qu'il a causé. Tant qu'Atride se contenta de son épouse, elle fut chaste; l'infidélité de son mari la rendit coupable. Elle avait appris que Chrysès, le laurier à la main, le front ceint de bandelettes sacrées, avait en vain redemandé sa fille. Elle avait appris, ô Briséis, l'enlèvement qui causa tes chagrins, et par

    Adspice! signatum sanguine pectus habet.
Hoc bene compositos, hoc firmos solvit amores :
    Crimina sunt cautis ista timenda viris.
Nec mea vos uni damnat censura puellæ.
    Di melius! vix hoc nupta tenere potest.
Ludite, sed furto celetur culpa modesto;
    Gloria peccati nulla petenda sui.
Nec dederis munus cognosse quod altera possit,
    Nec sint nequitiæ tempora certa tuæ;
Et, ne te latebris capiat sibi femina notis,
    Non uno est omnis convenienda loco;
Et quoties scribes, totas prius ipse tabellas
    Inspice : plus multæ, quam sibi missa, legunt.
Læsa Venus justa arma movet telumque remittit :
    Et, modo quod questa est ipse querare, facit.
Dum fuit Atrides una contentus, et illa
    Casta fuit; vitio est improba facta viri.
Audierat, laurumque manu vittasque ferentem
    Pro nata Chrysen non valuisse sua :

quels honteux retards se prolongeait la guerre. Tout cela, cependant, elle ne l'avait su que par ouï-dire. Mais elle avait vu de ses propres yeux la fille de Priam; elle avait vu le vainqueur, ô honte! devenu l'esclave de sa captive. Dès lors la fille de Tyndare ouvrit à Égysthe et son cœur et son lit, et se vengea par un crime du crime de son époux.

Si, quoique bien cachés, tes amours secrets viennent à se découvrir, tout découverts qu'ils sont, ne laisse pas de nier. Ne sois pour cela ni plus soumis, ni plus flatteur que de coutume : un tel changement est la marque d'un cœur coupable. Mais n'épargne aucun effort, et emploie toute ta vigueur aux combats de l'amour; la paix est à ce prix; c'est ainsi que tu pourras nier tes précédents exploits. Il en est qui te conseilleraient de prendre pour stimulants des plantes malfaisantes : la sarriette, le poivre mêlé à la graine mordante de l'ortie, ou le pyrètre jaune infusé dans du vin vieux : à mon avis, ce sont de vrais poisons. La déesse qui habite les collines ombreuses du mont Éryx ne souffre pas pour l'usage de ses plaisirs ces moyens forcés et violents. Tu pourras cependant te servir de l'oignon blanc que nous envoie la ville de Mégare, et de la plante sti-

Audierat, Lyrnesi, tuos, abducta, dolores,
   Bellaque per turpes longius isse moras.
Hæc tamen audierat : Priameida viderat ipsa;
   Victor erat prædæ præda pudenda suæ.
Inde Thyestiaden thalamoque animoque recepit,
   Et male peccantem Tyndaris ulta virum.
Quæ bene celaris, si qua tamen acta patebunt,
   Illa licet pateant, tu tamen usque nega.
Tum neque subjectus, solito nec blandior esto :
   Hæc animi multum signa nocentis habent.
Sed lateri nec parce tuo : pax omnis in uno
   Concubitu; prior hoc inficianda Venus.
Sunt qui præcipiant herbas, satureia, nocentes
   Sumere : judiciis ista venena meis;
Aut piper urticæ mordacis semine miscent
   Tritaque in annoso flava pyrethra mero.
Sed Dea non patitur sic ad sua gaudia cogi,
   Colle sub umbroso quam tenet altus Eryx.
Candidus, Alcathoï qui mittitur urbe Pelasga,

mulante qui croît dans nos jardins : joins-y des œufs, du miel de l'Hymette, et ces pommes que porte le pin élancé.

Mais pourquoi, divine Érato, nous égarer dans ces détails de l'art d'Esculape? Rentrons dans la carrière dont mon char ne doit pas sortir. Tout à l'heure je te conseillais de cacher avec soin tes infidélités ; quitte maintenant cette voie, et, si tu m'en crois, publie tes conquêtes. Garde-toi pourtant de m'accuser d'inconséquence. La nef recourbée n'obéit pas toujours au même vent; elle court sur les flots, tantôt poussée par l'Aquilon, tantôt par l'Eurus ; le Zéphyr et le Notus enflent tour à tour ses voiles. Vois ce conducteur monté sur son char ; tantôt il laisse flotter les rênes, tantôt il retient d'une main habile ses coursiers trop ardents. Il est des amants que sert mal une timide indulgence : l'amour de leur maîtresse languit si la crainte d'une rivale ne vient le ranimer. Le bonheur souvent nous enivre, et difficilement on le supporte avec constance. Un feu léger s'éteint peu à peu faute d'aliments et disparaît sous la cendre blanchâtre qui couvre sa cime; mais, à l'aide du soufre, sa flamme assoupie se rallume et jette une clarté nouvelle. Ainsi,

Bulbus, et, ex horto quæ venit, herba salax,
 Ovaque sumantur; sumantur Hymettia mella,
  Quasque tulit folio pinus acuta nuces.
Docta, quid ad medicas, Erato, deverteris artes?
 Interior curru meta terenda meo est.
Qui modo celabas monitu tua crimina nostro,
 Flecte iter, et monitu detege furta meo.
Nec levitas culpanda mea est : non semper eodem
 Impositos vento panda carina vehit;
Nam modo Threicio Borea, modo currimus Euro :
 Sæpe tument Zephyro lintea, sæpe Noto.
Adspice ut in curru modo det fluitantia rector
 Lora, modo admissos arte retentet equos.
Sunt quibus ingrate timida indulgentia servit,
 Et, si nulla subest æmula, languet amor.
Luxuriant animi rebus plerumque secundis,
 Nec facile est æqua commoda mente pati.
Ut levis, absumtis paulatim viribus, ignis
 Ipse latet, summo candet in igne cinis ;
Sed tamen exstinctas, admoto sulphure, flammas
 Invenit ; et lumen, quod fuit ante, redit :

lorsque le cœur languit dans une indolente torpeur, il faut, pour le réveiller, employer l'aiguillon de la jalousie. Donne des inquiétudes à ta maîtresse, et réchauffe son cœur refroidi; qu'elle pâlisse à la preuve de ton inconstance. O quatre, ô mille et mille fois heureux, celui dont la maîtresse gémit de se voir offensée! A peine la nouvelle de son crime, dont elle voudrait douter encore, a frappé son oreille, elle tombe; malheureuse! la couleur et la voix l'abandonnent. Que ne suis-je l'amant dont elle arrache les cheveux dans sa fureur! que ne suis-je celui dont elle déchire le visage avec ses ongles, dont la vue fait couler ses larmes, qu'elle regarde d'un œil farouche, sans lequel elle voudrait pouvoir, mais ne peut vivre! Combien de temps, me diras-tu, dois-je la laisser en proie au désespoir? Hâte-toi d'y mettre un terme, de peur que sa colère ne s'aigrisse en se prolongeant. Hâte-toi d'entourer de tes bras son cou si blanc et de presser sur ton sein son visage baigné de larmes. A ses pleurs donne des baisers; à ses pleurs mêle les plaisirs de l'amour. Elle s'apaisera; c'est le seul moyen de fléchir sa colère. Lorsqu'elle se sera bien emportée, lorsque la guerre sera ouvertement déclarée entre vous, demande-lui à signer sur son

> Sic, ut pigra situ securaque pectora torpent,
> Acribus est stimulis eliciendus amor.
> Fac timeat de te, tepidamque recalface mentem ;
> Palleat indicio criminis illa tui.
> O quater, et quoties numero comprendere non est,
> Felicem de quo læsa puella dolet !
> Quæ, simul invitas crimen pervenit ad aures,
> Excidit, et miseræ voxque colorque fugit.
> Ille ego sim cujus laniet furiosa capillos;
> Ille ego sim teneras cui petat ungue genas,
> Quem videat lacrymans, quem torvis spectet ocellis,
> Quo sine non possit vivere, posse velit!
> Si spatium quæras, breve sit, quo læsa queratur,
> Ne lenta vires colligat ira mora.
> Candida jamdudum cingantur colla lacertis,
> Inque tuos flens est accipienda sinus.
> Oscula da flenti, Veneris da gaudia flenti :
> Pax erit ; hoc uno solvitur ira modo.
> Quum bene sævierit, quum certa videbitur hostis,
> Tum pete concubitus fœdera : mitis erit.

lit le traité de paix; elle s'adoucira. C'est là que, sans arme
habite la pacifique Concorde; c'est là, crois-moi, que naquit l
Pardon. Les colombes qui viennent de se battre unissent plu
amoureusement leurs becs; leur roucoulement semble plein d
caresses et dit quel est leur amour.

La nature ne fut d'abord qu'une masse confuse et sans ordr
où gisaient pêle-mêle les cieux, la terre et l'onde. Bientôt l
ciel s'éleva au-dessus de la terre, la mer l'entoura d'une liquid
ceinture; et de ce chaos informe sortirent les éléments divers
La forêt se peupla de bêtes fauves, l'air d'oiseaux légers; le
poissons se cachèrent sous les eaux. Alors les hommes erraien
dans les campagnes solitaires, et la force était l'unique partag
de ces corps grossiers et endurcis. Ils avaient les bois pour de
meure, l'herbe pour nourriture, les feuilles pour lit; et pen
dant longtemps chacun vécut ignoré de son semblable. L
douce volupté amollit, dit-on, ces âmes farouches, en réunissan
sur la même couche l'homme et la femme. Ils n'eurent besoi
d'aucun maître pour apprendre ce qu'ils avaient à faire : Vénus
sans le secours de l'art, remplit son doux office. L'oiseau a un
femelle qu'il aime; le poisson trouve au milieu des ondes un

   Illic depositis habitat Concordia telis ;
    Illo, crede mihi, Gratia nata loco est.
   Quæ modo pugnarunt jungunt sua rostra columbæ,
    Quarum blanditias verbaque murmur habet.
   Prima fuit rerum confusa sine ordine moles,
    Unaque erant facies sidera, terra, fretum.
   Mox cœlum impositum terris; humus æquore cincta est,
    Inque suas partes cessit inane chaos ;
   Silva feras, volucres aer accepit habendas;
    In liquida, pisces, delituistis aqua.
   Tum genus humanum solis errabat in agris,
    Idque meræ vires et rude corpus erat.
   Silva domus fuerat, cibus herba, cubilia frondes;
    Jamque diu nulli cognitus alter erat.
   Blanda truces animos fertur mollisse voluptas :
    Constiterant uno femina virque toro.
   Quid facerent ipsi nullo didicere magistro :
    Arte Venus nulla dulce peregit opus.
   Ales habet quod amet; cum quo sua gaudia jungat
    Invenit in media femina piscis aqua.

compagne pour partager ses plaisirs. La biche suit le cerf; le serpent s'unit au serpent; le chien s'accouple à la chienne; la brebis et la génisse se livrent avec joie aux caresses du bélier et du taureau; le bouc, tout immonde qu'il est, ne rebute point la chèvre lascive. La cavale, en proie aux fureurs de l'amour, franchit, pour rejoindre le cheval, et l'espace et les fleuves mêmes. Courage donc! emploie ce puissant remède pour calmer le courroux de ta maîtresse; seul il peut assoupir ses cuisantes douleurs; baume plus efficace que tous les sucs de Machaon, il saura, si tu as quelques torts, te les faire pardonner.

Tel était le sujet de mes chants quand soudain Apollon m'apparut, et sous ses doigts résonnèrent les cordes d'une lyre d'or; une branche de laurier était dans sa main; une couronne de laurier ceignait sa tête. D'un air et d'un ton prophétiques : « Maître dans l'art folâtre d'aimer, me dit-il, hâte-toi de conduire tes disciples dans mon temple. On y lit cette inscription fameuse dans tout l'univers : *Mortel, connais-toi toi-même.* Celui-là seul qui se connaît suit dans ses amours les préceptes de la sagesse; seul il sait mesurer ses entreprises à ses forces.

    Cerva parem sequitur; serpens serpente tenetur;
      Hæret adulterio cum cane nexa canis;
    Læta salitur ovis; tauro quoque læta juvenca est:
      Sustinet immundum sima capella marem.
    In furias agitantur equæ, spatioque remota
      Per loca dividuos amne sequuntur equos.
    Ergo age, et iratæ medicamina fortia præbe :
      Illa feri requiem sola doloris habent;
    Illa Machaonios superant medicamina succos;
      His, ubi peccaris, restituendus eris.
    Hæc ego quum canerem, subito manifestus Apollo
      Movit inauratæ pollice fila lyræ.
    In manibus laurus; sacris inducta capillis
      Laurus erat : vates ille videndus adest.
    Is mihi : « Lascivi », dixit, « præceptor Amoris,
      Duc, age, discipulos ad mea templa tuos.
    Est ibi diversum fama celebrata per orbem
      Littera, cognosci quæ sibi quemque jubet.
    Qui sibi notus erit solus sapienter amabit,
      Atque opus ad vires exiget omne suas.

Si la nature l'a doué d'un beau visage, qu'il sache en tirer parti ; s'il a une belle peau, qu'il se couche souvent les épaules découvertes; s'il plaît par son langage, qu'il ne garde point un morne silence. Est-il chanteur habile : qu'il chante; joyeux buveur : qu'il boive. Mais qu'il n'aille pas, orateur bavard ou poète maniaque, interrompre la conversation pour déclamer ou sa prose ou ses vers. » Ainsi parla Phébus ; amants, obéissez aux oracles de Phébus : on peut, en toute confiance, croire aux paroles émanées de sa bouche divine.

Mais mon sujet m'appelle. Quiconque aimera prudemment et suivra les préceptes de mon art est sûr de vaincre et d'atteindre le but qu'il se propose. Les sillons ne rendent pas toujours avec usure la semence qu'on leur a confiée; les vents ne secondent pas toujours le nocher dans sa course incertaine. Peu de plaisirs, beaucoup de peines ; voilà le lot des amants : qu'ils s'attendent à de dures épreuves. L'Athos a moins de lièvres, l'Hybla moins d'abeilles, l'arbre de Pallas moins d'olives, le rivage de la mer moins de coquillages, que l'Amour n'enfante de douleurs : les traits qu'il nous lance sont trempés dans le fiel. On te dira peut-être que ta maîtresse est sortie tandis que

    Cui faciem natura dedit, spectetur ab illa ;
      Cui color est, humero sæpe patente cubet ;
    Qui sermone placet, taciturna silentia vitet ;
      Qui canit arte, canat; qui bibit arte, bibat.
    Sed neque declament medio sermone diserti,
      Nec sua non sanus scripta poeta legat. »
    Sic monuit Phœbus : Phœbo parete monenti :
      Certa Dei sacro est hujus in ore fides.
    Ad propiora vocor. Quisquis sapienter amabit
      Vincet, et e nostra, quod petet, arte feret.
    Credita nec semper sulci cum fœnore reddunt,
      Nec semper dubias adjuvat aura rates.
    Quod juvat, exiguum; plus est quod lædit amantes :
      Proponant animo multa ferenda suo.
    Quot lepores in Atho, quot apes pascuntur in Hybla,
      Cærula quot baccas Pallados arbor habet,
    Littore quot conchæ, tot sunt in amore dolores :
      Quæ patimur multo spicula felle madent.
    Dicta erit isse foras, quam tu fortasse videbis :

que tu l'aperçois chez elle. N'importe, crois qu'elle est sortie et que tes yeux te trompent. Elle a promis de te recevoir la nuit, et tu trouves sa porte fermée : patiente, et couche-toi sur la terre froide et humide. Peut-être même qu'une menteuse servante viendra, d'un air insolent, te dire : « Que veut cet homme qui assiége notre porte? » Adresse alors des paroles caressantes à ce farouche émissaire, à la porte même, et dépose sur le seuil les roses qui paraient ton front. Si ta maîtresse le permet, accours; si elle refuse de te voir, retire-toi. Un homme bien appris ne doit jamais se rendre à charge. Voudrais-tu la forcer à dire : « Il n'y a pas moyen d'éviter cet importun? » Les belles ont souvent des caprices déraisonnables. N'aie pas honte de supporter ses injures, ses coups même, ni de baiser ses pieds délicats.

Mais pourquoi m'arrêter à de si minces détails? Occupons-nous d'objets plus importants. Je vais chanter de grandes choses : peuple des amants, prête-moi toute ton attention. Mon entreprise est périlleuse ; mais, sans le péril, où serait le courage? Le but que mon art se propose n'est pas d'un facile accès. Supporte sans te plaindre un rival, et ton triomphe est assuré, et tu monteras vainqueur au temple du grand Jupiter.

    Isse foras et te falsa videre puta.
Clausa tibi fuerit promissa janua nocte :
    Perfer, et in nuda ponere corpus humo.
Forsitan et vultu mendax ancilla superbo
    Dicet : « Quid nostras obsidet iste fores? »
Postibus et duræ supplex blandire puellæ,
    Et capiti demtas in fore pone rosas.
Quum volet, accedes; quum te vitabit, abibis.
    Dedecet ingenuos tædia ferre sui.
« Effugere hunc non est, » quare tibi possit amica
    Dicere? Non omni tempore sensus adest.
Nec maledicta puta, nec verbera ferre puellæ
    Turpe, nec ad teneros oscula ferre pedes.
Quid moror in parvis? animus majoribus instat.
    Magna canam : toto pectore, vulgus, ades.
Ardua molimur ; sed nulla, nisi ardua, virtus ;
    Difficilis nostra poscitur arte labor.
Rivalem patienter habe : victoria tecum
    Stabit ; eris magni victor in arce Jovis.

Crois-m'en, ce ne sont point là les avis d'un simple mortel, mais des oracles aussi sûrs que ceux de Dodone : c'est le plus sublime précepte de l'art que j'enseigne. Ta maîtresse fait-elle à ton rival des signes d'intelligence : souffre-le; lui écrit-elle : ne touche point à ses tablettes. Laisse-la librement aller et venir où bon lui semble : tant de maris ont cette complaisance pour leurs épouses légitimes, surtout lorsqu'un doux sommeil vient aider à les tromper! Pour moi, je l'avouerai, je ne puis atteindre à ce degré de perfection. Qu'y faire? je ne suis pas à la hauteur de mon art. Quoi! je verrais un rival faire, moi présent, des signes à ma belle, et je le souffrirais! et je ne donnerais pas un libre cours à ma colère! Un jour, il m'en souvient, son mari lui avait donné un baiser ; je me plaignis de ce baiser : tant l'amour est plein d'injustes exigences! Hélas! ce défaut m'a nui bien souvent près des femmes! Plus habile est celui qui permet à d'autres d'aller chez sa maîtresse. Mais le mieux est de tout ignorer. Laisse-la cacher ses infidélités, de peur que l'aveu forcé de ses fautes ne lui apprenne à ne plus rougir. Jeunes amants! gardez-vous donc de surprendre vos maîtresses; qu'en vous trompant elles vous croient dupes de leurs belles paroles. Deux amants surpris ne s'en aiment que

> Hæc tibi non hominem, sed quercus crede Pelasgas
>   Dicere : nil istis ars mea majus habet.
> Innuet illa : feras ; scribet : ne tange tabellas.
>   Unde volet, veniat; quoque libebit, eat.
> Hoc in legitima præstant uxore mariti,
>   Quum tener ad partes tu quoque, somne, venis.
> Hac ego, confiteor, non sum perfectus in arte.
>   Quid faciam ? monitis sum minor ipse meis.
> Mene palam nostræ det quisquam signa puellæ,
>   Et patiar ? nec me quolibet ira ferat ?
> Oscula vir dederat, memini, suus ; oscula questus
>   Sum data : barbarie noster abundat amor.
> Non semel hoc vitium nocuit mihi. Doctior ille est
>   Quo veniunt alii conciliante viro.
> Sed melius nescisse fuit : sine furta tegantur,
>   Ne fugiat victo fassus ab ore pudor.
> Quo magis, o juvenes, deprendere parcite vestras :
>   Peccent : peccantes verba dedisse putent.
> Crescit amor prensis : ubi par fortuna duorum est,

mieux : dès que leur sort est commun, ils persistent l'un et l'autre dans la faute qui causa leur perte.

Il est une histoire bien connue de l'Olympe entier : c'est celle de Mars et de Vénus pris en flagrant délit par les ruses de Vulcain. Mars, épris d'un fol amour pour Vénus, de terrible guerrier devint amant soumis. Vénus (quelle déesse eut jamais le cœur plus tendre?), Vénus ne se montra ni novice ni cruelle. Que de fois, dit-on, la folâtre rit avec son amant de la démarche grotesque de son époux, de ses mains durcies par le feu et par les travaux de son art! Qu'elle était charmante aux yeux de Mars lorsqu'elle contrefaisait le vieux forgeron! combien ses grâces piquantes relevaient encore sa beauté! Ils eurent soin d'abord de cacher leur commerce amoureux sous le voile d'un profond mystère, et leur passion coupable fut pleine de réserve et de pudeur. Mais le Soleil (rien n'échappe à ses regards), le Soleil découvrit à Vulcain la conduite de son épouse. Quel fâcheux exemple tu donnes, ô Soleil! Réclame les faveurs de la déesse; mets ton silence à ce prix : elle a de quoi le payer. Vulcain dispose avec art, au-dessus et autour de son lit, des réseaux invisibles à tous les yeux; puis il feint de partir pour

---

In causa damni perstat uterque sui.
Fabula narratur toto notissima cœlo,
   Mulciberis capti Marsque Venusque dolis.
Mars pater, insano Veneris turbatus amore,
   De duce terribili factus amator erat :
Nec Venus oranti, neque enim Dea mollior ulla est,
   Rustica Gradivo difficilisve fuit.
Ah! quoties lasciva pedem risisse mariti
   Dicitur, et duras igne vel arte manus!
Marte palam simulat Vulcanum imitata : decebat,
   Multaque cum forma gratia mixta fuit.
Sed bene concubitus primos celare solebant;
   Plena verecundi culpa pudoris erat.
Indicio Solis (quis Solem fallere possit?),
   Cognita Vulcano conjugis acta suæ.
Quam mala, Sol, exempla moves? Pete munus ab illa;
   Et tibi, si taceas, quod dare possit, habet.
Mulciber obscuros lectum circaque superque
   Disponit laqueos : lumina fallit opus.

Lemnos. Les deux amants volent au rendez-vous accoutumé; et tous deux, nus comme l'Amour, sont enveloppés par les perfides réseaux. Vulcain alors convoque les dieux et leur offre en spectacle les amants prisonniers. On dit que Vénus eut peine à retenir ses larmes. Leurs mains ne pouvaient ni couvrir leurs visages, ni voiler leur nudité. Un des spectateurs dit alors d'un ton railleur : « Brave Mars, si tes chaînes te pèsent trop, cède-les-moi. » Enfin, vaincu par les prières de Neptune, Vulcain délivra les deux captifs. Mars se retira en Thrace, Vénus à Paphos. Dis-moi, Vulcain, qu'as-tu gagné à cela? Naguère ils cachaient leurs amours; ils s'y livrent maintenant en pleine liberté; ils ont banni toute honte. Insensé! tu te reprocheras souvent ta sotte indiscrétion! On dit même que déjà tu te repens d'avoir écouté ta colère.

Point de piéges : je vous l'ai défendu; et Vénus, surprise par son époux, vous défend aussi ces ruses dont elle fut la victime. Ne dressez point d'embûches à votre rival; ne cherchez point à intercepter les secrets d'une correspondance amoureuse. Laissez ce soin, s'ils jugent à propos de s'en charger, aux maris, dont le feu et l'eau ont consacré les droits légitimes.

 Fingit iter Lemnon : veniunt ad fœdus amantes :
  Impliciti laqueis nudus uterque jacent.
 Convocat ille Deos : præbent spectacula capti.
  Vix lacrymas Venerem continuisse putant.
 Non vultus texisse suos, non denique possunt
  Partibus obscenis opposuisse manus.
 Hic aliquis ridens : « In me, fortissime Mavors.
  Si tibi sunt oneri, vincula transfer », ait.
 Vix precibus, Neptune, tuis captiva resolvit
  Corpora. Mars Threcen occupat, illa Paphon.
 Hoc tibi profectum, Vulcane : quod ante tegebant
  Liberius faciunt, et pudor omnis abest.
 Sæpe tamen demens stulte fecisse fateris,
  Teque ferunt iræ pœnituisse tuæ.
 Hoc vetui : vos ecce vetat deprensa Dione
  Insidias illas, quas tulit ipsa, dare.
 Nec vos rivali laqueos disponite; nec vos
  Excipite arcana verba notata manu.
 Ista viri captent, si jam captanda putabunt,
  Quos faciunt justos ignis et unda viros.

LIVRE DEUXIÈME.   237

uant à moi, je le proclame de nouveau, je ne chante ici que
es plaisirs que la loi permet : nous n'associons à nos jeux
ucune matrone.

Qui oserait divulguer aux profanes les mystères de Cérès et
es rites pieux institués dans la Samothrace? Il y a peu de
érite à garder le silence qui nous est prescrit ; mais dire ce
u'on doit taire est une faute des plus graves. Oh! c'est avec jus-
ce que Tantale, puni de son indiscrétion, ne peut saisir les
ruits suspendus sur sa tête et brûle de soif au milieu des
aux! Cythérée surtout défend de dévoiler ses mystères. Je
ous en avertis, aucun bavard ne doit approcher de ses autels.
i les attributs de son culte ne sont point renfermés dans de
mystiques corbeilles; si l'airain à ses fêtes ne retentit point
e coups redoublés ; si elle ouvre son temple à tous, c'est
à la condition de ne pas divulguer ses mystères. Vénus elle-
même ne quitte jamais son voile sans couvrir d'une pudique
main ses charmes secrets. Les troupeaux se livrent en tout
lieu, et au conspect de tous, aux ébats de l'amour, et souvent,
à cette vue, la jeune fille détourne les yeux; mais il faut à nos
larcins amoureux un secret asile, des portes closes, et nous

En iterum testor : nihil hic nisi lege remissum
    Luditur; in nostris instita nulla jocis.
Quis Cereris ritus ausit vulgare profanis,
    Magnaque Threicia sacra reperta Samo ?
Exigua est virtus præstare silentia rebus ;
    At contra gravis est culpa tacenda loqui.
O bene, quod frustra captatis arbore pomis,
    Garrulus in media Tantalus aret aqua !
Præcipue Cytherea jubet sua sacra taceri :
    Admoneo, veniat ne quis ad illa loquax.
Condita si non sunt Veneris mysteria cistis,
    Nec cava vesanis ictibus æra sonant,
Attamen inter nos medio versantur in usu;
    Sed sic inter nos ut latuisse velint.
Ipsa Venus pubem, quoties velamina ponit,
    Protegitur læva semireducta manu.
In medio passimque coit pecus : hoc quoque viso
    Avertit vultus sæpe puella suos.
Conveniunt thalami furtis et janua nostris,

couvrons de nos vêtements de honteuses nudités. Si nous ne cherchons pas les ténèbres, nous aimons cependant un peu d'obscurité, quelque chose de moins que le grand jour. Ainsi, lorsque la tuile ne protégeait pas encore la race humaine contre le soleil et la pluie, lorsque le chêne lui fournissait et l'abri et la nourriture, ce n'était pas en plein air, mais dans les antres et au fond des bois, qu'on allait goûter les douceurs de l'amour; tant cette race encore grossière était soigneuse des lois de la pudeur! Maintenant, nous affichons nos exploits nocturnes, et il semble qu'on ne saurait payer trop cher le plaisir de les divulguer. Que dis-je? N'arrête-t-on pas en tous lieux toutes les jeunes filles, pour pouvoir dire au premier venu : « En voilà encore une que j'ai possédée? » Et cela pour en avoir toujours quelqu'une à montrer au doigt, pour que chaque femme signalée de la sorte devienne la fable de la ville. Mais c'est peu : il est des hommes qui inventent des histoires qu'ils désavoueraient si elles étaient vraies : à les entendre, il n'est point de femme qui leur ait résisté. S'ils ne peuvent toucher à leur personne, ils peuvent du moins attaquer leur honneur; et, quoique le corps soit resté chaste, la réputation est flétrie. Va maintenant, odieux gardien, ferme la porte sur ta maîtresse;

    Parsque sub injecta veste pudenda latet.
Et si non tenebras, at quiddam nubis opacæ
    Quærimus, atque aliquid luce patente minus.
Tunc quoque, quum solem nondum prohibebat et imbrem
    Tegula, sed quercus tecta cibumque dabat,
In nemore atque antris, non sub Jove, juncta voluptas;
    Tanta rudi populo cura pudoris erat!
At nunc nocturnis titulos imponimus actis,
    Atque emitur magno nil nisi posse loqui.
Scilicet excuties omnes ubicumque puellas,
    Cuilibet ut dicas : « Hæc quoque nostra fuit?»
Ne desint quas tu digitis ostendere possis;
    Ut quamque attigeris fabula turpis erit?
Parva queror : fingunt quidam quæ vera negarent,
    Et nulli non se concubuisse ferunt.
Corpora si nequeunt, quæ possunt, nomina tractant,
    Famaque, non tacto corpore, crimen habet.
I nunc, claude fores, custos odiose, puellæ;

enferme-la sous cent verrous. Que servent ces précautions en présence du diffamateur qui se targue menteusement de faveurs qu'il n'a pu obtenir? Pour nous, ne parlons qu'avec réserve de nos amours réels, et tenons nos plaisirs secrets cachés sous un voile impénétrable.

N'allez pas surtout reprocher à une belle ses défauts : que d'amants se sont bien trouvés de cette utile dissimulation! Le héros aux pieds ailés, Persée, ne blâma jamais dans Andromède la couleur brune de son teint. Andromaque, d'un commun avis, était d'une taille démesurée : Hector était le seul qui la trouvât d'une taille moyenne. Accoutume-toi à ce qui te déplaît ; tu t'y feras : l'habitude adoucit bien des choses ; mais l'amour, à son début, s'effarouche d'un rien. Une branche nouvellement greffée, qui commence à se nourrir sous la verte écorce, tombe si le moindre souffle l'ébranle ; mais, si on lui laisse le temps de s'affermir, bientôt elle résiste aux vents, et, branche robuste, enrichit l'arbre qui la porte de ses fruits adoptifs. Le temps efface tout, même les difformités du corps, et ce qui nous parut une imperfection cesse un jour d'en être une. L'odeur qui s'échappe de la dépouille des taureaux blesse

<pre>
        Et centum duris postibus adde seras.
    Quid tuti superest, quum nominis exstat adulter,
        Et credi, quod non contigit esse, cupit?
    Nos etiam veros parce profitemur amores,
        Tectaque sunt solida mystica furta fide.
    Parcite præcipue vitia exprobrare puellæ,
        Utile quæ multis dissimulasse fuit.
    Nec suus Andromedæ color est objectus ab illo
        Mobilis in gemino cui pede penna fuit.
    Omnibus Andromache visa est spatiosior æquo :
        Unus, qui modicam diceret, Hector erat.
    Quod male fers, adsuesce ; feres bene : multa vetustas
        Lenit ; at incipiens omnia sentit amor.
    Dum novus in viridi coalescit cortice ramus,
        Concutiat tenerum quælibet aura : cadet ;
    Mox eadem ventis, spatio durata, resistet,
        Firmaque adoptivas arbor habebit opes.
    Eximit ipsa dies omnes e corpore mendas,
        Quodque fuit vitium desinit esse mora.
    Ferre novæ nares taurorum terga recusant :
</pre>

d'abord nos narines délicates : elles s'y font à la longue et finissent par la supporter sans dégoût.

Il est d'ailleurs des noms par lesquels on peut pallier les défauts. La femme qui a la peau plus noire que la poix d'Illyrie, dis qu'elle est brune. Est-elle un peu louche : compare-la à Vénus; est-elle rousse : c'est la couleur de Minerve. Celle qui, dans sa maigreur, semble n'avoir qu'un souffle de vie a la taille svelte. Elle est petite : tant mieux! elle en est plus légère. Sa taille est épaisse : c'est un agréable embonpoint. Déguise ainsi chaque défaut sous le nom de la qualité qui en approche le plus. Ne t'informe jamais de son âge, ni du consulat sous lequel elle est née : laisse le censeur remplir ce rigoureux devoir, surtout si elle n'est plus dans la fleur de la jeunesse, si la belle saison de sa vie est passée, et si déjà elle est réduite à s'arracher des cheveux gris. Jeunes Romains, cet âge, et même un âge plus avancé, n'est pas stérile en plaisirs : c'est un champ qu'il faut ensemencer pour qu'il donne un jour sa moisson. Travaillez, tandis que vos forces et votre jeunesse le permettent : assez tôt, dans sa marche insensible, viendra la vieillesse caduque. Fendez l'océan avec la rame, ou les sillons avec la charrue ; armez du glaive meurtrier vos mains belliqueuses, ou consacrez

  Assiduo domitas tempore fallit odor.
Nominibus mollire licet mala. Fusca vocetur
  Nigrior Illyrica cui pice sanguis erit.
Si pæta est, Veneri similis; si flava, Minervæ.
  Sit gracilis macie quæ male viva sua est.
Dic habilem quæcumque brevis; quæ turgida, plenam;
  Et lateat vitium proximitate boni.
Nec quotus annus eat, nec quo sit nata require
  Consule; quæ rigidus munera Censor habet,
Præcipue si flore caret, meliusque peractum
  Tempus, et albentes jam legit illa comas.
Utilis, o juvenes, aut hæc aut serior ætas.
  Iste feret segetes, iste serendus ager.
Dum vires annique sinunt, tolerate labores :
  Jam veniet tacito curva senecta pede.
Aut mare remigiis, aut vomere findite terras ;
  Aut fera belligeras addite in arma manus :
Aut latus et vires operamque afferte puellis :

aux belles vos efforts, votre vigueur et vos soins. C'est un autre genre de milice, où l'on peut aussi recueillir de riches trophées.

Ajoutez que les femmes déjà sur le retour sont plus savantes dans l'art d'aimer : elles ont l'expérience, qui seule perfectionne tous les talents. Elles réparent par la toilette les outrages du temps, et parviennent, à force de soins, à déguiser leurs années. Elles sauront à ton gré, par mille attitudes diverses, varier les plaisirs de Vénus : nulle peinture voluptueuse n'offre plus de diversité. Chez elles le plaisir naît sans provocation irritante : ce plaisir le plus doux, celui que partagent à la fois et l'amante et l'amant. Je hais des embrassements dont l'effet n'est pas réciproque : aussi les caresses d'un adolescent ont-elles pour moi peu d'attrait. Je hais cette femme qui se livre parce qu'elle doit se livrer, et qui, froide au sein du plaisir, songe encore à ses fuseaux. Le plaisir qu'on m'accorde par devoir cesse pour moi d'être un plaisir, et je dispense ma maîtresse de tout devoir envers moi. Qu'il m'est doux d'entendre sa voix émue exprimer la joie qu'elle éprouve, et me prier de ralentir ma course pour prolonger son bonheur ! J'aime à la voir, ivre de volupté, fixer sur moi ses yeux mourants, ou, languissante d'amour, se refuser longtemps à mes caresses !

Hoc quoque militia est, hoc quoque quærit opes.
Adde quod est illis operum prudentia major ;
Solus et, artifices qui facit, usus adest.
Illæ munditiis annorum damna repeudunt,
Et faciunt cura ne videantur anus ;
Utque velis Venerem jungunt per mille figuras :
Inveniat plures nulla tabella modos.
Illis sentitur non irritata voluptas :
Quod juvet, ex æquo femina virque ferant.
Odi concubitus qui non utrumque resolvunt :
Hoc est cur pueri tangar amore minus.
Odi quæ præbet, quia sit præbere necesse,
Siccaque de lana cogitat ipsa sua.
Quæ datur officio non est mihi grata voluptas :
Officium faciat nulla puella mihi.
Me voces audire juvat sua gaudia fassas ;
Utque morer memet sustineamque roget.
Adspiciam dominæ victos amentis ocellos ;
Langueat, et tangi se vetet illa diu !

Mais, ces avantages, la nature ne les accorde pas à la première jeunesse : ils sont réservés à cet âge qui suit le septième lustre. Que d'autres, trop pressés, boivent un vin nouveau ; pour moi, que l'on me verse d'un vieux vin qui date de nos anciens consuls. Ce n'est qu'après un grand nombre d'années que le platane peut lutter contre les ardeurs du soleil, et les prés nouvellement fauchés blessent nos pieds nus. Quoi ! tu pourrais préférer Hermione à Hélène? et la fille d'Althée l'emporterait sur sa mère? Si donc tu veux goûter les fruits de l'amour dans leur maturité, tu obtiendras, pour peu que tu persévères, une récompense digne de tes vœux.

Mais déjà le lit complice de leurs plaisirs a reçu nos deux amants. Muse, arrête-toi à la porte close de la chambre à coucher; ils sauront bien, sans toi, trouver les mots usités en pareil cas, et leurs mains dans le lit ne resteront pas oisives. Leurs doigts sauront s'exercer dans ce mystérieux asile où l'Amour aime à lancer ses traits. Ainsi jadis, près d'Andromaque, en usait le vaillant Hector, dont les talents ne se bornaient pas à briller dans les combats. Ainsi le grand Achille en usait avec sa captive de Lyrnesse, lorsque, las de carnage,

Hæc bona non primæ tribuit natura juventæ,
 Quæ cito post septem lustra venire solent.
Qui properant nova musta bibant ; mihi fundat avitum
 Consulibus priscis condita testa merum.
Nec platanus, nisi sera, potest obsistere Phœbo,
 Et lædunt nudos prata novella pedes.
Scilicet Hermionen Helenæ præponere posses?
 Et melior Gorge, quam sua mater, erat?
Ad Venerem quicumque voles attingere seram,
 Si modo duraris, præmia digna feres.
Conscius ecce duos accepit lectus amantes :
 Ad thalami clausas, Musa, resiste fores.
Sponte sua, sine te, celeberrima verba loquentur,
 Nec manus in lecto læva jacebit iners.
Invenient digiti quod agant in partibus illis
 In quibus occulte spicula figit Amor.
Fecit in Andromache prius hoc fortissimus Hector ;
 Nec solum bellis utilis ille fuit.
Fecit et in capta Lyrneside magnus Achilles,
 Quum premeret mollem lassus ab hoste torum.

il reposait près d'elle sur une couche moelleuse. Briséis, tu te livrais sans crainte aux caresses de ces mains, toujours teintes du sang des Troyens. Ce qu'alors tu aimais le plus, voluptueuse beauté, n'était-ce pas de te sentir pressée par ces mains victorieuses?

Si tu veux m'en croire, ne te hâte pas trop d'atteindre le terme du plaisir; mais sache, par d'habiles retards, y arriver doucement. Lorsque tu auras trouvé la place la plus sensible, qu'une sotte pudeur ne vienne pas arrêter ta main. Tu verras alors ses yeux briller d'une tremblante clarté, semblable aux rayons du soleil reflétés par le miroir des ondes. Puis viendront les plaintes mêlées d'un tendre murmure, les doux gémissements, et ces paroles agaçantes qui stimulent l'amour. Mais, pilote maladroit, ne va pas, déployant trop de voiles, laisser ta maîtresse en arrière; ne souffre pas non plus qu'elle te devance: voguez de concert vers le port. La volupté est au comble lorsque, vaincus par elle, l'amante et l'amant succombent en même temps. Telle doit être la règle de ta conduite lorsque rien ne te presse et que la crainte ne te force pas d'accélérer tes plaisirs furtifs. Mais, si les retards ne sont pas sans danger, alors, penché sur les avirons, rame de toutes

> Illis te tangi manibus, Briseï, sinebas,
>   Imbutæ Phrygia quæ nece semper erant.
> An fuit hoc ipsum quod te, lasciva, juvaret,
>   Ad tua victrices membra venire manus?
> Crede mihi, non est Veneris properanda voluptas,
>   Sed sensim tarda proficienda mora.
> Quum loca reppereris quæ tangi femina gaudet,
>   Non obstet, tangas quo minus illa, pudor.
> Adspicies oculos tremulo fulgore micantes,
>   Ut sol a liquida sæpe refulget aqua.
> Accedent questus, accedet amabile murmur,
>   Et dulces gemitus aptaque verba joco.
> Sed neque tu dominam, velis majoribus usus,
>   Desine, nec cursus anteat illa tuos.
> Ad metam properate simul : tum plena voluptas,
>   Quum pariter victi femina virque jacent.
> Hic tibi servandus tenor est quum libera dantur
>   Otia, furtivum nec timor urget opus.
> Quum mora non tuta est, totis incumbere remis

tes forces, et presse de l'éperon les flancs de ton coursier.

Je touche au terme de mon ouvrage. Jeunesse reconnaissante, donne-moi la palme, et ceins mon front du myrte odorant. Autant Podalire s'illustra chez les Grecs dans l'art de guérir, Pyrrhus par sa valeur, Nestor par son éloquence; autant Calchas fut habile à prédire l'avenir, Télamon à manier les armes, Automédon à conduire un char; autant j'excelle dans l'art d'aimer. Amants, célébrez votre poëte, chantez mes louanges; que mon nom retentisse dans tout l'univers. Je vous ai donné des armes : Achille en reçut de Vulcain; par elles il fut vainqueur: sachez vaincre par les miennes. Et que tout amant qui aura triomphé d'une farouche Amazone avec le glaive qu'il reçut de moi inscrive sur ses trophées : *Ovide fut mon maître.*

Mais voici qu'à son tour le beau sexe me demande aussi des leçons. C'est à vous, jeunes beautés, que je réserve celles qui vont suivre.

    Utile, et admisso subdere calcar equo.
Finis adest operi : palmam date, grata juventus,
    Sertaque odoratæ myrtea ferte comæ.
Quantus apud Danaos Podalirius arte medendi,
    Æacides dextra, pectore Nestor erat ;
Quantus erat Calchas extis, Telamonius armis,
    Automedon curru, tantus amator ego.
Me vatem celebrate, viri, mihi dicite laudes :
    Cantetur toto nomen in orbe meum.
Arma dedi vobis : dederat Vulcanus Achilli :
    Vincite muneribus, vicit ut ille, datis.
Sed quicumque meo superarit Amazona ferro,
    Inscribat spoliis : « *Naso magister erat.* »
Ecce rogant teneræ, sibi dem præcepta, puellæ.
    Vos eritis chartæ proxima cura meæ.

LIVRE TROISIÈME

Je viens d'armer les Grecs contre les Amazones ; il me reste maintenant, Penthésilée, à t'armer contre les Grecs, toi et ta vaillante troupe. Combattez à armes égales, et que la victoire soit au parti que favorisent et la belle Dionée et l'enfant qui, dans son vol, parcourt tout l'univers. Il n'était pas juste de vous exposer sans défense aux attaques d'un ennnemi bien armé. Hommes, à ce prix, la victoire serait pour vous un opprobre.

Mais l'un d'entre vous me dira peut-être : « Pourquoi fournir à la vipère de nouveaux venins? pourquoi livrer le bercail à la louve en furie? » Cessez de rejeter sur toutes les femmes le crime de quelques-unes. Que chacune soit jugée selon ses œuvres. Si le plus jeune des Atrides a droit de se plaindre d'Hélène, si son frère aîné accuse à juste titre Clytemnestre, la sœur d'Hélène ; si, par la scélératesse d'Ériphyle, la fille de Talaïon, Amphiaraüs

LIBER TERTIUS.

Arma dedi Danais in Amazonas ; arma supersunt
    Quæ tibi dem et turmæ, Penthesilea, tuæ.
Ite in bella pares : vincant quibus alma Dione
    Faverit, et, toto qui volat orbe, puer.
Non erat armatis æquum concurrere nudas :
    Sic etiam vobis vincere turpe, viri.
Dixerit e multis aliquis : « Quid virus in angues
    Adjicis, et rabidæ tradis ovile lupæ? »
Parcite paucarum diffundere crimen in omnes ;
    Spectetur meritis quæque puella suis.
Si minor Atrides Helenen, Helenesque sororem
    Quo premat Atrides crimine major habet :
Si scelere Œclides Talaionidæ Eriphyles

descendit vivant aux enfers sur ses chevaux vivants ; n'est-il pas aussi une Pénélope qui resta chaste loin de son époux, retenu dix années à la guerre de Troie, et, pendant deux autres lustres, errant sur les mers? Voyez cette Laodamie qui, pour rejoindre son époux au tombeau, meurt à la fleur de l'âge; cette Alceste qui, par le sacrifice de sa propre vie, arrache au trépas Admète, son époux. « Reçois-moi dans tes bras, cher Capanée, et que nos cendres du moins soient confondues! » Ainsi parlait la fille d'Iphis; et soudain elle s'élance au milieu du bûcher.

La vertu est femme et d'habit et de nom : est-il donc étonnant qu'elle soit favorable à son sexe? Toutefois ce n'est pas à ces grandes âmes que mon art s'adresse : de moindres voiles suffisent à ma nacelle. Mes leçons n'enseignent que les amours folâtres : je vais apprendre aux femmes l'art de se faire aimer.

La femme ne sait point résister aux feux et aux flèches cruelles de l'Amour, dont les traits, il me semble, pénètrent moins avant dans le cœur de l'homme. L'homme trompe souvent ; la femme est rarement trompeuse : étudiez ce sexe, vous y trouverez peu de perfides. L'astucieux Jason délaisse Médée, déjà mère, et

    Vivus et in vivis ad Styga venit equis;
Est pia Penelope, lustris errante duobus,
    Et totidem lustris bella gerente viro.
Respice Phyllaciden, et quæ comes isse marito
    Fertur, et ante annos occubuisse suos.
Fata Pheretiadæ conjux Pagasæa redemit,
    Proque sui est uxor funere lata viri.
« Accipe me, Capaneu ; cineres miscebimur, » inquit
    Iphias, in medios desiluitque rogos.
Ipsa quoque et cultu est et nomine femina Virtus :
    Non mirum populo si favet illa suo.
Nec tamen hæ mentes nostra poscuntur ab arte :
    Conveniunt cymbæ vela minora meæ.
Nil nisi lascivi per me discuntur amores :
    Femina præcipiam quo sit amanda modo.
Femina nec flammas nec sævos discutit arcus :
    Parcius hæc video tela nocere viris.
Sæpe viri fallunt, teneræ non sæpe puellæ ;
    Paucaque, si quæras, crimina fraudis habent.
Phasida jam matrem fallax dimisit Iason :

…it entrer dans son lit une nouvelle épouse. Il ne tint pas à […]i, Thésée, qu'Ariane, abandonnée sur des bords inconnus, ne […]rvît de pâture aux oiseaux des mers. Pourquoi Phillys se […]ndit-elle neuf fois sur le rivage? Demandez-le aux forêts […]ui, pleurant sa perte, se dépouillèrent de leur chevelure. Ton […]ôte, ô Didon, malgré sa réputation de piété, ne te laisse en […]yant qu'un glaive et le désespoir, cause de ta mort. Infortu[…]es, je vais vous apprendre ce qui causa votre perte : vous ne […]viez pas aimer. L'art vous manqua, cet art qui perpétue l'a[…]our. Aujourd'hui encore elles l'ignoreraient; mais Cythérée […]'ordonna de l'enseigner aux femmes. Cythérée s'offrit à mes […]eux, et me dit : « Que t'ont donc fait les malheureuses femmes […]our que tu les livres ainsi, troupeau sans défense, au glaive des […]ommes armés par toi? Tu consacras deux chants à les instruire […]ans ton art ; l'autre sexe, à son tour, réclame tes conseils. Le […]ète, qui d'abord avait versé l'opprobre sur l'épouse de Méné[…]s, mieux inspiré, chanta bientôt ses louanges. Si je te connais […]en, tu ne voudras pas offenser les belles; c'est un service […]u'elles doivent attendre de toi pendant toute ta vie. » Elle dit; […], de la couronne qui ceignait sa chevelure, détachant une feuille

> Venit in Æsonios altera nupta sinus.
> Quantum in te, Theseu, volucres Ariadna marinas
> Pavit, in ignoto sola relicta loco.
> Quære novem cur isse vias dicatur; et audi
> Depositis silvas Phyllida flesse comis.
> Et famam pietatis habet; tamen hospes et ensem
> Præbuit et causam mortis, Elissa, tuæ.
> Quid vos perdiderit dicam : nescistis amare :
> Defuit ars vobis : arte perennat amor.
> Nunc quoque nescirent; sed me Cytherea docere
> Jussit, et ante oculos constitit ipsa meos.
> Tum mihi : « Quid miseræ », dixit, « meruere puellæ?
> Traditur armatis vulgus inerme viris.
> Illos artifices gemini fecere libelli;
> Hæc quoque pars monitis erudienda tuis.
> Probra Therapnææ qui dixerat ante maritæ
> Mox cecinit laudes prosperiore lyra.
> Si bene te novi, cultas ne læde puellas :
> Gratia, dum vives, ista petenda tibi. »
> Dixit : et e myrto (myrto nam vincta capillos

et quelques grains de myrte, elle me les donna. Je sentis en les prenant une influence divine : l'air brilla plus pur autour de moi, et ma poitrine fut comme soulagée d'un fardeau.

Tandis que Vénus m'inspire, jeunes beautés, prêtez l'oreille à mes leçons. La pudeur et les lois vous le permettent; votre intérêt vous y invite. Songez dès à présent à la vieillesse qui viendra trop tôt, et vous ne perdrez pas un instant. Tandis que vous le pouvez, et que vous en êtes encore à vos années printanières, donnez-vous du bon temps; comme l'eau s'écoulent les années. Le flot qui fuit ne reviendra plus à sa source; l'heure une fois passée est passée sans retour. Profitez du bel âge : il s'envole si vite! Chaque jour est moins beau que celui qui l'a précédé. Dans ces lieux hérissés de broussailles flétries, j'ai vu fleurir la violette ; ce buisson épineux me donna jadis de suaves couronnes. Un temps viendra où toi, qui, jeune aujourd'hui, repousses ton amant, vieille et délaissée, tu grelotteras la nuit dans ton lit solitaire; alors les amants rivaux, dans leurs querelles nocturnes, ne briseront plus ta porte, et le matin tu n'en trouveras plus le seuil jonché de feuilles de roses. Sitôt, hélas! notre corps se couvre de rides! Sitôt s'effacent les couleurs qui

---

Constiterat) folium granaque pauca dedit.
Sensimus acceptis numen quoque : purior æther
   Fulsit, et e toto pectore cessit onus.
Dum facit ingenium, petite hinc præcepta, puellæ,
   Quas pudor et leges et sua jura sinunt.
Venturæ memores jam nunc estote senectæ :
   Sic nullum vobis tempus abibit iners.
Dum licet, et vernos etiam nunc editis annos,
   Ludite : eunt anni more fluentis aquæ.
Nec, quæ præteriit, rursus revocabitur unda;
   Nec, quæ præteriit, hora redire potest.
Utendum est ætate : cito pede labitur ætas,
   Nec bona tam sequitur quam bona prima fuit.
Hos ego, qui canent, frutices, violaria vidi :
   Hac mihi de spina grata corona data est.
Tempus erit quo tu, quæ nunc excludis amantem,
   Frigida deserta nocte jacebis anus;
Nec tua nocturna frangetur janua rixa,
   Sparsa nec invenies limina mane rosa.
Quam cito, me miserum! laxantur corpora rugis,

illaient sur un gracieux visage! Ces cheveux blancs, qui (tu jures du moins) datent de ton enfance, te couvriront bientôt ute la tête. Le serpent, en quittant sa peau, se dépouille de vieillesse, et le cerf, en renouvelant son bois, semble rajeu- ; mais rien ne remplace les avantages que le temps nous en- ve. Cueillez donc une fleur qui, si vous ne la cueillez, tombera elle-même honteusement flétrie. Le travail de l'enfantement ent en outre abréger la jeunesse : des moissons trop fréquentes uisent un champ. Ne rougis point, ô Phébé, de tes amours ec Endymion sur le mont Latmos. Déesse aux doigts de roses, urore, tu as pu sans honte enlever Céphale. Et, sans parler 'Adonis, que Vénus pleure encore aujourd'hui, n'est-ce pas à Amour qu'elle dut la naissance d'Énée et d'Harmonie? Imitez onc, ô jeunes mortelles, l'exemple que vous offrent ces déesses; e refusez point à l'ardeur de vos amants les plaisirs qu'ils sol- citent.

S'ils vous trompent, qu'y perdez-vous? Tous vos attraits vous stent, et, vous dérobât-on mille faveurs, ils n'en seraient pas ême altérés. Le fer, le caillou s'usent, s'amincissent par le ottement; mais cette partie de vous-mêmes résiste à tout, et ous n'avez point à craindre pour elle les mêmes effets. Un

 Et perit, in nitido qui fuit ore, color!
Quasque fuisse tibi canas a virgine jures,
 Spargentur subito per caput omne comæ!
Anguibus exuitur tenui cum pelle vetustas,
 Nec faciunt cervos cornua jacta senes :
Nostra sine auxilio fugiunt bona. Carpite florem
 Qui, nisi carptus erit, turpiter ipse cadet.
Adde quod et partus faciunt breviora juventæ
 Tempora : continua messe senescit ager.
Latmius Endymion non est tibi, Luna, rubori,
 Nec Cephalus roseæ præda pudenda deæ.
Ut Veneri, quem luget adhuc, donetur Adonis,
 Unde habet Æneam Harmonienque suos?
Ite per exemplum, genus o mortale, dearum;
 Gaudia nec cupidis vestra negate viris.
Ut jam decipiant, quid perditis? Omnia constant :
 Mille licet sumant, deperit inde nihil.
Conteritur ferrum, silices tenuantur ab usu;
 Sufficit et damni pars caret illa metu.

flambeau perd-il sa lumière en la communiquant à un autr flambeau? Doit-on craindre de puiser de l'eau dans le vas Océan? — Il ne faut pas, dites-vous, qu'une femme se donn ainsi à un homme. — Qu'y perd-elle? répondez; de l'eau qu'ell peut puiser encore à pleine source. Non, ma voix ne vous con seille pas de vous prostituer; mais elle vous défend de redoute une perte imaginaire : de semblables dons ne peuvent vou appauvrir.

Mais je suis encore au port : une brise légère suffit pour m pousser au large ; bientôt, en pleine mer, je voguerai par u vent plus fort.

Parlons d'abord de la parure : c'est par les soins qu'on pren de la vigne qu'on obtient une bonne vendange; une terre bien cultivée donne une abondante moisson. La beauté est un pré sent des dieux; mais combien peu de femmes peuvent s'enor gueillir de leur beauté ! La plupart d'entre vous n'ont pas reçu du Ciel cette faveur. Les soins de la parure vous embelliront; mais, faute de soins, le plus beau visage perd tout son éclat, fût-il comparable à celui de la déesse d'Idalie. Si les belles de l'antiquité ne soignaient guère leur personne, c'est que leurs maris étaient aussi négligés qu'elles. Andromaque n'était vêtue que d'une tunique flottante. Doit-on s'en étonner? son époux

  Quid vetet apposito lumen de lumine sumi,
   Quisve cavo vastas in mare servet aquas?
  « Det tamen ulla viro mulier non expedit », inquis.
   Quid, nisi quam sumes, dic mihi, perdis aquam?
  Nec vos prostituit mea vox, sed vana timere
   Damna vetat : damnis munera vestra carent.
  Sed me flaminibus venti majoris iturum,
   Dum sumus in portu, provehat aura levis.
  Ordior a cultu : cultis bene Liber ab uvis
   Provenit, et culto stat seges alta solo.
  Forma Dei munus : forma quota quæque superbit?
   Pars vestrum tali munere magna caret.
  Cura dabit faciem : facies neglecta peribit,
   Idaliæ similis sit licet illa Deæ.
  Corpora si veteres non sic coluere puellæ,
   Nec veteres cultos sic habuere viros.
  Si fuit Andromache tunicas induta vagantes,
   Quid mirum? duri militis uxor erat.

était qu'un soldat grossier. L'épouse d'Ajax se serait-elle offerte [ri]chement parée à ce guerrier dont l'armure avait pour ornement [se]pt peaux de bœufs?

Chez nos ancêtres régnait une simplicité rustique; maintenant, [re]splendissante d'or, Rome possède les immenses richesses de [l'u]nivers qu'elle a dompté. Voyez le Capitole; comparez ce qu'il [es]t présentement à ce qu'il fut jadis : on le dirait consacré à un [au]tre Jupiter. Le palais du sénat, digne aujourd'hui de cette [au]guste assemblée, n'était, sous le règne de Tatius, qu'une simple [ch]aumière. Ces brillants édifices élevés en l'honneur d'Apollon [et] de nos illustres généraux, qu'était-ce autrefois? un pâturage [p]our les bœufs de labour. Que d'autres vantent le passé ; pour [m]oi, je me félicite d'être né dans ce siècle : il convient mieux [à] mes goûts, non parce que, de nos jours, on va chercher l'or [d]ans les entrailles de la terre et qu'on fait venir la pourpre des [ri]vages les plus éloignés ; non parce que nous voyons décroître [le]s montagnes que l'on creuse sans cesse pour en tirer du [m]arbre ; non parce que des môles énormes repoussent au loin [le]s flots de la mer ; mais parce que la parure est en honneur, et [q]ue cette rusticité, qui survécut longtemps à nos premiers aïeux, [n]'a pas duré jusqu'à nous.

    Scilicet Ajaci conjux ornata venires,
        Cui tegimen septem terga fuere boum?
    Simplicitas rudis ante fuit; nunc aurea Roma
        Edomiti magnas possidet orbis opes.
    Adspice quæ nunc sunt Capitolia, quæque fuerunt:
        Alterius dicas illa fuisse Jovis.
    Curia, concilio quæ nunc dignissima tanto est,
        De stipula, Tatio regna tenente, fuit.
    Quæ nunc sub Phœbo ducibusque Palatia fulgent,
        Quid nisi araturis pascua bobus erant?
    Prisca juvent alios; ego me nunc denique natum
        Gratulor : hæc ætas moribus apta meis.
    Non quia nunc terræ lentum subducitur aurum,
        Lectaque diverso littore concha venit;
    Nec quia decrescunt effosso marmore montes,
        Nec quia cærulea mole fugantur aquæ;
    Sed quia cultus adest, nec nostros mansit in annos
        Rusticitas priscis illa superstes avis.

N'allez pas toutefois charger vos oreilles de ces perles somp
tueuses que l'Indien basané recueille sur ses verts rivages. N
portez pas ces brocards tout pesants d'or qui gêneraient votr
démarche : tout ce faste que vous étalez pour nous séduire pro
duit souvent un effet contraire. Une élégante propreté nous plai
bien davantage. Que votre coiffure ne soit jamais négligée ; s
grâce dépend du plus ou moins d'adresse des mains qui prési
dent à ce soin. Il est mille manières de la disposer : que chacun
choisisse celle qui lui convient le mieux : elle doit avant tout con
sulter son miroir. Un visage allongé demande des cheveux sim
plement séparés sur le front : telle était la coiffure de Laodamie
Un nœud léger sur le sommet de la tête, et qui laisse les oreille
découvertes, sied mieux aux figures arrondies. Celle-ci laisser
tomber ses cheveux sur l'une et l'autre épaules : tel est Apollon
lorsque sa main saisit sa lyre mélodieuse ; cette autre doit e
relever les tresses, à la manière de Diane, lorsqu'elle poursui
les bêtes fauves dans les forêts. L'une nous charme par le
boucles flottantes de sa chevelure ; l'autre par une coiffure aplati
et serrée sur les tempes. L'une se plaît à orner ses cheveu
d'une écaille brillante, l'autre à donner aux siens les ondulation

  Vos quoque non caris aures onerate lapillis
   Quos legit in viridi decolor Indus aqua ;
  Nec prodite graves insuto vestibus auro :
   Per quas nos petitis , sæpe fugatis, opes.
  Munditiis capimur : non sint sine lege capilli :
   Admotæ formam dantque negantque manus.
  Nec genus ornatus unum est : quod quamque decebit
   Eligat, et speculum consulat ante suum.
  Longa probat facies capitis discrimina puri :
   Sic erat ornatis Laodamia comis.
  Exiguum summa nodum sibi fronte relinqui,
   Ut pateant aures, ora rotunda volunt.
  Alterius crines humero jactentur utroque :
   Talis es assumta, Phœbe canore, lyra.
  Altera succinctæ religetur more Dianæ,
  . Ut solet attonitas quum petit illa feras.
  Huic decet inflatos laxe jacuisse capillos ;
   Illa sit adstrictis impedienda comis.
  Hanc placet ornari testudine Cyllenea ;
   Sustineat similes fluctibus illa sinus.

des flots. On compterait les glands d'un vaste chêne, les abeilles de l'Hybla, les bêtes fauves qui peuplent les Alpes, plutôt que le nombre infini de parures et de modes nouvelles que chaque jour voit éclore. Une coiffure négligée sied à plus d'une femme : on la croirait de la veille ; elle vient d'être ajustée à l'instant même. L'art doit imiter le hasard. Telle Iole s'offrit aux regards d'Hercule, lorsqu'il la vit pour la première fois dans une ville prise d'assaut : « Je l'adore, » dit-il aussitôt. Telle était Ariane, abandonnée sur le rivage de Naxos, lorsque Bacchus l'enleva sur son char, aux acclamations des Satyres qui criaient : Evoé !

Femmes, combien la nature secourable à vos charmes vous fournit de moyens pour réparer l'outrage du temps ! Quant à nous, il nous est impossible de le cacher ; nos cheveux enlevés par l'âge tombent comme les feuilles de l'arbre battu par l'Aquilon. La femme teint ses cheveux blancs avec le suc des herbes de Germanie ; et l'art leur donne une couleur d'emprunt, préférable à leur couleur naturelle. La femme se montre à nos yeux parée de l'épaisse chevelure qu'elle vient d'acheter, et, pour un peu d'argent, les cheveux d'autrui deviennent les siens. Elle ne rougit pas même d'en faire publiquement l'emplette, à la face d'Hercule et des neuf Sœurs.

> Sed neque ramosa numerabis in ilice glandes,
>   Nec quot apes Hyble, nec quot in Alpe feræ ;
> Nec mihi tot cultus numero comprendere fas est :
>   Adjicit ornatus proxima quæque dies.
> Et neglecta decet multas coma : sæpe jacere
>   Hesternam credas ; illa repexa modo est.
> Ars casum simulet : sic capta vidit in urbe
>   Alcides Iolen : « Hanc ego », dixit, « amo ».
> Talem te Bacchus, Satyris clamantibus Evoe,
>   Sustulit in currus, Gnosi relicta, suos.
> O quantum indulget vestro Natura decori,
>   Quarum sunt multis damna pianda modis !
> Nos male detegimur, raptique ætate capilli,
>   Ut Borea frondes excutiente, cadunt :
> Femina canitiem Germanis inficit herbis,
>   Et melior vero quæritur arte color ;
> Femina procedit densissima crinibus emtis,
>   Proque suis alios efficit ære suos.
> Nec rubor est emisse palam ; venire videmus
>   Herculis ante oculos Virgineumque chorum.

Que dirai-je des vêtements ? que m'importent ces riches bordures ou ces tissus de laine deux fois trempés dans la pourpre de Tyr ? Il est tant d'autres couleurs d'un prix moins élevé ! Pourquoi porter sur soi tout son revenu ? Voyez ce bleu azuré, pareil à un ciel pur et dégagé des nuages pluvieux que pousse le vent du midi ; voyez ce jaune d'or, c'est la couleur du bélier qui jadis sauva Phryxus et Hellé des embûches d'Ino ; ce vert a reçu son nom de l'eau qu'il imite : je croirais volontiers que c'est là le vêtement des Naïades. Cette teinte ressemble au safran ; c'est celle du manteau de l'Aurore, lorsque, humide de rosée, elle attelle ses brillants coursiers. Là vous retrouvez la couleur du myrte de Paphos, ici l'améthyste pourprée, le rose tendre, la nuance des plumes de la grue de Thrace, ailleurs la couleur de tes châtaignes, ô Amaryllis ! celle de tes amandes, et celle de l'étoffe à laquelle la cire a donné son nom. Autant la terre produit de fleurs nouvelles, lorsque l'hiver paresseux s'éloigne, et que sous la tiède haleine du printemps la vigne se couvre de bourgeons, autant et plus encore la laine reçoit de teintures variées. Choisissez avec goût ; car les couleurs ne conviennent pas également toutes à toutes.

Quid de veste loquar? nec vos, segmenta, requiro,
  Nec quæ bis Tyrio murice, lana, rubes.
Quum tot prodierint pretio leviore colores,
  Quis furor est, census corpore ferre suos?
Aeris ecce color, tum quum sine nubibus aer,
  Nec tepidus pluvias concitat Auster aquas.
Ecce tibi similis, qui quondam Phryxon et Hellen
  Diceris Inois eripuisse dolis.
Hic, undas imitatus, habet quoque nomen ab undis :
  Crediderim Nymphas hac ego veste tegi.
Ille crocum simulat : croceo velatur amictu,
  Roscida luciferos quum Dea jungit equos ;
Hic Paphias myrtos, hic purpureas amethystos,
  Albentesve rosas, Threiciamve gruem.
Nec glandes, Amarylli tuæ, nec amygdala desunt,
  Et sua velleribus nomina cera dedit.
Quot nova terra parit flores, quum vere tepenti
  Vitis agit gemmas, pigraque cedit hiems ;
Lana tot aut plures succos bibit : elige certos ;
  Nam non conveniens omnibus omnis erit.

Le noir sied à la blonde : il embellissait Briséis ; elle était vêtue de noir, lorsqu'elle fut enlevée. Le blanc convient aux brunes : le blanc, ô Andromède ! te rendait plus charmante, et c'était la couleur de ta parure, lorsque tu descendis dans l'île de Sériphe.

J'allais presque vous avertir de prendre garde que vos aisselles n'offensent l'odorat, et que vos jambes velues ne se hérissent de poils. Mais ce n'est point aux filles grossières du Caucase que s'adressent mes leçons, ni à celles qui boivent les eaux du Caïque. A quoi bon vous recommander de ne point laisser par négligence noircir l'émail de vos dents, et de laver tous les matins votre bouche avec une eau limpide? Vous savez emprunter à la céruse sa blancheur artificielle, et au carmin les couleurs que la nature vous a refusées. Votre art sait encore remplir les lacunes d'un sourcil trop peu marqué, et voiler, au moyen d'un cosmétique, les traces trop véridiques de l'âge. Vous ne craignez pas d'animer l'éclat de vos yeux avec une cendre fine, ou avec le safran qui croît sur les rives du Cydnus. J'ai parlé des moyens de réparer la beauté, dans un ouvrage peu volumineux, mais d'une grande importance par le soin que j'ai donné à tous ces détails. Cherchez-y les secours dont vous avez besoin, jeunes femmes peu favorisées de la

> Pulla decent niveas : Briseida pulla decebant :
>   Quum rapta est, pulla tum quoque veste fuit.
> Alba decent fuscas : albis, Cephei, placebas :
>   Sic tibi vestitæ pressa Seriphos erat.
> Quam pæne admonui, ne trux caper iret in alas,
>   Neve forent duris aspera crura pilis !
> Sed non Caucasea doceo de rupe puellas,
>   Quæque bibant undas, Myse Caice, tuas.
> Quid, si præcipiam, ne fuscet inertia dentes,
>   Oraque suscepta mane laventur aqua ?
> Scitis et inducta candorem quærere cera :
>   Sanguine quæ vero non rubet, arte rubet.
> Arte supercilii confinia nuda repletis,
>   Parvaque sinceras velat aluta genas.
> Nec pudor est oculos tenui signare favilla,
>   Vel prope te nato, lucide Cydne, croco.
> Est mihi, quo dixi vestræ medicamina formæ,
>   Parvus, sed cura grande, libellus, opus.
> Hinc quoque præsidium læsæ petitote puellæ :

nature : mon art n'est point pour vous avare de conseils utiles.

Il ne faut pas toutefois que votre amant vous surprenne entourée des petites boîtes qui servent à ces apprêts. Que l'art vous embellisse sans se montrer. Qui de nous pourrait, sans dégoût, voir le fard qui enduit votre visage tomber entraîné par son poids, et couler sur votre sein? Que dirai-je de l'odeur nauséabonde de l'œsype, quoiqu'on tire d'Athènes ce suc huileux, extrait de l'immonde toison des brebis? Je vous blâmerais aussi d'employer la moelle de cerf, ou de nettoyer vos dents en présence de témoins. Tout cela, je le sais, fera briller vos charmes; mais la vue n'en est pas moins désagréable : que de choses nous choquent quand nous les voyons faire, et nous plaisent quand elles sont faites! Ces statues, chefs-d'œuvre du laborieux Myron, ne furent jadis qu'un bloc inutile, qu'une masse informe. Il faut battre l'or pour en faire un anneau; les étoffes que vous portez ont été une laine malpropre. Ce marbre fut d'abord une pierre brute : maintenant, statue fameuse, c'est Vénus toute nue, exprimant l'eau de ses cheveux humides. Ainsi, laissez-nous croire que vous dormez encore, lorsque vous travaillez à votre toilette : vous paraîtrez avec plus d'avantage ; lorsque vous y aurez mis

> Non est pro vestris ars mea rebus iners.
> Non tamen expositas mensa deprendat amator
>   Pyxidas : ars faciem dissimulata juvet.
> Quem non offendat toto fæx illita vultu,
>   Quum fluit in tepidos pondere lapsa sinus?
> Œsypa quid redolent, quamvis mittatur Athenis
>   Demtus ab immundo vellere succus ovis?
> Nec coram mixtas cervæ sumsisse medullas,
>   Nec coram dentes defricuisse probem.
> Ista dabunt faciem, sed erunt deformia visu;
>   Multaque, dum fiunt turpia, facta placent.
> Quæ nunc nomen habent operosi signa Myronis,
>   Pondus iners quondam duraque massa fuit.
> Annulus ut fiat, primo colliditur aurum ;
>   Quas geritis vestes, sordida lana fuit.
> Quum fieret, lapis asper erat, nunc, nobile signum,
>   Nuda Venus madidas exprimit imbre comas.
> Tu quoque, dum coleris, nos te dormire putemus :
>   Aptius a summa conspiciere manu.

la dernière main. Pourquoi saurais-je à quelle cause est due la blancheur de votre teint? Fermez la porte de votre chambre, et ne me montrez pas un ouvrage imparfait. Il est une foule de choses que les hommes doivent ignorer : la plupart de ces apprêts nous choqueront, si vous ne les dérobez à nos yeux. Voyez ces décors brillants qui ornent la scène : examinés de près, ce n'est qu'un bois recouvert d'une mince feuille d'or. Mais on ne permet aux spectateurs d'en approcher que lorsqu'ils sont achevés : ainsi ce n'est qu'en l'absence des hommes que vous devez préparer vos attraits factices.

Je ne vous défends point cependant de faire peigner vos cheveux devant nous; j'aime à les voir tomber en tresses flottantes sur vos épaules. Mais gardez-vous alors de toute humeur chagrine, et ne retouchez pas trop souvent à vos boucles. Que la coiffeuse n'ait rien à craindre de vous : je hais ces mégères qui lui déchirent la figure avec leurs ongles ou qui lui enfoncent des aiguilles dans les bras. Elle dévoue aux dieux infernaux la tête de sa maîtresse qu'elle tient entre ses mains, et trempe à la fois de sang et de larmes cette odieuse chevelure. Toute femme qui a peu de cheveux doit mettre une sentinelle à sa porte ou se faire toujours coiffer dans le temple de la Bonne-Déesse. Un

> Cur mihi nota tuo causa est candoris in ore ?
>   Claude forem thalami : quid rude prodis opus?
> Multa viros nescire decet : pars maxima rerum
>   Offendat, si non interiora tegas.
> Aurea quæ pendent ornato signa theatro,
>   Inspice, quam tenuis bractea ligna tegat.
> Sed neque ad illa licet populo, nisi facta, venire;
>   Nec nisi submotis forma paranda viris.
> At non pectendos coram præbere capillos,
>   Ut jaceant fusi per tua terga, vetem.
> Illo præcipue, ne sis morosa, caveto
>   Tempore, nec lapsas sæpe resolve comas.
> Tuta sit ornatrix : odi, quæ sauciat ora
>   Unguibus, et rapta brachia figit acu.
> Devovet et dominæ tangit caput illa, simulque
>   Plorat ad invisas sanguinolenta comas.
> Quæ male crinita est, custodem in limine ponat,
>   Orneturve Bonæ semper in æde Deæ.

jour, on annonce à une belle mon arrivée subite : dans son trouble, elle met à l'envers sa chevelure postiche. Puisse un si honteux affront n'arriver qu'à nos ennemis! Puisse tant d'opprobre n'être réservé qu'aux filles du Parthe! Un animal mutilé, un champ sans verdure, un arbre sans feuilles, sont choses hideuses ; une tête chauve ne l'est pas moins.

Ce n'est pas à vous, Sémélé ou Léda, que s'adressent mes leçons, ni à toi, belle Sidonienne, qu'un taureau mensonger emporta au delà des mers, ni à cette Hélène que tu réclamas avec raison, ô Ménélas! et qu'avec raison aussi, toi, ravisseur troyen, tu refusas de rendre. La foule de mes élèves se compose de belles et de laides ; et ces dernières sont toujours en plus grand nombre. Les belles ont moins besoin des secours de l'art, et font moins de cas de ses préceptes : elles ont le privilége d'une beauté qui ne doit point à l'art sa puissance. Lorsque la mer est calme, le pilote se repose en toute sécurité : est-elle gonflée par l'orage, il ne quitte plus le gouvernail.

Cependant il est peu de visages sans défauts : cachez ces défauts avec soin ; et, autant que possible, dissimulez les imperfections de votre corps. Si vous êtes petite, asseyez-vous, de peur qu'étant debout on ne vous croie assise; si vous êtes

> Dictus eram cuidam subito venisse puellæ :
>   Turbida perversas induit illa comas.
> Hostibus eveniat tam fœdi causa pudoris,
>   Inque nurus Parthas dedecus illud eat !
> Turpe pecus mutilum, turpe est sine gramine campus,
>   Et sine fronde frutex, et sine crine caput.
> Non mihi venistis, Semele, Ledeve, docendæ,
>   Perque fretum falso, Sidoni, vecta bove ;
> Aut Helene, quam non stulte, Menelae, reposcis,
>   Tu quoque non stulte, Troie raptor, habes.
> Turba docenda venit, pulchræ turpesque puellæ ;
>   Pluraque sunt semper deteriora bonis.
> Formosæ minus artis opem præceptaque curant ;
>   Est illis sua dos, forma sine arte potens.
> Quum mare compositum est, securus navita cessat ;
>   Quum tumet, auxiliis assidet ille suis.
> Rara tamen menda facies caret : occule mendas,
>   Quaque potes, vitium corporis abde tui.
> Si brevis es, sedeas, ne stans videare sedere.

naine, étendez-vous sur votre lit ; et, ainsi couchée, pour qu'on ne puisse pas mesurer votre taille, jetez sur vos pieds une robe qui les cache. Trop mince, habillez-vous d'étoffes épaisses, et qu'un large manteau flotte sur vos épaules. Pâle, teignez votre peau d'un vermillon pourpré ; brune, ayez recours au poisson de Pharos. Qu'un pied difforme se cache sous une blanche chaussure ; qu'une jambe trop sèche ne se montre que maintenue dans ses liens. De minces coussinets corrigent heureusement l'inégalité des épaules : entourez d'une écharpe une gorge qui a trop d'ampleur. Faites peu de gestes en parlant, si vos doigts sont trop gros et vos ongles trop raboteux. Celle qui a l'haleine forte doit ne jamais parler à jeun, et se tenir toujours à distance de l'homme qui l'écoute. Celle qui a les dents noires, ou trop longues, ou mal rangées, peut en riant se faire beaucoup de tort. Qui pourrait le croire ? les belles apprennent aussi à rire, et cet art leur donne un charme de plus. N'ouvrez que peu la bouche ; que sur vos deux joues se creusent deux petites fossettes, et que la lèvre d'en bas couvre l'extrémité des dents supérieures. Évitez un rire excessif et trop fréquent ; qu'au contraire, votre rire ait

Inque tuo jaceas quantulacumque toro :
Hic quoque, ne possit fieri mensura cubantis,
Injecta lateant fac tibi veste pedes.
Quæ nimium gracilis, pleno velamina filo
Sumat, et ex humeris laxus amictus eat.
Pallida purpureis tingat sua corpora virgis :
Nigrior, ad Pharii confuge piscis opem.
Pes malus in nivea semper celetur aluta ;
Arida nec vinclis crura resolve suis.
Conveniunt tenues scapulis analectides altis :
Inflatum circa fascia pectus eat.
Exiguo signet gestu quodcumque loquetur,
Cui digiti pingues et scaber unguis erunt.
Cui gravis oris odor, nunquam jejuna loquatur,
Et semper spatio distet ab ore viri.
Si niger aut ingens aut non erit ordine natus
Dens tibi, ridendo maxima damna feres.
Quis credat ? discunt etiam ridere puellæ,
Quæritur atque illis hac quoque parte decor.
Sint modici rictus, sint parvæ utrimque lacunæ.

je ne sais quoi de doux et de féminin qu'on ait du plaisir à entendre. Il est des femmes qui ne peuvent rire sans se tordre hideusement la bouche ; d'autres veulent témoigner leur joie, et vous diriez qu'elles pleurent ; d'autres enfin choquent l'oreille par des sons rauques et désagréables ; on croirait entendre braire une ânesse qui tourne la meule.

Où l'art n'entre-t-il pas? les femmes apprennent aussi à pleurer avec grâce, à pleurer quand elles veulent, et comme elles veulent. Que dirai-je de celles qui retranchent d'un mot une lettre indispensable, et forcent leur langue à bégayer en le prononçant? Ce vice de prononciation devient en elles un agrément : aussi s'exercent-elles à parler moins bien qu'elles ne le pourraient. Ce sont des minuties ; mais puisqu'elles sont utiles, étudiez-les avec soin. Apprenez aussi à marcher comme il convient à une femme : il est dans la démarche une grâce qui n'est point à dédaigner ; par là une femme attire ou éloigne les amants. L'une, par un mouvement de hanche étudié, fait flotter sa robe au gré des vents, et s'avance d'un pas majestueux ; l'autre, imitant la rubiconde épouse d'un paysan ombrien, se promène en faisant de grandes enjambées. Mais en

    Et summos dentes ima labella tegant.
Nec sua perpetuo contendant ilia risu,
    Sed leve nescio quid femineumque sonent.
Est quæ perverso distorqueat ora cachinno ;
    Quum risu læta est altera, flere putes.
Illa sonat raucum quiddamque inamabile stridet,
    Ut rudit ad scabram turpis asella molam.
Quo non ars penetrat? discunt lacrymare decenter,
    Quoque volunt plorant tempore, quoque modo.
Quid, quum legitima fraudatur littera voce,
    Blæsaque fit jusso lingua coacta sono?
In vitio decor est, quædam male reddere verba :
    Discunt posse minus, quam potuere, loqui.
Omnibus his, quoniam prosunt, impendite curam.
    Discite femineo corpora ferre gradu :
Est et in incessu pars non temnenda decoris.
    Allicit ignotos illa fugatque viros ;
Hæc movet arte latus, tunicisque fluentibus auras
    Excipit, extensos fertque superba pedes ;
Illa, velut conjux Umbri rubicunda mariti,
    Ambulat, ingentes varica fertque gradus.

cela, comme en bien d'autres occasions, il est une mesure à garder. L'une a dans sa démarche quelque chose de trop rustique, l'autre trop de mollesse et de prétention. Du reste, vous ferez bien de laisser à découvert l'extrémité de l'épaule et la partie supérieure du bras gauche : cela sied surtout aux femmes qui ont la peau très-blanche ; enflammé par cette vue, je voudrais couvrir de baisers tout ce qui s'offre à mes regards.

Les Sirènes étaient des monstres marins qui, par leur voix mélodieuse, arrêtaient les vaisseaux dans leur course. Ulysse, en les entendant, fut sur le point de rompre les liens qui l'attachaient, tandis que ses compagnons, grâce à la cire qui bouchait leurs oreilles, étaient à l'abri de la séduction. C'est une chose charmante qu'un chant agréable. Femmes, apprenez donc à chanter ; il en est plus d'une à qui la beauté de sa voix a tenu lieu d'attraits. Tantôt répétez les airs que vous avez entendus au théâtre, tantôt des chants légers sur un rhythme égyptien. La femme qui veut plaire doit savoir tenir son archet de la main droite, et sa harpe de la main gauche. Le chantre de la Thrace, Orphée, sut émouvoir par les sons de sa lyre et les rochers, et les monstres sauvages, et l'Achéron, et le chien à la triple tête. Et toi, légitime vengeur de l'affront fait

> Sed sit, ut in multis, modus hic quoque : rusticus alter
> Motus ; in incessu mollior alter erit.
> Pars humeri tamen ima tui, pars summa lacerti
> Nuda sit, a læva conspicienda manu :
> Hoc vos præcipue, niveæ, decet : hoc ubi vidi,
> Oscula ferre humero, qua patet usque, libet.
> Monstra maris Sirenes erant, quæ voce canora
> Quamlibet admissas detinuere rates.
> His sua Sisyphides auditis pæne resolvit
> Corpora ; nam sociis illita cera fuit.
> Res est blanda canor : discant cantare puellæ :
> Pro facie multis vox sua lena fuit.
> Et modo marmoreis referant audita theatris,
> Et modo Niliacis carmina lusa modis.
> Nec plectrum dextra, citharam tenuisse sinistra
> Nesciat arbitrio femina docta meo.
> Saxa ferasque lyra movit Rhodopeius Orpheus,
> Tartareosque lacus, tergeminumque canem.
> Saxa tuo cantu, vindex justissime matris,

15.

à ta mère, Amphion, n'a-t-on pas vu les pierres, dociles à ta voix, s'élever d'elles-mêmes en murailles? Qui ne connaît les prodiges de la lyre d'Arion? quoique muet, un poisson fut sensible à ses chants. Apprenez aussi à faire vibrer de l'une et de l'autre main les cordes du psaltérion : cet instrument est propice aux plaisirs de l'amour.

Vous apprendrez aussi les vers de Callimaque, ceux du chantre de Cos, et ceux du vieillard de Téos, ami du vin ; sachez Sapho par cœur : est-il rien de plus voluptueux que ses poésies? N'oubliez pas ce poëte qui nous représente un père dupé par les artifices du fourbe Géta. Vous pouvez lire aussi les vers du tendre Properce, ou ceux de mon cher Tibulle, ou quelques passages de Gallus, ou le poëme que Varron a composé sur cette Toison d'or si fatale à la sœur de Phryxus; lisez surtout, lisez les voyages du fugitif Énée, le fondateur de la superbe Rome : il n'est point de chef-d'œuvre dont le Latium se glorifie davantage. Peut-être aussi me sera-t-il permis de mêler mon nom à ces grands noms; peut-être les eaux du Léthé n'engloutiront pas mes écrits; peut-être quelqu'un de mes disciples dira : « Lisez ces vers élégants où notre maître instruit à la fois l'un et l'autre sexe; ou choisissez, dans

Fecerunt muros officiosa novos.
   Quamvis mutus erat, voci favisse putatur
Piscis, Arioniæ fabula nota lyræ.
Disce etiam duplici genialia naulia palma
   Verrere : conveniunt dulcibus illa jocis.
Sit tibi Callimachi, sit Coi nota poetæ,
   Sit quoque vinosi Teia Musa senis.
Nota sit et Sappho : quid enim lascivius illa ?
   Cuive pater vafri luditur arte Getæ.
Et teneri possis carmen legisse Properti ;
   Sive aliquid Galli, sive, Tibulle, tuum ;
Dictaque Varroni fulvis insignia villis·
   Vellera, germanæ, Phryxe, querenda tuæ;
Et profugum Ænean, altæ primordia Romæ,
   Quo nullum Latio clarius exstat opus.
Forsitan et nostrum nomen miscebitur istis ;
   Nec mea Lethæis scripta dabuntur aquis ;
Atque aliquis dicet : « Nostri lege culta magistri
   Carmina, quîs partes instruit ille duas;

ces trois livres qu'il intitula *les Amours,* des passages que vous lirez d'une voix douce et flexible; ou bien déclamez avec art une de ses *Héroïdes*, genre d'ouvrage inconnu avant lui, et dont il fut l'inventeur. » Ecoutez mes vœux, ô Phébus, et toi, puissant Bacchus, et vous, chastes muses, divinités protectrices des poëtes!

Qui peut douter que j'exige dans une jeune beauté le talent de la danse? Je veux que, déposant la coupe des festins, elle sache mouvoir ses bras en cadence au son des instruments. Les danseurs habiles font au théâtre les délices des spectateurs : tant cette légèreté gracieuse a de charmes pour nous!

J'ai honte d'entrer dans de si petits détails; mais je veux que mon élève sache jeter les dés avec adresse, et calculer l'impulsion qu'elle leur donne en les lançant sur la table; qu'elle sache tantôt amener le nombre trois, tantôt deviner à propos le côté qu'il faut adopter et qu'il faut demander. Je veux qu'elle soit habile et prudente aux échecs : un seul pion contre deux doit succomber; un roi qui combat, séparé de sa reine, s'expose à être pris, et son rival est souvent forcé de revenir sur ses pas. Lorsque la balle arrondie va rebondir sur de larges

    Deve tribus libris, titulus quos signat *Amorum*,
        Elige, quod docili molliter ore legas;
    Vel tibi composita cantetur Epistola voce.
        Ignotum hoc aliis ille novavit opus. »
    O ita, Phœbe, velis; ita vos, pia numina vatum,
        Insignis cornu Bacche, novemque Deæ!
    Quis dubitet, quin scire velim saltare puellam;
        Ut moveat posito brachia jussa mero?
    rtifices lateris, scenæ spectacula, amantur :
        Tantum mobilitas illa decoris habet.
    Parva monere pudet : talorum ducere jactus
        Ut sciat, et vires, tessera missa, tuas;
    Et modo tres jactet numeros; modo cogitet, apte
        Quam subeat partem callida, quamque vocet;
    Cautaque non stulte latronum prælia ludat :
        Unus cum gemino calculus hoste perit;
    Bellatorque sua prensus sine compare bellat,
        Æmulus et cœptum sæpe recurrit iter.
    Reticuloque pilæ leves fundantur aperto :

raquettes, ne touchez qu'à celle que vous voulez lancer. Il est un autre jeu, divisé en autant de cases qu'il y a de mois dans l'année; la table contient trois pièces de chaque côté : pour gagner, il faut les ranger toutes les trois sur la même ligne. Apprenez mille jeux divers : il est honteux pour une jeune femme de ne savoir pas jouer; car souvent l'amour vient en jouant.

Mais c'est un faible mérite que de conduire habilement son jeu; le grand point est de rester maître de soi-même. Parfois, trop peu sur nos gardes, et entraînés par la chaleur du jeu, nous nous oublions, et nous montrons à nu le fond de notre cœur. La colère et l'amour du gain, ces vices honteux, s'emparent de nous; de là naissent les querelles, les rixes, et les regrets amers. On s'invective : l'air retentit de cris furieux; et chacun tour à tour invoque en sa faveur les dieux irrités. Plus de confiance entre les joueurs : on demande que les instruments du jeu soient changés; souvent même j'ai vu les visages se baigner de larmes. Puisse Jupiter vous préserver de ces coupables transports, ô femmes, qui mettez quelque prix à nous plaire!

Tels sont les jeux que la nature permet à votre faiblesse : elle

>
> Nec, nisi quam tolles, ulla movenda pila est.
> Est genus in totidem tenui ratione redactum
>   Scriptula, quot menses lubricus annus habet.
> Parva tabella capit ternos utrimque lapillos,
>   In qua vicisse est, continuasse suos.
> Mille facesse jocos : turpe est nescire puellam
>   Ludere : ludendo sæpe paratur amor.
> Sed minimus labor est, sapienter jactibus uti :
>   Majus opus, mores composuisse suos.
> Dum sumus incauti, studioque aperimur in ipso,
>   Nudaque per lusus pectora nostra patent;
> Ira subit, deforme malum, lucrique cupido,
>   Jurgiaque et rixæ, sollicitusque dolor.
> Crimina dicuntur; resonat clamoribus æther,
>   Invocat iratos et sibi quisque Deos.
> Nulla fides; tabulæque novæ per vota petuntur;
>   Et lacrymis vidi sæpe madere genas.
> Juppiter a vobis tam turpia crimina pellat,
>   In quibus est ulli cura placere viro!
> Hos ignava jocos tribuit Natura puellis :

ouvre à l'homme une plus vaste carrière ; à lui la paume, le javelot, le disque, les armes, et le manége qui force un cheval à tourner sur lui-même. Ce n'est pas à vous de supporter les travaux du Champ-de-Mars, ni de vous exercer à la natation dans l'onde glacée de la fontaine Virginale, ou dans les flots paisibles du Tibre. Mais il vous est permis, il vous est utile de vous promener à l'ombre du Portique de Pompée, lorsque les coursiers brûlants du Soleil entrent dans le signe de la Vierge. Visitez le temple consacré à Phébus, à ce dieu ceint de lauriers, qui, au combat d'Actium, submergea la flotte égyptienne ; ou bien ces monuments qu'ont élevés la sœur et l'épouse d'Auguste, et son gendre, décoré de la couronne navale. Visitez les autels où brûle l'encens offert à la génisse de Memphis ; visitez nos trois théâtres, lieux si favorables pour se faire voir ; fréquentez cette arène tiède encore d'un sang nouveau, et cette borne autour de laquelle circulent les chars aux roues brûlantes.

Ce qui se cache reste ignoré ; et l'on ne désire point ce qu'on ignore. Que sert un beau visage, si personne n'est là pour le voir ? Quand vos chants surpasseraient en douceur ceux de Thamyras et d'Amébée, qui vantera le mérite de votre lyre inconnue ?

  Materia ludunt uberiore viri.
 Sunt illis celeresque pilæ, jaculumque trochique,
  Armaque, et in gyros ire coactus equus.
 Nec vos Campus habet, nec vos gelidissima Virgo ;
  Nec Tuscus placida devehit amnis aqua.
 At licet et prodest Pompeias ire per umbras,
  Virginis æthereis quum caput ardet equis.
 Visite laurigero sacrata Palatia Phœbo ;
  Ille Parætonias mersit in alta rates ;
 Quæque soror conjuxque ducis monumenta pararunt,
  Navalique gener cinctus honore caput.
 Visite turicremas vaccæ Memphitidos aras ;
  Visite conspicuis terna theatra locis.
 Spectentur tepido maculosæ sanguine arenæ,
  Metaque ferventi circueunda rota.
 Quod latet ignotum est : ignoti nulla cupido.
  Fructus abest, facies quum bona teste caret.
 Tu licet et Thamyram superes et Amœben cantu,
  Non erit ignotæ gratia magna lyræ.

Si le peintre de Cos, Apelles, n'eût point exposé aux regards l'image de Vénus, la déesse serait encore ensevelie sous les flots de la mer. Où tendent les vœux du poëte? A la renommée : c'est le prix que nous attendons de nos travaux. Autrefois les poëtes étaient les favoris des héros et des rois; et les chœurs, chez les anciens, obtinrent de grandes récompenses. Le nom de poëte avait quelque chose d'imposant et de vénérable; et à ce respect se joignaient souvent d'abondantes largesses. Ennius, né dans les montagnes de la Calabre, fut jugé digne d'être inhumé près de toi, grand Scipion! Mais maintenant, le lierre poétique gît sans honneur, et les veilles laborieuses des Muses sont flétries du nom d'oisiveté. Nous aimons toutefois à veiller pour la gloire. Qui jamais eût connu Homère, si l'Iliade, cet immortel chef-d'œuvre, n'eût pas vu le jour? Qui jamais eût connu Danaé si, toujours renfermée, elle eût vieilli cachée dans sa tour?

Jeunes beautés, vous ferez bien de vous mêler à la foule : portez souvent hors de chez vous vos pas incertains. La louve épie plusieurs brebis pour en prendre une seule; et l'aigle poursuit plus d'un oiseau dans les airs. Ainsi une belle

Si Venerem Cous nusquam posuisset Apelles,
  Mersa sub æquoreis illa lateret aquis.
Quid petitur sacris, nisi tantum fama, poetis?
  Hoc votum nostri summa laboris habet.
Cura ducum fuerunt olim regumque poetæ,
  Præmiaque antiqui magna tulere chori;
Sanctaque majestas, et erat venerabile nomen
  Vatibus, et largæ sæpe dabantur opes.
Ennius emeruit, Calabris in montibus ortus,
  Contiguus poni, Scipio magne, tibi.
Nunc hederæ sine honore jacent, operataque doctis
  Cura vigil Musis nomen inertis habet.
Sed famæ vigilare juvat : quis nosset Homerum,
  Ilias æternum si latuisset opus?
Quis Danaën nosset, si semper clausa fuisset,
  Inque sua turri perlatuisset anus?
Utilis est vobis, formosæ, turba, puellæ :
  Sæpe vagos ultra limina ferte pedes.
Ad multas lupa tendit oves, prædetur ut unam,
  Et Jovis in multas devolat ales aves.
Se quoque det populo mulier speciosa videndam :

doit s'offrir en spectacle au public : dans le nombre, il y a peut-être un amant que ses charmes captiveront. Que partout elle se montre avide de plaire, et qu'elle soit attentive à tout ce qui peut ajouter à ses attraits. Partout le hasard offre ses chances : que l'hameçon soit toujours tendu : le poisson viendra y mordre, quand vous y penserez le moins. Souvent les chiens parcourent en vain les bois et les montagnes, et le cerf vient de lui-même se jeter dans les toiles. Qui jamais, moins qu'Andromède, enchaînée sur son rocher, put espérer que ses larmes intéresseraient quelqu'un à son sort ? C'est souvent aux funérailles d'un mari qu'on en trouve un autre : rien ne sied mieux à une femme que de marcher les cheveux épars, et de donner un libre cours à ses pleurs.

Mais évitez ces hommes qui font étalage de leur parure et de leur beauté, et qui craignent de déranger l'édifice de leur coiffure. Ce qu'ils vous diront, ils l'ont déjà répété à mille autres avant vous : leur amour vagabond ne se fixe nulle part. Que peut faire une femme, lorsqu'un homme est plus efféminé qu'elle, et peut-être a plus d'amants ? Ceci va vous paraître incroyable, et pourtant vous devez le croire : Troie serait encore debout, si elle eût profité des avis du vieux Priam. Il

> Quem trahat, e multis forsitan unus erit.
> Omnibus illa locis maneat studiosa placendi,
>   Et curam tota mente decoris agat.
> Casus ubique valet : semper tibi pendeat hamus :
>   Quo minime credas gurgite, piscis erit.
> Sæpe canes frustra nemorosis montibus errant,
>   Inque plagam nullo cervus agente cadit.
> Quid minus Andromedæ fuerat sperare revinctæ,
>   Quam lacrymas ulli posse placere suas ?
> Funere sæpe viri vir quæritur : isse solutis
>   Crinibus, et fletus non tenuisse, decet.
> Sed vitate viros cultum formamque professos,
>   Quique suas ponunt in statione comas.
> Quæ vobis dicunt, dixerunt mille puellis ;
>   Errat, et in nulla sede moratur amor.
> Femina quid faciat, quum sit vir levior ipsa,
>   Forsitan et plures possit habere viros ?
> Vix mihi credetis ; sed credite : **Troja** maneret,
>   Præceptis **Priami** si foret usa senis.

est des hommes qui s'insinuent auprès des femmes sous les dehors d'un amour mensonger, et qui, par cette voie, ne cherchent qu'un gain honteux. Ne vous laissez séduire ni par leurs cheveux tout parfumés d'un nard liquide, ni par leur tunique de l'étoffe la plus fine, et dont une étroite ceinture retient les plis artistement arrangés, ni par les nombreux anneaux qui couvrent leurs doigts. Peut-être le mieux paré de ces galants n'est qu'un escroc qui brûle du désir de vous dépouiller de vos riches vêtements. « Rends-moi mon bien! » s'écrient souvent les femmes ainsi trompées; et le barreau tout entier retentit de ces cris redoublés : « Rends-moi mon bien! » Du haut de tes autels tout resplendissants d'or, Vénus, et vous, déesses dont les temples s'élèvent sur la voie Appienne, vous contemplez ces débats sans en être émues. Parmi ces galants, il en est d'ailleurs dont la mauvaise réputation est si notoire, que les femmes trompées par eux méritent de partager leur opprobre.

Femmes, apprenez par les plaintes d'autrui à vous mettre à l'abri du même sort, et que votre porte ne s'ouvre jamais pour un suborneur. Gardez-vous, filles de Cécrops, de croire aux serments de Thésée : ce n'est pas la première fois qu'il prend les dieux à témoin d'un parjure. Et toi, héritier de la

Sunt qui mendaci specie grassentur amoris,
    Perque aditus tales lucra pudenda petant.
Nec coma vos fallat liquida nitidissima nardo,
    Nec brevis in rugas cingula pressa suas;
Nec toga decipiat filo tenuissima, nec si
    Annulus in digitis alter et alter erit.
Forsitan ex horum numero cultissimus ille
    Fur sit, et uratur vestis amore tuæ.
« Redde meum », clamant spoliatæ sæpe puellæ :
    « Redde meum », toto voce boante foro.
Has, Venus, e templis multo radiantibus auro,
    Lenta vides lites, Appiadesque Deæ.
Sunt quoque non dubia quædam mala nomina famâ;
    Deceptæ a multis crimen amantis habent.
Discite ab alterius vestris timuisse querelis;
    Janua fallaci nec sit aperta viro.
Parcite, Cecropides, juranti credere Theseo ;
    Quos faciet testes, fecit et ante, Deos.

perfidie de Thésée, Démophoon, après avoir trompé Phyllis, quelle confiance peux-tu inspirer? Femmes, si vos amants vous font de belles promesses, agissez comme eux : s'ils vous font des présents, accordez-leur les faveurs convenues. Elle serait capable d'éteindre les feux éternels de Vesta, d'enlever de ton temple, ô fille d'Inachus! les choses sacrées, et de présenter à son époux un breuvage où l'aconit mêle ses poisons à ceux de la ciguë, celle qui, après avoir reçu les dons d'un amant, lui refuse les plaisirs auxquels il a droit.

Mais où vais-je m'égarer? Muse, serre les rênes de tes coursiers, de peur qu'ils ne t'emportent au delà du but. Lorsque votre amant aura sondé le gué par quelques mots tracés sur ses tablettes, et qu'une adroite suivante aura reçu les billets qu'il vous envoie, méditez-les attentivement, pesez-en les expressions, et tâchez de deviner si son amour n'est qu'une feinte ou si ses prières partent d'un cœur vraiment épris. Ne vous hâtez pas trop de lui répondre : l'attente, si elle n'est pas trop prolongée, aiguillonne l'amour. Ne vous montrez pas trop facile aux instances d'un jeune amant, mais pourtant ne rejetez pas durement ses prières : Faites qu'il espère et craigne en même temps, et qu'à chaque refus ses espérances s'accroissent et ses

> Et tibi, Demophoon, Thesei criminis heres,
>   Phyllide decepta nulla relicta fides.
> Si bene promittant, totidem promittite verbis;
>   Si dederint, et vos gaudia pacta date.
> Illa potest vigiles flammas exstinguere Vestæ,
>   Et rapere e templis, Inachi, sacra tuis,
> Et dare mixta viro tritis aconita cicutis,
>   Accepto Venerem munere si qua negat.
> Fert animus propius consistere : supprime habenas,
>   Musa, nec admissis excutiare rotis.
> Verba vadum tentent abiegnis scripta tabellis :
>   Accipiat missas apta ministra notas.
> Inspice; quodque leges, ex ipsis collige verbis,
>   Fingat, an ex animo sollicitusque roget :
> Postque brevem rescribe moram : mora semper amantes
>   Incitat, exiguum si modo tempus habet.
> Sed neque te facilem juveni promitte roganti,
>   Nec tamen eduro, quod petit, ore nega.
> Fac timeat speretque simul; quotiesque remittes,

craintes diminuent. Vos réponses doivent être d'un style pur, mais simple et familier : les termes usités sont ceux qui plaisent le plus. Que de fois une lettre alluma dans un cœur un amour jusque-là hésitant et douteux! Que de fois un langage barbare a détruit les prestiges de la beauté!

Mais vous qui, sans prétendre aux honneurs de la chasteté, voulez cependant tromper vos époux, sans qu'ils s'en doutent, ne faites porter vos tablettes que par une suivante ou un esclave d'une adresse éprouvée; et ne confiez pas ces preuves de votre tendresse à un amant novice. J'ai vu, pour une semblable imprudence, des jeunes femmes pâlir de terreur, et passer une vie malheureuse dans un esclavage continuel. Il est bien perfide sans doute, celui qui conserve de pareils gages; mais il tient en main des armes aussi terribles que les foudres de l'Etna. Il est juste, selon moi, d'opposer la fraude à la fraude, comme la loi permet de repousser les armes par les armes. Que la même main s'accoutume à varier son écriture de plusieurs manières. Ah! périssent les traîtres qui m'obligent à vous donner de semblables conseils! Il n'est pas prudent non plus de répondre sur les mêmes tablettes, avant d'en avoir bien effacé l'écriture, de peur que la cire n'offre la trace de deux mains

Spesque magis veniat certa, minorque metus.
Munda, sed e medio consuetaque verba, puellæ
Scribite : sermonis publica forma placet.
Ah quoties dubius scriptis exarsit amator,
Et nocuit formæ barbara lingua bonæ!
Sed quoniam, quamvis vittæ careatis honore,
Est vobis vestros fallere cura viros,
Ancillæ puerive manus ferat apta tabellas,
Pignora nec juveni credite vestra novo.
Vidi ego pallentes isto terrore puellas
Servitium miseras tempus in omne pati.
Perfidus ille quidem, qui talia pignora servat;
Sed tamen Ætnæi fulminis instar habet.
Judice me, fraus est concessa repellere fraudem,
Armaque in armatos sumere jura sinunt.
Ducere consuescat multas manus una figuras.
Ah pereant, per quos ista monenda mihi!
Nec nisi deletis tutum rescribere ceris,
Ne teneat geminas una tabella manus.

différentes. Que les lettres écrites par vous à votre amant semblent s'adresser à une femme, et dans vos billets doux dites toujours *elle*, en parlant de *lui*.

Mais passons de ces petits détails à de plus graves sujets, et voguons enfin à pleines voiles. Pour conserver la pureté de vos traits, il vous importe de contenir la violence de votre caractère. La douce paix est l'apanage de l'homme, comme la farouche colère est le partage des bêtes féroces. La colère gonfle le visage, grossit les veines d'un sang noir, et allume dans l'œil tous les feux de la Gorgone : « Loin d'ici, flûte maudite, tu ne mérites pas que je te sacrifie ma beauté », dit Pallas en voyant dans l'onde ses traits défigurés. Et vous aussi, femmes, si vous vous regardiez dans un miroir au milieu d'un accès de colère, pas une de vous ne pourrait alors reconnaître son visage. L'orgueil n'est pas moins nuisible à vos attraits : il faut de doux regards pour captiver l'amour. Croyez-en mon expérience, une hauteur dédaigneuse inspire l'aversion ; et souvent, sans parler, le visage porte avec lui des germes de haine. Regardez qui vous regarde ; souriez doucement à qui vous sourit ; répondez aux signes qu'on vous fait par des signes d'intelligence. C'est ainsi que l'Amour, après avoir pré-

    Femina dicatur scribenti semper amator;
        Illa sit in vestris, qui fuit *ille*, notis.
    Sed libet a parvis animum ad majora referre,
        Plenaque curvato pandere vela sinu.
    Pertinet ad faciem rabidos compescere mores :
        Candida pax homines, trux decet ira feras.
    Ora tument ira; nigrescunt sanguine venæ;
        Lumina Gorgoneo sævius igne micant.
    « I procul hinc », dixit, « non es mihi, tibia, tanti »;
        Ut vidit vultus Pallas in amne suos.
    Vos quoque, si media speculum spectetis in ira,
        Cognoscat faciem vix satis ulla suam.
    Nec minus in vultu damnosa superbia vestro :
        Comibus est oculis alliciendus amor.
    Odimus immodicos, experto credite, fastus :
        Sæpe tacens odii semina vultus habet.
    Spectantem specta : ridenti mollia ride.
        Innuet : acceptas tu quoque redde notas.
    Sic ubi prolusit, rudibus puer ille relictis,

ludé avec des flèches émoussées, tire de son carquois des traits aigus. Nous haïssons aussi la tristesse : qu'Ajax aime sa Tecmesse ; pour nous, troupe joyeuse, c'est la gaîté qui nous séduit dans une femme. Ni vous, Andromaque, ni vous, Tecmesse, jamais je n'eusse désiré d'être votre amant ; et, sans votre fécondité, je ne pourrais croire que vos époux aient goûté dans vos bras les plaisirs de l'amour. Comment une femme aussi triste que Tecmesse.eût-elle dit à Ajax : *Lumière de ma vie !* et ces douces paroles qui nous charment?

Qu'il me soit permis d'appliquer à mon art frivole des exemples tirés d'un art plus sérieux, et d'oser le comparer aux manœuvres d'un général d'armée. Un chef habile confie à un officier la conduite de cent fantassins, à un autre un escadron de cavalerie, à un autre la garde des drapeaux. Et vous aussi, examinez à quoi chacun de nous peut vous être utile, et donnez à chacun l'emploi qui lui convient. Que le riche vous fasse des présents ; que le jurisconsulte vous aide de ses conseils ; que l'avocat éloquent plaide souvent la cause de sa belle cliente. Pour nous qui faisons des vers, nous ne pouvons vous offrir que nos vers ; mais, plus que tous les autres, nous savons aimer, et nous faisons retentir au loin la gloire de la beauté

    Spicula de pharetra promit acuta sua.
Odimus et mœstas : Tecmessam diligat Ajax :
    Nos, hilarem populum, femina læta capit.
Nunquam ego te, Andromache, nec te, Tecmessa, rogarem,
    Ut mea de vobis altera amica foret.
Credere vix videor, quum cogar credere partu,
    Vos ego cum vestris concubuisse viris.
Scilicet Ajaci mulier mœstissima dixit,
    » Lux mea! » quæque solent verba juvare viros?
Quid vetat a magnis ad res exempla minores
    Sumere, nec nomen pertimuisse ducis?
Dux bonus huic centum commisit vite regendos ;
    Huic equites, illi signa tuenda dedit.
Vos quoque, de nobis quem quisque sit aptus ad usum,
    Inspicite, et certo ponite quemque loco.
Munera det dives ; jus qui profitebitur, adsit ;
    Facundus causam sæpe clientis agat.
Carmina qui facimus, mittamus carmina tantum :
    Nos chorus ante alios aptus amare sumus ;

qui sut nous plaire. Némésis et Cynthie ont un nom fameux; Lycoris est connue du couchant à l'aurore; et déjà de tous côtés on demande quelle est ma Corinne. Ajoutez que toute perfidie répugne à celui qu'inspire le dieu des vers, et que notre art contribue aussi à polir les mœurs. Ni l'ambition, ni l'amour des richesses ne nous tourmentent; dédaignant le forum, nous ne recherchons que l'ombre et le repos. Prompts à nous attacher, l'amour nous brûle de son feu le plus vif, et nous aimons, hélas! avec trop de confiance et de bonne foi. L'art paisible que nous cultivons adoucit notre caractère, et nos habitudes sont conformes à nos travaux. Jeunes beautés, montrez-vous faciles aux vœux des poëtes : un souffle divin les anime, et les muses les favorisent. Oui, un dieu vit en nous, et nous commerçons avec le ciel; c'est des demeures éthérées que nous vient notre inspiration. Quelle honte d'attendre un salaire des doctes poëtes! mais, hélas! c'est une honte qu'aucune belle ne redoute.

Femmes, du moins sachez dissimuler, et ne montrez pas d'abord votre cupidité. Craignez qu'un nouvel amant ne vous échappe à la vue du piége qu'on lui tend. Un habile écuyer ne

Nos facimus placitæ late præconia formæ.
    Nomen habet Nemesis; Cynthia nomen habet;
Vesper et Eoæ novere Lycorida terræ;
    Et multi, quæ sit nostra Corinna, rogant.
Adde, quod insidiæ sacris a vatibus absunt,
    Et facit ad mores ars quoque nostra suos.
Nec nos ambitio, nec amor nos urget habendi :
    Contemto colitur lectus et umbra foro.
Sed facile hæremus, validoque perurimur æstu,
    Et nimium certa scimus amare fide.
Scilicet ingenium placida mollitur ab arte,
    Et studio mores convenienter eunt.
Vatibus Aoniis faciles estote, puellæ :
    Numen inest illis, Pieridesque favent.
Est Deus in nobis, et sunt commercia cœli :
    Sedibus æthcriis spiritus ille venit.
A doctis pretium scelus est sperare poetis :
    Me miserum! scelus hoc nulla puella timet.
Dissimulate tamen, nec prima fronte rapaces
    Este : novus, viso casse, resistet amans.

gouverne pas le coursier récemment soumis au frein, comme celui qui a vieilli dans les exercices du manége. Ainsi vous ne captiverez pas un amant dans la verdeur du jeune âge, de la même manière qu'un homme mûri par les années. L'un, soldat novice, qui fait ses premières armes sous l'étendard de l'Amour, et qui, nouvelle proie, vient de tomber dans vos filets, ne doit connaître que vous, ne s'attacher qu'à vous seule ; c'est une plante qu'il faut entourer de haies élevées. Redoutez une rivale ; vous ne conserverez votre conquête qu'autant que vous en jouirez seule : le pouvoir de l'amour, comme celui des rois, ne souffre point de partage. L'autre, guerrier vétéran, aimera lentement et avec mesure, et endurera bien des choses qu'un nouveau soldat ne pourrait supporter. On ne le verra pas briser vos portes ou les brûler ; ses ongles ne mettront pas en sang les joues délicates de sa maîtresse. Il ne déchirera pas sa tunique ou la robe de celle qu'il aime, et des cheveux arrachés ne seront point une cause de larmes. De tels excès ne son permis qu'aux adolescents, dans la chaleur de l'âge et de l'amour. Mais lui, il supportera patiemment les plus cruelles blessures ; il brûlera d'un feu lent, comme une torche humide ou comme le bois vert

---

Sed neque vector equum, qui nuper sensit habenas,
    Comparibus frenis, artificemque regit ;
Nec stabiles annis animos, viridemque juventam
    Ut capias, idem limes agendus erit.
Hic rudis et castris nunc primum notus Amoris,
    Qui tetigit calamos, præda novella, tuos,
Te solam norit, tibi semper inhæreat uni :
    Cingenda est altis sepibus ista seges.
Effuge rivalem : vinces, dum sola tenebis :
    Non bene cum sociis regna Venusque manent.
Ille vetus miles sensim et sapienter amabit,
    Multaque tironi non patienda feret,
Nec franget postes, nec sævis ignibus uret,
    Nec dominæ teneras appetet ungue genas,
Nec scindet tunicasve suas, tunicasve puellæ ;
    Nec raptus flendi causa capillus erit.
Ista decent pueros ætate et amore calentes :
    Hic fera composita vulnera mente feret ;
Ignibus hic lentis uretur, ut humida tæda,

qui vient d'être coupé sur le sommet des montagnes. Cet amour est plus sûr; l'autre est plus actif, mais moins durable : hâtez-vous de cueillir ce fruit éphémère.

Qu'enfin la place se rende à discrétion ; que les portes soient ouvertes à l'ennemi, et qu'il se croie en sûreté au sein même de la trahison. Des faveurs trop facilement accordées sont peu propres à nourrir longtemps l'amour : il faut mêler à ses douces joies quelques refus qui l'irritent. Que votre amant, devant le seuil de votre chambre, s'écrie : « Porte cruelle ! » et qu'il emploie tour à tour la prière et la menace. Les aliments trop doux affadissent le palais; l'amertume réveille notre appétit ; plus d'une barque périt par un vent favorable. Ce qui empêche les maris d'aimer leurs femmes, c'est qu'ils peuvent les voir autant qu'il leur plaît. Fermez donc votre porte, et que votre portier me dise d'un ton rébarbatif : « On n'entre pas ! » Ce refus irritera l'amour éconduit.

Quittez, il en est temps, les armes émoussées, pour en prendre de plus acérées, dussé-je voir se tourner contre moi les traits que je vous ai fournis. Que le nouvel amant tombé captif dans vos filets se flatte d'abord d'être seul admis aux

>   Ut modo montanis silva recisa jugis.
> Certior hic amor est : brevis et fecundior ille :
>   Quæ fugiunt, celeri carpite poma manu.
> Omnia tradantur ; portas reserabimus hosti,
>   Et sit in infida proditione fides.
> Quod datur ex facili longum male nutrit amorem :
>   Miscenda est lætis rara repulsa jocis.
> Ante fores jaceat ; « Crudelis janua ! » clamet,
>   Multaque submisse, multa minanter agat.
> Dulcia non ferimus; succo renovamur amaro;
>   Sæpe perit ventis obruta cymba suis.
> Hoc est, uxores quod non patiatur amari :
>   Conveniunt illas, quum voluere, viri.
> Obde forem, et duro dicat mihi janitor ore :
>   « Non potes » : exclusum me quoque tanget amor.
> Ponite jam gladios hebetes ; pugnetur acutis ;
>   Nec dubito, telis quin petar ipse meis.
> Dum cadit in laqueos captus quoque nuper amator,
>   Solum se thalamos speret habere tuos.

plaisirs de votre couche; que bientôt il craigne un rival; qu'il se croie réduit à partager avec lui vos faveurs : sans ces stratagèmes, l'amour vieillit promptement. Jamais un coursier généreux ne vole avec plus de rapidité dans la carrière que lorsqu'il a des rivaux à devancer ou à atteindre. Un affront réveille nos feux assoupis, et moi-même, je l'avoue, je ne saurais aimer si l'on ne me blesse un peu. Mais que votre amant n'ait pas, d'une façon trop évidente, sujet de se plaindre, et que, dans son inquiétude, il se figure qu'il y en a plus qu'il n'en sait. Que la triste vigilance d'un gardien supposé et l'importune jalousie d'un époux trop sévère aiguillonnent sa passion. Un plaisir sans danger est un plaisir moins vif. Fussiez-vous plus libre que Thaïs, supposez des craintes imaginaires. Quand il vous serait plus facile de le faire entrer par la porte, faites-le passer par la fenêtre, et qu'il lise sur votre visage tous les symptômes de l'effroi. Qu'une fine soubrette accoure tout à coup, en s'écriant : « Nous sommes perdus ! » Alors, cachez dans quelque coin le jeune homme tremblant. Mais que des plaisirs sans trouble succèdent enfin à ses alarmes, de crainte que vos nuits ne lui semblent achetées trop cher à ce prix.

J'allais passer sous silence les moyens de tromper un mari

> Postmodo rivalem partitaque fœdera lecti
>   Sentiat. Has artes tolle : senescet amor.
> Tum bene fortis equus reserato carcere currit,
>   Quum, quos prætereat, quosque sequatur, habet.
> Quamlibet extinctos injuria suscitat ignes.
>   En ego, confiteor, non, nisi læsus, amo.
> Causa tamen nimium non sit manifesta doloris,
>   Pluraque sollicitus, quam sciat, esse putet.
> Incitet et ficti tristis custodia servi,
>   Et nimium duri cura molesta viri.
> Quæ venit ex tuto, minus est accepta voluptas :
>   Ut sis liberior Thaide, finge metus.
> Quum melius foribus possis, admitte fenestra,
>   Inque tuo vultu signa timentis habe.
> Callida prosiliat, dicatque ancilla : « Perimus ! »
>   Tu juvenem trepidum quolibet abde loco.
> Admiscenda tamen Venus est secura timori,
>   Ne tanti noctes non putet esse tuas.
> Qua vafer eludi possit ratione maritus,

rusé et un gardien vigilant. Qu'une femme craigne son époux ; qu'elle soit bien gardée ; c'est dans l'ordre : ainsi le veulent les lois, l'équité et la pudeur. Mais qu'on vous soumette aussi à cet esclavage, vous que vient d'affranchir le préteur, qui de nous pourrait le souffrir? Venez à mon école apprendre à tromper. Eussiez-vous autant de surveillants qu'Argus avait d'yeux, vous les duperez tous, si vous en avez la ferme volonté. Un gardien, par exemple, pourra-t-il vous empêcher d'écrire pendant le temps consacré au bain ? empêchera-t-il qu'une suivante, complice de vos amours, ne porte vos billets doux cachés dans son sein, sous une large écharpe ? ne peut-elle pas encore les soustraire aux regards, soit dans la tige de ses brodequins, soit sous la plante de ses pieds? Mais supposons que votre gardien déjoue toutes ces ruses : eh bien, que votre confidente vous offre ses épaules en guise de tablettes, et que son corps devienne une lettre vivante. Des caractères tracés avec du lait qu'on vient de traire sont un moyen assuré de tromper les yeux : un peu de charbon pulvérisé suffira pour les rendre lisibles. Vous obtiendrez le même service d'un tuyau de lin vert ; et des tablettes dont on ne se défie pas emporteront

Quaque vigil custos, præteriturus eram.
Nupta virum timeat : rata sit custodia nuptæ :
Hoc decet, hoc leges jusque pudorque jubent.
Te quoque servari, modo quam vindicta redemit,
Quis ferat ? ut fallas, ad mea sacra veni.
Tot licet observent, adsit modo certa voluntas,
Quot fuerant Argo lumina, verba dabis.
Scilicet obstabit custos, ne scribere possis,
Sumendæ detur quum tibi tempus aquæ ;
Conscia quum possit scriptas portare tabellas.
Quas tegat in tepido fascia lata sinu ;
Quum possit sura chartas celare ligatas,
Et vincto blandas sub pede ferre notas ?
Caverit hæc custos : pro charta conscia tergum
Præbeat, inque suo corpore verba ferat.
Tuta quoque est fallitque oculos e lacte recenti
Littera : carbonis pulvere tange ; leges.
Fallet et humiduli quæ fiet acumine lini,
Et feret occultas pura tabella notas.

ces caractères invisibles. Acrisius ne négligea rien pour surveiller Danaé, et pourtant, devenue criminelle, Danaé le fit grand-père. Que peut le gardien d'une femme, quand il y a dans Rome tant de théâtres, quand elle assiste tantôt aux courses de chars, tantôt aux fêtes données en l'honneur de la génisse de Memphis; quand elle va dans des lieux interdits à ses gardiens; quand la Bonne-Déesse exclut de son temple les hommes, excepté ceux qu'il lui plaît d'y admettre; quand le pauvre surveillant garde les habits de sa jeune maîtresse à la porte de ces bains où se cachent sans crainte des amants inaperçus? Ne trouvera-t-elle pas, tant qu'elle le voudra, une amie qui, tout en se disant malade, ne laissera pas de lui céder son lit? Le nom d'*adultère* donné à une fausse clef n'indique-t-il pas l'usage qu'on en doit faire? et la porte est-elle la seule voie pour pénétrer chez une belle? On peut encore endormir la vigilance d'un argus en le faisant boire largement, fût-ce d'un vin récolté sur les coteaux de l'Espagne. Il est aussi des philtres qui procurent un profond sommeil, et qui font peser sur les yeux une nuit aussi épaisse que celle du Léthé. Votre confidente peut encore écarter un odieux Cerbère par

Adfuit Acrisio servandæ cura puellæ ;
　Hunc tamen illa suo crimine fecit avum.
Quid faciat custos, quum sint tot in urbe theatra ;
　Quum spectet junctos illa libenter equos ;
Quum sedeat Phariæ sacris operata juvencæ,
　Quoque sui comites ire vetantur, eat ;
Quum fuget e templis oculos Bona Diva virorum,
　Præterquam si quos illa venire jubet ;
Quum, custode foris tunicas servante puellæ,
　Celent furtivos balnea tuta viros ;
Quum, quoties opus est, fallax ægrotet amica,
　Et cedat lecto quamlibet ægra suo ;
Nomine quum doceat, quid agamus, adultera clavis,
　Quasque petas, non det janua sola, vias ?
Fallitur et multo custodis cura Lyæo ;
　Illa vel Hispano lecta sit uva jugo.
Sunt quoque quæ faciant altos, medicamina, somnos,
　Victaque Lethæa lumina nocte premant.
Nec male deliciis odiosum conscia tardis

l'appât du plaisir, et le retenir longtemps par ses caresses. Mais à quoi bon tant de détours et de conseils minutieux, lorsque le moindre présent suffit pour l'acheter? Les présents, croyez-moi, séduisent les hommes et les dieux : Jupiter lui-même se laisse fléchir par les offrandes. Que fera donc le sage, lorsque le fou connaît lui-même toute la valeur d'un présent? Il n'est pas jusqu'au mari qu'un présent ne rende muet. Mais il suffit d'acheter une seule fois l'année le silence de son gardien : la main qu'il aura tendue une première fois, il sera souvent disposé à la tendre encore.

J'ai déploré naguère, il m'en souvient, qu'il fallût se méfier de ses amis; ce reproche ne s'adresse pas seulement aux hommes. Si vous êtes trop confiantes, d'autres goûteront les plaisirs qui vous étaient dus, et le lièvre que vous aurez levé ira se prendre dans les filets d'autrui. Cette officieuse amie, qui vous prête et sa chambre et son lit, s'y est trouvée plus d'une fois en tête-à-tête avec votre amant. N'ayez pas non plus de servantes trop jolies; plus d'une a pris auprès de moi la place de sa maîtresse.

Insensé! où me laissé-je emporter? Pourquoi offrir aux traits de l'ennemi ma poitrine découverte? Pourquoi me trahir

Detinet, et longa jungitur ipsa mora.
Quid juvat ambages præceptaque parva movere,
 Quum minimo custos munere possit emi?
Munera, crede mihi, capiunt hominesque Deosque :
 Placatur donis Jupiter ipse datis.
Quid sapiens faciat? stultus quoque munere gaudet :
 Ipse vir, accepto munere, mutus erit.
Sed semel est custos longum redimendus in annum :
 Sæpe dabit, dederit quas semel, ille manus.
Questus eram, memini, metuendos esse sodales :
 Non tangit solos ista querela viros.
Credula si fueris, aliæ tua gaudia carpent,
 Et lepus hic aliis exagitatus erit.
Hæc quoque, quæ præbet lectum studiosa locumque,
 Crede mihi, mecum non semel illa fuit.
Nec, nimium vobis formosa ancilla ministret :
 Sæpe vicem dominæ præstitit illa mihi.
Quo feror insanus? quid aperto pectore in hostem
 Mittor, et indicio prodor ab ipse meo?

moi-même ? L'oiseau n'enseigne pas à l'oiseleur les moyens de le prendre : la biche ne dresse pas à la course les chiens, ses ennemis. N'importe; pourvu que je sois utile, je continuerai à vous donner fidèlement mes leçons, dussé-je armer contre moi de nouvelles Lemniades. Femmes, faites en sorte que nous nous croyions aimés ; rien n'est plus facile : on croit aisément ce qu'on désire. Jetez sur un jeune homme des regards séduisants ; poussez de profonds soupirs, reprochez-lui de venir trop tard ; ajoutez-y les larmes et le chagrin menteur d'une feinte jalousie, et que vos ongles mêmes déchirent le visage de votre amant. Il sera bientôt persuadé que vous l'adorez, et, touché de vos tourments : « Cette femme, dira-t-il, est folle de moi ! » surtout, si c'est un petit-maître qui se plaise à consulter son miroir, et qui se croie capable d'inspirer de l'amour aux déesses elles-mêmes. Mais, quelle que vous soyez, que ses torts envers vous vous émeuvent modérément, et n'allez pas perdre l'esprit au seul nom d'une rivale. Ne soyez pas trop promptement crédule : Procris vous offre un exemple bien sérieux des dangers d'une trop facile crédulité.

Près des coteaux riants et fleuris de l'Hymette est une fon-

Non avis aucupibus monstrat, qua parte petatur,
  Non docet infestas currere cerva canes.
Viderit utilitas : præcepta fideliter edam ;
  Lemniasi gladios in mea fata dabo.
Efficite, et facile est, ut nos credamus amari :
  Prona venit cupidis in sua vota fides.
Spectet amabilius juvenem, suspiret ab imo
  Femina, tam sero cur veniatque roget :
Accedant lacrymæ, dolor et de pellice fictus,
  Et laniet digitis illius ora suis.
Jamdudum persuasus erit, miserebitur ultro ;
  Et dicet : « Cura carpitur ista mei ! »
Præcipue, si cultus erit, speculoque placebit,
  Posse suo tangi credet amore Deas.
Sed te, quæcumque es, moderate injuria turbet ;
  Neu sis, audita pellice, mentis inops ;
Nec cito credideris : quantum cito credere lædat,
  Exemplum vobis non leve Procris erit.
Est prope purpureos colles florentis Hymetti

taine sacrée, dont les rives sont bordées d'un vert gazon. Des arbres peu élevés forment à l'entour moins un bois qu'un bocage; l'arbousier y offre un abri ; le romarin, le laurier et le sombre myrte y répandent leurs parfums ; là, croissent aussi le buis au feuillage épais, la fragile bruyère, l'humble cytise et le pin élancé. Tous ces feuillages divers et le sommet des herbes frémissent, agités par la douce haleine des zéphyrs et par une brise bienfaisante. C'est là que le jeune Céphale, laissant à l'écart sa suite et ses chiens, venait, las des travaux de la chasse, goûter les douceurs du repos : « Brise légère, répétait-il souvent, viens sur mon sein, viens éteindre mes feux! » Quelqu'un l'entendit, et, méchamment officieux, alla répéter à sa craintive épouse ces innocentes paroles. Au nom de cette Brise, qu'elle prend pour une rivale, Procris, dans son saisissement, tombe, muette de douleur. Elle pâlit, comme après la vendange pâlissent les pampres tardifs, blessés par les premiers froids de l'hiver, ou comme ces coings déjà mûrs qui font courber les rameaux sous leur poids, ou comme les fruits du cormier, lorsqu'ils sont encore trop acides pour figurer sur nos tables. Dès qu'elle a repris ses sens, elle déchire les lé-

> Fons sacer, et viridi cespite mollis humus.
> Silva nemus non alta facit; tegit arbutus herbam;
> Ros maris, et lauri, nigraque myrtus olent;
> Nec densæ foliis buxi, fragilesque myricæ,
> Nec tenues cytisi cultaque pinus abest :
> Lenibus impulsæ Zephyris auraque salubri,
> Tot generum frondes herbaque summa tremunt.
> Grata quies Cephalo : famulis canibusque relictis,
> Lassus in hac juvenis sæpe resedit humo :
> « Quæque meos releves æstus, » cantare solebat,
> « Accipienda sinu, mobilis Aura, veni. »
> Conjugis ad timidas aliquis male sedulus aures
> Auditos memori detulit ore sonos.
> Procris ut accepit nomen, quasi pellicis, Auræ,
> Excidit, et subito muta dolore fuit.
> Palluit, ut seræ lectis de vite racemis
> Pallescunt frondes, quas nova læsit hiems,
> Quæque suos curvant matura cydonia ramos,
> Cornaque adhuc nostris non satis apta cibis.
> Ut rediit animus, tenues a pectore vestes

gers vêtements qui couvrent son sein, et ses ongles ensanglantent son visage. Puis soudain, furieuse et les cheveux épars, elle s'élance à travers les campagnes, comme une bacchante en délire. Arrivée près du lieu fatal, elle laisse dans le vallon ses compagnes, et, sans faire entendre le bruit de ses pas, elle pénètre hardiment dans la forêt. Quel est ton dessein, insensée Procris, en te cachant ainsi? quelle imprudente ardeur anime ton esprit égaré? Tu crois sans doute voir arriver cette Brise, cette rivale inconnue; tu penses que tes yeux vont être témoins de l'outrage qui t'est fait. Tantôt tu te repens de ta démarche; car tu ne voudrais pas surprendre les coupables! tantôt tu t'en applaudis : l'amour livre ton cœur aux plus cruelles incertitudes. Tout excuse ta crédulité : le lieu, le nom, le délateur, et ce fatal penchant qu'ont tous les amants à croire ce qu'ils redoutent.

Dès qu'elle vit l'herbe foulée et marquée d'une empreinte récente, des battements redoublés agitèrent son cœur ému.

Déjà le soleil, à son midi, avait raccourci les ombres et voyait à une égale distance l'orient et l'occident, lorsque le fils du dieu de Cyllène, Céphale, revint à la forêt, et apaisa dans l'eau d'une source la chaleur qui le brûlait. Cachée près de

Rumpit, et indignas sauciat ungue genas.
Nec mora : per medias, sparsis furibunda capillis,
  Evolat, ut thyrso concita Baccha, vias.
Ut prope perventum, comites in valle relinquit ;
  Ipsa nemus tacito clam pede fortis init.
Quid tibi mentis erat, quum sic male sana lateres,
  Procri? quis attoniti pectoris ardor erat?
Jam jam venturam, quæcumque erat Aura, putabas
  Scilicet, atque oculis probra videnda tuis.
Nunc venisse piget; neque enim deprendere velles!
  Nunc juvat : incertus pectora versat amor.
Credere quæ jubeant, locus est, et nomen, et index,
  Et quia amans semper, quod timet, esse putat.
Vidit ut oppressam, vestigia corporis, herbam,
  Pulsantur trepidi corde micante sinus.
Jamque dies medius tenues contraxerat umbras,
  Inque pari spatio vesper et ortus erant :
Ecce redit Cephalus silvis, Cyllenia proles,
  Oraque fontana fervida spargit aqua.

lui, Procris inquiète l'épie : elle le voit s'étendre sur l'herbe accoutumée ; elle l'entend s'écrier : « Venez, doux Zéphyrs, viens, Brise légère ! » O surprise agréable ! elle reconnaît son erreur, causée par un nom équivoque ; elle recouvre ses esprits ; son visage reprend sa couleur naturelle : elle se lève, et, voulant s'élancer dans les bras de son époux, elle agite par ce mouvement le feuillage qui l'environne. Céphale, attribuant ce bruit à quelque bête fauve, saisit vivement son arc, et déjà le trait fatal est dans ses mains. Que fais-tu, malheureux ? ce n'est point une bête fauve... arrête !... il est trop tard : ton épouse tombe sous le fer lancé par toi : « Hélas ! s'écria-t-elle, tu as percé le cœur d'une amante ! ce cœur toujours blessé par Céphale ! Je meurs avant le temps, mais sans rivale : la terre qui va me couvrir en sera plus légère. Déjà cette Brise qui causa mon erreur emporte mon âme dans les airs : ah ! je meurs !... que du moins ta main chérie me ferme les yeux. » Céphale désolé soutient dans ses bras sa maîtresse expirante, et arrose de larmes sa cruelle blessure. Enfin l'âme de l'imprudente Procris s'échappe par degrés de son sein, et Céphale, les lèvres collées sur ses lèvres, recueille son dernier soupir.

 Anxia, Procri, lates : solitas jacet ille per herbas ;
  Et, « Zephyri molles, Auraque », dixit, « ades ! »
 Ut patuit miseræ jucundus nominis error,
  Et mens et rediit verus in ora color.
 Surgit, et appositas agitato corpore frondes
  Movit, in amplexus uxor itura viri.
 Ille feram sonuisse ratus, juveniliter arcum
  Corripit : in dextra tela fuere manu.
 Quid facis, infelix ? non est fera : supprime tela !
  Me miserum ! jaculo fixa puella tuo est.
 « Hei mihi ! » conclamat, « fixisti pectus amicum :
  Hic locus a Cephalo vulnera semper habet.
 Ante diem morior, sed nulla pellice læsa :
  Hoc faciet positæ te mihi, terra, levem.
 Nomine suspectas jam spiritus exit in auras ;
  Labor, io ! cara lumina conde manu. »
 Ille sinu dominæ morientia corpora mœsto
  Sustinet, et lacrymis vulnera sæva lavat.
 Exit, et, incauto paulatim pectore lapsus,
  Excipitur miseri spiritus ore viri.

Mais reprenons notre course, et, pour que notre barque fatiguée touche enfin au port, laissons les exemples et parlons sans détours. Vous attendez sans doute que je vous conduise aux festins, et, à ce sujet, vous désirez encore recevoir mes leçons. Venez-y tard, et ne vous montrez pas avec toutes vos grâces, avant que les flambeaux soient allumés. L'attente plaît à Vénus; l'attente donne un bien plus grand prix à vos charmes. Fussiez-vous laide, vous paraîtrez belle à des yeux troublés par le vin, et la nuit jettera son voile sur vos imperfections. Prenez les mets du bout des doigts : savoir manger est aussi un art: gardez que votre main mal essuyée ne laisse de sales empreintes autour de votre bouche. Ne mangez pas chez vous avant le repas; mais, quand vous serez à table, sachez vous modérer, et mangez un peu moins que vous n'en auriez envie. Si le fils de Priam eût vu Hélène montrer un appétit glouton, il l'eût prise en haine; il eût dit : « Quel sot enlèvement j'ai fait là ! » Il siérait mieux à une jeune femme de se permettre un peu d'excès dans le boire : le fils de Vénus et Bacchus s'accordent assez bien ensemble. Ne buvez cependant qu'autant que peut le supporter votre tête; conservez l'usage de votre esprit et de vos pieds; et ne voyez jamais doubles les objets simples

   Sed repetamus iter : nudis mihi rebus agendum est,
     Ut tangat portus fessa carina suos.
   Scilicet exspectes, dum te in convivia ducam,
     Et quæras monitus hac quoque parte meos?
   Sera veni, positaque decens incede lucerna:
     Grata mora est Veneri : maxima lena mora est.
   Etsi turpis eris, formosa videbere potis,
     Et latebras vitiis nox dabit ipsa tuis.
   Carpe cibos digitis : est quiddam gestus edendi;
     Ora nec immunda tota perunge manu.
   Neve domi præsume dapes : sed desine, citra
     Quam cupias, paulo, quam potes esse, minus.
   Priamides Helenen avide si spectet edentem,
     Oderit, et dicat : « Stulta rapina mea est. »
   Aptius est deceatque magis potare puellas :
     Cum Veneris puero non male, Bacche, facis.
   Hoc quoque, qua patiens caput est; animusque pedesque
     Constent; nec, quæ sint singula, bina vide.

de leur nature. C'est un honteux spectacle que celui d'une femme plongée dans l'ivresse; elle mérite, en cet état, d'être livrée aux caresses du premier venu. Elle ne peut non plus, une fois à table, se livrer sans danger au sommeil. Le sommeil favorise alors des excès qui outragent la pudeur.

J'ai honte de poursuivre; mais la belle Dionée m'encourage : « Ce que tu rougis d'enseigner, me dit-elle, c'est ce que mon culte a de plus important. » Que chaque femme apprenne donc à se connaître, et se présente aux amoureux combats dans l'attitude la plus favorable. La même posture ne convient pas à toutes. Que celle qui brille par les attraits du visage, s'étende sur le dos; que celle qui s'enorgueillit de sa croupe élégante, en offre à nos yeux toutes les richesses. Mélanion portait sur ses épaules les jambes d'Atalante : si les vôtres ont la même beauté, placez-les de la même manière. Si vous êtes de petite taille, que votre amant fasse l'office de coursier : jamais Andromaque à la haute stature ne prit cette position avec Hector. Celle qui est remarquable par sa longue taille doit appuyer ses genoux sur le lit, la tête légèrement inclinée. Si vos cuisses ont tout le charme de la jeunesse, si votre gorge est sans défaut, que votre amant, debout,

---

Turpe jacens mulier multo madefacta Lyæo :
   Digna est concubitus quoslibet illa pati.
Nec somnis posita tutum succumbere mensa :
   Per somnos fieri multa pudenda solent.
Ulteriora pudet docuisse : sed alma Dione
   « Præcipue nostrum est, quod pudet », inquit, « opus ».
Nota sibi sint quæque; modos a corpore certos
   Sumite : non omnes una figura decet.
Quæ facie præsignis eris, resupina jaceto :
   Spectentur tergo, quis sua terga placent.
Melanion humeris Atalantes crura ferebat :
   Si bona sunt, hoc sunt accipienda modo.
Parva vehatur equo : quod erat longissima, nunquam
   Thebais Hectoreo nupta resedit equo.
Strata premat genibus, paulum cervice reflexa,
   Femina per longum conspicienda latus.
Cui femur est juvenile, carent cui pectora menda,
   Stet vir ; in obliquo fusa sit illa toro.

vous voie obliquement étendue devant lui. Ne rougissez pas de délier votre chevelure comme une bacchante thessalienne, et de la laisser flotter éparse sur vos épaules. Si les travaux de Lucine ont sillonné de rides votre flanc, telle que le Parthe agile, combattez en tournant le dos. Vénus a mille manières de prendre ses ébats; mais la plus simple, la moins fatigante pour vous, c'est de rester à demi penchée sur le côté droit.

Jamais les trépieds de Phébus, jamais Jupiter Ammon n'ont rendu d'oracles plus sûrs que les vérités chantées par ma muse. Si l'art dont j'ai fait une longue étude mérite quelque confiance, croyez-moi, mes leçons ne vous tromperont pas. Femmes, que le plaisir circule jusque dans la moelle de vos os, et que la jouissance soit également partagée entre vous et votre amant; qu'elle s'exhale en tendres paroles, en doux murmures; que les propos licencieux aiguillonnent vos doux ébats. Et toi, à qui la nature a refusé la sensation du plaisir, que ta bouche du moins, par un doux mensonge, dise que tu l'éprouves. Malheureuse est la femme chez laquelle reste insensible et engourdi cet organe qui doit procurer à l'un et à l'autre sexe les mêmes voluptés. Mais, lorsque vous feindrez ainsi, n'allez pas vous

---

Nec tibi turpe puta crinem, ut Phylleia mater,
    Solvere, et effusis colla reflecte comis.
Tu quoque, cui rugis uterum Lucina notavit,
    Ut celer aversis utere Parthus equis.
Mille modi Veneris : simplex minimique laboris,
    Quum jacet in dextrum semisupina latus.
Sed neque Phœbei tripodes nec corniger Ammon,
    Vera magis vobis, quam mea Musa, canent.
Si qua fides arti, quam longo fecimus usu,
    Credite : præstabunt carmina nostra fidem.
Sentiat ex imis Venerem resoluta medullis
    Femina, et ex æquo res juvet illa duos;
Nec blandæ voces jucundaque murmura cessent,
    Nec taceant mediis improba verba jocis.
Tu quoque, cui Veneris sensum natura negavit,
    Dulcia mendaci gaudia finge sono.
Infelix, cui torpet hebes locus ille, puella,
    Quo pariter debent femina virque frui!
Tantum, quum finges, ne sis manifesta caveto :

trahir; que vos mouvements et vos yeux aident à nous tromper; que votre voix entrecoupée, que votre respiration haletante, ajoutent à l'illusion. O honte! la source du plaisir a donc ses secrets et ses mystères! La femme qui, en sortant des bras de son amant, ose lui demander le prix de ses faveurs, doit s'attendre à voir ses prières mal accueillies. Gardez-vous de laisser pénétrer dans votre chambre à coucher une clarté trop vive : il est dans une belle bien des choses qui gagnent à n'être vues qu'au demi-jour.

J'ai terminé mon galant badinage : dételons, il en est temps, les cygnes qui ont traîné mon char. Et maintenant, mes belles écolières, comme l'ont fait naguère vos jeunes amants, inscrivez sur vos trophées : *Ovide fut notre maître.*

Effice per motum luminaque ipsa fidem.
Quod juvet, et voces et anhelitus arguat oris.
Ah pudet! arcanas pars habet ista notas.
Gaudia post Veneris quæ poscet munus amantem,
Ipsa suas nolet pondus habere preces.
Nec lucem in thalamos totis admitte fenestris :
Aptius in vestro corpore multa latent.
Lusus habet finem : cycnis descendere tempus,
Duxerunt collo qui juga nostra suo.
Ut quondam juvenes, ita nunc, mea turba, puellæ
Inscribant spoliis : NASO MAGISTER ERAT.

NOTES

SUR L'ART D'AIMER.

LIVRE PREMIER

1. *Este procul vittæ tenues, insigne pudoris* (v. 31). Ovide paie ici aux jeunes vierges et aux dames romaines un tribut de respect dont on doit lui savoir gré. Il avertit les femmes chastes et pudiques que ses préceptes ne sont pas faits pour elles, mais pour les femmes d'une condition inférieure, les affranchies, les étrangères, etc., pour ces femmes avec lesquelles il est permis de tout dire et de tout oser, et qu'il désigne par ces mots, *Venerem tutam concessaque furta*, comme il caractérise les jeunes vierges par les mots *vittæ tenues, insigne pudoris*, et les matrones par ce vers:

> Quæque tegis medios, instita longa, pedes.

Instita. C'était une espèce de long voile que les dames romaines mettaient par-dessus leur robe, et qui leur descendait jusqu'au milieu des pieds, *quæ tegis medios pedes*.

Quant à ces mots, *vittæ tenues*, quelques commentateurs ont eu tort de croire que cette parure fût spécialement l'attribut des vestales: toutes les femmes encore non mariées avaient droit de la porter. C'est ce qu'Ovide indique dans les *Métamorphoses* par ce vers:

> Vitta coercebat positos sine lege capillos.

Pour mieux comprendre ce que le poëte entend par *concessa furta* et *Venerem tutam*, il faut se rappeler qu'à Rome il était fort dangereux de s'adresser aux femmes mariées, autres que les esclaves et les affranchies, comme l'atteste Horace dans ce passage (liv. I, *Sat.* 2, v. 41) :

> Hic se præcipitem tecto dedit : ille flagellis
> Ad mortem cæsus : fugiens hic decidit acrem
> Prædonum in turbam : dedit hic pro corpore nummos :
> Hunc perminxerunt calones.

2. *Tu modo Pompeia lentus spatiare sub umbra* (v. 67). A Rome, les promenades les plus agréables en été,

> Quum sol Herculei terga Leonis adit,

étaient les Portiques. Un des plus fréquentés était celui de Pompée, soit à cause de la magnificence de ce monument, soit à cause de la fraîcheur délicieuse que l'on y goûtait. En effet, il était entouré de platanes et rafraîchi par des chutes d'eau qui ne tarissaient jamais. Il s'élevait auprès du théâtre de Pompée, conformément à une sage précaution des Romains, qui bâtissaient ordinairement les portiques auprès des théâtres, lesquels, comme chacun sait, étaient découverts; de telle sorte que, si une pluie subite venait à surprendre les spectateurs au milieu d'une représentation théâtrale, ils pouvaient trouver un asile sous ces portiques. Les édifices sacrés et les maisons des principaux citoyens avaient aussi leurs portiques, ainsi que tous les édifices publics.

3. *Cultaque Judæo septima sacra Syro* (v. 76). On voit, par ce vers, que du temps d'Ovide les Romains, qui devinrent ensuite si intolérants envers les chrétiens, permettaient aux juifs le libre exercice de leur culte dans la capitale de l'empire.

4. *Neu fuge linigeræ Memphitica templa juvencæ* (v. 77). La célébration des fêtes d'Isis par les dames romaines durait dix jours consécutifs. Le poëte, par ce vers :

> Multas illa facit, quod fuit ipsa Jovi,

donne à entendre que ces fêtes se prêtaient à des aventures galantes, et que le temple d'Isis était le rendez-vous des belles et de leurs amants. Ovide appelle Isis *linigera*, à cause du voile de *lin*, qui, avec le sistre, était un des attributs de cette déesse. Il y avait à Rome plusieurs temples d'Isis; mais celui dont il s'agit ici était situé dans le Champ-de-Mars, près de l'enclos appelé *Ovile*, parce que le peuple, pour nommer les magistrats, y était enfermé comme les moutons dans une bergerie. C'est ce qui a fait dire à Juvénal (sat. VI, v. 529) :

.... Ut spargat in æde
Isidis, antiquo quæ proxima surgit Ovili.

5. *In medio plausu, plausus tunc arte carebat* (v. 113). On voit que du temps de Romulus on ne connaissait pas encore les *applaudisseurs à gages*; mais il paraît que plus tard les Romains perfectionnèrent l'*art de la claque*, et le soumirent à des règles et à des principes certains. Écoutons Tacite sur ce sujet : « Plebs quidem urbis, histrionum quoque gestus juvare solita, personabat *certis* modis plausuque *composito*. » (*Ann.*, lib. xvi, c. 4.) Du temps de Néron, il y avait à Rome des professeurs de claque dont les leçons étaient suivies par de nombreux disciples, comme le prouve ce passage de Suétone (*Vie de Néron*, ch. xx) : « Neque eo segnius adolescentes equestris ordinis, et quinque amplius millia e plebe, robustissimæ juventutis undique elegit, qui divisi in factiones *plausuum genera condiscerent.* » Dion Cassius appelle ingénieusement cette manière d'applaudir : εὐρύθμως ἐκϐοᾶν. Rien de nouveau sous le soleil : nos claqueurs modernes ne sont, comme on le voit, que des copistes.

6. *At quum pompa frequens cœlestibus ibit eburnis* (v. 147). Dans les jeux du cirque, célébrés en l'honneur de Cybèle et de Cérès, on promenait en procession non-seulement leurs statues, mais encore l'image des divinités particulièrement honorées dans Rome, et parmi lesquelles figurait en première ligne Vénus, *Æneadum mater*, la mère des descendants d'Énée, comme l'appelle Lucrèce. On conçoit sans peine que les amants rendissent un hommage de prédilection à cette déesse, l'arbitre de leur sort :

Tu Veneri dominæ plaude favente manu.

7. Vers 159 :

Parva leves capiunt animos : fuit utile multis
  Pulvinum facili composuisse manu;
Profuit et tenui ventum movisse tabella,
  Et cava sub tenerum scamna dedisse pedem.

Ne semble-t-il pas qu'Ovide fasse ici le portrait d'un de ces petits-maîtres de l'*ancien régime*, qui, pour plaire à *une belle inhumaine*, lui prodiguaient tous ces petits soins que prescrivait alors le code de la galanterie française; je dis *alors*, car, comme le dit Molière, *nous avons changé tout cela*, et, de nos jours, un amant croirait renoncer à sa *dignité d'homme*, s'il prodiguait à une femme tous ces soins empressés qu'Ovide prescrit à ses disciples. Du reste, on voit par ce passage que les coussins et les éventails étaient en usage chez les Romains, qui, en fait de luxe comme de tout ce qui tenait à l'élégance des mœurs, n'étaient que les copistes des Grecs. Théophraste, dans ses *Caractères*, parle de ces coussins dont les hommes, aussi bien que les femmes, se servaient au théâtre.

Quant à l'usage des éventails, on a dû remarquer dans la deuxième élégie du livre III des *Amours* ces vers qui s'y appliquent:

>Vis tamen interea faciles arcessere ventos,
>Quos faciat nostra mota tabella manu?

Térence dit aussi à ce sujet dans l'*Eunuque:*

>Cape hoc flabellum, et ventulum huic ita facito.

Il paraît que l'usage des escabeaux ou tabourets, *scamna* ou *scabella*, était nécessaire au théâtre, où les gradins étaient si élevés, que les personnes de petite taille avaient quelquefois les jambes pendantes.

8. Vers 171:

>Quid, modo quum belli navalis imagine Cæsar
>Persidas induxit Cecropidasque rates?

Ovide parle ici de ces *naumachies* qui furent d'abord représentées simplement et sans faste dans un lac creusé auprès du Tibre; mais lorsque, plus tard, les Romains firent leurs délices de ce genre de spectacle, les successeurs d'Auguste semblèrent lutter d'émulation à qui surpasserait son devancier par le luxe qu'ils déployaient dans ces naumachies et par les dépenses excessives auxquelles ils se livraient, pour piquer par la nouveauté du spectacle la curiosité du peuple: on y fit figurer tantôt des nymphes nageant en pleine eau, tantôt un triton d'argent, qui, élevé par une machine au-dessus de la surface du lac, appelait les combattants au son de la trompette. *Voyez*, à ce sujet, SUÉTONE, dans la *Vie de Claude*, ch. XXI; et MARTIAL, *des Spectacles*, épigr. XXIX.

Lorsqu'on représentait ces naumachies dans les cirques et les amphithéâtres, l'eau y était introduite par des canaux souterrains avec tant de promptitude, que les spectateurs avaient à peine le temps de s'en apercevoir; on la faisait ensuite disparaître à volonté. Aussi Martial a-t-il raison de dire, dans le livre ci-dessus cité, épigr. XXIV:

>Parva mora est; dices: hic modo pontus erat.

9. Vers 183 :

> Parcite natales, timidi, numerare deorum :
> Cæsaribus virtus contigit ante diem.

C'est là que Corneille semble avoir pris l'idée de ces beaux vers du *Cid*, act. II, sc. 2 :

> Je suis jeune, il est vrai, mais aux âmes bien nées
> La valeur n'attend pas le nombre des années.

10. *Nunc juvenum princeps, deinde future senum* (v. 194). On appelait *prince de la jeunesse* celui dont le nom était cité le premier dans le recensement de l'ordre des chevaliers, et *prince du sénat* ou *des vieillards* celui dont le nom ouvrait la liste des sénateurs.

11. Vers 213 :

> Ergo erit illa dies, qua tu, pulcherrime rerum,
> Quatuor in niveis aureus ibis equis.

La marche des triomphateurs, dont Ovide offre ici un tableau si pompeux, s'ouvrait par une longue file de soldats de la garde prétorienne, qui portaient les images des villes conquises, des fleuves, des Montagnes, enfin de tout ce que les pays vaincus offraient de remarquable. Ces images étaient ou des tableaux ou des sculptures en bas-relief. On y lisait en gros caractères les noms et les titres des princes, des rois et des généraux captifs. C'est à cet usage que Racine fait allusion dans ces vers de *Mithridate*, act. III, sc. 1 :

> . . . .
> Tandis que l'ennemi, par ma fuite trompé,
> Tenait après son char un vain peuple occupé,
> Et gravant en airain ses frêles avantages,
> De mes États conquis enchainait les rivages.

12. Vers 231 :

> Sæpe illic positi teneris adducta lacertis
> Purpureus Bacchi cornua pressit Amor.

Il y a deux choses à remarquer dans ce distique : d'abord l'épithète de *purpureus* donné à l'Amour, et ensuite ces mots *cornua Bacchi*. Les commentateurs qui expliquent *purpureus Amor* par *formosus Amor*, ne me paraissent pas avoir senti la force de cette épithète, qui, dans ce passage, signifie l'*Amour au visage empourpré* (sous-entendu *par le vin*). Quant à *cornua Bacchi*, les anciens représentaient Bacchus avec des cornes à la tête, parce que, dans ses voyages, il s'était toujours couvert de la peau d'un bouc, animal qu'on lui sacrifiait dans les Bacchanales, et qui a donné son nom aux hymnes qu'on chantait en l'honneur de Bacchus. Ces hymnes, dans l'origine, s'appelaient *tragédies*, de τράγος ᾠδή, *chant du bouc*. Chacun sait que ce fut Thespis qui, le premier, introduisit dans ses hymnes une espèce d'action dramatique, laquelle fut l'origine de la *tragédie*, comme les *mystères* que jouaient nos aïeux donnèrent naissance à notre théâtre. Ceux qui se piquent d'expliquer les mythes de l'antiquité prétendent que les cornes de Bacchus sont un emblème de la pétulance et de l'effronterie qu'inspire le vin.

13. Vers 255 :

> Quid referam Baias, prætextaque litora velis,
> Et, quæ de calido sulfure fumat, aquam?

Baies, aujourd'hui *Baïa*, dans le golfe de Naples, était une ville célèbre par ses eaux minérales. Sa position délicieuse y avait fait établir des bains, qu'on décora de toutes les recherches du luxe. On s'y rendait sur des gondoles élégamment ornées, où de joyeux convives goûtaient les plaisirs de la table, au son des instruments de musique. C'était, dans la belle saison, le rendez-vous du monde élégant de Rome. — L'admirable méditation de M. de Lamartine, intitulée *le Golfe de Baïa*, est connue de tout le monde.

14. *Quid, quasi natali quum poscit munera libo* (v. 429). Parmi les présents qu'on offrait à ses amis le jour anniversaire de leur naissance, figuraient des gâteaux faits de froment. Ovide en parle encore liv. I, élég. 8, v. 93, de ses *Amours* :

> Quum te deficient poscendi munera causæ,
> Natalem libo testificare tuum.

Caton rapporte qu'on avait coutume à Rome, dans les repas où l'on célébrait la naissance de quelqu'un, de servir de ces gâteaux aux convives, mais que personne ne devait y goûter avant celui qu'on fêtait, et qu'en outre chacun, après en avoir goûté, devait faire des vœux pour lui.

15. *Legerit, et nolit rescribere; cogere noli* (v. 479). On peut comparer à ce passage l'épigramme 9 du livre II de Martial :

> Scripsi, rescripsit nil Nævia; non dabit ergo?
> Sed, puto, quod scripsi legerat : ergo dabit.

16. *Sed tibi nec ferro placeat torquere capillos* (v. 505). Les

anciens avaient, comme nous, différentes manières de se coiffer; les uns bouclaient leurs cheveux, les autres les nouaient en tresses ou les cordonnaient, comme le dit Martial en parlant des Sicambres :

> Crinibus in nodum tortis venere Sicambri.

Perse (sat. IV, v. 33) s'élève aussi, avec sa véhémence ordinaire, contre ces raffinements de toilette, indignes d'un homme, et qu'il renvoie, comme Ovide, aux prêtres efféminés de Cybèle :

> At si unctus cesses, et figas in cute solem,
> Est prope te ignotus cubito qui tangat, et acre
> Despuat in mores.

On ne doit pas s'attendre à une satire aussi virulente de la part du chantre des Amours : c'est par l'exemple des amants célèbres, qui ont plu sans le secours d'une parure recherchée, qu'il détourne son élève de ces soins minutieux et ridicules, qui ne valent pas, dit-il, une *toilette simple et négligée, pourvu qu'elle soit propre;* ce qu'il exprime ainsi : *Forma viros neglecta decet... munditiæ placeant.*

17. *Et si quis male vir quærit habere virum* (v. 524). Remarquons avec quel art, avec quelle décence d'expression Ovide désigne *ces hommes, la honte de leur sexe, dont ils recherchent les faveurs.* Ce n'est pas le seul endroit où notre poëte fait profession de son mépris pour ce goût infâme, malheureusement trop commun chez les anciens. Ovide dit encore à ce sujet, liv. II, v. 683 de l'*Art d'aimer :*

> Odi concubitus qui non utrumque resolvunt :
> Hoc est, cur pueri tangar amore minus.

Ciofanus dit, à l'occasion de ce second vers : *Ostendit poeta noster se* τὸ παιδεραστεῖν *secutum non esse.* En effet, vainement voudrait-on prétendre que *tangar minus* n'est pas du tout synonyme de *non tangar;* mille exemples tirés des auteurs anciens prouveraient le peu de valeur de cette objection. D'ailleurs, on ne trouve rien dans les œuvres galantes d'Ovide qui puisse faire seulement soupçonner qu'il partageât ce goût honteux, et alors si commun, qui a fait dire à Parny avec plus de justesse peut-être que d'élégance :

> L'antiquité, si charmante d'ailleurs,
> Dans ses plaisirs était peu scrupuleuse.
> De ses amours la peinture odieuse
> Dépare un peu ses écrits enchanteurs.

18. *Tu pete; dumque petes, sit tibi tacta manus* (v. 579). C'est ainsi que Tibulle a dit (liv. i, élég. 6, v. 25) :

> Sæpe velut gemmas ejus signumve probarem,
> Per causam memini, me *tetigisse* manum.

19. *Huic, si sorte bibes, sortem concede priorem* (v. 581). On sait que les anciens tiraient aux dés la royauté des festins. On donnait à celui qui en était revêtu le nom de *modimperator, quia bibendi modum præscriberet*.

20. Vers 633 :

> Jupiter ex alto perjuria ridet amantum,
> Et jubet Æolios irrita ferre Notos.

Tibulle (liv. iii, élég. 7, v. 17) dit presque dans les mêmes termes :

> .... Perjuria ridet amantum
> Jupiter, et ventos irrita ferre jubet.

Les païens n'avaient pas, comme on le voit, une haute idée de la vertu du roi des dieux, et Ovide va jusqu'à dire qu'il s'est souvent parjuré pour tromper la jalousie de Junon :

> Per Styga Junoni falsum jurare solebat.

21. *Vim passa est Phœbe; vis est illata sorori* (v. 679). Il ne s'agit pas ici de Phœbé, la sœur d'Apollon, mais d'une autre Phœbé, et de sa sœur Ilaïre, toutes deux filles de Leucippe, qui les avait promises en mariage, l'une à Idas et l'autre à Lyncée, son frère. Castor et Pollux, épris de ces deux sœurs, les enlevèrent; mais ils furent poursuivis par Idas et Lyncée, qui livrèrent à ces ravisseurs un combat dans lequel périrent Castor par la main de Lyncée, et Lyncée à son tour par la main de Pollux. Au moment où Idas se précipitait sur Pollux pour venger la mort de son frère, il tomba frappé d'un coup de foudre. Ovide, dans ses *Fastes*, vers la fin du livre v, raconte cette histoire dans un récit qui a toujours été cité comme un modèle de narration.

22. *Quassanda est ista Pelias hasta manu* (v. 696). La lance Pélias, qui a mérité l'honneur d'être désignée par un nom propre, comme la *Durandale* de Roland, fut donnée à Pélée par Pallas, le jour de ses noces avec Thétis. Achille seul put s'en servir après la mort de son père. C'était une tige de frêne que Chiron avait coupée sur le mont Pélion, et façonnée en pesante javeline. Ainsi le nom de Pélias, que lui donnent les poëtes, lui vient ou de Pélée ou du mont Pélion.

LIVRE DEUXIÈME

1. *Et levis est, et habet geminas, quibus evolet, alas* (v. 19). Cette pensée a été reproduite en français de mille manières différentes dans les *madrigaux, chansons, épithalames* et *bouquets* de nos bons aïeux ; Beaumarchais, entre autres, la rend ainsi :

> Si l'Amour porte des ailes,
> N'est-ce pas pour voltiger ?

2. Vers 21 :

> Hospitis effugio præstruxerat omnia Minos :
> Audacem pennis repperit ille viam.

Cet épisode que M. de Saint-Ange, dans les notes de sa traduction de l'*Art d'aimer*, trouve parfaitement adapté au sujet, semble au contraire tiré d'un peu loin, ou pour mieux dire, est un véritable hors-d'œuvre. Fallait-il, en effet, raconter en soixante-dix-huit vers l'audacieuse entreprise de Dédale, qui, avec des ailes factices, s'échappa du Labyrinthe où l'avait enfermé Minos ; le tout pour prouver qu'il est difficile de fixer l'Amour ? C'est une sorte d'argument *à fortiori*, qui se réduit à ceci : « Un dieu est plus puissant qu'un homme : or, Minos n'a pu retenir prisonnier Dédale, qui n'était qu'un homme ; donc, à plus forte raison, il est impossible de fixer l'Amour, qui est un Dieu. » Ce raisonnement ne semble pas très-concluant ; car il n'y a guère de rapport entre les obstacles tout matériels qui s'opposaient à la fuite de Dédale, et les soins, les complaisances, les ruses et les stratagèmes qu'il faut employer pour captiver l'Amour. Mais on pardonne aisément à Ovide cette digression un peu longue en faveur des détails, qui sont charmants.

3. *Quis crederet unquam Aerias hominem carpere posse vias* (v. 43) ? Horace a exprimé ainsi la même idée dans son *Ode* 3 du livre I :

> Expertus vacuum Dædalus aera
> Pennis non homini datis.

4. *Remigium volucres disponit in ordine pennas* (v. 45). Virgile a dit de même, en parlant des ailes de Dédale : *remigium alarum,* et l'auteur du *Supplément à l'Amphitryon* de Plaute : *Dædaleum remigium.*

5. *Tractabat ceramque puer, pennasque renidens,* etc. (v. 49). Ovide, au viiie livre des *Métamorphoses,* v. 195 et suiv., traite une seconde fois la fable d'*Icare et Dédale.* Les circonstances principales sont les mêmes ; mais, plus libre cette fois, il a ajouté à sa narration des accessoires d'une grâce infinie. Tel est, par exemple, ce petit tableau de la curiosité enfantine d'Icare, qui touche les plumes et la cire que son père emploie pour fabriquer ses ailes, et retarde ainsi l'ouvrage de Dédale :

> ...... Puer Icarus una
> Stabat ; et, ignarus sua se tractare pericla,
> Ore renidenti, modo quas vaga moverat aura,
> Captabat plumas ; flavam modo pollice ceram
> Mollibat, lusuque suo mirabile patris
> Impediebat opus.

6. *Erudit infirmas ut sua mater aves* (v. 66). Cette comparaison est aussi juste que gracieuse. Valerius Flaccus l'a aussi employée, livre iii, vers 375 de son *Argonautique :*

> Qualis adhuc teneros supremum pallida fetus
> Mater ab excelso produxit in aëra nido,
> Hortaturque sequi, brevibusque insurgere pennis ;
> Illos cærulei primus ferit horror Olympi ;
> Jamque redire rogant, assuetaque quæritur arbor.

7. *Sit procul omne nefas : ut ameris, amabilis esto* (v. 107). Gentil-Bernard a dit avec concision :

> Soyez aimable, et vous serez aimé.

Et M. de Saint-Ange, d'une manière un peu traînante :

> Le secret d'être aimé, c'est de se rendre aimable.

8. *Naïadumque tener crimine raptus Hylas* (v. 110). L'aventure d'Hylas ravi par les Nymphes est assez connue : *Cui non dictus Hylas puer?* a dit Virgile dans ses *Géorgiques.* Théocrite l'a racontée dans sa xiiie idylle, Apollonius dans son livre ii, et Valerius Flaccus, liv. iii, v. 563.

9. *Cura sit, et linguas edidicisse duas* (v. 122). A l'époque où

vivait Ovide, l'étude de la langue grecque était devenue indispensable pour tout homme bien élevé. La Grèce n'était plus, il est vrai, qu'une province de l'empire romain; mais elle restait toujours la mère patrie des lettres et des sciences : aussi presque tout ce qu'il y avait à Rome d'hommes distingués par leurs connaissances avaient-ils étudié sous des maîtres grecs. Le complément naturel de toute éducation libérale était alors de faire un voyage en Grèce.

10. *Quasque colat turres Chaonis ales habet* (v. 150). Par l'oiseau de Chaonie, Ovide désigne la colombe. La Chaonie est une partie de l'Épire qui reçut ce nom de Chaon, prince troyen dont Virgile parle en ces termes, liv. III, v. 334 de l'*Énéide* :

.... Qui Chaonios cognomine campos
Chaoniamque omnem Trojano a Chaone dixit.

Dans cette contrée était située la forêt de Dodone, célèbre par le temple consacré à Jupiter Dodonéen, où des colombes rendaient des oracles en langage humain. Cette fable est venue de ce que *Peliades*, en langue thessalienne, signifiait à la fois *prophète* et *colombe*, selon Servius, dans sa glose sur ces vers de la IXe *Églogue* de Virgile :

.... Sed carmina tantum
Nostra valent, Lycida, tela inter Martia, quantum
Chaonias dicunt, aquila veniente, columbas.

Pausanias rapporte, dans ses *Achaïques*, que ce n'étaient pas les chênes de Dodone, mais les colombes perchées sur ces chênes qui rendaient les oracles. Hérodote, dans son *Euterpe*, dit que ces colombes étaient des femmes prophétesses. Sur quoi Béroalde a fait des observations fort savantes, mais aussi fort longues, dont nous ferons grâce à nos lecteurs.

11. *Ipse tene distenta suis umbracula virgis* (v. 209). On voit que, comme les nôtres, les ombrelles ou parasols des anciens étaient faits d'étoffe tendue sur de petites baguettes, en guise de baleines. C'est le sujet de l'épigramme 28 du livre XIV de Martial :

Accipe quæ nimios vincant umbracula soles;
Sit licet et ventus, te tua vela tegent.

Quelquefois on faisait ces ombrelles de plumes, ainsi que les éventails.

12. *Aut quas Amaryllis amabat; At nunc castaneas non amat illa*

nuces (v. 267). Allusion au vers 52 de la deuxième *Eglogue* de Virgile :

> Castaneasque nuces, mea quas Amaryllis amabat.

Mais cette allusion devient très-piquante par la réflexion d'Ovide :

> At nunc castaneas non amat illa nuces.

« Mais maintenant Amaryllis n'aime plus les châtaignes. » Il est impossible de dire, d'une manière plus délicate à la fois et plus plaisante, que les belles du temps d'Ovide étaient trop intéressées pour se contenter d'un présent aussi modeste.

13. *Turpiter his emitur spes mortis et orba senectus* (v. 271). Il est question ici de ces gens qui flattaient les personnes riches et surtout les vieillards sans enfants pour figurer au nombre de leurs légataires. Juvénal offre dans sa xiie satire un tableau effrayant de l'avidité de ces coureurs de successions.

14. *Et veniat, quæ lustret anus lectumque locumque* (v. 329). Apulée, dans le dernier livre de son *Ane d'or*, fait mention d'une semblable purification; Juvénal en parle ainsi, sat. vi, v. 516 :

> .... Metuique jubet septembris et Austri
> Adventum, nisi se centum lustraverit ovis ;

et Properce, dans la 8e élégie du livre iv :

> Terque meum tetigit sulfuris igne caput ;

car, en toutes choses, le nombre trois avait un pouvoir magique et mystérieux. Quant au soufre, dont il est parlé dans le vers d'Ovide et dans celui de Properce, on le regardait comme d'une grande vertu pour les purifications. *Voyez*, à ce sujet, PLINE, liv. xxxv, ch. 15; OVIDE, liv. iv des *Fastes*; TIBULLE, liv. i, élég. 5, etc.

15. Vers 447 :

> O quater, et quoties numero comprendere non est,
> Felicem, de quo læsa puella dolet !

Tibulle (liv. i, élég. 10, v. 64) a dit à peu près de même :

> .... Quater ille beatus
> Cui tenera irato flere puella potest.

16. *Candida jamdudum cingantur colla lacertis*, etc. (v. 457). Ce

tableau de la réconciliation de deux amants est plein de chaleur et de grâce : qui pourrait le reconnaître dans cette pâle copie de M. de Saint-Ange, beaucoup moins heureux, du reste, dans sa traduction de l'*Art d'aimer* que dans celle des *Métamorphoses*?

> Dans tes bras caressants serre-*la soupirante;*
> Sur ton sein amoureux renverse-*la pleurante :*
> Par d'avides baisers sèche ses yeux en pleurs,
> Et que *Vénus* par toi console ses douleurs.
> Tu la désarmeras, quand sa bouche cruelle
> T'aurait juré cent fois une haine éternelle.
> Mets le sceau du plaisir *aux serments que tu fais,*
> Et *conclus* sur son lit *le traité de la paix.*
> C'est là que bannissant la guerre et la discorde,
> Dans son plus doux asile habite la concorde :
> C'est le berceau céleste où le *pardon est né.*
> Deux pigeons se battaient : un accord fortuné
> A réuni leurs becs, et leur tendre murmure
> Roucoule en leur langage une volupté pure.

Tout cela, sans doute, est assez fidèle pour une traduction en vers ; mais que dire de ces deux déplorables hémistiches, *serre-la soupirante, renverse-la pleurante*; de ce demi-vers si plat, *aux serments que tu fais*; de cette expression si peu française, *le traité de la paix* pour *le traité de paix?* Tout ce morceau est d'ailleurs d'une excessive faiblesse, et si nous le citons ici, c'est pour donner à nos lecteurs une idée du travail de Saint-Ange et de l'immense supériorité d'Ovide sur ses traducteurs.

17. *Unaque erant facies sidera, terra, fretum* (v. 468). Ovide est revenu plusieurs fois sur cette idée. Ainsi, dans ses *Fastes* (liv. ɪ, v. 106), il dit :

> Ignis, aquæ, tellus, unus acervus erant ;

et au livre ɪ des *Métamorphoses*, v. 5 :

> Ante mare, et terras, et quod tegit omnia cœlum,
> Unus erat toto naturæ vultus in orbe.

18. *Blanda truces animos fertur mollisse voluptas* (v. 477). Dans cette description, Ovide imite Hésiode, en y ajoutant les ornements poétiques que lui inspire sa riche et brillante imagination. Hésiode, dans sa *Théogonie*, après avoir dit que l'Amour fut contemporain du Chaos, ajoute que ce fut lui qui présida à l'organisation de toutes

choses. Peut-être n'existe-t-il pas dans l'antiquité de fiction plus ingénieuse que celle-ci.

19. *Fabula narratur toto notissima cœlo* (v. 561). Cet épisode des filets de Vulcain est le seul que La Harpe trouve analogue au sujet du poëme. La Harpe a peut-être raison; mais on n'ose blâmer Ovide d'avoir introduit dans cet ouvrage des épisodes qui, bien que moins liés au plan de l'auteur, ne laissent pas de jeter dans son ouvrage beaucoup de charme et de variété.

20. *Quas faciant justos ignis et unda viros* (v. 598). Le sens de ce passage est que si les lettres des amants peuvent être interceptées, c'est seulement par les époux légitimes, *justi viri*, qui par la cérémonie du feu et de l'eau en ont acquis le droit. Pour comprendre ce vers, il faut savoir que chez les Romains, dans les solennités nuptiales, on employait le feu et l'eau, que chacun des deux époux touchait de son côté, et cela pour signifier qu'ainsi qu'ils touchaient en commun ces deux éléments, les plus nécessaires à la vie, de même ils devaient mettre en commun tout ce qui était nécessaire au bonheur de leur union.

21. Vers 657 :

> Nominibus mollire licet mala. Fusca vocetur,
>   Nigrior Illyrica cui pice sanguis erit.
> Si pæta est, Veneri similis, si flava, Minervæ.
>   Sit gracilis, macie quæ male viva sua est.
> Dic habilem, quæcumque brevis; quæ turgida, plenam;
>   Et lateat vitium proximitate boni.

Ces vers font penser à ce morceau charmant du *Misanthrope* :

> L'amour pour l'ordinaire est peu fait à ces lois,
> Et l'on voit les amants vanter toujours leur choix.
> Jamais leur passion n'y voit rien de blâmable,
> Et dans l'objet aimé tout leur devient aimable;
> Ils comptent les défauts pour des perfections,
> Et savent y donner de favorables noms :
> La pâle est au jasmin en blancheur comparable,
> La noire à faire peur, une brune adorable;
> La maigre a de la taille et de la liberté;
> La grasse est dans son port pleine de majesté;
> La malpropre sur soi, de peu d'attraits chargée,
> Est mise sous le nom de beauté négligée.
> La géante paraît une déesse aux yeux,
> La naine, un abrégé des merveilles des cieux;
> L'orgueilleuse a le cœur digne d'une couronne;
> La fourbe a de l'esprit; la sotte est toute bonne;

> La trop grande parleuse est d'agréable humeur,
> Et la muette garde une honnête pudeur.
> C'est ainsi qu'un amant dont l'ardeur est extrême,
> Aime jusqu'aux défauts des personnes qu'il aime.

Du reste, Molière doit l'idée de ce morceau à Lucrèce, dont il avait fait une étude particulière, et qu'il se proposait de traduire en entier, sans doute à l'instigation du philosophe Gassendi, son maître et son ami. Ce fragment est d'autant plus précieux, que c'est le seul qui nous reste de cette traduction projetée. Voici le texte de Lucrèce, liv. IV, vers 1146 et suivants :

> Hoc faciunt homines plerumque cupidine cæci ;
> Et tribuunt ea quæ non sunt his commoda vere.
> . . . .
> Nigra, μελίχροος est : immunda et fœtida, ἄκοσμος :
> Cæsia, παλλάδιον : nervosa et lignea, δορκάς :
> Parvula, pumilio, χαρίτων ἴα, tota merum sal :
> Magna, atque immanis, κατάπληξις, plenaque honoris :
> Balba, loqui non quit, τραυλίζει : muta, pudens est :
> At flagrans, odiosa, loquacula, λαμπάδιον fit.

LIVRE TROISIÈME

1. *Ipsa quoque et cultu est et nomine femina Virtus* (v. 23). Cette pensée délicate termine admirablement l'apologie des femmes, si bien placée dans cet ouvrage, et qui prouve qu'en cherchant à les séduire notre auteur sait aussi les estimer. D'ailleurs, comme nous l'avons déjà dit plusieurs fois dans le cours de ces notes, Ovide, dans son *Art d'aimer*, n'a en vue que les femmes galantes ou d'une réputation équivoque ; ce qu'il confirme ici de nouveau par ce vers :

> Nec tamen hæ mentes (*conjuges fideles*) nostra poscuntur ab arte ;

et plus loin :

> Nil, nisi lascivi per me discuntur amores.

2. *Dixit : et e myrto..... folium granaque pauca dedit* (v. 53). Allusion à Hésiode, qui, ayant cueilli quelques feuilles de laurier

sur l'Hélicon, de berger devint poëte : Αὐτίκα μάλα ποιητής ἐκ ποιμένος κατέστη (Lucien).

3. Vers 71 :

> Nec tua nocturna frangetur janua rixa ;
> Sparsa nec invenies limina mane rosa.

On trouve la même idée reproduite en d'autres termes dans l'*Ode* 25 du livre I d'Horace :

> Parcius junctas quatiunt fenestras
> Ictibus crebris juvenes protervi ;
> Nec tibi somnos adimunt, amatque
> Janua limen ;

et dans Lucrèce, liv. IV, vers 1170 :

> At lacrymans exclusus amator limina sæpe
> Floribus et sertis operit, postesque superbos
> Unguit amaracino, et foribus miser oscula figit.

L'élégie 16 du liv. I de Properce roule presque tout entière sur ce sujet :

> Quæ fueram magnis olim patefacta triumphis,
> Janua.

Ovide lui-même, dans l'élégie 6 du liv. I des *Amours*, a dit :

> At tu, non lætis detracta corona capillis,
> Dura super tota limina nocte jace ;

et au vers 31 du *Remède d'Amour* :

> Effice nocturna frangatur janua rixa,
> Et tegat ornatas multa corona fores.

Tibulle, dans l'élégie 2 du livre I, adresse à la porte de sa maîtresse les vers suivants :

> Janua difficilis dominæ, te verberet imber,
> Te Jovis imperio fulmina missa petant.
> Janua, jam pateas uni mihi victa querelis,
> Neu furtim verso cardine aperta sones.
> Et mala si qua tibi dixit dementia nostra,
> Ignoscas ; capiti sint, precor, illa meo.
> Te meminisse decet, quæ plurima voce peregi
> Supplice, quum posti florea serta darem.

4. Vers 121 :

> Prisca juvent alios : ego me nunc denique natum
> Gratulor : hæc ætas moribus apta meis.

Voltaire a visiblement imité ce distique d'Ovide dans ces vers du *Mondain :*

> Regrettera qui veut le bon vieux temps,
> Et l'âge d'or et le règne d'Astrée,
> Et les beaux jours de Saturne et de Rhée,
> Et le jardin de nos premiers parents :
> Moi, je rends grâce à la nature sage,
> Qui, pour mon bien, m'a fait naitre en cet âge,
> Tant décrié par nos tristes frondeurs :
> Ce temps profane est tout fait pour mes mœurs.

5. *Adjicit ornatus proxima quæque dies* (v. 153). Ce passage nous montre que les élégants de Rome inventaient chaque jour des modes nouvelles, et que, sous ce rapport, la grave antiquité n'était pas moins frivole que l'époque où nous vivons. Bien avant Ovide, Plaute avait dit dans son *Epidicus*, v. 211 :

> Quid? istæ quæ vesti quotannis nomina inveniunt nova?

6. *Femina canitiem Germanis inficit herbis* (v. 163). Les peuples de la Germanie se servaient de certaines herbes pour changer la couleur de leurs cheveux; et les Gaulois, selon César, au livre v de ses *Commentaires*, employaient pour cet usage une herbe qu'on appelle *guesde* ou *pastel*. Tibulle (liv. I, élégie 8, v. 43) dit que pour les noircir on employait l'écorce de noix :

> Tum studium formæ; coma tum mutatur, ut annos
> Dissimulet, viridi cortice tincta nucis.

7. *Femina procedit densissima crinibus emtis* (v. 165). L'usage des chevelures postiches était devenu général à Rome du temps d'Ovide : Tibulle, Properce et Gallus en font foi comme notre auteur. Martial, dans ses épigrammes, a critiqué amèrement ceux qui portaient perruque. Tantôt il les appelle « tête chaussée, » *calceatum caput* (liv. XII, épig. 45); tantôt il dit, avec une bonhomie caustique (liv. VI, épigr. 12) :

> Jurat capillos esse, quos emit, suos
> Fabulla : numquid illa, Paulle, pejerat? nego;

qu'on peut traduire ainsi, en parodiant une épigramme célèbre :

> On dit que le jeune Alette
> Porte les cheveux d'autrui :
> Moi qui sais qu'il les achète,
> Je soutiens qu'ils sont à lui.

Plus loin (liv. xii, épigr. 23), Martial dit encore :

> Dentibus, atque comis, nec te pudet, uteris emtis :
> Quid facies oculo, Lælia? non emitur.

8. *Quis furor est, censos corpore ferre suos* (v. 172)? C'est ainsi que Properce a dit (liv. iii, élég. 13, v. 11) :

> Matrona incedit *census induta* nepotum ;

et Tertullien (*de Cultu feminarum*, lib. i, c. 9) : « Saltus et insulas tenera cervix circumfert. » C'est ainsi que Sully se moquait de ces courtisans chamarrés d'or de la cour de Louis XIII, *qui*, disait-il, *portaient sur leurs épaules leurs bois de haute futaie*.

9. *Arte, supercilii confinia nuda repletis* (v. 201). Pline l'Ancien, (liv. xviii, ch. 46) nous apprend comment on s'y prenait pour corriger les sourcils trop rares ou trop peu marqués : « Ursinus adeps... emendat raritatem superciliorum *cum fungis lucernarum ac fuligine, quæ est in rostris earum*... Sicuti carnis cinere ex oleo illito supercilia nigrescunt. » Pline ajoute (liv. xxx, ch. 46) : « Ovis formicarum supercilia denigrari cum muscis tritis tradunt. » Tertullien dit aussi (*de Cultu feminarum*, lib. ii, c. 5) : « In Deum enim delinquunt qui cutem medicaminibus urgent, genas rubore maculant, oculos fuligine porrigunt. » Les interprètes de Tertullien entendent ces mots, *oculos fuligine porrigunt*, de la mode de prolonger les sourcils au moyen d'une poudre noire, ou de la mouchure des lampes, comme Pline le dit plus haut ; ce que confirme un autre passage de ce même Tertullien, liv. i, ch. 2 de l'ouvrage cité : « Et illum ipsum pulverem, quo oculorum exordia producunt. » En effet, nous lisons dans Pétrone (*Satyricon*, ch. cxxvi), que les anciens regardaient comme une grande beauté le rapprochement des sourcils, qui ne devaient être séparés que par un très-léger intervalle. Notre goût, à cet égard, diffère de celui des anciens ; car si nous aimons les sourcils bien marqués et bien arqués, nous n'aimons pas qu'ils se joignent de trop près.

10. *Nuda Venus madidas exprimit imbre comas* (v. 224). Ce vers

désigne peut-être la statue de *Vénus sortant de la mer*, laquelle était dans la galerie d'Octavie, qui joignait le temple de Jupiter. Pline (liv. xxxvi, ch. 5) la décrit sortant des flots avec ses cheveux mouillés, et l'attribue à Scopas, en ajoutant qu'elle surpassait celle de la même déesse, due au ciseau de Praxitèle. Quoi qu'il en soit, ce vers rappelle l'ode charmante d'Anacréon, *Sur un disque representant Vénus sur les flots*.

11. *Nigrior, ad Pharii confuge piscis opem* (v. 270). Le poisson de Pharos désigné par Ovide est le crocodile. Les dames faisaient usage, pour se blanchir la peau, du blanc tiré des entrailles, d'autres disent des excréments de cet animal amphibie, ainsi que le témoigne Pline l'Ancien : « Potes etiam de stercore crocodili intelligere, quo puellæ utebantur ad cutis nitorem; » et Horace dit à ce sujet dans l'*Épode* xii :

> Jam manet humida creta, colorque
> Stercore fucatus crocodili.

12. *Conveniunt tenues scapulis analectides altis* (v. 273). Les *analectides*, du mot grec ἀναλκτίς, étaient de petits coussinets dont les dames se servaient pour sauver la difformité de leurs épaules. Le poëte comique Alexis en parle dans un passage cité par Athénée, liv. xiii; et Capitolin, ch. xiii de la *Vie d'Antonius Pius*, dit de ce prince : *Fasciabatur tiliaceis tabulis in pectore positis, ut rectus incederet*.

13. *Quid, quum legitima fraudatur littera voce* (v. 293). Les dames romaines avaient, comme on le voit, de l'antipathie pour certaines lettres de l'alphabet, qu'elles retranchaient dans la prononciation des mots. Perse (sat. i, vers 32 et suiv.) dépose aussi de ce travers :

> Hic aliquis, cui circum humeros hyacinthina læna est,
> Rancidulum quiddam balba de nare locutus,
> Phyllidas, Hypsipylas, vatum et plorabile si quid,
> Eliquat, et *tenero supplantat verba palato*.

Supplantare aliquem signifie proprement *donner à quelqu'un le croc-en-jambe*; par analogie, *supplantare verba* doit signifier *écourter*, *estropier* les mots, afin d'en rendre la prononciation plus douce et plus moelleuse.

On se souvient d'avoir vu cette afféterie en vogue parmi les petits-maîtres du Directoire et de l'Empire. La lettre *r* avait été par eux proscrite du langage, et ils disaient *une femme adoable, c'est chamant*, *ma paole d'honneu*. Le bon sens public a fait promptement justice de cette ridicule affectation.

14. *Pars humeri tamen ima tui, pars summa lacerti, Nuda sit* (v. 307). Ferrarius (*de Re vestiaria*, lib. ii, c. 23) et Binæus (*de Calceis*, lib. ii, c. 5, § 6) nous apprennent que ces nudités n'étaient en usage en Rome que parmi les courtisanes et les femmes de mauvaise vie.

15. *Et modo Niliacis carmina lusa modis* (v. 318). Ces airs égyptiens étaient des espèces de sarabandes dont les mouvements étaient très-dissolus et qui ressemblaient aux danses espagnoles de nos jours. Martial en parle ainsi :

> Cantica qui Nili, qui Gaditana susurrat;

et ailleurs :

> Edere lascivos, et Betica crusmata, gestus,
> Et Gaditanis ludere docta modis.

Par *crusmata*, on doit entendre cette espèce de castagnettes dont il est parlé dans la satire xi de Juvénal :

> .... Audiat ille
> Testarum crepitus cum verbis.

16. *Cuive pater vafri luditur arte Getæ* (v. 332). Quelques commentateurs pensent que ce vers fait allusion à Térence; mais je crois plutôt qu'il désigne Ménandre, ainsi que Broukhusius l'a doctement prouvé, en s'appuyant sur ces vers de Properce, liv. iv, élég. 5, v. 43 :

> Sed potius mundi Thais pretiosa Menandri,
> Quum ferit astutos comica mœcha Getas.

Quoi qu'il en soit, ceci est peu important, puisque Térence a imité de très-près les comiques grecs, et surtout Ménandre. Ainsi, dans *Phormion*, il introduit les vieillards Chrémès et Démiphon, qui sont trompés par un fourbe de valet nommé Géta. On voit aussi par là que les anciens donnaient à leurs valets des noms tirés du pays où ils étaient nés, comme *Lydus, Syrus, Davus*, c'est-à-dire Lydien, Syrien, du pays des *Daves*, ancien nom de la *Dacie;* et *Géta* du pays des *Gètes*. C'est ainsi que dans nos auteurs comiques les valets sont appelés *Champagne, Picard, Germain, Bourguignon*, etc.

17. *Nec vos Campus habet, nec vos gelidissima Virgo* (v. 385).

La fontaine virginale était ainsi nommée, parce que la source en avait été indiquée par une vierge, comme nous l'apprenons de Frontin. Toutefois Pline, au livre XXXI, dit que ce nom lui vient de ce qu'approchant du ruisseau d'Hercule, elle s'en éloigne aussitôt, comme si elle en redoutait l'atteinte. Quoi qu'il en soit, cette fontaine était située dans le Champ-de-Mars, et ceux qui venaient s'exercer en cet endroit à la course ou à la lutte se lavaient ensuite dans ses eaux pour se nettoyer de la sueur et de la poussière dont ils étaient couverts. L'épithète *gelidissima* indique que son eau était très-froide, et de semblables ablutions devaient être fort dangereuses pour les hommes d'une constitution délicate.

18. Vers 389 :

> Visite laurigero sacrata Palatia Phœbo :
> Ille Parætonias mersit in alta rates.

Par ces vers notre poëte désigne le temple qu'Auguste, vainqueur d'Antoine et de Cléopâtre à la bataille d'Actium, avait élevé à Apollon Actiacus sur le mont Palatin. Ce temple fut orné des offrandes les plus splendides, et Auguste y fit placer les statues d'or et d'argent qu'on avait érigées en son honneur. C'était un édifice magnifique, dont les portes étaient d'ivoire et enrichies d'or et de peintures. Properce, au livre II, élégie 31, en fait une pompeuse description :

> Quæris cur veniam tibi tardior ? aurea Phœbi
> Porticus a magno Cæsare aperta fuit.
> Tota erat in speciem Pœnis digesta columnis,
> Inter quas Danai femina turba senis.
> Hic equidem Phœbo visus mihi pulchrior ipso
> Marmoreus tacita carmen hiare lyra ;
> Atque aram circum steterant armenta Myronis,
> Quatuor artifices, vivida signa, boves.
> Tum medium claro surgebat marmore templum,
> Et patria Phœbo carius Ortygia.
> Auro Solis erat supra fastigia currus ;
> Et valvæ, Libyci nobile dentis opus,
> Altera dejectos Parnassi vertice Gallos,
> Altera mœrebat funera Tantalidos.
> Deinde inter matrem Deus ipse interque sororem
> Pythius in longa carmina veste sonat.

Ovide appelle les vaisseaux égyptiens *Parætonias rates*, de Parétone, ville d'Égypte, sur le bord de la mer.

19. Vers 391 :

Quæque soror conjuxque ducis monumenta pararunt,
Navalique gener cinctus honore caput.

Par *soror conjuxque ducis*, Ovide désigne Octavie, sœur d'Auguste, et Livie son épouse, qui, toutes deux, avaient fait élever à Rome de superbes portiques qui portaient leurs noms.

Par *gener cinctus caput honore navali*, il désigne Marcus Agrippa, qui avait épousé Julie, fille d'Auguste, et qui, après sa victoire sur la flotte de Sextus Pompée, fut décoré par cet empereur de la couronne navale, que l'on accordait à celui qui s'élançait le premier les armes à la main sur un vaisseau ennemi. Agrippa fit élever à Rome plusieurs beaux édifices, parmi lesquels on remarquait des thermes qu'il avait ornés d'un grand nombre de tableaux, et dont Pline parle avec éloge dans les livres xxxiv, xxxv et xxxvi de son *Histoire naturelle*; il avait en outre fait construire, auprès du Panthéon, un portique auquel plusieurs historiens donnent le nom de πρόπυλον. Consultez à cet égard les auteurs qui ont écrit sur les antiquités romaines. On doit encore à ce même Agrippa plusieurs aqueducs dont Pline fait mention au liv. xxxvi.

20. *Non erit ignotæ gratia magna lyræ* (v. 401). Allusion à ce proverbe grec si connu : Τῆς λανθανούσης μουσικῆς οὐδεὶς λόγος.

21. *Si Venerem Cous nusquam posuisset Apelles* (v. 402). Ovide fait naître Apelles dans l'île de Cos; d'autres néanmoins, comme Strabon, lui donnent la ville d'Éphèse pour patrie. Il peignit cette Vénus *Anadyomène*, ou sortant des eaux, que l'empereur Auguste plaça dans le temple consacré à Jules César. Mais le temps détruisit ce chef-d'œuvre, que Néron remplaça par un autre tableau de la même déesse fait par le peintre Dorotheus. Apelles avait commencé, pour les habitants de l'île de Cos, une autre Vénus qui devait surpasser la première; mais la mort de ce grand artiste l'empêcha d'achever cet ouvrage, que depuis aucun peintre n'eut la hardiesse de terminer, comme nous l'apprenons de Pline. Mérula rapporte au sujet de la Vénus d'Apelles une excellente épigramme d'Ausone, qu'il dit avoir été trouvée de son temps à Milan. La voici :

> Emersam pelagi nuper genialibus undis
> Cyprin, Apellei cerne laboris opus.
> Ut complexa manu madidos salis æquore crines,
> Humidulis spumas stringit utraque comis.
> Jam tibi nos, i præ, Juno inquit et innuba Pallas,
> Cedimus, et formæ præmia deperimus.

22. *Annulus in digitis alter et alter erit* (v. 446). On voit par ce passage qu'à Rome les petits-maîtres et les galants de profession

ornaient leurs doigts d'une grande quantité d'anneaux, ce qui était regardé comme une preuve de mollesse et de libertinage. Pétrone vient à l'appui de cette assertion dans le chap. LVIII du *Satyricon*, où un des convives de Trimalcion dit à Ascylte, jeune homme efféminé : *Nisi, si me judicas annulos buxeos curare, quos amicæ tuæ involasti.* « Peut-on, s'écrie Juvénal, se refuser à la satire, lorsqu'on voit un échappé des bourbiers de l'Égypte, un Crispinus, autrefois esclave dans Canope, rejeter nonchalamment sur ses épaules la pourpre tyrienne, et, les doigts en sueur, agiter en l'air ses bagues d'été, trop délicat pour supporter des anneaux plus pesants ? » Lampride remarque que personne à cet égard ne porta le luxe aussi loin qu'Héliogabale, qui ne mit jamais deux fois le même anneau.

23. *Sed quoniam, quamvis vittæ careatis honore* (v. 483). Il n'y avait que les filles de condition libre qui eussent le droit de porter cet ornement. Quant aux esclaves, aux étrangères ou aux femmes récemment affranchies, elles en étaient privées; il fallait qu'il se fût écoulé deux générations pour qu'elles fussent *ingenuæ*, et qu'elles pussent jouir de cette prérogative. C'est donc, je le répète, aux femmes d'une naissance commune et d'une vertu douteuse qu'Ovide adresse ses conseils.

24. Vers 505 :

« I procul hinc, » dixit, « non es mihi, tibia, tanti, »
Ut vidit vultus Pallas in amne suos.

Allusion à l'invention de la flûte par Minerve, qui renonça bien vite à cet instrument, dès qu'elle eut aperçu dans l'eau d'un fleuve la grimace que ses efforts pour en jouer faisaient faire à son visage. Ovide, dans le livre IV des *Fastes*, raconte cette histoire avec beaucoup de grâce et d'enjouement.

25. *Dux bonus huic centum commisit vite regendos* (v. 527). Allusion au sarment de vigne que portaient les centurions comme signe de leur autorité. Juvénal, en parlant de Marius, satire VIII, v. 246, dit :

Nodosam post hæc frangebat vertice vitem.

26. *Nomen habet Nemesis; Cinthia nomen habet* (v. 536). Ce sont les noms des différentes belles célébrées par les poëtes érotiques latins. La maîtresse de Catulle s'appelait Lesbie; celle de Tibulle, Némésis; celle de Properce, Cynthie; celle de Gallus, Lycoris; enfin celle d'Ovide, Corinne.

27. *Sedibus œtheriis spiritus ille venit* (v. 550). Tous les poëtes lyriques se prétendent inspirés par le ciel. Jean-Baptiste Rousseau lui-même, écrivain très-habile sans aucun doute, mais poëte peu inspiré, n'a-t-il pas dit :

> Mais quel souffle divin m'enflamme ?
> D'où naît cette soudaine horreur ?
> Un dieu vient échauffer mon âme
> D'une poétique fureur.
> Loin d'ici, profane vulgaire !
> Apollon m'inspire et m'éclaire ;
> C'est lui, je le vois, je le sens.
> Mon cœur cède à sa violence ;
> Mortels, respectez sa présence,
> Prêtez l'oreille à mes accents.

On lit dans Cicéron, au livre II de l'*Orateur :* « Sæpe enim audivi poetam bonum neminem sine inflammatione animorum existere posse, et sine quodam afflatu quasi furoris. »

28. *Non bene cum sociis regna Venusque manent* (v. 564). Sénèque a imité ce vers dans son *Agamemnon*, vers 259 :

> Nec regna socium ferre, nec tædæ sciunt.

Lucain a dit dans le même sens, liv. I, v. 92 de la *Pharsale :*

> .... Omnisque potestas
> Impatiens consortis erit.

29. Vers 613 :

> Nupta virum timeat : rata sit custodia nuptæ :
> Hoc decet, hoc leges jusque pudorque jubent.

La loi civile approuvait, voulait même que la femme légitime, *matrona*, eût un gardien, un surveillant de sa bonne conduite et de sa pudeur. La jalousie avait étendu le privilége de la loi, et l'on proposait un gardien à sa maîtresse, peut-être avec plus de rigueur encore qu'à son épouse. C'est contre cette dernière espèce de gardiens qu'Ovide dit qu'il enseigne l'art de tromper.

30. Vers 627 :

> Tuta quoque est, fallitque oculos et lacte recenti
> Littera ; carbonis pulvere tange : leges.

Les modernes ont fait des découvertes chimiques plus savantes,

Les dissolutions de sels, les acides, ont donné dans ce genre des résultats que ne soupçonnait pas l'antiquité, et les encres sympathiques se sont multipliées à l'infini.

31. Vers 641 :

> Quum, quoties opus est, fallax ægrotet amica,
> Et cedat lecto quamlibet ægra suo.

Martial a dit de même, liv. xi, épigr. 7 :

> Infelix, quid ages? ægram simulabis amicam?
> Hærebit dominæ vir comes ipse suæ.

32. *Et lepus hic aliis exagitatus erit* v. 662). Locution proverbiale que nous retrouvons dans Pétrone, *Satyricon*, ch. cxxxi : « Vides, inquit, quod *aliis leporem excitavi!* »

33. *Lemniasi gladios in mea fata dabo* (v. 672). *Lemniasi*, datif grec pour *Lemniadibus*, les femmes de Lemnos qui s'armèrent contre les hommes qu'elles égorgèrent pendant la nuit, sans même épargner leurs maris. Stace, liv. v, v. 50 et suiv. de la *Thébaïde*, fait raconter cette aventure par Hypsipyle, fille de Thoas et reine de Lemnos.

34. *Accipienda sinu, mobilis Aura, veni* (v. 698). Nous n'avons pas cru devoir, comme presque tous nos devanciers, traduire le mot *Aura* par *Aure*, qui ne signifie rien en français : nous y avons substitué le mot *Brise*, qui peut aussi bien que le mot latin prêter à l'équivoque, d'ailleurs peu naturelle, qui cause l'erreur de Procris.

35. *Ulteriora pudet docuisse* (v. 769). Ovide entre ici dans des détails d'une telle crudité, que, si l'on est forcé de les traduire, on doit s'abstenir du moins de les commenter. Au reste, ce passage et quelques autres tant de l'*Art d'aimer* que des *Amours* ont été le prétexte de l'exil du poëte.

LES COSMÉTIQUES

TRADUCTION DE

M. HÉGUIN DE GUERLE

REVUE PAR

M. F. LEMAISTRE

LES COSMÉTIQUES

FRAGMENT

Apprenez, jeunes femmes, quels sont les soins qui embellissent le visage, et par quels moyens vous pouvez conserver votre beauté. La culture fait payer ses soins au sol infécond, en le forçant à produire les dons de Cérès; elle détruit les ronces piquantes. La culture adoucit l'âpreté des fruits, et l'arbre greffé adopte ceux dont elle l'enrichit. L'art embellit tout : les superbes lambris se couvrent de dorures; la terre disparaît sous le marbre dont on la couvre. La pourpre tyrienne est plongée plus d'une fois dans l'airain des chaudières, et l'ivoire de l'Inde est scié en morceaux pour satisfaire aux raffinements de notre luxe.

Peut-être, sous le règne de Tatius, les antiques Sabines aimaient-elles mieux prendre soin des champs de leurs pères que

FRAGMENTUM

Discite, quæ faciem commendet cura, puellæ,
 Et quo sit vobis forma tuenda modo.
Cultus humum sterilem Cerealia pendere jussit
 Munera; mordaces interiere rubi.
Cultus et in pomis succos emendat acerbos,
 Fissaque adoptivas accipit arbor opes.
Culta placent : auro sublimia tecta linuntur;
 Nigra sub imposito marmore terra latet.
Vellera sæpe eadem Tyrio medicantur aheno;
 Sectile deliciis India præbet ebur.
Forsitan antiquæ, Tatio sub rege, Sabinæ
 Maluerint, quam se, rura paterna coli,

d'elles-mêmes. Alors la matrone au teint rubicond, assise lourdement sur un siége élevé, exerçait, en filant sans relâche, ses doigts laborieux ; elle-même, elle renfermait au bercail les troupeaux que sa fille avait fait paître ; elle entretenait elle-même le foyer en y jetant des broussailles et du bois fendu. Mais vos mères ont enfanté des filles délicates ; il vous faut, pour vous vêtir, des habits brochés d'or ; vous aimez à varier l'élégant édifice de vos cheveux odorants, à montrer une main ornée de pierreries scintillantes. Vous couvrez votre cou de perles venues de l'Orient, et si lourdes que vos oreilles ont peine à supporter le fardeau dont vous les chargez. Toutefois les soins que vous prenez pour plaire, nous ne devons pas vous les reprocher, puisque tant d'hommes aujourd'hui s'occupent soigneusement de leur parure. Vos maris suivent les modes des femmes, et l'épouse peut à peine ajouter quelque chose à ce luxe de toilette.

Ainsi donc que chacune de vous se pare de son mieux : qu'importe par quels moyens l'amour exerce ses séductions ? Une élégante propreté est à l'abri de tous reproches. Il est des femmes qui, enfouies au fond d'une campagne, ajustent leur chevelure ; fussent-elles cachées à tous les yeux par les hauteurs escarpées de l'Athos, l'Athos les verrait parées. Elles éprouvent

> Quum matrona, premens altum rubicunda sedile,
>   Assiduo durum pollice nebat opus,
> Ipsaque claudebat, quos filia paverat, agnos,
>   Ipsa dabat virgas cæsaque ligna foco.
> At vestræ teneras matres peperere puellas :
>   Vultis inaurata corpora veste tegi ;
> Vultis odoratos positu variare capillos ;
>   Conspicuam gemmis vultis habere manum ;
> Induitis collo lapides Oriente paratos,
>   Et quantos onus est aure tulisse duos.
> Nec tamen indignum, si vobis cura placendi,
>   Quum comtos habeant sæcula nostra viros.
> Feminea vestri potiuntur lege mariti,
>   Et vix ad cultus nupta, quod addat, habet.
> Proin se quæque paret ; nec quo venentur amores
>   Refert : munditiæ crimina nulla merent.
> Rure latent, finguntque comas : licet arduus illas
>   Celet Athos, cultas altus habebit Athos.

une sorte de volupté à se plaire à elles-mêmes ; et il n'est pas de jeune fille qui ne soit occupée et ravie de ses propres attraits. L'oiseau de Junon, sensible à l'éloge qu'on fait de son plumage, en déploie toutes les richesses, et, quoique muet, s'enorgueillit de sa beauté.

Pour nous embraser des feux de l'amour, la parure est un plus sûr moyen que l'art redouté des sorcières et des herbes magiques cueillies par leurs mains. Ne vous fiez ni à la vertu des simples, ni aux philtres composés de leurs sucs mélangés, et gardez-vous d'avoir recours à l'hippomanès d'une cavale en chaleur. On ne voit plus de serpents coupés en deux par les chants des Marses ; on ne voit plus l'eau des ruisseaux remonter à sa source. Vainement on frapperait à coups redoublés l'airain de Témèse, jamais la Lune ne descendrait de son char. Que votre premier soin, jeunes filles, soit donc de veiller sur vos mœurs : un bon caractère donne de l'attrait au visage. La pureté des mœurs est le charme le plus sûr : le temps détruira votre beauté, et les rides sillonneront ce visage si agréable. Un jour viendra où vous regretterez de vous être regardées au miroir ; et ce pénible regret imprimera sur vos fronts de nouvelles rides. Mais la vertu résiste et se prolonge jusqu'au terme de l'existence ;

    Est etiam placuisse sibi quotacumque voluptas :
        Virginibus cordi grataque forma sua est.
    Laudatas homini volucris Junonia pennas
        Explicat, et forma muta superbit avis.
    Sic potius nos uret amor, quam fortibus herbis,
        Quas maga terribili subsecat arte manus.
    Nec vos graminibus nec mixto credite succo,
        Nec tentate nocens virus amantis equæ.
    Nec mediæ Marsis finduntur cantibus angues,
        Nec redit in fontes unda supina suos ;
    Et quamvis aliquis Temescia moverit æra,
        Nunquam Luna suis excutietur equis.
    Prima sit in vobis morum tutela, puellæ :
        Ingenio facies conciliante placet.
    Certus amor morum est : formam populabitur ætas,
        Et placitus rugis vultus aratus erit.
    Tempus erit, quo vos speculum vidisse pigebit,
        Et veniet rugis altera causa dolor.
    Sufficit et longum probitas perdurat in ævum,

elle supporte le poids des ans : la durée de l'amour en dépend.

Venez donc apprendre de moi l'art de donner à votre teint une blancheur éclatante, lorsque se dissipe le sommeil qui enchaînait vos membres délicats. Dépouillez de sa paille et de son enveloppe l'orge que nos vaisseaux apportent des champs de la Libye. Prenez deux livres de cet orge mondé : ajoutez-y une égale quantité d'ers, et détrempez-la dans une dizaine d'œufs. Quand ces ingrédients auront été séchés à l'air, faites-les broyer par une ânesse sous la meule rocailleuse. Râpez de la corne de cerf, de celle qui tombe au printemps ; mettez-en la sixième partie d'une livre. Quand vous aurez réduit le tout en farine bien menue, faites passer ce mélange dans un tamis creux. Ajoutez-y douze oignons de Narcisse, dépouillés de leur écorce, et qu'une main vigoureuse pilera dans un mortier de marbre. Il doit encore y entrer deux onces de gomme et d'épeautre de Toscane, et neuf fois autant de miel. Toute femme qui enduira son visage de ce cosmétique le rendra plus uni, plus brillant que son miroir.

Ensuite n'hésitez pas à faire griller ensemble de pâles lupins

Fertque suos annos : hinc bene pendet amor.
Disce, age, quum teneros somnus dimiserit artus,
   Candida quo possint ora nitere modo.
Hordea, quæ Libyci ratibus misere coloni,
   Exue de palea tegminibusque suis.
Par ervi mensura decem madefiat ab ovis;
   Sed cumulent libras hordea nuda duas.
Hæc ubi ventosas fuerint siccata per auras,
   Lenta jube scabra frangat asella mola;
Et, quæ prima cadunt vivaci cornua cervo,
   Contere : in hæc solidi sexta face assis eat.
Jamque ubi pulvereæ fuerint confusa farinæ,
   Protinus in cribris omnia cerne cavis.
Adjice narcissi bis sex sine cortice bulbos,
   Strenua quos puro marmore dextra terat;
Sextantemque trahat gummi cum semine Tusco;
   Huc novies tanto plus tibi mellis eat.
Quæcumque afficiet tali medicamine vultum,
   Fulgebit speculo levior ipsa suo.
Nec tu pallentes dubita torrere lupinos,
   Et simul inflantes corpora frige fabas.

et des fèves venteuses; mettez-en six livres par portion égale; et que le tout soit écrasé sous la meule. Ne manquez pas d'y joindre de la céruse, de l'écume de nitre rouge et de l'iris venu d'Illyrie, que vous ferez pétrir par des bras jeunes et robustes; et qu'ainsi triturés, ces ingrédients ne pèsent pas plus d'une once. En y ajoutant de la matière dont l'alcyion plaintif cimente son nid, et qu'on appelle alcyonée, vous aurez un excellent remède pour faire disparaître les taches du visage. Si vous voulez en savoir la dose, une once divisée en deux parties est le poids que je prescris. Pour lier ce mélange et en faire une pommade onctueuse pour le corps, ajoutez-y du miel brut de l'Attique.

Quoique l'encens soit agréable aux dieux et apaise leur courroux, il ne faut pas le réserver uniquement pour les brasiers de leurs temples : mêlez donc de l'encens avec du nitre qui enlève les bourgeons de la peau, et employez quatre onces de chacun à poids égal. Ajoutez-y un morceau de gomme arrachée à l'écorce des arbres, mais plus léger d'un quart, et la grosseur d'un dé de myrrhe grasse. Après avoir broyé le tout, passez-le au tamis, et délayez cette poudre en y versant du miel. Il y a

Utraque sex habeant, æquo discrimine, libras;
   Utraque da nigris comminuenda molis.
Nec cerussa tibi, nec nitri spuma rubentis
   Desit, et Illyrica quæ venit iris humo.
Da validis juvenum pariter subigenda lacertis :
   Sed justum tritis uncia pondus erit.
Addita de querulo volucrum medicamina nido
   Ore fugant maculas : Halcyonea vocant.
Pondere, si quæris, quo sim contentus in illis :
   Quod trahit in partes uncia secta duas.
Ut coeant, apteque lini per corpora possint,
   Adjice de flavis Attica mella favis.
Quamvis tura Deos irataque numina placent,
   Non tamen accensis omnia danda focis.
Tus ubi miscueris radenti tubera nitro,
   Ponderibus justis fac sit utrimque triens.
Parte minus quarta dereptum cortice gummi,
   Et modicum e myrrhis pinguibus adde cubum.
Hæc ubi contriris, per densa foramina cerne :
   Pulvis ab infuso melle premendus erit.

des femmes qui se sont bien trouvées d'ajouter du fenouil à la myrrhe odorante : neuf scrupules de myrrhe en exigent cinq de fenouil. Joignez-y une poignée de roses sèches, du sel ammoniac et de l'encens mâle ; versez-y une infusion d'orge, et que le poids du sel et de l'encens égale celui des roses. Très-peu de temps suffira pour que, frotté de ce cosmétique, votre visage brille du coloris le plus agréable.

J'ai vu une femme qui mettait tremper des pavots dans de l'eau froide, les pilait ensuite et s'en frottait les joues. . . . .

(Le reste manque.)

Profuit et marathros bene olentibus addere myrrhis ;
 Quinque trahant marathri scrupula, myrrha novem ;
Arentisque rosæ quantum manus una prebendat,
 Cumque ammoniaco mascula tura sale.
Hordea quem faciunt, illis infunde cremorem ;
 Æquent expensas cum sale tura rosas.
Tempore sis parvo molles licet illita vultus,
 Hærebit toto multus in ore color.
Vidi quæ gelida madefacta papavera lympha
 Contereret, teneris illineretque genis.

. . . .

(Reliqua desunt.)

NOTES

DES COSMÉTIQUES

1. *Medicamina faciei.* Ovide parle de cet opuscule dans le livre III de l'*Art d'aimer*, v. 205 :

> Est mihi, quo dixi vestræ medicamina formæ,
> Parvus, sed cura grande libellus opus.
> Hinc quoque præsidium lasæ petitote, puellæ :
> Non est pro vestris ars mea rebus iners.

Cet ouvrage ne nous est parvenu qu'incomplet. Les éditeurs ne sont pas d'accord sur le titre qu'il devait avoir. Celui que nous avons adopté, et qui est le plus généralement suivi, paraît uniquement fondé sur ces mots d'Ovide : « Est mihi quo dixi vestræ *medicamina formæ.* » Les manuscrits de ce fragment ne portent aucun titre, excepté le manuscrit du Vatican, qui est intitulé : *de Ornatu faciei* : l'édition princeps porte : *Medicata facies.* Heinsius proposait : *Ars medicandæ faciei.*

2. *Fissaque adoptivas accipit arbor opes* (v. 6). Ovide a employé plusieurs fois cette métaphore dans ses ouvrages : dans l'*Art d'aimer*, liv. II, v. 652, il la reproduit presque dans les mêmes termes :

> Firmaque adoptivas arbor habebit opes.

3. *Forsitan antiquæ, Tatio sub rege, Sabinæ* (v. 11). Le tableau que fait ici Ovide de la vie rustique et laborieuse des matrones sabines, sous le règne de Tatius, opposée à la politesse raffinée des dames romaines de son temps, est on ne peut plus piquant ; le style en est plein de finesse et d'élégance. Notre poëte parle aussi de la chasteté des Sabines à cette époque, dans l'élégie 8, liv. I des *Amours*, v. 39 :

> Forsitan immundæ, Tatio regnante, Sabinæ
> Noluerint habiles pluribus esse viris.

4. *Ipsaque claudebat, quos filia paverat, agnos* (v. 15). Tel était

donc l'emploi des plus riches Sabines, semblables à la Phyllis et à l'Alcippe dont parle Virgile, *Églogue* VII, v. 14 :

> .... Neque ego Alcippen, nec Phyllida habebam,
> Depulsos a lacte domi quæ *clauderet* agnos.

Juvénal fait allusion à cette vie pastorale des anciens Romains, sat. VI, v. 4 :

> Et pecus et dominos communi *clauderet* umbra,

et Horace, dans l'*Ode* 6 du liv. III, v. 37 :

> Sed rusticorum mascula militum
> Proles, Sabellis docta ligonibus
> Versare glebas, et severæ
> Matris ad arbitrium recisos
> Portare fustes.

5. *Et quantos onus est aure tulisse duos* (v. 22). On voit, par ce passage, que les dames romaines portaient des boucles d'oreilles d'un très-grand poids. Claudien a dit à ce sujet (VIe *consulat d'Honorius*, v. 528) :

> ..... Baccis *onerat* candentibus *aures;*

et Tertullien, *Apologétique*, ch. VI : *Nunc in feminis* præ auro nullum *est leve membrum.*

6. *Et quamvis aliquis Temescia moverit æra* (v. 41). Témèse était une ville d'Italie dans le pays des Brutiens, dont l'airain était aussi estimé des Romains que celui de Corinthe. Ovide en parle encore dans le livre V des *Fastes :*

> ..... Temeseia concrepat æra ;

et Stace, dans sa première *Sylve*, décrivant la statue équestre de Domitien, qui était de bronze :

> Et quis se totis Temese dedit hausta metallis.

On sait d'ailleurs que les anciens croyaient que les éclipses de lune étaient causées par les enchantements des sorcières, et que, pour soulager Phœbé dans ce pénible moment, ils frappaient à coups redoublés sur des vases de cuivre ou d'airain.

HÉROÏDES

CHOISIES.

TRADUCTION DE M. CHAPPUYZI

REVUE PAR M. F. LEMAISTRE

HÉROÏDES
CHOISIES

PÉNÉLOPE A ULYSSE.

C'est ta Pénélope qui t'envoie cette lettre, trop tardif Ulysse : ne me réponds rien; mais viens toi-même. Elle est certainement tombée, cette Troie odieuse aux filles de la Grèce. Priam et Troie entière valent à peine ce qu'ils me coûtent. Oh! que n'a-t-il été enseveli dans les flots courroucés, le ravisseur adultère, alors qu'il voguait vers Lacédémone! je n'eusse pas été, sur une couche froide et solitaire, délaissée par mon époux ; je n'accuserais pas la lenteur des jours ; et dans mes efforts pour remplir le vide des nuits, une toile éternellement inachevée ne fatiguerait pas les mains de ta veuve.

N'ai-je pas craint sans cesse des périls plus grands que la réalité? L'amour est une cause perpétuelle de crainte et de

PENELOPE ULIXI.

Hanc tua Penelope lento tibi mittit, Ulixe :
    Nil mihi rescribas, et tamen ipse veni.
Troja jacet certe, Danais invisa puellis.
    Vix Priamus tanti totaque Troja fuit.
O utinam tunc quum Lacedæmona classe petebat,
    Obrutus insanis esset adulter aquis!
Non ego deserto jacuissem frigida lecto,
    Nec quererer tardos ire relicta dies,
Nec mihi, quærenti spatiosam fallere noctem,
    Lassaret viduas pendula tela manus.
Quando ego non timui graviora pericula veris?
    Res est solliciti plena timoris amor.

sollicitude. Je me figurais les Troyens fondant sur toi avec violence; le nom d'Hector me faisait toujours pâlir. M'apprenait-on qu'Antiloque eût été vaincu par Hector, Antiloque était le sujet de mes alarmes; que le fils de Ménœte avait succombé sous des armes d'emprunt, je pleurais en songeant que le succès pouvait manquer à la ruse. Tlépolème avait rougi de son sang la lance d'un Lycien; le trépas de Tlépolème renouvela toutes mes inquiétudes. Enfin, qui que ce fût, dans le camp des Grecs, qui eût succombé, le cœur de ton amante devenait plus froid que la glace.

Mais un dieu équitable a exaucé mon chaste amour : Troie est réduite en cendres, et mon époux existe. Les chefs d'Argos sont de retour; l'encens fume sur les autels; la dépouille des Barbares est déposée aux pieds des dieux de la patrie. Les jeunes épouses apportent les offrandes de la reconnaissance pour le salut de leurs maris; à leur tour, ceux-ci chantent les destins de Troie vaincus par les leurs. Les graves vieillards et les jeunes filles tremblantes les admirent; l'épouse est suspendue aux lèvres de l'époux pendant son récit. L'un d'entre eux retrace sur une table l'image affreuse des combats, et, dans

In te fingebam violentos Troas ituros;
  Nomine in Hectoreo pallida semper eram.
Sive quis Antilochum narrabat ab Hectore victum,
  Antilochus nostri causa timoris erat;
Sive Menœtiaden falsis cecidisse sub armis,
  Flebam successu posse carere dolos.
Sanguine Tlepolemus Lyciam tepefecerat hastam;
  Tlepolemi leto cura novata mea est.
Denique, quisquis erat castris jugulatus Achivis,
  Frigidius glacie pectus amantis erat.
Sed bene consuluit casto deus æquus amori :
  Versa est in cinerem sospite Troja viro.
Argolici rediere duces; altaria fumant;
  Ponitur ad patrios barbara præda deos.
Grata ferunt nymphæ pro salvis dona maritis;
  Illi victa suis Troia fata canunt.
Mirantur justique senes trepidæque puellæ;
  Narrantis conjux pendet ab ore viri.
Atque aliquis posita monstrat fera prœlia mensa,

quelques goûttes de vin, représente Pergame tout entière : « Ici coulait le Simoïs ; là est le port de Sigée ; plus loin, s'élevait le superbe palais du vieux Priam ; en cet endroit campait le fils d'Éaque, Ulysse en cet autre ; c'est là que le cadavre mutilé d'Hector effraya les coursiers qui le traînaient. » Le vieux Nestor avait tout raconté à ton fils, envoyé à ta recherche, et ton fils me l'avait redit. Il me dit encore Rhésus et Dolon égorgés par le fer ; comment l'un fut trahi dans les bras du sommeil, l'autre par une ruse. Tu as osé, trop oublieux des tiens, pénétrer par une fraude nocturne dans le camp des Thraces, et immoler tant de guerriers à la fois avec le secours d'un seul homme. Voilà donc ta prudence, et c'est ainsi que tu te souvenais de moi ! La peur a sans cesse fait battre mon sein, tant qu'on ne m'a pas dit que tu avais traversé en vainqueur sur les coursiers d'Ismare des bataillons amis.

Mais enfin, à quoi me sert-il qu'Ilion ait été renversée par vos bras, et qu'on n'aperçoive plus que la place de ses remparts, si je reste ce que j'étais avant la ruine de cette ville, si l'absence de mon époux ne doit point avoir de terme? Pergame est détruite pour les autres ; pour moi seule elle reste debout ; et

    Pingit et exiguo Pergama tota mero :
« Hac ibat Simois ; hic est Sigeia tellus ;
    Hic steterat Priami regia celsa senis ;
Illic Æacides, illic tendebat Ulixes ;
    Hic lacer admissos terruit Hector equos. »
Omnia namque tuo senior, te quærere misso,
    Rettulerat nato Nestor, at ille mihi ;
Rettulit et ferro Rhesumque Dolonaque cæsos,
    Utque sit hic somno proditus, ille dolo.
Ausus es, o nimium nimiumque oblite tuorum,
    Thracia nocturno tangere castra dolo,
Totque simul mactare viros, adjutus ab uno.
    At bene cautus eras et memor ante mei!
Usque metu micuere sinus, dum victor amicum
    Dictus es Ismariis isse per agmen equis.
Sed mihi quid prodest vestris disjecta lacertis
    Ilios, et, murus quod fuit ante, solum,
Si maneo qualis Troja durante manebam,
    Virque mihi, demto fine carendus, abes ?
Diruta sunt aliis, uni mihi Pergama restant,

cependant des bœufs captifs y promènent la charrue d'un étranger vainqueur. Déjà croît la moisson dans les champs où fut Troie; et la terre, engraissée du sang des Phrygiens, offre au tranchant de la faux les fruits d'une riche culture. Le soc recourbé heurte les ossements à demi ensevelis des guerriers; l'herbe recouvre les maisons ruinées. Vainqueur, tu es absent; et je ne puis apprendre, cruel, ni le motif de tes retards, ni en quelle contrée du globe tu te caches. Chaque étranger qui dirige sa poupe vers ces rivages ne part d'ici que pressé par moi de nombreuses questions sur ton sort, et porteur d'un écrit tracé de ma main, qu'il doit te remettre, si toutefois il parvient à te voir quelque part. Nous avons envoyé à Pylos, où règne le fils de Nélée, le vieux Nestor : des bruits vagues nous sont revenus de Pylos; nous avons envoyé à Sparte : Sparte aussi ignore la vérité. Quelle terre habites-tu? En quel lieu prolonges-tu ton séjour? Il vaudrait mieux que les remparts de Thèbes subsistassent encore (hélas! inconséquente, je m'irrite contre mes propres vœux!); je saurais au moins où tu combats, et ne craindrais que la guerre; et ma plainte se mêlerait à beaucoup d'autres. Je ne sais ce que je crains; cependant je crains tout,

  Incola captivo quæ bove victor arat.
Jam seges est ubi Troja fuit, resecandaque falce
  Luxuriat Phrygio sanguine pinguis humus.
Semisepulta virum curvis feriuntur aratris
  Ossa; ruinosas occulit herba domos.
Victor abes, nec scire mihi, quæ causa morandi,
  Aut in quo lateas ferreus orbe, licet.
Quisquis ad hæc vertit peregrinam littora puppim,
  Ille mihi de te multa rogatus abit,
Quamque tibi reddat, si te modo viderit usquam,
  Traditur huic digitis charta notata meis.
Nos Pylon, antiqui Neleia Nestoris arva,
  Misimus : incerta est fama remissa Pylo;
Misimus et Sparten : Sparte quoque nescia veri.
  Quas habitas terras, aut ubi lentus abes?
Utilius starent etiam nunc mœnia Phœbi
  (Irascor votis heu levis ipsa meis!);
Scirem ubi pugnares, et tantum bella timerem,
  Et mea cum multis juncta querela foret.
Quid timeam ignoro; timeo tamen omnia demens,

dans mon égarement ; et un vaste champ est ouvert à mes inquiétudes. Tous les périls de la mer, tous ceux de la terre, je les soupçonne d'être la cause de si longs retards. Tandis que je me livre follement à ces pensers, peut-être (car tel est votre caprice, ô hommes !) es-tu retenu par quelque amour étranger. Peut-être parles-tu avec dédain de la rusticité de ton épouse, bonne seulement à dégrossir la laine des troupeaux.

Mais, que ce soit une erreur et que cette accusation s'évanouisse : libre de revenir, tu ne veux pas être absent. Mon père Icare me contraint d'abandonner une couche solitaire, et ne cesse d'accuser ces retards interminables. Qu'il te condamne, s'il le veut ; je suis à toi ; je veux qu'on m'appelle ta Pénélope ; toujours je serai l'épouse d'Ulysse. Cependant mon père, vaincu par mon amour et mes pudiques instances, modère son autorité. Mais une troupe d'amants de Dulichium, de Samos et de la superbe Zacynthe s'attachent effrontément à mes pas : ils règnent dans ta cour sans résistance. Ils se disputent mon cœur et tes richesses. Te nommerai-je Pisandre, Polybe, Médon le cruel, et Eurymaque et Antinoüs aux mains avides,

    Et patet in curas area lata meas.
Quæcunque æquor habet, quæcunque pericula tellus,
    Tam longæ causas suspicor esse moræ.
Hæc ego dum stulte meditor (quæ vestra libido est!),
    Esse peregrino captus amore potes.
Forsitan et narres quam sit tibi rustica conjux,
    Quæ tantum lanas non sinat esse rudes.
Fallar, et hoc crimen tenues vanescat in auras,
    Neve, revertendi liber, abesse velis.
Me pater Icarius viduo discedere lecto
    Cogit, et immensas increpat usque moras.
Increpet usque licet : tua sum, tua dicar oportet
    Penelope : conjux semper Ulixis ero.
Ille tamen pietate mea precibusque pudicis
    Frangitur, et vires temperat ipse suas.
Dulichii, Samiique, et, quos tulit alta Zacynthos,
    Turba ruunt in me luxuriosa, proci,
Inque tua regnant, nullis prohibentibus, aula.
    Viscera nostra, tuæ dilaniantur opes.
Quid tibi Pisandrum, Polybumque, Medontaque dirum,
    Eurymachique avidas Antinoique manus,

et d'autres encore que ta honteuse absence laisse se gorger des biens acquis au prix de ton sang? L'indigent Irus, et Mélanthe, qui mène les troupeaux aux pâturages, mettent le comble à ta honte et à ta ruine.

Nous ne sommes que trois ici, hélas! bien faibles : une épouse sans défense, Laërte, vieillard, et Télémaque, enfant! Celui-ci, des embûches me l'ont presque enlevé, tandis qu'il se prépare, malgré tout le monde, à se rendre à Pylos. Fasse le ciel que l'ordre accoutumé des destins s'accomplisse, et qu'il nous ferme les yeux, à toi et à moi! C'est ce que désirent et la vieille nourrice, et le gardien de nos bœufs, et celui qui veille fidèlement sur l'étable immonde. Mais Laërte, inhabile aux armes, ne peut tenir le sceptre au milieu de ces ennemis. Avec l'âge, Télémaque, pourvu seulement qu'il vive, se fortifiera : maintenant il faudrait que son père le protégeât de son secours. Je n'ai pas assez de force pour chasser du palais nos ennemis. Viens en toute hâte, viens, toi, notre port de salut, notre asile. Tu as, et puisses-tu l'avoir longtemps! un fils qui, dans ses tendres années, devait être instruit dans la science de son père. Regarde Laërte : c'est afin que tu lui fermes les yeux qu'il dif-

> Atque alios referam, quos omnes turpiter absens
>   Ipse tuo partis sanguine rebus alis?
> Irus egens, pecorisque Melanthius actor edendi,
>   Ultimus accedunt in tua damna pudor.
> Tres sumus imbelles numero : sine viribus uxor,
>   Laertesque senex, Telemachusque puer.
> Ille per insidias pene est mihi nuper ademtus,
>   Dum parat, invitis omnibus, ire Pylon.
> Di precor hoc jubeant, ut, euntibus ordine fatis,
>   Ille meos oculos comprimat, ille tuos!
> Hoc faciunt custosque boum, longævaque nutrix,
>   Tertius immundæ cura fidelis haræ.
> Sed neque Laertes, ut qui sit inutilis armis,
>   Hostibus in mediis regna tenere valet.
> Telemacho veniet, vivat modo, fortior ætas;
>   Nunc erat auxiliis illa tuenda patris.
> Nec mihi sunt vires inimicos pellere tectis :
>   Tu citius venias, portus et ara tuis.
> Est tibi, sitque precor, natus, qui mollibus annis
>   In patrias artes erudiendus erat.
> Respice Laerten : ut jam sua lumina condas,

fère le jour suprême du destin. Pour moi, jeune à ton départ, quelque prompt que soit ton retour, je ne puis manquer de te paraître vieille.

(*Épître* 1re.)

ŒNONE A PARIS.

Me lis-tu? ou ta nouvelle épouse s'y oppose-t-elle? lis : cette lettre n'a pas été tracée par une main de Mycène. C'est Œnone la naïade, célèbre dans les forêts de la Phrygie, qui, offensée, se plaint de toi, mon époux, si tu veux me permettre ce nom. Quelle divinité ennemie a contrarié mes vœux? Quel crime ai-je commis, pour cesser d'être à toi? Il faut se résigner au malheur, quand on l'a mérité ; mais les peines injustes sont difficiles à supporter.

Tu n'étais pas un si grand prince, lorsque je me contentai de ton hymen, quoique nymphe et fille d'un grand fleuve. Si tu es maintenant le fils de Priam, tu étais alors (disons sans crainte la vérité), tu étais esclave : nymphe, j'ai daigné m'unir à un esclave. Souvent, parmi les troupeaux, nous reposâmes sous l'abri d'un arbre, et son feuillage, mêlé au gazon, nous offrait

> Extremum fati sustinet ille diem.
> Certe ego, quæ fueram te discedente puella,
> Protinus ut redeas, facta videbor anus.

(*Epist.* I.)

ŒNONE PARIDI.

> Perlegis? an conjux prohibet nova? perlege : non est
>   Ista Mycenæa littera facta manu.
> Pegasis Œnone, Phrygiis celeberrima silvis,
>   Læsa queror de te, si sinis esse, meo.
> Quis Deus opposuit nostris sua numina votis?
>   Ne tua permaneam, quod mihi crimen obest?
> Leniter, ex merito quidquid patiare, ferendum est :
>   Quæ venit indignæ pœna, dolenda venit.
> Nondum tantus eras, quum te contenta marito,
>   Edita de magno flumine Nympha, fui.
> Qui nunc Priamides, (absit reverentia vero)
>   Servus eras : servo nubere Nympha tuli.

un lit de verdure. Souvent, étendus sur le chaume et la paille touffue, une chétive cabane nous défendait contre les blancs frimas. Qui te montrait les bois propices à la chasse, et la roche où la bête fauve dérobait ses petits? Souvent, compagne de tes amusements, j'ai tendu les filets aux mailles nombreuses; souvent j'ai conduit les limiers rapides sur la cime des monts. Les hêtres conservent mon nom que ta serpe a tracé sur leur écorce, où l'on peut lire : *OEnone*; autant croissent ces troncs, autant mon nom croît avec eux. Croissez, et que cette glorieuse inscription s'élève avec votre tige superbe. Il est, je m'en souviens, un peuplier, planté sur la rive du fleuve, où tu gravas des mots qui gardent le souvenir de notre amour. Peuplier, vis longtemps, toi qui, planté le long du rivage, portes ces vers sur ton écorce ridée : « Lorsque Pâris pourra respirer loin d'Œnone, le cours du Xanthe remontera vers sa source. » Xanthe, retourne sur tes pas; ondes, revenez sur vous-mêmes : Pâris ne craint pas de survivre à l'abandon d'Œnone.

Ce jour fatal a marqué ma destinée; c'est par lui qu'a commencé le refroidissement cruel d'un amour inconstant, alors

Sæpe greges inter requievimus arbore tecti,
  Mixtaque cum foliis præbuit herba torum.
Sæpe, super stramen fœnoque jacentibus alto,
  Defensa est humili cana pruina casa.
Quis tibi monstrabat saltus venatibus aptos,
  Et tegeret catulos qua fera rupe suos?
Retia sæpe comes maculis distincta tetendi;
  Sæpe citos egi per juga summa canes.
Incisæ servant a te mea nomina fagi,
  Et legor Œnone, falce notata tua;
Et quantum trunci, tantum mea nomina crescunt.
  Crescite, et in titulos surgite recta meos.
Populus est, memini, fluviali consita ripa,
  Est in qua nostri littera scripta memor :
Popule, vive precor, quæ, consita margine ripæ,
  Hoc in rugoso cortice carmen habes :
« *Quum Paris Œnone poterit spirare relicta,*
  Ad fontem Xanthi versa recurret aqua. »
Xanthe, retro propera, versæque recurrite lymphæ :
  Sustinet Œnonen descruisse Paris.
Illa dies fatum miseræ mihi duxit; ab illa
  Pessima mutati cœpit amoris hiems,

que Vénus et Junon, et la déesse à qui sied mieux l'armure, Minerve nue, vinrent se soumettre à ton jugement. En l'apprenant de toi, mon sein palpita de surprise, et un froid tremblement parcourut mes membres roidis. Je consultai, dans la frayeur qui m'agitait, et les femmes âgées et les vieillards : je ne doutai plus de mon malheur. Le pin est abattu ; on façonne les planches, et, la flotte prête, l'onde azurée reçoit les vaisseaux enduits de cire. Tu pleuras en partant ; au moins épargne-toi de le nier : ce n'est pas de cet amour oublié, c'est de ton nouvel amour que tu dois rougir. Tu pleuras, et tu vis mes yeux baignés de pleurs : dans notre mutuelle douleur, nous confondions nos larmes. Plus fortement que la vigne ne serre l'ormeau, tes bras s'attachèrent à mon cou. Ah ! combien de fois ont ri tes compagnons, lorsque tu te plaignais d'être retenu par les vents ! Les vents étaient propices. Combien de baisers redoublés tu me donnas en me quittant ! Comme ta langue eut à peine le courage de dire : « Adieu ! » Une brise légère relève la voile qui pendait au mât dressé, et l'onde blanchit sous la rame qui la soulève. Je suis des yeux, malheureuse !

<pre>
Qua Venus et Juno, sumtisque decentior armis
    Venit in arbitrium nuda Minerva tuum.
Attoniti micuere sinus, gelidusque cucurrit,
    Ut mihi narrasti, dura per ossa tremor.
Consului, (neque enim modice terrebar) anusque
    Longævosque senes : constitit esse nefas.
Cæsa abies, sectæque trabes, et, classe parata,
    Cærula ceratas accipit unda rates.
Flesti discedens ; hoc saltem parce negare :
    Præterito magis est iste pudendus amor.
Et flesti, et nostros vidisti flentis ocellos ;
    Miscuimus lacrymas mœstus uterque suas.
Non sic appositis vincitur vitibus ulmus,
    Ut tua sunt collo brachia nexa meo.
Ah ! quoties, quum te vento quererere teneri,
    Riserunt comites ! ille secundus erat.
Oscula dimissæ quoties repetita dedisti !
    Quam vix sustinuit dicere lingua, « Vale ! »
Aura levis rigido pendentia lintea malo
    Suscitat, et remis eruta canet aqua.
Prosequor infelix oculis abeuntia vela,
</pre>

voile fugitive, aussi loin qu'il m'est possible; le sable du rivage est arrosé de mes pleurs. Je demande aux verdoyantes Néréides ton prompt retour ; ton prompt retour, hélas! pour consommer ma ruine! Mes vœux t'ont rappelé, mais pour une autre. C'était pour une rivale cruelle que je priais ainsi complaisamment!

Un môle naturel domine sur la profondeur immense des abîmes : c'est une montagne contre laquelle se brisent les vagues de la mer. De là je reconnus la première les voiles de ton vaisseau, et peu s'en fallut que je ne me jetasse dans les ondes pour m'élancer au-devant de toi. Tandis que je balance, je vois briller des ornements de pourpre au sommet de ta proue. La crainte me saisit : cette parure n'était pas la tienne. Le navire approche et, porté par un souffle rapide, il touche terre. Je vois alors, le cœur tremblant, un visage de femme. Ce n'était pas assez : et pourquoi aussi, insensée que j'étais, demeurais-je en ces lieux? Ta vile amante se pressait contre ton sein. Alors, me déchirant, je me meurtris la poitrine, et avec mes ongles j'écorche mes joues humides, et je remplis de mes hurlements plaintifs le mont sacré d'Ida. De là je vais avec mes larmes retrouver les rochers qui me sont chers. Qu'ainsi pleure

  Qua licet, et lacrymis humet arena meis ;
Utque celer venias virides Nereidas oro :
  Scilicet ut venias in mea damna celer.
Votis ergo meis alii rediture redisti.
  Hei mihi! pro dira pellice blanda fui !
Adspicit immensum moles nativa profundum :
  Mons fuit ; æquoreis illa resistit aquis.
Hinc ego vela tuæ cognovi prima carinæ,
  Et mihi per fluctus impetus ire fuit.
Dum moror, in summa fulsit mihi purpura prora :
  Pertimui ; cultus non erat ille tuus.
Fit propior terrasque cita ratis attigit aura :
  Femineas vidi corde tremente genas.
Non satis id fuerat : quid enim furiosa morabar ?
  Hærebat gremio turpis amica tuo.
Tunc vero rupique sinus et pectora planxi,
  Et secui madidas ungue rigente genas,
Implevique sacram querulis ululatibus Iden;
  Illinc has lacrymas in mea saxa tuli.
Sic Helene doleat, desertaque conjuge ploret,

Hélène, abandonnée de son époux, et qu'elle éprouve elle-même le mal qu'elle me causa la première !

Ce qui te convient maintenant, ce sont des femmes qui te suivent à travers les vastes mers, et désertent la couche légitime. Mais lorsque tu étais pauvre, et que tu menais les troupeaux, Œnone était l'unique épouse du pauvre berger. Ce ne sont pas tes richesses qui m'éblouissent ; ce n'est pas ton palais qui me touche, ni l'honneur d'être appelée l'une des brus, si nombreuses, de Priam. Non pourtant que Priam puisse se refuser à être le beau-père d'une Nymphe, ou que sa bru doive faire rougir Hécube. Je suis digne d'être l'épouse d'un homme de haut rang, et je le désire : le sceptre ne serait pas déplacé dans mes mains. Et, parce que je m'étendis avec toi sous l'ombrage du hêtre, ne me méprise pas : mieux encore que cet humble lit, une couche de pourpre me convient.

Enfin, mon amour est pour toi sans périls : avec moi, aucune guerre ne te menace, et l'onde n'amènera pas de nefs vengeresses. La fille fugitive de Tyndare est redemandée par des ennemis en armes : voilà la dot qu'elle est si fière d'apporter à un époux. Doit-elle être rendue aux Grecs ? consulte ton frère Hector, ou Déiphobe et Polydamas. Demande an grave Anténor

Quæque prior nobis intulit, ipsa ferat.
Nunc tibi conveniunt, quæ te per aperta sequantur
  Æquora, legitimos destituantque toros.
At quum pauper eras, armentaque pastor agebas,
  Nulla, nisi Œnone, pauperis uxor erat.
Non ego miror opes, nec me tua regia tangit,
  Nec de tot Priami dicar ut una nurus :
Non tamen ut Priamus Nymphæ socer esse recuset,
  Aut Hecubæ fuerim dissimulanda nurus ;
Dignaque sum et cupio fieri matrona potentis ;
  Sunt mihi, quas possint sceptra decere, manus.
Nec me, faginea quod tecum fronde jacebam,
  Despice : purpureo sum magis apta toro.
Denique tutus amor meus est tibi : nulla parantur
  Bella, nec ultrices advehit unda rates.
Tyndaris infestis fugitiva reposcitur armis :
  Hac venit in thalamos dote superba tuos.
Quæ si sit Danais reddenda, vel Hectora fratrem,
  Vel cum Deiphobo Polydamanta roga.

et à Priam lui-même ce qu'ils en pensent; un long âge leur a donné ses leçons. C'est un triste début que de préférer à sa patrie une femme dont on fut le ravisseur. La cause est honteuse; l'époux prend les armes avec justice. Et ne te promets pas, si tu es sain d'esprit, la fidélité de cette Lacédémonienne qui s'est jetée dans tes bras si promptement. Comme le plus jeune des Atrides crie à l'outrage de la foi conjugale, et déplore la blessure d'un amour étranger, tu crieras, toi aussi. Aucun art ne peut réparer les affronts que la pudeur a subis, et l'honneur, une fois perdu, ne peut revivre. Elle brûle d'amour pour toi : ainsi elle aima Ménélas, et maintenant le crédule époux est seul sur sa couche déserte. Que j'envie le sort d'Andromaque, si heureusement unie à un époux fidèle ! Tu devais, à l'exemple de ton frère, me prendre pour ta femme. Mais tu es plus léger que la feuille, alors que, n'étant plus chargée de sève, elle voltige, desséchée, au gré des vents mobiles; plus léger que la pointe des frêles épis, qui jaunissent chaque jour aux ardeurs du soleil.

Ta sœur, il m'en souvient, me prédit jadis ma destinée; voici l'oracle qu'elle prononça, la chevelure en désordre : « Que

> Quid gravis Antenor, Priamus quid censeat ipse,
> Consule, quis ætas longa magistra fuit.
> Turpe rudimentum, patriæ præponere raptam :
> Causa pudenda tua est; justa vir arma movet.
> Nec tibi, si sapias, fidam promitte Lacænam,
> Quæ sit in amplexus tam cito versa tuos.
> Ut minor Atrides temerati fœdera lecti
> Clamat, et externo læsus amore dolet,
> Tu quoque clamabis. Nulla reparabilis arte
> Læsa pudicitia est : deperit illa semel.
> Ardet amore tui : sic et Menelaon amavit ;
> Nunc jacet in viduo credulus ille toro.
> Felix Andromache, certo bene nupta marito !
> Uxor ad exemplum fratris habenda fui.
> Tu levior foliis, tunc quum sine pondere succi
> Mobilibus ventis arida facta volant,
> Et minus est in te quam summa pondus arista,
> Quæ levis assiduis solibus usta riget.
> Hoc tua, nam recolo, quondam germana canebat,
> Sic mihi diffusis vaticinata comis :

fais-tu, Œnone? pourquoi semer sur le sable? Tes bœufs labourent inutilement le rivage. Voici venir une génisse de la Grèce qui vous perdra, toi, ta patrie et ta maison (ah! vous en préserve le ciel!); voici venir une génisse de la Grèce. Il en est temps encore, dieux, engloutissez dans les flots cette nef impure! Hélas! que de sang phrygien elle porte! » Elle dit. Ses suivantes l'enlèvent dans le cours de ses transports; mes blonds cheveux se sont hérissés sur ma tête. Ah! prêtresse, ta prédiction n'a été pour moi que trop vraie! Oui, cette génisse s'est emparée de mes pâturages.

Bien qu'elle soit brillante de beauté, elle n'en est pas moins adultère. Séduite par un hôte, elle a abandonné les dieux de l'hyménée. Thésée, si je ne me trompe de nom, je ne sais quel Thésée, l'avait, avant toi, emmenée de sa patrie. Jeune et ardent, crois-tu qu'il l'ait rendue vierge encore? Comment ai-je pu être si bien instruite; tu le demandes? j'aime. Appelle sa fuite un rapt, et voile sa faute sous ce nom; celle qui tant de fois a été ravie s'est prêtée à l'être. Mais Œnone se conserve pure à un époux qui la trahit; et pourtant, en suivant ta loi, elle pouvait être infidèle.

> « Quid facis, Œnone? quid arenæ semina mandas?
>   Non profecturis littora bobus aras.
> Graia juvenca venit, quæ te, patriamque, domumque
>   Perdet: io prohibe! Graia juvenca venit!
> Dum licet, obscenam ponto, Di, mergite puppim!
>   Heu! quantum Phrygii sanguinis illa vehit! »
> Dixerat; in cursu famulæ rapuere furentem;
>   At mihi flaventes diriguere comæ.
> Ah! nimium vates miseræ mihi vera fuisti!
>   Possidet en saltus illa juvenca meos.
> Sit facie quamvis insignis, adultera certe est:
>   Deseruit socios, hospite capta, Deos.
> Illam de patria Theseus, nisi nomine fallor,
>   Nescio quis Theseus abstulit ante sua.
> A juvene et cupido credatur reddita virgo?
>   Unde hoc compererim tam bene, quæris? amo.
> Vim licet appelles, et culpam nomine veles,
>   Quæ toties rapta est, præbuit ipsa rapi.
> At manet Œnone fallenti casta marito,
>   Et poteras falli legibus ipse tuis.

Une troupe effrontée de légers Satyres (j'étais alors cachée dans les forêts) me poursuivit d'un pied rapide, ainsi que Faune, au front armé de cornes et couvert d'une couronne de pins, sur cette chaîne immense de monts où surgit l'Ida. Le dieu de la lyre, le fondateur de Troie, m'aima. Il a une dépouille de ma virginité, mais après une lutte violente : de mes mains je lui arrachai les cheveux, et mes doigts marquèrent ses joues de meurtrissures. Et, pour prix de son attentat, je ne demandai pas de l'or ou des pierreries ; il est honteux de vendre un corps libre pour des présents. Le dieu, me trouvant digne d'être instruite dans les secrets de son art, m'enseigna la science des plantes médicinales, et employa mes mains à faire usage de ses dons. Toute herbe secourable, toute racine que produit la terre et que l'art de guérir peut employer utilement, m'est connue. Malheureuse, que les simples n'aient aucune vertu pour guérir l'amour ! Habile dans mon art, ici mon art me fait défaut. L'inventeur même a mené paître, dit-on, les génisses du roi de Phère, et fut brûlé des feux que j'allumai en lui. L'assistance, que n'ont pu me procurer ni un dieu, ni la terre, inépuisable dans la production des plantes, tu peux me la donner. Tu le peux, et je

Me Satyri celeres (silvis ego tecta latebam),
    Quæsierunt rapido, turba proterva, pede,
Cornigerumque caput pinu præcinctus acuta
    Faunus, in immensis qua tumet Ida jugis.
Me fide conspicuus Trojæ munitor amavit.
    Ille meæ spolium virginitatis habet :
Id quoque luctando : rupi tamen ungue capillos,
    Oraque sunt digitis aspera facta meis ;
Nec pretium stupri gemmas aurumve poposci :
    Turpiter ingenuum munera corpus emunt.
Ipse, ratus dignam, medicas mihi tradidit artes,
    Admisitque meas ad sua dona manus :
Quæcunque herba potens ad opem radixque medendi
    Utilis in toto nascitur orbe, mea est.
Me miseram, quod amor non est medicabilis herbis !
    Destituor prudens artis ab arte mea.
Ipse repertor opis vaccas pavisse Pheræas
    Fertur, et e nostro saucius igne fuit.
Quod neque graminibus tellus fecunda creandis,
    Nec Deus, auxilium tu mihi ferre potes :
Et potes, et merui. Dignæ miserere puellæ :

le mérite. Écoute une jeune femme qui a des droits à ta pitié :
je n'apporte pas avec les Grecs une guerre sanglante ; mais je
suis à toi ; c'est avec toi que je fus dès mes plus jeunes années,
et, jusqu'à la fin de ma vie, c'est à toi que je veux être.

(*Épître* v.)

ARIADNE A THÉSÉE.

Je t'ai trouvé plus cruel que tous les animaux sauvages, et je
ne pouvais craindre de nul autre que toi tous les maux que tu
m'as causés. Ce que tu lis, Thésée, je te l'envoie de ce rivage
où la voile emporta sans moi ton vaisseau ; de ce rivage où je
fus, hélas ! indignement trahie et par mon funeste sommeil et
par toi, perfide, qui profitas traîtreusement de mon sommeil.

C'était l'heure où la fraîche et transparente rosée du matin se
répand sur la terre, et où les oiseaux gazouillent sous le feuillage
qui les couvre. Eveillée à peine et languissante encore de sommeil, je cherchais à presser Thésée de mes mains appesanties.
Il n'était plus là ; j'étends de nouveau les mains ; je cherche
encore, et j'agite mes bras à travers ma couche ; il n'y est plus.

> Non ego cum Danais arma cruenta fero ;
> Sed tua sum, tecumque fui puerilibus annis,
> Et tua, quod superest temporis, esse precor.
>
> (*Epist.* v.)

ARIADNE THESEO.

> Mitius inveni quam te genus omne ferarum ;
> Credita non ulli quam tibi pejus eram.
> Quæ legis, ex illo, Theseu, tibi littore mitto,
> Unde tuam sine me vela tulere ratem ;
> In quo me somnusque meus male prodidit, et tu
> Per facinus somnis insidiate meis.
> Tempus erat, vitrea quo primum terra pruina
> Spargitur, et tectæ fronde queruntur aves :
> Incertum vigilans, a somno languida, movi
> Thesea pressuras semisupina manus :
> Nullus erat ; referoque manus, iterumque retento,
> Perque torum moveo brachia : nullus erat.

La crainte m'arrache au sommeil; je me lève effrayée, et m'élance précipitamment de ce lit abandonné. Aussitôt ma poitrine résonne, frappée de mes mains, et ma chevelure, éparse au sortir du sommeil, est déchirée. La lune brillait : je regarde si je découvre autre chose que le rivage; mes yeux n'ont rien à voir que le rivage. De ce côté, de l'autre, partout je cours éperdue et au hasard : un sable profond retarde mes pas de jeune fille. Cependant, tout le long du rivage, ma voix crie : « Thésée! » l'écho des rochers me renvoyait ton nom. Autant de fois je t'appelais, autant de fois ces lieux eux-mêmes t'appelaient; ils semblaient vouloir porter secours à une infortunée.

Il est une montagne au sommet de laquelle apparaissent quelques arbustes; de là pend un rocher que minent les eaux grondantes. J'y monte : le courage me donnait des forces; de là je mesure, en regardant au loin, la vaste étendue des mers. Les vents cruels me permirent de voir tes voiles enflées par l'impétueux Notus : ou je les vis, ou, croyant les voir, je devins plus froide que le marbre et à demi morte. La douleur ne me laisse pas longtemps immobile : elle m'excite bientôt; elle

    Excussere metus somnum : conterrita surgo,
       Membraque sunt viduo præcipitata toro.
    Protinus adductis sonuerunt pectora palmis,
       Utque erat e somno turbida, rapta coma est.
    Luna fuit : specto, si quid nisi littora cernam :
       Quod videant oculi nil nisi littus habent.
    Nunc huc, nunc illuc, et utroque sine ordine curro :
       Alta puellares tardat arena pedes.
    Interea toto clamanti littore « Theseu »
       Reddebant nomen concava saxa tuum;
    Et quoties ego te, toties locus ipse vocabat;
       Ipse locus miseræ ferre volebat opem.
    Mons fuit : apparent frutices in vertice rari;
       Hinc scopulus raucis pendet adesus aquis.
    Adscendo (vires animus dabat), atque ita late
       Æquora prospectu metior alta meo.
    Inde ego (nam ventis quoque sum crudelibus usa)
       Vidi præcipiti carbasa tensa Noto :
    Aut vidi, aut etiam, quum me vidisse putarem,
       Frigidior glacie semianimisque fui.
    Nec languere diu patitur dolor : excitor illo;

m'excite, et j'appelle Thésée de toute ma voix : « Où fuis-tu ? m'écriai-je : reviens, barbare Thésée. Ramène ton vaisseau ; il n'est pas au complet. »

Ainsi je m'exprimai ; les sanglots suppléaient à l'impuissance de ma voix : en disant ces mots, je me frappais moi-même. Si tu ne m'entendais pas, au moins, afin que tu pusses me voir, mes bras s'étendirent au loin pour te faire des signaux. J'attachai un voile blanc à une longue perche, pour rappeler mon souvenir à ceux qui m'oubliaient. Déjà tu étais soustrait à ma vue. Alors enfin je pleurai ; car la douleur avait, jusque-là, retenu mes larmes. Que pouvaient faire de mieux mes yeux, que de me pleurer moi-même, après qu'ils avaient cessé d'apercevoir ton navire ? Ou j'errai seule et échevelée, telle qu'une bacchante transportée du dieu qu'adore le peuple d'Ogygès ; ou, les regards attachés sur la mer, je m'assis sur un rocher, aussi froide, aussi insensible que la pierre qui me portait. Souvent je regagne la couche qui nous avait réunis tous deux, et qui ne devait plus nous voir ensemble. Autant que je le puis, je touche, au lieu de toi, tes traces et le lit que tes membres

Excitor, et summa Thesea voce voco.
« Quo fugis ? » exclamo ; « scelerata, revertere, Theseu :
Flecte ratem : numerum non habet illa suum. »
Hæc ego ; quod voci deerat plangore replebam :
Verbera cum verbis mixta fuere meis.
Si non audires, ut saltem cernere posses,
Jactatæ late signa dedere manus,
Candidaque imposui longæ velamina virgæ,
Scilicet oblitos admonitura mei.
Jamque oculis ereptus eras. Tum denique flevi :
Torpuerant molles ante dolore genæ.
Quid potius facerent, quam me mea lumina flerent,
Postquam desierant vela videre tua ?
Aut ego diffusis erravi sola capillis,
Qualis ab Ogygio concita Baccha Deo ;
Aut, mare prospiciens, in saxo frigida sedi,
Quamque lapis sedes, tam lapis ipsa fui.
Sæpe torum repeto, qui nos acceperat ambos,
Sed non acceptos exhibiturus erat,
Et tua, qua possum, pro te vestigia tango,
Strataque, quæ membris intepuere tuis.

échauffèrent. Je m'y couche, et, l'inondant de mes larmes, je m'écrie : « Nous t'avons foulé deux; fais que sur toi nous soyons tous deux encore! Ensemble nous sommes venus ici; pourquoi ne pas nous en aller ensemble? Lit perfide, où est la meilleure partie de nous. »

Que faire? où porter mes pas? je suis seule; l'île est inculte. Je n'aperçois ni les travaux des hommes ni ceux des bœufs. La mer baigne partout les côtes de cette terre : point de nautonier; aucun vaisseau prêt à entreprendre un trajet hasardeux. Suppose que des compagnons, des vents favorables et un navire me soient donnés; où irai-je? la terre paternelle me refuse tout accès. Quand mon heureux navire glisserait sur des mers paisibles, quand Éole rendrait les vents propices, je serais toujours exilée. Crète aux cent villes, pays connu de Jupiter enfant, je ne te verrai plus : car j'ai trahi mon père et le royaume soumis à ses lois équitables, j'ai trahi ces objets de ma tendresse, lorsque, pour te soustraire à la mort, qui eût été le prix de ta victoire au Labyrinthe, je te remis un fil libérateur qui guida tes pas; lorsque tu me disais : « J'en jure par ces périls mêmes, tu seras à moi, tant que l'un et l'autre nous vivrons. » Nous vivons,

Incumbo, lacrymisque toro manante profusis,
  « Pressimus », exclamo, « te duo : redde duos.
Venimus huc ambo; cur non discedimus ambo?
  Perfide, pars nostri, lectule, major ubi est? »
Quid faciam? quo sola ferar? vacat insula cultu :
  Non hominum video, non ego facta boum.
Omne latus terræ cingit mare; navita nusquam;
  Nulla per ambiguas puppis itura vias.
Finge dari comitesque mihi ventosque ratemque;
  Quid sequar? accessus terra paterna negat.
Ut rate felici pacata per æquora labar,
  Temperet ut ventos Æolus : exsul ero.
Non ego te, Crete, centum digesta per urbes,
  Adspiciam, puero cognita terra Jovi :
Nam pater et tellus justo regnata parenti,
  Prodita sunt facto, nomina cara, meo,
Quum tibi, ne victor tecto morerere recurvo,
  Quæ regerent passus, pro duce fila dedi;
Quum mihi dicebas : « Per ego ipsa pericula juro,
  Te fore, dum nostrum vivet uterque, meam. »

sans que je sois à toi, Thésée, si encore la vie d'une femme ensevelie par la trahison d'un époux parjure peut s'appeler une vie.

Que ne m'as-tu aussi immolée, barbare, avec la même massue que mon frère? Ma mort t'eût délié des serments que tu m'avais faits. Maintenant je me représente non-seulement les maux que je dois éprouver, mais encore tous ceux que peut souffrir une femme abandonnée. Le trépas se retrace à mon esprit sous mille aspects divers; la mort est moins terrible que l'attente de la mort. Je me figure déjà des loups dévorants, qui vont venir d'un côté ou d'un autre pour me déchirer de leurs dents avides. Peut-être aussi cette contrée nourrit-elle des lions à la fauve crinière? Qui sait si cette île ne renferme pas des tigres féroces? On dit aussi que la mer vomit sur la plage d'énormes phoques. Qui empêche que des glaives ne me traversent les flancs? Seulement que je ne sois pas captive, que d'indignes liens ne chargent pas mes bras; qu'une dure maîtresse, m'imposant une tâche accablante, ne me traite pas en esclave, moi qui ai pour père Minos et pour mère une fille de Phébus, et, ce que je me rappelle encore mieux, moi qui fus ta fiancée! Si je regarde la mer, les terres et les rivages lointains,

<pre>
      Vivimus, et non sum, Theseu, tua; si modo vivit
         Femina perjuri fraude sepulta viri.
      Me quoque, qua fratrem, mactasses, improbe, clava!
         Esset, quam dederas, morte soluta fides.
      Nunc ego non tantum, quæ sum passura, recordor,
         Sed quæcunque potest ulla relicta pati.
      Occurrunt animo pereundi mille figuræ,
         Morsque minus pœnæ, quam mora mortis, habet.
      Jam jam venturos aut hac aut suspicor illac,
         Qui lanient avido viscera dente, lupos.
      Forsitan et fulvos tellus alit ista leones?
         Quis scit an hæc sævas tigridas insula habet?
      Et freta dicuntur magnas expellere phocas.
         Quis vetat et gladios per latus ire meum?
      Tantum ne religer dura captiva catena,
         Neve traham serva grandia pensa manu,
      Cui pater est Minos, cui mater filia Phœbi,
         Quodque magis memini, quæ tibi pacta fui.
      Si mare, si terras porrectaque littora vidi,
</pre>

sur la terre et les ondes je ne vois que menaces. Restait le ciel : je crains jusqu'aux images des dieux ; je suis livrée sans défense, comme une proie, aux bêtes furieuses. Ou si ce lieu est habité et cultivé par des hommes, je me méfie d'eux : j'ai appris par mes malheurs à craindre les étrangers.

Plût au ciel qu'Androgée vécût, et que tu n'eusses pas expié, terre de Cécrops, un meurtre impie par tes funérailles ; que ton bras, armé d'une massue noueuse, n'eût pas, Thésée, immolé le mortel moitié homme, moitié taureau ; que je ne t'eusse pas donné, pour diriger ton retour, le fil que tes mains attirèrent à elles !

Je ne m'étonne pas, au reste, que la victoire te soit restée, et que le monstre ait teint de son sang la terre de Crète. Sa corne ne pouvait percer un cœur de fer : à défaut de cuirasse, ta poitrine te couvrait assez. Là tu portais le caillou et le diamant ; là tu possèdes Thésée, plus dur que le caillou.

Cruel sommeil, pourquoi m'as-tu retenue dans cet engourdissement ? Cette fois il fallait me plonger dans la nuit éternelle ! Vous aussi, vents cruels, alors trop favorables, vous qui l'avez servi aux dépens de mes larmes ; et toi, main cruelle

>   Multa mihi terræ, multa minantur aquæ.
>   Cœlum restabat : timeo simulacra Deorum ;
>   Destituor rabidis præda cibusque feris.
>   Sive colunt habitantque viri, diffidimus illis :
>   Externos didici læsa timere viros.
>   Viveret Androgeos utinam, nec facta luisses
>   Impia funeribus, Cecropi terra, tuis ;
>   Nec tua mactasset nodoso stipite, Thesen,
>   Ardua parte virum dextera, parte bovem ;
>   Nec tibi, quæ reditus monstrarent, fila dedissem,
>   Fila per adductas sæpe recepta manus !
>   Non equidem miror si stat victoria tecum,
>   Strataque Cretæam bellua stravit humum :
>   Non poterant figi præcordia ferrea cornu ;
>   Ut te non tegeres, pectore tutus eras.
>   Illic tu silices, illic adamanta tulisti,
>   Illic, qui silices, Thesea, vincat, habes.
>   Crudeles somni, quid me tenuistis inertem ?
>   At semel æterna nocte premenda fui !
>   Vos quoque, crudeles venti, nimiumque parati,
>   Flaminaque in lacrymas officiosa meas ;

qui as assassiné mon frère et moi; foi accordée à mes vœux, mais qui ne fut qu'un vain nom; tout a conspiré contre moi, sommeil, vent, foi jurée : seule, une jeune fille fut la victime d'une triple trahison.

Ainsi, je ne verrai pas, en mourant, les larmes d'une mère; et personne ne viendra me fermer les yeux! Mon âme infortunée s'envolera sous un ciel étranger, et une main amie n'embaumera pas mes membres inanimés. Des oiseaux marins s'abattront sur mes ossements non inhumés! digne sépulture pour prix de mes bienfaits! Tu iras au port de Cécrops. Reçu dans ta patrie, lorsque tu seras monté à la citadelle de ta ville, que tu auras pompeusement raconté la mort de l'homme-taureau dans les routes tortueuses du palais souterrain, raconte aussi que tu m'as délaissée sur une plage solitaire : parmi tes titres de gloire, je ne dois pas être oubliée. Ton père n'est pas Égée; tu n'es pas le fils d'Ethra, fille de Pitthée; les rochers et la mer sont les auteurs de tes jours.

Plût aux dieux que tu m'eusses vue du haut de ta poupe! l'image de ma tristesse eût attendri ton cœur. Maintenant

> Dextera crudelis, quæ me fratremque necavit,
>   Et data poscenti, nomen inane, fides ;
> In me jurarunt somnus, ventusque, fidesque ;
>   Prodita sum causis una puella tribus.
> Ergo ego nec lacrymas matris moritura videbo,
>   Nec, mea qui digitis lumina condat, erit ?
> Spiritus infelix peregrinas ibit in auras,
>   Nec positos artus unget amica manus ?
> Ossa superstabunt volucres inhumata marinæ ?
>   Hæc sunt officiis digna sepulcra meis !
> Ibis Cecropios portus, patriaque receptus,
>   Quum steteris urbis celsus in arce tuæ,
> Et bene narraris letum taurique virique,
>   Sectaque per dubias saxea tecta vias,
> Me quoque narrato sola tellure relictam :
>   Non ego sum titulis subripienda tuis.
> Nec pater est Ægeus, nec tu Pittheidos Æthræ
>   Filius : auctores saxa fretumque tui.
> Di facerent ut me summa de puppe videres !
>   Movisset vultus mœsta figura tuos.

encore regarde-moi, non plus des yeux, mais de l'imagination, si c'est possible, regarde-moi attachée à un rocher que baigne la vague orageuse. Vois mes cheveux tombant sur mon visage éploré, et ma tunique inondée d'une pluie de larmes. Mon corps frissonne comme les épis que l'Aquilon balance, et ma lettre frémit sous mon doigt tremblant. Je ne te prie pas au nom d'un bienfait qui a si mal réussi : qu'aucune reconnaissance ne soit due à un tel service, je le veux bien ; mais du moins ne m'en punis pas : si je n'ai pas été la cause de ton salut, est-ce une raison pour que tu sois la cause de ma mort ?

Malheureuse ! Je tends vers toi, par delà les mers, ces mains fatiguées à meurtrir ma poitrine. Je te montre, dans mon affliction, les cheveux que ma fureur a épargnés. Je t'en conjure par les larmes que m'arrachent tes mépris, Thésée, ramène tes vaisseaux ; reviens sur tes pas à la faveur des vents. Si tu me trouves morte, au moins tu recueilleras mes os.

(*Épître* x.)

Nunc quoque non oculis, sed, qua potes, adspice mente
    Hærentem scopulo, quem vaga pulsat aqua ;
Adspice demissos lugentis in ore capillos,
    Et tunicas lacrymis, sicut ab imbre, graves.
Corpus, ut impulsæ segetes Aquilonibus, horret,
    Litteraque articulo pressa tremente labat.
Non te per meritum, quoniam male cessit, adoro :
    Debita sit facto gratia nulla meo ;
Sed nec pœna quidem : si non ego causa salutis,
    Non tamen est cur sis tu mihi causa necis.
Has tibi, plangendo lugubria pectora lassas,
    Infelix tendo trans freta longa manus ;
Hos tibi, qui superant, ostendo mœsta capillos.
    Per lacrymas oro, quas tua facta movent :
Flecte ratem, Theseu, versoque relabere vento.
    Si prius occidero, tu tamen ossa leges.

(*Epist.* x.)

NOTES

SUR LES HÉROÏDES.

Les Héroïdes, premier ouvrage d'Ovide, ont leur place à la tête de ses œuvres. Si nous les faisons figurer seulement à la fin de ce volume, c'est que nous ne pouvons en donner qu'un choix assez restreint, et qu'elles sont ici un accessoire, notre publication étant consacrée, avant tout, aux *Amours* et à l'*Art d'aimer*.

Un de nos plus savants latinistes, M. Charpentier, a signalé, d'une manière judicieuse et fine, un genre d'originalité qui distingue les Héroïdes : « N'y a-t-il pas, dit-il, dans ce langage tendre prêté aux héros de l'épopée ou de la tragédie grecque, une sorte d'intention ironique et, pour ainsi dire, une profanation malicieuse du sublime, qui font penser aux menteuses et piquantes parodies si fréquentes chez Voltaire ? N'est-on pas quelque peu surpris de voir Pénélope, la grave et chaste Pénélope, soupirant les ennuis de l'absence et parlant de sa couche déserte ?... »

Il serait très-vrai de dire que, par le tour de la pensée, par le ton de la plaisanterie, par un certain *je ne sais quoi*, Ovide, même lorsqu'il traite des sujets grecs, a par avance quelque chose du génie français, et qu'il est pour nous le plus moderne des anciens. F. L.

PÉNÉLOPE A ULYSSE (p. 327).

1. *Narrantis conjux pendet ab ore viri* (v. 30). Horace a donné à la même idée un tour non moins pittoresque (liv. II, *Od.* 13, v. 32) :

> Densum humeris bibit aure vulgus.

2. *Admissos* (v. 36). Ce mot est ici pour *adjunctos*, et, en le décomposant, pour *missos ad* (*currum ducendum*). Virgile (*Én.*, liv. i, v. 487) :

> Ter circum Iliacos raptaverat Hectora muros.

Ce passage a encore une grande conformité avec la situation décrite au commencement du deuxième livre de l'*Énéide* (v. 29), lorsque le peuple troyen, parcourant le rivage abandonné par les Grecs, visite avec curiosité les lieux qu'ils occupaient :

> Hic Dolopum manus, hic sævus tendebat Achilles ;
> Classibus hic locus, hic acies certare solebant.

3. *Nestor* (v. 38). Névius (*Nuits Attiques*) appelle Nestor *Triseclis senex*, et Horace (*Od.*) *Ter œvo functus*, parce qu'il avait vu, dit Homère, trois générations d'hommes.

4. *At bene cautus eras, et memor ante mei* (v. 44). Ce vers ne peut être qu'ironique dans la bouche de Pénélope.

OENONE A PARIS (p. 333).

1. *Incisæ servant a te mea nomina fagi* (v. 21). Les poëtes anciens ont consacré ces témoignages champêtres de l'amour. Virgile (*Églogue* x, v. 52) :

> Certum est in silvis, inter spelæa ferarum,
> Malle pati, tenerisque meos incidere amores
> Arboribus : crescent illæ ; crescetis, amores.

2. *Nuda* (v. 36). Minerve est toujours représentée avec un vêtement et même une armure. Mais ici, pour qu'il y eût égalité parfaite entre les prétendantes, il fallait qu'elles fussent entièrement nues.

3. *Illinc has lacrymas in mea saxa tuli* (v. 74). Manière assez étrange de dire qu'elle s'enfuit dans la solitude, pour y pleurer à son aise.

4. *Nec de tot Priami dicar ut una nurus* (v. 83). Virgile (*Én.*, liv. iii, v. 503) :

> Quinquaginta illi thalami, spes tanta nepotum !

5. *Heu! quantum Phrygii sanguinis illa vehit* (v. 120)! Horace (liv. 1, *Od.* 15, v. 9), traitant le même sujet, fait dire à Nérée :

> Eheu! quantus equis, quantus adest viris
> Sudor! quanta moves funera Dardanæ
> Genti!

6. *Me miseram, quod amor non est medicabilis herbis* (v. 149)! Cette exclamation, qui ressort très-bien du sujet, fait penser au beau vers de Racine :

> D'un incurable amour remèdes impuissants!

ARIANE A THÉSÉE (p. 341).

1. *Æquora prospectu metior alta meo* (v. 28). *Voyez* cet épisode, traité par Catulle, dans l'*Épithalame de Thétis et Pélée* (v. 60 et suiv.).

2. *Quo fugis? exclamo, etc.* (v. 35). Catulle (*ibid.*, v. 132 et suiv.) :

> Siccine me patriis avectam, perfide, ab oris,
> Perfide, deserto liquisti in littore, Theseu?
> Siccine discedens, neglecto numine Divum,
> Immemor ah! devota domum perjuria portas?
> Nullane res potuit crudelis flectere mentis
> Consilium? Tibi nulla fuit clementia præsto,
> Immite ut nostri vellet mitescere pectus?
> At non hæc nobis quondam promissa dedisti.

3. *Quæ regerent passus, pro duce, fila dedi* (v. 72). Catulle (*ibid.*) :

> Errabunda regens tenui vestigia filo.

IMITATIONS D'OVIDE

PAR REGNIER.

Nous croyons ne pouvoir mieux terminer et compléter ce volume, auquel nous avons donné tous nos soins, qu'en offrant à nos lecteurs deux admirables imitations d'Ovide par Regnier.

La poésie érotique, sous mille formes diverses, s'est inspirée d'Ovide, et nous pourrions citer d'innombrables emprunts faits par elle aux *Amours* et à l'*Art d'aimer*. Mais ceci nous mènerait trop loin. D'ailleurs, si, parmi ces imitations, il en est de fort piquantes et de fort jolies, la plupart, il faut le dire, n'offrent qu'un reflet assez pâle de la vive imagination d'Ovide et de sa brillante facilité. La plupart de nos *érotiques*, en reproduisant les idées de l'auteur latin, et en *aimant* d'après lui, n'ont pas su conserver le parfum poétique et le charme de l'original.

Malgré notre respect pour l'autorité de Laharpe, qui a parlé d'ailleurs en termes assez judicieux des *Amours* d'Ovide, nous ne craignons pas d'assurer que le célèbre critique commet une lourde bévue, et que son goût est complétement en défaut, quand il ose préférer à l'*Art d'aimer* d'Ovide l'*Art d'aimer* de Gentil Bernard. De pareils jugements ne se discutent pas. L'ouvrage de Gentil Bernard est spirituel sans aucun doute (on sait qu'alors l'esprit ne manquait pas en France); mais il est aride; aucun souffle poétique ne le traverse; et l'on se demande comment Laharpe a pu préférer ces formes prosaïques, ce style sec et pincé aux grâces et à la facilité charmante de la poésie d'Ovide.

Mais si Ovide a été faiblement imité par nos poètes érotiques, il a trouvé, en revanche, dans Regnier un admirable imitateur, disons plus, un rival digne de lui. Les deux pièces que nous allons citer ont conservé, comme les vers d'Ovide, le privilége heureux d'une éternelle jeunesse ; la poésie, en les touchant de sa baguette de fée, leur a donné *ce qui plaît plus d'un jour ;* et Boileau ne saurait être démenti, quand il dit que Regnier

> Dans son vieux style encore a des grâces nouvelles.

En dépit des caprices du goût et de la mode, le style de Regnier, comme tout ce qui est vraiment beau, n'a rien perdu de ses *grâces* en vieillissant.

On trouve dans Regnier beaucoup d'autres imitations d'Ovide; mais nous devons nous borner dans nos citations. Aux lecteurs qui aiment ces sortes de rapprochements, toujours si instructifs et si curieux, nous indiquerons notamment les élégies IIe, IIIe et IVe, imitées toutes trois du troisième livre des *Amours*.

Quant aux deux pièces suivantes, elles sont au nombre des plus belles pages de Regnier, et l'on aimera certainement à les retrouver ici, pour les comparer de plus près à l'original. Il nous semble qu'elles l'égalent souvent et le surpassent même quelquefois. Regnier, comme La Fontaine, est créateur en imitant.

F. L.

MACETTE

ou

L'HYPOCRISIE DÉCONCERTÉE[1]

(Voir les *Amours*, liv. Ier, élég. VIII)

La fameuse Macette, à la cour si connue,
Qui s'est aux lieux d'honneur en crédit maintenue,
Et qui, depuis dix ans jusqu'en ses derniers jours,
A soutenu le prix en l'escrime d'amours ;
Lasse enfin de servir au peuple de quintaine,
N'étant passe-volant, soldat, ni capitaine,
Depuis les plus chétifs jusques aux plus fendants,
Qu'elle n'ait déconfit et mis dessus les dents ;
Lasse, dis-je, et non soûle, enfin s'est retirée,
Et n'a plus d'autre objet que la voûte éthérée.
Elle qui n'eut, avant que plorer son délit,
Autre ciel pour objet que le ciel de son lit,
A changé de courage, et, confite en détresse,
Imite avec ses pleurs la sainte pécheresse,
Donnant des saintes lois à son affection ;
Elle a mis son amour à la dévotion.
Sans art elle s'habille ; et, simple en contenance,
Son teint mortifié prêche la continence.
Clergesse elle fait jà la leçon aux prêcheurs :
Elle lit saint Bernard, la Guide des Pécheurs,
Les Méditations de la mère Thérèse ;
Sait que c'est qu'hypostase avecque syndérèse ;
Jour et nuit elle va de couvent en couvent ;
Visite les saints lieux, se confesse souvent,
A des cas réservés grandes intelligences ;

---

[1]. Nous reproduisons *in extenso* les deux pièces de Regnier, dont nous modifions seulement l'orthographe, pour en rendre la lecture plus coulante et plus facile au grand nombre des lecteurs.

Sait du nom de Jésus toutes les indulgences ;
Que valent chapelets, grains bénits enfilés,
Et l'ordre du cordon des pères Récollez.
Loin du monde elle fait sa demeure et son gîte :
Son œil tout pénitent ne pleure qu'eau bénite.
Enfin c'est un exemple, en ce siècle tortu,
D'amour, de charité, d'honneur et de vertu.
Pour béate partout le peuple la renomme,
Et la gazette même a déjà dit à Rome,
La voyant aimer Dieu, et la chair maîtriser,
Qu'on n'attend que sa mort pour la canoniser.
Moi-même, qui ne crois de léger aux merveilles,
Qui reproche souvent mes yeux et mes oreilles,
La voyant si changée en un temps si subit,
Je crus qu'elle l'étoit d'ame comme d'habit ;
Que Dieu la retiroit d'une faute si grande ;
Et disois à part moi : Mal vit qui ne s'amende.
Jà déjà tout dévot, contrit et pénitent,
J'étois, à son exemple, ému d'en faire autant :
Quand, par arrêt du ciel, qui hait l'hypocrisie,
Au logis d'une fille, où j'ai ma fantaisie,
Cette vieille chouette, à pas lents et posés,
La parole modeste, et les yeux composés,
Entra par révérence ; et, resserrant la bouche,
Timide en son respect, sembloit sainte Nitouche,
D'un AVE MARIA lui donnant le bonjour,
Et de propos communs, bien éloignés d'amour,
Entretenoit la belle en qui j'ai la pensée
D'un doux imaginer si doucement blessée,
Qu'aimants et bien aimés, en nos doux passe-temps,
Nous rendons en amour jaloux les plus contents.
Enfin, comme en caquet ce vieux sexe fourmille,
De propos en propos, et de fil en aiguille,
Se laissant emporter au flux de ses discours,
Je pense qu'il falloit que le mal eût son cours.
Feignant de m'en aller, d'aguet je me recule,
Pour voir à quelle fin tendoit son préambule :
Moi qui, voyant son port si plein de sainteté,
Pour mourir, d'aucun mal ne me fusse douté.
Enfin, me tapissant au recoin d'une porte,

J'entendis son propos, qui fut de cette sorte :
 « Ma fille, Dieu vous garde et vous veuille bénir !
Si je vous veux du mal, qu'il me puisse advenir !
Qu'eussiez-vous tout le bien dont le ciel vous est chiche !
L'ayant je n'en serois plus pauvre ni plus riche :
Car n'étant plus du monde, au bien je ne prétends,
Ou bien si j'en desire, en l'autre je l'attends ;
D'autre chose ici-bas le bon Dieu je ne prie.
A propos, savez-vous ? on dit qu'on vous marie.
Je sais bien votre cas : un homme grand, adroit,
Riche, et Dieu sait s'il a tout ce qu'il vous faudroit.
Il vous aime si fort ! Aussi pourquoi, ma fille,
Ne vous aimerait-il ? Vous êtes si gentille,
Si mignonne et si belle, et d'un regard si doux,
Que la beauté plus grande est laide auprès de vous.
Mais tout ne répond pas au trait de ce visage,
Plus vermeil qu'une rose, et plus beau qu'un rivage.
Vous devriez, étant belle, avoir de beaux habits,
Éclater de satin, de perles, de rubis.
Le grand regret que j'ai ! non pas, à Dieu ne plaise,
Que j'en ay' de vous voir belle et bien à votre aise :
Mais pour moi, je voudrois que vous eussiez au moins
Ce qui peut en amour satisfaire à vos soins ;
Que ceci fût de soie et non pas d'étamine.
Ma foi les beaux habits servent bien à la mine.
On a beau s'agencer et faire les doux yeux,
Quand on est bien parée, on en est toujours mieux
Mais, sans avoir du bien, que sert la renommée ?
C'est une vanité confusément semée
Dans l'esprit des humains, un mal d'opinion,
Un faux germe avorté dans notre affection.
Ces vieux contes d'honneur dont on repaît les dames
Ne sont que des appâts pour les débiles ames,
Qui, sans choix de raison, ont le cerveau perclus.
L'honneur est un vieux saint que l'on ne chôme plus.
Il ne sert plus de rien, sinon d'un peu d'excuse,
Et de sot entretien pour ceux-là qu'on amuse,
Ou d'honnête refus, quand on ne veut aimer.
Il est bon en discours pour se faire estimer :
Mais au fond c'est abus, sans excepter personne.

La sage le sait vendre où la sotte le donne.
　Ma fille, c'est par là qu'il vous en faut avoir.
Nos biens, comme nos maux, sont en notre pouvoir.
Fille qui sait son monde a saison opportune.
Chacun est artisan de sa bonne fortune.
Le malheur, par conduite, au bonheur cédera.
Aydez-vous seulement, et Dieu vous aydera.
Combien, pour avoir mis leur bonheur en sequestre,
Ont-elles en velours échangé leur limestre,
Et dans les plus hauts rangs élevé leurs maris!
Ma fille, c'est ainsi que l'on vit à Paris;
Et la veuve, aussi bien comme la mariée :
Celle est chaste, sans plus, qui n'en est point priée.
Toutes, au fait d'amour, se chaussent en un point :
Jeanne que vous voyez, dont on ne parle point,
Qui fait si doucement la simple et la discrète,
Elle n'est pas plus sage, ains elle est plus secrète;
Elle a plus de respect, non moins de passion,
Et cache ses amours sous sa discrétion.
Moi-même, croiriez-vous, pour être plus âgée,
Que ma part, comme on dit, en fût déja mangée?
Non, ma foi; je me sens et dedans et dehors,
Et mon bas peut encore user deux ou trois corps.
Mais chaque âge a son temps. Selon le drap la robe.
Ce qu'un temps on a trop, en l'autre on le dérobe.
Étant jeune, j'ai su bien user des plaisirs :
Ores j'ai d'autres soins en semblables desirs.
Je veux passer mon temps et couvrir le mystère.
On trouve bien la cour dedans un monastère;
Et, après maint essai, enfin j'ai reconnu
Qu'un homme comme un autre est un moine tout nu.
Puis, outre le saint vœu qui sert de couverture,
Ils sont trop obligés au secret de nature,
Et savent, plus discrets, apporter en aimant,
Avecque moins d'éclat, plus de contentement.
C'est pourquoi, déguisant les bouillons de mon âme,
D'un long habit de cendre enveloppant ma flamme,
Je cache mon dessein aux plaisirs adonné.
Le péché que l'on cache est demi-pardonné.
La faute seulement ne gît en la défense.

Le scandale, l'opprobre, est cause de l'offense.
Pourvu qu'on ne le sache, il n'importe comment.
Qui peut dire que non, ne pèche nullement.
Puis la bonté du ciel nos offenses surpasse.
Pourvu qu'on se confesse, on a toujours sa grâce.
Il donne quelque chose à notre passion ;
Et qui, jeune, n'a pas grande dévotion,
Il faut que, pour le monde, à la feindre il s'exerce.
C'est entre les dévots un étrange commerce,
Un trafic par lequel, au joli temps qui court,
Toute affaire fâcheuse est facile à la cour.
Je sais bien que votre âge, encore jeune et tendre,
Ne peut, ainsi que moi, ces mystères comprendre :
Mais vous devriez, ma fille, en l'âge où je vous voi,
Être riche, contente, avoir fort bien de quoi ;
Et, pompeuse en habits, fine, accorte et rusée,
Reluire de joyaux, ainsi qu'une épousée.
Il faut faire vertu de la nécessité.
Qui sait vivre ici-bas n'a jamais pauvreté.
Puisqu'elle vous défend des dorures l'usage,
Il faut que les brillants soient en votre visage ;
Que votre bonne grâce en acquière pour vous.
Se voir du bien, ma fille, il n'est rien de si doux.
S'enrichir de bonne heure est une grand' sagesse.
Tout chemin d'acquérir se ferme à la vieillesse,
A qui ne reste rien, avec la pauvreté,
Qu'un regret épineux d'avoir jadis été :
Où, lorsqu'on a du bien, il n'est si décrépite,
Qui ne trouve, en donnant, couvercle à sa marmite.
Non, non, faites l'amour, et vendez aux amants
Vos accueils, vos baisers et vos embrassements.
C'est gloire, et non pas honte, en cette douce peine,
Des acquets de son lit accroître son domaine.
Vendez ces doux regards, ces attraits, ces appas :
Vous-mêmes vendez-vous, mais ne vous livrez pas.
Conservez-vous l'esprit ; gardez votre franchise ;
Prenez tout, s'il se peut ; ne soyez jamais prise.
Celle qui par amour s'engage en ces malheurs,
Pour un petit plaisir a cent mille douleurs.
Puis un homme au déduit ne peut vous satisfaire ;

Et quand, plus vigoureux, il le pourroit bien faire,
Il faut tondre sur tout, et changer à l'instant.
L'envie en est bien moindre, et le gain plus comptant.
Sur tout soyez de vous la maîtresse et la dame.
Faites, s'il est possible, un miroir de votre âme,
Qui reçoit tous objets, et tout content les perd ;
Fuyez ce qui vous nuit, aimez ce qui vous sert.
Faites profit de tout, et même de vos pertes ;
A prendre sagement ayez les mains ouvertes ;
Ne faites, s'il se peut, jamais présent ni don,
Si ce n'est d'un chabot pour avoir un gardon.
Parfois on peut donner pour les galands attraire.
A ces petits présents je ne suis pas contraire,
Pourvu que ce ne soit que pour les amorcer.
Les fines, en donnant, se doivent efforcer
A faire que l'esprit et que la gentillesse
Fasse estimer les dons, et non pas la richesse.
Pour vous, estimez plus qui plus vous donnera.
Vous gouvernant ainsi, Dieu vous assistera.
Au reste, n'épargnez ni Gaultier ni Garguille.
Qui se trouvera pris, je vous pri' qu'on l'étrille.
Il n'est que d'en avoir : le bien est toujours bien,
Et ne doit point chaloir ni de qui, ni combien.
Prenez à toutes mains, ma fille, et vous souvienne
Que le gain a bon goût, de quelque endroit qu'il vienne.
Estimez vos amants selon le revenu :
Qui donnera le plus, qu'il soit le mieux venu.
Laissez la mine à part ; prenez garde à la somme.
Riche vilain vaut mieux que pauvre gentilhomme.
Je ne juge, pour moi, les gens sur ce qu'ils sont,
Mais selon le profit et le bien qu'ils me font.
Quand l'argent est mêlé, l'on ne peut reconnoître
Celui du serviteur d'avec celui du maître.
L'argent du cordon-bleu n'est pas d'autre façon
Que celui d'un fripier ou d'un aide à maçon.
Que le plus et le moins y mette différence,
Et tienne seulement la partie en souffrance,
Que vous rétablirez du jour au lendemain ;
Et toujours retenez le bon bout à la main :
De crainte que le temps ne détruise l'affaire,

Il faut suivre de près le bien que l'on diffère,
Et ne le différer qu'entant que l'on le peut
Aisément rétablir aussitôt qu'on le veut.
Tous ces beaux suffisans dont la cour est semée
Ne sont que triacleurs et vendeurs de fumée.
Ils sont beaux, bien peignés, belle barbe au menton :
Mais quand il faut payer, au diantre le teston ;
Et faisant des mourans, et de l'âme saisie,
Ils croyent qu'on leur doit pour rien la courtoisie.
Mais c'est pour leur beau nez. Le puits n'est pas commun :
Si j'en avois un cent, ils n'en auroient pas un.
 Et ce poete croté¹, avec sa mine austère,
Vous diriez à le voir que c'est un secrétaire.
Il va mélancolique, et les yeux abaissés,
Comme un sire qui plaint ses parents trépassés.
Mais Dieu sait, c'est un homme aussi bien que les autres.
Jamais on ne lui voit aux mains des patenôtres.
Il hante en mauvais lieux : gardez-vous de cela ;
Non, si j'étois de vous, je le planterois-là.
Et bien, il parle livre ; il a le mot pour rire :
Mais au reste, après tout, c'est un homme à satire.
Vous croiriez à le voir qu'il vous dût adorer.
Gardez, il ne faut rien pour vous déshonorer.
Ces hommes médisans ont le feu sous la lèvre ;
Ils sont matelineurs, prompts à prendre la chèvre,
Et tournent leurs humeurs en bizarres façons ;
Puis, ils ne donnent rien, si ce n'est des chansons.
Mais non, ma fille, non : qui veut vivre à son aise,
Il ne faut simplement un ami qui vous plaise,
Mais qui puisse au plaisir joindre l'utilité.
En amours, autrement, c'est imbécillité.
Qui le fait à crédit n'a pas grande ressource :
On y fait des amis, mais peu d'argent en bourse.
Prenez-moi ces abbés, ces fils de financiers,
Dont, depuis cinquante ans, les pères usuriers,
Volant à toutes mains, ont mis en leur famille
Plus d'argent que le roi n'en a dans la Bastille.
C'est là que votre main peut faire de beaux coups.

1. C'est Regnier lui-même.

Je sais de ces gens-là qui languissent pour vous :
Car étant ainsi jeune, en vos beautés parfaites,
Vous ne pouvez savoir tous les coups que vous faites ;
Et les traits de vos yeux haut et bas élancés,
Belle, ne voyent pas tous ceux que vous blessez.
Tel s'en vient plaindre à moi, qui n'ose le vous dire :
Et tel vous rit de jour, qui toute nuit soupire,
Et se plaint de son mal, d'autant plus véhément,
Que vos yeux sans dessein le font innocemment.
En amour l'innocence est un savant mystère,
Pourvu que ce ne soit une innocence austère,
Mais qui sache par art, donnant vie et trépas,
Feindre avecque douceur qu'elle ne le sait pas.
Il faut aider ainsi la beauté naturelle.
L'innocence autrement est vertu criminelle :
Avec elle il nous faut et blesser et guérir,
Et parmi les plaisirs faire vivre et mourir.
Formez-vous des desseins dignes de vos mérites.
Toutes basses amours sont pour vous trop petites.
Ayez dessein aux dieux : pour de moindres beautés,
Ils ont laissé jadis les cieux déshabités.

   Durant tous ces discours, Dieu sait l'impatience !
Mais comme elle a toujours l'œil à la défiance,
Tournant deçà delà vers la porte où j'étois,
Elle vit en sursaut comme je l'écoutois.
Elle trousse bagage ; et faisant la gentille :
Je vous verrai demain ; adieu, bon soir, ma fille.
Ha ! vieille, dis-je alors, qu'en mon cœur je maudis,
Est-ce là le chemin pour gagner paradis ?
Dieu te doit pour guerdon de tes œuvres si saintes,
Que soient avant ta mort tes prunelles éteintes ;
Ta maison découverte, et sans feu tout l'hiver,
Avecque tes voisins jour et nuit estriver ;
Et traîner sans confort, triste et désespérée,
Une pauvre vieillesse, et toujours altérée !

L'AMOUR

QU'ON NE PEUT DOMPTER

(Voir les *Amours*, liv. II, élég. ive).

Sotte et fâcheuse humeur de la plupart des hommes,
Qui, suivant ce qu'ils sont, jugent ce que nous sommes,
Et, sucrant d'un souris un discours ruineux,
Accusent un chacun des maux qui sont en eux!
Notre mélancolique en sauroit bien que dire,
Qui nous pique en riant, et nous flatte sans rire,
Qui porte un cœur de sang dessous un front blêmi,
Et duquel il faut moins être ami qu'ennemi.
Vous qui, tout au contraire, avez dans le courage
Les mêmes mouvements qu'on vous lit au visage;
Et qui, parfait ami, vos amis épargnez,
Et de mauvais discours leur vertu n'éborgnez;
Connoissant donc en vous une vertu facile
A porter les défauts d'un esprit imbécille
Qui dit, sans aucun fard, ce qu'il sent librement,
Et dont jamais le cœur la bouche ne dément :
Comme à mon confesseur vous ouvrant ma pensée,
De jeunesse et d'amour follement insensée,
Je vous conte le mal où trop enclin je suis,
Et que prêt à laisser, je ne veux et ne puis :
Tant il est mal-aisé d'ôter avec l'étude
Ce qu'on a de nature, ou par longue habitude!
J'obéis au caprice, et sans discrétion;
La raison ne peut rien dessus ma passion.
Nulle loi ne retient mon âme abandonnée;
Ou soit par volonté, ou soit par destinée,
En un mal évident je clos l'œil à mon bien :
Ni conseil, ni raison, ne me servent de rien.
Je choppe par dessein; ma faute est volontaire :
Je me bande les yeux, quand le soleil m'éclaire;
Et, content de mon mal, je me tiens trop heureux

D'être, comme je suis, en tous lieux amoureux.
Et comme à bien aimer mille causes m'invitent,
Aussi mille beautés mes amours ne limitent;
Et, courant çà et là, je trouve tous les jours,
En des sujets nouveaux, de nouvelles amours.
Si de l'œil du desir une femme j'avise,
Ou soit belle, ou soit laide, ou sage, ou mal apprise,
Elle aura quelque trait qui, de mes sens vainqueur,
Me passant par les yeux, me blessera le cœur.
Et c'est comme un miracle, en ce monde où nous sommes,
Tant l'aveugle appétit ensorcelle les hommes,
Qu'encore qu'une femme aux Amours fasse peur,
Que le Ciel, et Vénus, la voye à contre-cœur;
Toutefois, étant femme, elle aura ses délices,
Relévera sa grace avec des artifices
Qui dans l'état d'Amour la sauront maintenir,
Et par quelques attraits les amants retenir.
Si quelqu'une est difforme, elle aura bonne grâce,
Et par l'art de l'esprit embellira sa face :
Captivant les amants, de mœurs, ou de discours,
Elle aura du crédit en l'empire d'Amours.
En cela l'on connoit que la nature est sage,
Qui, voyant les défauts du féminin ouvrage,
Qu'il seroit, sans respect, des hommes méprisé,
L'anima d'un esprit et vif et déguisé;
D'une simple innocence elle adoucit sa face;
Elle lui mit au sein la ruse et la fallace;
Dans sa bouche, la foi qu'on donne à ses discours,
Dont ce sexe trahit les cieux et les amours :
Et selon, plus ou moins, qu'elle étoit belle, ou laide,
Sage, elle sut si bien user d'un bon remède,
Divisant de l'esprit la grace et la beauté,
Qu'elle les sépara d'un et d'autre côté,
De peur qu'en les joignant, quelqu'une eût l'avantage,
Avec un bel esprit, d'avoir un beau visage.
La belle, du depuis, ne le recherche point,
Et l'esprit rarement à la beauté se joint.
Or, afin que la laide, autrement inutile,
Dessous le joug d'amour rendit l'homme servile,
Elle ombragea l'esprit d'un morne aveuglement,

Avecque le desir troublant le jugement,
De peur que nulle femme, ou fût laide, ou fût belle,
Ne vécût sans le faire, et ne mourût pucelle.

. . . .

Ravi de tous objets, j'aime si vivement,
Que je n'ai pour l'amour ni choix, ni jugement.
De toute élection mon âme est dépourvue,
Et nul objet certain ne limite ma vue.
Toute femme m'agrée; et les perfections
Du corps ou de l'esprit troublent mes passions.
J'aime le port de l'une, et de l'autre la taille;
L'autre, d'un trait lascif, me livre la bataille;
Et l'autre, dédaignant, d'un œil sévère et doux,
Ma peine et mon amour, me donne mille coups.
Soit qu'une autre, modeste, à l'imprévu m'avise,
De vergogne et d'amour mon âme est toute éprise;
Je sens d'un sage feu mon esprit enflammer,
Et son honnêteté me contraint de l'aimer.
Si quelque autre, affectée en sa douce malice,
Gouverne son œillade avec de l'artifice,
J'aime sa gentillesse; et mon nouveau desir
Se la promet savante en l'amoureux plaisir.
Que l'autre parle livre, et fasse des merveilles,
Amour, qui prend partout, me prend par les oreilles,
Et juge par l'esprit, parfait en ses accords,
Des points plus accomplis que peut avoir le corps.
Si l'autre est, au rebours, des lettres nonchalante,
Je crois qu'au fait d'amour elle sera savante,
Et que nature, habile à couvrir son défaut,
Lui aura mis au lit tout l'esprit qu'il lui faut.
Ainsi, de toute femme à mes yeux opposée,
Soit parfaite en beauté, ou soit mal composée,
De mœurs, ou de façons, quelque chose m'en plaît;
Et ne sais point comment, ni pourquoi, ni que c'est.
Quelque objet que l'esprit par mes yeux se figure,
Mon cœur, tendre à l'amour, en reçoit la pointure:
Comme un miroir en soi toute image reçoit,
Il reçoit en amour quelque objet que ce soit.
Autant qu'une plus blanche il aime une brunette:
Si l'une a plus d'éclat, l'autre est plus sadinette,

Et, plus vive de feu, d'amour et de desir,
Comme elle en reçoit plus, donne plus de plaisir.
Mais sans parler de moi, que toute amour emporte :
Voyant une beauté folàtrement accorte,
Dont l'abord soit facile, et l'œil plein de douceur;
Que semblable à Vénus on l'estime sa sœur,
Que le ciel sur son front ait posé sa richesse,
Qu'elle ait le cœur humain, le port d'une déesse,
Qu'elle soit le tourment et le plaisir des cœurs,
Que Flore sous ses pas fasse naître des fleurs ;
Au seul trait de ses yeux, si puissants sur les âmes,
Les cœurs les plus glacés sont tous brûlants de flammes :
Et fût-il de métal, ou de bronze, ou de roc,
Il n'est moine si saint qui n'en quittât le froc.

Ainsi, moi seulement sous l'amour je ne plie ;
Mais de tous les mortels la nature accomplie
Fléchit sous cet empire; et n'est homme ici-bas
Qui soit exempt d'amour, non plus que du trépas.

. . . .

TABLE DES MATIÈRES

Ovide et la poésie amoureuse.................................... v
Les Amours... 1
  Épigramme.. 1
  Livre premier... 2
  Livre deuxième... 46
  Livre troisième... 93
  Notes sur les Amours d'Ovide.............................. 143
L'Art d'Aimer.. 165
  Livre premier... 165
  Livre deuxième... 206
  Livre troisième... 245
  Notes sur l'Art d'Aimer.................................. 289
Les Cosmétiques... 317
  Notes sur les Cosmétiques................................ 323
Héroïdes choisies... 327
  Notes sur les Héroïdes................................... 349
Imitations d'Ovide, par Regnier............................. 353
  Macette ou l'hypocrisie déconcertée...................... 355
  L'amour qu'on ne peut dompter............................ 363

FIN DE LA TABLE DES MATIÈRES.

PARIS. — IMPRIMERIE DE J. CLAYE, RUE SAINT-BENOIT, 7.

EXTRAIT DU CATALOGUE

DE LA LIBRAIRIE

GARNIER FRÈRES

6, rue des Saints-Pères, et Palais-Royal, 215 bis.

DICTIONNAIRE NATIONAL

OUVRAGE ENTIÈREMENT TERMINÉ.

Monument élevé à la gloire de la Langue et des Lettres françaises.

Ce grand Dictionnaire classique de la Langue française contient, pour la première fois, outre les mots mis en circulation par la presse, et qui sont devenus une des propriétés de la parole, les noms de tous les Peuples anciens, modernes; de tous les Souverains de chaque État; des Institutions politiques; des Assemblées délibérantes; des Ordres monastiques, militaires; des Sectes religieuses, politiques, philosophiques; des grands Événements historiques : Guerres, Batailles, Siéges, Journées mémorables, Conspirations, Traités de paix, Conciles; des Titres, Dignités, Fonctions, des Hommes ou Femmes célèbres en tout genre; des Personnages historiques de tous les pays et de tous les temps : Saints, Martyrs, Savants, Artistes, Écrivains; des Divinités, Héros et Personnages fabuleux de tous les Peuples; des Religions et Cultes divers, Fêtes, Jeux, Cérémonies publiques, Mystères, Livres sacrés; enfin la Nomenclature de tous les Chefs-lieux, Arrondissements, Cantons, Villes, Fleuves, Rivières, Montagnes et Curiosités naturelles de la France et de l'Étranger; avec les Étymologies grecques, latines, arabes, celtiques, germaniques, etc., etc.

Cet ouvrage classique est rédigé sur un plan entièrement neuf, plus exact et plus complet que tous les dictionnaires qui existent, et dans lequel toutes les définitions, toutes les acceptions des mots et les nuances infinies qu'ils ont reçues du bon goût et de l'usage sont justifiées par plus de quinze cent mille exemples choisis, fidèlement extraits de tous les écrivains, moralistes et poëtes, philosophes et historiens, politiques et savants, conteurs et romanciers, dont l'autorité est généralement reconnue; par M. BESCHERELLE AÎNÉ, principal auteur de la *Grammaire nationale*. Deux magnifiques volumes in-4º de 3,400 pages, à 4 colonnes, lettres ornées, etc., im-

primés en caractères neufs et très-lisibles, sur papier grand raisin, glacé et satiné, contenant la matière de plus de 300 volumes in-8.
— Prix : 50 fr.; demi-rel. chag., 60 fr.

PETIT DICTIONNAIRE NATIONAL

Contenant la définition très-claire et très-exacte de tous les mots de la langue usuelle, l'explication la plus simple des termes scientifiques et techniques, la prononciation figurée dans tous les cas douteux et difficiles, etc., etc., à l'usage de la jeunesse et de tous ceux qui ont besoin de renseignements prompts et précis sur la langue française ; par BESCHERELLE aîné, auteur du grand *Dictionnaire national*, etc. 1 vol. grand in-32 jésus, 2 fr. 25 c.
Relié en percaline à l'anglaise. . . . . 3 fr.

GRAMMAIRE NATIONALE

Ou Grammaire de Voltaire, de Racine, de Bossuet, de Fénelon, de J.-J. Rousseau, de Bernardin de Saint-Pierre, de Chateaubriand, de Casimir Delavigne, et de tous les écrivains les plus distingués de la France ; par MM. BESCHERELLE FRÈRES et LITAIS DE GAUX. 1 fort vol. grand in-8, 12 fr.; net, 9 fr.
Complément indispensable du *Dictionnaire national*.

DICTIONNAIRE USUEL DE TOUS LES VERBES FRANÇAIS

Tant réguliers qu'irréguliers, entièrement conjugués, par BESCHERELLE FRÈRES. 2 vol. in-8 à 2 col., 15 fr.; net, 12 fr.

Ce livre est indispensable à tous les écrivains et à toutes les personnes qui s'occupent de la langue française, car le verbe est le mot qui, dans le discours, joue le plus grand rôle ; il entre dans toutes les propositions, pour être le lien de nos pensées et y répandre la clarté et la vie ; aussi les Latins lui avaient donné le nom de *verbum* pour exprimer qu'il est le mot nécessaire, le mot par excellence. Mais le verbe doit être rangé dans la classe des parties du discours que les grammairiens appellent *variables*. Aucune, en effet, n'a subi des modifications aussi nombreuses et aussi variées. La conjugaison des verbes est sans contredit ce qu'il y a de plus difficile dans notre langue, puisqu'on y compte plus de trois cents verbes irréguliers. A l'aide de ce dictionnaire, tous les doutes sont levés, toutes les difficultés vaincues.

LE VÉRITABLE MANUEL DES CONJUGAISONS

Ou Dictionnaire des 8,000 verbes, par BESCHERELLE FRÈRES. Troisième édition. 1 vol. in-18, 3 fr. 75 c.

GRAND DICTIONNAIRE ESPAGNOL-FRANÇAIS ET FRANÇAIS-ESPAGNOL

Avec la prononciation dans les deux langues, plus exact et plus complet que tous ceux qui ont paru jusqu'à ce jour, rédigé d'après les matériaux réunis, par D. VICENTE SALVA, et les meilleurs dictionnaires anciens et modernes, par F. DE P. NORIEGA ET CUM. 1 fort volume grand in-8 jésus, d'environ 1,600 pages, à 3 colonnes. Prix : 18 fr.

NOUVEAU DICTIONNAIRE DE POCHE FRANÇAIS-ESPAGNOL ET ESPAGNOL-FRANÇAIS

Avec la prononciation dans les deux langues, rédigé d'après les matériaux réunis par D. Vicente Salva, et les meilleurs dictionnaires parus jusqu'à ce jour. 1 fort vol. grand in-32, format dit Cazin, d'environ 1,100 pages. Prix : 5 fr.

GUIDES POLYGLOTTES, MANUELS DE LA CONVERSATION ET DU STYLE ÉPISTOLAIRE

A l'usage des voyageurs et de la jeunesse des écoles, par MM. Clifton, Vitali, docteur Ebeling, Carolino Duarte et Corona Bustamante. Grand in-32, format dit Cazin, papier satiné. Prix : 2 fr. le vol.

FRANÇAIS-ANGLAIS. 1 vol. in-32.
FRANÇAIS-ITALIEN. 1 vol. in-32.
FRANÇAIS-ALLEMAND. 1 vol. in-32.
FRANÇAIS-ESPAGNOL. 1 vol. in-32.
FRANÇAIS-PORTUGAIS. 1 vol. in-32.
ENGLISH AND FRENCH. 1 vol. in-32.
ESPANOL-FRANCÉS. 1 vol. in-32.
ENGLISH AND PORTUGUESE. 1 vol. in-32.
ESPANOL-INGLÉS. 1 vol. in-32.
ESPANOL-ITALIANO. 1 vol. in-32.
ESPANOL-FRANCÉS-INGLÉS-ITALIANO. 1 vol. in-32.
PORTUGUEZ-FRANCEZ. 1 vol. in-32.
PORTUGUEZ-INGLEZ. 1 vol. in-32.

GRAND DICTIONNAIRE ITALIEN-FRANÇAIS ET FRANÇAIS-ITALIEN

Par Barberi, continué et terminé par Basti et Cerati. 2 gros vol. in-4, 45 fr.; net, 25 fr.

Ce Dictionnaire donne la prononciation des mots, leur étymologie, leur sens et leurs mots expliqués et appuyés par des exemples. — Un grand nombre de termes techniques des sciences et arts. — La solution des difficultés grammaticales. — Le pluriel des substantifs et les divers temps des verbes quand ils ont une forme irrégulière. Le genre des substantifs qui n'est point indiqué dans les autres dictionnaires italiens, etc., etc. Le tout forme 2.500 pages in-4. Le Conseil royal de l'instruction publique a examiné le grand *Dictionnaire italien-français et français italien* de Barberi, continué et terminé par MM. Basti et Cerati. D'après la délibération du Conseil royal, ce dictionnaire sera placé dans les Bibliothèques des collèges. C'est, en effet, le travail le plus complet qui existe en ce genre et le meilleur guide pour l'enseignement approfondi des beautés de la langue italienne.

DICTIONNAIRE D'HIPPIATRIQUE ET D'ÉQUITATION

Ouvrage où se trouvent réunies toutes les connaissances équestres et hippiques, par F. Cardini, lieutenant-colonel en retraite. 2 vol. grand in-8, ornés de 70 figures. 2e édition, corrigée et considérablement augmentée, 20 fr.; net, 15 fr.

DE L'ÉLOQUENCE JUDICIAIRE AU DIX-SEPTIÈME SIÈCLE

Antoine Lemaistre et ses contemporains, par M. Oscar de Vallée, avocat général à la cour impériale de Paris. 1 beau vol. in-8 cavalier, 7 fr. 50.

LES ARMES ET LE DUEL

Par Grisier, professeur à l'École polytechnique, au collège Henri IV et au Conservatoire de musique. Ouvrage agréé par Sa Majesté l'empereur de Russie; précédé d'une Préface par A. Dumas; Notice sur l'auteur, par Roger de Beauvoir; Epître en vers, de Méry, etc.; Dessins par É. de Beaumont. Deuxième édition, revue par l'auteur. 1 vol. grand in-8, 10 fr.

Nous ne craignons pas de dire que cet ouvrage est le *traité d'escrime* LE PLUS COMPLET qui ait encore paru. La réputation européenne de l'auteur nous autorise à ajouter que c'est très-certainement LE MEILLEUR.

DICTIONNAIRE DE LA CONVERSATION ET DE LA LECTURE

52 vol. grand in-8 de 500 pages à 2 col., contenant la matière de plus de 300 vol. Prix : 208 fr.

Œuvre éminemment littéraire et scientifique, produit de l'association de toutes les illustrations de l'époque, sans acception de partis ou d'opinions, le *Dictionnaire de la Conversation* a depuis longtemps sa place marquée dans la bibliothèque de tout homme de goût, qui aime à retrouver formulées en préceptes généraux ses idées déjà arrêtées sur l'histoire, les arts et les sciences.

SUPPLÉMENT AU
DICTIONNAIRE DE LA CONVERSATION ET DE LA LECTURE

Rédigé par tous les écrivains et savants dont les noms figurent dans cet ouvrage, et publié sous la direction du même rédacteur en chef. 16 vol. gr. in-8 de 500 pages, conformes aux 52 vol. publiés de 1832 à 1859.

Le *Supplément*, aujourd'hui TERMINÉ, se compose de *seize volumes* formant les tomes 53 à 68 de cette Encyclopédie si populaire. Il contient la mention de tous les progrès faits par les sciences depuis la terminaison de l'ouvrage principal (1859) jusqu'à l'époque actuelle, et le résumé de l'Histoire politique des différents Etats jusqu'en 1852. Les grands et providentiels événements qui sont venus changer la face de l'Europe, en 1848, y sont racontés; de même qu'on y trouve des renseignements précis sur la plupart des hommes nouveaux que ces événements ont fait surgir dans la politique.

Il n'y a pas d'exagération dès lors à dire que de toutes les Encyclopédies le *Dictionnaire de la Conversation* est la plus complète et la plus *actuelle*.

Le *Supplément* a réparé toutes les erreurs, toutes les omissions qui avaient échappé dans le travail si rapide de la rédaction des 52 premiers volumes. Tous les *renvois* que le lecteur cherchait vainement dans l'ouvrage principal se trouvent traités dans le *Supplément*, de même que quelques articles jugés insuffisants ont été refaits.

Qui ne sait l'immense succès du *Dictionnaire de la Conversation?* Plus de 19,000 exemplaires des tomes 1 à 52 ont été vendus; mais, aujourd'hui, les seuls exemplaires qui conservent toute *leur valeur primitive* sont ceux qui possèdent le *Supplément*, en d'autres termes, les tomes 53 à 68.

Comme les seize volumes supplémentaires n'ont été tirés qu'à 3,000, ils ne tarderont pas à être épuisés; les retardataires n'auront donc qu'à s'en prendre à eux-mêmes de la dépréciation énorme de l'exemplaire qu'ils auront négligé de compléter.

Nous nous bornerons à prévenir itérativement les possesseurs des tomes 1 à 52 qu'avant très-peu de temps il nous sera impossible de compléter leurs exemplaires et de leur fournir les tomes 53 à 68; car ils s'épuisent plus rapidement encore que nous ne l'avions pensé, et d'ailleurs, nous le répétons, ils ont été tirés en bien moindre nombre que les premiers volumes.

Prix des seize volumes du *Supplément* (tomes 53 à 68), 80 fr.; le volume, 5 fr.; la livraison 2 fr. 50 c.

GÉOGRAPHIE UNIVERSELLE

PAR MALTE-BRUN.

Description de toutes les parties du monde sur un nouveau plan, d'après les grandes divisions du globe; précédée de l'Histoire de la

Géographie chez les peuples anciens et modernes, et d'une Théorie générale de la Géographie mathématique, physique et politique. Sixième édition, revue, corrigée et augmentée, mise dans un nouvel ordre et enrichie de toutes les nouvelles découvertes, par J.-J.-N. Huot. 6 beaux vol. grand in-8, enrichis de 64 gravures sur acier, 60 fr., demi-reliure chagrin, 81 fr.

Avec UN SUPERBE ATLAS entièrement établi à neuf. 1 vol. in-folio, composé de 72 magnifiques cartes coloriées, dont 14 doubles, 80 fr.

On se plaignait généralement de la sécheresse de la géographie, lorsque, après quinze années de lectures et d'études, Malte-Brun conçut la pensée de renfermer dans une suite de discours historiques l'ensemble de la géographie ancienne et moderne, de manière à laisser, dans l'esprit d'un lecteur attentif, l'image vivante de la terre entière, avec toutes ses contrées diverses, et avec les lieux mémorables qu'elles renferment et les peuples qui les ont habitées ou qui les habitent encore.

Il s'est dit : « La géographie n'est-elle pas la sœur et l'émule de l'histoire ? Si l'une a le pouvoir de ressusciter les générations passées, l'autre ne saurait-elle fixer, dans une image mobile, les tableaux vivants de l'histoire en retraçant à la pensée cet éternel théâtre de nos courtes misères ? cette vaste scène, jonchée des débris de tant d'empires, et cette immuable nature, toujours occupée à réparer, par ses bienfaits, les ravages de nos discordes ? Et cette description du globe n'est-elle pas intimement liée à l'étude de l'homme, à celle des mœurs et des institutions ? n'offre-t-elle pas à toutes les sciences politiques des renseignements précieux ? aux diverses branches de l'histoire naturelle un complément nécessaire ? à la littérature elle-même, un vaste trésor de sentiments et d'images ? » Et, sans se rebuter par les difficultés de toute nature que présentait un pareil sujet, il consacre sa vie tout entière à élever à la géographie un des plus beaux monuments scientifiques et littéraires de ce siècle.

Malte-Brun a laissé un ouvrage dont la réputation est justifiée par trente années de succès, par le suffrage unanime des savants et des littérateurs, et par l'empressement que plusieurs ont mis à le traduire.

Cette nouvelle réimpression de la *Géographie universelle* a été entièrement revue et complétée par le savant continuateur de Malte-Brun, M. Huot.

DU MÊME AUTEUR :

PRECIS DE GÉOGRAPHIE UNIVERSELLE

Précédé d'une introduction historique et suivi d'un aperçu de la géographie ancienne, par MM. Balbi, Larenaudière et Huot, quatrième édition, considérablement augmentée et ornée de nombreuses gravures et cartes. Ouvrage adopté par l'Université. 1 volume grand in-8, 20 fr.; net, 18 fr.

Demi-reliure, dos chagrin. . . . . 3 fr. 50 c.

DICTIONNAIRE GEOGRAPHIQUE, STATISTIQUE ET POSTAL DES COMMUNES DE FRANCE

Dédié au commerce, à l'industrie et à toutes les administrations publiques, par M. A. Peigné, auteur du *Dictionnaire portatif de la langue française* et de plusieurs ouvrages d'instruction ; avec la carte des postes. Cet ouvrage, par la multiplicité et l'exactitude des renseignements qu'il fournit, est indispensable à tout commerçant, voyageur, industriel et employé d'administration, dont il est le *vade mecum*. Prix, 5 fr.

OUVRAGES RELIGIEUX

MÉDITATIONS SUR L'ÉVANGILE.

Par Bossuet, revues sur les manuscrits originaux et les édit. les plus correctes, et illustrées de 14 magnifiques gravures sur acier, d'après Raphael, Rubens, Poussin, Rembrandt, Carrache, Léonard de Vinci, etc. 1 vol. gr. in-8 jésus. 18 fr.

Demi-reliure maroquin, plats en toile, tranche dorée. . . . . 24 fr. »

Cette superbe réimpression d'un des chefs-d'œuvre de Bossuet, imprimée avec le plus grand soin par Simon Raçon, est destinée à prendre place parmi les plus beaux livres de l'époque.

LES SAINTS ÉVANGILES
(ÉDITION CURMER.)

Selon saint Matthieu, saint Marc, saint Luc et saint Jean. 2 splendides vol. grand in-8, illustrés de 12 gravures sur acier, et ornés de vues. Brochés, 48 fr.; net 30 fr.

Reliure chagrin, tranche dorée. . . . . 14 fr. le vol.

LES ÉVANGILES

Par F. Lamennais. Traduction nouvelle, avec des notes et des réflexions. 2ᵉ édit., illustrée de 10 gravures sur acier, d'après Cigoli, le Guide, Murillo, Overbeck, Raphaël, Rubens, etc. 1 vol. in-8, cavalier vélin, 10 fr.; net, 8 fr.

Reliure demi-chagrin, plats en toile, tranche dorée. . . . . 4 fr.

LES VIES DES SAINTS

Pour tous les jours de l'année, nouvellement écrites par une réunion d'ecclésiastiques et d'écrivains catholiques, publiées en 200 livraisons, classées pour chaque jour de l'année par ordre de dates, d'après les martyrologes et Godescard; illustrées d'environ 1,800 gravures.

L'ouvrage complet forme 4 beaux vol. grand in-8; chaque vol. se compose d'un trimestre et forme un tout complet. 10 fr., le vol. Complet. 40 fr.

Reliure des 4 vol. en deux vol., demi-chagrin, plats toile, tr. dorée. 13 fr. »
Reliure des 4 vol. en deux vol., toile, tr. dorée. . . . . 11 »

Les Vies des Saints, ayant déjà obtenu l'approbation des archevêques de Paris, de Cambrai, de Tours, de Bourges, de Reims, de Sens, de Bordeaux et de Toulouse, et des évêques de Chartres, de Limoges, de Bayeux, de Poitiers, de Versailles, d'Amiens, d'Arras, de Châlons, de Langres, de la Rochelle, de Saint-Dié, de Nîmes, de Rodez, d'Angers, de Nevers, de Saint-Claude, de Verdun, de Metz, de Montpellier, de Gap, de Nancy, d'Autun, de Quimper, de Strasbourg, d'Evreux, de Saint-Flour, de Valence, de Cahors et du Mans, sont appelées à un très-grand succès.

IMITATION DE JÉSUS-CHRIST

Traduite par l'abbé Dassance, avec approbation de Mgr l'archevêque de Paris. Edition Curmer, avec encadrements variés, frontispice or et couleur, et 10 gravures sur acier. 1 vol. gr. in-8, 20 fr.

 Reliure chagrin, tranche dorée................ 12 fr. »
 — demi-chagrin, tranche dorée, plats toile....... 5 50

LA VIERGE

Histoire de la mère de Dieu et de son culte, par l'abbé Orsini. Nouvelle édition, ill. de grav. sur acier et de sujets dans le texte. 2 beaux vol. gr. in-8 jésus. 24 fr.

 Reliure demi-chagrin, plats toile avec croix, tr. dorée, les 2 vol. en un. 6 fr. »
 — — plats toile avec croix, tr. dorée le vol..... 5 50
 — toile, tr. dorée, mosaïque, le vol............. 5 »

SAINT VINCENT DE PAUL

Histoire de sa vie, par l'abbé Orsini. 1 magnifique vol. grand in-8 jésus, illustré de 10 splendides gravures sur acier, tirées sur chine avant la lettre d'après Karl Girardet, Leloir, Meissonnier, Staal, etc., gravées par nos meilleurs artistes. 12 fr.

 Reliure en toile mosaïque, riche plaque spéciale, tr. dorée..... 6 fr. »
 — demi-chagrin, plats en toile, avec croix, tr. dorée..... 6 50

LES FÊTES DU CHRISTIANISME

Par l'abbé Casimir, curé du diocèse de Paris, illustrées de plusieurs dessins rehaussés d'or et de couleur.

C'est l'histoire des traditions qu'elles ont laissées, des costumes populaires qui en sont résultés, des grands événements religieux auxquels elles se rattachent, que nous offrons aux fidèles.

1 joli vol. grand in-8, illustré de 10 dessins rehaussés d'or et de couleur. 10 fr.

 Reliure mosaïque avec plaque spéciale, et tranche dorée...... 4 fr. »
 — demi-chagrin, plats en toile................ 4 50

HEURES NOUVELLES (ÉDITION CURMER.)

Paroissien complet, latin-français, à l'usage de Paris et de Rome, par l'abbé Dassance. 1 vol. in-8, illustré par Overbeck; texte encadré, 36 fr.; net, 15 fr.

 Reliure chagrin, tranche dorée................ 10 fr. »
 — demi-chagrin, plats toile, tranche dorée........ 5 »

PETITES HEURES NOUVELLES (ÉDITION CURMER.)

Texte encadré, lettres ornées, fleurons, etc. 1 vol. in-64.

 Relié en chagrin plein, d. s. tr................ 5 fr. »

VIE DE JÉSUS

Ou Examen critique de son histoire, par le docteur David-Frédéric Strauss, traduit de l'allemand sur la troisième édition, par E. Littré, de l'Académie des inscriptions et belles-lettres. Deuxième édition française. 4 vol. in-8, 20 fr

ŒUVRES DE CHATEAUBRIAND

16 vol. grand in-8 jésus, illustrés de 64 gravures composées par G. Staal, Philippoteaux, etc., gravées par F. Delannoy, etc., etc., 120 fr., net. 100 fr.

On peut acheter séparément les ouvrages qui suivent :

Le Génie du christianisme, illustré de 8 belles gravures sur acier, 2 vol.
Brochés. . . . . 20 fr. »
Reliés en un seul vol., demi-chagrin, plats toile, tr. dorée. . . 5 »

Les Martyrs et le **Voyage en Amérique**. 2 vol. avec gravures sur acier.
Brochés. . . . . 20 fr. »
Reliure en un seul vol., demi-chagrin, plats en toile, tr. dorée. 5 »

Itinéraire de Paris à Jérusalem. 2 vol. avec gravures sur acier.
Brochés. . . . . 20 fr. »
Demi-reliure en un seul vol., plats toile, tranche dorée. . . . 5 »

Les Natchez et les **Poésies diverses**. 1 vol. avec grav. sur acier.
Brochés. . . . . 10 fr. »
Demi-reliure, plats toile, tranche dorée. . . . . 15 »

Atala et le **Dernier des Abencerrages**. 1 vol. in-8, 10 fr.
Demi-reliure, plats toile, tranche dorée. . . . . 15 fr. »

MÉMOIRES D'OUTRE-TOMBE

Par Chateaubriand; suivis du CONGRÈS DE VÉRONE et de la VIE DE RANCÉ, terminés par la VIE DE CHATEAUBRIAND, par M. Ancelot, de l'Académie française. 8 vol. grand in-8 jésus, ornés de gravures sur acier. 80 fr.

HISTOIRE DE FRANCE

Par Anquetil, avec continuation jusqu'à nos jours par Baude, l'un des principaux auteurs du *Million de Faits* et de *Patria*. 8 volumes grand in-8, illustrés de 120 gravures environ, renfermant la collection complète des portraits des rois, imprimés en beaux caractères, à deux colonnes, sur papier des Vosges, 50 fr.; net, 40 fr.

Demi-reliure, dos chagrin, le volume. . . . . 3 fr. 50 c.

HISTOIRE DE FRANCE D'ANQUETIL

Continuée depuis la Révolution de 1789, par Léonard Gallois. Édition ornée de 50 gravures en taille-douce. 5 vol. gr. in-8 jésus à deux colonnes, contenant la matière de 40 vol. in-8 ordinaires. 62 fr. 50 c.; net. 40 fr.

Demi-reliure, dos chagrin, le vol. . . . . 3 fr. 50

ABRÉGÉ CHRONOLOGIQUE DE L'HISTOIRE DE FRANCE,

Par le président Hénault, continué par Michaud. 1 vol. gr. in-8 illustré de gravures sur acier. 12 fr.

Demi-reliure chagrin. 3 fr. 50
— avec les plats toile, tr. dor. . . . . . . 6 fr. »

DICTIONNAIRE DE LA NOBLESSE ET DU BLASON

Par Jouffroy d'Eschavannes, héraldiste, historiographe, secrétaire-archiviste de la Société orientale de Paris. 1 vol. grand in-8, illustré de 2 planches de blason coloriées et d'un grand nombre de gravures, 15 fr.; net, 10 fr.

GALERIES HISTORIQUES DE VERSAILLES

Ce grand et important ouvrage a été entrepris aux frais de la liste civile du roi Louis-Philippe, et rédigé d'après ses instructions. Il renferme la Description de 1,200 tableaux; des Notices historiques sur plus de 676 écussons armoriés de la salle des Croisades, et des Aperçus biographiques sur presque tous les personnages célèbres depuis les temps les plus reculés de la monarchie française. Cet ouvrage, véritable Histoire de France, illustrée par les maîtres les plus célèbres en peinture et en sculpture, et destiné à être donné en cadeau à tous les hommes éminents de notre époque, n'a jamais été mis en vente.

10 vol. in-8 imprimés en caractères neufs sur beau papier, avec un magnifique album in-4 contenant 100 gravures, 80 fr.

HISTOIRE DE RUSSIE

Par A. de Lamartine. Deux volumes in-8, 10 fr.

COURS D'ETUDES HISTORIQUES

Par M. Daunou, pair de France, secrétaire perpétuel de l'Académie des inscriptions et belles-lettres, professeur au Collége de France. 20 vol. in-8 et tables des matières, 160 fr.; net, 120 fr.

Cet important ouvrage, dont nous n'avons qu'un très-petit nombre d'exemplaires, contient le résultat des leçons faites au Collége de France de 1819 à 1830. Après avoir recherché quelles sont les ressources de l'histoire et de quelle manière la connaissance des choses passées a pu naître et se perpétuer, le savant auteur établit les règles de critique pour donner à l'histoire le caractère d'une véritable science composée de faits positifs dont on a reconnu la certitude ou la probabilité.

Le cours est terminé par un examen des systèmes philosophiques, appliqués à l'histoire de la philosophie, depuis Platon jusqu'au dix-neuvième siècle.

HISTOIRE DE FRANCE

Depuis les Gaulois jusqu'à nos jours, par M. Millac, professeur d'histoire, illustrée d'un grand nombre de vignettes sur bois par Harrisson. 1 joli v. in-18, rel. en toile, doré sur tr. 2 fr. 50 c.

HISTOIRE DES FRANÇAIS

Par Théophile Lavallée. Edition ornée de 20 magnifiques nouvelles gravures sur acier, d'après MM. Gros, Paul Delaroche, Eugène Delacroix, Horace Vernet, Steuben, Scheffer, Vinterhalter, etc. 2 forts vol. grand in-8 jésus. 24 fr.

Reliure toile mosaïque, plaque spéciale tranche dorée, le vol. . . 6 fr. »
— toile, tranche dorée, plaque spéciale, le vol. . . . . . 5 »
— demi-chagrin, plats toile, tranche dorée, le vol. 5 50

1.

HISTOIRE DE L'EMPIRE OTTOMAN
DEPUIS LES TEMPS LES PLUS ANCIENS JUSQU'A NOS JOURS

Par M. Théophile Lavallée. 1 magnifique volume grand in-8, accompagné de 18 belles gravures anglaises sur acier, représentant des scènes historiques, des vues, des portraits, etc. 18 fr.

<small>Reliure en toile mosaïque, plaque spéciale, tranche dorée. . . 6 fr. »</small>

HISTOIRE DE PARIS

Par Th. Lavallée. 207 vues par Champin. 1 vol. gr. in-8. 12 fr.

<small>Relié toile mosaïque.................... 18 fr. »</small>

HISTOIRE DE NAPOLÉON

Par Laurent, illustrée de 500 vignettes, avec les types en noir imprimés dans le texte, par Horace Vernet. 1 vol. grand in-8, 9 fr.; net 6 fr. 50 c. rel. toile, 10 fr. 50 c.

MÉMORIAL DE SAINTE-HÉLÈNE

Par feu le comte de Las Cases, nouvelle édition revue avec soin, augmentée du *Mémorial de la Belle-Poule*, par M. Emmanuel de Las Cases. 2 vol. grand in-8, avec portraits, vignettes nouvelles, gravés au burin sur acier par M. Blanchard. Les vues et les dessins sont de MM. Pauquet frères et Daubigny. 24 fr.; net 14 fr.

<small>Reliure demi-chagrin, le volume.................... 3 fr. 50
Reliure demi-chagrin, plats en toile, tranche dorée, le volume..... 5 50</small>

HISTOIRE UNIVERSELLE

Par le comte de Ségur, de l'Académie française; contenant l'histoire des Égyptiens, des Assyriens, des Mèdes, des Perses, des Juifs, de la Grèce, de la Sicile, de Carthage et de tous les peuples de l'antiquité, l'histoire romaine et l'histoire du Bas-Empire. 9ᵉ édition, ornée de 30 gravures, d'après les grands maîtres de l'école française. 3 vol., divisés en 6 parties grand in-8, 37 fr. 50 c.

On peut acheter séparément le tome Iᵉʳ, Histoire Ancienne.
    —   —   IIᵉ, — Romaine.
    —   —   IIIᵉ, — du Bas-Empire.

<small>Reliure demi-chagrin, le volume.................... 3 fr. 50
Reliure demi-chagrin, plats en toile, tranche dorée............ 5 fr. 50</small>

HISTOIRE DES DUCS DE BOURGOGNE

Par M. de Barante, membre de l'Académie française; 7ᵉ édition. 12 vol. in-8, caractères neufs, imprimés sur papier vélin satiné des Vosges, ornés de 104 grav. et d'un grand nombre de cartes. Prix : 5 fr. le vol.

<small>La place de cet ouvrage est marquée dans toutes les bibliothèques. Il joint au mérite et l'exactitude historique une grande vérité de couleur et un grand charme de narration.</small>

HISTOIRE DES RÉPUBLIQUES ITALIENNES DU MOYEN AGE

Par Simonde de Sismondi. Nouvelle édition, ornée de gravures sur acier. 10 vol. in-8, 50 fr.; net, 40 fr.

    Reliure demi-chagrin, le volume . . . . 1 fr. 60

LA HONGRIE ANCIENNE ET MODERNE

Historique, littéraire, aristique et monumentale, publiée sous la direction de M.-J. Boldényi. 1 magnifique volume grand in-8, illustré d'un très-grand nombre de gravures, vues, monuments, portraits, costumes, dans le texte et hors texte, et d'une carte ethnographique. Broch., 12 fr.; net, 10 fr.; avec types col. 15 fr.

    Reliure toile, tranche dorée, mosaïque. . . . . 6 fr. »

VOYAGE DANS L'INDE

Par le prince A. Soltykoff; illustré de magnifiques lithographies à deux teintes, par Derudder, etc., d'après les dessins originaux de l'auteur. 2 beaux vol. gr. in-8 jésus, 24 fr.

    Reliure t. mosaïque, riche plaque spéciale, genre indien, tr. dor., le vol.. 6 fr.

VOYAGE EN PERSE

Par le même; illustré, d'après les dessins de l'auteur, de magnifiques lithographies par Trayer, etc. 1 vol. gr. in-8 jésus. 10 fr.

    Reliure toile mosaïque, riche plaque spéciale, genre indien, tr. dorée. 6 fr.

ŒUVRES COMPLÈTES DE BUFFON

Avec la nomenclature linnéenne et la classification de Cuvier. Édition nouvelle, revue sur l'édition in-4 de l'Imprimerie impériale, annotée par M. Flourens, membre de l'Académie française, secrétaire perpétuel de l'Académie des Sciences, professeur au Muséum d'histoire naturelle.

Les *Œuvres complètes de Buffon* forment 12 v. grand in-8 jésus, illustrés de 162 planches, 800 sujets coloriés, gravés sur acier, d'après les dessins originaux de M. Victor Adam. Imprimés en caractères neufs, sur papier pâte vélin, par la typographie J. Claye. 120 fr.

    M. le ministre de l'instruction publique a souscrit, pour les bibliothèques, à cette magnifique publication (aujourd'hui complétement achevée), reconnue par les hommes les plus compétents comme une édition modèle des œuvres du grand naturaliste.. Le nom et le travail de M. Flourens la recommandent d'une façon toute particulière, et lui donnent un cachet spécial.

Pour satisfaire aux nombreuses demandes des personnes qui préfèrent l'acquisition par volumes à la vente par livraisons, nous avons ouvert une souscription par demi-volumes du prix de 5 fr.

Les souscripteurs peuvent retirer, dès à présent, les 24 demi-volumes.

LEÇONS ÉLÉMENTAIRES D'HISTOIRE NATURELLE

Traité de CONCHYLIOLOGIE, précédé d'un aperçu sur toute la ZOOLOGIE, à l'usage des étudiants et des gens du monde. Ouvrage adressé à madame François Delessert, par M. J.-C. CHENU, conservateur du Musée d'histoire naturelle de M. B. DELESSERT. 1 vol. in-8, orné de 1,000 vignettes gravées sur cuivre et sur bois, imprimées dans le texte, et d'un atlas de 12 planches gravées en taille-douce et magnifiquement coloriées. Prix, broché, 15 fr.; net, 8 fr.

LE MÊME OUVRAGE, Atlas de planches noires.
Prix du volume broché : 12 fr.; net, 5 fr.

LES TROIS RÈGNES DE LA NATURE

BOTANIQUE
HISTOIRE NATURELLE DES FAMILLES VÉGÉTALES

Et des principales espèces, avec l'indication de leur emploi dans les arts, les sciences et le commerce, par EM. LE MAOUT. 1 vol. très-grand in-8 jésus; édition de luxe, gravures sur bois, figures coloriées à l'aquarelle, etc., etc. 21 fr. Reliure avec magnifiques plaques en mosaïque, 6 fr. de plus par volume.

LES MAMMIFÈRES

Histoire naturelle avec l'indication de leurs mœurs et de leurs applications dans les arts, le commerce et l'agriculture; par M. PAUL GERVAIS. 1 beau volume grand in-8, illustré de 50 gravures, dont 30 coloriées. — Prix : 21 fr.

Reliure toile mosaïque, tranche dorée. . . . . 6 fr.

DEUXIÈME VOLUME DES MAMMIFÈRES
Par les mêmes auteur et dessinateur que ceux du premier.

Ce volume, qui complète l'*Histoire des Mammifères*, contient 40 planches gravées sur acier et coloriées, entièrement inédites, et 29 gravures sur bois, séparées du texte, imprimées à deux teintes. Un nombre considérable de gravures sur bois, inédites, orne et explique le texte, contenant : carnivores, proboscidiens, rumentes, bisulques, édentés, marsupiaux, monotrèmes, phoques, sirénides et cétacés.

L'AFRIQUE FRANÇAISE, L'EMPIRE DU MAROC ET LES DÉSERTS DU SAHARA

Édition illustrée d'un grand nombre de gravures sur acier, noires et coloriées, par CHRISTIAN. 1 vol. grand in-8 jésus, 15 fr.

Reliure toile, tranche dorée, fers spéciaux.. . . . . 6 fr.
Mêmes prix pour la demi-reliure, plats toile, tranche dorée.

MOLIÈRE

Œuvres complètes, précédées d'une notice sur la vie et les ouv. de Molière, par Sainte-Beuve, illustr. de 800 dessins par Tony Johannot. Nouvelle édition. 1 magnifique vol. grand in-8 jésus, imprimé par Plon frères, 20 fr.

Reliure toile mosaïque, plaque spéciale, tranche dorée. . . . . 6 fr. »
— toile, plaque spéciale, tranche dorée. . . . . 5 »
— demi-chagrin, plats toile, tranche dorée. . . . . 6 »

ŒUVRES DE JEAN RACINE

Avec un Essai sur la vie et les ouvrages de J. Racine, par M. Louis Racine, ornées de 13 vignettes, d'après Gérard, Girodet, Desenne. 1 beau vol. in-8 jésus, 12 fr. 50 c.

Reliure demi-chagrin. . . . . 3 fr. 50
Même reliure, plats en toile, tranche dorée. 5 50

ENCYCLOPÉDIE
THÉORIQUE ET PRATIQUE DES CONNAISSANCES UTILES

Composée de Traités sur les connaissances les plus indispensables, ouvrage entièrement neuf, avec environ 1,500 gravures intercalées dans le texte, par MM. Alcan, Albert-Aubert, L. Baude, Bellanger, Berthelet, Am. Burat, Chenu, Deboutteville, Delafond, Deyeux, Dubreuil, Fabre d'Olivet, Foucault, H. Fournier, Génin, Giguet, Girardin, Léon Lalanne, Ludovic Lalanne, Elizé Lefèvre, Henri Martin, Martins, Mathieu, Moll, Moreau de Jonnès, Péclet, Persoz, Louis Reybaud, Trébuchet, L. de Wailly, Wolowski, etc. 2 vol. grand in-8, 25 fr.

Reliure demi-chagrin, le volume. . . . . 3 fr.
Reliure toile, tranche dorée, le volume. . . . . 4 fr.

BIOGRAPHIE UNIVERSELLE

Biographie portative universelle, contenant 29,000 noms, suivie 'une Table chronologique et alphabétique, où se trouvent répartis n cinquante-quatre classes différentes les noms mentionnés dans 'ouvrage, par L. Lalanne, L. Renier, Th. Bernard, Ch. Laumier, . Janin, A. Delloye, etc. 1 vol. de 1,000 pages, format du *Million e Faits*, contenant la matière de 12 volumes. Broché, 12 fr.; et, 9 fr.

UN MILLION DE FAITS

Aide-mémoire universel des sciences, des arts et des lettres, par M. J. Aycard, Desportes, Léon Lalanne, Ludovic Lalanne, Gervais, . le Pileur, Ch. Martins, Ch. Vergé et Jung.

MATIÈRES TRAITÉES DANS LE VOLUME :

Arithmétique. — Algèbre. — Géographie élémentaire, analytique et descriptive. — lcul infinitésimal. — Calcul des probabilités. — Mécanique. — Astronomie. — Tables mériques et moyens divers pour abréger les calculs. — Physique générale. — téorologie et physique du globe. — Chimie. — Minéralogie et géologie. — Botaque. — Anatomie et physiologie de l'homme. — Hygiène. — Zoologie. — Arithmétique sociale. — Technologie (arts et métiers). — Agriculture. — Commerce. — Législation. — Art militaire. — Statistique. — Sciences philosophiques. — Philologie. — Paléographie. — Littérature. — Beaux-Arts. — Histoire. — Géographie. — Ethnologie. — Chronologie. — Biographie. — Mythologie. — Education.

Un fort volume portatif, petit in-8, de 1,720 col., orné de grav. sur bois. — Broché, 12 fr.; net, 9 fr.

PATRIA

(DEUXIÈME TIRAGE)

La FRANCE ancienne et moderne, morale et matérielle, ou collection encyclopédique et statistique de tous les faits relatifs à l'histoire physique et intellectuelle de la France et de ses colonies. Deux très-forts volumes petit in-8, format du *Million de Faits*, de 3,200 colonnes de texte, y compris plus de 500 colonnes pour une table analytique des matières, une table des figures, un état des tableaux numériques, et un index général alphabétique; orné de 530 gravures sur bois, de cartes et de planches coloriées, et contenant la matière de 16 forts volumes in-8. — Prix, broché, 18 fr.; net, 9 fr.

Noms des principaux auteurs: MM. J. AYCARD, prof. de physique à l'Ecole polytechnique; A. DELLOYE, élève de l'Ecole des Chartes; Dieudonné DENNE-BARON; DESPORTES; Paul GERVAIS, docteur ès sciences, prof. de zoologie, JUNG; Léon LALANNE, ing. des ponts et chaussées; Ludovic LALANNE; LE CHATELIER, ing. des mines; A. LE PILEUR; Ch. LOUANDRE; Ch. MARTINS, docteur ès sciences, prof. à la Faculté de médecine de Paris; Victor RAULIN, prof. de géologie; P. RÉGNIER, de la Comédie-Française; Léon VAUDOYER, architecte du gouvernement; Ch. VERGÉ, avocat à la cour impériale de Paris.

DIVISIONS PRINCIPALES DE L'OUVRAGE :

Géographie physique et mathématique, physique du sol, météorologie, géologie, géographie botanique, zoologie, agriculture, industrie minérale, travaux publics, finances, commerce et industrie, administration intérieure, état maritime, législation, instruction publique, géographie médicale, population, ethnologie, géographie politique, paléographie et numismatique, chronologie et histoire, histoire des religions, langues anciennes et modernes, histoire littéraire, histoire de l'agriculture, histoire de la sculpture et des arts plastiques, histoire de la peinture et des arts du dessin; histoire de l'art musical; histoire du théâtre, colonies, etc.

Ces trois ouvrages réunis forment une véritable Encyclopédie portative. Le savoir est aujourd'hui tellement répandu, qu'il n'est plus permis de rien ignorer; mais, la mémoire la plus exercée ne pouvant que bien rarement retenir tous les détails de la science, ces ouvrages sont pour elle d'un secours précieux, et sont surtout devenus indispensables à tous ceux qui cultivent les sciences ou qui se livrent à l'instruction de la jeunesse.

Prix de la reliure de ces trois ouvrages :

Cartonnage à l'anglaise, 1 fr. 25 c. en sus par vol.
Demi-rel., maroquin soigné, 1 fr. 50 c.

ENSEIGNEMENT ÉLÉMENTAIRE UNIVERSEL
OU ENCYCLOPÉDIE DE LA JEUNESSE

Ouvrage également utile aux jeunes gens, aux mères de famille, aux personnes qui s'occupent d'éducation et aux gens du monde; par MM. ANDRIEUX DE BRIOUDE, docteur en médecine, et Louis BAUDE, professeur au collège Stanislas. Un seul vol. grand in-8, contenant la matière de 6 vol., enrichi de 400 gravures servant d'explication au texte. Broché, 10 fr.; net, 7 fr.

L'ILLUSTRATION

En vente, 28 vol. (1842 à fin 1856), ornés de plus de 5,000 gr. sur tous les sujets actuels. Evénements politiques, fêtes et cérémonies religieuses, portraits des personnages célèbres, inventions industrielles, vues pittoresques, cartes géographiques, compositions musicales, tableaux de mœurs, scènes de théâtre, monuments, costumes, décors, tableaux, statues, modes, caricatures, etc., etc., etc.

Prix des 28 volumes brochés, 16 fr. le vol.; rel. en percal., fers et tr. dorés, 5 fr. en sus par volume.

TABLEAU DE PARIS

Par EDMOND TEXIER; ouvrage illustré de 1,500 gravures, d'après les dessins de Blanchard, Cham, Champin, Forest, Français, Gavarni, etc., etc. 2 vol. in-fol. du format de l'*Illustration*, 30 fr.

    Reliure riche, dor. sur tranche, mosaïque, avec les armes de la ville de Paris. Le volume.. . . . . 6 fr. »
    Même reliure, les deux volumes en un. . . . . 7 »

TABLEAU HISTORIQUE, POLITIQUE ET PITTORESQUE
DE LA TURQUIE ET DE LA RUSSIE

Par MM. JOUBERT et FÉLIX MORNAND. 1 vol. in-folio (format de l'*Illustration*), orné d'une carte et d'un grand nombre de vignettes, 7 fr. 50 c.

    Reliure percaline anglaise, dor. sur tranche. . . . . 4 fr. »

VOYAGE ILLUSTRÉ DANS LES CINQ PARTIES DU MONDE
DE 1846 A 1849.

Par Adolphe JOANNE. 1 vol. in-folio (format de l'*Illustration*), illustré d'environ 700 gravures, 15 fr.; rel. toile, tr. dorée, 20 fr.

GALERIE DE PORTRAITS POUR LES MÉMOIRES DU DUC DE SAINT-SIMON
s'adaptant à toutes les éditions

La *Galerie de Portraits de Saint-Simon* se compose de 38 portraits représentant les personnages les plus célèbres du temps et gravés avec une exactitude remarquable, d'après les tableaux originaux du Musée de Versailles.

La collection forme dix livraisons au prix de 1 fr.

CHANTS ET CHANSONS POPULAIRES DE LA FRANCE

996 chansons et chansonnettes, chants guerriers et patriotiques, chansons bachiques, burlesques et satiriques. Nouvelle édition, illustrée de 336 belles gravures sur acier, d'après MM. E. de Beaumont, Daubigny, Dubouloz, E. Giraud, Meissonnier, Pascal, Staal, Steinheil et Trimolet, gravées par les meilleurs artistes. 2 beaux vol. grand in-8, avec riches couvertures et frontispices gravés, table et introduction, contenant 996 chansons. — Le premier volume est composé de chansons, romances et complaintes, rondes et chansonnettes; le deuxième volume de chants guerriers et patriotiques, chansons bachiques, burlesques et satiriques. Prix de chaque volume, 11 fr.

Demi-reliure, plats toile, tranche dorée (2 vol. en un). . . . . . 28 fr. »

CHANSONS NATIONALES ET POPULAIRES DE FRANCE

Précédées d'une histoire de la Chanson et accompagnées de notices historiques et littéraires, par Dumersan et Noël Ségur, ornées de 48 dessins, par Gavarni, Karl Girardet, G. Staal, A. Varin, etc., gravés sur acier, par Ch. Geoffroy. (*Edition de Gonet.*) 2 gros vol. de 2,000 colonnes, contenant près de 1,400 chansons, 20 fr.

Demi-reliure, plats toile, tranche dorée.. . . . . 30 fr. »

ŒUVRES COMPLETES DE BÉRANGER

Nouvelle édition, revue par l'auteur, contenant les dix Chansons nouvelles, le Fac-simile d'une lettre de Béranger; illustrée de 52 gravures sur acier, d'après Charlet, Daubigny, Johannot, Grenier de Lemud, Pauquet, Pinguilly, Raffet, Sandoz, exécutées par les artistes les plus distingués, et d'un portrait d'après nature par Sandoz. 2 vol. papier cavalier, 28 fr.

Demi-reliure, plats toile, tranche dorée. . . . . ·. 38 fr. »

Œuvres complètes de Béranger, avec ses dix dernières chansons. 1 vol. in-32. . . . . 3 fr. 50 c.

ŒUVRES COMPLÈTES DE BÉRANGER

Contenant les 10 chansons nouvelles. 2 vol. grand in-18, 7 fr.

ŒUVRES CHOISIES DE GAVARNI

Revues, corrigées et nouvellement classées par l'auteur, publiées dans le format du *Diable à Paris*, et accompagnées de notices par MM. de Balzac, Théophile Gautier, Gérard de Nerval, Léon Gozlan, Laurent-Jan, Jules Janin, Alphonse Karr, P.-J. Stahl, etc. 4 vol. grand in-8, renfermant chacun 80 grandes vignettes, 40 fr.

Il ne nous reste plus que les tomes II, III et IV à 10 fr. le volume.

Reliure toile, tranche dorée, le volume. . . . . 5 fr.

PARIS MARIE
PHILOSOPHIE DE LA VIE CONJUGALE
Par H. DE BALZAC, illustré par Gavarni. 1 vol. in-8 anglais, 5 fr.

PARIS A TABLE
Par EUGÈNE BRIFFAULT, ill. par Bertall. 1 vol. in-8 anglais, 5 fr.

LES FEMMES DE H. DE BALZAC
Types, caractères et portraits, précédés d'une notice biographique par le bibliophile JACOB, et illustrés de 14 magnifiques portraits gravés sur acier d'après les dessins de G. STAAL. 1 beau volume gr. in-8 jésus, 12 fr.

LE DIABLE A PARIS
Par GAVARNI. 2 vol. grand in-8 (Paris, Hetzel), 30 fr.

LES FLEURS ANIMÉES
Dessins par J.-J. GRANDVILLE, texte par ALPHONSE KARR, TAXILE DELORD, le comte FŒLIX. 2 beaux vol. grand in-8, ill. de 50 dessins gravés sur acier et coloriés. Brochés, 25 fr.

Reliure toile mosaïque, tr. dor., le volume. . . . . 5 fr. »

UN AUTRE MONDE
1 vol. petit in-4, illustré par GRANDVILLE de 36 vignettes coloriées, 150 sujets dans le texte, 18 fr.; net, 15 fr.

Reliure toile, tranche dorée. . . . . 4 fr. 50
Reliure toile mosaïque, fers spéciaux. . . . . 5 fr. 50

CENT PROVERBES
1 vol. grand in-8, 50 vignettes à part, frises, lettres, culs-de-lampe, 15 fr.; net 10 fr.

Reliure toile mosaïque, tranche dorée. . . . . 4 fr. »

LA CHINE OUVERTE
Texte par OLD-NICK, illustrations par Borget. 1 vol. grand in-8, 50 sujets, dont 50 tirés à part, 15 fr.; net, 10 fr.

Reliure toile mosaïque, tranche dorée. . . . . 4 fr. »

MUSES ET FEES
HISTOIRE DES FEMMES MYTHOLOGIQUES
Dessins par G. STAAL, texte par le comte FŒLIX. 1 beau volume grand in-8, illustré de 12 dessins rehaussés d'or et de couleurs. Broché, 12 fr.

Charmant ouvrage où se mêlent, sans se confondre, l'Histoire, la Légende et le Conte, la Sagesse et la Folie, la Fable et la Vérité, réunion nécessairement féconde en merveilles, en drames prodigieux, en féeries de toutes sortes.

DROLERIES VÉGÉTALES
OU LÉGUMES ANIMÉS

Dessins par J.-J. Grandville, continués par A. Varin, texte par E. Nus et A. Méray. 1 beau vol. gr. in-8, ill. de 25 dessins gr. sur acier et coloriés. Broché, 15 fr.; net, 10 fr.

PERLES ET PARURES
PREMIÈRE PARTIE. — LES JOYAUX. — Fantaisie.

Dessins par Gavarni, texte par Méray et le comte Fœlix. 1 beau vol. grand in-8, illustré de 15 gravures sur acier, par Ch. Geoffroy, imprimés sur chine avec le plus grand soin.

PERLES ET PARURES
DEUXIÈME PARTIE. — LES PARURES. — Fantaisie.

Dessins par Gavarni, texte par Méray et le comte Fœlix. 1 beau vol. grand in-8, illustré de 15 gravures sur acier, par Ch. Geoffroy, imprimés sur chine avec le plus grand soin. Broché, les 2 volumes, 30 fr.; net, 20 fr.

LES PAPILLONS
MÉTAMORPHOSES TERRESTRES DES PEUPLES DE L'AIR

Dessins par J.-J. Grandville, continués par A. Varin, texte par Eugène Nus, Antony Méray et le comte Fœlix. 2 beaux volumes grand in-8, 30 fr.; net, 20 fr.

Reliure des cinq ouvrages ci-dessus, par vol., toile mosaïque. . 5 fr.

PHYSIOLOGIE DU GOUT

Par Brillat-Savarin, illustrée par Bertall. 1 beau vol. in-8, ill. d'un grand nombre de grav. sur bois intercalées dans le texte, et de 8 sujets gravés sur acier, par Ch. Geoffroy, imprimés sur chine avec le plus grand soin, 10 fr.

Relié toile, avec plaque spéciale, et doré sur tranche. . . . 15 fr.

LES TROIS MOUSQUETAIRES
PAR ALEXANDRE DUMAS

1 vol. grand in-8, illustré de 33 gravures à part, avec vignettes, lettres ornées, culs-de-lampe, et comprenant les 8 vol. de l'édit. ordinaire, 10 fr.

HISTOIRE DE LA VIE POLITIQUE ET PRIVÉE DE LOUIS-PHILIPPE

Depuis son avénement jusqu'à la Révolution de 1848, par Alexandre Dumas; illust. de 12 gravures sur acier. 2 vol. grand in-8, 12 fr.

HISTOIRE PITTORESQUE DES RELIGIONS

Doctrines, Cérémonies et Coutumes religieuses de tous les peuples du monde, par F.-T.-B. CLAVEL, illustrée de 29 grav. sur acier. 2 vol. grand in 8, 20 fr.; net, 15 fr.

DON QUICHOTTE DE LA MANCHE

Traduction nouvelle, précédée d'une notice sur la vie et les ouvrages de l'auteur, par LOUIS VIARDOT, ornée de 800 dessins par Tony Johannot. 2 vol. grand in-8 jésus. Prix, broché, 30 fr.; net, 20 fr.

    Reliure demi chagrin, le volume.................. 3 fr. 50
    Reliure toile, tranche dorée, le volume........... 4   50

LE MÊME OUVRAGE, 1 vol. grand in-8, 20 fr.; net, 15 fr.

    Reliure demi-chagrin................................ 3 fr. 50
    Reliure toile, tranche dorée....................... 4   50

GIL BLAS DE SANTILLANE

Par LE SAGE, nouvelle édition, illustrée d'après les dessins de Jean Gigoux, augmentée de *Lazarille de Tormes*, traduit par Louis Viardot, et illustrée par Meissonnier. 1 vol. grand in-8 jésus. Prix, broché, 15 fr.; net, 10 fr.

    Reliure toile, tranche dorée........................ 4 fr. 50

JÉROME PATUROT

A la recherche d'une position sociale, par LOUIS REYBAUD; illustré par J.-J. Grandville. 1 volume grand in-8, orné de 165 bois dans le texte, et de 35 grands bois tirés hors texte, gravés par Best et Leloir, d'après les dessins de J.-J. Grandville. Prix, br. avec couv. ornée d'après Grandville, 15 fr.; net, 12 fr.

    Reliure percaline, ornée du blason de *Paturot*, tirée en couleurs, d'après les dessins de Grandville; filets, tranche dorée................ 3 fr. 50

NOTRE-DAME DE PARIS
PAR VICTOR HUGO.

Édition illustrée de 50 à 60 magnifiques gravures sur acier et sur bois imprimées hors texte, d'un grand nombre de fleurons, frises, lettres ornées, culs-de-lampe, etc., d'après les dessins de MM. E. de Beaumont, L. Boulanger, Daubigny, T. Johannot, de Lemud, Meissonnier, C. Roqueplan, Steinheil. 1 vol. grand in-8, 20 fr.; net, 15 fr.

    Reliure toile, tranche dorée, fers spéciaux............ 5 fr. 50

ŒUVRES COMPLÈTES DE H. DE BALZAC

La *Comédie humaine*, nouvelle édition, illustrée de 121 vignettes d'après Johannot, Meissonnier, Gavarni, H. Monnier, Bertall, etc., et d'un portrait de l'auteur gravé sur acier. 20 vol. in-8 (chaque volume se vend séparément, 5 fr.), papier glacé, renfermant les 150 volumes des éditions précédentes, 100 fr.

LES ÉTRANGERS A PARIS

Par MM. Louis Desnoyers, J. Janin, Old-Nick, Stanislas Bellenger, Drouineau, Marco de Saint-Hilaire, Roger de Beauvoir. 1 vol. grand in-8, illustré de 400 grav., 15 fr. ; net 10 fr.

Reliure toile, tranche dorée. . . . . 5 fr. »

LES MYSTÈRES DE PARIS

Par Eugène Sue. Édition illustrée. 4 vol. gr. in-8, 40 fr.; net, 30 fr.

LE JUIF ERRANT

Par Eugène Sue. Édition illustrée par Gavarni. 4 vol. grand in-8, même format que les *Mystères de Paris*, 40 fr.; net, 30 fr.

Les 8 volumes ensemble des *Mystères* et du *Juif Errant*, 80 fr.; net, 50 fr.

Demi-reliure chagrin. (On peut faire relier 2 vol. en un.) Le vol. 3 fr. 50

LA FEMME
JUGÉE PAR LES GRANDS ÉCRIVAINS DES DEUX SEXES.

Riche et précieuse mosaïque de toutes les opinions émises sur la femme, depuis les siècles les plus reculés jusqu'à nos jours, par les philosophes, les moralistes, les Pères de l'Eglise, les conciles, les historiens, les poëtes, les économistes, les critiques, les satiriques, etc., etc., où l'on trouve la définition de la femme : sa Physiologie. — Son Histoire. — Sa condition chez tous les peuples. — Son caractère. — Ses habitudes. — Ses qualités. — Ses bons et mauvais instincts. — Ses penchants. — Ses passions. — Son influence. — En un mot, son passé, son présent et son avenir. Seul ouvrage qui réunisse un ensemble aussi complet et aussi varié sur les femmes. Par L.-J. Larcher. Avec une introduction de M. Bescherelle aîné, auteur du grand *Dictionnaire national* et du *Dictionnaire de tous les Verbes*. 1 beau volume grand in-8 jésus, papier glacé des Vosges, orné de magnifiques portraits gravés au burin par les plus célèbres artistes anglais. Prix : 16 fr.; relié toile mosaïque, tranches dorées, 21 fr.

SOUVENIRS D'UN AVEUGLE

Voyage autour du monde, par J. Arago, sixième édition, revue, augmentée, enrichie de notes scientifiques par F. Arago, de l'Institut. 2 vol. grand in-8 raisin, illustrés de 23 planches et portraits à part, et de 110 vignettes dans le texte. Brochés, 20 fr.; net, 15 fr.

Reliure toile, tranche dorée, le volume. . . . . 4 fr. »
Reliure des deux volumes en un. . . . . 4 fr. 50

REVUE PITTORESQUE

Volumes divers grand in-8, 4 fr. le volume.

OUVRAGES ILLUSTRÉS POUR LES ENFANTS.

JOLIS VOLUMES IN-8 ANGLAIS

Brochés, 3 fr. le vol. — Reliés toile-mosaïque, dorés sur tranche, 5 fr.

L'ami des adolescents, par Berquin, illustré de bois dans le texte. 1 vol.

Astronomie pour la jeunesse, par Berquin, illustrée de bois dans le texte. 1 vol.

Histoire naturelle pour la jeunesse, par Berquin, illustrée de bois dans le texte. 1 vol.

Contes des fées, par Ch. Perrault, 150 vignettes par Johannot, etc. 1 vol.

Fables de Florian, illustrées d'un grand nombre de bois dans le texte. 1 vol.

Fables de la Fontaine, illustrées d'un grand nombre de vignettes dans le texte. 1 vol.

Le Livre des jeunes filles, par l'abbé de Savigny, 200 bois dans le texte. 1 vol.

Le Livre des écoliers, par l'abbé de Savigny, 400 vignettes. 1 vol. (*Ce volume ne se vend pas séparément de la collection.*)

Paul et Virginie, par Bernardin de Saint-Pierre, 100 vignettes par Bertall. 1 vol.

Mystères du collège, par d'Albanès, illustrés de 100 charmantes vignettes dans le texte. 1 vol.

La Pantoufle de Cendrillon, par A. Houssaye, illustrée de 100 vignettes. 1 vol.

Alphabet français, nouvelle Méthode de lecture en 80 tableaux, illustré de 29 gravures, par madame de Lansac. 1 vol.

Les Nains célèbres, par A. d'Albanès, et G. Fath, 100 vignettes. 1 vol.

Histoire d'un pion, par Alphonse Karr, illustrée par Gérard Séguin. 1 vol.

Le Livre des petits enfants, par Balzac, etc., 90 vignettes par Séguin. 1 vol.

La Mythologie de la jeunesse, par L. Baudet, 120 vignettes par Séguin. 1 vol.

Histoire du véritable Gribouille, par George Sand, 100 vignettes par Maurice Sand. 1 vol.

La Mère Michel et son chat, par Labédollière, vignettes par Bertall. 1 vol.

Polichinelle, par Octave Feuillet, vignettes par Bertall. 1 vol.

Les Fées de la mer, par Alph. Karr, illustrées par Lorentz. 1 vol.

Le Royaume des roses, par Arsène Houssaye, illustré par Gérard Séguin. 1 vol.

La Bouillie de la comtesse Berthe, par Alexandre Dumas, 150 vignettes par Bertall. 1 vol.

Trésor des fèves et Fleur des pois, par Charles Nodier, 100 vignettes par Johannot. 1 vol.

Monsieur le Vent et madame la Pluie, par P. de Musset, 120 vignettes par Séguin. 1 vol.

Aventures merveilleuses et touchantes du prince Chènevis et de sa jeune sœur, par Léon Gozlan, 100 vignettes par Bertall. 1 vol.

Le Prince Coqueluche, par Édouard Ourliac, vignettes par Delmas. 1 vol.

Aventures de Tom Pouce, par P.-J. Stahl, 120 vign. par Bertall. 1 vol.

Le Vicaire de Wakefield, traduit par Ch. Nodier, illustré de vignettes dans le texte. 2 vol.

JOLIS VOLUMES GRAND IN-18 ANGLAIS

Brochés, 3 fr. 50 c. — Reliés toile, dorés sur tranche, 5 fr. 50

Silvio Pellico. — Mes Prisons, suivies des Devoirs des hommes. Traduction nouvelle, par le comte H. DE MESSEY. 1 vol. grand in 18 jésus, orné de 8 jolies vignettes sur acier.

Voyages de Gulliver, par SWIFT. Traduction nouvelle, précédée d'une Notice biographique et littéraire par WALTER SCOTT. 1 vol. orné de 8 jolies vignettes.

ŒUVRES DE J.-N. BOUILLY DESTINÉES A LA JEUNESSE

NOUVELLE ÉDITION AVEC VIGNETTES, 8 VOL. GRAND IN-18 JÉSUS FORMAT ANGLAIS

Contes à ma fille. 1 vol.

Conseils à ma fille. 1 vol.

Les Encouragements de la jeunesse. 1 vol.

Contes offerts aux jeunes enfants de France, et les **Jeunes élèves** (réunis). 1 vol.

Contes populaires. 1 vol.

Causeries et **Nouvelles Causeries** (réunis). 1 vol.

Contes à mes petites amies. 1 vol.

Les Jeunes Femmes. 1 vol., orné du portrait de l'auteur.

ŒUVRES DE Mmes SW. BELLOC ET A. MONTGOLFIER

Grave et gai, rose et gris. Troisième édition. 1 vol. grand in-18 jésus (format anglais), orné de 8 lithographies, par LOUIS LASSALLE.

ŒUVRES DE Mme EUGÉNIE FOA

Le Petit Robinson de Paris, ou le Triomphe de l'industrie. Troisième édition. 1 vol. grand in-18 jésus (format anglais), orné de 6 vignettes imprimées à deux teintes.

Contes historiques. Nouvelle édit. 1 vol. grand in-18 jésus, orné de 6 grav. sur acier.

Six histoires de jeunes filles. Nouvelle édition. 1 vol. grand in-18 jésus, orné de 6 gravures sur acier.

Contes à ma sœur Léonie. Heures de récréation. Nouvelle édition. 1 vol. grand in-18 jésus, orné de 6 vignettes, par LOUIS LASSALLE.

Les Petits Musiciens. Nouvelle édition. 1 vol. grand in-18 jésus (format anglais), orné de 6 lithographies, par Louis LASSALLE.

L'AMI DES ENFANTS

Par BERQUIN, 1 vol. grand in-8, illustré de 150 gravures, 10 fr.; relié à l'anglaise, toile, tr. dorées, 14 fr.

ROBINSON SUISSE

Par M. WYSS, avec la suite donnée par l'auteur, traduit de l'allemand par madame ELISE VOÏART ; précédé d'une Notice de CHARLES NODIER. 1 volume grand in-8 jésus, illustré de 200 vignettes d'après les dessins de M. Ch. Lemercier, 12 fr.

Demi-reliure maroquin, plats en toile, tranche dorée . . . . . 6 fr.

AVENTURES DE ROBINSON CRUSOÉ

Par DE FOÉ, illustrées par Grandville. 1 beau vol. grand in-8 raisin. Prix : 10 fr.

   Reliure toile mosaïque, tranche dorée.................. 4 fr. 50

VOYAGES ILLUSTRÉS DE GULLIVER

Dessins par Grandville. 1 beau vol. in-8, sur papier satiné et glacé. Prix : 10 fr.

   Reliure toile mosaïque, tranche dorée.................. 4 fr. »

FABLES DE FLORIAN

1 vol. grand in-8, illustré par Grandville de 80 grandes gravures et 25 vignettes dans le texte, 10 fr.

   Reliure toile, tranche dorée.................. 4 fr. 50

FABLES DE FLORIAN

Illustrées de 8 bois tirés à part et de dessins sur bois dans le texte, par BATAILLE. 1 vol. grand in-8, 6 fr.

   Reliure toile mosaïque, tranche dorée.................. 3 fr. 50

AUTOUR DE LA TABLE

Albums petit in-4 illustrés; 5 fr. chaque album.

   Reliure toile, tranche dorée. Le volume................. 2 fr. 25

DE LA CHASSE ET DE LA PÊCHE. 1 vol. | **DE LA MODE.** 110 dessins, 1 vol.
DES RÉBUS. 1 vol. | **LE JOUR DE L'AN ET LE RESTE DE L'ANNÉE,**
DE CRYPTOGAME. 1 vol. | ill. de 505 caricatures par Cham. 1 vol.

FABLES DE LA FONTAINE

Illustrations de Grandville. 1 superbe vol. grand in-8, sur papier jésus, glacé, satiné, avec encadrement des pages et un sujet à chaque fable. Edition unique par le talent, la beauté et le soin qui y ont été apportés. Prix : 18 fr.; net, 15 fr.

   Reliure toile mosaïque, doré sur tranche.................. 6 fr.

PAUL ET VIRGINIE

Suivi de la *Chaumière indienne*, par BERNARDIN DE SAINT-PIERRE. 1 beau v. in-12 (format Charpentier) orné de 75 grav. Broché, 3 fr.

   Reliure toile, tranche dorée.................. 1 fr. 50

PAUL ET VIRGINIE (ÉDITION FURNE).

Suivi de la *Chaumière indienne*, par J.-H. BERNARDIN DE SAINT-PIERRE. Illustré d'un grand nombre de vignettes sur bois par Tony Johannot, Meissonnier, Français, Isabey, etc., etc.; de sept portraits sur acier et d'une carte de l'île de France; précédé d'une notice historique et littéraire sur Bernardin de Saint-Pierre, par M. C.-A. SAINTE BEUVE, de l'Académie française. Nouvelle édit., augmentée d'un abrégé de la Flore de l'île de France. 1 beau vol. grand in-8, 15 fr.

   Reliure, toile mosaïque, tranche dorée.................. 5 fr. »

LE VICAIRE DE WAKEFIELD

Par Goldsmith, traduction par Ch. Nodier. Nouvelle édition illustrée de 10 gravures sur acier, par Tony Johannot. 1 vol. grand in-8 jésus, 10 fr.

<small>Reliure toile mosaïque. . . . . 5 fr. 50</small>

REVUE CATHOLIQUE

Recueil illustré d'environ 800 gravures. 1 vol. grand in-8, 5 fr.

<small>Reliure toile, tranche dorée. . . . . 5 fr. 50</small>

BERQUIN

Histoire naturelle pour la jeunesse, illustrée de 12 belles lithographies coloriées, dont 6 sujets de fleurs, oiseaux et papillons, et de 150 bois dans le texte. 1 beau vol. gr. in-8, 8 fr.

<small>Reliure toile mosaïque, tranche dorée.. . . . . 12 fr. 50</small>

PAUL ET VIRGINIE (ÉDITION V. LECOU)

Suivi de la *Chaumière indienne*, par Bernardin de Saint-Pierre; nouvelle édition richement illustrée de 120 bois dans le texte et de 14 grav. sur chine, tirées à part. 1 vol. gr. in-8 jésus, 8 fr.

<small>Reliure toile mosaïque, riche plaque spéciale, tr. dorée.. . 5 fr. »</small>
<small>— demi-chagrin, plats en toile, tranche dorée. . . . 5 50</small>

CONTES DES FÉES DE CHARLES PERRAULT

Illustrés de 15 lithographies tirées à part et de dessins sur bois par MM. Gavarni, etc. 1 vol. grand in-8, 6 fr.

<small>Reliure toile mosaïque. . . . . 5 fr. 50</small>

MES PRISONS
PAR SYLVIO PELLICO

Suivies du Discours sur les devoirs des hommes, traduction nouvelle par M. le comte H. de Messey, revue par le vicomte Alban d Villeneuve; précédées d'une introduction contenant des détail biographiques entièrement inédits sur l'auteur, sur ses compa gnons de captivité, sur les prisons d'Etat, par M. V. Philippon d la Madeleine.

Quatre-vingts vignettes sur acier, gravées d'après les dessins d MM. Gerard Seguin, Trimolet, Steinheil, Daubigny, etc., avec fleu rons et culs-de-lampe gravés sur bois. 1 vol. grand in-8, 12 fr.

<small>Reliure toile mosaïque, tr. dorées, en sus.. . . . . 5 fr.</small>

SILVIO PELLICO

Mes prisons, traduction de M Antoine de Latour, illustrées pa Tony Johannot de 100 beaux dessins gravés sur bois. Nouvell édition. Paris, 1855. 1 vol. grand in-8 jésus vélin, glacé, satiné relié toile, tranche dorée, plaque spéciale, 15 fr.

FABLES DE LACHAMBEAUDIE

Précédées d'une introduction par BÉRANGER; illustrées de 14 grav. sur acier, du portrait de l'auteur et de jolies vignettes dans le texte. 1 magnifique vol. grand in-8, 10 fr. (*Ouvrage couronné par l'Académie.*)
Reliure toile mosaïque, plaque spéciale, tranche dorée.. . . . 4 fr. 50

HISTOIRE DE L'AMÉRIQUE

Par J.-H. CAMPE, précédée d'un Essai sur la vie et les ouvrages de l'auteur, par CH. SAINT-MAURICE. 1 vol. grand in-8 raisin, illustré de 120 bois dans le texte et à part, 10 fr.
Reliure toile mosaïque, tranche dorée.. . . . . 4 fr. 50
— toile, tranche dorée. . . . . 4 »

PREMIERS VOYAGES EN ZIGZAG

EXCURSIONS D'UN PENSIONNAT EN VACANCES DANS LES CANTONS SUISSES
ET SUR LE REVERS ITALIEN DES ALPES

Par R. TOPFFER, magnifiquement illustrés, d'après les dessins de l'auteur, de 54 grands dessins par CALAME, et d'un grand nombre de bois dans le texte; nouvelle édition, imprimée par Plon frères. 1 vol. grand in-8 jésus, papier glacé satiné, 12 fr.
Reliure toile mosaïque, riche plaque spéciale, tr. dor.. . . . . . 6 fr. »
— demi-chagrin, plats toile, tranche dorée. . . . . 6 »

NOUVEAUX VOYAGES EN ZIGZAG

A LA GRANDE CHARTREUSE, AU MONT BLANC, DANS LES VALLÉES D'HERENZ,
DE ZERMATT, AU GRIMSEL ET DANS LES ÉTATS SARDES

Par R. TOPFFER, splendidement illustrés de 48 gravures sur bois tirées à part et de 320 sujets dans le texte, dessinés d'après les dessins originaux de Topffer, par MM. Calame, Karl Girardet, Français, d'Aubigny, de Bar, Forest, Hadamar, Elmeric, Stopp, Gagnet, Veyrassat, et gravés par nos meilleurs artistes. 1 vol. gr. in-8 jésus, papier glacé sat., imprimé par Plon frères, 16 fr.
Reliure toile mosaïque, riche plaque spéciale tranche dorée. . . . 6 fr »
— demi-chagrin, plats toile, tr. dorée. . . . . 6 »

LES NOUVELLES GÉNEVOISES

Par TOPFFER, illustrées d'après les dessins de l'auteur, au nombre de 610 dans le texte et 40 hors texte; gravures par Best, Leloir, Hotelin et Régnier. 1 charm. v. in-8 raisin. Prix broché, 12 fr. 50

LA BRETAGNE

Par J. JANIN, illustrée de belles vignettes sur acier, de planches d'armoiries, de costumes coloriés, tirés à part, et d'un grand nombre de vignettes sur bois dans le texte. 1 beau vol. grand in-8 jésus. 20 fr.
Reliure en toil mosaïque, plaque spéciale, tranche dorée. . . 6 fr. »

BIBLIOTHÈQUE CHOISIE

Collection des meilleurs ouvrages français et étrangers, anciens et modernes, format grand in-18 (dit anglais), papier jésus vélin. Cette collection est divisée par séries. La première et la deuxième séries contiennent des volumes de 400 à 500 pages, au prix de 3 fr. 50 c. le vol., pour la première série, et net 2 fr. 75 c. pour la deuxième série. La troisième série est composée de volumes de 250 pages environ, à 1 fr. 75 c. le vol. La majeure partie des volumes est ornée d'une vignette ou d'un portrait sur acier.

OUVRAGES PUBLIÉS

1re série. — Volumes à 3 fr. 50 cent.

ŒUVRES DE J. REBOUL, de Nîmes : Poésies diverses; le Dernier Jour, poëme. 1 vol. avec portrait.

SAINTE-BEUVE. Etude sur Virgile, suivie d'une Etude sur Quintus de Smyrne. 1 vol.

MARIE, LA FLEUR D'OR, PRIMEL ET NOLA, par A. Brizeux. 1 vol.

RAPHAEL. Pages de la vingtième année, par A. de Lamartine. 5e édit., 1 vol.

HISTOIRE INTIME DE LA RUSSIE sous les empereurs Alexandre et Nicolas, par J.-M. Schnitzler. 2 forts vol.

LETTRES SUR LA RUSSIE. 2e édition entièrement refondue et considérablement augmentée, par X. Marmier. 1 vol.

LETTRES SUR LE NORD. Danemark, Suède, Norvège, Laponie et Spitzberg, par X. Marmier. 1 vol. avec 2 jolies vignettes.

DU DANUBE AU CAUCASE, voyages et littérature, par X. Marmier. 1 vol.

LES PERCE-NEIGE, nouvelles du Nord, traduites par X. Marmier, auteur des Lettres sur la Russie. 1 vol.

DICTIONNAIRE DU PÊCHEUR, traité de la pêche en eau douce et en eau salée, par Alphonse Karr. 1 vol.

ŒUVRES COMPLÈTES D'OSSIAN, nouvelle traduction, par A. Lacaussade. 1 vol.

CORRESPONDANCE DE JACQUEMONT avec sa famille et plusieurs de ses amis pendant son voyage dans l'Inde (1828-1832). Nouvelle édition, augmentée de lettres inédites et d'une carte. 2 vol.

CAUSERIES DU LUNDI, par M. Sainte-Beuve, de l'Académie française. Ce charmant recueil, renfermant des appréciations aussi justes que spirituelles sur les personnages les plus éminents, se compose de 12 vol. grand in-18. Chaque volume, contenant des articles complets, se vend séparément.

SCÈNES D'ITALIE ET DE VENDÉE, par J. Crétineau-Joly. 1 vol. in-18.

CURIOSITÉS DRAMATIQUES ET LITTÉRAIRES, par M. Hippolyte Lucas. 1 vol.

ŒUVRES DE E.-T.-A. HOFFMANN, traduites de l'allemand par Loeve-Weimar. Contes fantastiques. 2 vol.

ORATEURS ET SOPHISTES GRECS. Choix de harangues, d'éloges funèbres, de plaidoyers criminels et civils, etc. 1 vol.

BALLADES ET CHANTS POPULAIRES DE L'ALLEMAGNE. Traduction nouvelle, par Séb. Albin. 1 vol.

ESSAIS D'HISTOIRE LITTÉRAIRE, par M. Géruzez. 2 vol. 1er volume : Moyen âge et Renaissance. 2e volume : Temps modernes.

LA MUSIQUE ANCIENNE ET MODERNE, par Scudo. Nouveaux mélanges de critique et de littérature musicales. 1 vol.

COURS D'HYGIÈNE, par le docteur A. Tessereau, professeur d'hygiène; ouvrage couronné par l'Académie impériale de médecine. 1 vol.

ÉLÉMENTS DE L'ÉCONOMIE POLITIQUE, exposé des notions fondamentales de cette science et de l'organisation économique de la société, par Joseph Garnier, professeur à l'Ecole des ponts et chaussées. 5e édition française, refondue et augmentée. 1 vol. grand in-18 anglais.

GARNIER. Du principe de population. 1 v.

MÉLANGES DE MORALE ET D'ÉCONOMIE POLITIQUE, par Benjamin Franklin. 1 vol. in-18.

ÉCONOMIE POLITIQUE ou Principes de la science des richesses, par Joseph Droz. 3e édition. 1 vol. in-18.

ESSAI SUR LA PHILOSOPHIE SOCIALE, par Ch. Doleris. 1 vol. grand in-18.

VIES DES DAMES GALANTES, par le seigneur de Brantôme. Nouvelle édition, revue et corrigée sur l'éd tion de 1740, avec des remarques historiques et critiques. 1 vol.

NOUVEAU SIÈCLE DE LOUIS XIV, ou choix de chansons historiques et satiriques presque toutes inédites, de 1654 à 1712, accompagnées de notes, par le traducteur de la *Correspondance de Madame*, duchesse d'Orléans. 1 vol. grand in-18.

LÉGENDES DU NORD, par Michelet. 1 vol.

EXCURSION EN ORIENT, l'Égypte, le mont Sinaï, l'Arabie, la Palestine, la Syrie, le Liban, par le comte Ch. de Pardieu. 1 vol.

ÉDUCATION PROGRESSIVE, ou Étude du cours de la vie, par madame Necker de Saussure. 2 vol.
Ouvrage qui a obtenu le prix Montyon.

JÉRUSALEM DÉLIVRÉE, traduction en prose, par M. V. Philarton de la Madeleine, membre de la Société de l'Histoire de France, etc., augmentée d'une description de Jérusalem, par M. de Lamartine, de l'Académie française. 1 vol.

LETTRES ADRESSÉES A M. VILLEMAIN, secrétaire perpétuel de l'Académie française, sur la *Méthode* en général et sur la définition du mot *fait*, etc., par M. E. Chevreu, de l'Académie des sciences. 1 vol.

2ᵉ Série. — Volumes, au lieu de 3 fr. 50 c., net, 2 fr. 25 c.

MESSIEURS LES COSAQUES, par MM. Taxile Delord, Clément Caraguel, et Louis Huart. 100 vignettes par Cham. 2 vol.

ES MONDES NOUVEAUX, voyage anecdotique dans l'océan Pacifique, par Paulin Nibotet. 1 vol. in-18.

HISTOIRE LITTÉRAIRE française et étrangère, etc., par Girault de Saint-Fargeau. 1 vol. in-18.

LES HOMMES ET LES MŒURS EN FRANCE, sous le règne de Louis-Philippe, par Hippolyte Castille. 1 vol.

HORACE JUVÉNAL ET PERSE, œuvres complètes, trad. par Nisard. 1 vol.

TÉRENCE, trad. par Nisard. 1 vol.

HENRI MONNIER. Scènes populaires, etc. 2 vol.

LA RAISON DU CHRISTIANISME, ou Preuves de la vérité de la religion, par de Genoude. 6 vol.

ROMANS, CONTES ET NOUVELLES, par Arsène Houssaye. 2 vol.

DEVANT LES TISONS, par Alphonse Karr. 1 vol.

VOYAGE EN BULGARIE, par Blanqui. 1 vol. in-18.

LA LIGUE, scènes historiques, par Vitet. Les barricades, mort de Henri III, les États de Blois. 2 vol. in-18.

LETTRES SUR L'ANGLETERRE (Souvenirs de l'Exposition universelle), par Edmond Texier. 1 vol. grand in-18.

ŒUVRES POLITIQUES DE MACHIAVEL. Traduction revue et corrigée, contenant le *Prince* et le *Discours sur Tite-Live*. 1 vol.

MÉMOIRES, CORRESPONDANCE ET OUVRAGES INÉDITS DE DIDEROT, publiés sur les manuscrits confiés en mourant par l'auteur à Grimm. 2 vol.

VOYAGES DE GULLIVER, par Swift. Trad. nouvelle, précédée d'une notice biographique et littéraire par Walter Scott. 1 vol.

3ᵉ Série. — Volumes, au lieu de 3 fr. 50 c., net, 1 fr. 25 c.

ROSA ET GERTRUDE, par R. Topffer, précédées de notices sur la vie et les ouvrages de l'auteur, par MM. Sainte-Beuve et de la Rive. 1 vol.

RÉFLEXIONS ET MENUS PROPOS D'UN PEINTRE GENEVOIS, ou Essai sur le beau dans les Arts; œuvres posthumes de R. Topffer, précédées d'une notice sur sa vie et ses ouvrages. 2 vol.

SYLVIO PELLICO, *Mes Prisons*, traduites par le comte de Messey. 1 vol. in-18.

BOCCACE. Contes. 1 vol. grand in-18.

MÉMOIRES COMPLETS ET AUTHENTIQUES DU DUC DE SAINT-SIMON, sur le siècle de Louis XIV et la Régence, publiés sur le manuscrit original entièrement écrit de la main de l'auteur, ex-pair de France, etc. Nouv. édit., revue et corrigée. 40 vol., dont 2 de tables, avec 38 portraits gravés sur acier.

SOUVENIRS DE LA MARQUISE DE CRÉQUI (1718-1803). Nouv. édit., revue, corrigée et augmentée de notes. 10 vol. avec gravures sur acier.

HISTOIRE DE NAPOLÉON, par Elias Regnault, ornée de 8 gravures sur acier d'après Raffet et de Rudder. 4 vol. gr. in-18 jésus, contenant la matière de 8 v. in-8.

CONGRÈS DE VÉRONE. Guerre d'Espagne, négociations, colonies espagnoles, par Chateaubriand. 2 vol.

L'HOMME AUX TROIS CULOTTES, par Paul de Kock. 1 vol.

JOLIE FILLE DU FAUBOURG, par le même. 1 vol.

ŒUVRES DE GEORGE SAND

INDIANA. 1 vol.
JACQUES. 1 vol.
LE SECRÉTAIRE INTIME, LEONE-LEONI 1 v.
ANDRÉ, LA MARQUISE, MÉTELLA, LAVINIA, MATTÉA. 1 vol.
LÉLIA ET SPIRIDION. 2 vol.
LA DERNIERE ALDINI, LES MAITRES MOSAISTES. 1 vol.
SIMON, L'USCOQUE. 1 vol.
LE COMPAGNON DU TOUR DE FRANCE. 1 v.
MÉLANGES 1 vol.
HORACE. 1 vol.

4ᵉ **Série.** — **Volumes au lieu de 3 fr. 50 c. et 1 fr. 75 c., net 1 fr. 25 cent.**

APPLICATION DE LA GÉOGRAPHIE A L'HISTOIRE, ou Etude élémentaire de géographie et d'histoire générale comparées, par Edouard Braconnier, membre de l'Université et de plusieurs Sociétés savantes. Ouvrage classique, précédé d'une Introduction, par Bescherelle aîné, de la Bibliothèque du Louvre. 2 beaux vol.

DE L'INSTRUCTION PUBLIQUE EN FRANCE, par E. de Girardin. 1 vol.

MÉMORIAL DE SAINTE-HÉLÈNE, par le comte de Las Cases. Nouvelle édition, revue par l'auteur. 9 vol., 9 grav.

COMÉDIES DE S. A. R. LA PRINCESSE AMÉLIE DE SAXE, traduites de l'allemand, par Pitre-Chevalier. 1 vol. avec portrait.

FABLES LITTÉRAIRES, par D. Thomas de Iriarte, traduites en vers de l'espagnol par C. Lemesle, précédées d'une introduction par Emile Deschamps. 1 v. avec vignette.

L'ANE MORT ET LA FEMME GUILLOTINÉE, par Jules Janin. 1 vol avec vign.

LE CHEVALIER DE SAINT-GEORGES, par Roger de Beauvoir. 2ᵉ édition. 4 vol. avec vignettes.

FRAGOLETTA, NAPLES ET PARIS EN 1799. par H. le Latouche. Nouv. édit. 2 vol, ornés de deux vignettes.

UNE SOIRÉE AU THÉATRE-FRANÇAIS (24 avril 1844) : le Gladiateur, le Chêne du roi. par Alex. Soumet et madame Gabrielle d'Altenheim. 1 vol.

LE MAÇON, mœurs populaires, par Michel Raymond. 2 vol. avec vign.

FORTUNIO, par Théophile Gautier. 1 v. orné d'une vignette.

DE BALZAC. REVUE PARISIENNE. Nouvelles et profils critiques des auteurs contemporains. 3 vol. réunis en 1 fort vol. in-32.

VOYAGE A VENISE, par Arsène Houssaye. 1 vol. in-18, imprimé sur papier vélin.

LES SATIRIQUES DES DIX-HUITIÈME ET DIX-NEUVIÈME SIÈCLES. Première série contenant Gilbert, Despaze, M. J. Chénier, Rivarol. Satires diverses. 1 vol.

ŒUVRES DE M. FLOURENS

SECRÉTAIRE PERPÉTUEL DE L'ACADÉMIE DES SCIENCES, MEMBRE DE L'ACADÉMIE FRANÇAISE, ETC.

Il serait inutile d'insister ici sur le mérite des œuvres de M. Flourens. Leur succès et leur débit en disent plus que tous les éloges. Le succès populaire ne leur est pas moins assuré que le succès scientifique.

Histoire de la découverte de la circulation du sang. 2ᵉ édition, revue, corrigée et augmentée. 1 vol. grand in-18 anglais. . . . 3 fr. 50

Recueil des Éloges historiques lus dans les séances publiques de l'Académie des sciences. 2 vol. grand in-18 anglais à. . . . . . . 3 fr. 50

De la Longévité humaine et de la quantité de vie sur le globe. 3ᵉ édition, revue et augmentée. 1 vol. grand in-18 anglais. Prix. . . . . 3 fr. 50

Histoire des travaux et des idées de BUFFON. 2ᵉ édition, revue et augmentée. 1 vol. grand in-18 anglais. Prix. . . . . 3 fr. 50

Cuvier. — Histoire de ses travaux. 2ᵉ édition, revue et augmentée. 1 vol. grand in-18. Prix. . . . . 3 fr. 50

Fontenelle, ou de la philosophie moderne relativement aux sciences physiques. 1 vol. grand in-18 anglais. Prix. . . . . 2 fr. »

De l'Instinct et de l'intelligence des animaux. 3ᵉ édition entièrement refondue et augmentée. 1 vol. grand in-18 anglais. Prix. . . . . 2 fr. »

Examen de la Phrénologie. 3ᵉ édition, augmentée d'un Essai physiologique sur la folie. 1 vol. grand in-18 anglais Prix. . . . . . 2 fr. »

ŒUVRES DE RABELAIS

Augmentées de plusieurs fragments et de deux chapitres du cinquième livre restitués d'après un manuscrit de la Bibliothèque impériale, et précédées d'une notice historique sur la vie et les ouvrages de Rabelais. Nouvelle édition revue sur les meilleurs textes, et particulièrement sur les travaux de J. LE DUCHAT, de S. DE L'AULNAYE, et de P.-L. JACOB, bibliophile; éclaircie, quant à l'orthographe et à la ponctuation, accompagnée de notes succinctes et d'un glossaire, par Louis BARRÉ, ancien professeur de philosophie. 1 fort volume grand in-18, papier glacé satiné, de 650 pages. 3 fr. 50 c.

ANACRÉON

Traduit en vers par M. HENRY VESSERON, édition nouvelle. 1 volume grand in-18. 2 fr.

TRAITÉ DE CHIMIE APPLIQUÉE AUX ARTS

Par M. DUMAS, sénateur, ancien ministre, membre de l'Académie des sciences, et de l'Académie de médecine, etc. 8 vol. in-8 et 2 atlas in-4, édition de Liége, introduite en France avec l'autorisation de l'auteur. 150 fr., net 125 fr.

Cet ouvrage, dont l'édition française est aujourd'hui totalement épuisée, et que recommande si puissamment le nom de M. Dumas, fait autorité dans la science. Il est indispensable aux industriels comme aux savants. C'est un livre essentiellement pratique où les fabricants puiseront les plus utiles notions sur toutes les applications de la chimie. Le traité de M. Dumas a jeté une vive lumière sur cet intéressant sujet, et son succès est aujourd'hui européen.

HEURES DE L'ENFANCE

Poésies religieuses, poésies récréatives et méditations, illustrées de jolies vignettes sur acier, encadrements, lettres ornées, fleurons, frontispices, or et couleur. 1 vol. in-8, 8 fr.; net, 6 fr. 50 c.; reliure toile mosaïque, 3 fr. 50.

TRADUCTIONS NOUVELLES
DES AUTEURS LATINS
AVEC LE TEXTE EN REGARD
ou
BIBLIOTHÈQUE LATINE-FRANÇAISE
PUBLIÉE PAR M. C.-L.-F. PANCKOUCKE

CHAQUE AUTEUR SE VEND SÉPARÉMENT

Au lieu de SEPT francs le volume in-8, TROIS francs CINQUANTE cent.

Papier des Vosges, non mécanique, caractères neufs.

Nous avons l'honneur de prévenir MM. les amateurs de livres que nous venons d'acquérir la BIBLIOTHÈQUE LATINE, dite de PANCKOUCKE, formée des principaux auteurs latins : cette collection a acquis, dans le monde savant, une haute réputation, tant par la fidélité de la traduction et par l'exactitude du texte qui se trouve en regard que par les notices et les notes savantes qui l'accompagnent, et surtout par la précision de leurs rédactions. Nous avons diminué de moitié le prix de publication de chaque volume, composé de 30 à 35 feuilles in-8°.

La plupart de ces ouvrages, convenables aux études des colléges, sont adoptés par le Conseil de l'Université.

PREMIÈRE SÉRIE
ŒUVRES COMPLÈTES DE CICÉRON
TRADUITES EN FRANÇAIS. 36 VOL. IN-8

Les Œuvres complètes de Cicéron, publiées au prix de 7 fr. le volume, ont été jusqu'ici d'une acquisition difficile. Nous avons pensé en assurer le débit et les rendre accessibles à tous les amateurs de la belle et grande latinité, au moyen d'un rabais considérable sur le prix de l'ouvrage. Les Œuvres de Cicéron doivent figurer au premier rang dans la bibliothèque de tout homme lettré ; mais beaucoup d'acheteurs reculaient devant une acquisition très-coûteuse. En faciliter l'achat et le rendre désirable par l'attrait du bon marché est donc une combinaison qui ne put manquer de réussir. — Cette édition est celle de la Bibliothèque Panckoucke, dont nous sommes acquéreurs.

ŒUVRES COMPLÈTES DE TACITE
TRADUITES EN FRANÇAIS. VOL. IN-8

Tacite, signalé par Racine comme le plus grand peintre de l'antiquité, est un des auteurs latins qu'on recherche le plus, et dont les œuvres sont d'un débit constant et assuré. Cette édition est fort estimée, soit pour la traduction, soit pour la correction du texte. Le format (bibliothèque Panckoucke) en est commode et maniable.

ŒUVRES COMPLÈTES DE QUINTILIEN

TRADUITES EN FRANÇAIS. 6 VOL. IN-8

Les *Œuvres de Quintilien* font loi en matière de critique comme en matière d'éducation. Elles s'adressent donc à un grand nombre de lecteurs, et le bon marché, de même que l'excellence de la traduction, doit en faciliter la vente.

Nous appelons spécialement l'attention sur ces trois derniers ouvrages, si indispensables à tous ceux qui s'occupent de latinité, et mis par leur prix réduit, à la portée d'un grand nombre d'acheteurs. Il n'est point d'avocat qui ne soit désireux, par exemple, d'acquérir les *Œuvres de Cicéron*, jadis si coûteuse, et maintenant réduites à la plus simple expression du bon marché.

Tacite, traduction nouvelle par M. C.-L.-F. PANCKOUCKE....... 7 v.
(Chaque partie se vend séparément 4 fr. le vol.)
T. 1, 2, 3. *Annales*, avec une planche gravée.
T. 4 et 5. *Histoires*.
Tome 6. { *La Germanie*. *Vie de Julius Agricola*. *Des Orateurs*.
Tome 7. Nouvel index. — Diss. sur les Mss. Bibliographie de près de 1,100 éditions de Tacite. — Deux planches *fac simile*.

César, trad. nouv. par M. ARTAUD, insp. de l'Acad. de Paris, avec une Notice par M. LAYA, de l'Académie française........... 3 v.

Justin, traduct. nouv. par MM. J. PIERROT, ex-proviseur du collège royal de Louis-le-Grand, et BOITARD, avec une notice par M. LAYA. 2 v.

Florus, trad. nouv. par M. RACON, prof. d'histoire, avec une Notice par M. VILLEMAIN, de l'Académie française................... 1 v.

Velleius Paterculus, trad. nouv. par M. DESPRÉS.......... 1 v.

Valère-Maxime, trad. nouv. par M. FRÉMION, professeur au lycée Charlemagne............ 3 v.

Pline le jeune, trad. nouv, de DE SACY, revue et corrigée par M. J. PIERROT............... 5 v.

Cicéron, ŒUVRES COMPLÈTES... 36 v.
(Chaque partie se vend séparément 4 fr. le vol.)

Tomes
1 { *Histoire de Cicéron*, par M. DE GOLBÉRY. *Rhétorique à Herennius*, par M. DELCASSO, professeur au lycée impérial de Strasbourg. } 1 v.

2 { *L'Invention*, par MM. CHARPENTIER, inspecteur de l'Académie, et E. GRESLOU. } 1 v.

3-4 { *De l'Orateur*, par M. ANDRIEUX, de l'Acad. franç. *Dialogues sur les Orateurs illustres*, par M. DE GOLBÉRY. } 2 v.

5 { *L'Orateur*, par M. AGNANT, professeur de rhétorique au collège roy. de Bourges. *Les Topiques*, par M. DELCASSO. *Les Partitions Oratoires*, par M. BOMPART. *Des Orateurs parfaits*, par M. E. GRESLOU. } 1 v.

6-17 { *Oraisons*, par MM. GUÉROULT jeune, J.-N.-M. DE GUERLE, CH. DU ROZOIR. } 12 v.

18-26 { *Lettres: Lettres à Brutus; Lettre à Octave; Fragments*, par MM. DE GOLBÉRY et J. MANGEART, prof. de philosophie au collège de Valenciennes. } 9 v.

27-29 { *Académiques*, par M. DELCASSO. *Des vrais Biens et des vrais Maux*, par M. STIÉVENART, professeur à la Faculté des Lettres de Dijon. *Les Tusculanes*, par M. MATTER, insp. gén. des études. } 3 v.

30 { *De la nature des Dieux*, par M. MATTER. } 1 v.

31 { *De la Divination*, par M. DE GOLBÉRY. *Du Destin*, par M. J. MANGEART. } 1 v.

32 { *Des Devoirs*, par M. STIÉVENART. *Dialogue sur la Vieillesse*, par M. J. PIERROT. } 1 v.

33	*Dialogue sur l'Amitié*, par M. J. PIERROT. *Paradoxes*, par M. PÉRICAUD, bibliot. de la ville de Lyon. *Demande du Consulat*, par M. L. CHEVALIER, professeur de philosophie. *Consulation*, par M. J. MANGEART.	4 v.	
34	*Du Gouvernement*, par M. LIEZ. *Sur l'Amnistie*, par M. J. MANGEART.	1 v.	
35	*Des Lois*, par M. CHARPENTIER. *Fragments des Douze-Tables*. *Discours au peuple et aux chevaliers romains apres son exil*, par M. J. MANGEART.	1 v.	
36 et dernier	*Invectives de Salluste contre Cicéron*, et *Réponse de Cicéron à Salluste*, par M. PÉRICAUD. *Timée; Protagoras; l'Économique*, p. M. J. MANGEART. *Phénomenes d'Aratus; Fragments des Poëmes*, par M. AJASSON DE GRANDSAGNE. *Fragments des Oraisons*, par M. DU ROZOIR; *Fragm. des ouvrages philosophiques*, etc., par M. E. GRESLOU. *Tableau Synchronique* de la Vie et des Ouvrages de Cicéron, par A. LUCAS.	4 v.	

Quintilien, traduct. nouv. par M. OUIZILLE, chef de bureau au ministère de l'intérieur.......... 6 v.

Horace, trad. nouv. p. MM. AMAR, ANDRIEUX, ARNAULT, BIGNAN, CHARPENTIER, CHASLES, DARU, FÉLETZ, DE GUERLE, LÉON HALEVY, LIEZ. NAUDET, OUIZILLE, C.-L.-F. PANCKOUCKE, ERNEST PANCKOUCKE, DE PONGERVILLE, DU ROZOIR, ALPHONSE TROGNON........ 2 v.

Juvénal, trad. de M. DUSAULX, revue par M. J. PIERROT........ 2 v.

Perse, Turnus, Sulpicia, trad. nouv. par M. A. PIERROT, ex-prof. au collège royal de St-Louis. 1 v.

Ovide, *Métamorphoses*. par M. GROS, inspecteur de l'Académie. 5 v.

Lucrèce, trad. nouv. en prose, par M. DE PONGERVILLE, de l'Acad. française, avec une Notice et l'Exposition du système d'Épicure, par M. AJASSON DE GRANDSAGNE.. 2 v.

Claudien, traduct. nouvelle, par MM. HÉGUIN DE GUERLE et ALPH. TROGNON.................. 2 v.

Valerius Flaccus, trad. pour la première fois en prose par M. CAUSSIN DE PERCEVAL, membre de l'Institut................ 1 v.

Stace, traduction nouvelle :

Tome 1...	*Silves*, par MM. RINN, prof. au coll. Rollin, et ACHAINTRE. *La Thébaïde*, par MM. ACHAINTRE et BOUTTEVILLE, professeur. *L'Achilléide*, par M. BOUTTEVILLE.....	4 v.
T. 2, 3, 4		

Phèdre, trad. nouv. par M. E. PANCKOUCKE. — Avec un *fac-simile* du manuscrit découvert à Reims, par le P. Sirmond, en 1608. 1 v.

DEUXIÈME SÉRIE

Les auteurs désignés par un ⁻ *sont traduits* POUR LA PREMIÈRE FOIS *en français.*

Poetæ minores : Arborius *, Calpurnius, Eucheria *, Gratius Faliscus, Lupercus Servasius *, Nemesianus, Pentadius*, Sabinus *, Valerius Cato *, Vestritius Spurinna * et le *Pervigilium Veneris*; trad. de M. CABARET-DUPATY, professeur au lycée de Grenoble. 1 v.

Jornandès, traduct. de M. SAVAGNIER, professeur d'histoire en l'Université............... 1 v.

Censorinus*, trad. de M. MANGEART, ancien professeur de philosophie ; — **Julius Obsequens, Lucius Ampellius***, trad. de M. VERGER, de la Bibliothèque impériale...... 1 v.

Ausone, traduction de M. E.-F. CORPET.................. 2 v.

P. Mela, Vibius Sequester *, Ethicus Ister *, P. Victor *, trad. de M. LOUIS BAUDET, professeur............ 1 v.

R. Festus Avienus*, Cl. Rutilius Numatianus, etc., trad. de MM. EUG. DESPOIS et ED. SAVIOT, anciens élèves de l'École normale.................. 1 v.

Varron, *Econ. rurale*, trad. de M. ROUSSELOT, profess .... 1 v.

Eutrope, Messala Corvinus *, Sextus Rufus, traduction de M. N.-A. DUBOIS, professeur.................. 1 v.

— 33 —

Palladius, *Econ. rurale*, trad. de M. Cabaret-Dupaty, profess. 1 v.

Histoire Auguste, tome Ier - **Spartianus, Vulcatius Gallicanus, Trebellius Pollion**, trad. de M. Fl. Legay, profess. au collège Rollin.
— Tome II : **Lampridius**, traduction de M. Laas d'Aguen, membre de la Société asiatique ; — **Flavius Vopiscus**, trad. de MM. Taillefert, profess. au lycée de Vendôme, et J. Chenu.
— Tome III : **Julius Capitolinus**, traduct. de M. Valton, profess. au lycée de Charlemagne. 3 v.

Columelle, *Econom. rurale*, trad. de M. Louis Dubois, auteur de plusieurs ouvrages d'agriculture, de Littérature et d'histoire.. 3 v.

C. Lucilius, trad. de M. E.-F. Corpet ; — **Lucilius junior, Salius Bassus, Cornelius Severus, Avianus*, Dionysius Caton**, traduct. de M. Jules Chenu .... 1 v.

Priscianus*, trad. de M. Corpet ; — **Serenus Sammonicus*, Macer*, Marcellus***, traduct. de M. Baudet.. 1 v.

Macrobe, t. Ier (*Les Saturnales*, t. Ier), traduit de M. Ubicini Martelli ; — t. IIe (*Les Saturnales*, t. II), traduct. de M. Henri Descamps ; — t. IIIe et dernier (*De la différence des verbes grecs et latins ; Commentaire du Songe de Scipion*), traduct. de MM. Laas d'Aguen et N.-A. Dubois....... 3 v.

Sextus Pompeius Festus*, traduction de M. Savagner...... 2 v.

Aulu-Gelle, t. Ier, traduct. de M. E. de Chaumont, profess. au lycée d'Angoulême. — T. IIe, traduct. de M. Félix Flambart, profess. au lycée d'Angoulême.— T. IIIe, trad. de M. Buisson, docteur en droit, avoué au tribunal de Meaux..................... 3 v.
(Ne se vend pas séparément de la collection.)

C.-J. Solin*, trad. de M. Alp. Agnant, ancien élève de l'Ecole normale, agrégé des classes supérieures .... 1 v.

Vitruve, *Architecture*, avec de nombreuses figures pour l'intelligence du texte, traduction de M. Ch.-L. Maufras, profess. au collège Rollin .... 2 v.

Frontin, *Les Stratagèmes et les Aqueducs de Rome*, traduction de M. Ch. Bailly, principal du collège de Vesoul .... 1 v.

Sulpice Sévère, traduction de M. Herbert. — **Paulin de Périgueux*, Fortunat***, trad. de M. E. F. Corpet....... 2 v.
(Cet ouvrage ne se vend pas séparément.)

Sextus Aurelius Victor, trad. de M. N.-A. Dubois, profess. 1 v.

Total des volumes.... 33 v.

Il pourra arriver qu'un ou plusieurs ouvrages seront épuisés au jour de la réception des demandes. Nous croyons devoir prévenir que, dans ce cas, nous expédierons néanmoins les autres ouvrages en notre possession.

N. B. Il existe encore dans nos magasins trois ou quatre collections complètes de la Bibliothèque latine, composée de 211 volumes, au prix de 1,055 fr.

ŒUVRES COMPLÈTES D'HORACE

Traduites en français par les traducteurs de la collection Panckoucke ; nouvelle édition enrichie de notes explicatives, accompagnée du texte latin, précédée d'une étude sur *Horace*, par M. H. Rigault, professeur de rhétorique au Lycée Louis-le-Grand. 1 vol. grand in-18, 3 fr. 50 c.

ŒUVRES COMPLÈTES DE SALLUSTE
(DE LA COLLECTION PANCKOUCKE)

Avec la traduction française de Du Rozoir, revue par MM. Charpentier, inspecteur de l'Académie de Paris, et Félix Lemaistre ; précédées d'un nouveau travail sur Salluste, par M. Charpentier. 1 vol. grand in 18, 3 fr. 50 c.

ŒUVRES CHOISIES D'OVIDE

Les *Amours*, l'*Art d'aimer*, etc., traduction française de la collection Panckoucke, avec un travail nouveau par Félix Lemaistre. 1 volume grand in-18, 3 fr. 50 c.,

Ces deux ouvrages, mis par leur prix modique à la portée de tous les acheteurs, sont évidemment destinés à un grand succès et partageront la vogue de l'Horace déjà publié. Le soin le plus scrupuleux, l'attention la plus vigilante, ont présidé à la révision du texte et des traductions.

LES CLASSIQUES LATINS
(FRANÇAIS ET LATIN.)

Format in-24 sur jésus (ancien in-12); publiés sous la direction de M. Lefèvre.— Prix de chaque vol., 3 fr. 50 c.; net 2 fr. 50 c.

ŒUVRES COMPLÈTES DE VIRGILE. Trad. par Pongerville. 2ᵉ édit. 2 vol.

JUVÉNAL ET PERSE. Les satires de Juvénal. Traduction de Dussaulx, revue et corrigée. Les Satires de Perse, traduction nouvelle par M. Collet. 1 vol.

LUCRÈCE. Traduction de Pongerville, de l'Académie française. 1 vol.

TACITE. Traduction de Dureau de la Malle, revue et corrigée, augmentée de la Vie de Tacite, du Discours préliminaire de Dureau de la Malle, des Suppléments de Brottier. 3 vol.

TÉRENCE. Ses comédies. Traduction nouvelle avec des notes, par M. Collet. 1 vol. de plus de 600 pages.

PLAUTE. Son Théâtre. Trad. de M. Naudet, de l'Académie des inscriptions et belles-lettres 4 vol.

PLINE L'ANCIEN. L'Histoire des Animaux, traduction de Guéroult, augmentée de sommaires et de notes nouvelles. 1 vol. de près de 700 pages.

MORCEAUX EXTRAITS DE PLINE le naturaliste, traduction de Guéroult, augmentée de sommaires et de notes nouvelles. 1 vol.

Q. HORATII FLACCI

Opera omnia ex recensione Joannis Gasparis Orelli. 1 vol. in-24, édition Lefèvre. 1851. 4 fr.; net 3 fr.

Édition recommandable par l'exécution typographique et la correction du texte.

NOUVELLE
COLLECTION DES CLASSIQUES FRANÇAIS
DIRIGÉE PAR M. AIMÉ MARTIN

Format in-24 jésus (ancien in-12), 2 francs 50 centimes le volume.

MONTAIGNE. Ses Essais et ses Lettres, avec : 1° la traduction des citations grecques, latines, italiennes, par M. Victor Leclerc, de l'Instit. de France, etc.; 2° les notes ou remarques de tous les commentateurs: Coste, Naigeon, A. Duval, MM. E. Johanneau, Victor Leclerc; 3° une table analytique des matières. 5ᵉ édit. 3 vol.

P. CORNEILLE. Ses chefs-d'œuvre dramatiques. 1 vol.

PASCAL. Pensées, suivies d'une table analytique. 1 vol.

BOSSUET. Oraisons funèbres, Panégyriques et Sermons. 4 vol.

FÉNELON Télémaque, avec des notes géographiques et littéraires, et les passages grecs et latins imités par Fénelon. 1 vol.

BOURDALOUE. Chefs-d'œuvre oratoires. 1 vol.

FLEURY. Discours sur l'histoire ecclésiastique, Mœurs des Israélites, Mœurs des Chrétiens, Traité des Études, etc. 2 v.

ŒUVRES DE JACQUES DELILLE, avec des notes de Delille, Choiseul-Gouffier, Feletz, Aimé Martin. 2 vol.

ESSAI SUR L'ÉLOQUENCE DE LA CHAIRE, par le cardinal Maury. 1 vol.

ATLAS

Atlas de Géographie ancienne et moderne, à l'usage des colléges et de toutes les maisons d'éducation, dressé par MM. Monin et Vuillemin; recueil grand in-4, composé de 4 cartes parfaitement gravées et coloriées. Cet atlas comprend, outre les cartes ordinaires : *la Cosmographie, la France en 1789, l'Empire français, la France actuelle, l'Algérie, l'Afrique orientale, occidentale et méridionale*, et toutes les cartes de la *Géographie ancienne*. C'est, par conséquent, le plus *complet* et le plus exact de tous les Atlas *classiques* et le mieux adapté aux études suivies de nos jours dans l'enseignement universitaire. Prix, 12 fr.

Atlas classique de Géographie moderne (extrait du précédent), à l'usage des jeunes élèves des deux sexes; composé de 20 cartes. Prix : 7 fr. 50 c.

Atlas de Géographie élémentaire, destiné aux Commençants (extrait du précédent), composé de 8 cartes doubles : la mappemonde, les cinq parties du monde et la France. Prix, cartonné : 4 fr.

Atlas complet de Géographie universelle à l'usage des écoles primaires du premier et du second degré, par ***, composé de 23 cartes coloriées avec soin, format in-4, 6 fr.

Carte physique et politique de l'Algérie, indiquant les divisions administratives et militaires, la circonscription des territoires civils et les colonies agricoles, dressée d'après les documents les plus récents, par A. Vuillemin. 1 feuille colombier pliée en forme de volume, 2 fr.

Europe, en une feuille grand monde, revue par Klaproth, 4 fr.

France routière et administrative, réduite d'après Cassini et celle des ponts et chaussées. 1 feuille grand monde, 4 fr.

NOUVELLES CARTES ROUTIÈRES

DRESSÉES SUR LES DERNIERS DOCUMENTS, AVEC TOUS LES CHEMINS DE FER, PAR BERTHE

Format grand colombier. = Prix : 2 francs.

Europe routière, indiquant les distances des villes capitales des Etats de l'Europe.

France en 86 Départements.

Royaumes d'Espagne et de Portugal.

Empire d'Autriche. 1 feuille colombier.

Royaumes de Hollande et de Belgique.

Italie et ses divers Etats, en une feuille.

Royaumes de Sardaigne.

Confédération suisse, en vingt-deux cantons.

Russie d'Europe.

Grèce actuelle et Morée.

Turquie d'Europe et d'Asie.

Royaumes-Unis d'Angleterre, d'Ecosse et d'Irlande.

Royaume de Prusse.

Mappemonde.

Suède et Norwège.

Amérique méridionale.

Amérique septentrionale.

Asie, d'après Klaproth.

Afrique, ornée d'un plan de l'île Bourbon.

Océanie et Polynésie.

Egypte et Palestine.

Amérique méridionale et septentrionale.

PRIX DU COLLAGE, DES ÉTUIS ET DU MONTAGE

Demi-colombier, sur toile, avec étui en percaline anglaise.... » 90
Colombier, — — ... 1 50
— sur gorge et rouleau................. 5 »
Grand-monde, sur toile, avec étui en percaline anglaise........ 2 50
— sur gorge et rouleau................. 4 50

Atlas historique, chronologique, généalogique et géographique, de A. Lesage (comte de Las Cases). 1 vol. in-folio, demi-rel., dos de maroquin.

En 33 tableaux. { 1 tableau à 2 fr. .... 2 fr. » } 56 fr. »
{ 52 tableaux à 1 fr. 50 c. ...... 48 » }
{ Reliure. .... 6 » }

En 37 tableaux. { Composé des précédents, rel. compr. 56 » } 70 fr. »
{ Et de 4 tableaux supp. à 3 fr. 50 c. . 14 » }

En 42 tableaux. { Composé des précédents, rel. compr. 70 » } 77 fr. 50
{ Et de 5 cartes nouv. à 1 fr. 50 c. . 7 » }

Tous les tableaux se vendent séparément.

TRAITÉ DE LA TYPOGRAPHIE
Par Henri Fournier. 2ᵉ édition, corrigée et augmentée. 1 vol. in-18, 3 fr.

LA CLEF DE LA SCIENCE
Ou les phénomènes de tous les jours expliqués, par le docteur L.-C. Brewer. 1 vol. grand in-18 anglais de 500 p. 3 fr. 50 c.

GUIDE UNIVERSEL ET COMPLET DE L'ÉTRANGER DANS PARIS
Suivi d'une revue des environs de Paris et autres renseignements divers; par Albert-Montémont, membre de plusieurs sociétés savantes. 1 beau vol. in-18, orné de 25 jolies vignettes représentant les vues des principaux monuments, et d'un beau plan de Paris. 3 fr.

PARIS EN MINIATURE
Guide usuel du Voyageur à Paris. 1 vol. grand in-32, illustré de 25 gravures sur bois, avec un plan magnifique de Paris. 2 fr.

GREAT EXHIBITION
Guide for strangers visiting Paris, with 22 views and a Map of th capital (avec un magn. plan de Paris). 2 fr. 50 c., net 1 fr. 25 c.

NOUVEAU PLAN DE PARIS FORTIFIÉ
Et des communes de la banlieue, indiquant tous les changement. actuels, dressé *selon les règles géométrales*, par A. Vuillemin géographe, 1857, gr. sur acier avec le plus gr. soin par Langevin 1 feuille grand-monde (double colombier), 5 fr.

A LA MÊME LIBRAIRIE

ŒUVRES DE M. FLOURENS
Secrétaire perpétuel de l'Académie des Sciences, Membre de l'Académie française, etc.

ÉLOGES HISTORIQUES
LUS DANS LES SÉANCES PUBLIQUES DE L'ACADÉMIE DES SCIENCES
2 vol. grand in-18 anglais. Prix : 3 fr. 50 c. chacun

DE LA LONGÉVITÉ HUMAINE
ET DE LA QUANTITÉ DE VIE SUR LE GLOBE
3e édition, revue et augmentée. 1 v. grand in-18 ang.
Prix : 3 fr. 50 c.

HISTOIRE DES TRAVAUX ET DES IDÉES DE BUFFON
2e édition, revue et augmentée. 1 vol. grand in-18 anglais.
Prix : 3 fr. 50 c.

CUVIER
HISTOIRE DE SES TRAVAUX
2e édition, revue et augmentée. 1 vol. grand in-18
Prix : 3 fr. 50 c.

FONTENELLE
OU DE LA PHILOSOPHIE MODERNE RELATIVEMENT AUX SCIENCES PHYSIQUES
1 vol. grand in-18 anglais. Prix : 2 fr.

DE L'INSTINCT ET DE L'INTELLIGENCE DES ANIMAUX
3e édition, entièrement refondue et augmentée
1 vol. grand in-18 anglais. Prix : 2 fr.

EXAMEN DE LA PHRÉNOLOGIE
3e édition, augmentée d'un Essai physiologique sur la folie.
1 vol. grand in-18 anglais. Prix : 2 fr.

HISTOIRE DE LA DÉCOUVERTE DE LA CIRCULATION DU SANG
2e édition, revue et augmentée. 1 vol. in-18. Prix : 3 fr. 50.

ŒUVRES COMPLÈTES DE BUFFON avec la Nomenclature linnéenne et la classification de Cuvier. Édition nouvelle, revue sur l'édition in-4o de l'Imprimerie royale; annotée par M. FLOURENS, membre de l'Académie française, Secrétaire perpétuel de l'Académie des sciences, professeur au Muséum d'histoire naturelle. Les *Œuvres complètes de Buffon* forment 12 volumes grand in-8o jésus; illustrées de 161 planches, 800 sujets coloriés, gravés sur acier d'après les dessins originaux de M. Victor Adam, imprimées en caractères neufs, sur papier pâte vélin, par la typographie J. Claye.

M. le Ministre de l'Instruction publique a souscrit, pour les bibliothèques, à cette magnifique publication (aujourd'hui complètement achevée), reconnue par les hommes les plus compétents comme une édition modèle des œuvres du grand naturaliste. Le nom et le travail de M. Flourens la recommandent d'une façon toute particulière, et lui donnent un cachet spécial.

Pour satisfaire aux nombreuses demandes des personnes qui préfèrent l'acquisition par volumes, à la vente par livraisons, nous avons ouvert une souscription par demi-volumes du prix de 5 francs.

PARIS — IMPRIMERIE DE J. CLAYE, RUE SAINT-BENOIT, 7.

www.ingramcontent.com/pod-product-compliance
Lightning Source LLC
Chambersburg PA
CBHW071610230426
43669CB00012B/1899